나의 장례식

나의 장례식

自挽詩, 나의 죽음 소유하기

임준철

KOREA
UNIVERSITY
PRESS
고려대학교
출판문화원

* 이 서서는 2013년 정부(교육부)의 재원으로 한국연구재단의 지원을 받아 수행된 연구임(NRF-2013S1A6A4018050)

아버지께

머리말

나의 죽음 앞에서

1

어린 시절 잠자리에 누워 언제가 닥쳐올 죽음을 떠올리곤 몸서리쳤던 기억이 있다. 아무런 이유도 없었다. 나쁜 일이 있거나 슬퍼할 까닭이 있던 것도 아니었다. 그 후로도 필자는 종종 죽음에 대한 두려움으로 가슴이 먹먹해질 때가 있다. 잊기 위해 애쓰지만 불현 듯 찾아오는 죽음에 대한 두려움에서 벗어나기 어려웠다. 나이가 들어서야 이런 두려움이 나에게만 있지 않다는 것을 깨닫게 되었다.

《안자춘추(晏子春秋)》에는 흔히 '우산에서의 눈물[牛山淚]'로 일컬어지는 다음과 같은 이야기가 실려 전한다. 제(齊) 경공(景公)은 춘추시대 패자(霸者)의 한 사람이었는데, 자신의 넓은 영토를 순시하다 우산(牛山)에 이르러 갑자기 눈물을 흘리고 만다. 자신이 언젠가 죽어 이런 아름다운 광경을 보지 못할 것을 슬퍼했기 때문이었다. 수행하던 모든 신하들이 따라 울었지만 명재상 안영(晏嬰: 晏子)은 도리어 선왕들의 죽음이 없다면 당신의 자리도 없었을 것이라는 핀잔을 주어 제 경공을 머쓱하게 만들었다. 이후로 '우산에서의 눈물[牛山淚]'은 자연에 순응하여 죽음을 받아들이지 못하는 어리석음의 사례로 이야기되곤 한다. 그러나 죽음에 대한 두려움이란 각도에서 본다면 제 경공의 눈물은 어쩌면 너무나 인간적인 것일지도 모른다.

죽음은 언제나 누구에게나 버겁고 두려운 주제다. 더구나 다른 사람도 아닌 나의 죽음이라면 차마 입을 떼기도 생각을 이어나가기도 어려울 것이다. 하지만 우리는 살아가는 동안 종종 주변인의 죽음을 통해 자신의 죽음을 떠올리고 그 상황을 짐짓 상상해보기도 한다. 독일 샘 가바르스키(Sam Garbarski) 감독의 〈나의 첫 번째 장례식(Vijay and I)〉(2013)에서 이런 가상의 상황을 다룬 적이 있다. 이 영화는 우연한 사건으로 자신의 장례식에 참석하게 된 한 남자의 이야기를 담고 있다. 주인공은 처음 호기심 반 장난 반으로 참석했지만, 가족과 친지의 슬픔 속에 차츰 자신의 죽음을 진지하게 생각해보게 된다. 영화 속 설정이긴 하지만 이렇게 나의 장례식은 떠올리는 것만으로도 우리를 숙연하게 만든다.

그런데 이런 일이 영화에서만 벌어지는 것은 아니다. 때론 현실에서 자신의 장례식을 체험하고 애도하는 일이 시도되기도 한다. 오늘날 죽음교육의 일환으로 직접 관 속에 들어가 임사(臨死) 체험을 하는 것 역시 내 장례식의 상황과 크게 다를 것이 없다. 심지어 이웃 일본에서는 생전에 자신의 죽음을 애도하는 추도회를 열기도 한다. 일본학자 잇카이 도모요시[一海知義, 1929-2015]가 주최한 자신에 대한 추모행사가 그런 경우다. 그는 친구의 권유로 생전에 자신에 대한 추도문집을 출판하였는데, 60편이 넘는 애도의 글과 조의금이 답지했으며 직접 자신의 죽음을 애도하는 글을 썼다고 한다. 잇카이 도모요시는 저명한 중국문학자 요시카와 코지로[吉川幸次郎]의 제자이면서 도연명(陶淵明) 연구자이기도 하다. 그가 벌인 자신의 장례 행사는 별나 보이기도 하지만 어쩌면 도연명이 남긴 자만시(自挽詩)의 상황을 본 뜬 것인지도 모른다. 자만시가 나의 장례식을 가정하고 자신의 죽음을 애도하는 시이기 때문이다.

자만시는 이렇게 나의 죽음을 애도한다는, 실제 불가능한 상황을 전제로 한 문학이다. 인간이 죽음을 앞두고 할 수 있는 유일한 일이 유언이라고 한다면, 자만시는 이와 달리 죽음의 과정과 그 이후를 언어를 통해 체험하는 행위라고 할 수 있다.

자만시는 동아시아 한자문화권에서 타인의 죽음을 장송(葬送)할 때 부르던 만가(挽歌)로부터 비롯하여, 우리 모두의 죽음을 함께 떠올리며 불리던 단계를 거쳐 개별자로서 나의 죽음에 대한 글쓰기로서 차츰 변화해왔다. 자만시는 한편으로 특수한 자전적(自傳的) 글쓰기 방식 내지 자아표현 방식이기도 했는데, 중국은 물론 한국에서도 나름의 전통을 형성하였다. 이 책은 조선시대 자만시에 초점을 맞춘 자만시 전반에 대한 최초의 검토라고 할 수 있다.

2

우리는 대체로 죽음이 결코 자신의 문제가 될 수 없다고 애써 외면하는 경향이 있다. 톨스토이의 《이반 일리치의 죽음(Смерти Ивана Ильича)》에서 주인공이 독백한 것처럼 사람은 결국 죽는다는 자명한 이치도 나의 죽음과는 무관한 일일 뿐이다. 우리는 누구나 나의 죽음이라는 문제를 깊이 파고들려 하지 않으며 이 문제를 막연하게 만들어버리는 일종의 방어기제를 작동시킨다. 그래서 내가 죽는다는 것을 알지만 믿지는 않으며, 죽음은 어디까지나 타인의 문제일 뿐이라고 제쳐 둔다. 프랑스 철학자 장켈레비치(Vladimir Jankélévitch)가 말한 것처럼 이는 일종의 '자기기만'이라고 볼 수도 있다.

그러나 한편으로 증자(曾子)가 "새가 장차 죽으려 할 때에는 그 울음소리가 슬프고, 사람이 장차 죽으려 할 때에는 그 말이 착한 법이다.[鳥之將死, 其鳴也哀, 人之將死, 其言也善.]"라고 말했던 것처럼, 죽음 앞의 말은 진실된 법이다. 증자의 말을 미루어 짐작해 본다면 내 죽음의 문제와 관련된 글쓰기 역시 타인을 대상으로 할 때보다 진정성을 가질 수 있다고 하겠다.

우리는 모두 삶의 최종 목적지는 결국 죽음이며 누구도 피할 수 없다는 것을 알고 있다. 하지만, 하이데거가 "죽음에 대한 부단한 안도"라고 일컬었던 것처럼 모든 사람이 죽지만, 지금 당장 나는 아니라는 인간적인 나약함을 면하기는 어렵다. 이런 측면에서 자만시는 이야기하기 꺼리던 나의 죽음을 정면으로 다룬 매우 용감하고 진정성 있는 글쓰기라고 할 수 있다. 일반적으로 문학의 주제가 될 수 없는 나의 죽음을 이야기한다는 점에서 이런 글쓰기는 지극히 예외적이며, 또 내 죽음을 상상하고 언어를 통해 표현한다는 측면에서 세계문학사에서 보기 드문 내 죽음에 대한 표현방식이라고 볼 수 있다.

3

필자의 연구는 우연히 맞닥뜨린 남효온(南孝溫)과 임제(林悌)의 자만시로부터 시작되었다. 처음엔 자만시를 예외적 개성을 지닌 시인들의 문학적 일탈 정도로 생각하고 주제학적으로 접근하였다. 하지만 연구과정에서 예상과 다른 문제들에 직면하게 되었다. 단순한 일탈로 보기 어려운 작품들이 다수 확인되었을 뿐 아니라, 자만시를 이해하기 위해 선결해야 할 문제들도 복잡하게 얽혀 있었기 때문에 원래의 계획을 수정할 수밖에 없었다. 더불어 학술대회에서 한두 차례 발표 정도로 끝내려던 애초의 기획도 연구서 저술로 바뀌게 되었다. 저술을 준비하면서 자만시의 시원을 찾다 보니 위진남북조 이래 역대 자만시에 대한 계보를 훑게 되었고, 자료를 모으다 보니 조선시대 주요 자만시에 대한 역주로 이어졌다.(《내 무덤으로 가는 이 길》, 문학동네, 2014) 또 자만시 수용 양상을 검토하다 보니 수록 문헌의 실상을 검토할 수밖에 없었고, 조선시대 자만시의 특수성을 확인하다 보니 자연 한중 자만시를 비교하기에 이르렀다. 이 과정에서 필자는 그 동안 별다른 관심을 받지 못했던 이 독특한 문학적 현상에 대해 설명하고 현대적 관점에서 그 의미를 부여하고 싶다는 욕심을 가지게 되었다. 보편과 특수를 구분하지 못하던 필자의 아둔함이 결국 이렇게 일을 키운 셈이다.

이 책은 크게 두 가지 측면을 염두에 두고 기획되었다. 먼저 동아시아 한자문화권의 문학 전통 속에서 자신의 죽음을 애도하는 한시, 곧 자만시의 양상을 살피려고 했다. 타인의 죽음을 대상으로 한 만시와는 다른 내 죽음에 대한 글쓰기 전통이 있음을 밝히고 싶었기 때문이다. 다음으로 자만시를 동아시아 한문학 내의 특수한 자전적 글쓰기 방식과 비교 검토하여 한국적 특수성을 살피고자 하였다. 서구의 자서전 전통에 필적하는 자전적 글쓰기의 전통이 동아시아 한문학, 그 중에서 특히 조선시대 문학에도 있음을 보여주고 싶었기 때문이다. 요컨대 이 책은 나의 죽음과 자전적 글쓰기란 측면에서 자만시를 해명하려 한 글이라고 볼 수 있다.

4

이 책을 쓰면서 필자는 여러 가지 난관에 부딪혔다. 공부가 부족한 탓이 크겠지만 한문학 자료 자체가 가지고 있는 한계 역시 없지 않았다. 그래서 언제부터인가 주어진 텍스트만이 아니라 그것이 가지고 있는 가능성들을 재구성하는 방식으로 문예적 가치에 접근해야겠다는 생각을 가지게 되었다. 어쩌면 오늘날 사회에선 한문학 자료의 발화된 내용보다 발화되지 않은 채 이면에 감춰져 있는 가능성이 더 중요한 것이 아닌가 하는 생각마저 갖게 되었다. 자만시 연구 역시 줄곧 이런 고민에 사로잡혀 있던 필자 나름의 길을 찾기 위한 고육책의 하나라고 할 수 있다.

이 책에 직간접으로 반영되어 있기도 하지만, 자만시를 어떻게 다룰 것인가를 고민하는 과정에서 많은 책의 도움을 받았다.

자만시는 동아시아의 특별한 문화적 배경 속에서 탄생하고 변화해 왔다고 볼 수 있다. 자만시가 처음 인생의 유한함을 분명히 인식하고 삶과 죽음을 하나로 여겼던 위진남북조 시기 인물들에게서부터 유래하였던 것도 이런 면모를 잘 보여준다. 필자가 처음 이 문제에 접근했을 때에는 자만시가 자전문학의 계보 속에 자리하는 것임을 미처 눈치채지 못했다. 오로지 자신의 죽음에 대한 표현, 그리고 작품 내외의 발화 모순이 갖는 수사적 특성에만 주목하였다. 하지만, 심경호 선생께서 국내에 번역 소개하신 일본학자 가와이 코조[川合康三]의《중국의 자전문학[中國の自伝文學]》을 읽고 우물 안 개구리 같은 좁은 안목을 크게 반성하게 되었다. 심 선생께서 연이어 출간하신《내면기행》과《나는 어떤 사람인가》를 통해 한국 자전문학의 실상을 파악할 수 있었던 것도 이런 미몽(迷夢)을 깨치는 데 좋은 자극제가 되었다.

한편, 자만시를 어떻게 문학사에서 양식화하고 이론화할 것인가는 이 책을 마무리하는 단계까지 줄곧 필자를 괴롭힌 문제였다. 국내외를 막론하고 이 방면 선행 연구가 거의 이루어져 있지 않은 까닭에 모든 점이 조심스럽고 확신을 갖기 어려웠다. 이런 고민을 메워준 것은 앞서 언급한 가와이 코조의 책 외에도 주로 서구 학계에서 나온 자서전 연구성과들이었다. 충분히 소화하진 못했지만 국내에 소개된 필립 르죈(Philippe Lejeune)의 연구나 서구 자서전에 대한 유호식 선생의 책은 자만시를 보는 필자의 시각을 가다듬고 객관화하는 데 큰 도움을 주었다.

그런데 자전문학이면서 동시에 자전문학이 아니기도 한 자만시를 해명하는 데는 죽음과 관련된 다양한 연구들도 참조할 필요가 있었다. 서양 중세 이래의 죽음 인식의 변화 양상을 다룬 요한 하위징아(Johan Huizinga)나 필립 아리에스(Philippe Ariès) 등의 연구와, 동아시아 전통사회에서 유가와 노장의 죽음인식을 다룬 여러 학자들의 논의를 주로 참조하였다. 하지만 이 과정에서 자만시만 가지고 죽음인식을 논하기엔 벅차다는 점 역시 확인하게 되었다. 동아시아 전통사회에서 죽음인식이란 문제가 상대적으로 은폐되고 개진되지 않는다는 점을 고려할 때, 자만시는 이에 대한 예외적 자료는 될지언정 본격적으로 죽음인식을 살필 만한 텍스트가 될 수 없었다. 그래서 이 책에서는 부득이 자만시와 자만시 글쓰기 방식에 드러난 죽음인식을 해명하는 수준에 그치게 되었다. 죽음인식에 대한 본격적 논의는 필자의 역량을 벗어난 문제로 앞으로 유관 학계와 공동 연구가 필요할 것으로 보인다.

5

다른 연구들과 함께 틈틈이 진행했던 까닭에 10년이란 시간이 흘러서야 이 책을 내놓게 되었다. 마음 같아서는 아직도 미진한 여러 가지 문제를 석연하게 해소한 뒤 책을 마무리 짓고 싶지만, 연구재단 인문저술 지원사업의 도움을 받은 터라 더 이상 미루지 못하고 지금까지의 생각을 정리해 부족한 채로 상재(上梓)하게 되었다.

이 책의 마무리는 뜻밖에도 아버지가 계신 병원에서 하게 되었다. 건강하시던 아버지께서 갑자기 쓰러져 삶과 죽음을 오가는 몇 개월 간, 중환자실 주변에서 하루 두 번 30분의 면회를 기다리면서 마무리를 할 수밖에 없었다. 실제 죽음 앞에서 가장(假裝)된 죽음에 관한 글을 쓰는 아이러니가 필자를 옥죄어 왔다. 한편으론 더 이상 말도 할 수 없는 아버지께서 자신의 죽음에 대해 어떻게 생각하실지 궁금하기도 했다. 하지만 필자가 할 수 있는 것이라곤 시나브로 소진해가는 아버지의 몸을 주물러 드리는 일뿐이었다. 이 책을 준비하면서 아버지와 자만시에 관한 이야기를 나눈 적이 있다. 그러나 죽음이 아버지에게 닥쳐올 즈음이 되어서야 비로소 나의 죽음에 대해서 진정으로 고민할 수 있었다. 장켈레비치가 말했던 것처럼 1인칭인 나의 죽음은 3인칭의 타인의 죽음이 아니라 2인칭인 부모의 일이 되어서야 예감할 수 있는 문제였다. 그제서야 필자는 자신이 텍스트로서만 죽음을 다루었지 죽음에 대해서는 아무것도 모른다는 사실을 절감하게 되었다. 이 책은 어쩌면 이런 자각이 있고 난 뒤 착수되었어야 했는지도 모른다. 그런 연유로 이 책은 그저 나의 죽음을 애도하는 글쓰기를 살폈을 뿐 이 문제를 근본적으로 파헤칠 만한 식견이나 해답이 담겨 있지 않다. 단지 우리 모두가 피해 갈 수 없는 내 죽음의 윤곽을 글쓰기라는 측면에서 설핏 살피려 했을 따름이다. 의사가 환자의 임상 사례를 통해 인간이 죽음에 이르는 과정을 설명한다면, 문학연구자는 죽음을 받아들이고 표현하는 방식을 통해 이 문제에 접근할 뿐이다. 때늦은 자각과 후회를 거울 삼아 앞으로 이 책의 부족한 부분을 보완하고자 한다.

2018년 5월 아무 일도 없는 것 같은 어느 푸르른 날에
그리고 2019년 8월 어느 무더운 날에 다시

임준철 씀

차례

제1장

실마리

1489년 남효온과 김종직이 주고받은 편지

1489년 새해가 밝고 얼마 지나지 않았을 즈음 남효온(南孝溫, 1454-1492)은 한 통의 편지를 썼다. 수신자는 그 무렵 젊은 선비들에게 신망을 얻고 있던 김종직(金宗直, 1431-1492)이었다. 지난 겨우내 앓던 병으로 글씨마저 잘 써지지 않아 아들을 시켜 베껴 쓴 편지는 당시 공조참판 자리에 있던 스승에 대한 안부인사로 시작된다.

> 공손한 마음으로 공조(工曹) 상공(相公) 점필재 김 선생님께 삼가 아뢰니다. 섣달이 이미 다하고 봄철이 시작되어 바야흐로 묵은해를 보내고 새해를 맞이하는 이즈음 문인제자로서 예의상 마땅히 달려가 뵈어야 할 것입니다만 겨울 석 달 동안 병을 앓은 나머지 두 다리가 마비되었고 또 타고 갈 말도 구할 수 없어서 감히 사람을 보내어 안부를 여쭙습니다. 삼가 바라건대 나라를 위하여 몸을 진중히 하소서.[1]

남효온은 서른넷이던 1487년경 김종직을 호남에서 처음 만나 사제의 인연을 맺었다.[2] 스승은 굳이 이름을 부르지 않고 반드시 '우리 추강[吾秋江]'

1 南孝溫, 〈自挽四章, 上佔畢齋先生〉, 《秋江集》 권1, 한국문집총간 16, 민족문화추진회, 1988, 30면. "端肅謹達冬官相公佔畢金先生座下. 殘臘已盡, 靑陽用事, 方除舊更新之際, 門人弟子, 禮當匍匐往拜, 三冬病餘, 兩脚不仁, 騎馬且不能得, 敢遣人寒暄, 伏惟爲國珍重." 南孝溫, 《秋江集》, 한국문집총간 16, 민족문화추진회, 1990, 30-31·49·71·154-155면. 남효온 시문의 번역문은 김성언과 박대현이 번역한 책을 참고한 것이다. 김성언, 《남효온의 삶과 시》, 태학사, 1997; 박대현 역, 《국역 추강집》, 민족문화추진회, 2007.

2 이종범, 《사림열전 2: 순례자의 노래》, 아침이슬, 2008, 208년. 이종범은 남효온이 평소 존경하던 김종직을 만나지 못하다가 1487년(성종 18)에야 나주에서 처음 만났다고 했다. 남효온이 전라도 여행 중에

이라고 공대(恭待)할 만큼 제자를 존중했다.[3] 그런 스승에게 두 해 뒤 보낸 편지에는 뜻밖의 내용이 담겨 있었다. 자신의 죽음을 애도하는 자만시(自挽詩) 네 수가 별장(別章: 別紙)으로 붙어 있었던 것이다. 36세의 제자가 58세의 스승에게 보낸 문안 편지라고 하기엔 별나다고 하겠다. 남효온 자신도 그 점이 쑥스러웠던지 다음처럼 시의 창작 배경과 취지를 자세히 해명하였다.

> 이곳의 저는 병들지 않았을 때, 밖으로 육맥(六脈)을 짚고 안으로 오장(五臟)을 살피며, 팔괘(八卦)를 두루 찾고 용호(龍虎)를 참고하여 이에 수명이 얼마 남지 않았음을 알게 되었습니다. 지난 가을이 끝날 무렵, 집안의 액운이 크게 겹쳐 상사(喪事)가 반복되니, 바쁘게 쫓아다니는 사이에 마음이 허하고 미친 듯 두근거리는 병을 얻어 요망한 말을 절도 없이 발설하게 되었습니다. 다행히 약물의 힘을 입어 큰 병세는 조금 가라앉았지만 남은 독기가 아직 거세니, 지난번에 얻었던 점괘가 공연한 것이 아니었습니다. 이에 타향살이 중에 만가(挽歌) 네 편을 지었는데, 아들 녀석에게 맡겨 다시 정서(淨書)한 뒤에 선생의 자리 아래에 올립니다. 비루한 제가 세상맛을 탐내어 명리(名利)의 관문을 깨치고 나오지 못했음을 지극히 잘 알고 있으니, 어찌 다시 옛사람이 생사를 동일시하고 물아(物我)를 잊어버리는 경지를 바랄 수 있겠습니까. 다만 병중에 정신이 소모되고 지기(志氣)가 꺾여서 거친 말이 필시 문리가 이어지지 않을 것이니, 행여 바로잡아 주시기를 바랄 뿐입니다.[4]

나주를 순시하던 전라도관찰사 김종직을 배알하게 되었다는 것이다.

3 남효온의 사우관계를 명징하게 보여주는 자료로 그가 직접 작성한《사우명행록(師友名行錄)》(《대동야승(大東野乘)》 수록)이 있다. 그런데 이 글에는 김종직을 스승으로 기록하고 있지 않다. 또 외손 임보신(任輔臣, ?-1558)이 쓴《병진정사록(丙辰丁巳錄)》에서도 스승으로 김시습(金時習)을 꼽고 있을 뿐 김종직에 대한 이야기는 없다. 하지만 김종직의 〈문인록(門人錄)〉(《점필재집(佔畢齋集)》 부록)에는 남효온이 다섯 번째로 이름이 올라 있고, 김종직에게서 수업하였음이 기록되어 있다. 또 그가 김종직으로부터 각별한 예우[敬禮]를 받았음이 밝혀져 있다. 그럼에도 불구하고 자신과 후대의 기록에서 스승 김종직이 누락된 이유가 무엇인지는 분명하지 않다. 김용철은《사우명행록》의 김종직 누락이 초기 사림파가 김종직을 중심으로 개혁을 추진하다가 그와 결별하는 과정에서 빚어진 결과라고 보았다. 김용철, 〈초기 사림파의 자기 형상〉,《동양한문학연구》 제24집, 동양한문학회, 2006, 133-144면. 남효온과 김종직의 교유에 대해서는 다음 논의들을 참고할 수 있다. 이종범, 앞의 책, 202-211면; 김남이, 〈추강 남효온의 家系와 師友〉, 부산대학교 점필재연구소 엮음,《점필재 김종직과 그의 젊은 제자들》, 지식과 교양, 2011, 249-288면; 정출헌, 〈추강 남효온의 생애자료에 대한 변증과 탐색〉,《대동한문학》 제35집, 대동한문학회, 2011, 167-208면. 남효온이 스승으로 섬긴 이론 김종직 외에도 승려 일암(一庵), 김민강(金閔姜), 김수온(金守溫), 김시습 등이 있었다. 정출헌, 같은 논문, 182면.

4 남효온, 같은 글. "此中小子, 未病時, 外診六脈, 內觀五臟, 旁探八卦, 參之龍虎, 乃知大數近在朝夕, 去秋之杪, 家厄深重, 喪事重重, 奔走之間, 得心虛狂悸之病, 妖言妄語, 發作無節. 幸賴藥力, 大病稍歇, 而餘毒尙梗, 曩所得不虛也, 僑居, 乃作挽歌四篇, 付之豚犬, 更繕寫呈先生座下, 極知鄙人貪戀世味, 不得透利名關, 安能更希古人齊死生了物我之遺意耶. 但病中精神喪耗, 志氣摧挫, 荒詞必不文理接屬, 幸加斤正是望."

이 무렵 어린 아들과 맏사위가 연이어 죽고 자신도 병들어 이런 요망(妖妄)한 말을 하게 되었다는 것이다. 남효온은 실제로 1486년 둘째 아들 종손(終孫)을 잃었고, 이 시를 쓰기 한 해 전인 1488년 가을엔 큰 기대를 걸었던 맏사위 이온언(李溫彦)마저 세상을 떴다.[5] 종손이 죽었을 때 남효온은 애달픈 아비의 정을 담은 시를 지어 제사지냈고, 맏사위 이온언(李溫彦)은 남효온이 각별히 아끼고 기대를 걸었던 젊은이였다.[6] 집안에 액운이 겹쳐 상사(喪事)가 반복되었다는 말이 과언이 아니었다. 생사를 동일시하고 물아(物我)를 잊어버린 옛사람의 경지란 도연명의 〈만가를 본떠 지은 노랫말[擬挽歌辭]〉을 염두에 두고 한 겸사이다. 제3장에서 상세히 설명하겠지만 이 문제는 남효온의 작품을 이해하는 데 중요한 관건이 된다.

서간·서찰·간찰 등으로 묶어 부를 수 있는 전통사회의 편지글은 일정한 양식을 가지고 있다.[7] 이른바 자서(自敍) 부분에서 일반적으로 자신의 근황을 서술하곤 하는데, 이 글에선 자신의 질병과 가화(家禍)를 비교적 자세히 설명하고 있다고 볼 수 있다.[8] 그 이유는 아마도 별지에 적혀 있는 문제의 자만시에 있는 것으로 보인다. 스승에게 외람되이 자만시(自挽詩)를 지어 보내는 불경에 대한 자기변호인 셈이다. 별지에 중요한 내용이 담기는 것은 후대 이황(李滉)과 이이(李珥)를 중심으로 한 이기설(理氣說) 왕복논쟁에서도 보듯 당시의 풍조이기도 했다.

---

5 김성언,《남효온의 삶과 시》, 태학사, 1997, 55-60면. 남효온은 파평(坡平: 坡州) 윤씨(尹氏)와의 사이에서 8남매를 두었다. 이 중 아들이 둘이었는데, 종손은 일찍 죽어 의령 남씨 족보에도 누락되어 있다. 큰아들 충세(忠世)는 남효온 사후 발생한 갑자사화 때 죽임을 당했다. 이때 둘째 사위이자 함께 죽림칠현(竹林七賢)의 구성원이기도 했던 이총(李摠)도 참형에 처해졌다.

6 남효온은 시에서 아들이 죽자 슬피 울다 실명(失明)했던 공자의 제자 자하(子夏: 卜商)의 고사를 통해 자신의 통한을 토로한 바 있다. 남효온, 〈병오년(1486, 성종17) 2월 6일에 둘째 아들 종손이 죽어 시로써 제사 지내다丙午二月六日, 次子終孫化去, 詩以祭之〉,《秋江集》권3, 한국문집총간 16, 민족문화추진회, 1990, 71면; 맏사위 이온언의 자는 화숙(和叔)이다.《추강집》에는 사위에게 보낸 시가 여러 수 남아 있다. 시인은 1488년 9월 1일 맏사위의 영구(靈柩)를 조령(鳥嶺)에서 기다리며 만시를 쓰기도 했다. 남효온, 〈무신년(1488, 성종19) 9월 초하룻날 사위의 영구가 김해에서 오므로 내가 조령의 남쪽에서 맞이하다 4수[戊申九月初吉, 女壻之柩來自金海, 余迎于鳥嶺之南 四首]〉,《秋江集》권3, 49면.

7 심경호,《간찰, 선비의 마음을 읽다》, 한얼미디어, 2006, 336-341면.

8 박대현,《한문서찰의 격식과 용어》, 아세아문화사, 2010, 183-188면.

호남에서 돌아온 지 반년이 지나도록 소식이 오지 않자 김종직은 남효온이 이전처럼 이리저리 유람하고 있을 것이라 생각하던 차였다.[9] 그런 스승에게 오랜만에 도착한 제자의 문안 편지와 별지(別紙)에 실린 자만시는 무척 당혹스럽게 받아들여졌을 것이다. 그럼에도 스승은 이를 나무라거나 꾸짖지 않고 이를 다음과 같이 재치 있게 풀이하고 있다.

> 나는 옛사람이 자기 묻힐 자리를 미리 만들어 놓는 경우가 많다는 말을 들은 적이 있습니다. 또 시골 노인이 스스로 관을 만들고 의복과 이불 등 염습의 물건까지도 빠짐없이 다 준비하고, 죽을 때까지 관 속에 누워보곤 하는 것을 본 적이 있습니다. 이는 다만 미리 준비해 둔다는 의미만이 아니라 은연중 오래 살기를 기원하는 것이라고 비웃는 자도 있습니다. 지금 추강이 만시를 모의한 것도 이런 종류가 아닙니까?[10]

만시(挽詩)는 본래 타인의 죽음을 애도하는 문학이었다. 고대 장례에서 불리던 만가(挽歌)로부터 유래한 그것은 본래 죽음에 대한 순연한 슬픔의 표현이었지만, 차츰 상장례(喪葬禮)라는 예법의 제약을 받아 관습화·투식화되어 갔다. 자만시는 그런 만시를 '나의 죽음'에 적용한 문학적 일탈이다. 동아시아 문학적 전통에서 볼 때는 자전적(自傳的) 글쓰기의 한 가지로 볼 수 있다.

그러나 오늘날 우리들의 입장에서 특별해 보이는 자만시 자체에 대해선 김종직은 특별한 반응을 보이지 않았다. 당시의 관습으로 보아도 제자가 노년의 스승에게 자신의 죽음을 언급하는 것은 불경한 일이었겠지만 그조차도 전혀 괘의하지 않고 있다. 도리어 김종직은 자신의 죽음을 애도한 이 시

9 金宗直,〈答南秋江書〉,《점필재집佔畢齋集》文集 권1, 한국문집총간 12, 민족문화추진회, 1988, 404-405면, "秋江足下, 僕自湖南還都下, 幾及半載, 而竊怪吾秋江之問一不至, 意以爲秋江往歲遍湖嶺之外辰, 弁二韓之遺迹, 搜討無餘, 今則其人必在鐵嶺以北, 或浿江以西, 溯豆滿而望勿吉挹婁之墟, 艤馬訾而訪國內丸都之域, 彷徉底滯而不返爾, 不然, 何其絶無影響至此極耶." 김종직은 남효온이 영호남을 유람하였으니 지금쯤 철령 이북이나 대동강 이서 지방을 유람하고 있으리라 생각했다고 쓰고 있다.

10 金宗直, 같은 글, "僕嘗聞, 古之人, 多有豫作壽藏之兆者. 又嘗見鄕中老人, 自治棺槨, 至其衣衾斂襲之物, 無一不備, 常常自臥其中, 以迄沒齒, 此蓋非徒爲緩急之用, 或有哂其暗行祈禳之術者焉. 今秋江之擬挽, 無乃類是耶?" 이 편지는《점필재집》외에도《추강집》권8 척유(摭遺)와《속동문선(續東文選)》권12에도 수록되어 있다. 이 책에서 인용하는 김종직 글의 번역문은 임정기가 국역한《점필재집》의 내용을 필자가 필요에 따라 조금 다듬은 것이다.

가 사실은 삶에 대한 강렬한 열망이 담겨 있음을 지적한다. 오늘날에도 노인들이 수의와 관 등 장례용품을 미리 준비하는 것이 결코 죽음을 목적으로 해서가 아니듯이, 남효온의 자만시도 죽음보다는 남은 삶에 대한 강렬한 열망을 보여준다는 것이다. 이렇게 사제 간의 편지는 끝이 난다. 그들 사이에 주고받은 편지는 당대 지식인 사회의 흐름을 살필 때도 참고해야 할 자료겠지만, 문학사 측면에서도 매우 중요하다. 바로 자만시를 주제로 한 대화이기 때문이다.

따지고 보면 이 책 역시 남효온과 김종직이 주고받은 편지로부터 기인한 결과물이라고 할 수 있다. 비감한 동시에 약간의 웃음을 자아내는 그들의 시문이 아니었다면, 필자가 자만시에 주목하는 일도 없었을 것이고, 또 그 배경과 전개 양상에 대해 추적할 엄두도 내지 못했을 것이다. 일면 스승과 제자 사이에 주고받은 의례적인 안부 편지라 치부될 수 있는 이 글을 꼼꼼히 살펴야 하는 이유가 여기에 있다. 이 책의 결말쯤에 가서야 드러날 조선시대 자만시의 계보와 위상을 이 편지가 이미 시사하고 있기 때문이다. 그것은 크게 두 가지 측면에서 이야기할 수 있다.

하나는 동아시아 한자문화권 안에서 지속된 죽음에 관련된 문학의 변종이라는 점이다. 죽음은 시공을 초월한 가장 보편적인 문학 주제의 하나이다. 우리의 경우도 예외가 아니다. 우리 문학사의 첫 장을 장식하는 작품이 죽음을 다룬 〈공무도하가(公無渡河歌)〉임을 떠올릴 필요가 있다. 우리는 타인의 죽음을 통해 우리 자신의 존재 가치를 점검하고 닥쳐올 죽음을 예상한다. 하지만 어디까지나 그것은 타인의 죽음일 뿐 나의 죽음은 아니다. 타인의 죽음을 통해 죽음을 인지하고 감수할 수는 있지만 그것을 경험할 수는 없다. 따라서 나의 죽음을 말한다는 것은 일종의 금기 영역이었다. 더구나 추상적 죽음을 넘어 내 죽음의 정경을 묘사하고 그것을 애도하는 문학이란 현대의 기준으로 보아도 특별하다고 하겠다. 남효온과 김종직의 글은 자신의 죽음을 애도하는 자만시가 결코 불가능한 문학이 아님을 보여준다. 때론 제자가 스승에게 보이고 가르침을 구할 수도 있다는 말이 된다. 그들이 당대의 선진적 지식인이라 하더라도 이것은 당연히 일정한 문학적 전통과 전범(典範)이 먼저 있었음을 우리에게 시사한다.

또 다른 하나는 자신을 표현하는 이른바 자전적 글쓰기의 한 양태라는 점이다. 어떤 학자는 서구의 시가 공상의 산물인 데 비하여 한시는 현실을 묘사해낸다고 말한다.[11] 한시는 시인이 자신의 생활 속에서 일어난 사건과 경험, 그리고 거기에서 발생한 감정과 생각을 옮겨 적는 경향이 강한 까닭이다. 그래서 자신의 삶 전반을 읊는 한시의 경우 자전적인 색채가 강해진다.[12] 어떤 학자는 이를 두고 자전시(自傳詩)라는 용어를 쓰기도 했다.[13] 그런데 자만시는 타인을 추모하는 만시의 형태를 통해 자기표현을 시도하기 때문에, 자연스럽게 삶 전반에 대한 총체적 평가를 시도하게 된다. 또 이 과정에서 내 죽음이란 허구적 공간의 설정으로 인해 삶과 죽음을 넘나들며 실제와 가공의 나를 포괄한 전지적 화자가 이야기를 끌어가는 독특한 자아표현도 등장하게 된다.

남효온이 김종직에게 자만시를 보내며 평가를 요구한 것은 자신의 삶에 대한 자평(自評)을 다시 객관적으로 평가받기 위함이기도 하다. 한시가 상대적으로 현실의 경험을 담고 있다고는 하지만 오늘날의 독자가 보기엔 현실 속 자아가 그다지 분명하게 드러나지 않는 경우가 많다. 반면 자만시는 삶과 죽음의 경계에 선 자아의 표현이란 성격이 분명한 편이다. 20세기 전반 동양의 지식인들은 서구의 자서전(autobiography) 전통에 필적할 만한 자문

---

11 대표적인 논자로 미국의 스티븐 오웬(Stephen Owen)을 들 수 있다. 오웬은 중국 시의 경험은 역사적·현실적이라고 받아들여지는데 비하여, 서구의 시는 모든 것이 메타포이자 픽션이어서, 거기서부터 의미가 떠올라 오는 것이 시라고 간주한다는 주장을 펼친 바 있다. Stephen Owen, *Traditional Chinese Poetry and Poetics: Omen of the World*, Madison: The University of Wisconsin Press, 1985, 12-27면.

12 가와이 코조[川合康三], 《中國の自伝文學》, 東京: 創文社, 1996, 206-226면. 이 책의 번역본으로 다음 책이 있다. 가와이 코조[川合康三], 《중국의 자전문학》, 심경호 옮김, 소명출판, 2002, 231-252면.

13 셰쓰웨이[謝思煒], 〈論自傳詩人杜甫 — 兼論中國和西方的自傳詩傳統〉, 《文學遺産》, 1990年 第三期, 北京: 中國社會科學出版社, 1990, 68-76면.

학적 글쓰기가 없음을 한탄한 바 있다.[14] 동아시아의 경우 자전(自傳)과 같은 전기체(傳記體) 양식이 일찍부터 존재했지만, '정신의 자기형성사'로 발전해 온 서구의 자서전과 달리 동아시아의 자전에는 참회·고백처럼 자신의 잘못을 서술하는 특성이 결여되어 있기 때문이다.[15] 그런데 자만시에는 남효온이 "비루한 제가 세상맛을 탐내어 명리(名利)의 관문을 깨치고 나오지 못했음을 지극히 잘 알고 있다"고 말하는 데서 알 수 있듯이, 자신의 잘못을 참회하고 고백하려는 경향이 두드러진다. 여기에는 자신의 업적을 뽐내거나 자랑하는 것을 터부시하는 문화적 배경도 얼마간 작용했을 것이다. 그럼에도 자만시가 동아시아 문학 속에서 이채로운 자기표현 문학이란 사실을 부인할 수는 없다.

이렇게 자만시가 동아시아 지식인의 독특한 자기표현 방식의 하나라고 할지라도 우리는 그들이 죽음을 어떻게 생각하고 받아들였는가란 본질적인 문제를 회피할 수는 없다. 이른바 '죽음을 향하고 있는 존재'인 인간에게 나의 죽음이란 누구도 쉽사리 말하기 어려운 주제였기에 더욱 그러하다. 우리에게 죽음은 다른 사람의 죽음이라는 사건으로만 경험된다. 자신의 죽음은 경험할 수 없다. 죽어가면서 죽음을 받아들이려 하더라도 결코 경험할 수는 없다. 우리는 죽음 이전의 단계들만을 체험할 수 있을 뿐이지 어떠한 경우에도 죽음 자체는 경험할 수 없다. 죽었다가 살아 돌아온 사후 체험 따위는 매우 예외적일 뿐 아니라 일반적으로 진실이 아니라 받아들여진다. 자만시는 그럼에도 나의 죽음을 이야기한다. 타인의 죽음을 통해 인식되던 내 삶의 가치나 무상함이 아니라, 내 죽음과 상장례의 과정을 또 다른 나의 입을 통해 그려낸다. 자만시가 비록 만시(挽詩)라는 타인의 죽음을 애도하는 문학 주제 혹은 양식의 변형이라 할지라도, 나의 죽음을 문제 삼는다는 점에서 그 실존적 의미는 적지 않다.

14 가와이 고조[川合康三], 심경호 옮김, 앞의 책, 9-13면.
15 사에키 쇼이치[佐伯彰一] 편,《自傳文學の世界》, 東京: 朝日出版社, 1983, 77면.

우리는 누구나 죽음에 대한 두려움을 갖고 있다. 하지만 죽음의 표상에 따라 그것에 대처하는 방식은 각기 다르다. 임박한 죽음이 삶을 마비시킨다고 보아 죽음에 대한 성찰하기를 거부하거나, 영혼의 소멸을 모든 것의 끝이라고 보아 죽음을 돌이킬 수 없는 최악의 재난이라고 주장하기도 하며, 죽고 나면 더 이상 아무것도 모른다는 점에서 죽음을 두려워할 필요가 없으니 끝을 예감하며 살아 있는 동안 즐거움을 누리는 것이 중요하다고 생각하기도 한다. 또 죽음 역시 자연 질서의 하나로서 받아들여야 한다거나, 죽음은 경험할 수 없는 것이니 알 수 없다거나, 죽음과 삶은 서로 원인과 결과가 되는 동등한 것이라고 보기도 한다.

그러나 어떠한 경우에도 우리는 나의 죽음을 정면으로 다룰 수는 없다. 말할 수 있는 것은 추상적인 죽음이거나 타인의 죽음일 뿐 내 죽음은 아니기 때문이다. 서양 철학자들이 죽음을 결코 객관적 지식이나 탐구의 대상이 되지 못한다고 생각했던 것도 이런 이유에서다. 동양의 지식인들도 마찬가지였다. 죽음을 삶과 상대화하거나 지루한 윤회(輪回)로부터 벗어남으로 보거나 자연 이법의 일부로서 순응해야 한다고 말할 뿐, 정작 내 죽음에 대한 탐구는 드물었다. 나의 죽음은 1인칭으로 체험이 불가능하며 대체 불가능한 경험이기 때문이다. 인간은 본능적으로 자신의 죽음을 애써 부정한다. 다른 사람의 죽음 앞에서도 그것은 자신과 무관한 일이라고 애써 되뇌곤 한다.

그런 측면에서 자만시란 문학 주제는 다양한 측면에서 우리에게 생각할 거리를 던진다. 나의 죽음은 문학이 죽음을 다룰 때 사용하는 하나의 메타포 이상의 의미를 갖는가? 또 이 과정에서 자연스럽게 빚어진 자아의 혼성(hybrid) 양상을 자서전적 주체의 형성이라는 관점에서 바라볼 수 있는가? 망각을 통해 죽음을 회피할 수 없으니 다른 사람의 죽음처럼 나를 객관화하여 추체험(追體驗)하는 것인가? 끝맺음으로써 존재의 의미가 비로소 결정된다면 죽음의 정경들은 삶을 비춰주는 거울인 것인가? 나의 죽음을 대상으로 삼는 것은 죽음을 회피하는 것이 아니라 나의 죽음을 받아들이고 그것에 대한 불안에 맞서려는 용기인가? 나의 죽음이 늘 주변에 있음을 의식하고 죽음 앞에서 부단한 도피를 하는 대신 죽음을 자기화하여 자신의 본래성을 되찾기 위한 시도인가? 상장례가 의례로서 사람들을 통합하는 동시에 집단을 구분하는 역할을 한다면 자만시는 일반 사람들과는 다른 특별한 개인으로서의 자의식을 담은 것인가?

오늘날 죽음에 대해 다양한 표상들이 있는 것처럼 해석 역시 다양한 방식으로 제기될 수 있다. 이 책은 자만시란 특수한 문학적 현상 안에서 이 문제를 최대한 살펴보려 한다. 어떻게 보면 지나치게 한정되고 미시적인 대상일 수 있겠지만 깊이 파면 언젠가 강과 바다로 나아가는 원천(源泉)을 찾을 수 있으리라 기대해본다. 이제 자만시의 탄생 배경으로부터 시작해서 최종적으로 나의 죽음과 자아의 혼성(hybrid)이란 문제에 이르기까지 비교적 긴 이야기를 시작해보기로 한다. 죽음을 이야기하지만 이것은 결국 삶의 문제이기도 하다. 삶은 죽음을 통해 윤곽을 분명히 드러내기 때문이다. 각자에게 주어진 시간의 길이와 무관하게 모든 존재에는 그 나름의 구구절절한 사연이 있다. 자만시에 대한 이야기가 다면적이고 자아표현 역시 혼성적일 수밖에 없는 것 역시 무엇으로도 대체할 수 없는 나의 이야기이기 때문일 것이다.

제2장

자만시의 탄생

만가·만시로부터 자만시로

죽음은 문학 주제 가운데 시공을 초월한 가장 보편적인 것 중의 하나라고 할 수 있다. 서양의 경우《파이돈(Phaidon)》에 나오는 죽음을 눈앞에 둔 소크라테스와의 대화나 단테의《신곡(La Divina Commedia)》의 지옥편, 셰익스피어의 소네트(sonnet)에 나오는 죽음 등에서 드러나듯 죽음은 지속적이면서 매우 친숙한 주제였다.[16] 특히 시가에선 사람의 죽음을 읊은 엘레지(elegy)와 같이 후대에 일정하게 양식화된 경우도 있다. 엘레지는 본래 그리스와 로마 문학에서 6음보와 5음보의 시행이 교체되는 엘레지 운율(elegiac meter)로 쓰인 시가를 가리키는 말이었고, 담긴 내용은 대개 사랑하는 이를 향한 슬픈 하소연이었다. 르네상스 시대에는 엘레지란 말이 사랑의 시 등 여러 가지 의미로 사용되기도 했다. 그러나 17세기에 들어 특정 인물의 죽음에 대한 격식을 갖춘 애도로서 한정되었고, 그런 특성이 현재까지도 유지되고 있다.[17] 우리가 엘레지를 만가(輓歌)라고 번역하는 이유도 타인의 죽음을 대상으로 한다는 유사성 때문일 것이다.[18]

16 서양문학에 나타난 죽음에 대해서는 다음 책을 참고할 수 있다. 황훈성,《서양문학에 나타난 죽음》, 서울대학교출판문화원, 2013.

17 M. H. 에이브람스(M.H. Abrams),《문학용어사전(A Glossary of Literary Terms)》, 최상규 옮김, 예림기획, 1997, 99-100면.

18 영국의 엘레지에 관해서는 다음 책을 참고할 수 있다. 피터 삭스(Peter M. Sacks), *The English Elegy: Studies in the Genre from Spenser to Yeats*, Baltimore and London: The Johns Hopkins University Press,

동아시아도 마찬가지다. 《시경(詩經)》의 〈갈생(葛生)〉, 〈황조(黃鳥)〉, 〈육아(蓼我)〉, 〈녹의(綠衣)〉, 《초사(楚辭)》의 〈초혼(招魂)〉, 〈국상(國殤)〉 등의 고대 문학 작품들이 대표적인 예다. 한국의 경우도 〈공무도하가(公無渡河歌)〉나 〈제망매가(祭亡妹歌)〉에서 보듯 이미 상고시대부터 죽음을 모티프로 한 시가가 존재했다. 그중에서도 만시(挽詩)는 실제 장례의식과 결부된 문학양식으로서 유구한 전통을 지니고 있다. 만시는 만시(輓詩)라고도 쓰는 데 영구(靈柩)를 앞에서 끌고 인도하는 시라는 의미를 갖고 있다.

만시는 죽은 자를 대상으로 하는 애도문학의 일종이다. 타인의 죽음을 애도하는 이런 유형의 한시 작품은 동아시아 한자문화권에서 선진(先秦)시기부터 존재해 왔다. 중국의 경우 만가(挽歌)로부터 비롯한 만시가 양식화된 것은 한대(漢代)에 이르러서고, 이 양식화 과정에 상장례의 변화가 큰 영향을 미쳤다. 우리 한시의 경우 고려시대의 문인들도 만시를 남기고 있기는 하지만, 만시가 대량으로 창작되는 것은 조선조에 들어서라고 할 수 있다. 이 시기 들어 만시가 점증된 것은 유교적 상례의 보편화와 일정한 관련이 있는 것으로 보인다.[19]

서구의 만시라 할 엘레지는 죽음뿐만이 아니라 무상함 등을 다룬 우울한 명상시로서도 기능한다. 또 죽음을 다루더라도 특정한 사람의 죽음과 관련되지 않은 삶의 허망함을 다루는 반면, 만가와 만시는 대체로 구체적 대상의 죽음을 전제로 한다는 점에서 차이를 갖는다.

본래 만시는 타인의 죽음에 대한 순연한 감정의 발로로서 시작되었다. 이런 사적이고 자발적인 감정의 발로로서의 만시는 아내의 죽음을 애도한 도망시(悼亡詩), 자식의 죽음을 애도한 곡자시(哭子詩), 동기의 죽음을 애도한

1985.
만가에 해당하는 서구 시가로 또 더즈(dirge)가 있다. 다른 사람의 죽음에 대한 슬픔을 표현한 것인데, 전체 길이가 짧고 격식을 덜 중요시하며 노래 가사 형식으로 쓰인다는 점이 엘레지와 다르다. M.H. 에이브람스(M.H. Abrams), 앞의 책, 100-102면.

19 안대회, 〈한국 한시의 죽음 소재〉, 《韓國 漢詩의 分析과 視角》, 연세대학교출판부, 2000, 51면.

곡형제시(哭兄弟詩)와 벗과 동료의 죽음을 애도한 도붕시(悼朋詩) 등으로 분류되기도 한다.[20] 하지만, 만시의 보편화 과정에서 의례적이고 상투적인 작품들도 점증하게 되었다. 전통사회에서 만시는 망자(亡者) 쪽에서 당시의 명망가들과 뛰어난 문인들에게 두루 청탁하는 것이 관례였다. 이에 따라 자발적으로 쓴 것이 아니라 요청에 의해 지어지고, 또 그 내용에 있어서도 망자에 대한 의례적이고 상투적인 칭양(稱揚)으로 점철되기도 하였다. 만사를 받는 것을 큰 영광으로 여기고, 장례 때 만장의 수효로 망자의 덕망과 학식을 가늠하였던 전통사회의 풍조도 이런 의례성과 상투성을 심화시키는 요인이 되었다.[21] 상당수의 만시에서 절실한 감정이 결여된 채 상투적 표현이 남발된 데에는 후자와 같은 의례성 문학의 영향이 컸다. 조선조의 문집 대부분에 이런 의례성 만시가 많이 실려 있는 데서도 이런 사정을 짐작할 수 있다.

이 책에서 주목하는 자만시(自挽詩)는 자신의 죽음을 애도하는 독특한 유형의 만시이다. 자만시란 말은 스스로 쓴 만시, 혹은 자신에 대한 만시라고 풀이할 수 있다. 전통사회에선 자만(自挽), 자만(自輓) 외에도 살아 있는 사람에 대해 쓴 만가라는 의미의 생만가(生輓歌), 미리 자신의 만시를 쓴다는 의미의 예만(預挽), 스스로 쓴 만사(挽詞)란 의미의 자만사(自挽詞), 자작만사(自作挽詞), 자찬만사(自撰挽詞) 등으로 불려왔다.[22] 자만시는 결국 스스로 쓴 자신의 만시인 셈이다. 만시가 다른 사람의 죽음에 대한 격식화된 애도문학이란 점에서 자만시란 말 자체는 근원적인 모순을 가지고 있다. 자신을 대상으

---

20 최재남, 《韓國哀悼詩研究》, 경남대학교출판부, 1997, 15-16면. 다만, 최재남의 분류는 만가 전반을 대상으로 한 것은 아니다. 그는 만시 중 유가적인 교의에 입각한 의례적, 전례적(典禮的)인 공식 시들을 제외하고, 개인적이고 사적인 동기에서 쓴 죽음의 시들을 애도시(哀悼詩)라고 규정하고 이상과 같이 네 가지 주제로 분류하였다.

21 국사편찬위원회 편, 《상장례, 삶과 죽음의 빙징식》, 두산동아, 2005, 103면; 안내회, 앞의 책, 51-54면.

22 명대 전후칠자(前後七子) 중의 한 사람인 왕세정(王世貞)은 자신의 비평서 《예원치언(藝苑巵言)》 권8에서 '예만(預挽)'이란 표현을 사용하였다. 조선 전기의 은일 시인 정희량(鄭希良)은 〈사우록(師友錄)〉(《虛庵遺集》 속집 권3) 홍언충(洪彦忠)조에서 '자찬만사(自撰挽詞)'라는 표현으로, 중기의 탁월한 비평가 이수광(李睟光)은 자신의 백과사전적 저술인 《지봉유설(芝峯類說)》 권14에서 '자작만사(自作挽詞)'라는 명칭으로 사반시를 불렀다. 한편 청대 하문환(何文煥)은 《역대시화고색(歷代詩話考索)》에서 '자만사(自挽詞)'란 표현을 썼다.

로 삼을 수 없음에도 불구하고 나의 죽음을 문제 삼았기 때문이다.

만시가 실제 장례의식에 수반된 것이란 점에서, 또 상당 부분 청탁에 의해 타율적으로 지어진다는 점에서 자만시는 일반 만시 양식과 큰 차별성을 갖는다. 한편, 만시는 죽은 자의 일생을 되돌아보며 추모한다는 점에서 산문의 전(傳)과 통하는 면이 있다. 그런데, 자만시의 경우는 그것을 자기 스스로 짓는다는 측면에서 자전적(自傳的) 요소가 두드러지게 된다.[23] 자만시를 쓸 때 시인은 자신의 죽음을 가정하고 죽은 자의 눈으로 자신의 삶을 되돌아보는 방식을 취한다. 자만시의 이런 특성들은 자연 죽음을 통해 삶을 조명해내는 결과를 가져오게 하며, 특히 삶과 죽음의 경계에 선 시인의 결연한 자의식을 드러내게 한다. 자만시의 이런 특수성은 매우 의도적이고 허구적인 자기표현의 방식이란 점에서 주목을 끌기에 충분하다.

이런 자만적(自挽的) 성향의 작품들로는 자만(自挽) 자만(自輓) 외에도 임종자만(臨終自輓), 자도(自悼), 임종시(臨終詩), 절명사(絶命辭) 등의 제목을 가진 시, 도연명 〈의만가사(擬挽歌辭)〉의 화운작(和韻作), 자명(自銘), 자작뢰문(自作誄文), 운문(韻文)으로 지어진 유장(遺狀) 등이 있다. 그런데, 자만적 성향의 작품들 사이에는 일정한 차이 또한 존재한다.

우선, 자신의 죽음을 목전에 두고 지어지는 임종시(臨終詩)나 절명사(絶命辭)는 자만시와 다른 점이 있다. 임종시나 절명사가 자신의 실제 죽음을 예비하는 성격이 두드러지는 데 반하여, 자만시는 반드시 실제 죽음과 연결되는 것이 아니기 때문이다. 상당수의 자만시 작품들이 임종 이전에 지어진 것도 이 점을 짐작하게 한다. 또한 자만시가 갖는 시적 화자의 특수성, 곧 죽은 내가 생전의 삶을 돌이켜 보는 방식은 유언적 성격의 작품들에서 찾아보기 힘든 점이다.

다음으로 자도시(自悼詩)는 임종시나 절명사와는 또 다른 측면에서 자만시와 차이를 보인다. 내가 나를 돌이켜 본다는 점에서 시적 발화방식의 유사성

23 가와이 코조[川合康三], 심경호 옮김, 앞의 책, 179-197면.

이 발견되지만, 그 내용이 반드시 자신의 죽음과 연결되는 것은 아니기 때문이다. 자도시의 경우 자신의 현실적 고통을 토로하는 데 그치는 경우도 많다.

마지막으로 자명(自銘), 자작뢰문(自作誄文), 스스로 쓴 유장(遺狀)의 경우 자신의 죽음을 대상으로 한 글쓰기란 점은 동일하지만, 시가 아니라 운문이란 양식적 차이를 가진다. 이들 양식은 글쓰기 방식을 감안할 때 자만시가 아니라 자찬묘지명(自撰墓誌銘)과 같이 다루는 편이 온당할 것으로 보인다.

이상을 기준으로 우리는 다음과 같이 자만적 성향의 작품들을 분류할 수 있을 것이다. 우선 좁은 의미의 '자만시'란 자만(自挽), 자만(自輓) 등의 제목을 가진 시, 자신의 죽음을 가정하고 상장례의 정경을 그려낸 자도시·임종시·절명사, 그리고 도연명 〈의만가사〉의 화운작을 가리킨다. 한편, 넓은 의미의 자만류(自挽類) 문학이란 그 밖의 자도시, 임종시, 절명사, 자명, 자작뢰문, 운문으로 지어진 유장 등을 포괄한다.

이렇게 분류하더라도 김시습(金時習)의 〈아생(我生)〉과 같이 제목과 관계없이 자신의 죽음을 언급한 자만적 성향의 작품을 어떻게 처리할 것이냐는 문제가 남는다.[24] 필자는 이 부분에 '자만(自挽)'이란 양식성에 대한 고려가 반드시 필요하다고 생각한다. 기본적으로 자만시 역시 만시의 양식성을 따르고 있다는 점을 감안할 때, '자만(自挽)'이란 시제가 갖는 의미를 결코 홀시할 수 없기 때문이다. '자만(自挽)'은 말 그대로 자신의 죽음을 애도하는 것이어야만 한다. 단순히 죽음을 염두에 둔 시들까지 자만시로 포괄한다면, 술회(述懷), 영회(詠懷), 자술(自述)과 같은 전통적인 자전적(自傳的) 시들과 자만시의 경계가 모호해지게 된다. 후술하겠지만 임종시가 태생적으로 영회시와 유사성을 가지고 있다는 점도 고려할 필요가 있다. 그런 측면에서 김시습의 〈아생〉과 같은 작품들은 넓은 의미의 자만류(自挽類) 문학으로 분류하여

24 金時習,《梅月堂集》, 詩集 권14, 韓國文集叢刊 13, 民族文化推進會, 1990, 318면. "我生旣爲人, 胡不盡人道? 少歲事名利, 壯年行顚倒. 靜思縱大恧, 不能悟於早. 後悔難可追, 寤擗甚如擣. 況未盡忠孝, 此外何求討? 生爲一罪人, 死作窮鬼了. 更復騰虛名, 反顧增憂惱. 百歲標余壙, 當書夢死老. 庶幾得我心, 千載知懷抱." 윤주필은 방외인문학을 논하는 자리에서 이 작품을 自挽詩의 풍이라 규정하고 시로 그린 자화상이란 측면에서 논의한 바 있다. 윤주필,《한국의 방외인 문학》, 집문당, 1999, 217-260면.

참조의 대상으로 삼는 편이 좋으리라 생각한다. 이 책에선 이상을 감안하여 좁은 의미의 자만시를 중심으로 논의를 진행하기로 한다. 이하에서 사용되는 자만시란 용어는 바로 이런 자만시를 의미한다.

대체적으로 볼 때 자신의 죽음 뒤에 지어진 만시·제문(祭文)·묘지명(墓誌銘)·전(傳)·화상찬(畫像贊) 등의 문학은 타인의 몫이다. 그러나 이를 자신의 문제로 바꾸어 쓴 자만시(自挽詩)·자제문(自祭文)·자찬묘지명(自撰墓誌銘)·자전(自傳)·화상자찬(畫像自贊)의 창작 의식은 이와 다르다. 자만시를 남긴 시인은 자신의 죽음의 의미를 소유해야 할 존재는 바로 삶을 산 자신이 되어야 한다고 생각했다. 또, 삶이 자신의 정체성을 찾아가는 기나긴 여로라고 한다면, 그런 정체성은 자만시와 같은 자기표현 안에서 이루어질 수 있다고 확신했다. 이를테면, 자만시는 이러한 자기인식을 재구성하고 세상에 각인시킬 수 있는 최선의 혹은 최후의 기회였던 셈이다. 이 점에 관해서 조선 중기 이수광(李睟光, 1563-1628)은 다음과 같이 조심스럽게 지적한 바 있다.

> 옛날 도연명은 스스로 자신의 만사와 〈오류선생전〉을 지었고, 배도(裵度)는 스스로 자신의 화상찬을 지었으며, 백거이(白居易)는 스스로 〈취음선생전〉과 자신의 묘지명을 지었다. 또 소옹(邵雍)은 스스로 〈무명공전〉을 지었으며, 진요좌(陳堯佐)는 스스로 묘지를 지었다. 근세에 노수신(盧守愼) 또한 지문을 스스로 지었으니, 혹시 이름에 뜻을 두었던 것일까?[25]

이수광은 자만류(自挽類) 작품을 남긴 작가들이 이름(명예)에 뜻이 있었던 것이라고 추측하고 있다. 이름에 대한 추구란 달리 말하면 자신을 자신이 원하는 방식으로 세상에 각인하려는 자아의 욕구라고 할 수 있다. 이런 욕구는 응당 창작 의식과 자아표현 방식이란 두 가지 층위에서 해석되어야만 한다.

그렇다면 자만시는 어떻게 발생된 것일까? 우리는 자만시의 기원을 살펴

25 李睟光,《芝峯類說》권14, 文章部7 哀辭,《芝峯類說》, 景仁文化社, 1970, 544면. "昔陶淵明自作挽詞及五柳先生傳, 裴晉公自作畫像贊, 白樂天自作醉吟先生傳及墓誌銘, 邵康節自作無名公傳, 陳堯佐自作墓誌, 近世盧蘇齋亦自作誌文, 豈亦有意於名者歟?"

보기 위해 먼저 만가(挽歌)와 만시(挽詩)의 문제로부터 출발하여야 한다. 자만시가 엄연히 만시의 하위 갈래의 하나이기도 하지만, 초기 만가와 만가시(挽歌詩)의 양식적 특징 속에 이미 자만적(自挽的) 요소가 발견되기 때문이다.

앞서 언급한 것처럼 만가란 장송곡이다. 원래 시신을 담은 영구(靈柩)를 장지로 운반할 때 '불(紼: 상여 끈)'을 잡고 상여를 끌던 사람들이 부르던 노래였는데 후에 장례식의 한 부분이 되었다.[26] 본래 만가는 일반적인 만시(挽詩), 만장(挽章), 애사(哀辭)와는 다른 것이다. 후자는 글을 중시하여 모두 소리가 없는 반면, 전자는 곡을 따라 슬피 노래하는 시로 소리를 중시하지 노랫말 자체를 중시하지 않았기 때문이다.[27]

남북조(南北朝)시기 남조(南朝) 양(梁)나라 소명태자(昭明太子) 소통(蕭統, 501-531)이 편찬한《문선(文選)》에는 악부(樂府)와 잡가(雜歌) 사이에 만가(挽歌)란 분류 항목을 두어 위진(魏晉) 시기 목습(繆襲)의 만가시 1수, 진(晉)나라 육기(陸機)의 만가시 3수, 진(晉)나라 도연명(陶淵明)의 만가시 1수를 싣고 있다.[28] 잘 알려진 것처럼《문선》은 중국문학사에서 가장 이른 시기에 편찬된 시문 선집(選集)이며 후대에 큰 영향을 미쳤다. 우리 문학에 미친 영향 역시 컸다. 악부(樂府)와 잡가(雜歌) 사이에 만가(挽歌)가 위치한 데서 드러나듯이 만가는 본래 곡조에 실어 노래하는 가곡이었을 것이다. 남조 양(梁) 유협(劉勰)의《문심조룡(文心雕龍)》〈악부편(樂府篇)〉에도 "한대(漢代)의 요가(鐃歌)와 만가(挽歌)는 비록 융(戎)과 상(喪)이 다른 일이기는 하지만 모두 악부(樂府)에 넣는다."[29]라고 했고, 송대 곽무천(郭茂倩)의《악부시집(樂府詩集)》에서

26 杜佑,《通典》권86,〈禮典〉46, 挽歌, 北京: 中華書局, 1984. "지우(摯虞)가 말하길 '《한위고사(漢魏故事)》에 황제(皇帝), 황후(皇后), 세자(世子)의 장례 및 벼슬 높은 신하의 장례에 상여줄을 잡는 사람이 만가를 부른다.'라고 했다.[摯虞云, '漢魏故事, 大喪及大臣之喪, 執紼者挽歌.']"

27 런중민[任中敏],《唐聲詩》上, 張之爲·戴偉華 校理, 南京: 鳳凰出版社, 2013. "挽歌與普通之挽詩·挽章·哀辭等異, 因後者主文, 皆無聲, 而前者乃循曲哀歌之詩, 主聲而不主文也." 런중민(任中敏)의 본명은 너[訥], 자(字)는 중민[中敏], 호는 이베이[二北]이다. 그래서《당성시(唐聲詩)》의 저자를 런이베이[任二北]라고 부르기도 한다.

28 蕭統 編,《文選》권28, 李善 注, 上海: 上海古籍出版社, 1986, 1332-1337면.

29 劉勰,《文心雕龍義證》,〈樂府篇〉, 詹鍈 義證, 上海: 上海古籍出版社, 1989; ____,《文心雕龍注釋》,〈樂府篇〉, 周振甫 注, 周振甫 等 譯, 臺北: 里仁書局, 1984. "漢世鐃挽, 雖戎喪殊事, 而並總入樂府."

는 이 시들을 '상화가사(相和歌辭)'로 분류한 바도 있다.[30] 그러나《문선》에선 이를 악부와 별도로 분류하고 있다는 점에 유의해야 한다. 제목을 굳이 만가시라고 한 것은 이들 작품이 노래로서의 성격을 상실하고 읽는 시로서의 성격으로 전환되고 있음을 보여 주는 징표라고 볼 수 있다.[31] 하지만 여전히 일정하게 양식화된 시가를 초기에 만가 혹은 만가시라고 불렀던 데서 양자의 긴밀한 관계 또한 짐작할 수 있다.《문선》만가조에 수록된 작품 제목에서도 알 수 있듯이 만가와 만가시는 당시 거의 동일한 의미로 쓰였기 때문이다.

만가의 기원에 관해서는《문선》이 편찬되던 무렵에도 이미 여러 가지 설이 제기되어 있었다. 남조(南朝) 송(宋) 임천왕(臨川王) 유의경(劉義慶, 403-444)이 찬(撰)한《세설신어(世說新語)》〈임탄(任誕)〉편의 주석에 그 내용이 잘 정리되어 있다. 핵심만 간추려 소개해 보면 다음과 같다.

가. 진(晉)나라 초주(譙周, 201-270)가 찬(撰)한《초자법훈(譙子法訓)》에 근거하여,[32] 한(漢)나라 고조(高祖) 유방(劉邦)이 천하를 통일한 뒤 제왕(齊王) 전횡(田橫, ?-B.C.202)을 호출하자 호향정(戶鄕亭)에 이르러 자살하였는데, 그 때 전횡의 문인들이 관을 끌면서 슬픔을 달래기 위해 노래한 것이 기원이라고 보는 설.
나.《장자(莊子)》에 나오는 '불구(紼謳)'를 기원으로 보는 설.
다. 진(晉)나라 두예(杜預, 222-285)의 주석에 근거하여《좌전(左傳)》애공(哀公) 11년조에 보이는 '우빈(虞殯)'이 기원이라고 보는 설. 두예(杜預)는 '우빈'이 장송곡이라는 주석을 달았다.
라.《사기(史記)》〈강후주발세가(絳侯周勃世家)〉에 나오는 "주발이 항상 통소를 불어 다른 사람의 상사(喪事)를 처리해 주었다.[勃常爲人吹簫給喪事.]"에 근거하여 주발(周勃, ?-B.C.169)이 불렀던 장례 때의 노래를 기원으로 보는 설.[33]

30 郭茂倩,《樂府詩集》1冊, 北京: 中華書局, 1979, 400-401면.

31 이에 대해서는 잇카이 도모요시[一海知義],〈文選挽歌詩考〉,《中國文學報》제12책, 京都: 京都大學文學部中國文學會, 1960, 19-48면. 이 글은 근래 출간된 저자의 전집에도 실려 있다. 잇카이 도모요시[一海知義],〈文選挽歌詩考〉,《一海知義著作集》2, 東京: 藤原書店, 2008, 251-300면.

32 譙周,《譙子法訓》, "挽歌者, 高帝召田橫, 至尸鄉自殺, 從者不敢哭而不勝哀, 故爲此歌, 以寄哀音焉."

33 劉義慶,《世說新語校箋》下冊,〈任誕〉제45조, 徐震堮 校箋, 北京: 中華書局, 1984, 407면; 余嘉錫 箋疏,《世說新語箋疏》下, 第2版, 北京: 中華書局, 2007, 892면; 劉强 會評輯較,《世說新語會評》, 南京: 鳳凰出版社, 2007, 430-431면; 劉義慶,《세설신어》하, 김장환 역주, 살림, 1996, 229-231면.

이 내용은 유효표(劉孝標), 곧 유준(劉峻, 463-521, 字는 孝標)의 주석에 보인다. 이 주석의 핵심은 상례에 악곡을 이용할 수 있는지의 여부에 있으므로 네 가지 설 중 어느 것이 맞는지에 대해선 특별한 언급은 없다.[34]

역대로 만가의 기원에 관해선 특히 첫 번째와 두 번째 설이 많이 언급되어 왔다. 시기로는 선진(先秦) 기원설과 한대(漢代) 기원설이 팽팽하게 맞서 왔다. 선진 기원설은《세설신어》주석에 나오는 것처럼《좌전(左傳)》노(魯)나라 애공(哀公) 11년조에 보이는〈우빈(虞殯)〉과《장자(莊子)》중에 나온다는 '불구(紼謳)'를 기원으로 본 것이고,[35] 한대 기원설은 전횡(田橫)의 문인(門人)들이 전횡을 애도한 비가(悲歌)에서 비롯했다는 시각이다.[36] 두 가지 설 모두 일리가 있지만, 양식화된 만시는 상대적으로 후자에서 그 원형을 찾을 수 있다고 판단된다. 선진의 만가가 단순히 애도시로서의 성격을 가지고 있는데 비해, 한대의 만가는 상장례와 관련된 것이기 때문이다. 특히 위진시기의 문인들은 대개 전횡의 문인들로부터 비롯한〈해로(薤露)〉와〈호리(蒿里)〉가 만가의 원류라고 생각하고 있었다.[37]

만가가 한대부터 보편화의 길을 걸었지만, '만가시(挽歌詩)'란 제목이 본격적으로 사용된 것은 위진(魏晉)시기 목습(繆襲)에 이르러서라고 할 수 있다.[38] 이 시기의 만시에선 두 가지 현저한 특징이 발견된다. 그 하나는 개인

34 만가의 기원에 관한 다양한 주장에 관해서는 앞서 인용한 잇카이 도모요시[一海知義]의 글 외에도 다음 글들이 참고가 된다. 왕이위안[王宜瑗],〈六朝文人挽歌詩的演變與定型〉,《文學遺産》2000年 第5期, 北京: 中華書局, 2000, 22-32면; 우청쉐[吳承學],〈漢魏六朝挽歌考論〉,《文學評論》2002年 第3期, 北京: 文學評論雜誌社, 2002, 63-72면; 주기평,〈중국 挽歌詩의 형성과 변화과정에 대한 一考察〉,《중국문학》제60집, 한국중국어문학회, 2009, 29-49면.

35《左傳》哀公 11年, "將戰, 公孫夏命其徒歌虞殯."
《莊子》, "불구가 생겨난 까닭은 반드시 힘을 덜기 위해서였을 것이다.[紼謳所生, 必于斥苦.]" 이 구절은《世說新語》,〈任誕〉편에 대한 劉峻(劉孝標)의 注에 인용되어 있는데, 지금 전하는《장자》판본 중에는 이런 구절이 없다. '紼'은 운구할 때 쓰는 밧줄을 말한다.

36 崔豹,《古今注》中,〈音樂〉, 崔豹,《《古今注》校箋》, 머우화린[牟華林] 校箋, 北京: 線裝書局, 2015, 77-80면. "〈薤露〉·〈蒿里〉並喪歌也, 出田橫門人. 橫自殺, 門人傷之, 爲之悲歌."

37〈薤露〉, "薤上朝露何易晞. 露晞明朝還復滋, 人死一去何時歸.";〈蒿里〉, "蒿里誰家地, 聚斂魂魄無賢愚. 鬼伯一何相催促, 人命不得少踟躕." 전횡의 무리가 남긴〈해로(薤露)〉와〈호리(蒿里)〉가 만가의 원류라고 생각했던 것은 뒤에 인용할《세설신어(世說新語)》〈임탄(任誕)〉편에 수록된 장담(張湛)의 일화에서 잘 살펴볼 수 있다.

38 '목습'은 '무습'이라고 읽기도 한다.《육신주문선(六臣注文選)》에서는 '망우(亡又)'의 번절로 주석하

적 서정의 강화다. 앞서 인용한《세설신어(世說新語)》〈임탄(任誕)〉편의 주석에서도 이런 특성이 잘 드러난다. 해당 주석은 장담(張湛)이 술 마신 뒤에 만가를 부르자 환충(桓沖, 328-384)이 전횡의 제자도 아니면서 어떻게 이런 경지에 도달했는가라고 말했다는 내용에 대한 것이다.[39] 이는 우리에게 두 가지를 시사한다. 하나는 만가는 전횡의 제자로부터 나왔다고 보는 당시 사람들의 인식이다. 또 다른 하나는 타인의 죽음을 애도하기 위해서만 만가를 부른 것이 아니란 점이다. 거슬러 올라가자면 한대(漢代)에도 이런 조짐은 발견된다.

후한(後漢) 응소(應劭, 약153-196)가 지은《풍속통의(風俗通義)》의 한 대목을 살펴보자.

> 당시[영제(靈帝)시기] 경사(京師)의 빈혼(賓婚)와 가회(嘉會)에는 모두 괴루(魁櫑)를 만들고, 술이 한창 오른 뒤에 이어서 만가(挽歌)를 부른다. 괴루(魁櫑)는 상가(喪家)의 음악이고, 만가는 상여의 끈을 잡고서 서로 짝하여 화답하는 것이다. 하늘이 경계하기를 국가가 급속히 쇠망하고 여러 부귀하고 놀기 좋아하는 사람들이 다 죽을 것이라고 한 말과 같다. 영제(靈帝)가 붕어(崩御)한 뒤로 경사(京師)가 괴멸(壞滅)하고 집집마다 시체가 쌓이며 벌레가 들끓어 서로 먹었다. 이는 괴루(魁櫑) 만가의 효험인 것인가?[40]

여 '무습'으로 읽었다. 蕭統 編, ____ 編,《(奎章閣所藏 六臣注本) 文選》上, 다운샘, 1983, 689면. '무(繆)'자는 '목(穆)'자와 통용되는데, 이 글자를 성으로 사용할 때도 '무'와 '목' 두 가지로 읽을 수 있다.《강희자전(康熙字典)》'무(繆)'자 조에 "또《집운(集韻)》과《운회(韻會)》에 모두 미(眉)·구(救) 번절(切)이며 음은 무(謬)이다. …… 또 성이다.《사기(史記)》〈신공전(申公傳)〉에, '난릉(蘭陵)의 무생(繆生)'이라고 하였는데,〈색은(索隱)〉에서 '무씨(繆氏)는 난릉(蘭陵)에서 나왔다.'라고 하였다.《정자통(正字通)》에는 '지금 무성(繆姓)을 묘(妙)처럼 읽는데 이는 변음이지 본음이 아니다.'라고 하였다."라는 내용이 보인다. 사마정(司馬貞)의《사기색은(史記索隱)》에, "무는 망(亡)·구(救) 번절[反]이다. 무씨는 난릉에서 나왔다. 또 다른 음은 '목'인데, 이른바 '목생'은 초(楚)나라 원왕(元王)이 예우한 바이다.[繆音亡救反. 繆氏, 出蘭陵. 一音穆, 所謂穆生, 爲楚元王所禮也.]"라고 하였다.

39 劉義慶,《世說新語校箋》下册,〈任誕〉제43조, 쉬전어[徐震堮] 校箋, 北京: 中華書局, 1984, 406면 "張驎酒後, 挽歌甚悽苦. 桓車騎曰, '卿非田橫門人, 何乃頓爾至致?'"; 위자시[余嘉錫] 箋疏,《世說新語箋疏》下, 第2版, 北京: 中華書局, 2007, 892면; 류챵[劉强] 會評輯較,《世說新語會評》, 南京: 鳳凰出版社, 2007, 430면. 장린(張驎)은 장담(張湛)이다. 린(驎)은 장담의 어렸을 적 자(字)이다.

40 왕리치[王利器] 校注,《風俗通義校注》,〈佚文-服妖〉, 臺北: 明文書局, 1982, 568-569면. "靈帝時, 京師賓婚嘉會, 皆作魁櫑, 酒酣之後, 續以挽歌. 魁櫑, 喪家之樂, 挽歌, 執紼相偶和之者. 天戒若曰, 國家當急殄悴, 諸貴樂皆死亡也. 自靈帝崩後, 京師壞滅, 戶有兼屍, 蟲而相食. 魁櫑挽歌, 斯之效乎!" 같은 내용이 진(晉) 간보(干寶)가 편찬한《수신기(搜神記)》권6에도 실려 있다. 이 글은 현선하는《풍속통의》에는 실려 있지 않다.《전한서(續漢書)》〈오행지(五行志)〉일(一)의 주(注)와《어람(御覽)》권552,《사물기

또《후한서(後漢書)》〈주거전(周擧傳)〉에는 다음과 같은 내용이 보인다.

> [영화(永和)] 6년 3월 상사일(上巳日)에 상[商: 대장군 양상(梁商)]이 크게 빈객을 모아 낙수(洛水)에서 주연을 베풀었다. …… 술자리가 무르익고 가무(歌舞)가 끝났을 때 이어서 〈해로(薤露)〉의 노래를 부르자 좌중에서 이를 들은 사람들이 모두 눈물을 훔쳤다. …… 주거(周擧)가 탄식하며 말하기를 "이는 이른바 애락(哀樂)이 때를 잃은 것이니 적절한 곳이 아니다. 앙화가 장차 이를 것이다."라고 하였다. 상(商)이 가을이 되어 과연 훙(薨)하였다.[41]

위 기록들은 만가가 장송의 때가 아니라 연회의 자리에서 불려졌던 사실, 그리고 그 행위가 전자에서는 시대의 암울한 조짐이 되고, 후자에서는 개인의 불행한 말로를 시사하는 전조였던 사실을 보여주고 있다.

그러나 역시 개인적 서정의 표현으로서 만가가 활용되었음은 위진시대에 들어와서 좀 더 분명히 드러난다.《세설신어》〈임탄〉편에 실려 있는 원산송(袁山松)의 일화가 대표적인 예다. 원산송 역시 나들이할 때마다 매번 시종들에게 만가를 부르게 하길 좋아했다고 한다.

> 장담(張湛)은 서재 앞에 소나무와 잣나무를 심길 좋아했다. 당시 원산송은 나들이할 때마다 주변 시종들에게 만가를 부르게 하길 좋아했다. 당시 사람들이 말하길 "장담은 집 밑에 시체를 늘어놓고, 원산송은 길 위에서 운구한다."라고 했다.[42]

장담은 앞서 인용한《세설신어》의 주석에도 등장하는데, 당시엔 무덤에

원(事物紀原)》 권9, 청대 하작(何焯)의《의문독서기(義門讀書記)》 등에《풍속통의》를 출처로 인용되어 있는 내용이다. 何焯,《義門讀書記》下, 추이가오웨이[崔高維] 點校, 北京: 中華書局, 1987, 926면.《풍속통의》는 한대(漢代) 민속에 관한 책으로《풍속통(風俗通)》이라 불리기도 한다.

41 范曄,《後漢書》 권91,〈周擧傳〉, "六年三月上巳日, 商大會賓客, 讌于洛水. …… 及酒闌倡罷, 繼以薤露之歌, 坐中聞者, 皆爲掩涕. …… 擧歎曰: '此所謂哀樂失時, 非其所也. 殃將及乎.' 商至秋果薨."

42 劉義慶,《世說新語校箋》下册, 제43조, 앞의 책, 407-408면. ""張湛好於齋前種松柏; 時袁山松出遊, 每好令左右作挽歌. 時人謂'張屋下陳屍, 袁道上行殯.'"; 위자시[余嘉錫] 箋疏,《世說新語箋疏》下, 第2版, 北京: 中華書局, 2007, 890-891면; 劉義慶,《세설신어》하, 김장환 역주, 살림, 1996, 227-228면. 한편, 당(唐) 우세남(虞世南)의《북당서초(北堂書鈔)》에는 이 이야기의 출처로 남조(南朝) 진(晉) 배계(裵啓: 이름은 榮)의《어림(語林)》을 들고 있다. 虞世南,《北堂書鈔》 권92,〈挽歌〉三十三, 北京: 學苑出版社, 2015, 84면. 이 책은《배자어림(裵子語林)》이라고 불리기도 하는데, 저자가 당시의 권력자 사안(謝安)에게 미움을 받았던 까닭에 책 역시 타격을 받았다. 이로 인해 제대로 전해지지 못했지만 책의 중요 내용들은 후일 많은 책에 인용되었나. 특히《세설신어》는《어림》의 내용을 많이 가져다 쓴 것으로 알려져 있다.

반드시 소나무와 잣나무를 심었기 때문에 집 밑에 시체를 늘어놓는다고 한 것이다.[43] 원산송이 길 위에서 운구한다고 한 것은 만가가 본래 상여의 줄을 당기면서 부르는 노래이기 때문에 당시 사람들이 이같이 말한 것이다.

《세설신어(世說新語)》〈임탄(任誕)〉편의 '임탄'이란 말 자체가 제멋대로 방종한다는 의미를 가진 것처럼 여기에는 위진(魏晉)시기 인물들의 당대 예교(禮敎) 관념을 벗어난 별난 일화들이 실려 있다. 따라서 원산송이 만가를 길에서 부르게 한 것이나, 앞서 소개한 것처럼 장담이 술 마신 뒤에 만가를 구성지게 불렀던 것 자체가 일반적인 일이 아님은 분명하다. 그런데 이런 기록은 다른 문헌에서도 발견된다. 원대 이공환(李公煥)의《전주도연명집(箋注陶淵明集)》에서 인용한 조천산(趙泉山: 이름 미상)의 주에는 원산송 외에도 진(晉) 환이(桓伊)가 만가를 잘 불렀다거나, 유희(庾晞)가 만가 부르길 좋아해서 매번 큰 방울을 흔들며 선창하곤 주변 사람으로 하여금 일제히 화답하게 했다는 일화가 실려 있다.[44] 이런 일화들은 만가가 위진시기에 이르러 본래의 목적을 벗어나 개인 서정의 표현으로 바뀌어 가는 과정을 충분히 보여준다고 할 수 있다.

한편, 만가·만가시 외에 타인의 죽음을 애도하는 형식의 시로 또 '송장시(送葬詩)'라는 것이 있다. '송장시'란 대체로 죽은 이를 장사 지내어 보내는 데 주안점이 있는 유형의 작품들을 가리킨다. 북송(北宋) 초에 편찬된 문학총집(總集)《문원영화(文苑英華)》권305 비도(悲悼)5에는 송장(送葬)의 항목 아래 12편의 시가 수록되어 있다.[45] 대표적인 사례로 북주(北周) 유신(庾信, 513-581)의 〈송영법사장(送靈法師葬)〉이나 당대 위응물(韋應物, 737-792)의

43 류창[劉强] 會評輯較,《世說新語會評》, 南京: 鳳凰出版社, 2007, 429-430면. "淩濛初云, '當因冢墓必裁松柏, 故云.'"

44 陶淵明,《箋註陶淵明集》, 권4, 元 李公煥 箋註, 影印本, 國立中央圖書館 善本叢刊 第七種, 臺北: 中央圖書館, 1991, 202면. "(趙泉山) 又曰, '晉桓伊善挽歌, 庾晞亦喜爲挽歌, 每自搖大鈴爲唱, 使左右齊和. 袁山松遇出遊, 則好令左右作挽歌類, 皆一時名流達士, 習尙如此. 非如今之人, 例以爲悼亡之語而惡言之也.'"

45 고토오 아키노부[後藤秋正], 〈唐代〈送葬詩〉の周辺〉,《唐代の哀傷文学》, 東京: 研文出版社, 2006, 35-59면.

〈송종(送終)〉 같은 작품을 들 수 있다.[46] 당대 위응물의 시에선 죽은 아내를 장송(葬送)하고 있는데, 그 내용이나 표현이 만가시와 유사한 측면도 있다.[47]

'송장시'는 명칭에서 알 수 있듯이 만가에 비해 상장례의 과정에 더 집중하는 편이다. 하지만, 송장시는 만가나 만가시만큼 죽음 애도의 양식으로서 영향력을 확보했던 것은 아닌 듯하다. 또 발생도 만가시에 비해 후대인 것으로 보인다. 우리가 다음에 살펴볼《문선》에는 이런 종류의 작품이 보이지 않는다. 동아시아 문학 전통에서도 양자는 달리 인식되어 왔던 것으로 보인다. 명대 장지상(張之象, 1507-1587)이 편찬한《당시유원(唐詩類苑)》에는 '송장(送葬)'과 별도로 '만가(挽歌)'조를 두어 양자를 분명히 구분하고 있다.[48]

앞서 언급한 것처럼《문선》에 실려 있는 만가시는 목습과 육기, 그리고 도연명 세 사람의 작품뿐이다. 육기의 만가시는 3수가 실려 있지만 목습과 도연명의 시는 1수만이 실려 있다. 그러나 도연명의 만가시는 실제론 3수로 이루어져 있어서《문선》에 반드시 작품 전체를 수록한 것이 아님을 알 수 있다. 목습의 만가시도 당(唐) 우세남(虞世南, 558-638)이 편찬한 유서(類書)《북당서초(北堂書鈔)》에는 잔편들이 더 실려 있어서 원래 3수였을 것이라고 보는 시각도 있다.[49]

---

46 倪璠 注,《庾子山集注》권4, 쉬이민[許逸民] 校點, 北京: 中華書局, 1980, 316-317면. "龍泉今日掩, 石洞即時封. 玉匣摧談柄, 懸河落辯鋒. 香爐猶是柏, 麈尾更成松. 郭門未十里, 山迴已數重. 尚聞香閣梵, 猶聽竹林鐘. 送客風塵擁, 寒郊霜露濃. 性靈如不滅, 神理定何從."
타오민[陶敏]·왕요우칭[王友承] 校注,《韋應物集校注》권6 感嘆, 上海: 上海古籍出版社, 1998, 398-399면. "奄忽逾時節, 日月獲其良. 蕭蕭車馬悲, 祖載發中堂. 生平同此居, 一旦異存亡. 斯須亦何益, 終復委山岡. 行出國南門, 南望鬱蒼蒼. 日入乃云造, 慟哭宿風霜. 晨遷俯玄廬, 臨訣但遑遑. 方當永潛翳, 仰視白日光. 俯仰遽終畢, 封樹已荒涼. 獨留不得還, 欲去結中腸. 童稚知所失, 啼號捉我裳. 即事猶倉卒, 歲月始難忘."

47 위응물은 '선체(選體)'라 불리는《문선》형식의 시를 쓰려고 노력했다는 평가를 받는데,《문선》수록 만가시와도 닮아 있다는 점에서 이 작품 역시 그러하다고 볼 수 있다. 이 작품은 실제《문선》에 실려 있기도 한 육기(陸機)의 〈만가(挽歌)〉의 어휘를 가져다 쓰고 있기도 하다. 명대 고린(顧璘)은 이 작품을 평하면서 위응물이 '선체'에 심혈을 기울여 큰 성취를 거두었다고 지적한 바 있다. 타오민[陶敏]·왕요우칭[王友承] 校注,《韋應物集校注》권6, 앞의 책, 399면.

48 張之象,《唐詩類苑》二, 권60 禮部, 上海: 上海古籍出版社, 2006, 400-417면.

49《북당서초》에는 목습〈만가시(挽歌詩)〉의 일문(佚文: 흩어져 잃어버린 글) 2종이 인용되어 있다. 虞世南,《北堂書鈔》권92,〈挽歌〉三十三, 北京: 學苑出版社, 2015, 84면. (1)"令月簡吉日, 啓殯將祖行. 祖行安所之, 登天近上皇. 朝發高堂上, 暮宿黃泉下. 白日入虞泉, 懸車息駟馬.", (2)"壽堂何冥冥, 長夜永無期. 欲呼聲無聲, 欲語口無辭." 일문 (1)중 5구부터 8구까지는《문선》에 실려 있는 목습의〈만가시〉중 3구

이렇게 위진시기 문인의 만가는 세 수로 이루어진 경우가 많은데, 연작으로 구성됨으로써 장례 과정을 서술하는 가운데 각종의 감회를 그 사이에 끼워 넣을 수 있게 된다. 목습의 〈만가시〉, 부현(傅玄)의 〈만가(挽歌)〉, 육기(陸機)의 〈만가시3수(挽歌詩三首)〉, 도연명의 〈만가시〉(원제는 〈만가를 본떠 지은 노랫말[擬挽歌辭]〉)는 모두 세 수로 이루어져 있고, 개인적 서정의 색채를 짙게 띠고 있다.

세 수로 구성된 만가는 대체로 상장례의 각 단계에 대응하여 선조적(線條的)으로 내용이 전개되는 특성을 보인다. 세 수로서 완결되는 구조를 갖고 있는 것이다. 나중에 인용하겠지만 육기의 〈만가시3수(挽歌詩三首)〉의 첫 번째 수에서는 원근에서 소식 듣고 서둘러 온 친족과 벗들의 애도 속에 망자가 입관(入棺)되고, 시일이 경과한 뒤 출관(出棺)되기까지의 광경을 노래한다. 시에 쓰인 빈궁(殯宮), 조재(祖載), 계빈(啓殯) 등의 어휘가 이를 압축적으로 나타내고 있다.[50] 그리고 두 번째 수에서는 빈소에서 관을 꺼내어 수레에 싣고 장지로 가는 과정이 노래된다. 세 번째 수에서는 망자가 무덤에 매장되고 시인은 죽은 이를 대신하여 그 감개를 노래하는 것으로 마무리된다. 이를 도식화해서 말한다면 입관과 출관-장송-매장의 순서가 된다. 물론, 모든 시가 육기의 시와 똑같은 방식으로 전개되지는 않는다. 도연명의 시 같은 경우 첫 번째 수에서는 죽음부터 입관까지를, 두 번째 수에서는 상례와 운구를, 세 번째 수에서는 매장과 매장 이후의 일을 담고 있다. 하지만, 이 세 수가 연결

부터 6구까지와 일치한다. 그러나 1구부터 4구까지는《문선》수록의 〈만가시〉에는 보이지 않으며 서로 운(韻)이 일치하지 않는다.('行'과 '皇', '下'와 '馬'), 그리고 (2)의 4구는《문선》에 전혀 보이지 않는 구이면서 운('期'와 '辭')이《문선》수록 작품이나 (1)의 전 4구와도 다르다. 그런데 위진남북조시대의 만가는 도연명 〈만가시(의만가사)〉의 세 번째 수를 매우 드문 예외로 한다면 한 수 안에서 운을 바꾸지 않는다. 따라서 목습의 작품이라고 일컬어지는 만가시는《문선》에 수록한 것 외에도 2수가 더 있어서, 적어도 3수가 있을 가능성이 높다고 볼 수 있다. 다만 이것이 상호 연계된 일련(一連)의 작품인지는 분명히 알 수 없다. 잇카이 도모요시[一海知義], 〈文選挽歌詩考〉,《一海知義著作集》2, 東京: 藤原書店, 2008, 254-255면.

50 빈궁(殯宮)은 빈전(殯殿)이라고도 하는데, 빈소(殯所) 혹은 무덤을 의미하는 말로 쓰인다. 여기서는 빈소의 의미로 쓰였다. 조재(祖載)는 구거(柩車)로 시신을 옮겨 장지로 출발하는 것을 말하는 것으로 출관(出棺)과 마찬가지 의미다. 계빈(啓殯)은 발인할 준비로서 관을 꺼내기 위해 빈소(殯所)를 여는 것을 말한다.

되어 상장례 전반을 시간 순서대로 서술하는 기능을 하고 있음은 분명하다. 언제부터 시작되었는지 알 수는 없지만 입관·장송·매장을 나누어 노래하는 것이 만가시에 적합하다고 보아서 일정하게 양식화되었던 듯하다. 만가의 본질이 단순히 추상적인 죽음을 다루는 것이 아니라 상장례의 과정 속에서 죽음을 노래하는 것이기 때문이다.

위진시기 만가시의 또 다른 특성은 그 대상이 분명하게 드러나지 않는다는 점이다.《문선》에 실려 있는 만가시라는 제목을 가진 작품들은 애도의 대상이 누구인지 분명히 드러나지 않는다. 이는 비슷한 시기 남조 송(宋) 강지연(江智淵, 418-462)의 〈선귀비만가(宣貴妃挽歌)〉나 북조 북위(北魏) 온자승(溫子昇, 495-547)의 〈상국청하왕만가(相國淸河王挽歌)〉 같은 작품이 특정인의 죽음을 애도하기 위해 지어진 것과 분명한 차이를 갖는다. 그런데 두 작품은 모두 당대(唐代) 서견(徐堅, 660-729)이 편찬한《초학기(初學記)》권14 만가(挽歌)조의 '해로(薤露)'에 대한 주석에 인용되어 있기도 하다.[51] 해당 조목에 위 두 시는 물론《문선》에 수록된 목습과 육기, 그리고 도연명의 만가시가 열거되어 있는 것을 보면 양자가 동일하게 분류되기도 함을 알 수 있다. 하지만《문선》의 만가시는 특정인의 죽음을 대상으로 하지 않고, 인간의 죽음 일반을 대상으로 하여 지어진 것으로 보인다.《문선》에선 영회(詠懷)조에 임종시(臨終詩)를, 애상(哀傷)조에 도망시(悼亡詩)를 실어 만가시와 구별하고 있다. 이는 만가시가 특정인의 죽음을 애도하는 작품과 구별되는 것임을 보여준다. 게다가 강지연, 온자승의 만가가 타인의 죽음을 객관적으로 묘사하는 것과 대조적으로,《문선》의 만가시는 죽은 이 자신의 입장에서 본 죽음의 묘사도 삽입되는데, 도연명의 시 같은 경우 전편이 망자 자신(시적 화자)에 의한 죽음의 묘사이기도 하다.

그래서인지 이 시기 만가시를 보면 죽은 자가 어떤 특정인이 아니라 모든 사람을 대표하는 존재인 경우가 많다. 목습의 〈만가(挽歌)〉, 육기의 〈만가시

51 徐堅,《初學記》上册, 권14 禮部下, 第二版, 北京: 中華書局, 2004, 363면.

3수(挽歌詩三首)〉, 부현(傅玄, 217-278)의 〈만가(挽歌)〉,[52] 안연지(安延之, 384-456)의 〈만가(挽歌)〉,[53] 포조(鮑照)의 〈대만가(代挽歌)〉·〈대호리행(代蒿里行)〉, 조정(祖珽, 北齊 ?-?)의 〈만가(挽歌)〉[54] 등에서 이런 면모를 확인할 수 있다.

여기에선 주로《문선》에 수록된 시를 대상으로 이런 특성을 확인해 보기로 한다. 먼저 목습(繆襲, 186-245)의 〈만가시(挽歌詩)〉를 읽어 보자.

살았을 때는 수도에서 놀다가,
죽어서는 들판 가운데 버려지는구나.
아침에 높은 집에서 나와,
저녁엔 황천 아래서 묵네.
해가 우연(해 지는 곳)에 들어감에,
수레를 멈추고 네 말을 쉬게 하네.
조화가 비록 신명할지라도,
어찌 나를 다시 생존케 할 수 있으랴?
형체와 용모는 조금씩 소멸되어 가니,
이빨과 머리카락도 당연히 빠지리라.
예로부터 모두 그러했으니,
누군들 이로부터 벗어날 수 있으랴.

生時遊國都,　死沒棄中野.

---

52 傅玄,〈挽歌〉, 虞世南 輯,《北堂書鈔》권92, 顧廷龍 主編,《續修四庫全書》子部 類書類, 上海: 上海古籍出版社, 1995.; 루친리[逯欽立] 輯校,《先秦漢魏晉南北朝詩》晉詩 권1, 北京: 中華書局, 1983, 565-566면.
"人生尠能百, 哀情數百端. 不幸嬰篤疾, 凶候形素顏. 衣衾爲誰施, 東帶就闔棺. 欲悲淚已竭, 欲辭不能言. 一去永不返, 長夜何漫漫. 壽堂閑且長, 祖載歸不還."
"人生尠能百, 哀情數萬嬰. 路柳夾靈轜, 旟旐隨風征. 車輪結不轉, 百駟齊悲鳴."
"靈坐飛塵起, 魂衣正委移. 茫茫丘墓間, 松柏鬱參差. 明器無用時, 桐車不可馳.[或作行] 平生坐玉殿, 歿歸幽都宮. 地下無滿期, 安知秋與冬.[地下無滿期, 安知秋與冬.]"

53 李昉 外 編,《太平御覽》권512, 臺北: 臺灣商務印書館, 1986. "顏延之輓歌曰, '令龜告明兆, 撤奠在方昏. 戒徒赴幽窀, 祖駕出高門. 行行去城邑, 遙遙守丘園. 息鑣竟平隧, 稅駕列岩根.'" 안연지는 남조 송(宋) 태조(太祖)가 불렀을 때 주막에서 옷을 벗고 스스로 만가를 부르면서 응대하지 않았다는 기록이 전한다. 다만, 이 만가가 그때 불렀던 만가인지는 알 수 없다. 李昉 外 編,《太平御覽》권512,《謝綽拾遺錄》曰, "太祖嘗召顏延之, 傳詔頻日尋覓不値, 太祖曰: '但酒店中, 自當得也.' 傳詔依旨訪覓, 果見延之在酒肆, 裸身自挽歌, 了不對. 他日醉醒乃往." 다만 안연지의 시는 명대 편찬된《古詩紀》같은 책에서는 찾아 볼 수 없다. 馮惟訥 纂輯,《古詩紀》1-22, 臺北: 商務印書館, 1979.

54 祖珽,〈挽歌〉, 루친리[逯欽立] 輯校,《先秦漢魏晉南北朝詩》下, 北京: 中華書局, 1983, 2274면. "昔日驅駟馬, 謁帝長楊宮. 旌懸白雲外, 騎獵紅塵中. 今來向漳浦, 素蓋轉悲風. 榮華與歌笑, 萬事盡成空."

朝發高堂上，　暮宿黃泉下.
白日入虞淵，　懸車息駟馬.
造化雖神明，　安能復存我.
形容稍歇滅，　齒髮行當墮.
自古皆有然，　誰能離此者.[55]

《위지(魏志)》에 근거한 이주한(李周翰)의 주에서는 "목습은 자가 희백이니 동해 사람이다. 뛰어난 재주와 학식이 있었고 저술한 바가 많았으며, 관직은 상서(尚書), 광록훈(光祿勳)에까지 이르렀다."라고 하였다.[56] 목습의 부친 목비(繆斐)는 한말(漢末)의 명유(名儒)로《삼국지(三國志)》〈위지(魏志)〉에 입전된 인물이기도 하다. 명문가 출신인 셈인데 자세한 생애는 알려져 있지 않다. 건안(建安, 196-220) 연간에 출사(出仕)하여 어사대부부(御史大夫府)에서 봉직하면서 조조(曹操), 조비(曹丕), 조예(曹叡), 조방(曹芳)의 4대를 섬겼고, 〈위지〉에 기록된 것처럼 관직은 상서(尚書), 광록훈(光祿勳)에까지 이르렀다. 중장통(仲長統)과 교분이 두터웠다고 한다. 종영(鍾嶸, 468?-518)은《시품(詩品)》권3에서 진(晉)나라 문인들의 시를 열거하면서 "오직 목습의 만가만을 통해서 슬픔에 나아갈 수 있을 뿐이다.[熙伯挽歌, 唯以造哀爾.]"라고 하였다.[57]

시의 처음 네 구는 죽음이 매우 갑작스러움을 말하는 동시에 또 삶의 무상(無常)함을 우회적으로 표현하고 있다.《주역(周易)》〈계사(繫辭) 하(下)〉에서 "옛날 장례(葬禮)하는 자들은 섶을 두껍게 입혀서 들 가운데 시신을 안장하였다.[古之葬者, 厚衣之以薪, 葬之中野.]"라고 하였는데, 2구의 '중야(中野)'는 바로 황야(荒野)이다. 그런데 이 구절에선 죽은 이를 '장례한다[葬]'고 하지 않

55 蕭統 編,《文選》권28, 李善 注, 上海: 上海古籍出版社, 1986, 1332면.

56 "《魏志》云: '繆襲, 字熙伯, 東海人. 有才學, 多所敘述, 官至尚書光祿勳.'"

57 목습의 시에 대해서 호평만 있는 것은 아니다. 청대 하작(何焯, 1661-1722)은《의문독서기(義門讀書記)》에서 목습의 〈만가시(挽歌詩)〉에 대해, "시의 내용이 기험(崎險)하며 촉급하고, 또한 담담하고 슬프나.[詞極峭促, 亦淡以悲.]"라고 평가하기도 했다. 何焯,《義門讀書記》권47, 〈文選 詩〉, 추이가오웨이[崔高維] 點校, 北京: 中華書局, 1987, 926면.

고 '버려졌다[棄]'고 씀으로써 비참함을 더한다.

3구와 4구는 왕충(王充)《논형(論衡)》〈박장편(薄葬篇)〉의 "어버이가 살아 계실 적에는 고당의 위에 모시고 돌아가셨을 때에는 황천의 아래에 안장한다.[親之生也, 坐之高堂之上, 其死也, 葬之黃泉之下.]"라고 한 데에서 나왔다.[58] 인용 시는 이를 차용하면서 '아침에 나와[朝發]'와 '저녁에 묵네[暮宿]'란 표현을 앞에 두어 인생이 짧음을 대비시켜 표현하고 있는 것이다.

이처럼 죽음의 상황이 읽는 이로 하여금 애통하고 비감한 마음이 들게 하지만, 이 시에선 정작 시인이 애도하는 대상이 분명하게 드러나지 않는다. 7·8구의 "조화가 비록 신명할지라도, 어찌 나를 다시 생존케 할 수 있으랴?[造化雖神明, 安能復存我]"에 등장하는 '나[我]'라는 1인칭 대명사는 자칫 시인 자신의 죽음으로 받아들여질 여지마저 있다.

진(晋) 육기(陸機, 261-303)의 〈만가시 3수(挽歌詩三首)〉에서도 비슷한 면모를 찾을 수 있다.[59] 첫 번째 수의 앞부분은 이렇게 시작된다.

점을 쳐서 길지를 헤아려 고르니,[60]
좋은 이름이 여기에 다 있어라.
새벽에 멍에 씌워 인부들 경계시켜,
고삐를 연결시켜 산인덕 오르내리네.
용 그림 휘장은 상여를 덮고 있고,
가벼운 만장이 앞에서 인도한다.
빈소는 어찌 이리 시끄러운가,
슬픈 울음소리 영실(靈室) 가득 퍼지네.
빈소 안에서 잠시 조용히 하고,

58 황후이[黃暉] 撰,《論衡校釋》권23, 北京: 中華書局, 1990, 965면. 고당(高堂)은 집의 정청(正廳)을 말하고, 황천(黃泉)은 천(泉)이 땅속에 있기 때문에 누를 황(黃)자를 써서 말한 것이다.

59 蕭統 編,《文選》권28, 李善 注, 上海: 上海古籍出版社, 1986, 1333-1337면.
이하에서 인용한 육기 〈만가〉에 대한 이해는《문선》에 대한 육신(六臣) 주 외에도 다음과 같은 현대 주석본의 도움을 받은 것이다. 陸機,《陸士衡文集校注》, 권7, 류윈하오[劉運好] 校注整理, 南京: 鳳凰出版社, 2007, 655-674면.

60《儀禮》〈士喪禮〉曰, "筮若不從, 擇如初儀. 又曰, 卜若不從, 卜擇如初儀." 鄭玄曰, "擇地而筮之也." 鄭玄《毛詩》箋云, "考, 稽也." 鄭衆《周禮》注曰, "大貞, 大卦也."《廣雅》曰, "命, 名也."

내 해로시(薤露詩)를 들어보게나.

卜擇考休貞, 嘉命咸在玆.
夙駕警徒御, 結轡頓重基.
龍幰被廣柳, 前驅矯輕旗.
殯宮何嘈嘈, 哀響沸中闈.
中闈且勿讙, 聽我薤露詩.

육기는 육조시대(六朝時代)를 대표하는 문인의 한 사람으로, 동시대에 활약한 반악(潘岳)과 함께 '반륙(潘陸)'이라 병칭되었다.[61] 특히 그가 남긴 〈문부(文賦)〉는 중국문학이론의 대표적 저작으로 유명하다.

전체 세 수로 이루어진 시의 앞부분에서 화자는 나의 해로시를 들어달라고 말한다.《문선》에 주석을 단 여섯 신하[六臣] 중 한 사람인 장선(張銑)은 대신 노래한다는 것은 〈해로(薤露)〉와 〈호리(蒿里)〉를 말하며 옛 만가시(挽歌詩)라고 주석했다. 최표(崔豹)가《고금주(古今注)》에서 밝힌 것처럼 〈해로〉와 〈호리〉는 전횡의 문인으로부터 나왔다는 노래로, 사람의 목숨이 염교 위의 이슬과 같이 쉽게 말라 없어지며, 사람이 죽으면 혼령이 호리로 돌아간다고 읊은 것이다. 본래 2장으로 구성된 하나의 노래였는데 한(漢) 효무제(孝武帝) 때 이연년(李延年)이 두 곡으로 만들었다. 이 중 〈해로〉는 왕공(王公)과 귀인(貴人)을 장송하고 〈호리〉는 사대부와 서인(庶人)을 장송할 때 사용되었다. 당대(唐代)에 이 시를 '왕후의 만가[王侯挽歌]'로 보았던 이유가 여기에 있다.[62]

그런데 이 '나'라는 시적 화자의 존재는 만가시가 전개되어 감에 따라 망자와의 관계가 분명하지 않을뿐더러 때로는 1인칭과 2인칭이 뒤섞여 있다는 느낌마저 준다. 시 속에서 이런 혼란상이 드러나는 부분들을 제시해 보면

61 육기의 자는 사형(士衡)이다. 오나라 4대 성씨[四姓: 朱·張·顧·陸]의 하나인 육씨(陸氏)로 집안은 대대로 오나라의 명문세족이었다. 조부가 육손(陸孫), 아버지는 육항(陸抗)이다. 동생 육운(陸雲)과 함께 '이륙(二陸)'으로 일컬어지기도 한다.

62《唐鈔文選集注彙存》권56, "陸善經曰:《集》曰: 王侯挽歌."

다음과 같다. 앞서 인용시에서 나의 〈해로시〉라고 말한 내용은 다음과 같이 이어진다.

죽음과 삶은 각각 다른 부류여서,
영구를 수레에 싣는 데도 응당 때가 있는 법이라네.[63]
두 기둥 사이에 영구 둔 채 술잔을 베풀고,
빈소 열어 상여로 관을 옮겨 싣네.
전별 자리인데 술잔도 들지 못하고,
밖에서 유숙(留宿)하니 돌아올 기약 없구나.
장막과 침상 비어 고인의 그림자만 남아 있을 뿐이고,
옛 집도 그대와 영원히 이별이네.
가까운 친척들 모두 달려와 모이고,
벗들은 멀리서 찾아오네.
가벼운 수레 나는 듯이 오고,
백마를 채찍질해 달려오네.
고삐를 당겨 긴 숲길 따라서,
그대를 영원히 밤뿐인 무덤에 보내네.
그대를 불러도 그대는 듣지 못하고,
그댈 위해 울어도 그대는 알지 못하네.
이중의 관 곁에서 탄식하며,
우리의 함께 노닐던 옛 시절 떠올려보네.
하루가 삼 년 같은 그리움 거둘 수 있다지만,
영원토록 헤어짐에 어찌 생각나지 않으랴?
따라 죽는 것은 쉬어도,
그대를 살려낼 수는 없다네.

63 이주한(李周翰)의 주석에서는 다음과 같이 설명하고 있다. "윤(倫)은 이치[理]이고 조(祖)는 시작[始]이다. 조재(祖載)는 구거(柩車)로 시신을 옮겨 장지로 출발하는 것을 말한다.[倫, 理, 祖, 始也. 祖載, 謂移柩車爲行之始]" 한편 이선(李善)은 이 구절에 대해 다음과 같이 설명한다. 범엽(范曄)의 《후한서(後漢書)》에 "당희(唐姬)의 시에 이르길 '생과 사가 각각 달라져 이로부터 어긋나도다.[死生各異兮從此乖]'라고 하였다."《주례(周禮)》에는 "상축(喪祝)은 대상(大喪)을 관장한다. 조(祖)는 관을 장식하고 나서 시신을 옮겨 싣는다.[喪祝, 掌大喪. 祖, 飾棺, 乃載.]"라고 하였는데, 정현은 "조(祖)는 장지로 가는 시작이다. 그 순서는 시신을 옮겨 실은 후에 장식을 한다.[祖, 爲行始也, 其序載而后飾.]"라고 하였다.《백호통(白虎通)》에서는 "조(祖)는 시작을 뜻한다. 빈정(殯庭)에서 처음 시신을 싣고서 이거(轜車, 상여)가 조(祖)와 예(禰)에 사례(辭禮)를 한다. 때문에 조재(祖載)라고 한다.[祖者, 始也. 載於庭, 轜車辭祖禰, 故名曰祖載也.]" 이선은 《백호통》과 정현의 설이 같지 않으므로 함께 인용한다고 덧붙이고 있다. 蕭統 編, 《新校訂六家注文選》 3冊, 兪紹初·劉群棟·王翠紅 點校, 鄭州: 鄭州大學出版社, 2013, 1841면.

가슴속 담은 말 목 메어 못하고,
눈물은 훔쳐도 또 흐르네.

死生各異倫, 祖載當有時.
舍爵兩楹位, 啓殯送靈輀.
飮餞觴莫舉, 出宿歸無期.
帷袵曠遺影, 棟宇與子辭.
周親咸奔湊, 友朋自遠來.
按轡遵長薄, 送子長夜臺.
呼子子不聞, 泣子子不知.
歎息重櫬側, 念我疇昔時.
三秋猶足收, 萬世安可思.
殉沒身易亡, 救子非所能.
含言言哽咽, 揮涕涕流離.

시적 화자는 죽은 이의 가까운 벗이어서 망자의 죽음을 이다지도 슬퍼하는 듯하다. 죽은 이를 '그대[子]'라고 호칭하면서 '나[我]'라는 1인칭을 쓰는 동시에 상대와 자신을 묶어서 또 '우리[我]'라는 말을 쓰기도 한다. 두 번째 수에서도 시적 화자의 벗에 대한 그리움은 이어진다.[64] "장사 지낼 때 함께 묻는 기물[冥器]은 생전 그대론데, 명정(銘旌)은 누굴 위해 펄럭이는지.[備物象平生, 長旌誰爲旆.]"[65] 같은 표현이 그런 예다.

그러나 세 번째 수에 이르면 나와 너의 관계가 이전과 사뭇 달라진다. 다음 시는《문선》에 두 번째 시로 실려 있으나 내용으로 볼 때 두 번째와 세 번째 수의 순서가 바뀐 것으로 보인다. 청대 진조명(陳祚明, 1623-1674)의《채숙당고시선(采菽堂古詩選)》에서도 순서를 바로 잡아 수록하고 있다.[66] 현대 학

64 "流離親友思, 惆悵神不泰. 素驂佇轜軒, 玄駟鶩飛蓋. 哀鳴興殯宮, 迴遲悲野外. 魂輿寂無響, 但見冠與帶. 備物象平生, 長旌誰爲旆. 悲風徽行軌, 傾雲結流靄. 振策指靈丘, 駕言從此逝."

65 여향(呂向)은 이 구절에 대해 다음과 같은 주석을 달고 있다. "명기(明器/冥器)는 모두 평소 입고 쓰던 것을 본뜬다. 장정(長旌)은 명정(銘旌)이다. 수위패(誰爲旆)라는 것은 망자를 위한 깃발을 말한다.[明器, 皆象平生所服御者. 長旌, 銘旌也. 誰爲旆者, 言爲亡者之旆.]"

66 陳祚明 評選,《采菽堂古詩選》권10, 리진숭[李金松] 點校, 上海: 上海古籍出版社, 2008, 295-296면.

자들의 교주본(校注本) 역시 마찬가지다. 다음 인용 시는 이상과 같은 학자들의 교감(校勘) 성과를 반영하여 그 내용을 살핀 것이다.[67]

겹겹의 산 어찌 그리 높은가,
무덤은 그 사이에 감춰져 있네.
무덤 속 땅은 사방 극을 세울 듯 넓디넓고,
위로는 푸른 하늘 닿을 듯 높디높구나.
귀 기울여 저승 도랑 샘솟는 소리 듣고,
누워선 하늘에 매달린 해 달 별을 보네.
무덤 속 밤은 어찌 그리 쓸쓸한가,
긴긴밤 어찌 새벽이 밝아오랴!
산 자는 집 떠났다 돌아오지만,
내 떠나는 길은 돌아올 기약 없네.
옛날엔 세상 사람들과 함께 살았건만,[68]
이젠 온갖 귀신들과 이웃이 되는구나.
예전 일곱 자의 몸뚱이가,
이젠 한 줌 재와 먼지가 되었네.
평소 금과 옥을 몸에 찼건만.
이젠 기러기 깃털도 들지 못하는구나.
살진 피부는 땅강아지 개미의 밥이 되니,
아름다웠던 모습도 영영 사라지리.[69]
사당에서는 이매(螭魅) 귀신을 맞이하고,[70]
허무와 서로 손님이 되네.

67 陸機,《陸士衡文集校注》, 권7, 류윈하오[劉運好] 校注整理, 南京: 鳳凰出版社, 2007, 667-674면; 양밍[楊明] 校箋,《陸機集校箋》권7, 上海: 上海古籍出版社, 2016, 427-443면.

68 여향(呂向)의 주석에 사민(四民)은 사농공상(士農工商)을 말한다고 했다.

69 이 두 구절에 대한 이선의 주석은 다음과 같다. 사마상여(司馬相如)의 〈미인부(美人賦)〉에 "연약한 뼈에 풍만한 피부로다.[弱骨豐肌.]"라고 하였고《장자(莊子)》〈열어구(列禦寇)〉편에 "장자(莊子)가 죽으려 할 때 제자가 후장(厚葬)을 하려고 하였다. 장자가 '나는 천지를 관으로 삼겠다.'라고 하자 제자는 '까마귀와 솔개가 선생님을 먹을까 걱정됩니다.'라고 하였다. 장자가 위로는 까마귀와 솔개의 먹이가 되고 아래로는 개미와 땅강아지의 먹이가 된다. 저기에서 빼앗아서 여기에 주는 것이니 어찌 이리도 편협한 것인가?'라고 하였다.[莊子將死, 弟子欲厚葬之. 莊子曰: '吾以天地爲棺.' 弟子曰: '恐烏鳶之食夫子也.' 莊子曰: '在上爲烏鳶食, 在下爲螻蟻食, 奪彼與此, 何其偏也?']"《광아(廣雅)》에 "이(夷)는 소멸한다는 말이다.[夷, 滅也.]"《이아(爾雅)》에 "민(泯)은 다한다는 말이다.[泯, 盡也.]"라고 하였다.

70 이주한(李周翰)의 주에 수당(壽堂)은 제사를 지내는 곳이며, 제사를 지내는 곳에 오직 도깨비와 허무가 맞이하여 손님과 주인이 됨을 말한다고 했다. 또 이매(魑魅)는 사귀(邪鬼)라고 했다.

땅강아지 개미 너희들은 내게 무슨 원한이 있으며,
이매 귀신은 나와 무슨 친밀함이 있겠는가.
가슴 치며 애통해 하지만,
길게 탄식할 뿐 하소연할 곳 없어라.[71]

重阜何崔嵬, 玄廬竄其間.
旁薄立四極, 穹隆放蒼天.
側聽陰溝涌, 臥觀天井懸.
廣宵何寥廓, 大暮安可晨.
人往有反歲, 我行無歸年.
昔居四民宅, 今托萬鬼隣.
昔爲七尺軀, 今成灰與塵.
金玉素所佩, 鴻毛今不振.
豐肌饗螻蟻, 妍姿永夷泯.
壽堂延螭魅, 虛無自相賓.
螻蟻爾何怨, 魑魅我何親.
拊心痛荼毒, 永歎莫爲陳.

첫 번째 두 번째 시와는 달리 이 시에서의 나는 더 이상 망자를 애도하는 존재가 아니다. 시인은 죽은 자의 시점에서 무덤 속 정경들을 묘사하고, 또 삶과 죽음의 극단적 차이에 비탄한다. 관찰자로서의 객관적 거리도 더 이상 유지되지 않는다. 이젠 주변에 사람은 없고 귀신과 허무만을 벗하여 살 뿐이라고 한탄한다. 청대 진조명(陳祚明)이 이 시의 제목 밑에 유독 "매우 구슬프다[極悲淒]"라고 주석을 단 이유도 여기에 있을 것이다.[72] 특히 풍만하고 살진 피부를 땅강아지와 개미가 먹어치운다는 내용이 충격적이다. 심지어 죽은 사람의 입으로 자술하는 방식을 취하기도 한다. 앞서 인용한 목습 〈만가〉의 "조화가 비록 신령할지라도, 어찌 나를 다시 생존케 할 수 있으랴?[造化雖神明, 安能復存我]"라고 했던 것처럼, 여기에서도 "산 자는 집 떠났다 돌아오지만, 내 떠나는 길은 돌아올 기약 없네.[人往有反歲, 我行無歸年.]", "땅강아지

71 여향(呂向)의 수에 모두 망자의 말을 빌린 것이고, '도독(荼毒)'은 고통스럽다는 뜻이라고 했다.
72 陳祚明 評選,《采菽堂古詩選》권10, 앞의 책, 295면.

개미 너희들은 내게 무슨 원한이 있으며, 이매 귀신은 나와 무슨 친밀함이 있겠는가. 가슴 치며 애통해 하지만, 길게 탄식할 뿐 하소연할 곳 없어라.[螻蟻爾何怨, 魑魅我何親. 拊心痛荼毒, 永歎莫爲陳.]"라고 말하고 있다.

남조(南朝) 송(宋) 포조(鮑照, 414-466)의 시들도 마찬가지다. 먼저 〈대호리행(代蒿里行)〉을 살펴보자.

귀한 이나 천한 이나 죽는 것 마찬가지지만,
바라는 바엔 궁하고 현달함의 차이가 있구나.
물시계 소리 긴 밤을 재촉하고,
떨어지는 이슬은 짧은 새벽 핍박하네.
무덤에 옮겨 놓으러 수레 정돈하여,
이 집 가득한 친척들을 떠나가네.
검과 패옥 차는 부질없는 꾸밈 버리고,
옷 걸치고 패건(佩巾) 찬 실제 모습을 거두네.
한 말 술 어찌 따를 수 있으며,
짧은 편지 누가 다시 보내 줄까?
시간은 점점 멀어져만 가고,
품은 뜻은 날마다 가라앉아 가네.
인생은 참으로 어려운 것인데,
하늘의 도는 어떤 사람에게 허여되는 것인가?
이내 영원한 한을 보내노니,
돌아가 여우 토끼와 함께 티끌이 되리.

同盡無貴賤, 殊願有窮申.
馳波催永夜, 零露逼短晨.
結我幽山駕, 去此滿堂親.
虛容遺劍佩, 實貌戢衣巾.
斗酒安可酌, 尺書誰復陳.
年代稍推遠, 懷抱日幽淪.
人生良自劇, 天道與何人.
齎我長恨意, 歸爲狐兎塵.[73]

---

73 첸중롄[錢仲聯] 增補集說校, 《鮑參軍集注》 권3, 上海: 上海古籍出版社, 1980, 140-142면; 딩푸린[丁

이 시에 대해 청대 오여륜(吳汝綸, 1840-1903)은《고시초(古詩鈔)》에서 효무제(孝武帝)를 위한 만가일 것이라고 보았지만,[74] 실제 내용은 반드시 특정인의 죽음을 애도하는 시가라고 보기 어렵다. 특히 1인칭 화자가 "이내 영원한 한을 보내노니, 돌아가 여우 토끼와 함께 티끌이 되리.[齎我長恨意, 歸爲狐兎塵.]"라고 자신의 죽음에 대해 비탄한 내용은 현대 학자 딩푸린[丁福林]·충링링[叢玲玲]이 지적한 것처럼 특정 시대와 인물에 대한 비탄이라고만 보기 어렵다.[75] 죽음이 영원한 나의 한스러움이 된다는 것은 최소한 시적 화자가 망자와 동일시될 때 벌어지는 일이기 때문이다. 다음 시 〈대만가(代挽歌)〉에서도 이런 면모를 확인할 수 있다.

홀로 구천 아래 있노라니,
옛날 높은 누대 올랐던 일 생각나네.
평생토록 꼿꼿하게 살며,
외물에 구애되지 않았네.
무덤 문 다시 닫혔을 뿐인데,
흰개미 다가오려 하네.
살았을 적 향기롭던 육체에,
작은 벌레가 이제 재앙이 되는구나.
검은 살쩍 머리로 다시 돌아갈 수 없으니,
해골은 푸른 이끼에 의지해 있네.
생각해 보니 옛날 술 마시길 좋아하여,
흰 쟁반에 푸른 매실 안주 올렸지.

福林]·충링링[叢玲玲] 校注,《鮑照集校注》권3, 北京: 中華書局, 2012, 171-176면.

74 딩푸린[丁福林]·충링링[叢玲玲] 校注,《鮑照集校注》권3, 176면,〈대호리행(代蒿里行)〉에 대한 集說, 清吳汝綸《古詩鈔》卷四："此當爲孝武挽歌.'天道與何人', 蓋爲明帝之弑廢帝而孝武絕統也，故曰'長恨'."

75 딩푸린[丁福林]·충링링[叢玲玲] 校注,《鮑照集校注》권3,〈대호리행(代蒿里行)〉에 대한 해제(解題), 171-173면. 두 사람의 주장은 다음과 같다. 대명(大明) 8년(464) 5월에 효무제(孝武帝)가 죽고 아들 자업(子業)이 제위에 올랐다가 상동왕(湘東王) 유욱(劉彧)에 의해 시해되고, 같은 해 12월 유욱이 왕위에 올랐는데 이 사람이 바로 명제(明帝)다. 자업은 비록 재위 기간이 매우 짧았지만 잔인하고 포악하기로 이름난 폭군(暴君)이었는데, 백성의 고통과 나라의 안위(安危)에 관심을 갖고 정의감이 넘치던 시인이 자업이 시해된 일 때문에 "하늘의 도는 어떤 사람에게 허여되는 것인가?[天道與何人]", "이내 영원한 한을 보내노니[齎我長恨意]"와 같은 가슴에 사무치는 비탄을 하였는지 의심스럽다고 보았다. 그러므로 오여륜의 설은 완전히 근거 없는 말이라는 것이다.

팽월과 한신 및 염파와 인상여도
옛날에 이미 재가 되었지.
장사도 모두 죽어서 없어지거늘,
나머지 사람인들 어떻게 살아남을 수 있으랴?

獨處重冥下, 憶昔登高臺.
傲岸平生中, 不爲物所裁.
埏門只復閉, 白蟻相將來.
生時芳蘭體, 小蟲今爲災.
玄鬢無復根, 骷髏依青苔.
憶昔好飮酒, 素盤進青梅.
彭韓及廉藺, 疇昔已成灰.
壯士皆死盡, 餘人安在哉?[76]

딩푸린[丁福林]의 《포조연보(鮑照年譜)》에 따르면, 〈대만가〉는 465년 포조의 나이 50세 무렵 형주(荊州)에서 지어진 것으로 추정된다.[77] 그가 세상을 뜨기 한 해 전의 일이다. 〈대만가〉에서 '대(代)'라는 표현은 이른바 의대(擬代) 형식의 글쓰기임을 나타낸다. 한위육조(漢魏六朝) 시기의 주요한 문학 표현방식 중 하나였다.[78] 포조의 시에는 이렇게 제목에 '대(代)'라는 표현이 붙은 악부시(樂府詩)가 무려 37수나 있다. 혹자는 포조의 '대(代)' 악부시의 '대'가 누군가를 대신해서 쓴다는 의미라기보다 이전 작품을 모방해서 쓴 것이라고 보기도 한다. 이런 관점에서 본다면 〈대만가〉 역시 과거의 만가를 본떠서 썼다는 의미가 된다.[79] 하지만 앞서 인용한 〈대호리행(代蒿里行)〉 등을 포함해서 포조의 악부시 제목에서 '대(代)'자가 무엇을 의미하는지에 관해서는 의견이 엇갈린다. '대(代)'자를 '대체(代替)'의 의미로 보아 전통적인 악부

76 첸중롄[錢仲聯] 增補集說校,《鮑參軍集注》권3, 上海: 上海古籍出版社, 1980, 142-143면; 딩푸린[丁福林]·충링링[叢玲玲] 校注,《鮑照集校注》권7, 北京: 中華書局, 2012, 614-618면.

77 딩푸린[丁福林],《鮑照年譜》, 上海: 上海古籍出版社, 156-161면.

78 메이쟈링[梅家玲],《漢魏六朝文學新論 — 擬代與贈答篇》, 北京: 北京大學出版社, 2004, 1-62면. 이 책은 본래《한위육조신론(漢魏六朝新論)》이란 제목으로 1997년 대만 이인서국(臺灣 里人書局)에서 간행된 책을 북경대학출판사(北京大學出版社)에서 문학사연구총서(文學史研究叢書)로 다시 펴낸 것이다.

79 왕즈칭[王志清],《晋宋樂府詩研究》, 保定: 河北大學出版社, 2007, 275-292면.

시의 기초 위에 새롭게 변화시킨 바가 있음을 나타낸다고 해석하기도 하고, '어떤 사람을 대신해서 짓다[代某人作]'의 의미로 보거나 '대언시(代言詩)'의 의미로 보는 경우도 있다. 따라서 〈대만가(代挽歌)〉란 제목의 의미도 다양한 각도에서 살필 필요가 있다.[80] 인용된 시의 내용을 보더라도 다양한 해석의 여지가 있다. 누군가를 대신해 쓴 만가라고도 할 수 있고, 이전의 만가를 본떠서 쓴 것일 수도 있는 동시에, 심지어 이전의 만가와는 다른 새로운 방식으로 쓴 만가라고도 볼 수 있다.

앞서 언급했던 청대 오여륜(吳汝綸)은 이 시에 대해서도 효무제(孝武帝)의 아들 자업(子業)이 시해된 일을 안타까워해서 부른 만가일 것이라고 보았지만,[81] 이 역시 문제가 있다.[82] 〈대만가〉의 내용은 반드시 특정한 누구의 죽음만을 애도하는 시가라고 보기 어렵다. "홀로 구천 아래 있노라니, 옛날 높은 누대 올랐던 일 생각나네.[獨處重冥下, 憶昔登高臺.]"에서의 '독처(獨處)'와 '억석(憶昔)'이란 표현은 모두 1인칭의 말임은 물론이고, 이하의 내용 역시 시적 화자가 바로 망자 자신임을 나타낼 뿐 특정인에 대한 애도가 아니다.

하지만, 죽은 자가 스스로 일컫는 경우조차도 개인적인 정황은 아주 드물게 묘사되어 누구인지가 드러나지 않는다. 이런 방식을 통해 시인은 죽음이란 문제를 개체가 아니라 보편의 문제로 다룰 수 있게 된다.

이런 변화는 위진(魏晉)시기 이후 만가시(挽歌詩)와 이전의 만가를 구분 짓는 중요한 척도가 된다.[83] 위진 이후의 만가시에서 실용성보다 사상성과

80 중국학자 거샤오인[葛曉音]은 '대(代)'를 '대체(代替)'의 의미로 보아 '구제(舊題)'를 대체하여 '뒤의 것으로 앞의 것을 잇는[以後續前]' 의미로 보았다. 그녀는 이 '대'자를 포조가 전통 악부의 기초 위에 새롭게 변화시킨 바가 있음을 나타낸다고 설명하였다. 이 밖에도 '대모인작(代某人作)'의 의미로 보거나 '대언시(代言詩)'의 의미로 보는 경우도 있다. 거샤오인[葛曉音], 〈鮑照"代"樂府體探析 — 兼論漢魏樂府創作傳統的特徵〉, 《上海大學學報》(社会科学版) 第16卷 第2期, 上海: 上海大學, 2009.3, 21-32면, 리첸무[李倩茹], 〈鮑照"代"樂府新探〉, 《樂府學》 第十輯, 北京: 社會科學文獻出版社, 2014.10, 중국 amazon Kindle電子書, Loc. 2628-2974.

81 딩푸린[丁福林]·충링링[叢玲玲] 校注, 《鮑照集校注》 권3, 〈대만가(代挽歌)〉에 대한 집설(集說), 618면. 清吳汝綸《古詩鈔》卷四: "'彭韓'數句, 蓋傷廢帝被弑, 無人討賊也." 又云: "杜公所稱俊逸, 殆是此等."

82 딩푸린[丁福林]·충링링[叢玲玲] 校注, 《鮑照集校注》 권7, 〈대만가(代挽歌)〉에 대한 해제(解題), 614-618면.

83 왕이위안[王宜瑗], 〈六朝文人挽歌詩的演變與定型〉, 《文學遺産》 2000年 第5期, 中華書局, 2000,

심미성이 증대되는 이유가 여기에 있다. 이 시기 들어 눈에 띄는 의만시(擬挽詩), 대만시(代挽詩), 자만시(自挽詩)의 창작이 그 대표적 양태이다. 타인의 죽음을 애도하기 위해서가 아니라 인생의 유한성을 노래하고 자신의 운명을 비탄하기 위한 도구로서 만가시 양식이 활용된 것이다.

《문선》에 〈만가시(挽歌詩)〉라는 제목으로 수록된 도연명(陶淵明, 365?-427)의 〈만가를 본떠 지은 노랫말[擬挽歌辭]〉(이하 〈의만가사〉)은 위진 만가시의 특성들을 가장 잘 이어받은 동시에 새로운 영역을 개척한 작품이다. 죽음부터 입관(入棺)까지를 다룬 첫 번째 수를 보자.[84]

삶이 있으면 반드시 죽음도 있는 법,
일찍 죽는다고 명이 촉급한 것은 아니리.
어제 저녁에는 같은 산 사람이었다가,
오늘 아침엔 귀신 명부에 이름 올랐구나.
혼백은 흩어져 어디로 가나?
마른 몸뚱이 빈 목관에 누이네.
귀여운 딸아인 아버지 찾으며 울고,
좋은 벗들 날 어루만지며 통곡하네.
득실을 다시 알지 못하리니,
옳고 그름 어찌 깨달을 수 있으랴.
천년만년 지난 후에,
누가 영화와 치욕을 알겠는가.
단지 한스럽기론 세상에 있을 때,
만족스럽게 술 마시지 못한 일이네.

22-32면; 우청쉐[吳承學], 〈漢魏六朝挽歌考論〉, 《文學評論》 2002年 第3期, 文學評論雜誌社, 2002, 63-72면.

84 다음에 인용할 도연명 〈의만가사〉의 원문과 해석은 가장 많은 이본을 대교(對校)한 위안싱페이[袁行霈]의 전주본(箋注本)을 기준으로 삼고 그 밖의 다른 책들을 참고한 것이다. 위안싱페이[袁行霈] 箋注, 《陶淵明集箋注》, 北京: 中華書局, 2003, 420-427면; 궁빈[龔斌] 校箋, 《陶淵明集校箋》, 上海: 上海古籍出版社, 1996, 355-362면; 왕수민[王叔岷] 撰, 《陶淵明詩箋證稿》, 北京: 中華書局, 2007, 496-504면; 소통(蕭統) 編, 《文選》, 李善 注, 上海: 上海古籍出版社, 1986, 1332-1337면; 郭茂倩, 《樂府詩集》, 北京: 中華書局, 1979, 400-401면; 팡주신[方祖燊], 《陶潛詩箋註校證論評》, 臺北: 蘭臺書局, 1997, 43-46면; 루친리[逯欽立] 輯校, 《先秦漢魏晉南北朝詩》, 北京: 中華書局, 1983, 1012-1013면; 양융[楊勇] 校箋, 《陶淵明集校箋》, 臺北: 正文書局, 1985, 249-252면.

有生必有死，　早終非命促.
昨暮同爲人，　今旦在鬼錄.[85]
魂氣散何之，[86]　枯形寄空木.
嬌兒索父啼，　良友撫我哭.
得失不復知，　是非安能覺.
千秋萬歲後，　誰知榮與辱.
但恨在世時，　飮酒不得足.[87]

시는 "삶이 있으면 반드시 죽음도 있는 법, 일찍 죽는다고 명이 촉급한 것은 아니리.[有生必有死, 早終非命促]"라는 달관의 말로 시작하고 있다. 그러나 그 달관은 작품 전체를 관통하며 유지되지 않는다. 시상이 전개되면 될수록 삶과 죽음의 격차를 느끼게 하는 동시에 비애감을 자아내는 표현으로 침잠해 간다. 그런데 시는 중반을 지나면서 또 다른 달관과 몰가치의 경지를 노래한다. 마지막 두 구 "단지 한스럽기론 세상에 있을 때, 만족스럽게 술 마시지 못한 일이네.[但恨在世時, 飮酒不得足.]"는 이상의 변덕스런 시상을 이어받으면서 의외의 결말에 도달한다.

현세에서 음주가 갖는 가치를 칭송하는 일은 당시의 습속으로 보아 특별한 일은 아니다. 진(晉) 장한(張翰)이 "내가 사후에 명성을 누리게 되는 것보다 지금 한 잔의 술이 더 낫다.[名使我有身後名, 不如卽時一盃酒.]"[88] 라고 말했던 것처럼, 위진시기 인물들 중엔 술에 탐닉하는 방식으로 생사를 달관코자 하는 의식을 드러낸 경우가 많다. 노연명 역시 술을 즐겼음이 여러 가지 일화들에서 드러나지만, 이 시구는 문면 그대로 술을 찬미하는 것으로 보기 어렵다. 여기서 노래하고 있는 것은 이미 쾌락으로서의 음주 일반이 아니다. 그것은 자신의 삶에 대한 부정을 담고 있다. 술이 부족했던 것 외에는 아쉬울 것 없다는 말은 한편으로 이 밖의 삶의 가치들이 그만큼 하찮다는 이야기가

85 "今旦在鬼錄"이 "今旦作鬼錄"으로 되어 있는 경우도 있다.
86 "魂氣散何之"가 "魂魄散何之"로 되어 있는 경우도 있다.
87 "飮酒不得足"이 "飮酒常不足"으로 되어 있는 경우도 있다.
88 劉義慶,《世說新語校箋》下冊,〈任誕〉제20조, 徐震堮 校箋, 北京: 中華書局, 1984, 397면.

된다. 나중에 자세히 설명할 기회가 있겠지만, 이 말은 결국 굴절된 현실 부정인 셈이다. 도연명의 시니컬한 유머가 매우 인상적이다.

두 번째 수는 상례의식과 운구 장면을 담고 있다.

옛날에는 마실 술 없더니,
이젠 다만 비었던 술잔이 채워지는구나.
새로 빚은 술에 거품 둥둥 떠도,
언제나 다시 맛볼 수 있으랴.
내 앞에 안주상 푸짐하게 차려지건만,
내 옆에선 친구들이 곡하네.
말하고 싶어도 입에선 소리 나오지 않고,
보려고 해도 눈앞은 캄캄하네.
예전엔 화려한 집에서 잤는데,
이젠 거친 풀 우거진 곳에서 자게 되었구나.
거친 풀 속에 잠든 다른 사람 없고,
애써 바라봐도 아득할 뿐이네.
하루아침에 문을 나서 떠나가면,
돌아가려 하여도 밤은 끝이 없구나.

在昔無酒飮, 今但湛空觴.[89]
春醪生浮蟻, 何時更能嘗.[90]
肴案盈我前,[91] 親舊哭我傍.
欲語口無音, 欲視眼無光.
昔在高堂寢, 今宿荒草鄕.
荒草無人眠, 極視正茫茫.[92]
一朝出門去, 歸來夜未央.[93]

89 "今但湛空觴"이 "今旦湛空觴"으로 되어 있는 경우도 있다.

90 "何時更能嘗"이 "何時復能嘗"으로 되어 있는 경우도 있다.

91 위안싱페이가 별도의 교주(校注)를 달지 않고 있지만, "효안영아전(肴案盈我前)"의 '효(肴)'자는 대체로 '효(殽)'자로 되어 있는 경우가 많다.

92 "荒草無人眠, 極視正茫茫." 이 두 구절은 대부분의 경우 시에 빠져 있다. 드물게 주석본 중에 삽입된 경우가 있는데 위안싱페이는 이를 원시의 내용으로 받아들이고 있다. '극(極)'자가 '직(直)'자로 되어 있는 경우도 있다.

93 "一朝出門去"가 "一朝出門易"으로 되어 있는 경우도 있다. 위안싱페이는 시 원문을 "歸來良未央"이라 제시하고 별도의 교주를 달지 않고 있지만, "歸來良未央"이 "歸來夜未央"으로 되어 있는 경우

앞서 언급한 것처럼 도연명의 시는 《문선》 권28 만가(挽歌)조에 목습(繆襲)의 〈만가(挽歌)〉 1수, 육기(陸機)의 〈만가시3수(挽歌詩三首)〉와 함께 실려 있다. 실제 위 두 작품과 도연명의 시는 표현방식에서도 유사한 패턴이 발견된다. 목습 〈만가〉의 "조화가 비록 신명할지라도, 어찌 나를 다시 생존케 할 수 있으랴?[造化雖神明, 安能復存我.]"와 육기 〈만가시3수〉의 세 번째 수(《문선》에서는 두 번째 수)의 "산 자는 집 떠났다 돌아오지만, 내 떠나는 길은 돌아올 기약 없네.[人往有反歲, 我行無歸年.]"는 도연명 시의 "내 앞에 안주상 푸짐하게 차려지건만, 내 옆에선 친구들이 곡하네.[肴案盈我前, 親舊哭我傍.]"처럼 죽은 자의 입장에서 이야기하고 있다. 시적 화자가 곧 망자인 것이다.

삶과 죽음의 차이를 논할 때도 유사한 사고방식을 보인다. 도연명 시의 "예전엔 화려한 집에서 잤는데, 이젠 거친 풀 우거진 곳에서 자게 되었구나.[昔在高堂寢, 今宿荒草鄉.]"는 목습 〈만가〉의 "아침에 높은 집에서 나와, 저녁엔 황천 아래서 묵네.[朝發高堂上, 暮宿黃泉下.]"나 육기 〈만가시3수〉 세 번째 수(《문선》에는 두 번째 수)의 "옛날엔 세상 사람들과 함께 살았건만, 이젠 온갖 귀신들과 이웃이 되는구나.[昔居四民宅, 今托萬鬼鄰.]"를 모방한 흔적이 뚜렷하다. 또 도연명의 "말하고 싶어도 입에선 소리 나오지 않고, 보려고 해도 눈앞은 캄캄하네.[欲語口無音, 欲視眼無光.]"는 《북당서초(北堂書鈔)》 권92에 실려 있는 부현(傅玄) 〈만가(挽歌)〉의 "울고 싶어도 눈물이 이미 말랐고, 말하고 싶어도 입이 떨어지지 않네.[欲悲淚已竭, 欲辭不能言.]"와 동일한 의미를 담고 있다.[94]

매장과 매장 이후의 일을 묘사하고 있는 세 번째 수는 다음과 같다.

> 황량한 풀 어찌 저리 아득한가,
> 백양나무도 스산하기만 하네.[95]

가 있다. 이하에서 논의하겠지만 조선시대 간본 대부분이 "歸來夜未央"으로 되어 있기 때문에 필요에 따라 이 책에서는 "歸來夜未央"을 원문으로 보고 해석하였다.

94 虞世南, 《北堂書鈔》 2, 권92 挽歌33, 北京: 學苑出版社, 2015, 84-85면.

95 이 두 구절은 "거친 풀 어찌 그리 무성한가, 백양나무도 바람에 우수수 소리 낸다."라고 번역할 수도

된서리 내린 9월에,
나를 묻으러 멀리 교외로 나왔구나.
사방에는 사람 사는 집도 없고,
높다란 무덤들만 우뚝우뚝 솟았네.
말은 하늘 우러러 울부짖고,
바람은 절로 소슬하다오.
무덤 구덩이 한 번 닫히게 되면,
천 년이 지나도 다시는 아침을 맞지 못하리.
천 년이 지나도 다시 아침을 맞지 못하리니,
현달한 이라도 어쩔 수 없다오.
방금 전 나를 장송해 왔던 사람들,
각자 집으로 돌아가네.
친척들은 혹여 슬픔 남아 있지만,
다른 사람들은 역시나 벌써 노래하는구나.[96]
죽고 나면 무슨 할 말 있나,[97]
몸을 맡겨 산언덕과 함께할 뿐.

荒草何茫茫, 白楊亦蕭蕭.
嚴霜九月中, 送我出遠郊.[98]
四面無人居, 高墳正嶕嶤.
馬爲仰天鳴, 風爲自蕭條.[99]
幽室一已閉, 千年不復朝.
千年不復朝, 賢達無奈何.
向來相送人, 各自還其家.[100]
親戚或餘悲, 他人亦已歌.
死去何所道, 託體同山阿."

있다.

96 우샤오루[吳小如]는 이 표현이 《논어》〈술이(述而)〉편의 "공자께서 이 날에 조곡(弔哭)을 하시면 노래 부르지 않으셨다.子於是日, 哭則不歌"를 뒤집어쓴 것이라고 보았다. 죽은 이를 애도하고 남은 슬픔 때문에 노래할 수 없어야 하는데, 노래했다는 것은 본래 슬픈 마음이 없기 때문이란 것이다. 우샤오루[吳小如], 《含英咀華 — 吳小如古典文學叢札》, 北京: 北京大學出版社, 2012, 49면.

97 대만학자 왕수민[王叔岷]은 이 구절의 '도(道)'를 '따르다[從]'의 의미로 보아, "죽고 나서 무엇을 따르랴"라고 해석하기도 했다. 왕수민[王叔岷] 撰, 앞의 책, 504면.

98 "送我出遠郊"가 "送我來遠郊"로 되어 있는 경우도 있다.

99 "馬爲仰天鳴, 風爲自蕭條."가 "鳥爲動哀鳴, 林爲結風飇."로 되어 있는 경우도 있다.

100 "各自還其家"가 "各已還其家"로 되어 있는 경우도 있다.

전반은 묘지에서의 매장, 환운(換韻)한 후반 부분은 매장 이후의 장례의식과 주변 사람들의 반응 등을 기록하고 있다.《문선》 만가(挽歌)조에서 〈만가시(挽歌詩)〉라는 제목으로 이 세 번째 시만 싣고 있는 데서 알 수 있듯이, 세 수 중에서도 핵심이 되는 작품이다.

시의 처음에 백양나무를 언급한 것은 옛사람들이 무덤가에 이 나무를 많이 심었기 때문이다.[101] 이 시는 앞서 인용한 작품들과 달리 중간에 "천 년이 지나도 다시는 아침을 맞지 못하리[千年不復朝]"라는 구절이 반복되면서 환운(換韻)하고 있다. 당시의 악부나 시가 작품 중에서 운이 바뀌는 것은 특별한 일이 아니지만, 만가시의 경우 선례가 발견되지 않는다는 점에서 독창적이라고 볼 수 있다. 특히 "천 년이 지나도 다시는 아침을 맞지 못하리[千年不復朝]"라는 구절의 반복을 통해 운을 바꾸는 것은 물론 시적 효과를 높여, 읽는 사람으로 하여금 삶의 무상감에 몸서리치게 만든다. 일본 학자 잇카이 도모요시[一海知義]는 반복된 구절이 이 시에서 소나타(sonata)의 코다(coda)와 같은 기능을 한다고 설명한다.[102] 반복은 짧은 휴지와 함께 독자의 감개를 증폭시키면서 이 연작의 노래가 코다에 들어갔음을 알리는 상징적 역할을 수행하고 있다는 것이다.[103]

또 "친척들은 혹여 슬픔 남아 있지만, 다른 사람들은 역시나 벌써 노래하는구나[親戚或餘悲, 他人亦已歌.]"에서 '혹(或)'과 '역(亦)'자의 표현이 매우 절묘하다. 두 글자로 나의 죽음을 두고 혈육과 타인이 느끼는 애절함의 차이를

101 《오잡조(五雜俎)》에 "옛날 남방 사람들은 무덤가에 소나무와 잣나무를 많이 심었고, 북방 사람들은 백양나무를 많이 심었다.[古人墓樹, 南人多種松柏, 北人多種白楊.]"라고 했다. 팡주선[方祖燊],《陶潛詩箋註校證論評》, 臺北: 蘭臺書局, 1977, 44면.

102 소나타(sonata)는 '울려 퍼지다', '연주하다'를 뜻하는 이탈리아어의 동사 'sonare'의 과거분사형 여성명사로, '노래하다'를 뜻하는 'cantare'에서 연유한 칸타타와 대비되어 기악곡을 의미한다. 더 정확하게는 기악을 위한 독주곡 또는 실내악을 지칭한다. 매우 규모가 큰 몇 개의 악장으로 이루어진다. 코다(coda)는 이탈리아어의 '꼬리'로부터 유래한 말로 곡의 끝에 붙는 종결 부분을 말한다. 코다는 각 악장의 끝에 붙는데, 소나타 형식의 악장에서 코다는 종종 상당한 규모로 되어 제2의 전개부와 같은 형태를 가지는 일도 있다고 한다. 삼호뮤직 편집부,《클래식음악용어사전》 코다조, 삼호뮤직, 2002 참조.

103 잇카이 토모요시[一海知義], 〈文選挽歌詩考〉,《中國文學報》 제12책, 京都: 京都大學文學部中國文學會, 1960, 19-48면.

잘 드러내고 있다.

그런데 도연명 〈의만가사〉의 뛰어남은 여기에 그치지 않는다. 주목할 것은 이 시가 바로 자신의 죽음에 바치는 만가시라는 점이다. 시적 화자가 자신의 죽음을 말하는 것은 앞서 목습 〈만가시〉의 "조화가 비록 신명할지라도, 어찌 나를 다시 생존케 할 수 있으랴?[造化雖神明, 安能復存我.]"와 같은 구절에서 이미 발견된다. 그러나 이것은 망자의 입장에서 표현하는 정도이지 시적 화자(시인) 자신이 바로 죽은 이라고 보기는 어렵다. 육기 〈만가시3수〉의 세 번째 수에서 "산 자는 집 떠났다 돌아오지만, 내 떠나는 길은 돌아올 기약 없네.[人往有反歲, 我行無歸年.]"라는 구절도 마찬가지다. 세 번째 수 자체로는 시인 자신이 망자인 듯하지만 첫 번째 수에서 "장막과 침상 비어 고인의 그림자만 남아 있을 뿐이고, 옛 집도 그대와 영원히 이별이네.[帷袵曠遺影, 棟宇與子辭.]", "그대를 불러도 그대는 듣지 못하고, 그댈 위해 울어도 그대는 알지 못하네.[呼子子不聞, 泣子子不知.]"라고 썼던 데서 드러나듯이 망자의 입장을 빌렸거나 대변하는 수준을 넘지 못한다.[104]

이 세 수의 의미를 중국학자 위안싱페이[袁行霈]는 다음과 같이 분석하고 있다.

> 이 세 수의 시는 모두 가상하여 읊은 것이다. 도연명은 혹은 자신의 죽은 이후의 정황과 심정을 가상하기도 하고, 혹은 제 삼자의 눈으로 사후의 자신 및 주위 사람들의 일까지 관찰하여 자신이란 주체를 바꿔 객관화하기도 했으니 구상이 지극히 교묘하다. 첫째 수는 막 죽었을 때 갑자기 인간 세상을 떠나는 황망한 감정을 서술한 것이다. 교아(嬌兒), 양우(良友), 시비(是非), 영욕(榮辱)은 전혀 의미가 없고 "단지 한스럽기론 세상에 있을 때, 만족스럽게 술 마시지 못한 일이네."라는 구절이 해학 속에서 광달(曠達)함을 드러낸다. 두 번째 수는 제주(祭酒)를 올리고 운구[出殯]하는 모습을 서술하였는데, 첫 번째 수의 해학이나 광달함과는 다르게 글자나 행간에서 조금쯤 비애감을 드러낸다. 세 번째 수는 영구를 전송하는 과정과 매장을 서술하였는데,

104 《문선》에 주석을 단 육신(六臣) 중의 한 사람인 여향(呂向)은 이를 두고 망자의 말을 빌린 것이라고 설명한 바 있다.

특히 매장 뒤 황량한 교외에 외로이 묵는 적막함에 대해 썼다. "친척들은 혹여 슬픔 남아 있지만, 다른 사람들은 역시나 벌써 노래하는구나."라는 구절은 인정과 세상 일을 투철하게 관찰하여 글이 냉정하고 솔직하며 심각하다. 도연명은 인간이 본래 대지의 기운을 품부 받아 태어나서 죽은 뒤엔 다시 대지로 돌아가는 것이 자연의 이치임을 알았다. 결국 만물의 조화[大化]에 순응해야지 더 이상 근심하고 우려할 필요가 없다는 것이다.[105]

죽은 이의 입장에서 죽음을 노래하는 발상 자체는 이전에도 없었던 것은 아니다. 하지만, 도연명은 만가시 연작 전체를 그 발상으로 관철시켰다는 점에서 특별하다. 그로 인해 만가시는 타인이 아니라 나 자신의 만가시가 된 것이다. 이런 허구화는 위안싱페이가 말한 것처럼 주체를 객관화하는 노력이 수반되어야 한다는 점에서 문학적으로 매우 특수한 국면으로 이 작품을 나아가게 만든다. 일본 학자 잇카이 도모요시[一海知義]는 도연명 문학의 이런 특성에 주목하여 도연명을 '허구의 시인[虛構の詩人]'이라고 규정한 바도 있다.[106]

한편 앞서 언급한 포조에게는 만가 형태는 아니지만 자신의 죽음을 주제로 한 자만적(自挽的) 작품이 또 있다. 장편시 〈송백편(松柏篇)〉이 그것이다. 포조는 시의 병서(幷序)에서 다음과 같이 창작 배경을 밝히고 있다.

내가 각기병으로 40여 일을 앓았다. 오랜 친구가 전에 《부현집(傅玄集)》을 빌려갔는데, 내 병이 심해졌기 때문에 마침내 돌려받았다. 책을 펼쳐보다 마침 아부시 〈구하편(龜鶴篇)〉이 눈에 띄었다. 위중한 병중에 세상 하직하는 말을 보니 슬퍼져 마음이 아려 왔다. 이처럼 중병이 오랜 시간이 지나도 낫지 않고 호흡이 가빠 오니 눈에 보

105 위안싱페이[袁行霈] 箋注, 〈의만가사(擬挽歌辭)〉에 대한 석의(析義), 《陶淵明集箋注》, 北京: 中華書局, 2003, 426-427면. "此三詩全是設想之辭. 淵明或設想自己死後情況與心情, 或以第三者眼光觀察死後之自己, 以及周圍之人之事, 而自身這一主體反而客觀化, 構思巧妙之極. 其一, 寫剛死之際, 乍離人世愰惚之感. 嬌兒·良友·是非·榮辱, 全無意義, '但恨在世時, 飮酒不得足', 詼諧中見出曠達. 其二, 寫祭尊與出殯, 一反上首之詼諧曠達, 字裏行間透出些許悲哀. 其三, 寫送殯與埋葬, 尤着筆於埋葬後獨宿荒郊之寂寞. '親戚或餘悲, 他人亦已歌.' 觀察人情世故透徹, 筆墨冷峻-率直-深刻. 淵明認爲人本是稟受大塊之氣而生, 死後復歸於大塊, 此乃自然之理. 直須順應大化, 無復憂慮也."

106 잇카이 도모요시[一海知義], 《一海知義著作集》 2, 東京: 藤原書店, 2008, 9-188면.(펑쟈훙[彭佳紅] 譯, 《陶淵明·陸放翁·河上肇》, 北京: 中華書局, 2008, 65-82면.)

이는 것마다 슬프구나! 침·뜸과 약물 치료를 받는 사이에 〈구학편〉을 본떠서 짓는다.[107]

병서에서 밝히고 있는 것처럼 포조는 각기병에 시달리던 와중에 우연히 서진(西晉) 부현(傅玄, 217-278)의 악부시 〈구학편(龜鶴篇)〉을 보고 이 작품을 지었다.[108] 〈구학편〉은 현재 전하지 않는데, 거북과 학이 장수를 상징하는 동물이란 점을 고려하면 죽음 앞에서 삶의 무상함을 노래한 작품일 것으로 추정된다.[109] 포조가 제목에서 모의한다는 표현을 쓰고 있지 않지만, 이 작품은 병서에서 밝힌 것처럼 〈구학편〉을 본떠 지은 것[擬]이다. 따라서 〈송백편〉의 '송백'이란 상징 역시 '구학'과 무관한 것일 수 없다. '송백'은 기본적으로 《논어(論語)》 〈자한(子罕)〉편 "날씨가 추워진 뒤에야 소나무와 잣나무가 뒤늦게 시듦을 알 수 있다.[歲寒然後, 知松柏之後彫也.]"나 《장자(莊子)》 〈덕충부

107 첸중롄[錢仲聯] 增補集說校, 《鮑參軍集注》 권3, 上海: 上海古籍出版社, 1980, 178면; 딩푸린[丁福林]·충링링[叢玲玲] 校注, 《鮑照集校注》 권8, 앞의 책, 706면. "余患腳上氣四十餘日. 知舊先借《傅玄集》, 以余病劇, 遂見還. 開袠, 適見樂府詩〈龜鶴篇〉. 於危病中見長逝詞, 惻然酸懷抱. 如此重病, 彌時不差, 呼吸之[乏]喘, 舉目悲矣! 火藥間缺[間闕]而擬之." 병서의 내용 중 "火藥間缺"에 대해서 청대 전진륜(錢振倫, 1816-1879)은 《한비자(韓非子)》 〈유노(喩老)〉편에 나오는 "편작이 [채(蔡) 환공(桓公)에게] 말하기를 '병이 살결에 있으면 찜질로 치료할 수 있고, 피부 속에 있으면 침으로 치료할 수 있으며, 장과 위에 있으면 불로 달인 약제로 치료할 수가 있습니다. 그러나 골수 속에 있으면 사람의 생사를 결정짓는 신 사명(司命)이 관계하는 것이라서 어찌할 수 없습니다.'라고 했다.[扁鵲曰, '疾在腠理, 湯熨之所及也, 在肌膚, 鍼石之所及也. 在腸胃, 火齊之所及也. 在骨髓, 司命之所屬, 無奈何也.']"를 그 전거로 제시하고 있다. 한편 캐나다 학자 로버트 샨무 천(Robert Shanmu Chen)은 이 구절을 "뜸과 약물 치료를 받는 사이에In between moxibustion and medication"라고 번역하였다. 로버트 샨무 천(Robert Shanmu Chen), *A Study of Bao Zhao and His Poetry: With a Complete English Translation of His Poems*, Ph.D. The University of British Columbia, 1989, 303면.

108 포조가 부현의 〈구학편〉을 악부시라고 지목한 것은 문학사적으로 매우 흥미로운 지점이다. 미국 학자 스티븐 오웬(Stephen Owen)이 적절하게 지적한 것처럼 현재 전하는 자료 중 악부(樂府)를 시가의 유형으로 인식한 최초의 사례이기 때문이다. 다만, 포조가 본 《부현집》이 어떤 방식으로 편찬된 자료인지 알 수 없기 때문에, 포조의 이런 인식이 개인적 판단인지 아니면 《부현집》 자체의 분류방식에 의거한 것인지는 분명하게 판단하기 어렵다. 스티븐 오웬(Stephen Owen), *The Making of Early Chinese Classical Poetry*, Cambridge and London: Harvard University Presss, 2006, 303-304면.(胡秋蕾·王宇根·田曉菲 譯, 《中國早期古典詩歌的生成》, 北京: 生活·讀書·新知 三聯書店, 2014, 355-356면.)

109 대만 학자 린숭산[林嵩山]은 부현의 〈구학편〉이란 〈방가행(放歌行)〉을 말하는 것이라고 보았다. 〈방가행〉의 첫 구절이 '영구(靈龜)'로 시작하는데 '구학(龜鶴)'은 '영구'를 잘못 쓴 것이란 주장이다. 하지만 포조가 〈대방가행(代放歌行)〉이란 작품을 별도로 남기고 있기도 하고, 부현의 〈방가행〉에는 '학'이 아니라 '용(龍)'이 '거북[龜]'과 함께 제시된다는 점에서 확정하기는 어렵다. 린숭산[林嵩山], 《鮑照樂府彙評》, 臺北: 眞義出版社, 1985, 20면. 부현의 〈방가행〉에 대해서는 다음 책을 참고할 수 있다. 왕후이자[王繪絜], 《傅玄及其詩文硏究》, 臺北: 文津出版社, 1997, 130-131면; 시앤창춘[蹇長春]·왕후이샤오[王會紹]·위샌제[余賢杰] 編注, 《傅玄·陰鏗詩註》, 蘭州: 甘肅人民出版社, 1987, 22-23면.

(德充符)〉편의 "땅에서 생명을 받은 것 중에서는 오직 소나무와 잣나무만이 올바르니, 홀로 사철 푸르디푸르고[受命於地, 唯松柏獨也, 在冬夏青青.]"에서 유래한 표현이다. 하지만 소나무와 잣나무는 중국 남방 사람들이 무덤 앞에 즐겨 심던 나무이기도 한 까닭에,[110] 〈송백편〉에선 거북이나 학처럼 인생의 유한함을 환기시키는 상징으로 보아야 할 것이다.

96구에 이르는 〈송백편〉의 내용은 환운(換韻)한 부분을 기준으로 총 열 개의 단락으로 나누어 볼 수 있다. 첫 번째 단락은 생전의 질병 치료 상황을, 두 번째 단락은 죽음을 맞는 장면을, 세 번째 단락은 임종 직후의 상황을, 네 번째 단락은 빈소에서 영결하는 장면을 그리고 있다. 다섯 번째 단락은 매장 직후 삶에 대한 미련을 토로하였고, 여섯 번째 단락은 지하세계의 적막함과 고통을 그렸다. 일곱 번째 단락은 무덤 주변의 정경을 묘사하였고, 여덟 번째 단락은 무덤 속의 답답함과 가족과 떨어져 만나지 못하는 상황을 말하였다. 아홉 번째 단락은 삼년상이 끝난 뒤의 고적함을, 마지막 단락은 시향(時享: 時祭)을 올리러 온 자식의 애통해하는 모습을 그렸다.[111]

첫 단락(제1-16구)에서 포조는 독백의 방식으로 자신의 죽음을 애도하고 있다.[112]

소나무 잣나무만 생명받은 것 올발라,
대대로 오래도록 쇠하지 않는다네.
인생은 공허하고 취약하니,

110 남방 사람들은 무덤가에 소나무와 잣나무를 많이 심었고, 북방 사람들은 백양나무를 많이 심었다는《오잡조(五雜組)》의 내용을 소개한 앞의 주석을 참조할 것.

111 〈송백편〉의 단락 분석은 다음 글을 참고해서 정리한 것이다. 린숭산[林嵩山],《鮑照樂府彙評》, 臺北: 眞義出版社, 1985, 20-21면; 송영정, 〈《鮑參君集注》의 〈松柏篇〉 시 및 주석 역주〉,《中國語文論譯叢刊》 제39집, 중국어문논역학회, 2016, 281-282면.

112 이하에서 제시한 포조 〈송백편〉 시의 원문과 번역은 다음 책과 논문을 참조하였다. 첸중롄[錢仲聯] 增補集說校,《鮑參軍集注》 권3, 上海: 上海古籍出版社, 1980, 178-184면; 딩푸린[丁福林]·충링링[叢玲玲] 校注,《鮑照集校注》 권8, 앞의 책, 705-718면; 린숭산[林嵩山],《鮑照樂府彙評》, 臺北: 眞義出版社, 1985, 19-22면; 로버트 샨무 천(Robert Shanmu Chen), *A Study of Bao Zhao and His Poetry: With a Complete English Translation of His Poems*, Ph.D. The University of British Columbia, 1989, 303-306면; 송영정, 〈《鮑參君集注》의 〈松柏篇〉 시 및 주석 역주〉,《中國語文論譯叢刊》 제39집, 중국어문논역학회, 2016, 263-284면.

새매 날 듯 휙휙 지나 슬프구나.
동해로 온갖 냇물 달려가고,
서산으로 석양이 다가오듯.
남쪽 들판에선 명 짧은 걸 기뻐하고,
사람 묻는 호리에선 죽은 자를 거두네.
참으로 옛 시절 돌아오지 않으리니,
온갖 병이 나서 삶이 다하려 하네.
지사가 닭 잡는 데 소 잡는 칼 아끼듯이,
작은 고통 참고 스스로 치료하네.
약 쓰는 일에 가산을 기울였고,
엎어지고 자빠지며 의원을 만나러 갔네.
부질없는 침과 뜸의 고통만 있고,
죽음이 어느새 다가왔지만 거부할 수 없다네.

松柏受命獨, 歷代長不衰.
人生浮且脆, 鴥若晨風悲.
東海迸逝川, 西山導落暉.
南郊悦籍短,[113] 蒿里收永歸.
諒無疇昔時, 百病起盡期.
志士惜牛刀, 忍勉自療治.
傾家行藥事, 顛沛去迎醫.
徒備火石苦, 奄至不得辭.

시의 서두에서 소나무 잣나무와 인간의 생명을 대비시켜 삶의 공허함을 부각시키고 있다. 내용이 전개됨에 따라 자신의 개인적 상황도 함께 드러나고 있다. 병서에서 밝힌 것처럼 그는 각기병에 시달렸고, 이 병이 악화되자 치료에 온갖 노력을 다했지만 차도가 없었던 것이다. 황제가 하사한 약마저 소용이 없었던 듯하다.[114] 이 작품이 본뜬 대상인 〈구학편〉의 내용은 알 수 없

113 '郊'자가 '廓' 혹은 '郭'으로 되어 있는 경우도 있다.

114 포조는 황제가 약을 하사한 것에 감사하는 〈사사약계(謝賜藥啓)〉라는 글을 남긴 바 있다. 첸중롄[錢仲聯] 增補集說校,《鮑參軍集注》 권2, 앞의 책, 74-75면. 대만 출신의 미국학자 쑤루이룽[蘇瑞隆]은 이 시의 내용을 황제가 약을 하사한 증거로 보았다. 다만, 이 시에는 무슨 병으로 약을 받았으며 어떤 황제가 준 것인지에 대해선 설명하고 있지 않다. 쑤루이룽[蘇瑞隆],《鮑照詩文研究》, 北京: 中華書局,

지만, 일반적으로 악부시의 화자가 시인 자신이 아닌 것과 달리 이 시에는 포조의 자아가 분명히 투영되어 있다.

포조는 이어 자신의 죽음과 상장례를 비탄의 어조로 그려낸다. 장례식 장면을 다룬 네 번째 단락(제35-48구)의 내용은 다음과 같다.

상여 메고 빈소를 나갈 때,
살던 집에 미련 남아 배회하네.
천지에는 끝이 있겠지만,
나는 가면 돌아올 날 없으리.
살던 이 이제 죽어버렸으니,
인간 세상일도 이로부터 끝이로구나.
불 꺼진 뒤 연기도 사라져 버리고,
형체가 사라지니 소리도 소멸하네.
귀신이 나에게 와 함께하고
산 사람과는 영원히 결별하네.
긴긴 저녁 유원(悠遠)히 어둡고,
긴 밤 시간도 없이 영원하구나.
답답한 구천 아래에서,
번민과 원망 다 말하기 어렵네.

扶輿出殯宮, 低回戀庭室.
天地有盡期, 我去無還日.
居者今已盡, 人事從此畢.
火歇烟既沒, 形消聲亦滅.
鬼神來依我, 生人永辭訣.
大暮杳悠悠, 長夜無時節.
鬱湮重冥下,[115] 煩冤難具說.

2006, 149면. 한편, 딩푸린[丁福林]·충링링[叢玲玲]은 이 작품의 해제에서 이 시가 455년(孝建 3) 태학박사(太學博士) 겸 중서사인(中書舍人)으로 있을 때 지어진 작품이라고 보았다. 중서사인은 황제의 근신이기 때문에 병이 중해지자 약을 하사했다는 설명이다. 딩푸린[丁福林]·충링링[叢玲玲] 校注,《鮑照集校注》권9, 앞의 책, 811면.

115 '下'자가 '中'자로 되어 있는 경우도 있다.

장례 과정을 묘사하는 과정에서 삶의 유한성과 죽음 이후의 허무감, 심지어는 죽음에 대한 원망마저 분명하게 제시된다. 나는 죽음 이후에도 삶에 대한 미련을 버리지 못하지만 이승과 저승은 완전히 다른 세계다. 이제 내가 어울려야 할 대상은 귀신일 뿐이고, 밤의 시간만이 영원히 이어지는 답답한 세상이 바로 내가 속할 곳이다. 이런 내용들은 앞서 소개한 작품들에 비해 죽음 이후에 대한 묘사가 구체적이고 실감나서 읽는 이로 하여금 죽음 이후의 고독감을 더욱 절감하게 만든다.

이어지는 내용에서 시인은 부질없이 세상일에 얽매여 근심 걱정만 많았던 자신의 삶을 "찾아오는 수레 없어 새벽길은 황량했고, 연회 거두고는 술로 입만 적셨지.[轍閒晨徑荒, 撤宴式酒濡.]"라고 반추하며 "이제야 저승 생활 괴로움 알게 되니, 당시에 못 즐긴 게 한스러울 뿐이네.[知今瞑日苦, 恨失爾時娛.]"라고 후회한다. 과거의 기억을 죽음 이후의 상황과 대비시켜 삶에 대한 회한을 드러내고 있는 것이다. 그 표현 방식은 도연명 〈의만가사〉 첫 번째 수의 마지막 구절 "단지 한스럽기론 세상에 있을 때, 만족스럽게 술 마시지 못한 일이네.[但恨在世時, 飮酒不得足.]"와 유사하지만, 도연명과 달리 직설적이다.

포조의 작품에서 흥미로운 점은 매장 이후의 일을 비교적 자세히 읊고 있다는 것이다. 일곱 번째(제65-72구)와 여덟 번째 단락(제73-80구)을 함께 살펴보자.

> 사람 사는 곳은 아득히 먼데,
> 홀로 깊은 땅속에 묻혀 있구나.
> 묘 앞에는 사람의 자취 사라지고,
> 무덤 위엔 풀만 나날이 무성해지네.
> 빈숲에선 매미 울음 울려 퍼지고,
> 높다란 소나무엔 슬픈 바람 불어오겠지.
> 긴 잠은 깨어날 기약조차 없으니,
> 누가 떠난 이의 결핍을 알리오.

遙遙遠民居,　獨埋深壤中.
墓前人跡滅,　冢上草日豐.
空林響鳴蜩,[116]　高松結悲風.
長寐無覺期,　誰知逝者窮.[117]

생전에는 친구를 널리 사귀어,
화려한 자리 깐 걸상을 나란히 하였지.
죽고 나서는 어찌 그리 괴로운지,
옥죄어 몸조차 움직일 수 없구나.
지난날 평소에는,
아침저녁으로 육친(六親)을 마주했지.
오늘은 묻혀 있으니 어찌하리오,
한 번이라도 만날 인연이 없구나.

生存處交廣,　連榻舒華茵.
已沒亦何苦,　楉哉不容身.
昔日平居時,　晨夕對六親.
今日掩奈何,　一見無諧因.

포조는 사후의 세계를 영원히 깨어날 수 없는 부자유와 아무도 찾지 않는 절대 고독으로 묘사한다. 자신이 묻혀 있는 지하 세계는 육친(六親: 부모, 형제, 처자)과 친구도 만날 수 없는 감옥과 같은 곳이다. 그 괴로움은 시간이 감에 따라 더 심해지기만 하고, 아무도 알아주는 이 없다.

포조는 시의 마지막 단락(제89-96구)에서 탈상(脫喪) 후 제사의 광경을 그려내고 있다.

시제(時祭)에는 흠향하러 돌아오길 바라지만,
사계절 무덤은 고요하기만 하다네.[118]

---

116 '響'자가 '二'자로 되어 있는 경우도 있다.

117 '逝者'가 '遊者'로 되어 있는 경우도 있다.

118 로버트 샨무 천(Robert Shanmu Chen)은 이 두 구절을 제사지내러 온 사람의 말로 보아 다음과 같이 해석하였다. "I wish you will return on time for sacrifices in the year, Though the cemetery in all four seasons will be quiet." 송영정도 이 구절을 "시향(時享)에는 흠향하러 돌아오소서, 사계절 무덤은 고

효성스런 자식 무덤 어루만지면서 울며,
"아버지, 오시는 거 잊지 않으셨죠?"라고 하네.
돌아가고 싶지만 마음은 주저주저하니,
보고 싶지만 전혀 방법이 없구나.
황량한 무덤 옆에 안달복달하며,
마음은 완전히 무너지겠지.

時祀望歸來, 四節靜塋丘. 90
孝子撫墳號, 父兮知來不.
欲還心依戀, 欲見絶無由.
煩寃荒隴側, 肝心盡崩抽. 96

이렇게 사후의 정경을 상장례의 단계를 따라 묘사하고 상장례 종료 뒤의 제사까지 다룬 경우론 앞서 소개한 육기와 '반륙(潘陸)'이라 함께 일컬어진 서진(西晉) 반악(潘岳, 247-300)의 〈도망시(悼亡詩)〉가 또 있다. 반악이 아내를 애도하며 지은 이 세 수의 시는 후대에 큰 영향을 미쳐, 아내를 잃은 것을 '도망(悼亡)'이라 일컫고 죽은 아내를 애도하는 시를 '도망시'라 부르게 된 단초가 되었다. 그러나 반악의 경우는 어디까지나 죽은 아내에 대한 절절한 그리움을 표현한 것일 뿐 자신의 죽음을 다룬 것은 아니다.[119] 포조의 시에서 시적 화자는 시제(時祭)를 지내려고 온 자식의 말소리를 듣고 안달복달하며 무덤 속에서 끝내 자식을 볼 수 없음을 원망하고 한탄한다. 평정심을 잃고 절망하는 화자의 모습은 시인 자신이 여전히 이승의 인연에 연연하고 있음을 보여 준다. 또한 죽음으로도 자신의 문제가 해소될 수 없음을 시사한다.

포조는 도연명을 존숭하였고 그의 문학으로부터 영향을 받았다. 현재 전하는 가장 이른 시기의 도연명 시 계승작인 〈도연명의 시체를 배워 쓰다[學

요하겠지요."라고 제사지내러 온 사람의 말을 직접 인용한 것으로 해석하였다. 로버트 샨무 천(Robert Shanmu Chen), 앞의 논문, 306면; 송영정, 앞의 논문, 280면. 이 책에서는 이 구절을 반드시 직접 인용구로 볼 필요가 없다고 보고 "시향(時享)에는 흠향하러 돌아오길 바라지만, 사계절 무덤은 고요하기만 하다네."라고 해석하였다.

119 蕭統 編, 《文選》 권23, 李善 注, 上海: 上海古籍出版社, 1986, 1090-1093면.

陶彭澤體]〉가 이 점을 잘 보여 준다.[120] 〈송백편〉 역시 도연명의 영향이 발견된다. 자신의 죽음을 주제로 삼았다거나, 삶의 여한을 표현하는 방식 등에서 도연명 〈의만가사〉의 자취가 드러난다. 따라서 표면적으론 부현의 작품을 본떠 썼다고 했지만 자신의 죽음을 애도하는 주제의식과 표현방식만큼은 도연명의 자만시로부터 촉발된 것일 가능성이 높다.

하지만, 앞서 위안싱페이가 지적한 것처럼 도연명은 죽음이 자연의 이치인 만큼 죽음을 맞는 사람 역시 이런 만물의 조화에 순응해야 한다고 생각했던 반면, 포조의 〈송백편〉에서 나의 죽음은 고통과 절망으로 마무리된다. 이런 결말은 포조가 자신의 삶에 대해 가졌던 불만의 표현일 수 있다.[121] 물론 도연명 역시 죽음을 달관하는 의식의 이면에 굴절된 현실 부정의 표현을 배치해 두었다는 점에서 두 작품은 최종적으로 비슷한 의식을 담고 있다고 볼 수도 있다. 하지만 도연명의 〈의만가사〉가 시니컬하긴 하지만 유머를 섞어 표현했던 반면, 포조의 〈송백편〉은 무척 어둡고 쓸쓸한 표현이 주조를 이루고 있다. 도연명의 영향을 받았지만 작품의 정조와 표현수법에 있어서 다른 길을 선택했던 것이다.[122]

포조는 북위(北魏)가 송(宋)을 멸망시키는 과정에서 병란 중에 죽고 말았다. 〈송백편〉도 이 즈음(456년)에 지어진 것으로 추정된다.[123] 앞서 소개한 〈대만가(代挽歌)〉보다 더 뒤에 지어졌을 가능성이 있다. 그는 자만적 작품들을 통해 자신의 비극적 운명을 예감하였던 것일까?

앞서 언급한 것처럼 자만시는 타인을 대상으로 하는 일반 만시와 차별성

120 첸중롄[錢仲聯] 增補集說校,《鮑參軍集注》권6, 앞의 책, 362-363면; 딩푸린[丁福林]·충링링[叢玲玲] 校注,《鮑照集校注》권4, 앞의 책, 344-347면.

121 쑤루이룽[蘇瑞隆], 앞의 책, 152-153면.

122 후대 학자들 사이에는 포조의 〈송백편〉이 문학작품으로서 하자가 있다고 보는 경우도 있다. 청대 진조명(陳祚明)은 이 작품이 진정을 토로한 시구는 예스럽고 힘차지만, 생소한 가락과 약한 가락이 많으며, 쓸데없이 번다한 것을 쌓아 편폭이 심하게 길어진 것이 흠이라고 비판한 바 있다. 陳祚明 評選,《采菽堂古詩選》, 李金松 點校, 上海: 上海古籍出版社, 2008, 568-570면.

123 딩푸린[丁福林],《鮑照研究》, 南京: 鳳凰出版社, 2009, 165-166면; 딩푸린[丁福林],《鮑照年譜》, 上海: 上海古籍出版社, 2004, 160면.

을 갖는다. 자만시는 창작자의 입장에서 볼 때 살아 있는 내가 죽은 나를 애도하는 것으로, 일반적인 만시에 비해 허구적 성격이 두드러진다. 이런 차별성은 자만시의 양식적 특징과도 긴밀하게 연관되어 있다.

먼저 주목할 것은 자만시에서 그려지는 죽음의 성격 문제다. 자만시는 대체로 시인의 실제 죽음과 무관하게 창작된다. 따라서 자신의 죽음을 이야기하고 있지만, 그것은 가공의 상황일 뿐이다. 이런 측면은 만시 일반은 물론 자신의 죽음을 목전에 두고 지어지는 임종시(臨終詩) 혹은 임형시(臨刑詩)와도 일정한 차별성을 갖는다.

임종시와 자만시는《문선》에 모두 수록되어 있다. 그런데 만가시가 '만가'로 분류된 것과 달리 임종시란 분류는 모호한 점이 있다.《문선》수록 작품의 주제 분류 문제는 근래 이 방면 연구자들 사이에서 논란이 된 문제 중의 하나이다. 대만학자 뤄즈중[羅志仲]에 따르면, 문선 수록 시의 분류는 23가지부터 25가지까지 논의가 분분한데, '임종'을 독립된 분류로 인정하느냐의 여부가 특히 쟁점이 된다고 한다.[124]《문선》의 이본(異本) 중 '임종'이 별도로 분류되어 있는 경우와 그렇지 않은 경우가 있기 때문이다. 통행본《문선》권23에는 보통 '영회(詠懷)'와 '애상(哀傷)'이란 두 가지 주제 분류가 있는데, '영회'조 말미에 서진(西晋) 구양건(歐陽建)의 〈임종시(臨終詩)〉가 수록되어 있다. 권23에 별도로 '임종' 항목이 있는 경우도 그 아래 수록된 작품은 구양건의 〈임종시〉 한 작품뿐이다.[125] 구양건의 시는 이렇게 '임종' 분류가 없는《문선》본의 경우 '영회(詠懷)'로 분류되어 있기도 해서 임종이란 분류가 온당한지에 대한 논란이 생긴 것이다.

흥미로운 사실은 '애상'류에 앞서 언급한 서진 반악의 〈도망시(悼亡詩)〉도 수록되어 있다는 점이다. 따라서《문선》의 분류 기준을 어떻게 이해하더

124 뤄즈중[羅志仲],〈《文選》詩收錄尺度探微〉, 國立清華大學 中國文學系 博士學位論文, 2008.9, 38-53면.

125 이 작품은 통행본의 경우 권23 '영회(詠懷)'조에 수록되어 있다.

라도, 《문선》 편찬자들에게 '만가'와 '임종'('영회')·'애상'은 다르게 인식되었음을 확인할 수 있다. 심지어 동일하게 시인 자신의 죽음을 대상으로 한 것이라도 '임종시'와 '만가시'는 다르게 인식되었던 것이다.[126]

시야를 좀 더 넓혀 본다면 임종시의 계보 역시 자만시와는 다르다. 임종시의 시작은 최소 후한(後漢) 공융(孔融, 153-208)으로 소급될 수 있고, 자만시와는 다른 흐름을 형성했다고 볼 수 있다. 일본학자 고토오 아키노부[後藤秋正]의 연구에 따르면, 자만시가 시작된 위진남북조 시기에도 앞서 소개한 서진(西晉)의 구양건은 물론 남조 송(宋)의 사령운(謝靈運, 385-433), 범엽(范曄, 398-445) 등이 임종시를 남기고 있으며, 이 흐름은 자만시와 별개로 후대까지 이어지고 있다.[127]

한편, 자신의 죽음을 주제로 삼은 경우로 임종시 외에도 '임형시(臨刑詩)'가 있다. '임형시'는 대체로 작자가 사형을 당하기 직전 지어지는데, 임종시와는 달리 자연사가 아니라 형의 집행이라는 차이를 지닌다. 따라서 '임형시'에는 외부의 힘에 의해 강제된 죽음에서 비롯되는 특별한 비극성이 있다. 그 비극성만큼이나 죽음을 맞이하는 과정이나 의식 역시 자만시와 다르다. 흥미로운 점은 시대와 공간을 달리해서 지어진 임형시들 대부분이 유사한 내용으로 이루어져 있다는 것이다. 먼저 형의 집행을 알리는 북소리와 해가 지는 스산한 정경이 제시된 뒤 "황천에는 여관이 없을 테니, 오늘밤은 뉘 집에서 묵을까?[黃泉無旅店, 今夜宿誰家.]"와 같이 사후의 고독함을 하소연하는 내용으로 마무리된다. 오대(五代) 강위(江爲), 명나라 초기 손분(孫蕡, ?-1393)

126 《문선》에는 보이지 않지만 '임종시'와 유사한 상황에서 지어진 작품으로 또 '절명시(絶命詩)'가 있다. 중국학자 양광즈[楊光治]가 뽑아 주석한 역대 절명시 중에는 단 한 수의 자만시도 들어 있지 않아서 절명시와 자만시의 차이를 분명히 보여주고 있다. 양광즈[楊光治], 《歷代絶命詩選析》, 天津: 百花文藝出版社, 1996. 한편 명나라 말기의 명장 원숭환(袁崇煥)이 후금(後金: 후일의 淸)의 반간계(反間計)에 휘말려 억울한 죽음을 당하기 직전 남긴 〈절명시〉가 있는 것을 보면, '절명시'는 때론 후술할 '임형시'의 의미도 함께 담고 있다고 볼 수 있다. 앞서 소개한 고토오 아키노부[後藤秋正] 역시 '임종시'의 범주로 '임형시'를 다루고 있는 데서 이 점을 짐작할 수 있다.

127 고토오 아키노부는 육조(六朝)부터 남송(南宋)시기까지 임종시의 성립과 전개 양상을 살핀 바 있다. 고토오 아키노부[後藤秋正], 《中國中世的哀傷文學》, 東京: 研文出版社, 1998, 3-55면 ; ____, 《唐代の哀傷文学》, 東京: 研文出版社, 2006, 3-32면.

등의 임형시와 조선 성삼문(成三問, 1418-1456)의 임형시라고 알려진 작품 모두 유사한 식의 표현이 나오는 데서도 이 점을 확인할 수 있다. 심지어 아스카시대 덴무천황[天武天皇]의 아들인 오쓰황자[大津皇子, 663-686]의 시에서도 유사한 표현이 발견되는 것을 보면,[128] 동아시아 삼국의 한시에 모두 등장한다고 볼 수 있다.[129] 이렇게 서로 시공을 달리하는 작가들의 작품에 유사한 표현이 나오게 된 이유는 별도의 탐구가 필요한 문제이지만, 이를 통해 임형시가 가진 일정한 경향성을 충분히 짐작할 수 있다.

앞서 살핀 것처럼 임종시나 임형시가 자신의 죽음을 예감하고 마지막 말을 남기는 성격이 두드러지는 데 반하여, 자만시는 실제 죽음의 문제와 반드시 연결되지는 않는다. 상당수의 자만시 작품들이 임종 훨씬 이전에 지어졌고 심지어 실제 죽음과 무관한 경우도 있기 때문이다. 특히, 죽은 자의 눈으로 자신의 삶과 상장례의 과정을 묘사하는 기법이 요구된다는 점에서 차이를 보인다. 임형시에서 사형 집행 후의 일을 떠올리거나, 임종시에서 사후의 상황을 미리 짐작하는 경우는 있으나, 자만시에선 죽은 자의 관점으로 일관하여 삶과 상장례, 심지어는 매장 이후의 정경을 묘사한다는 점에서 다르다.

다음으로 살펴볼 것은 시적 화자의 특수성이다. 작품 내적 구조에서 볼 때 자만시의 화자는 죽은 나이고, 죽은 내가 생전의 삶을 돌이켜 보는 방식을 취한다. 반면, 작품 밖에서 볼 때 자만시는 살아 있는 작가가 죽은 자신을

128 중국: 五代 江爲, "街鼓侵人急, 西傾日欲斜. 黃泉無旅店, 今夜宿誰家."(《全唐詩》 권741, 〈臨刑詩〉), 明代 孫蕡, "鼉鼓三聲急, 西山日又斜. 黃泉無客舍, 今夜宿誰家."(吳景旭,《歷代詩話》 권72 〈臨刑口占〉). 한국: 조선 成三問, "鼉鼓聲正急, 西山日又斜. 黃泉無客舍, 今夜宿誰家."(《六先生遺稿》 부록). 일본: 아스카시대 오쓰황자(大津皇子), "金烏臨西舍, 鼓聲催短命. 泉路無賓主, 此夕誰家向."(《懷風藻》 권1, 〈臨終一絶〉). 성삼문의 작품에 대해서 어숙권(魚叔權)은 《패관잡기(稗官雜記)》에서 이 시가 명대 손분(孫蕡)의 작품이지 성삼문의 시가 아니라고 지적한 바 있다.

129 이에 대한 연구는 일본학자 하마세 히로시[濱政博司]에 의해 처음 시작된 뒤 재일학자 김문경(金文京)에 의해 심화되었다. 하마세 히로시[濱政博司], 〈大津皇子臨終詩と金聖嘆·成三問—日中朝の臨刑詩の系譜〉, 《日中朝の比較文學硏究》, 大阪: 和泉書店, 1989, 167-197면; 하마세 히로시[濱政博司], 〈大津皇子臨終詩群の解釋〉, 《萬葉集と漢文學》, 《和漢比較文學叢書》 第九卷, 東京: 汲古書院, 1993, 201-211면; 金文京, 〈黃泉の宿—臨刑詩の系譜とその背景〉, 興膳宏敎授退官紀念中國文學論集編纂委員會 編, 《興膳宏敎授退官紀念中國文學論集》, 東京: 汲古書院, 2000, 57-70면: 金文京, 〈從全唐詩一首臨刑詩談日韓資料在漢學硏究上之價値〉, 《中華文史論叢》 第六十四輯, 北京: 中華書局, 2000, 76-102면.

이야기하는 것이 된다. 이에 따라 자만시의 자아는 자연 '살아 있는 나/죽은 나'라는 이중적인 구조를 갖게 된다. 이런 기법은 만시를 본떠서 짓는 의만시(擬挽詩)류에서도 일부 발견된다. 악부 형식의 의만시의 경우 시적 화자와 망자가 자유자재로 바뀌는 경우가 종종 있기 때문이다. 하지만, 이들 시에선 시적 화자가 작품 안에서 일관성을 유지하거나 작가 자신과 연결되지는 않는다. 반면 자만시는 화자가 죽은 나라는 일관성이 유지되며, 이것이 작품 밖의 살아 있는 나와 긴밀하게 연결되어 있다는 특징을 갖는다.

자만시의 이런 특징들은 자연스럽게 죽음을 통해 삶을 조명해내는 결과를 가져온다. 삶의 유한함에 절망하거나 죽음에 순응하거나에 관계없이, 자만시가 삶에 대한 어떤 열망과 관계된 이유가 여기에 있다. 한편으로 그것은 시인의 어떤 상황과 연결되어 현실에 대한 우의가 되기도 하는데, 이 역시 삶에 대한 애정과 무관할 수 없는 문제일 것이다.

이런 특성들이 앞서 소개한 도연명의 〈의만가사〉를 문학사에서 최초의 자만시로서 위치하게 만든 것이다. 실제 후대에 끼친 영향력이란 측면에서 볼 때도 자만시의 전범(典範)이라는 말이 지나치지 않다.

한편 자만시에 나오는 자신의 죽음에 대한 핍진한 묘사는 읽는 이에게 당혹감을 안겨준다. 타인을 조상(弔喪)하는 만시라면 좀처럼 사용될 수 없는 사실적인 묘사가 두드러지기 때문이다. 자만시에 등장하는 상장례는 이렇게 주체/대상, 삶/죽음, 나/망혼의 이항관계가 묘하게 전도되고 뒤틀린 공간이라고 할 수 있다.

벨기에의 민속학자 아널드 반 제넵(Arnold van Gennep)에 따르면, 통과의례 중에서도 상장례는 특히 미묘한 특성을 갖는다고 한다. 죽은 자에게 상례가 영혼을 이승으로부터 분리시키는 의례라면, 장례로부터 탈상까지는 영혼이 이승을 떠나서 저승의 성원으로 통합하기까지의 전이기에 해당한다. 한편, 살아 있는 자에게 상례는 일반 사람들과 분리되어 전이기에 들어가는 것으로 탈상을 통해서 장례를 마치게 되면 일반 사람들의 사회로 재통합하게 된다. 따라서 상장례는 산 자와 죽은 자가 일상의 세계로부터 일시적으로 분리되어 있는 공간이라고 할 수 있다. 그들은 상장례 후 각자가 속한 세계로 통합·재통합하게 된다. 반면, 주검은 이승에도 저승에도 통합되지 못하고, 일상세계도 저승도 아닌 무덤이란 공간에 유폐되기에 이른다. 상장례가 다른 의례보다 미묘한 것은 죽음이 갖는 심각한 의미 탓이기도 하지만, 의례의 주체와 성격이 복잡한 탓도 있다고 한다.[130]

자만시의 상장례가 특별한 것은 이것이 죽은 자와 산 자가 참여하는 의례가 아니라, 자신의 죽음을 가정한 채 스스로를 장송(葬送)하는 허구적 세계란 점에 있다. 이에 따라 자만시의 상장례에선 죽은 자의 분리·전이·통합의 단계 대신 살아 있는 나와 죽은 나라는 자아 간의 분리·전이·재통합이 이루어지게 된다. 시인은 살아 있는 나와 분리된 또 다른 자아인 죽은 나를 제시함으로써 자아를 가급적 객관화하여 관찰하게 되고, 궁극적으로는 자아동일시를 통해 자신의 내밀한 의중을 드러내게 된다.

이상을 통해 우리는 위진남북조(魏晉南北朝)시기 특정한 문화적 배경하에서 변형되고 양식화된 만가, 곧 만가시(挽歌詩)가 오늘날 우리가 자만시(自挽詩)라고 부르는 독특한 글쓰기를 낳기까지의 과정을 살펴보았다.[131] 이 과정에서 예외적인 사례지만 포조의 〈송백편〉과 같이 만가시 형태가 아닌 자만적 작품도 함께 살펴보았다. 아울러 죽음 문학의 계보 속에서 관련 작품들이 갖는 특성도 간략히 점검하였다. 다음 장에선 이런 자만시가 어떤 배경과 정황 속에서 우리 문학에 수용되었는지를 살펴보려고 한다.

130 아널드 반 제넵(Arnold van Gennep), 《通過儀禮(Les rites de passage)》, 전경수 역, 을유문화사, 1985, 210-235면; 임재해, 《전통 상례》, 대원사, 1990, 8-15면.

131 이와 관련된 국내외 주요 연구 성과로 이미 언급한 논저 외에도 다음과 같은 것들을 들 수 있다. 오카무라 사다오[岡村貞雄], 〈樂府挽歌考〉, 《中國中世文學研究》 第6號, 東京: 白帝社, 1967, 5-19면; 순캉이[孫康宜, Kang-i Sun Chang], 《난세를 꽃피운 시인들[六朝詩研究]》, 신정수 역, 이회, 2004, 19-95면; 왕이위안[王宜瑗], 〈六朝文人挽歌詩的演變與定型〉, 《文學遺產》 2000年 第5期, 北京: 中華書局, 2000, 22-32면; 우청쉐[吳承學], 〈漢魏六朝挽歌考論〉, 《文學評論》 2002年 第3期, 北京: 文學評論雜誌社, 2002, 63-72면; 주기평, 〈中國 挽歌詩의 형성과 변화과정에 대한 一考察〉, 《中國文學》 제60집, 한국중국어문학회, 2009, 29-49면.

제3장

남효온의 자만시

한국 자만시의 시작?

자만시가 위진(魏晉)시기 이후 변화된 만가(만가시)로부터 발생된 것이란 사실은 자연스럽게 우리 문학에서 만가의 전개 양상에도 관심을 갖게 한다. 우리 문학의 경우 만가는 그동안 구비문학 영역에서 상장례의식에 수반된 의식요(儀式謠)로서 다루어져 왔다. 연구자에 따라 향두가(香頭歌) 등의 명칭을 사용하기도 하고, 기능 유형에 따라 축원(祝願)·출상(出喪)·성분(成墳) 만가로 나누어 부르기도 한다. 국내에서 수집된 만가들은 향두가 외에도 향도가(香徒歌), 회심곡(回心曲), 장례 메김노래 등 다양한 명칭으로 불려서 매우 복잡한 양상을 띠고 있다. 또 의식요로서 상장례의 각 단계마다 축원소리, 하직소리, 운상소리, 회다지소리, 달구질소리 등으로 성격이 나누어지기도 한다.[132] 하지만 이런 민요들은 특정한 사람의 죽음을 대상으로 한 만가와는 다르며, 무엇보다 의식요란 점에서 문인들이 지은 만가시와 구별된다. 그 내용이 특정한 누구의 죽음이 아니란 점에서 만가시와 유사하다고 볼 수도 있지만, 의식요로서 모든 상장례에 함께 사용되기 때문에 일어난 결과이므로 별개의 문제라고 할 수 있다. 또 망자의 시각에서 죽음을 바라보는 것 같은 시적 화자의 변화도 구전 만가에선 일어나지 않는다. 더구나 그 기원을 밝힐 만한 문헌자료도 남아 있지 않기 때문에 현재로선 중국의 만가시와 비교가

132 신찬균,《한국의 輓歌》, 삼성출판사, 1990, 17-238면.

불가능하다. 다만, 일부 전승 만가 중에서 발견되는 만가시와 겹쳐지는 내용과 표현 패턴들은 그것이 상대적으로 후대에 형성된 것이라 할지라도 그 자체로 흥미로운 연구 논제가 될 것이다.

그런 측면에서 기록된 한국의 만가는 고대가요인 〈공무도하가(公無渡河歌)〉나, 향가 〈제망매가(祭亡妹歌)〉 정도를 그 기원으로 소급해 볼 수 있다. 고려시대에 들어서도 향찰로 쓰인 〈도이장가(悼二將歌)〉 같은 작품이 있어 참고가 된다. 한말(漢末) 채옹(蔡邕, 133-192)의 《금조(琴操)》에 실려 전하는 〈공무도하가〉는 중국의 만가시보다 앞선 시기의 작품이란 점에서 우리의 주목을 끈다. 이른 새벽 흰 머리의 미친 사내가 술병을 끼고 물결 속으로 뛰어들어 가고, 이를 만류하다 끝내 죽음을 막지 못한 아내는 공후를 타며 "임이시여 저 물을 건너지 마오[公無渡河]"란 애절한 노래를 부른다. 이윽고 노래를 마치자 뒤따라 자결한다. 조선진(朝鮮津)의 곽리자고(霍里子高)가 목도한 이 기막힌 사건은 아내 여옥(麗玉)에게 전해지고, 이에 감동한 여옥은 공후를 타며 이 노래를 불렀다. 심지어 이 노래를 친구 여용(麗容)에게도 가르쳐 줬는데, 그 노래의 이름을 〈공후인(箜篌引)〉이라 한다는 것이다.[133] 잘 알려진 것처럼 이 작품의 성격과 의미에 대해서는 지금까지도 논의가 분분하다. 우리가 주목할 점은 이것이 과연 우리 만가의 어떤 특성을 보여주느냐에 있다. 내용이 선명하고 강렬하긴 하지만 공후인(箜篌引)이란 악곡에 실려 전하던 이 가사만을 가지고 특성을 파악하기란 어려울 듯하다. 또 남편의 죽음을 애도한 것이라 하더라도 이것을 만가로 보기에는 석연치 않은 구석도 많다. 기록에 의한다면 이 노래는 남편의 죽음을 막지 못한 아내의 한탄이지 일반적인 상장례의 만가라고 할 수는 없기 때문이다.

이에 비한다면 향가 〈제망매가(祭亡妹歌)〉는 월명사(月明師)가 죽은 누이를 위하여 재(齋)를 올리고 지어 부른 노래란 점에서 만가로서의 성격을 분

133 崔豹, 《古今注》 卷中, 〈音樂〉, 머우화린[牟華林] 校箋, 《《古今注》校箋》, 北京: 線裝書局, 2015, 71-76면.

명히 가지고 있다. 죽은 이를 기리는 〈모죽지랑가(慕竹旨郎歌)〉, 〈찬기파랑가(讚耆婆郎歌)〉 같은 향가도 있긴 하지만 〈제망매가〉처럼 죽음의 의식과 관련된 만가라고 보기는 어렵다. 승려의 노래니만큼 이 만가는 극락세계에서 만날 날을 기다리겠다는 불교적 사생관으로 마무리된다. 다만 이런 불교적 만가가 이후 어떻게 계승되었는가는 현재로선 판단하기 어렵다. 또 이 시는 본질적으로 월명사의 개인적 만가일 뿐이지 불교 상장례 의식에서 보편적으로 사용되는 만가라고 보긴 어렵다.

따라서 이들 작품은 우리 만가의 초기 형태로서 일정한 가치를 지니는 것은 분명하지만, 앞서 인용한 문인들에 의해 지어진 양식화된 만가시와는 성격이 다르다.[134] 또 자료의 한계를 고려하더라도 고려나 조선시대 지어진 만시가 이들 작품의 직접적 영향을 받았다고 보기 어렵다.

우리 문학에서 만가 혹은 만시가 자만시로 변해 가는 궤적은 이처럼 중국과는 달리 찾아보기 어렵다. 다만 고려시대 들어 이규보(李奎報, 1168-1241)의 〈백운거사전(白雲居士傳)〉과 같은 탁전(托傳) 형식의 자전(自傳)이나, 김훤(金晅, 1234-1305)의 〈자찬묘지명(自撰墓誌銘)〉 등을 통해 자전적 문학의 존재는 확인할 수 있다. 자만시가 자전적 문학과 성격을 일부 공유하고 있다는 점을 고려한다면, 자만시 역시 지어졌을 가능성이 높다.

한편 동아시아 삼국 중 일본 자만시의 상황에 대해선 정보가 극히 제한적이다. 다만 자만적 성향의 작품은 이미 일본의 고대가요집인《만요슈(萬葉集)》에서도 발견되고, 근세까지도 사세가[辭世の句]라는 7·5조의 자도사(自悼辭)가 유행하기도 한 만큼 이에 관한 동아시아 삼국의 비교 역시 흥미로운 과제가 될 것으로 보인다.[135] 일본 자만시에 대해서는 정보를 얻을 수 없지

134 이 문제는 다음 글들에서도 검토된 바 있다.
김열규, 〈人間的인 죽음의 原像〉, 〈삶과 죽음의 辨證法〉, 《詩的 體驗과 그 形象》, 대방출판사, 1984, 46-71면; 최재남, 《韓國哀悼詩硏究》, 경남대학교출판부, 1997, 11-268면; 안대회, 〈한국 한시와 죽음의 문제〉, 《韓國 漢詩의 分析과 視角》, 연세대학교출판부, 2000, 49-84면; 이연숙, 〈韓日 古代 挽歌의 성격〉, 《韓日 古代文學 比較硏究》, 박이정, 2002, 47-76면.

135 이연숙, 《韓日 古代文學 比較硏究》, 47-76면; 사이토 마레시[齋藤希史], 《근대어의 탄생과 한문: 한

만,《만요슈》에 실려 있는 다음 작품과 같은 것들은 자만(自挽) 전통이 존재할 가능성을 보여 준다.

〈카키노모토노 아소미 히토마로[柿本朝臣人麿]가 이하미[石見]국에 있으면서 죽음에 임하였을 때 스스로 슬퍼하여 지은 노래 1수[柿本朝臣人麿在石見國臨死時 自傷作歌一首]〉

키모야마[鴨山]의
바위를 베개로 해
죽을 것인 날
아무것도 모르고
아내는 기다리겠지

鴨山之
磐根之卷有
吾乎鴨
不知等妹之
待作將有[136]

일본의 가장 오래된 가집(歌集)인《만요슈》(759년 이후 편찬)는 7세기부터 8세기까지 천황, 귀족부터 하급관리 등이 읊은 4,500여 수의 노래를 20권으로 편찬한 것이다. 각 권은 연대별, 분류(내용, 표현양식)별, 지역별 등으로 배열되어 있고 다양한 계층의 다채로운 노래가 수록되어 있다.《만요슈》의 내용은 크게 잡가(雜歌), 상문가(相聞歌), 만가(挽歌)로 나누어 볼 수 있다. 상문가는 남녀 간의 애정을 중심으로 일체의 인간관계에서의 사랑을 노래한 것을 가리키고, 잡가는 천황(天皇)의 행차나 연회 등을 노래한 것을 말한다. 흥미로운 점은 '만가'라는 말이 같은 시대 일본의 고대 문헌이나 가집(歌集) 등에서 보이지 않는다는 사실이다. 또 만가로 분류된 작품 중에는 아리마노 미코[有間] 황자(皇子)의 〈스스로 슬퍼하여 소나무 가지를 묶는 노래 2수[自傷結

문맥과 근대 일본》, 황호덕·임상석·류충희 옮김, 현실문화, 2010, 57-59면.
136 이연숙 역해,《한국어역 萬葉集》1, 박이정, 2012, 296-297면.

松枝歌二首]〉와 같이 상장례 때 지어진 것이 아니지만 만가를 본떠 지은 노래마저 있다.[137] 때문에 관련 연구자들은《만요슈》의 만가가 중국의 만가, 그중에서도 특히《문선》의 만가와 일정한 관련이 있을 것으로 추정한다.[138]

《만요슈》에는 인용한 노래를 포함해서 작자가 스스로의 죽음을 대상으로 지은 일부 작품들이 수록되어 있다. 이 노래들은 '사세가(辭世歌)', '자상가(自傷歌)'라고도 불리는데, 일본 상고문학 중에 이미 자만적 성향의 작품들이 있음을 보여 주는 사례라고 할 수 있다. 일본학자 야마다 요시오[山田孝雄]는《만요슈》의 만가가 갖는 성격을 중국과 비교하여, 죽은 사람을 애도하는 가요적 성격이 강한 '만가'라기보다 보편적 인간 죽음에 관해 읊은 '만가시(挽歌詩)'에 가까운 것으로 보고 있다.[139]

하지만 위 노래는 엄격하게 말해 임종시에 가까운 사례이지 자만시라고 보기는 어렵다. 사세가[辭世の句]의 일반적 내용 역시 임종시 내지 임형시에 가까운 경우라 할 수 있다.

일찍이 김사엽은《만요슈》에 한국적 요소가 농후함을 주장한 바 있다.[140] 특히, 송석래는《만요슈》 만가에 〈제망매가〉와 같은 신라 향가가 영향을 주었을 가능성을 제기하기도 했다.[141] 하지만, 이상의 검토에서 보듯 '자만시'라는 관점에서 본다면 도리어 한중일 삼국 중 우리 고대문학에만 문인에 의

137 이연숙 역해, 같은 책, 198-199면 "이하시로의/ 해변 소나무 가지/ 함께 묶어서/ 만약 무사하다면/ 다시 올 때 보겠지[磐白乃/ 濱松之枝乎/ 引結/ 眞幸有者/ 亦還見武]" 이 작품이 왜 만가로 분류되어 있는가에 대해서는《만요슈》권2 만가에 대한 주석에서 그 이유를 설명하고 있다. "右件, 歌等雖不挽柩之時所作, 准擬歌意, 故以載于挽歌類焉." 야마다 요시오[山田孝雄], 〈萬葉集卷二挽歌最初の左注について〉,《萬葉集考叢》, 東京: 宝文館, 1955, 97면에서 재인용.

138 고지마 노리유키[小島憲之], 〈萬葉集の三分類〉,《上代日本文學と中國文學》, 東京: 塙書房, 2016(초판은 1964년), 790-791면; 아오키 다카코[青木生子], 〈辞世の歌〉,《萬葉集の美と心》, 東京 : 講談社, 1979, 233-254면; 아오키 다카코[青木生子],《萬葉挽歌論》, 東京: 塙書房, 1984, 26면. 연구자에 따라서는 이런 노래들을 '임종만가(臨終挽歌)'라고 부르기도 한다. 윤영수, 〈萬葉集「挽歌」에 關한 一考察: 挽歌의 意義와 性格을 中心으로〉,《일본 연구》제5집, 중앙대학교 일본연구소, 1990, 171-172면.

139 야마다 요시오[山田孝雄], 앞의 책, 103면.

140 김사엽,《日本의 萬葉集》, 민음사, 1983, 263-274면.

141 송석래, 〈日本萬葉集과 新羅鄕歌의 挽歌研究 — 受容過程을 中心으로〉,《한국학논집》제13집, 한양대학교 한국학연구소, 1988.2, 5-25면.(이 글은 〈新羅鄕歌와 日本〈萬葉集〉의 挽歌研究〉라는 제목으로《동방문학비교연구총서》3, 한국동방문학비교연구회, 1997, 141-169면에 재수록됨)

해 지어진 나의 죽음을 다룬 '만가시'가 전하지 않는다는 사실이 확인된다. 우리 고대문학 작품들이 온전히 전하지 않는 상황을 감안할 때 이는 물론 드러난 양상만으로 규정할 수 있는 문제가 아니다. 앞서 신찬균에 의해 한중일 만가의 기원과 전개에 대한 비교 연구가 수행된 적이 있지만, 대체로 구전 민요로서의 성격에 초점을 맞춘 까닭에 문인들에 의해 지어진 '만가시'에 관한 논의는 충분히 이루어지지 않았다.[142] 따라서 이 책에서는 판단을 보류하고, '만가'와 관련된 한중일 삼국 고대문학 작품의 상황을 간략히 제시하는 것으로 그치기로 한다.

한국의 경우 본격적인 자만시는 현전 자료를 기준으로 볼 때 조선시대에 들어서야 확인된다. 남효온의 자만시가 그것이다. 하지만 다음 기록을 통해 볼 때 최소한 고려시대 후반으로 그 시기를 소급할 수 있을 듯하다.

> 32년 계축년(선생 87세) 윤3월, 짧은 노래(시조, 歌詞) 뒤에 소서(小敍)를 썼다.(선생이 손수 도연명의 〈귀거래사(歸去來辭)〉를 본뜬 노래인 〈효빈가(效嚬歌)〉,[143] 〈농암가(聾巖歌)〉,[144] 〈생일가(生日歌)〉[145]라는 짧은 노래 세 수를 쓰고 그 뒤에 다음과 같이 소서(小敍)를 남겼다. "옹의 나이는 87세인데 벼슬에 물러나 한가하게 지낸 지도 12년이 지났다. 그 만년의 거취와 한적하고 안락한 행적이 모두 이 세 수의 짧은 노래에 담겨 있다. 이로부터 뒤로는 옛날 나와 함께했던 동료가 거의 다 죽고 집안은 옛날 홍성했던 때완 전연 다르지만 이미 유감이 없으니 이 또한 한종유가 자만

142 신찬균, 〈輓歌의 韓-中-日 比較硏究〉, 《비교민속학》 제6집, 비교민속학회, 1990.5, 47-66면.(같은 글이 신찬균, 《한국의 輓歌》, 삼성출판사, 1990, 194-216면에도 수록되어 있음.)

143 李賢輔, 〈效嚬歌〉(幷序), 《聾巖集》 권3, 한국문집총간 17, 민족문화추진회, 1990, 415면. 시의 내용과 창작배경은 다음과 같다. "歸去來歸去來말ᄲᅮᆫ이오가리업ᄉᆡ, 田園이將蕪ᄒᆞ니아니가고엇뎰고, 草堂애清風明月이나명들명기ᄃᆞ리ᄂᆞ니.", "嘉靖壬寅秋, 聾巖翁始解圭組, 出國門賃歸船, 飮餞于漢江, 醉臥舟上, 月出東山, 微風乍起, 詠陶彭澤'舟搖搖以輕颺, 風飄飄而吹衣'之句. 歸興益濃, 怡然自笑, 乃作此歌. 歌本淵明歸去來辭而作, 故稱效嚬."

144 李賢輔, 〈聾巖歌〉(幷序), 《聾巖集》 권3, 같은 책, 415면. "聾巖애올라보니老眼이猶明이로다, 人事이變ᄒᆞᆫᄃᆞᆯ山川이ᄯᆞᆫ가설가, 巖前에某水某丘이어제본ᄃᆞᆺᄒᆞ예라.", "巖翁久仕於京, 始還于鄕, 登聾巖, 周覽山川, 不無令威之感, 而猶喜其舊遊陳迹之依然, 又作此歌.

145 李賢輔, 〈生日歌〉(幷序), 《聾巖集》 권3, 같은 책, 415-416면. "功名이그지이실가壽夭도天定이라, 金犀ᄯᅴ구븐허리예八十逢春긔몃ᄒᆡ오, 年年에오ᄂᆞᆫ나리亦君恩이샷다.", "七月晦日, 是翁初度之辰, 兒孫輩每於此日, 設酌以慰翁. 辛亥之秋, 別設盛筵, 鄕中父老, 四隣邑宰俱會, 大張供具, 秩起酬酢, 終至醉舞, 各自唱歌, 翁亦和答, 此其所作也. 翁之年今八十七歲, 致仕投閒, 亦過一紀, 其晩年去就, 逸樂行迹, 盡于此三短歌, 聊書以自誇云. 嘉靖癸丑淸和節旣望, 崇政致仕永陽李某, 書于聾巖小閣."

했던 뜻이다.")[146]

연산군·중종 대의 인물 이현보(李賢輔, 1467-1555)의 연보(年譜)에 부기된 내용이다. 이현보는 병을 핑계로 벼슬을 그만둔 뒤 이황 등과 교유했으며, 문학사에서 〈어부가(漁父歌)〉 등 강호시가(江湖詩歌)의 작가로 유명하다. 이 연보는 아들 이숙량(李叔樑)이 처음 편찬했으나 내용이 소략하여 여러 대를 거쳐 수정 보완된 것이라고 한다.[147] 위 내용은 대부분 〈생일가(生日歌)〉의 병서(幷序) 중에 나오는 내용이다. 이현보는 89세까지 살았는데, 연보 작성자는 언급된 세 시조가 시인이 87세에 죽음을 예감하며 쓴 작품이란 측면에 주목하여 자만(自挽)의 뜻이란 말을 부기한 듯하다. 이 글에서 흥미로운 점은 자만을 굳이 한종유(韓宗愈, 1287-1354)의 자만한 뜻이라고 설명한 것이다. 한종유가 남긴 자만(自挽)의 말이 당시 혹은 연보 작성자에게 대표적인 사례로 인식되었음을 알 수 있다. 한종유는 고려 후기의 인물로 본관은 청주(淸州). 자는 사고(師古), 호는 복재(復齋)다. 1331년(충혜왕 1)에는 밀직제학(密直提學)으로 지공거(知貢擧)가 되어 진사를 선발하였고, 조적(曺頔)의 난으로 원나라에 소환된 충혜왕을 적극 변호해서 후에 1등 공신과 한양군(漢陽君)에 봉해진 인물이다. 아쉽게도 그의 문집이 전하지 않아 위 기록에서 말한 자만(自挽)이 어떤 내용인지는 알 수 없다.

다만《고려사(高麗史)》 열전(列傳) 한종유조(韓宗愈條)에 실려 전하는 〈양화사(楊花詞)〉라는 노래의 내력과 한역가(漢譯歌)가 그의 성향을 이해하는

146 李賢輔,〈聾巖先生年譜〉 권1,《聾巖集》, 같은 책, 469면. "三十二年癸丑(先生八十七歲) 閏三月, 題小敍于短闋後(先生手書效嚬, 聾巖, 生日三短闋, 題其後曰, "翁年今八十七歲, 致仕投閒, 亦過一紀. 其晩年去就, 逸樂行迹, 盡於三短闋, 自後明舊之與我同儕者, 彫落殆盡, 家庭殊不如昔日之全盛, 然已無餘憾, 此亦韓宗愈自挽之意也.')" 인용 내용 중 큰 글씨는 연보 내용이고 작은 글씨는 해당 내용에 대한 주석이다.

147 이 연보(年譜)는 아들 이숙량(李叔樑)이 처음 만든 것을 7대손 이복형(李復馨), 9대손 이상흡(李祥熻), 11대손 이문현(李文鉉)·이규현(李奎鉉), 후학(後學) 이야순(李野淳)·이가순(李家淳)이 정정(訂正)하여 1882년(고종 19)에야 완성되었다고 한다. 이를 주손(胄孫) 이진연(李進淵)이 그의 아들 이희조(李羲肇)에게 1통을 정사(淨寫)케 하고 부록문자(附錄文字)를 붙여 간행하고자 했는데, 지금 문집에 붙어 있는 연보는 1911년 이재명(李在明) 등이 속집(續集)을 간행할 때 함께 간행한 것이라고 한다. 한국고전번역원 DB의 오세옥의《농암집(聾巖集)》해제 참조.

데 도움을 준다. 한종유는 어릴 때부터 풍채가 뛰어났고, 이름 있는 사람들과 친교하면서 술을 마시고 놀기를 즐겼는데, 이들을 양화도(楊花徒)라 불렀다고 한다. 그 모임에서 한종유가 취중에 춤을 추며 노래를 불렀는데, 이를 〈양화사〉라고 한다는 것이다. 이 노래는 〈양화가(楊花歌)〉라고도 불리는데, 한역가의 내용은, "두여회(杜如晦: 청백리로 유명한 중국 당대의 명재상)의 맑은 풍취를 기다려, 날아서 황각(黃閣: 정승들이 사무를 보는 곳)에 이르리라.[待如晦清風 飛揚到黃閣中.]"이다.[148] 내용 중에 만가를 이야기하는 부분은 없지만 개인적 정회를 표출하는 도구로 외출할 때나 연회 자리에서 만가를 부르던 위진 시기 인물들과 유사한 풍취가 느껴진다. 하지만 이현보의 연보에서 말한 자만이 본격적인 자만시인가는 지금으로선 알 수 없다.

자만시를 기준으로 조선조의 작가 중 가장 먼저 눈에 띄는 인물은 생육신(生六臣)의 한 사람으로 꼽히는 남효온(南孝溫, 1454-1492)이다. 그의 〈스스로 쓴 만시 4장, 점필재 선생께 올리다[自挽四章, 上佔畢齋先生]〉(이하 〈자만 4장〉)는 현재 전하는 만시 중 최초로 '자만'이라 제목을 단 작품이다.[149] 물론 자신

148 이익,《국역 성호사설》 제25권 경사문(經史門) 양화도(楊花徒)조, 임창순 외 역, 민족문화추진회, 1976-1979; 李學逵,《洛下生集》冊十七, 秋樹根齋集[辛巳] 海東樂府 楊花徒조, 한국문집총간 290, 민족문화추진회, 2002. "韓宗愈字師古, 漢陽人, 忠烈三十季, 季十八擢第, 忠肅朝爲史官, 忠惠初, 拜評理, 封漢陽君, 賜鐵劵圖形壁上, 與李兆季齊名, 忠穆歸國, 拜左政丞, 王嘗欲觀李杜詩, 宗愈曰, '抽黃對白, 無補於政.' 竟不進, 忠定立, 權倖用事, 以府院君退老其鄉, 恭愍元季卒, 季六十八, 謚文節, 宗愈自幼, 視瞻異常, 軀幹魁偉, 爲文章, 務去俗氣, 尤致意於詩, 其未達也, 與一時名士, 相往還羣飮, 無虛日, 號楊花徒, 宗愈醉輒起舞, 歌楊花詞曰, '待如晦清風, 飛揚到黃閣中.', 識者皆異之, 君歌人月圓(人月圓, 詞頭曲名, 元宗時李藏用, 以判兵部事, 從王入朝蒙古, 翰林學士王鶚, 邀宴其第, 歌人唱吳彥高人月圓, 春從天上來二曲, 藏用微吟其詞中音節是也.) 我設楊花筵, 楊花四月飛作絮, 松漢樓臺徧處處, 宛轉青瑣宮, 裵徊黃閣中, 東陵日日多風雨, 春色餘幾許, 當風箕踞作高歌, 我輩聚散何其多, 今我不樂柰花何." 한종유의 졸기가 《고려사절요》에 실려 있다. 김종서 등,《고려사절요》 제26권 공민왕 1(恭愍王一) 갑오 3년(1354), 원 지정 14년.

149 南孝溫,《秋江集》 권1, 한국문집총간 16, 민족문화추진회, 1990, 30면. 이하에서 인용하는 남효온의 시는 한국문집총간본을 텍스트로 한 것이다. 번역문은 김성언과 박대현의 번역본을 참고하되 필요에 따라 수정하였다. 김성언,《남효온의 삶과 시》, 태학사, 1997, 181-191면; 박대현 역,《국역 추강집》, 민족문화추진회, 2007.
한편, 〈자만 4장(自挽四章)〉이란 제목 명명은 도연명의 〈의만가사(擬挽歌辭)〉를 〈자만 3장〉이라고 불렀던 것과도 일정한 관련이 있어 보인다. 조선 후기 남구만(南九萬, 1629-1711)이 도연명 〈의만가사〉 3수를 〈자만 3장(自挽三章)〉이라고 지칭한 경우가 있다. 南九萬, 〈西巖遺稿序〉,《西巖遺稿》, 한국문집총간속 36, 민족문화추진회, 2007, 3면. "蘇子瞻論陶淵明〈自祭文〉曰 '出妙語於纊息之餘, 豈涉死生之流哉.' 且手寫陶詩, 自言欲以晩節, 師範其萬一. 然其和陶詩, 獨不和〈自挽三章〉, 想其意不能無畏惡而然."

의 죽음에 대한 애도란 창작 의식에 국한하지 않고 자신의 죽음이란 주제적 특성에 집중하여 자만시를 찾는다면 다른 작품들도 찾을 수 있다. 김시습(金時習)의 〈나 태어나[我生]〉(이하 〈아생(我生)〉)와 같은 작품이 그 대표적인 예다.[150]

제1장에서 언급한 것처럼 남효온의 시는 1489년 시인의 나이 36세 때 스승인 김종직(金宗直)에게 올리는 편지의 별지에 쓰여 있던 것이다. 제1장은 천도(天道)의 운행과 삶과 죽음의 이치에 대한 이야기로부터 시작된다.

음양이 나뉘기 전에는,
도가 무명 질박하였지.[151]
태극이 이미 움직인 뒤에는,
만사가 드넓어 끝이 없도다.
이로 인해 좋고 싫어함이 생기고,
이 때문에 기심(機心)이 쌓이네.[152]
누구나 다 빈천을 싫어하여,
죽을 때까지 작록을 꾀하는구나.
생사의 관문에 이르러서는,
현달한 사람도 면할 수 없네.
경공은 우산에서 낙조를 탄식했고,[153]

---

150 金時習, 〈我生〉, 《梅月堂集》 권14, 한국문집총간 13, 민족문화추진회, 1990, 318면, "我生旣爲人, 胡不盡人道. 少歲事名利, 壯年行顚倒. 靜思縱大恧, 不能悟於早. 後悔難可追, 寤擗甚如擣. 況未盡忠孝, 此外何求討. 生爲一罪人, 死作窮鬼了. 更復騰虛名, 反顧增憂惱. 百歲標余壙, 當書夢死老. 庶幾得我心, 千載知懷抱." 하지만, 이런 유형의 작품들은 본격적인 '자만시'라고 하기에는 다소 미흡해 보인다. 죽은 자의 눈으로 자신의 삶을 돌아보는 기법이나, 자만시 특유의 상장례와 관련된 내용이 보이지 않기 때문이다. 또, 이런 유형의 시를 모두 자만시로 분류할 경우 시인이 만년에 이르러 일생을 개괄하거나 회고하는 일체의 시들을 다 포함시켜야 한다는 문제도 발생한다.

151 음양(陰陽)으로 나뉘지 않은 상태는 이름도 없고 그저 질박했을 뿐이라는 말이다. 《노자(老子)》 제32장에 "도는 언제나 이름도 없고 질박한 것이다.[道常無名, 樸.]"라고 하였다.

152 기심(機心)은 자기의 사적(私的)인 목적을 이루기 위하여 교묘하게 도모하는 마음을 말한다. 《열자(列子)》 〈황제(黃帝)〉편에 바닷가에서 아무런 기심도 없이 날마다 갈매기와 벗하며 진하게 지내넌 사람이 부친의 부탁을 받고 갈매기를 잡으려는 마음을 갖게 되자 갈매기들이 벌써 알아채고는 그 사람 가까이 날아오지 않았다는 이야기가 나온다.

153 《한시외전(韓詩外傳)》 권10 등에 나오는 제(齊)나라 경공(景公)의 고사를 인용한 것이다. 제나라 경공이 우산(牛山)에 올랐다가 해가 서산에 지자 북쪽의 제나라를 바라보며 이르기를, "아름답구나, 저 나라여! 만약 옛날부터 사람이 죽지 않는 존재였다면 과인(寡人)이 무슨 수로 저 나라를 차지했으랴. 그러나 과인은 장차 저것을 버리고 어디로 갈 것이란 말인가."라고 하고, 엎드려서 옷깃이 젖도록 울

갈홍은 구루에서 단약을 구했다네.[154]
왕희지는 팽상을 서글퍼했고,[155]
굴원은 닥칠 근심에 상심했네.[156]
왕가는 사약 사발을 내던졌고,[157]
추양은 감옥에서 죽을까 두려워했네.[158]
삶을 탐함이 예부터 이러하니,
나 또한 세속과 마찬가지라네.
《음부경》 속 신선에 관한 일,
하나하나 귀곡 선생께 배웠다네.[159]
거의 해와 달과 별빛을 시들게 하여,
상제처럼 빨리 내달리려 하였지.[160]

었다고 한다. 이 일화는《열자(列子)》〈역명편(力命篇)〉과《晏子春秋》권1 內篇 諫上 등에도 실려 있다.

154 구루(句漏)는 한대(漢代) 교지군(交趾郡)의 현(縣) 이름이다. 진(晉)나라 때 갈홍(葛洪)이 연단(鍊丹)을 통해 장생(長生)하려고 교지에 단사(丹砂)가 난다는 소문을 듣고 구루 현령이 되기를 자청했던 일이 있다.

155 왕희지(王羲之)는 진(晉)나라 우군장군(右軍將軍)을 지냈기 때문에 우군(右軍)이라고도 부른다. 팽상(彭殤)은 800세를 살았다는 팽조(彭祖)와 요절한 아이[殤子]를 말한다.《장자(莊子)》〈제물론(齊物論)〉에, "천하에는 털끝보다 더 큰 것이 없을 수 있는 반면에 태산이 작은 것이 될 수도 있고, 요절한 아이보다 더 장수한 이가 없을 수 있는 반면에 800세를 산 팽조를 요절했다고 할 수도 있다.[天下莫大於秋毫之末 而大山爲小 莫壽乎殤子 而彭祖爲夭.]"라고 하였는데, 왕희지(王羲之)는 〈난정기(蘭亭記)〉에서, 이를 "죽고 삶을 하나로 보는 것은 허탄한 말이고, 팽조와 요절한 아이를 똑같이 보는 것은 망녕되이 지어낸 말이다.[一死生爲虛誕 齊彭殤爲妄作.]"라고 반박하였다.

156 적적(逖逖)은 근심하고 두려워함을 의미한다. 굴원(屈原)은《초사(楚辭)》〈구장(九章) 비회풍(悲回風)〉에서 "내 지난날의 희망이 실현되지 못함을 원망하고, 장래의 일이 나를 근심케 함을 애도하노라.[吾怨往昔之所冀兮 悼來者之逖逖.]"라고 말했다. "장래의 일이 나를 근심케 한다"는 것은 장차 멱라수(汨羅水)로 달려가서 죽을 것임을 말한다.

157 왕가(王嘉)는 한나라 애제(哀帝) 때의 승상으로 죽음에 초연했던 인물이다. 간신에게 식읍을 하사함이 부당하다고 극간(極諫)하다 애제의 노여움을 사서 하옥되었다. 옥리(獄吏)가 사약을 올리자 약사발을 땅에 던지고 말하기를, "삼공(三公)이 나라를 저버렸으면 마땅히 저잣거리에서 형벌을 받아야 할 것이거늘, 어찌 약을 먹고 죽겠는가."라고 말했다.

158 추양(鄒陽)은 한나라 임치(臨淄) 사람이고, 양옥(梁獄)은 양(梁)나라 감옥이다. 양나라 효왕(孝王)이 참소하는 말을 듣고 추양을 하옥시켜 죽이려 하자, 추양이 죽음을 두려워하여 옥중에서 글을 올려 석방된 적이 있다.

159《음부경(陰符經)》에는 여러 사람의 주석이 있는데 이 책을 귀곡(鬼谷) 선생의 주석을 통해 배웠다는 말이다.《음부경》은 황제(黃帝)가 지었다고 전하는 도가서(道家書)이고, 귀곡은 전국시대 왕후(王詡)란 사람의 별호이다. 왕후가 청계(淸溪)의 귀곡(鬼谷)에 살았으므로 귀곡선생(鬼谷先生)이라 불렀는데《음부경》에 주석을 달았다고 한다.

160 삼광(三光)은 해와 달과 별을 가리킨다. 불로장생하려 했음을 말한다. 이백(李白)의 〈비룡인(飛龍引)〉 2수 중 두 번째 수에서 "황제가 옥녀를 태우고 자황 계신 곳을 지나가는데, 자황께서 이에 흰 토끼가 찧은 약을 내려 주니, 하늘보다 더디 늙어서 삼광을 시들게 하였네.[載玉女, 過紫皇, 紫皇乃賜白兎所擣之藥方 後天而老凋三光.]"라고 하였다. 이백의 시는 황제가 정호(鼎湖)에서 단사(丹砂)를 빚은 뒤 용을 타고 하늘로 올라간 일을 읊고 있는데, 황제가 자황(도교의 신 이름)이 주는 선약(仙藥)을 먹고 해·달·별보다 오래 살았다는 의미이다.

어느새 무덤이 말 앞에 이르고,[161]

성명이 저승 명부에 떨어졌구나.[162]

땅강아지와 개미가 내 입에 들어오고,

파리 모기떼 내 살을 빨아대네.[163]

새로 꼰 새끼줄로 내 허리를 묶고,

해진 거적으로 내 배를 덮는구나.

다섯 딸은 아버지를 찾아 울고,

아들 하나는 하늘 부르며 곡하며.

어린 종은 와서 박주를 올리고,

승려는 찾아와 명복을 빌도다.

경사는 풀 베어 제사 지내고,[164]

지전은 풀 섶에 걸렸는데.

상여꾼은 늙은 뼈 묻고,[165]

열 달구로 소리 맞춰 무덤 다지네.

이 때에 나는 어떠한 마음이던가,

혼돈처럼 일곱 구멍이 막혔네.[166]

---

161 가성(佳城)은 무덤을 뜻한다.《서경잡기(西京雜記)》 권4에 다음과 같은 이야기가 실려 있다. 한나라 등공(滕公)이 말을 타고 가다가 동도문(東都門) 밖에 이르자 말이 울면서 앞으로 나아가지 않은 채 발로 오랫동안 땅을 구르기에 사졸(士卒)을 시켜 땅을 파 보니, 깊이 석 자쯤 들어간 곳에 석곽(石槨)이 있고 거기에 "가성(佳城)이 울울(鬱鬱)하니, 3천 년 만에 해를 보도다. 아! 등공이여, 이 실(室)에 거처하리라."라는 글이 새겨져 있었다고 한다.

162 귀록(鬼錄)은 음계(陰界)에서 죽은 사람들의 이름을 명부에 기록하는 것으로, 저승 명부를 말한다.

163《장자(莊子)》〈열어구(列禦寇)〉편에 다음과 같은 일화가 실려 있다. 장자가 죽음을 맞이할 때 제자들이 그를 후하게 장사 지내려 하자, 장자가 그렇게 하지 못하게 하므로, 제자들이 "저희들은 까마귀나 솔개가 선생님의 시체를 파먹을까 염려해서 그렇습니다.[吾恐烏鳶之食夫子也.]"라고 하니, 장자가 "위에 있으면 까마귀와 솔개의 밥이 되고 땅속에 있으면 땅강아지와 개미의 밥이 되는 것인데, 그것을 저쪽에서 빼앗아다가 이쪽에다 주려고 하니, 어찌 그리 편벽한가.[在上爲烏鳶食 在下爲螻蟻食 奪彼與此 何其偏也.]"라고 말했다. 또《맹자(孟子)》〈등문공 상(藤文公 上)〉의 "파리와 모기가 물어뜯고[蠅蚋姑嘬之]"라는 표현이, 육기(陸機) 〈만가시3수(挽歌詩三首)〉 두 번째 수에는 "땅강아지 개미 너희를 어찌 원망하랴[螻蟻爾何怨]"라는 표현이 보인다. 이 구절은 이상의 고사 및 표현들과 일정한 관계에 있다고 볼 수 있다.

164 경사(經師)는 불교에서 불경을 잘 독송하는 법사를 부르는 말이다.

165《성호사설(星湖僿說)》〈인사문(人事門)〉에, 우리나라의 이른바 향도(香徒)라고 하는 것은 곧 남의 상여를 메고 그 품값을 받는 자라고 했다. 우리 문헌에 나오는 향도라는 말의 용례는 여러 가지가 있는데, 대체로 불교로부터 시작된 것이라고 한다.

166 혼돈(混沌)은 천지가 개벽하기 전에 천지의 원기(元氣)가 아직 나누어지지 않고 한데 엉겨 있는 상태를 말하는 것이다.《장자》〈응제왕(應帝王)〉편에 혼돈에 관한 이야기가 실려 있다. 장자가 말하기를, "남해(南海)의 제(帝)가 숙(儵)이고 북해(北海)의 제가 홀(忽)이고 중앙의 제가 혼돈이다. 숙과 홀이 때때로 혼돈의 땅에서 만나니, 혼돈이 그들을 융숭히 대접하였다. 숙과 홀이 혼돈의 덕을 갚으려고 말하기를, '사람들은 모두 일곱 구멍이 있어 보고 듣고 먹고 숨 쉬거늘 이 혼돈만이 그것이 없으니, 뚫어주어야겠다.' 하고, 날마다 하나의 구멍을 뚫었더니 7일 만에 혼돈이 죽었다."라고 하였다.

세상에 있을 때 살고 싶던 마음,
죽음과 함께 적막한 데로 돌아가네.
여희가 시집올 때 운 것 후회하고,
약상이 고향으로 돌아간 듯하도다.[167]
이는 소문이 거문고를 타지 않고,
사광이 악기를 치지 않는 격이네.[168]
생전에 입 벌려 웃을지니,[169]
누가 이 즐거움 함께할 수 있으랴?
다만 한스럽기는 사람이었을 때에,[170]
참혹하게 여섯 가지 액이 있었다네.
얼굴이 못생겨 여색이 다가오지 않고,
집이 가난하여 술이 넉넉지 못했네.
행실이 더러워서 미치광이로 불렸고,
허리가 곧아 높은 사람 노엽게 했지.
신발이 뚫어져 발꿈치가 돌에 채이고,
집이 낮아 서까래가 이마 때렸다네.

兩儀未判前,　道在無名朴.

---

167 여희(孋姬)는 진(晉) 헌공(晉獻)의 후처로, 애(艾) 땅 봉인(封人)의 딸이었다. 처음 시집왔을 때는 눈물이 옷깃을 적실 정도로 울었지만 궁궐에서 왕과 함께 자고 맛있는 음식을 먹게 된 뒤에는 처음 울었던 일을 후회했다. 약상(弱喪)은 어려서 집을 떠나 오래도록 타향에서 편안하게 살다보니 마침내 고향에 돌아갈 줄도 모르게 된 경우를 말한다.《장자》〈제물론(齊物論)〉편에서 장자는 이 두 가지 사례를 들어 삶을 기뻐하는 것이 여희처럼 죽은 뒤를 잘 몰라서 미혹된 일이며, 죽음을 싫어하는 일 역시 어려서 집을 떠나 고향에 돌아갈 줄 모르게 된 것이라고 했다. 이 두 구절은 살아 있을 때 죽음을 알지 못한 채 싫어했지만 사후엔 죽음이 도리어 즐겁고 편안할 수 있다는 말이다.

168 소문(昭文)은 뛰어난 거문고 연주자였고, 사광(師曠)은 진(晉)나라의 악사(樂師)였다.《장자》〈제물론(齊物論)〉편에서, "이루어짐과 이지러짐이 있는 것은 소문이 거문고를 타는 경우에 비유할 수 있고, 이루어짐도 이지러짐도 없는 것은 소문이 거문고를 타지 않는 경우에 비유할 수 있다.[無成與虧 故昭氏之不鼓琴也, 無成與虧 故昭氏之不鼓琴也.]"라고 하였다. 이 글에선 소문의 거문고 연주를 가지고 이루어짐[成]과 이지러짐[虧]의 문제를 논하고 있다. 곧 소문이 거문고를 타면 연주하는 음 외에는 놓치게 되고, 소문이 연주를 하지 않으면 이루어짐도 놓치는 것도 없게 된다는 말이다. 도연명이 자신의 방에 줄이 없는 거문고[無絃琴]를 걸어둔 것도 이와 같은 이유에서다.

169 《장자》〈도척(盜跖)〉편에 다음과 같은 이야기나 나온다. 도척이 공자와 만나, 공자를 꾸짖으며 인생이 짧기가 창틈을 지나가는 천리마와 같은데, 부질없이 이익과 명예에 얽매어 그 마음을 즐겁게 하고 그 목숨을 기를 줄 모르는 사람은 다 같이 도에 통한 사람이 아니라고 하였다. 사람의 삶이 근심으로 가득 차 있어, 입을 벌리고 웃을 수 있는 것[開口而笑者]은 한 달에 4, 5일 정도에 불과하다는 것이다. 여기서는 인생의 덧없음을 일컫는 말로 쓰였다.

170 이 구절 이하는 도연명 〈의만가사(擬挽歌辭)〉 세 수 중 첫 번째 수 "다만 한스럽기는 세상에 있을 때, 만족스럽게 술 마시지 못한 일이라네.[但恨在世時, 飮酒不得足.]"를 남효온 자신의 입장에서 부연한 내용이다.

太極旣動後, 萬事浩無極.
由玆好惡生, 以是機心蓄.
莫不惡貧賤, 抵死營爵祿.
至於生死關, 達人免不得.
牛山嘆落暉, 句漏求丹藥.
右軍悲彭殤, 屈原傷逖逖.
王嘉擲藥巵, 鄒陽懼梁獄.
貪生古來然, 余亦諧世俗.
陰符經內事, 一一習鬼谷.
庶幾彫三光, 與帝驅齊速.
佳城馬前至, 姓名墮鬼錄.
螻蟻入我口, 蠅蚋嘬我肉.
新繩束我腰, 弊苫蓋我腹.
五女索父啼, 一男呼天哭.
僮來奠薄酒, 僧來祝冥福.
經師斬草祭, 紙錢掛林薄.
香徒瘗老骨, 十杵齊聲築.
是時余何心, 混沌七竅塞.
在世欲生心, 與化歸寂寞.
孋姬悔來泣, 弱喪歸故國.
昭文不鼓琴, 師曠不技策.
生前開口笑, 孰能竝此樂.
但恨爲人時, 慘慘有六厄.
貌醜色不近, 家貧酒不足.
行穢招狂號, 腰直怒尊客.
履穿踵觸石, 屋矮椽打額.

제1장은 54구에 이르는 장편의 시로 나머지 3장에 비해서 상대적으로 거시적이고 형이상학적인 내용이 들어 있다. 첫 부분에서 삶과 죽음의 문제를 자연의 이법(理法)과 연결시켜 묘사한 것은 이전의 만가시나 자만시에서 찾아보기 어려운 부분이다. 시인은 이어서 자신의 죽음과 가족들의 슬픔, 상장례의 정경 등을 묘사한다. 자신의 죽음 앞에서 애통해 하는 1남5녀의 모습이

애잔하다. 그리고 죽음에 대한 달관을 드러내다가 돌연 세상 살 적에 한스러웠던 일 여섯 가지를 제시하는 것으로 마무리한다. 현실에 대한 불만을 허구의 세계 속에서 드러낸다는 것은 이 작품의 창작 의도를 짐작케 한다. 달관으로 끝났다면 느슨했을 시상이 이로 인해 팽팽하게 당겨진 채 마무리된다.

제2장은 인생의 무상함에 대한 이야기로 시작된다.

인생은 아침 이슬이 마르는 것 같아,[171]
세월은 머리 위로 재빨리 지나가네.
천 년 뒤 돌아온 학이 돌기둥에 앉으니,
요동의 성곽에는 무덤만 즐비하였네.[172]
터덜터덜 가는 인생길에,
불로장생할 사람이 그 누가 있으랴?[173]
운명 맡은 신이 내 목숨 거둬 가고,
고양이와 쥐들이 내 양식 빼어가네.
무당들은 내 옷을 나누어 가지고,
다른 사람이 내 집에 들어오네.
연단하던 방에는《홍보》만 남았고,[174]
글방에는 서책만 놓여 있구나.
늙은 어머니는 시신 만지며 통곡하고,
친한 벗은 상여줄 당기며 곡하네.

171 염교 위에 맺힌 이슬처럼 덧없이 사라지는 인생을 표현한 구절이다. 한나라 고조(高祖)에게 반기를 들다 패망한 전횡(田橫)의 죽음을 애도하여 그의 무리가 지은 만가인〈해로가(薤露歌)〉2장 중 첫 번째 장에서 "염교 위에 맺힌 이슬 어이 쉽게 마르나. 이슬은 말라도 내일이면 다시 내리지만, 사람은 죽어 한번 가면 언제나 돌아오나.[薤上朝露何易晞, 露晞明朝更復落, 人死一去何時歸.]"라고 하였다.

172 천 년 뒤 학이 되어 돌아온 정령위(丁令威)의 고사를 가리킨다. 도연명의《수신후기(搜神後記)》에 "정령위는 본래 요동(遼東) 사람으로 영호산(靈虎山)에서 도를 배워 신선이 되었는데, 그가 뒤에 학으로 화하여 성문 앞의 큰 기둥인 화표(華表)에 앉아 있었다. 이때 한 소년이 활로 쏘려고 하자 학이 날아서 공중을 배회하며 말하기를, '새여, 새여, 정령위로다. 집을 떠난 지 천 년 만에 이제야 돌아오니, 성곽은 예전과 같은데 백성은 옛사람이 아니로다. 어찌 신선술을 배우지 않아 무덤만 즐비한가.[有鳥有鳥丁令威 去家千年今始歸 城郭如故人民非 何不學仙塚纍纍]'라고 하고 날아가 버렸다."는 내용이 나온다.

173 두보의〈옥화궁(玉華宮)〉시 마지막 구절 "바삐 가는 인생길에, 누가 장생불사할 사람인고.[冉冉征途間, 誰是長年者.]"에서 온 표현이다. 옥화궁은 당나라 태종이 조성한 이궁(離宮)이었다. 두보의 시구는 이제는 황폐해진 궁궐에서 미인(태종)의 죽음을 떠올리며 삶의 덧없음을 탄식한 내용이다.

174《홍보(鴻寶)》는 비서(祕書)의 제목이다.《한서(漢書)》〈유향전(劉向傳)〉에 "회남왕(淮南王)이 베개 속에 간직한《홍보원비서(鴻寶苑祕書)》가 있는데 세상 사람은 그것을 본 자가 없었다. 갱생(更生)의 아버지 덕(德)이 무제(武帝) 때 회남의 옥(獄)을 다스리면서 그 책을 얻었는데 갱생이 기이하게 여겨 나라에 바쳤다."라고 했다.

선산에 장사 지낼 때,[175]
언 시신 나무토막처럼 뻣뻣하네.
초라하게 박한 술로 제상 갖추어,
내게 술 따르고 무덤에 들게 하네.
저승은 까마득히 만 리나 먼 곳이라,
아득하고 아득하여 이승과 막혀 있네.
하늘은 본래 소리도 냄새도 없고,
높고 넓으며 텅 비고도 고요하지.
지극히 은밀해서 들어도 들리지 않고,
지극히 정미(精微)해서 흔적도 찾을 수 없네.[176]
귀신과 더불어 길흉이 합치하고,
사철과 더불어 변화를 함께하니,
세상에 있을 때 좋고 싫은 생각들,
하나도 가슴속에 걸린 것이 없다네.

人生朝露晞, 　日月頭上速.
千年鶴歸表, 　有塚滿城郭.
苒苒征途上, 　孰有長年客.
司命收我壽, 　貓鼠奪我食.
巫師分我衣, 　他人入我屋.
錬室遺鴻寶, 　文房有書冊.
老母撫屍痛, 　親朋執引哭.
相送南陽阡, 　凍屍直如木.
草草魯酒奠, 　酹我入新宅.
九泉邈萬里, 　茫茫與世隔.
上天無聲臭, 　高廣且寥廓.
至隱聽不聞, 　至微軌不摶.

175 남양천(南陽阡)은 본래 선친의 무덤 앞길을 말하는데 여기서는 선산(先山)을 가리킨다. 《한서(漢書)》〈유협열전(游俠列傳)〉 속 원섭(原涉)의 전(傳)에 "무제(武帝) 때에 경조윤(京兆尹) 조씨(曹氏)가 무릉(茂陵)에 장사하고 그 묘도(墓道)를 경조천(京兆阡)이라 일렀는데, 원섭(原涉)이 그것을 보고 선모(羨慕)하여 마침내 땅을 사서 묘도를 열고 표(表)를 세워 서(署)하기를 남양천(南陽阡)이라고 했다."라는 기록이 보인다. 班固 撰, 《漢書》 권92, 〈游俠列傳〉 제63, "涉[原涉]父爲南陽太守, 父死, 涉大治, 起塚舍, 買地開道, 立表署, 曰南陽阡."

176 《노자(老子)》 제14장에 "보아도 보이지 않는 것을 이(夷)라 하고, 들어도 들리지 않는 것을 희(希)라 하며, 만져도 만져지지 않는 것을 미(微)라 한다.[視而不見, 名曰夷, 聽而不聞, 名曰希, 搏之不得, 名曰微.]"라고 하였다. 이 세 가지는 모두 도(道)를 가리키는 말이다.

鬼神合吉凶，　四序同消息．
在世好惡念，　無一掛胸臆．

제2장의 내용은 제1장에 비해서 평범하다. 죽음 이후의 정경과 상장례, 그 중에서도 매장 모습이 집중적으로 그려진다. 어머니와 벗들의 애통함이 드러나고, 추운 날 죽어 뻣뻣하게 얼어붙은 내 주검의 모습이 스산하다. 하지만 첫 번째 수와는 달리 현실에 대한 어떤 불만도 없이 죽음을 그저 받아들이겠다는 말로 맺어진다.

제3장은 이전 두 수와는 달리 분위기가 급변하여 완전히 새로운 국면으로 접어든다.

무양이 나의 충성 천거하니,
상제가 내 재주에 기뻐하네.
용백국의 거인이 잉어에다 멍에 얹고,[177]
비의 신이 티끌 먼지 걷어내네.
우레 신이 길을 깨끗이 치우고,
나를 맞으러 화양으로 오네.
조서를 붉은 진흙으로 봉하니,
추강(秋江) 모퉁이 밝게 비추네.[178]
나는 천상 영관(榮觀)에 와 있건만,[179]
인간 세상에선 친척들이 슬퍼하네.
아내는 관 앞으로 나아가서,
허둥지둥 한잔 술 올리며,
내게 "저승에 돌아가면, 음식은 어디에 의탁할꼬?"라고 하네.
어찌 알리오 사후의 즐거움이,

177 《열자(列子)》〈탕문(湯問)〉편에 다음과 같은 이야기가 실려 있다. 옛날 용백국(龍伯國)의 거인(巨人)이 있었는데, 몇 걸음 만에 바다 가운데 다섯 신산(五山)에 이르러 한 번 낚시질로 신산(神山)을 이고 있는 여섯 마리의 거오(巨鼇)를 낚아서 등에 지고 돌아와 자라를 구워 점쳤다.

178 추강(秋江)은 본래 가을 강이란 의미지만 남효온의 호도 추강(秋江)이기 때문에 여기에선 남효온 자신을 가리키는 의미로도 사용되었다.

179 영관(榮觀)은 궁궐을 말한다. 《노자》 제26장에 "비록 궁궐에 있을지라도 편안하게 태연히 거처한다.[雖有榮觀，燕處超然.]"라고 했다. 영관(榮觀)을 영화나 굉장한 구경거리란 의미로 풀이해서 "아무리 굉장한 구경거리가 있다 하더라도 동요되지 않고 편안히 거하면서 외물(外物)을 초월한다."라고 해석하기도 한다.

생전의 재앙보다 더 나은 줄을.
내 일찍이 인간의 몸이었을 때,
온 세상이 쓸모없는 재주를 비웃었네.
현명한 이는 나의 방랑함을 미워하고,
귀인은 나의 영락함을 능멸했지.
궁귀는 쫓아도 오히려 달라붙고,[180]
돈은 절대로 다가오지 않았네.
서른여섯 해를 사는 동안,
언제나 세인의 시기를 받았네.[181]
오늘 밤은 다시 어떤 밤이던가,
나를 연화대 위에 서게 하였네.[182]
붉은 대궐은 빛나고 드넓은데,
차례로 구빈이 늘어섰네.[183]
상빈이 〈녹명〉을 노래하고,[184]
복비가 〈남해〉를 연주하니,[185]
음악 소리 희와 이를 뒤섞었고,[186]

180 궁귀(窮鬼)는 항상 사람에게 달라붙어서 그 사람을 곤궁하게 만드는 다섯 가지 귀신을 말한다. 당대 한유(韓愈)가 〈송궁문(送窮文)〉을 지어 지궁(智窮), 학궁(學窮), 문궁(文窮), 명궁(命窮), 교궁(交窮)이란 다섯 가지 궁귀들을 쫓아 버리려고 한 적이 있다.

181 김종직이 이 시를 읽고 남효온에게 보낸 답서 중에 "'서른여섯 해를 사는 동안, 언제나 세인의 시기를 받았네.'라고 하였소. 이것은 자찬(自讚)함이 깊은 것이고, 또 정성스레 이 세상을 잊지 못하는 생각이 있으니, 이런 사람이 어찌 아침 이슬처럼 갑자기 죽을 리가 있겠소.['三十六年間, 長被物情猜.' 其自讚也, 深矣, 且有拳拳不忘斯世之慮焉, 是豈溘先朝露之人哉.]"(《佔畢齋集》권1〈答南秋江書〉)라고 하였다.

182 연화대(蓮花臺)는 불좌(佛座) 중의 한 가지다. 연화대(蓮花臺)·화대(華臺)·연대(蓮臺)라고도 하는데, 부처나 보살들이 앉은 연화의 좌대를 말한다. 극락세계에는 연화대(蓮花臺)가 있다 한다. 또 정토(淨土)에 왕생하는 이가 앉는 9종의 연화대(蓮華臺)를 구품연대(九品蓮臺)라고 한다. 평생 지은 업(業)의 깊고 얕은 데에 따라 9등으로 나뉘는데, 중상품은 연화대(蓮華臺)에 앉는다고 한다.

183 구빈(九賓)은 임금이 우대하는 아홉 가지의 손님을 말한다. 공(公)·후(侯)·백(伯)·자(子)·남(男)·고(孤)·경(卿)·대부(大夫)·사(士)가 그것이다.

184 상빈(湘濱)은 상수(湘水) 물가로, 순(舜) 임금의 두 비(妃)인 아황(娥皇)과 여영(女英)이나 상수에 빠져 죽은 굴원(屈原)이 모두 관련된다. 하지만 내용상으로는 아황과 여영을 가리키는 것으로 보는 편이 자연스러울 듯하다. 〈녹명(鹿鳴)〉은 《시경》 소아(小雅)의 편명으로 빈객을 연향(宴饗)하는 것을 읊은 시이다.

185 복비(虙妃)는 복희씨(伏羲氏)의 딸로, 낙수(洛水)에 익사하여 수신(水神)이 되었다고 한다. 〈남해〉(南陔)는 《시경》 소아(小雅)의 편명이기도 한데, 이 시는 효자가 서로 경계하여 부모를 봉양함을 읊은 것이라고 한다. 가사는 전하지 않는다.

186 색깔도 없고 소리도 없는 오묘한 음악 소리가 울려 퍼진다는 말이다. 《노자(老子)》 제14장에 "보아도 보이지 않는 것을 이(夷)라 하고, 들어도 들리지 않는 것을 희(希)라 한다.[視而不見, 名曰夷, 聽而不聞, 名曰希.]"라고 하였다. 앞서 소개한 〈자만 4장〉의 제2장에서도 역시 《노자》 제14장의 해당 내용을 연상시키는 "지극히 은밀해서 들어도 들리지 않고, 지극히 정미해서 흔적도 찾을 수 없네.[至隱聽不聞, 至微軌不搏.]"란 표현이 보인다.

붉은 구름 금 술잔을 채웠네.[187]
계단에 붉은 활을 늘어놓고 부르니,[188]
광주리로 폐백을 받아 돌아오네.
옥황상제는 나를 보고 웃고,
뭇 신선들 나를 끼고서 배회하네.
은혜를 받은 하루아침에,
명성이 팔방에 떨치네.
사후의 복이 누가 나와 같을까,
나를 위해 재물 허비하지 말지어다.

巫陽薦我忠, 上帝悅我才.
龍伯駕文鯉, 雨師開塵埃.
雷公淸道路, 逆我華陽來.
詔書紫泥封, 照輝秋江隈.
天上榮觀至, 人間九族哀.
室人就柩前, 匍匐奠單桮.
謂我歸重泉, 食飮焉托哉.
焉知死後樂, 勝於生前災.
余嘗爲人時, 擧世嘲散材.
賢人憎放浪, 貴人陵傾頹.
窮鬼逐猶隨, 孔方絶不徠.
三十六年間, 長被物情猜.
今夕復何夕, 立我蓮花臺.
彤庭赫弘敞, 秩秩九賓開.
湘濱歌鹿鳴, 虙妃彈南陔.
簫管混希夷, 紅雲盛金罍.
陛陳彤弓招, 承筐玄幣回.
玉皇向我笑, 群仙擁徘徊.
承恩一朝間, 聲名振八垓.
冥福誰我竝, 毋爲我傾財.

187 선인(仙人)이 머무는 곳에는 항상 붉은 구름이 에워싸고 있다는 이야기가 있기 때문에 제왕(帝王)의 궁궐을 형용할 때 홍운(紅雲)이라는 표현을 많이 쓴다.

188 동궁(彤弓)은 임금이 공이 있는 사람에게 하사하는 붉은 활이다. 《시경》〈소아(小雅) 동궁(彤弓)〉편에 "풀어놓은 붉은 활을 받아서 보관했더니, 내 아름다운 손님 있어 신심으로 주려 하네.[彤弓弨兮, 受言藏之, 我有嘉賓, 中心貺之.]"라고 하였다.

마지막 두 구절을 뺀다면 마치 유선시(游仙詩) 같은 의경(意境)이다. 무양(巫陽), 용백국(龍伯國)의 거인, 비를 맡은 신인 우사(雨師), 그리고 우레를 맡은 신인 뇌공(雷公) 등 하늘의 사자들이 나를 데려가기 위해 화양(華陽)으로 내려왔다고 썼다. 화양은 삼각산(三角山) 남쪽인데, 신선이 사는 곳인 화양동(華陽洞)을 의미하기도 하지만 여기에선 자신이 있는 현실의 공간도 함께 가리켜서 중의적으로 사용되었다. 상제의 조서를 봉한 붉은 진흙이 추강(秋江)의 모퉁이를 비친다는 표현에서도 이 점이 잘 드러난다. 추강(秋江)은 바로 남효온 자신의 호이기 때문이다.

무양은 전설 속의 여무(女巫)로 상제의 명을 받고 혼백을 주관하는 일종의 저승사자이다. 상제가 나의 재주를 유독 사랑하여 저승의 궁궐로 불러오기 위해 이런 신화전설 속 존재들을 동원했다는 것이다. 남효온의 현실과 극단적으로 대비되는 상황을 가공하고 있는 셈이다. 제1장에서 언급한 것처럼 집안에 액운이 겹쳤고 자신의 처지 역시 매우 나쁜 상태였기 때문이다. 마지막 두 구에서 비록 "사후의 복이 누가 나와 같을까, 나를 위해 재물 허비하지 말지어다.[冥福誰我竝, 毋爲我傾財.]"와 같이 죽음 뒤의 영예를 다시 한 번 강조하지만, 이 때문에 달콤한 상상은 현실이 아님이 드러난다. 가공된 죽음 속에 또다시 허구의 세계가 등장한다. 시 전체로 볼 때 일종의 액자 구성이라고 할 수 있는데, 한편으론 허구 속의 또 다른 허구가 들어가 있는 중층적 서사가 배치되어 있다고 볼 수 있다. 이는 이전의 만가시나 자만시에선 찾아보기 어려운 남효온 자만시의 독창적 부분이다. 제1장에서 현실에 대한 불만을 남는 한이라고 말했다면, 제3장의 가공된 사후세계는 그 자체가 현실에 대한 반면으로서 의미를 확보한다.

제4장은 신선세계에 대한 부정으로 시작된다.

신선의 무리 항만도는,[189]

189 항만도(項曼都)는 하동(河東) 포판(蒲坂) 사람으로, 신선술을 배운 지 삼 년 만에 돌아와서 궁금해 하

가소로울 뿐아니라 망녕되고 용렬한 사람이라.
그대 보건대 화식(火食)하는 사람,[190]
누가 죽지 않는 몸 가졌던가?
어저께 밤 비파를 탈 때에는,
맑은 소리 구천에 통하더니.
오늘 새벽 네 줄이 끊어져,
나를 적막한 곳에 눕게 하네.
몽당붓에는 거미줄 얽혔고,
마른 벼루엔 누런 먼지 잠겼네.
부질없이 호리사를 지어 와서,[191]
길옆 만장이 어지럽게 날리네.
누런 구름은 얼어서 날리지 않고,
흰 상여는 덜컹거리며 굴러가네.
백부님 숙부님 길을 끼고 따르며,
마흔도 못 되어 죽은 것 탄식하네.

仙曹項曼都, 　堪笑妄庸人.
君看火食者, 　孰有不死身.
昨宵彈琵琶, 　淸聲徹九旻.
今晨四絃斷, 　臥我寂寞濱.
禿筆罥蛛網, 　枯硯沒黃塵.
空成蒿里詞, 　路左挽紛繽.
黃雲凍不飛, 　素車驅轔轔.
伯叔挾路隨, 　嘆我未四旬.

인용 시는 전체 4장 중에서 가장 짧은 길이로 서술되어 있다. 항만도(項曼

는 집안사람에게 다음과 같은 요지의 말을 남겼다. 선인들이 자신을 붙들고 달에서 몇 리 떨어진 곳에 멈추고, 선인이 선주(仙酒)를 마시게 했는데, 한 잔씩 마실 때마다 주리지도 않고 시간이 얼마나 흘렀는지도 모르고 무슨 잘못을 했는지도 모르다가 다시 지상으로 돌아왔다는 것이다. 하동에서는 이 때문에 그를 척선인(斥仙人)이라 불렀다.《논형(論衡)》〈도허편(道虛篇)〉에 항만도의 이야기가 실려 있는데, 항만도가 도술을 좋아하여 먼 곳에 갔다가 소득 없이 돌아와선 거짓으로 지어낸 이야기라고 보았다.

190 화식하는 사람[火食者]은 음식을 익혀 먹는 속세의 평범한 사람들을 가리킨다.

191 호리사(蒿里詞)는 만가(挽歌)를 말한다. 진(晉)나라 최표(崔豹)의《고금주(古今註)》에서 "해로(薤露)와 호리(蒿里)는 모두 초상 때 부르는 노래로, 전횡(田橫)의 문인(門人)에게서 나왔다. 전횡이 자살하자 문인들이 상심하여 비가(悲歌)를 지었는데, 그 내용은 사람의 목숨은 염교에 맺힌 이슬처럼 덧없고 사람이 죽으면 혼백이 호리산(蒿里山), 즉 묘지로 돌아간다는 것이다."라고 설명하였다.

都)는 신선술을 배우다 3년 만에 다시 돌아온 인물이다. 남효온은 항만도를 통해 누구도 죽음을 피할 수 없다고 말한다. 반드시 동일한 것은 아니지만 제3장에서 융숭한 대접을 받던 저승세계 역시 사실이 아님을 말하는 듯하다. 마치 일장춘몽(一場春夢)에서 깨어난 것처럼 시인은 다시 자신의 초라한 죽음의 정경들로 독자들의 시선을 잡아끈다. 만장에 적인 만시들도 다 부질없고 구름마저 누렇게 얼어붙은 날씨 속에 내 상여는 덜컹덜컹 묘지를 향해 가고, 백부와 숙부는 마흔도 못 되어 죽은 내 운명을 한탄하고 있다.

제목에는 그저 '자만4장'이라고 되어 있지만 도연명의 〈의만가사〉의 영향을 받은 작품임을 쉽게 알 수 있다. 그러나 도연명의 시와 비교한다면 삶과 죽음에 대한 달관 외에도 매 장마다 비극적 인식이 덧붙여져 있음을 알 수 있다. 이런 부분은 김종직이 보낸 답서에서 드러나듯 또 다른 작품의 그림자가 겹쳐져 있기 때문이다.[192] 송대 진관(秦觀, 1049-1100)의 〈스스로 쓴 만사[自作挽詞]〉(이하 〈자작만사(自作挽詞)〉)가 그것이다.

죄 짓고 궁벽한 곳으로 쫓겨 오니,
슬픔을 곱씹으며 세상과 이별하였다네.
관리가 와 내 주머니에 담긴 물건을 기록하고,
서리는 내 시체를 검시하네.
등나무로 나무껍질 관[木皮棺]을 묶어,
길가 비탈에 서둘러 장례 지내네.
고향은 만 리 밖에 있고,
처자는 하늘 저편에 있건만.
외로운 혼 감히 돌아가지고 못하고,
벌벌 떨며 오히려 이곳에 있구나.
옛날 어사(禦史) 자리에 올라,
궁분에 이름을 걸었더니.
의외의 화가 하루아침에 일어나,
떠돌다 이곳까지 이르렀네.

192 김종직 답서의 관련 내용에 대해서는 다음 장에서 소개할 것이다.

외돌토리 약골이라 일을 감당 못할 텐데,[193]
유골이 돌아갈 날 언제런가?
먼 길 산과 바다를 둘러 가더라도,
어찌 화장(죽음)을 피할 수 있겠는가?
비통하고 또 비통하여라,[194]
저 하늘은 어찌 알 수 있으랴!
세모에 독기 서린 강의 물살은 빠르고,
새와 짐승의 우는 소리 슬프구나.
아득히 찬비는 내리고,
참담하게 음산한 바람 부네.
무덤엔 푸른 이끼 돋고,[195]
지전은 빈 가지에 걸려 있네.
조촐한 제사상 준비해 줄 사람도 없으니,
누가 도사나 승려에게 밥 먹여 보낼까?
또한 만가를 부를 사람도 없지만,
만가의 가사만 부질없이 남아 있구나.

嬰釁徙窮荒,　茹哀與世辭.
官來錄我槖,　吏來驗我屍.
藤束木皮棺,　藁葬路傍陂.
家鄉在萬里,　妻子天一涯.
孤魂不敢歸,　惴惴猶在玆.
昔忝柱下史,　通籍黃金閨.
奇禍一朝作,　飄零至於斯.
弱孤未堪事,　返骨定何時.
修途繚山海,　豈免從闍維.
荼毒復荼毒,　彼蒼那得知.
歲晚瘴江急,　鳥獸鳴聲悲.
空濛寒雨零,　慘淡陰風吹.

193 외돌토리 약골[弱孤]은 진관의 아들 진담(秦湛)을 가리킨다.

194 "비통하고 또 비통하여라[荼毒復荼毒]"는 육기(陸機) 〈만가시3수(挽歌詩三首)〉 중 마지막 수의 "가슴 치며 애통해 하지만[拊心痛荼毒]"으로부터 온 표현이다.

195 빈궁(殯宮)은 영구(靈柩)를 두는 빈소를 의미하기도 하지만 무덤을 가리키는 말로도 쓰인다. 여기서는 후자의 의미로 사용되었다.

殯宫生蒼蘚,　紙錢掛空枝.
無人設薄奠,　誰與飯黄緇.
亦無挽歌者,　空有挽歌辭.[196]

진관은 시의 병서(幷序)에서 다음과 같이 이 작품의 창작 취지를 밝히고 있다.

> 옛적 포조와 도잠이 스스로 만가를 지었는데, 그 가사가 슬펐다. (하지만) 내가 쓴 이 작품을 읽어보면 전작들이 슬픈 것도 아님을 알 수 있을 것이다.[197]

도연명과 포조의 자만시를 분명히 의식하고 자만시를 창작하였음을 밝히고 있다. 하지만, 그들과는 다른 길을 선택하고 있다는 점이 관심을 끈다. 진관은 자만시의 미학이 진정한 슬픔에 있다고 생각했던 듯하다. 자신의 죽음이 비참하면 비참할수록 읽는 이가 깊은 슬픔을 느끼게 되고, 바로 그 점이 자신의 작품의 미덕이라고 생각하였다. 그의 시에선 도연명의 작품과 같은 죽음에 대한 달관이 보이지 않는다. 이런 면모는 "죄 짓고 궁벽한 곳으로 쫓겨 오니, 슬픔을 곱씹으며 세상과 이별하였다네. 관원은 와서 내 보따리의 물건을 기록하고, 아전은 내 시체를 살피더니. 등나무로 나무껍질 관을 묶어, 길 가 비탈에 서둘러 장례지내네[嬰釁徙窮荒, 茹哀與世辭. 官來錄我橐, 吏來驗我屍. 藤束木皮棺, 藁葬路傍陂]"란 시의 모두 부분에서 잘 드러난다. 그의 죽음은 선종(善終)이 아니라 유배지에서의 객사다. 시신을 거두는 사람도 없어 관리들이 시신을 검시하고, 초라한 관에 넣어 아무렇게나 산비탈에 매장할 정도다. 추적추적 찬비가 내리고 음산한 바람 부는데 무덤가엔 지전만이 을씨년스럽게 빈 가지에 걸려 있다.("空濛寒雨零, 慘淡陰風吹") 심지어 제삿밥마저 차려줄 이 없고, 만가를 불러 줄 이 없어 이렇게 만가의 가사만이 남았다

196 쉬페이쥔[徐培均] 箋注,《淮海集箋注》권40, 上海: 上海古籍出版社, 1994, 1323-1326면.

197 "昔鮑照陶潛自作哀挽, 其詞哀. 讀予[余]此章, 乃知前作之未哀也." 연보(年譜)에는 '여(予)'자가 '여(余)'자로 되어 있다. 저우이간[周義敢]·청즈신[程自信]·저우레이[周雷] 編注,《秦觀編年校注》권35 哀詞, 北京: 人民文學出版社, 2001, 755면.

고 하였다.("無人設薄奠, 誰與飯黃緇? 亦無挽歌者, 空有挽歌辭") 시인은 자신의 비참한 죽음에 비통해 마지않는다. 자신의 죽음에 대한 이런 비참한 상상은 일차적으로 당시 진관의 처지와 관련이 있다.

이 작품은 송 원부(元符) 3년(1096) 뇌주(雷州)에서 지어졌다.[198] 중국학자 쉬페이쥔[徐培均]에 따르면, 진관의 생애는 크게 세 시기로 나누어 볼 수 있는데, 이 때는 마지막 시기에 해당한다.[199] 이 시기 진관은 중앙정계에서 소외된 채 유배지를 전전하고 있었다. 이 무렵 그의 작품에선 자신의 불우한 처지에 대한 비탄의 작품이 많이 눈에 띈다. 당시 진관은 제명(除名)된 뒤 뇌주(雷州)로 유배되었다.[200] 따라서 〈자작만사(自作挽詞)〉에서 그려지는 비극적 죽음은 시인의 현실적 불우와 무관하지 않다. 이해 6월 진관은 소식(蘇軾)을 해강(海康)에서 만나 이 작품을 보여 주는데, 소식은 이 작품을 두고 "생사를 한가지로 여기고 외물과 내가 별개가 아님을 이해하여 이런 말을 장난스럽게 써낸 것이니 이상할 것도 없다.[齊生死, 了物我, 戱出此語, 無足怪者]"라고 평한 바 있다."[201]

하지만, 절친한 벗 소식의 말과 달리 진관의 시는 삶에 대한 집착과 자신의 처지에 대한 비통함이 직설적으로 노출되어 있다. "옛날 외람되게 관직에 있을 때, 궁문에 이름을 걸었더니. 의외의 화가 하루아침에 일어 나, 떠돌다 이곳까지 이르렀네.[昔忝柱下史, 通籍黃金閨. 奇禍一朝作, 飄零至於斯]", "비통하고 또 비통하여라, 저 하늘이 어찌 알 수 있으랴![荼毒復荼毒, 彼蒼那得知]"처럼 자신의 분노와 비탄이 시 문면에 배어난다. 이런 면에서 송대 호자(胡仔, 1110-1170)가 소식의 평어를 두고 "그 말은 지나치다. 이 말은 도연명이라야 감당할 수 있으니, 태허(진관)와 같은 자는 세상일에 관심을 두고 사는 문제에 연연하니, 유배 같은 고초를 겪으면 스스로 감정을 풀지 못한 채 원망하

198 뇌주는 지금의 광둥성(廣東省) 잔장시[湛江市]에 해당한다.
199 쉬페이쥔[徐培均], 앞의 책, 3-32면.
200 《宋史》〈哲宗紀〉 元符 元年.
201 蘇軾, 〈書秦少游挽詞後〉, 쉬페이쥔[徐培均], 앞의 책, 1325면.

고 성내서 이런 시를 지은 것이다.[其言過矣. 此言淵明可以當之, 若太虛者, 情鍾世志, 意戀生理, 一經遷謫, 則不能自釋, 遂怏忿而作此辭.]"[202] 라고 비판한 것은 일리가 있다.

자만시의 계보에서 본다면 도연명과 진관은 서로 다른 계열을 형성하였다고 볼 수 있다. 호자가 "연명의 말은 초탈하고, 태허의 말은 슬프고 원망스럽다.[淵明之辭了達, 太虛之辭哀怨.]"[203] 라고 적절히 지적한 것처럼, 양자의 시는 뚜렷한 대비를 이룬다. '초탈[了達]'과 '애원(哀怨)'의 차이가 그것이다. 또 죽음을 대하는 입장에 있어서도 '달관'과 '자기연민[自傷]'이라는 서로 다른 길을 향하고 있다. 도연명의 자만이 자신의 죽음을 말하면서도 다분히 보편 생명의 유한성을 떠올리게 한다면, 진관은 오로지 특수한 정황하의 개체의 죽음에만 집중하고 있다. 병서에서 이미 언급하기도 했지만 〈자작만사〉의 내용은 도연명보다 상대적으로 포조의 〈대만가(代挽歌)〉나 〈송백편(松柏篇)〉 같은 자만적 작품들에 더 가깝다.

도연명과 진관 양자의 시가 보여 주는 달관의 의식과 자기연민의 의식은 작가의식의 차이기도 하지만, 그들이 다룬 죽음의 차이이기도 하다. 양자의 자만시는 이후에도 많은 문인들에 의해 언급된 바 있다. 실제 창작의 측면에서도 그 영향은 지대한데, 특히 도연명의 작품을 문학적 모델로 삼은 많은 자만시들이 후대에 탄생하였다. 물론 진관의 작품이 미친 영향력은 도연명에 비할 바가 못 된다.[204] 하지만, 다음 장에서 설명하겠지만 김종직이 〈자만

202 胡仔,《苕溪漁隱叢話》권3.

203 위와 같음.

204 문집의 유통 상황을 보더라도 양자의 차이는 크다. 진관 문집이 기록된 조선시대 서목(書目)으론 《규장총목(奎章總目)》이 유일한다. 이 책엔 진관의 문집인《회해집(淮海集)》팔본(八本)이 기록되어 있다. 徐命膺·徐浩修,《奎章總目》권4 皆有窩丁庫(集), 別集類, 縮小影印本,《奎章閣》제4집, 서울대학교 규장각한국학연구원, 1981.2, 285면: 장보웨이[張伯偉] 編,《朝鮮時代書目叢刊》壹, 北京: 中華書局, 2004, 357-358면.
《규장총목》은 대체로 규장각의 중국본 서고인 개유와(皆有窩)에 소장된 서적에 대한 해제목록이라고 볼 수 있는데, 소장된 책들은 대부분 조선 사신들의 연행(燕行)을 통해 중국에서 입수된 것들이다. 현재 서울대 규장각한국학연구원에 소장되어 있는《회해집》은 1618(만력 46)년에 간행된 목판본(奎중 3750)인데, '홍재(弘齋)'라는 인장이 찍혀 있어 정조 시대에 소장된 책임을 보여 준다. 이 책은 총 40권으로 이루어져 있는데, 권수로 볼 때 송대 각본(刻本)을 명대에 찍은 것인 듯하다. 쉬페이쥔[徐培均]의

4장〉의 근원으로 도연명과 진관의 작품을 지목한 데서 알 수 있듯이 적어도 조선 전기 일부 지식인들에게는 양자의 작품이 자만시의 계보에서 일종의 전형(典型)으로 인식되었다고 보아도 무방할 것이다.

남효온의 〈자만 4장〉이 가지고 있는 달관과 비탄의 양면적 성격은 이 두 계열을 각각 닮은 부분이 있다. 이는 결코 남효온이 도연명과 진관의 작품을 본떠서 자만시를 남겼다는 말이 아니다. 다음 장에서 상세히 비교하는 과정에서 드러나겠지만 이들 작품엔 없는 부분도 있고, 계승하였더라도 변주(變奏)한 부분이 더 두드러진다. 그럼에도 이런 전범을 우리는 홀시해선 안 된다. 한문학의 시대에 문학이란 일차적으로 이런 전범들을 계승하는 것이었으며, 또 그런 계승 관계 속에서 자신만의 개성을 넌지시 드러내는 것이었기 때문이다. 다음 장에서 우리가 남효온 시대의 문학적 자장(磁場)을 한국 자만시 발생의 배경과 정황이란 관점에서 살펴보려는 이유가 여기에 있다.

《淮海集箋注》〈箋注說明〉, 쉬페이쥔[徐培均] 箋注,《淮海集箋注》, 上海: 上海古籍出版社, 1994, 33면 참조.

조선 전기의 경우《회해집》의 유통 상황을 알기 어렵지만, 이상의 사례를 감안하면 도연명 문집처럼 보편적으로 유통되지는 않은 듯하다. 조선시대 간본을 살펴보더라도 도연명과는 큰 차이가 있다. 조선시대 도연명 문집이 여러 차례 간행되었던 것과 달리 진관의《회해집》은 그런 흔적을 찾기 힘들다. 후술하겠지만 조선 전기 김종직의 경우도 진관의 문집에서 이 시를 보았던 것 같지는 않다. 자세한 내용은 다음 장을 참고하기 바란다.

제4장

배경과 정황
한국 자만시의 발생 경로

앞서 살핀 것처럼 자만시의 계보에서 볼 때 도연명의 〈만가를 본떠 지은 노랫말 3수[擬挽歌辭三首]〉(이하 〈의만가사(擬挽歌辭)〉)는 시원인 동시에 후대에 전범이 된 작품이다. 그렇다면 조선시대 문인들에게 〈의만가사〉는 어떻게 수용되고 영향을 미쳤던 것일까? 이 문제를 풀기 위해서는 다음 두 가지에 대한 검토가 먼저 필요하다. 하나는 도연명의 문집과 〈의만가사(擬挽歌辭)〉가 이 시기 어떻게 유통되었는가를 파악하는 일이고, 다른 하나는 도연명의 시가 이 시기 문인들에게 어떤 방식으로 받아들여졌는가를 확인하는 일이다. 도연명 문집의 유통부터 살펴보기로 하자.

도연명의 문집은 중국에서 비교적 이른 시기에 만들어졌는데 매우 다양한 판본들이 존재한다. 궈사오위[郭紹虞]가 〈도집고변(陶集考辨)〉에서 집계한 것이 이미 149종에 이르며, 위안싱페이[袁行霈]는 200종 아래로 내려가지 않을 것이라고 추정하기도 했다.[205] 그 중《문선(文選)》의 편찬자이기도 한 남조(南朝) 양(梁) 소명태자(昭明太子) 소통(蕭統)의 8권본이 가장 선본(善本)이라고 알려져 있는데, 이 책은 현재 진하지 않는다. 고본(古本) 중엔 소식(蘇軾)의 글씨[蘇體大字]를 각(刻)한 것으로 추정되는 남송(南宋) 소흥본(紹興

205 궈사오위[郭紹虞], 〈陶集考辨〉, 《照隅室古典文學論集》, 上海: 上海古籍出版社, 1983, 258-326면.(이 글은 본래 1936년 12월에 출간된 《燕京學報》 第20期에 수록되었던 것임); 위안싱페이[袁行霈] 箋注, 〈凡例〉 十三, 《陶淵明集箋注》, 北京: 中華書局, 2003, 4면.

本: 紹興10년《陶淵明文集》10권), 남송 증집본(曾集本: 曾集의《陶淵明集》2책) 정도가 전한다고 한다. 주석본으론 남송 탕한(湯漢)이 주를 단《도정절선생시(陶靖節先生詩)》(4권)와 원대(元代) 이공환(李公煥)이 전주(箋注)한《전주도연명집(箋注陶淵明集)》(10권) 등이 전하는데, 이 중 이공환의《전주도연명집》은 중국은 물론 조선에까지도 큰 영향을 미쳤다.

도연명의 〈의만가사(擬挽歌辭)〉는 〈만가시(挽歌詩)〉, 〈만가(挽歌)〉, 〈만가사(挽歌辭)〉, 〈의만가(擬挽歌)〉 등의 제목으로도 불리는 데, 모두 세 수로 이루어진 작품이다.[206] 도연명의 문집에는 세 수가 실려 있지만,《문선》권28 만가조(挽歌條)에는 〈만가시(挽歌詩)〉라는 제목으로 그 중 마지막 수만 실려 있다.[207] 이 밖에도《초학기(初學記)》,《태평어람(太平御覽)》,《고시기(古詩紀)》(권44),《정간보주동파화도시화(精刊補註東坡和陶詩話)》(권13),[208]《악부시집(樂府詩集)》(권27),《선시(選詩)》(《風雅翼》권5) 등의 책에 이 시가 수록되어 있다.[209] 그 중 당(唐) 서견(徐堅)이 편찬한《초학기》권14 만가(挽歌) 제10이나 원대(元代) 유리(劉履)가 보주(補註)한《선시》권5 진시(晋詩) 3에는 〈만가시(挽歌詩)〉란 제목 아래 마지막 수만 실려 있다.[210] 이는《문선》의 영향으로 보인다. 한편, 송대 이방(李昉) 등이 편찬한《태평어람》권552와 곽무천(郭茂倩)의《악부시집》권27에는 각각 〈만가사(挽歌辭)〉와 〈만가(挽歌)〉라는 제목 아래 세 수 모두가 실려 있지만, 마지막 수가 첫 번째 수로 실려 있어서 배열순

206 자세한 내용은 왕수민[王叔岷] 撰,《陶淵明詩箋證稿》, 北京: 中華書局, 2007, 496-497면을 참조할 것.

207 蕭統 編,《文選》, 李善 注, 上海: 上海古籍出版社, 1986, 1332-1337면.

208《정간보주동파화도시화(精刊補注東坡和陶詩話)》는 고려대학교 소장본으로, 중국학자 진청위[金程宇]에 의해 처음 그 가치가 소개된 바 있다. 진청위[金程宇], 〈高麗大學所藏《精刊補注東坡和陶詩話》及其價値〉,《稀見唐宋文獻叢考》, 北京: 中華書局, 2008, 170-192면. 이 밖에 관련된 국내외 논문으로 다음과 같은 것들이 있다. 비앤둥보[卞東波], 〈韓國所藏孤本詩話《精刊補注東坡和陶詩話》考論〉,《域外漢籍研究集刊》第五輯, 北京: 中華書局, 2009, 419-439면; 황선주·양쥔[楊焄], 〈한국본《精刊補注東坡和陶詩話》校讀〉,《중국어문학논집》제71집, 중국어문학연구회, 2011, 347-368면; 홍서연, 〈朝鮮本《정간보주동파화도시화(精刊補註東坡和陶詩話)》에 대한 문헌적 고찰〉,《중국어문논총》제54집, 중국어문연구회, 2012, 229-263면.

209 열거된 책이름은 루친리[逯欽立] 輯校,《先秦漢魏晉南北朝詩》, 北京: 中華書局, 1983, 1013면에서 제시한 내용에 필자가《정간보주동파화도시화》와《선시(選詩)》를 추가한 것이다.

210 徐堅,《初學記》上冊, 第二版, 北京: 中華書局, 2004, 362-363면.

서에 차이가 있다.[211] 이런 특징들은 후대 문인들이 어떤 경로로 〈의만가사〉를 수용하였는가를 살펴볼 수 있는 중요한 단서가 된다.

과거 우리 문인들이 어떻게 도연명의 글과 문집을 접했는가에 대해서 우리가 알 수 있는 정보는 매우 제한적이다. 우리는 다만 조선시대 간행되거나 혹은 통행본으로 유통된 도연명집에 대한 정보를 통해 이 문제에 접근할 수 있을 뿐이다. 김학주는 조선시대 간행 도연명 문집으로 중종 때 간행된 활자본(活字本)《도연명집(陶淵明集)》(중종17, 1522), 선조 연간에 간행된 활자본《전주절정선생집(箋注靖節先生集)》(선조 16, 1583),[212] 숙종 때 목판(木板)으로 간행한《도정절집(陶靖節集)》등을 들었다.[213] 한편 황선주는 이를 좀 더 구체화시켜 도연명집 조선 간본(刊本)은 총 7종이 확인되는데, 이를 다시 조선 전기와 후기로 나누어 보면 전기가 5종, 후기가 2종이라고 설명했다.[214] 황선주에 따르면 전기 판본으론《수계교본도연명시집(須溪校本陶淵明詩集)》[송말 원초 유신옹(劉辰翁) 편, 목판본, 간년미상, 3권],《도연명집(陶淵明集)》[명 이몽양(李夢陽) 편, 목판본, 간년미상, 8권],《도연명집(陶淵明集)》[편찬자 미상, 목판본, 간년미상, 8권 부록1권],《전주정절선생집(箋注靖節先生集)》[원 이공환(李公煥) 전주(箋注), 활자본 경진자본(庚辰字本), 10권 부록 1권],[215]《도정절집(陶靖節集)》[명 하담지(何湛之) 교간(校刊), 목판본, 간년 미상, 2권2책] 등이, 후기 판본으론《도정절집

211 郭茂倩,《樂府詩集》, 北京: 中華書局, 1979, 400-401면. 본래 첫 번째 수가 두 번째 수로, 두 번째 수는 마지막 수로 실려 있다.

212 이 책은 이공환(李公煥)의 전주본(箋注本)을 재주갑인자(再鑄甲寅字) 중의 하나인 경진자(庚辰字)로 인출한 판본이다.

213 이 밖에《도정절집초(陶靖節集抄)》(활자, 미상),《수계교본도연명시집(須溪校本陶淵明詩集)》(목판, 미상) 등이 간행되었다고 한다. 김학주,《조선시대 간행 중국문학 관계서 연구》, 서울대학교출판부, 2000, 2면. 중국과 일본의《도연명집》판본에 대한 연구로 다음과 같은 것들이 있다. 량치차오[梁啓超],〈陶集考證〉,《陶淵明》, 臺北: 臺灣商務印書館, 1979, 46-55면. 하시카와 토키오[橋川時雄],《陶集版本原流攷》, 新鉛活字本(中國), 北京: 文字同盟社, 1931; 궈사오위[郭紹虞], 앞의 책, 258-326면; 위안싱페이[袁行霈],〈宋元以來陶集校注本之考察〉,《陶淵明研究》, 北京: 北京大學出版社, 1997, 199-210면.

214 황선주,〈한국본 도연명집의 서지적 연구〉,《과학과 문화》제9권 1호, 서원대학교 미래창조연구원, 2012, 67-99면. 이 논문에선 8종이라 하였으나《精刊補註東坡和陶詩話》는 도연명집이라 할 수 없으므로 여기에서 제외하였다.

215 원래의 서명은《전주도연명집(箋注陶淵明集)》이다. 조선 간본은 대개《전주정절선생집(箋注靖節先生集)》이라고 되어 있다.

(陶靖節集)》[명 하담지 교간, 하맹춘(何孟春) 주본(注本), 목판본, 간년 미상, 2권2책], 《도정절집초(陶靖節集抄)》[편찬자 미상, 활자본: 운각주자본(芸閣鑄字本), 간년 미상, 불분권(不分卷)]가 있다고 한다.[216] 이 중 주목해야 할 책은《전주정절선생집》이다. 이 책은 과거에 송대 간본으로 알려졌지만 실제론 원대의 간본이다. 편찬자인 이공환이 어떤 사람인지는 자세히 알 수 없는데, 명청대 이 책이 여러 차례 중각(重刻)되어 널리 유포되었다고 한다.[217] 현재 한국에서 확인되는 간본도 많아서 그 영향력을 짐작할 수 있다.[218] 여기에 도연명집은 아니지만, 도연명 시와 관련된 중요 문헌인 채정손(蔡正孫, 1239-?)이 편찬한 《정간보주동파화도시화(精刊補注東坡和陶詩話)》의 조선 간본이 최근 발견되어 전기 문헌으로 1종을 더 추가할 수 있다. 이를 간략히 제시해 보면 다음과 같다.(괄호 안은 유일본일 경우 소장처를 명시한 것임)

가. 조선 전기 간본

1) 남송·원 유신옹(劉辰翁, 1232-1297),《수계교본도연명시집(須溪校本陶淵明詩集)》

2) 남송·원 채정손(蔡正孫, 1239-?),《정간보주동파화도시화(精刊補注東坡和陶詩話)》

3) 원 이공환(李公煥, ?-?),《전주정절선생집(箋註靖節先生集)》

4) 미상,《도연명집(陶淵明集)》(계명대 소장본)

5) 명 이몽양(李夢陽, 1473-1530),《도연명집(陶淵明集)》

6) 명 하담지(何湛之, ?-?),《도정절집(陶靖節集)》(황선주 소장본)

나. 조선 후기 간본

1) 명 하담지(何湛之)·하맹춘(何孟春),《도정절집(陶靖節集)》

2) 미상,《도정절집초(陶靖節集抄)》

이 중 '가'의 2)는 엄밀하게 말해서 도연명 문집이라고 할 수는 없지만 도

216 후지모토 유키오[藤本幸夫],《日本現存朝鮮本硏究》, 京都: 京都大學出版會, 2006; 황선주, 앞의 논문.

217 하시카와 토키오[橋川時雄], 앞의 책, 張21-24.

218 황선주, 〈목판본《箋註靖節先生集》의 서지 문제〉,《중국어문학논집》 제77집, 중국어문학연구회, 2012, 591-606면; 특히 591면 각주 1번 참조. 앞서 언급한 것처럼 이공환 전주본의 원래 책 이름은 《전주도연명집(箋注陶淵明集)》인데, 조선 간본은《전주정절선생집(箋注靖節先生集)》이라고 되어 있다. 또 이공환의 원서에 없는 연보와 송대 도연명집의 序跋, 그리고 선조대 화가 김시(金禔)가 그린 도연명 초상화와 〈귀거래도(歸去來圖)〉 들어 있어서 일정한 차이가 있다. 황선주, 위의 논문, 87면; 선승혜, 〈《箋注靖節先生集》에 실린 金禔(1523-1593)의 陶淵明의 초상화와 귀거래도〉,《민족문화연구》 제60호, 고려대학교 민족문화연구원, 2013, 387-403면.

연명 시 수용의 중요한 경로 중 하나이므로 편의상 함께 다루기로 한다. 조선시대 간본들에 관한 주요 서지 정보를 제시해 보면 〈표1〉과 같다.

표1. 조선시대 간본 개황[219]

	조선 전기 간본					
	《수계교본도연명시집(須溪校本陶淵明詩集)》	《정간보주동파화도시화(精刊補注東坡和陶詩話)》	《전주정절선생집(箋註靖節先生集)》	《도연명집(陶淵明集)》 계명대 소장본	명 이몽양본(李夢陽本) 《도연명집(陶淵明集)》	《도정절집(陶靖節集)》 황선주 소장본
판본 계통	미상 * 여기서 須溪는 劉辰翁(1232-1297)을 가리키는 것으로 보임. 橋川時雄의 《陶集版本原流攷》張30에선 이 책을 韋應物의 작품을 함께 판각한 陶韋合刻本의 원조로 추정하고, 조선 간본의 경우 陶韋合刻本 중 도연명 문집만을 단독으로 간행한 것으로 봄	蔡正孫(1239-?)이 蘇軾과 蘇轍의 和陶詩와 화운하지 않은 도연명 시 및 이에 대한 역대 諸家의 주석과 관련 시화를 편집해 놓은 것	元 李公煥(?-?) 箋註本의 復刊本으로 再鑄甲寅字인 庚辰字로 찍은 활자본임. * 역대 諸家의 주석과 관련 평어 수록, 조선본에는 도연명의 연보와 도연명 초상 등이 추가됨.	미상 * 전질이 전하지 않음(전 8권 중 6-8권만 전함) 8권본이면서도 다른 8권본과는 차이가 있음.	明 李夢陽(1473-1530)이 편찬한 책이지만, 정작 중국에선 現傳本을 찾아보기 어려움 * 橋川時雄의 《陶集版本原流攷》나 郭紹虞 의 〈陶集考辨〉 등에도 기록되어 있지 않음	韋應物의 작품을 함께 판각한 陶韋合刻本 * 명대 간본 중 도연명을 屈原, 李賀, 韋應物, 邵雍 등과 묶어서 찍어낸 合刊本들이 다수 보임. 특히 위응물은 후대 시인들 중 도연명을 가장 심도 있게 수용한 인물로 평가받음[220]
편찬자	劉辰翁(?)	蔡正孫	李公煥	미상	李夢陽	明 何湛之
版種	목판본	목판본	활자본(再鑄甲寅字인 庚辰字)	목판본	목판본	목판본
소장처	서울대학교 규장각 일사문고, 충남대학교 도서관	고려대학교 華山문고, 고려대학교 晩松문고, 황선주	고려대학교 만송문고, 한국학중앙연구원 장서각, 서울대학교 규장각, 일본 蓬左文庫, 국회도서관, 成簣堂, 영국 대영도서관 등 다수	계명대학교 도서관	충남대학교 도서관, 미국 하버드대 옌칭도서관, 일본 內閣文庫	황선주
권수, 책수	3권 1책	13권 4책(?)	10권 2책(고려대)	미상 전8권 중 6-8권 1책만 전함	8권 2책(하버드대본) 8권 1책(내각문고본)	2권 2책
版心	上下內向黑魚尾 黑口 생략	上下內向黑魚尾 細黑口	上下內向黑魚尾 三葉花紋魚尾	上下內向三葉花紋魚尾 黑口 없음	上下內向黑魚尾, 大黑口	미상
有無界	有界	有界	有界	有界	有界	有界
行字數	10行 16字, 注 雙行	8행 16大字 注 雙行 16小字	10행 20자, 注 雙行 18자	10행 20자, 注 雙行 20자	10행 20자, 注 雙行 20자	9행 18자, 注 雙行 18자

219 이 도표는 다음 글을 참고해서 정리한 것이다. 특히 황선주의 연구로부터 도움받은 바 크다는 점을 밝혀 둔다. 이본 대부분을 실물 혹은 복사본으로 검토하였으나, 개인 소장본은 직접 살펴보지 못했다. 궈사오위[郭紹虞], 앞의 책; 하시카와 토키오[橋川時雄], 앞의 책; 진청위[金程宇], 앞의 책; 후지모토 유키오[藤本幸夫], 앞의 책; 비앤둥보[卞東波], 앞의 글; 이현우, 〈朝鮮 後期의 無刊記 刊本《陶靖節集》에 관한 고찰〉,《중국어문논총》 제49집, 중국어문연구회, 2011, 153-180면; 홍서연, 앞의 글; 황선주·양쉰[楊焄], 앞의 글; 황선주, 앞의 글; 황선주, 〈목판본《箋註靖節先生集》의 서지 문제〉,《중국어문학논집》 제77집, 중국어문학연구회, 2012, 591-606면; 황선주, 〈李夢陽本《陶淵明集》의 계통〉,《중국어문학논집》 제83집, 중국어문학연구회, 2013, 397-417면; 선승혜, 앞의 글, 387-403면.

220 施補華,《峴傭說詩》, 王夫之 等 撰,《淸詩話》, 上海: 上海古籍出版社, 1999, 977면. "後人學陶, 以韋公爲最深, 蓋其襟懷澄澹, 有以契之也."

四周	單邊과 雙邊의 혼합	上下單邊 左右雙邊	雙邊	雙邊	單邊	單邊
匡郭	19.8×13.8cm(규장각본) 19.2×13.8cm(충남대본)	반곽 16.3×10.5cm(고려대 화산문고본) 15.5×10.6cm(고려대 만송문고본) 17×11.2cm(황선주본)	26.2×16.8cm(고려대본) 25.8×16.4cm(장서각본) 26.2×16.8cm(규장각본) 26.3×16.8cm(봉좌문고본) 6×17cm(황선주본)	23.2×17.9cm	23×15cm(충남대본) 23×16.8cm(하버드대본) 23×15.7cm(일본 내각문고본)	19.5×14.2cm
표지제	靖節先生集	和陶集(고려대 만송문고본) 東坡和陶詩話 精刊補註(고려대화산문고본)	靖節先生集(고려대본) 靖節集(장서각본, 황선주본)	陶淵明集	陶淵明集(충남대, 내각문고본) 陶詩(하버드대본)	靖節集
권수제	須溪校本陶淵明詩集	精刊補註東坡和陶詩話卷之○	箋註靖節先生集	陶淵明集	陶淵明集	陶靖節集
序	蕭統	없음	夏埍 周鼎 蕭統 *陶自彊이 사재를 털어 도연명집을 냈고, 약 10여 년 후 陸汝嘉가 복각했다는 내용이 들어 있음	미상	李夢陽 蕭統 * 이몽양은 기존 주석의 문제점을 지적하면서 간행할 때 주석과 평어를 빼야된다는 의견을 밝히고 있음	虞淳熙
跋	尹晳(1435-1505) *윤석이 晋州牧인 李時寶(1433-?)에게 청하여 부친이 아끼던 家藏本 陶詩를 간행함	蔡正孫	鄭惟吉(1515-1588) *경연에서 읽기 위해 선조가 직접 도연명집의 간행을 명하여 간행하게 됨	李濟臣(1536-1584) * 당시 진주목이었던 이제신은 증조부 李時寶(1433-?)가 간행한《수계교본도연명시집》을 중간한 것임 **다만,《수계교본도연명시집》과는 달리 8권으로 출판하였으며, 이전 책에는 없던 도연명의 연보(《栗里譜》)나 蘇軾의 평을 추가함	朴祥(1474-1530) * 박상은 윤석의《수계교본도연명시집》이 산문을 싣고 있지 않고 또 수록한 작품 중에도 빠진 것들이 있음을 지적함. 이 때문에 이몽양본을 새로 간행했음을 알 수 있음.	何湛之 *조선 간본의 跋은 존재 여부 미상
간행시기	미상 * 底本의 간행시기는 1483년(成化 癸卯, 성종14)임.	미상	1583년 (萬曆 11, 선조 16)	1579년 (萬曆 7, 선조 12)	1522년 (嘉靖 元年, 중종 17)	미상 * 임란 이전으로 추정
간행지	晋州	미상	漢城 校書館	晋州	忠州	미상 *南原으로 추정
간행인	尹晳, 李時寶	미상	선조	이제신 鄭芝衍(1527-1583)	박상 孫仲暾(1463-1529)	미상
중국 저본	미상 * 陶韋合刻本 중 도연명 집 부분으로 추정됨	精刊補註東坡和陶詩話	이공환본	미상	이몽양 편찬본 *중국 저본 유실, 현존본으론 조선본이 유일한 것으로 보임	미상
編次	靖節先生集序(蕭統) 須溪校本陶淵明詩集目錄 卷上 卷中 卷下 新刊靖節先生詩集跋	精刊補註東坡和陶詩話總目 卷之一 卷之二 卷之三 卷之四 卷之五 卷之六 卷之七 卷之八	靖節先生集序(夏埍, 周鼎) 補註靖節先生集總論 箋註靖節先生集目錄 靖節先生集序(蕭統) 靖節先生像歸去來圖 箋註靖節先生集 卷之一 卷之二 卷之三	陶淵明集卷之六 卷之七 卷之八) 陶淵明集附錄 新刊靖節先生集跋(尹晳) 重刊跋(李濟臣) 刊記	刻陶淵明集序(李夢陽) 陶淵明集序(蕭統) 陶淵明集卷之一 卷之二 卷之三 卷之四 卷之五 卷之六 卷之七 卷之八 附錄	陶淵明集序(蕭統) 靖節先生像 歸去來圖 合刻陶韋詩引(虞淳熙), 陶韋合刻跋(何湛之) 陶靖節集目錄 卷之一 卷之二 附錄

		卷之九 卷之十 卷之十一 卷之十二 卷之十三	卷之四 卷之五 卷之六 卷之七 卷之八 卷之九 卷之十 靖節先生集附錄 靖節先生集跋		新刊陶靖節先生詩文集跋(朴祥)	
간행 경위	도연명에 대한 선호	미상	선조대에 文治에 도움이 된다는 명목으로《전주정절선생집》간행	증조부 이시보가 간행한《수계교본도연명시집》을 증손 이제신이 重刊함	《수계교본도연명시집》에 대한 불만과, 이 책이 간행된 이후 일정 시간이 흘러 자책을 구하기 어려워지자 새로 간행함	미상
특기 사항	제목대로 시를 중심으로 편차되어 있으나, 〈桃花源記〉(수록 제목은 〈桃花源詩并記〉와〈歸去來兮辭〉는 수록되어 있음		이공환본의 일반적인 제목은《箋註陶淵明集》인데 한국본의 제목은《箋註靖節先生集》으로 약간의 차이가 있음. * 중국본에 없는 연보나 宋本의 서발, 그리고 金禔가 그린 도연명 초상과 귀거래도가 추가되어 있음	이공환본에는 없는 王質의 〈栗里譜〉가 수록되어 있음	이몽양의 서문이 1513년에 쓰여졌고, 박상의 발문이 1522년에 작성된 것으로 보아, 복간본의 발행까지 10년도 채 걸리지 않았음을 알 수 있음 * 박상이 이몽양본을 입수한 시기는 이보다 더 빠르다는 것을 감안하면, 명 간본의 유입 속도가 매우 빨랐음을 알 수 있음 ** 도연명의 부와 제문 등 산문을 모두 수록함. 전집을 지향하면서 위작도 수록됨	정절선생 초상과 귀거래도 수록됨 * 명대 출판의 상업적 의도에 의해 합각하였으나, 위응물의 시는 8수에 불과함 ** 賦를 맨 앞에 편집한 점이 특이함

	조선 후기 간본	
	명 하담지(何湛之)·하맹춘(何孟春)본《도정절집(陶靖節集)》	《도정절집초(陶靖節集抄)》
판본계통	미상 *임란 전의《도정절집》과 明 何孟春(1474-1536)의 10권본을 참고하여 간행된 것으로 추정됨 ** 단, 실제 내용은 明 何湛之(?-?)의 校刊本이 기준이 됨. 何孟春注本 과는 편차도 다를뿐더러 수록 주석도 대부분 생략되어 있음	미상
편찬자	明 何湛之, 何孟春	미상
版種	목판본	활자본(芸閣鑄字本)
소장처	조선 후기 보편적 통행본임 따라서 소장처 명기하지 않음	국립중앙도서관 고려대학교 화산문고
권수, 책수	2권 2책	불분권 1책
版心	上下內向黑魚尾 一葉二花紋魚尾 혼합 黑口 없음 * 일부 小黑口(中黑口) 존재	上下內向三葉花紋魚尾 黑口 없음
有無界	有界	有界
行字數	9행 18자, 注 雙行 18자	10행 20자
四周	單邊	單邊

匡郭	19.0×14.5cm	21.3×14.7cm (국립중앙도서관본) 21.8×13.8cm (고려대 화산문고본) 21.8×13.7cm (고려대본)
표지제	陶靖節集	靖節集
권수제	陶靖節集	陶靖節集抄
序	張志淳(1458-?) 陳察(1478-?)	없음
跋	何孟春	없음
간행시기	미상	미상 * 숙종대 (1675-1720)로 추정
간행지	미상 *靈光으로 추정	漢城 芸閣
간행인	미상	미상
중국저본	미상 *何湛之의 校刊本으로 추정됨 목록 부분은 하맹춘 주석본으로 추정됨	미상
編次	陶靖節集目錄 刊記(何元父) 何燕泉註陶靖節集序(張志淳, 陳察) 靖節先生像 歸去來圖 卷之一 卷之二 附錄 跋(何孟春)	陶靖節集抄目錄 詩四言 詩五言
간행경위	미상	숙종조에 교서관에서 중국문집 선집을 간행할 때 함께 간행한 것으로 추정됨
특기사항	정절선생상과 귀거래도 수록 * 황선주는 임란 전의《도정절집》과 하맹춘의 10권본을 참고하여 간행한 것으로 봄 ** 이현우는 明 何湛之가 明 何孟春 注本을 저본으로 편차를 바꾸고 주석을 대부분 덜어낸 것으로 봄	2권 2책《도정절집》에서 위작이나 서발을 제외하고 몇몇 문장만을 끼워넣은 시 위주의 판본임 * 고려대본은 같은 활자의《柳柳州詩集》과 합철되어 있음

이상에서 제시된 전후기 판본 중엔《전주정절선생집》이 특히 두드러지는데 한국에서 현재 확인되는 소장 종수만도 10종에 이를 만큼 많이 남아 있다고 한다.[221] 또 도연명의 문집은 아니지만, 그의 시가 수록되어 있는《정간보주동파화도시화》의 영향력도 확인된다. 이 책의 저본(底本)인 소식(蘇軾, 1037-1101)의《동파화도시(東坡和陶詩)》는 명대《도정절집》판본에도 부록으로 수록된 예가 있어서 양자 간의 밀접한 관계를 짐작할 수 있다.[222] 실제 한국 전통사회 문인들의 도연명에 대한 인식에도 그들이 존숭했던 소식의 추

221 황선주, 〈목판본《箋註靖節先生集》의 서지 문제〉,《중국어문학논집》제77집, 중국어문학연구회, 2012, 591면 각주 1번 참조.

222 궈사오위[郭紹虞]의 〈도집고변(陶集考辨)〉에 따르면, 명대 양시위(楊時偉)가 편찬한《도정절집(陶靖節集)》(8권)에도 부록으로 소식의《화도시(和陶詩)》2권이 수록되어 있다고 한다. 궈사오위[郭紹虞], 앞의 책, 300-301면.

장(推奬)이 큰 영향을 미쳤던 것으로 보인다. 그런데《정간보주동파화도시화》는 이공환 전주본과 다른 주석과 비평자료를 수록하고 있다는 점에서 기존 도연명 문집에 비해 자료 성격이 좀 더 포괄적이다. 후술하겠지만 이 자료에는 앞 장에서 언급한 진관의 자만시가 함께 수록되어 있기도 하다.

도연명의 문집 외에 〈의만가사〉가 수록된 수록된 선집으로 조선시대 문인들이 접할 수 있었던 책은《문선(文選)》,《악부시집(樂府詩集)》,《선시(選詩)》등이 있다. 앞서 언급한 것처럼《문선》에는 〈의만가사〉 3수 중 세 번째 시만이 〈만가시〉란 제목으로 실려 있다.《선시》도 원대 유리(劉履)가《문선》에서 뽑은 시에 일부 작품을 더하고 주석을 첨가해서 만든 책인 만큼 마찬가지로 세 번째 수만 실려 있다. 다만, 육신주(六臣注) 외에 이공환(李公煥) 전주본(箋注本)에도 수록되어 있는 조천산(趙泉山)의 주석 등이 덧붙여져 있다는 점에서 차이를 보인다.《문선》은 신라 하대(下代) 독서삼품과(讀書三品科)의 시험과목이었던 만큼 우리 지식인들에게 일찍부터 읽혔고,《선시》도 조선시대 간본이 전하는 데서도 알 수 있듯이 조선조 문인들에게 익숙한 책이었다.[223] 다만《문선》과《선시》에는 마지막 수만 실려 있고《악부시집》은 배열순서에 차이가 있기 때문에, 3수 전체에 화운시(和韻詩)를 남긴 경우는 도연명의 문집 혹은《정간보주동파화도시화》에서 보았거나 이들을 바탕으로 한 필사본을 통해 접했을 가능성이 높다. 〈의만가사〉에 화운시를 남긴 조선 중기 최기남(崔奇男,1586-?)이《도정절집》에서 이 작품을 보았다고 한 것을 감안하면,[224] 도연명 문집으로부터 이 시를 읽고 수용한 예가 적지 않음을 짐작할 수 있다. 하지만, 한편으로 유형원(柳馨遠, 1622-1673) 같은 인물이 선본

223 박철상,〈白光弘 內賜本《選詩》의 書誌的 의미〉,《選詩》(《選詩補注》·《選詩補遺》·《選詩續編》), 조선간본 영인본, 기봉 백광홍선생 기념사업회, 2004. 이 책은 백광홍(白光弘) 집안에 내려오는 내사본(內賜本)으로 1553년 간행된 판본이다.

224 崔奇男,《龜谷詩稿》권일상(卷一上),〈和陶靖節輓詩三章〉幷序, 한국문집총간 속집 22, 민족문화추진회, 2006, 315면. "吾年六十三, 數年前左耳聾, 不辨聲音. 今年右臂病, 不能屈伸, 連砭灸, 兼且服藥, 不差快, 氣力漸覺衰敗, 生老病死之語, 信乎不誣. 呻吟中, 偶閱靖節集, 看到自挽, 悵然感懷, 命筆步其韻以自遣云."

(善本)을 구하기 어려워 스스로 교정(校正)하고 선사(繕寫)해서 직접《도정절집》을 엮은 것을 보면, 조선 후기의 경우 도연명 문집의 간행이나 유통 상황이 반드시 양호했던 것만은 아닌 듯하다.[225]

흥미로운 점은 현전본(現傳本)을 기준으로 할 때 조선 후기 간행된 도연명 문집에서는 주석 등이 삭제되어 전기나 중기 것보다 간략본이란 사실이다. 이는〈의만가사〉를 이해하는 데 전기와 후기 사이에 일정한 차이가 있을 가능성을 우리에게 시사한다. 조선 후기에 간행된 통행본으로 지금도 많은 책이 전하는 간기(刊記) 없는 목판본들은 대체로 명대 하맹춘(何孟春)의 주본(注本)을 저본으로 한 것으로 알려져 있다. 하맹춘은 호가 연천(燕泉)인데 이동양(李東陽)의 문도(門徒)로 다릉시파(茶陵詩派)의 일원이었던 인물이다. 그가 편찬한 책은 명대 도연명 주석본 중 대표적 사례로 언급된다. 하지만 막상 조선 후기 간행본을 열어 보면 명 하담지(何湛之) 교간(校刊)이라고 되어 있고 주석도 거의 없어서 우리를 혼란스럽게 만든다. 이 책은 사실 하담지가 하맹춘의 주석본을 저본으로 편차를 바꾸고 주석 대부분을 덜어낸 것이기 때문이다.[226] 유형원이《도정절집》을 엮으면서 저본에 대한 교정만이 아니라 총론(總論)을 다시 선별하고 자신의 안설(按說)까지 추가한 것엔 후기 통행본의 소략함에 대한 불만도 작용하였으리라 보인다.[227]

아래에선 조선시대 지식인들이 읽은 작품 실상을 확인하기 위해서 조선시대 간본이 확인되는 경우를 중심으로 수록된 도연명〈의만가사삼수(擬挽歌辭三首)〉의 내용에 대해 검토해 보기로 한다. 다만, 개인 소장본으로 열람이 불

225 박철상,〈磻溪 柳馨遠이 엮은《陶靖節集》과 그의 逸民意識〉,《한국실학연구》제11집, 한국실학학회, 2006, 217-237면.

226 이현우,〈朝鮮 後期의 無刊記 刊本《陶靖節集》에 관한 고찰〉,《중국어문논총》제49집, 중국어문연구회, 153-180면. 왜 이처럼 간행이 되었는가에 대해선 정확한 이유를 알 수 없다. 다만 조선 후기《사기평림(史記評林)》의 예에서 보듯 간행 비용을 절약하기 위한 선택일 수 있다.

227 박철상은 유형원의《도정절집》편찬 의도를 주로 일민의식(逸民意識)에서 찾고 있다. 이런 의식이 유형원의 도연명집 편찬에 주요한 동기로 작용하였음은 분명하다. 다만 유형원이 굳이《전주정절선생집》의 체례(體例)를 따르고 당시 통행본을 따르지 않은 이유에 대해서는 앞으로 별도의 해명이 필요할 듯하다.

가능하거나, 해당 부분이 결락되어 전하지 않는 경우는 부득이 제외하였다.

표2. 〈의만가사 3수(擬挽歌辭三首)〉 수록 부분과 내용 비교

	조선 전기 간본			
	《수계교본도연명시집》	《정간보주동파화도시화》	《전주정절선생집》	명 이몽양본《도연명집》
수록권수	卷下	卷十三	卷四	卷四
목차제목	擬挽歌辭三首	擬挽歌三首	擬挽歌辭三首	미상
본문제목	擬挽歌辭三首	擬挽歌三首	擬挽歌辭三首	擬挽歌辭三首
其一	有生必有死, 早終非命促. 昨暮同爲人, 今旦在鬼錄. 魂氣散何之, 枯形寄空木. 嬌兒索父啼, 良友撫我哭. 得失不復知, 是非安能覺. 千秋萬歲後, 誰知榮與辱. 但恨在世時, 飮酒不得足.	有生必有死, 早終非命促. 昨暮同爲人, 今旦在鬼錄. 魂氣散何之, 枯形寄空木. 嬌兒索父啼, 良友撫我哭. 得失不復知, 是非安能覺. 千秋萬歲後, 誰知榮與辱. 但恨在世時, 飮酒不得足.	有生必有死, 早終非命促. 昨暮同爲人, 今旦在鬼錄. 魂氣散何之, 枯形寄空木. 嬌兒索父啼, 良友撫我哭. 得失不復知, 是非安能覺. 千秋萬歲後, 誰知榮與辱. 但恨在世時, 飮酒不得足.	有生必有死, 早終非命促. 昨暮同爲人, 今旦在鬼錄. 魂氣散何之, 枯形寄空木. 嬌兒索父啼, 良友撫我哭. 得失不復知, 是非安能覺. 千秋萬歲後, 誰知榮與辱. 但恨在世時, 飮酒不得足.
其二	在昔無酒飮, 今但湛空觴. 春醪生浮蟻, 何時更能嘗. 肴案盈我前, 親舊哭我傍. 欲語口無音, 欲視眼無光. 昔在高堂寢, 今宿荒草鄕. (一本有荒草無人眠, 極視正茫茫之句.) 一朝出門去, 歸來良未央.	在昔無酒飮, 今但湛空觴. 春醪生浮蟻, 何時更能嘗. 肴案盈我前, 親舊哭我傍. 欲語口無音, 欲視眼無光. 昔在高堂寢, 今宿荒草鄕. 一朝出門去, 歸來良未央. (按一本今宿荒草鄕下, 更有二句云, 荒草無人眠, 極視正茫茫, 極視又作直視.)	在昔無酒飮, 今但湛空觴. 春醪生浮蟻, 何時更能嘗. 殽案盈我前, 親舊哭我傍. 欲語口無音, 欲視眼無光. 昔在高堂寢, 今宿荒草鄕. (一本有荒草無人眠, 極視正茫茫二句.) 一朝出門去, 歸來夜未央.	在昔無酒飮, 今但湛空觴. 春醪生浮蟻, 何時更能嘗. 殽案盈我前, 親舊哭我傍. 欲語口無音, 欲視眼無光. 昔在高堂寢, 今宿荒草鄕. (一本有荒草無人眠, 極視正茫茫二句.) 一朝出門去, 歸來夜未央.
其三	荒草何茫茫, 白楊亦蕭蕭. 嚴霜九月中, 送我出遠郊. 四面無人居, 高墳正蕉嶢. 馬爲仰天鳴, 風爲自蕭條. (一曰, 鳥爲動哀鳴, 林爲結風飇.) 幽室一已閉, 千年不復朝. 千年不復朝, 賢達無奈何. 向來相送人, 各自還其家. 親戚或餘悲, 他人亦已歌. 死去何所道, 託本同山阿.	荒草何茫茫, 白楊亦蕭蕭. 嚴霜九月中, 送我出遠郊. 四面無人居, 高墳正蕉嶢. 馬爲仰天鳴, 風爲自蕭條. (一作鳥爲動哀鳴, 林爲結風飇.) 幽室一已閉, 千年不復朝. 千季不復朝, 賢達無奈何. 向來相送人, 各自還其家. 親戚或餘悲, 他人亦已歌. 死去何所道, 託體同山阿.	荒草何茫茫, 白楊亦蕭蕭. 嚴霜九月中, 送我出遠郊. 四面無人居, 高墳正嶕嶢. 馬爲仰天鳴, 風爲自蕭條. 幽室一已閉, 千年不復朝. 千季不復朝, 賢達無奈何. 向來相送人, 各自還其家. 親戚或餘悲, 他人亦已歌. 死去何所道, 託體同山阿.	荒草何茫茫, 白楊亦蕭蕭. 嚴霜九月中, 送我出遠郊. 四面無人居, 高墳正蕉嶢. 馬爲仰天鳴, 風爲自蕭條. 幽室一已閉, 千年不復朝. 千季不復朝, 賢達無奈何. 向來相送人, 各自還其家. 親戚或餘悲, 他人亦已歌. 死去何所道, 託體同山阿.
주석여부	교감주만 있음	교감주 외에도 다음 내용이 수록되어 있음 年譜-胡仔의 시화-秦觀의 〈自作挽詞〉-胡仔의 시화	교감주 외에도 다음 내용이 수록되어 있음 祁寬-趙泉山-이공환의 按說	교감주만 있음

	조선 후기 간본	
	명 하담지·하맹춘본《도정절집》	《도정절집초》
수록권수	卷一	詩五言
목차제목	挽歌辭三首	擬挽歌辭三首
본문제목	擬挽歌辭三首	擬挽歌辭三首
其一	有生必有死, 早終非命促. 昨暮同爲人, 今旦在鬼錄. 魂氣散何之, 枯形寄空木. 嬌兒索父啼, 良友撫我哭. 得失不復知, 是非安能覺. 千秋萬歲後, 誰知榮與辱. 但恨在世時, 飮酒不得足.	有生必有死, 早終非命促. 昨暮同爲人, 今旦在鬼錄. 魂氣散何之, 枯形寄空木. 嬌兒索父啼, 良友撫我哭. 得失不復知, 是非安能覺. 千秋萬歲後, 誰知榮與辱. 但恨在世時, 飮酒不得足.
其二	在昔無酒飮, 今但湛空觴. 春醪生浮蟻, 何時更能嘗. 殽案盈我前, 親舊哭我傍. 欲語口無音, 欲視眼無光. 昔在高堂寢, 今宿荒草鄕. 一朝出門去, 歸來夜未央.	在昔無酒飮, 今但湛空觴. 春醪生浮蟻, 何時更能嘗. 殽案盈我前, 親舊哭我傍. 欲語口無音, 欲視眼無光. 昔在高堂寢, 今宿荒草鄕. 一朝出門去, 歸來夜未央.
其三	荒草何茫茫, 白楊亦蕭蕭. 嚴霜九月中, 送我出遠郊. 四面無人居, 高墳正蕉嶢. 馬爲仰天鳴, 風爲自蕭條. 幽室一已閉, 千年不復朝. 千季不復朝, 賢達無奈何. 向來相送人, 各自還其家. 親戚或餘悲, 他人亦已歌. 死去何所道, 託體同山阿.	荒草何茫茫, 白楊亦蕭蕭. 嚴霜九月中, 送我出遠郊. 四面無人居, 高墳正蕉嶢. 馬爲仰天鳴, 風爲自蕭條. 幽室一已閉, 千年不復朝. 千季不復朝, 賢達無奈何. 向來相送人, 各自還其家. 親戚或餘悲, 他人亦已歌. 死去何所道, 託體同山阿.
주석여부	주석 없음	주석 없음

이상을 통해 볼 때 각 간본에 수록된 〈의만가사 3수〉의 내용에 큰 차이는 없다. 다만, 상대적으로 영향력이 큰 간본의 성격과 특징은 조선시대 자만시 창작에도 직간접으로 영향력을 크게 미쳤을 가능성이 높아 수록된 내용을 좀 더 꼼꼼히 살펴볼 필요가 있다.

먼저 〈의만가사 3수(擬挽歌辭三首)〉란 제목 중 '의(擬)'자와 '3수(三首)'란 말이 있는 경우와 없는 경우가 있다. 시기적으로 가장 앞선 《문선》에선 〈만가시(挽歌詩)〉라고만 제목을 달고 있어서, 그 영향을 받은 책들 역시 동일한 제목을 달고 있다. 하지만, 대부분의 도연명 문집에선 〈의만가사삼수〉란 제목 아래 시가 수록되어 있다.[228] 다만 도연명 문집 일부 판본의 목차엔 〈만가사(挽歌辭)〉로 본문엔 〈의만가사(擬挽歌辭)〉란 제목으로 차이를 보이는 경우가 발견된다. 조선시대 간본을 기준으로 본다면 주로 조선 후기 통행본으로 많이 전하는 명대 하담지(何湛之)가 교간(校刊)한 2권2책 분량의 《도정절집(陶靖節集)》이 그런 예라고 할 수 있다. 이 책은 앞서 언급한 것처럼 명대 하맹춘(何孟春) 주본(注本)을 저본으로 했다고 알려져 있지만 편차에도 큰 차이가 있고 주석도 모두 생략되어 있다. 이 책의 목차엔 〈만가사삼수(挽歌辭三首)〉라고 되어 있지만 정작 본문엔 〈의만가사삼수(擬挽歌辭三首)〉라고 다르게 표기되어 있다.[229] 이런 혼란은 구한말의 학자 전우(田愚, 1841-1922)가 도연명 시의 제목을 〈의자만가사삼수(擬自挽歌辭三首)〉라고 혼동한 것이나, 비슷한 시기 황병중(黃炳中, 1871-1935)이 〈의자만(擬自挽)〉이란 시제로 〈의

228 제목 중 '의(擬)'자에 대해선 청대 도주(陶澍)처럼 《문선》의 편차를 고려하여 후대의 편찬자가 제목을 잘못 붙인 것으로 보는 시각과, 현대학자 위안싱페이[袁行霈]처럼 전대 목습(繆襲)과 육기(陸機)의 만가시를 모의해서 지었다는 의미로 보는 시각이 있다. 앞서 살펴본 것처럼 한위육조(漢魏六朝)시기 문학 연구 성과에 따르면 비슷한 시기 악부시 제목에 많이 보이는 '대(代)'자도 '의(擬)'자의 의미라고 하고, '의대(擬代)'가 '의작(擬作)'·'대언(代言)' 방식으로써 완성한 시부(詩賦) 작품을 가리키는 것으로 한위육조시기에 '증답(贈答)'과 함께 문인들 창작의 대종(大宗)을 이룬다고 한다. 이런 연구결과는 제목의 '의(擬)'자가 본뜬다는 의미와 함께 당대 보편적 시 쓰기 방식 중의 하나임을 보여준다. 왕즈칭[王志清], 《晋宋樂府詩研究》, 保定: 河北大學出版社, 2007, 291면; 메이자링[梅家玲], 《漢魏六朝文學新論 — 擬代與贈答篇》, 北京: 北京大學出版社, 2004, 1-7면.

229 조선 후기 유형원이 개인적으로 엮은 《도정절집》 권4에도 목차에는 제목이 〈만가사삼수(挽歌辭三首)〉라고 되어 있지만, 본문에는 〈의만가사삼수(擬挽歌辭三首)〉라고 표기되어 있다.

만가사〉를 염두에 둔 자만시를 쓴 것과도 무관하지 않을 것으로 보인다.[230]

도연명 〈의만가사〉의 창작시기에 관해서는 원대 이공환(李公煥)의 전주본(箋注本)에서 인용한 조천산(趙泉山)과 기관(祁寬)의 설, 그리고 《정간보주동파화도시화(精刊補註東坡和陶詩話)》에 수록된 연보(年譜) 등에서 언급하고 있다. 조천산은 시의 내용이 도연명 〈자제문(自祭文)〉의 "(음력)9월[律中無射]"의 달과 일치하므로 죽을 무렵에 지어진 작품이라고 하였고,[231] 기관은 문집 편차를 고려할 때 〈의만가사삼수〉에서 절필했으니 죽을 무렵에 지어졌을 것이라고 했다.[232] 《정간보주동파화도시화》에 수록된 도연명 연보에서는 한 걸음 나아가 송(宋) 문제(文帝) 원가(元嘉) 4년 정묘(丁卯: 427)년 도연명 나이 63세 되던 해 9월에 이 시와 〈자제문〉을 짓고 같은 해 죽었다고 설명하고 있다.[233] 그러나 이 밖의 조선시대 간본에는 별도의 주석이 없어서 정확한 창작시기를 알 수 없게 되어 있다.[234] 특히 조선 후기 간본에서 관련 주석을

230 田愚, 〈和陶集擬自挽歌辭 三首〉, 《艮齋集》 前編續 卷六, 한국문집총간 333, 민족문화추진회, 2004, 568면; 黃炳中, 《鼓巖集》 卷一, 〈擬自挽(壬戌十二月)〉, 경상대학교 문천각 소장본.

231 "趙泉山曰, '嚴霜九月中, 送我出遠郊.' 與〈自祭文〉'律中無射之月'相符, 知挽辭乃將逝之夕作."

232 "祁寬曰, 昔人自作祭文挽詩者, 多矣. 或寓意騁辭, 成於暇日, 寬攷次靖節詩文, 乃絶筆於祭挽三篇, 蓋出於屬纊之際者. 辭情俱達, 尤爲精麗, 其於晝夜之道, 了然如此. 古之聖賢, 唯孔子曾子能之, 見於曳杖之歌易簀之言. 嗟哉, 斯人沒七百年, 未聞有稱贊及此者, 因表而出之, 附于卷末." 그런데 이 시에만 국한된 문제는 아니지만 조천산(趙泉山)의 주석에 문제가 있다는 지적도 있다. 청대 궐명(闕名)의 《정거서언(靜居緖言)》에선 조천산 등의 주석이 도연명의 시의 의미를 지나치게 어떤 일과 연결시켜 견강부회하고 있다고 비판한 바 있다. 闕名, 《靜居緖言》, 郭紹虞 編選, 《淸詩話 續編》 下, 上海: 上海古籍出版社, 1983, 1633면. "陶公之心淵如, 其詩穆如, 寄意之微, 有神無跡. 趙泉山-張九成輩, 必謂某篇指某事, 何其謬哉!"

233 "宋文帝元嘉四年, 公自題. 丁卯時, 公年六十三, 九月作〈自祭文〉及〈擬挽歌辭〉, 是歲公卒." 도연명의 향년(享年)에 대해서는 63세설 외에도 56세설(梁啓超), 52세설(逯欽立) 등이 제기되고 있다. 그런데 최소 50세 이후에 세상을 뜬 도연명이 자신의 죽음을 '조종(早終)'(첫 번째 수)이라고 언급할 수 있는지 의문이 아닐 수 없다. 위안싱페이[袁行霈]는 이런 문제점을 지적하며 첫 번째 수의 "귀여운 딸아인 아버지 찾으며 울고[嬌兒索父啼]"라는 구절을 단서로 이 작품이 46세 전후에 지어진 작품이라고 추정하기도 했다. 위안싱페이[袁行霈] 箋注, 《陶淵明集箋注》, 北京: 中華書局, 2003, 421-422면.

234 이공환본의 영향력 때문인지 조선시대뿐만이 아니라 중국 문인들 중에도 〈의만가사〉를 임종 무렵 작품이라고 본 경우가 많다. 이런 시각은 현대학자들에게도 이어져 대만학자 왕수민[王叔岷, 1914-2008, 본명은 邦濬]은 임종 무렵에 지은 작품도 만가(挽歌)·만가시(挽歌詩)라고 일컫는다고 설명하고, 그 예로 공융(孔融)과 구양건(歐陽建)의 임종시(臨終詩)를 들기도 했다. 王叔岷 撰, 《陶淵明詩箋證稿》, 北京: 中華書局, 2007, 496-504면. 하지만, 이런 시각은 자만시와 임종시의 근본적 차이를 간과한 것으로 납득하기 어려운 측면이 있다. 앞서 살펴본 것처럼 임종시나 절명사가 자신의 실제 죽음을 예비하는 성격이 두드러지는 데 반하여, 자만시는 반드시 실제 죽음과 연결되는 것이 아니기 때문이다. 상당수의 자만시 작품들이 임종 이전에 지어진 것도 이 점을 짐작하게 한다. 또한 자만시가 갖는 시적 화자의 특수성, 곧 죽은 내가 생전의 삶을 돌이켜 보는 방식이나, 상장례의 가설(假設) 등은 유언적 성격의

찾아볼 수 없다. 후술하겠지만 이는 조선 후기 자만시 창작의 특정 경향과 연계된 문제일 수 있다.

논의의 편의를 위해 조선시대 자만시에 영향 미친 내용을 중심으로 도연명의 작품을 다시 살펴보기로 하자. 앞서 살펴본 것처럼 〈의만가사〉 첫 번째 수는 죽음부터 입관(入棺)까지, 두 번째 수는 상례의식과 운구를, 세 번째 수의 전반은 묘지에서의 매장, 환운(換韻)한 후반 부분은 매장 이후의 일 등 장례의식을 기록하고 있다. 그리고 첫 번째 수와 두 번째 수는 '술[酒]'로 이어지고, 두 번째 수와 세 번째 수는 '황초(荒草)'로 이어지며, 세 번째 수의 전반과 후반은 "천년토록 다시 아침이 오지 않는다[千年不復朝]"라는 구절이 반복되며 이어진다. 어휘와 시구의 연결이 상장례 과정과 매끄럽게 조응된다. 첫 번째 수는 다음과 같이 마무리 된다.

득실을 다시 알지 못하리니,
옳고 그름 어찌 깨달을 수 있으랴.
천년만년 지난 후에,
누가 영화와 치욕을 알겠는가.
다만 한스럽기는 세상에 있을 때,
만족스럽게 술 마시지 못한 일이네.

得失不復知, 是非安能覺.
千秋萬歲後, 誰知榮與辱.
但恨在世時, 飮酒不得足.[235]

마지막 구절 "음주부득족(飮酒不得足)"은 남송 증집(曾集)이 편찬한《도연

작품들에서 찾아보기 힘든 내용이다. 특히 앞서 살핀 것처럼《문선》에서 만가와 임종시를 별도로 분류하고 있다는 점에 주의할 필요가 있다.

235 이 장에서 인용한 도연명 〈의만가사〉의 원문은 특별한 설명이 없을 경우 원대 이공환(李公煥)의 전주본(箋注本)을 대본으로 하고, 기타 조선 간본은 물론 현대 교주본 및 선집(選集)들을 폭넓게 참고한 것이다. 이공환본을 대본으로 삼은 것은 조선시대 간본 중 시기적으로 앞서 있으며, 다른 간본에 미친 영향도 비교적 크기 때문이다.

명집》엔 "음주상부족(飮酒常不足)"으로,[236] 《악부시집》엔 "음주항부족(飮酒恒不足)"으로 되어 있기도 하지만 의미는 동일하다. 이 구절은 특히 우리 문인들에 인상적으로 다가왔던 듯하다. 자만시 외에도 "음주부득족(飮酒不得足)"이란 표현을 활용한 사례들이 다수 발견되기 때문이다. 조선 전기 남효온과 후기 정기안(鄭基安, 1695-1775)의 경우가 대표적인 예다. 남효온은 자신의 자만시에서 해당 구절을 변주해서 썼으며, 정기안은 이 구절을 시제로 삼아 과체시를 쓴 것이 전한다.[237] 또 도연명의 〈의만가사〉를 언급할 때 이 구절을 함께 드는 경우도 많았다. 다만 이 구절을 술에 대한 자신의 기호를 드러내며 죽음을 달관하는 표현으로 보는 것엔 문제가 있다. 앞서 설명한 바도 있지만 실제론 북송(北宋) 섭몽득(葉夢得)이 《석림시화(石林詩話)》에서 말한 것처럼 '술'이란 상징물을 통해 현실에 대한 불만을 넌지시 드러내는 것이라 보아야 할 것이다.[238] 조선시대 자만시에서도 그런 측면이 충분히 활용되어 있는 경우를 발견하게 된다. 또 "음주부득족(飮酒不得足)"만큼은 아니지만 첫 번째 수 두 번째 구절 "일찍 죽는다 해서 명이 짧다 못하리[早終非命促]"도 인구(人口)에 회자(膾炙)되었던 듯하다. 이형상(李衡祥, 1653-1733)의 만시에 이 구절을 그대로 가져다 쓴 예가 보인다.[239]

두 번째 수에서는 삶과 죽음을 극적으로 대비시킨 표현들이 많이 등장한다. 해당 부분만 다시 제시하면 다음과 같다.

> 옛날에는 마실 술 없더니,
> 이젠 다만 비었던 술잔이 채워지는구나.
> …(중략)…

236 다만 증집본(曾集本)을 조선시대 문인들이 직접 보았을 가능성은 높지 않다.

237 사세한 내용은 세3장과 세10장을 참고하시오.

238 胡仔,《苕溪漁隱叢話》前集 권4,〈五柳先生 下〉, 우원즈[吳文治] 主編,《宋詩話全編》肆, 南京: 鳳凰出版社, 1998, 3542면, "《石林詩話》云, '晋人多言飮酒, 有至沈醉者, 此未必意眞在於酒, 蓋方時艱難, 人各懼禍, 惟託於醉, 可以粗遠世故.'" 호자(胡仔)가〈오류선생(五柳先生)〉조에서 이 시화를 인용하는 것을 보면 도연명 시에서 술이 의미하는 바 역시 그러함을 짐작할 수 있다.

239 李衡祥,《瓶窩集》권1,〈金大諫(聲久)輓〉, 한국문집총간 164, 민족문화추진회, 1996, 209면. "淵明昔自輓, 早終非命促."

예전엔 화려한 집에서 잤는데,
이젠 거친 풀 우거진 곳에서 자게 되었구나.
…(중략)…
하루아침에 문을 나서 떠나가면,
돌아가려 하여도 밤은 끝이 없구나.

在昔無酒飲, 今但湛空觴.
…(중략)…
昔在高堂寢, 今宿荒草鄉.
…(중략)…
一朝出門去, 歸來夜未央.

《수계교본도연명시집》,《정간보주동파화도시화》,《전주정절선생집》, 명 이몽양본《도연명집》엔 "예전엔 화려한 집에서 잤는데, 이젠 거친 풀 우거진 곳에서 자게 되었구나.[昔在高堂寢, 今宿荒草鄉.]"와 "하루아침에 문을 나서 떠나가면, 돌아가려 하여도 밤은 끝이 없구나.[一朝出門去, 歸來夜未央.]" 사이에 "거친 풀 속에 잠든 다른 사람 없고, 애써 바라봐도 아득할 뿐이네.[荒草無人眠, 極視正茫茫.]"란 두 구절이 들어 있는 경우도 있다는 교감주(校勘注)가 부기되어 있다.[240] 다만《정간보주동파화도시화》의 교감주엔 '극시(極視)'가 '정시(正視)'라고 되어 있는 경우도 있다는 내용이 추가되어 있다. 또 마지막 구절 "귀래야미앙(歸來夜未央)"이《악부시집》엔 "귀가양미앙(歸家良未央)"으로,《수계교본도연명시집》과《정간보주동파화도시화》엔 "귀래양미앙(歸來良未央)"으로 되어 있어서 "귀래야미앙(歸來夜未央)"이라 했을 때와 의미가 조금씩 달라진다.[241] 한편, 이런 교감주들은 조선 후기 판본에선 자취를 감춘다. 우리의 예상과 달리 조선 후기 도연명집 판본들이 선본(善本)이라 하기 어려움을 짐작할 수 있다.

240 이 교감 내용은 증집본(曾集本)으로부터 유래한 것으로 보인다.

241 위안싱페이[袁行霈]는 "一朝出門去, 歸來夜未央." 구의 의미를 하루아침에 문을 나서 거친 풀 우거진 곳에서 자는 것이니 참으로 밤 속으로 영원히 돌아가는 것이라고 설명했다. 위안싱페이[袁行霈] 箋注, 앞의 책, 424면 6번 주석.

이렇게 삶과 죽음을 극적으로 대비시킨 표현들은 앞서 언급한 것처럼 위진(魏晉)시기 목습(繆襲)과 육기(陸機)의 만가시에서 발견된다. "예전엔 화려한 집에서 잤는데, 이젠 거친 풀 우거진 곳에서 자게 되었구나.[昔在高堂寢, 今宿荒草鄉.]"는 목습 〈만가시(挽歌詩)〉의 "아침에 화려한 집 위를 떠나, 저녁엔 황천 아래에 묵는구나.[朝發高堂上, 暮宿黃泉下.]"나 육기 〈만가시삼수(挽歌詩三首)〉 중 두 번째 수의 "옛날엔 사민[士農工商]의 집에서 살았건만, 이젠 수많은 귀신 사는 곳에 의탁하게 되었구나.[昔居四民宅, 今托萬鬼鄉.]"와도 유사한 의경(意境)을 담고 있다. 위 두 시와 도연명의 자만시 중 세 번째 수는《문선》 권28에 함께 실려 있기도 하다. 반드시 〈의만가사〉로만 한정할 수는 없지만, 삶과 죽음의 격차를 드러낸 이런 표현들은 조선시대 자만시에도 일정하게 영향을 미쳤던 것으로 보인다.

두 번째 수에서 제시된 삶과 죽음의 격차는 마지막 수에서 매장의 모습과 함께 죽음을 자연으로 돌아가는 일로 받아들이는 초탈적 의식으로 마무리된다.

황량한 풀 어찌 저리 아득한가,
백양나무도 스산하기만 하네.
된서리 내린 9월에,
나를 묻으러 멀리 교외로 나왔구나.
사방에는 사람 사는 집도 없고,
높다란 무덤들만 우뚝우뚝 솟았네.
말은 하늘 우러러 울부짖고,
바람은 절로 소슬하다오.
무덤 구덩이 한 번 닫히게 되면,
천 년이 지나도 다시는 아침을 맞지 못하리.
천 년이 지나도 다시 아침을 맞지 못하리니,
현달한 이라도 어쩔 수 없다오.
…(중략)…

죽고 나면 무슨 할 말 있나,[242]
몸을 맡겨 산언덕과 함께할 뿐.

荒草何茫茫, 白楊亦蕭蕭.
嚴霜九月中, 送我出遠郊.[243]
四面無人居, 高墳正嶕嶢.
馬爲仰天鳴, 風爲自蕭條.[244]
幽室一已閉, 千年不復朝.
千年不復朝, 賢達無奈何.
…(중략)…
死去何所道, 託體同山阿."

《악부시집》에선 "말은 하늘 우러러 울부짖고, 바람은 절로 소슬하다오.[馬爲仰天鳴, 風爲自蕭條.]"가 "새는 걸핏하면 슬피 울고, 숲속 이는 바람에 절로 소슬하다오.[鳥爲動哀鳴, 林風自蕭條.]"로 되어 있고,《수계교본도연명시집》과《정간보주동파화도시화》에도 이 구절이 "새는 걸핏하면 슬피 울고, 숲엔 회오리바람 이네.[鳥爲動哀鳴, 林爲結風飇.]"로 되어 있는 경우도 있다는 교감주가 달려 있다. 또한《수계교본도연명시집》에는 마지막 구절 "탁체동산아(託體同山阿)"가 "탁본동출아(託本同出阿)"라고 되어 있다.[245]

처음 두 구절 "황량한 풀 어찌 저리 아득한가, 백양나무도 스산하기만 하네.[荒草何茫茫, 白楊亦蕭蕭.]", 두 번 반복되는 "천 년이 지나도 다시는 아침을 맞지 못하리[千年不復朝]"와 마지막 구절 "몸을 맡겨 산언덕과 함께할 뿐[託體同山阿]" 같은 표현은 후대 작품들에도 일정한 영향을 미쳤다. 특히 "탁체동산아(託體同山阿)"란 표현은 조선시대 한시에서도 활용된 사례가

242 대만학자 왕수민[王叔岷]은 이 구절의 '도(道)'를 '종(從)'의 의미로 보아, "죽고 나서 무엇을 따르랴"라고 해석하기도 했다. 왕수민[王叔岷] 撰, 앞의 책, 504면.

243 "送我出遠郊"가 "送我來遠郊"로 되어 있는 경우도 있다.

244 "馬爲仰天鳴, 風爲自蕭條."가 "鳥爲動哀鳴, 林爲結風飇."로 되어 있는 경우도 있다.

245 필자가 검토한 책은 간년 미상의 서울대학교 규장각 소장본 목판본《수계교본도연명시집(須溪校本陶淵明詩集)》이다.(소장기호 一簑古895.1108-D65s.) 그런데 이 구절의 차이는 단순 오류일 가능성이 높다. '본(本)'자는 '체(体=體)'자의 '인(亻)' 변이 떨어져 나간 듯하고, '출(出)'자는 '산(山)'자의 오각(誤刻)인 듯하다.

발견된다.[246]

그렇다면 도연명의 작품 중 〈의만가사〉는 어느 정도 우리 문인들의 관심을 모았을까? 한국고전번역원의 문집총간과 문집총간속집 및 고전원문 DB를 이용해서 이 작품 관련 정보를 검색해 보면 몇 가지 흥미로운 결과가 도출된다.

첫째, 조선 전기 문인들에게 〈의만가사〉는 일정 수준 이상 알려진 작품이었다. 제1장에서 소개한 김종직이 남효온의 〈자만 4장〉에 답한 편지를 보면, 이 작품이 최소한 점필재와 문도들 사이에서 대체로 알려진 작품임을 짐작할 수 있다. 김종직은 남효온이 보내온 〈자만 4장〉을 읽곤, 이 작품이 도연명과 진관의 자만시를 계승한 것이라 지적한 바 있다.[247]

둘째, 조선 중기 문인들은 이 작품을 애사(哀辭)의 대표작 중 하나로 꼽는데 주저하지 않았다. 제2장에서 인용한 것처럼 이수광(李睟光, 1563-1628)은 《지봉유설》 문장부(文章部) 애사(哀辭)조에서 도연명이 스스로 자신의 만사를 지었다는 사실에 주목하고 그 목적이 이름을 남기는 데 있다고 설명하고 있다.[248]

셋째, 〈의만가사〉 중 특히 우리 문인들에게 인상적이었던 구절은 앞서 언급한 것처럼 첫 번째 수의 마지막 두 구절 "다만 한스럽기는 세상에 있을 때, 만족스럽게 술 마시지 못한 일.[但恨在世時, 飮酒不得足.]"이었다. 시대별로 대표적 예들을 몇 가지 들어보면 다음과 같다.

우선 조선 전기 기인으로 유명했던 심의(沈義, 1475-?)의 〈고풍으로 쓴 무덤에 대한 시 병서, 홍이상(洪景舟)에게 드리다[眞宅古風幷序, 贈洪二相]〉란 글

246 李海昌,《松坡集》 권7, 〈重逢歌〉, 한국문집총간속 2, 고전번역원, 2005, 292면. "存者相看各憔悴, 化者託體同山阿."

247 金宗直,《佔畢齋集》 권1, 〈答南秋江書〉, 한국문집총간 12, 민족문화추진회, 1990, 404면. "姑玩其詞, 足以嗣淵明·少游之遺響矣." 제1장과 제3장 및 제5장의 관련 내용을 참조하시오.

248 李睟光,《芝峯類說》 권14, 文章部七 哀辭, 景仁文化社, 1970, 544면. "昔陶淵明自作挽詞及五柳先生傳, 裴晉公自作畫像贊, 白樂天自作醉吟先生傳及墓誌銘, 邵康節自作無名公傳, 陳嘉佐自作墓誌, 近世盧蘇齋亦自作誌文, 豈亦有意於名者歟?" 이 대목에서 이수광은 자만시 외에도 자전, 자찬묘지, 화상자찬 등 일체의 자전적 글들의 창작의도를 설명한 바 있다.

중에 "다만 한스럽기는 나 세상에 있을 때, 만족스럽게 술 마시지 못한 일.[但恨我在世, 飮酒不得足.]"이란 표현이 보인다.[249] 중기로 가면 임진왜란 때의 명재상 유성룡(柳成龍, 1542-1607)이 김홍미(金弘微)에게 보낸 편지에 도연명은 이 구절에 흥을 부쳤던 것이지 실제 술이 부족하다는 의미가 아니라는 내용이 나온다. 도연명은 그저 가난했기 때문에 술이 부족하다고 탄식한 것이지 실제 술이 부족한 것을 한스러워하지 않았다는 설명이다.[250] 앞서 든 이수광도 《지봉유설》 애사조에서도 도연명 〈의만가사〉 중 이 구절을 인용한 뒤, 도연명이 낙천지명(樂天知命)했음에도 삶과 죽음 문제에 마음 두지 않을 수 없음은 왜일까란 의문을 제기하고 있다.[251]

조선 후기에도 이런 예들은 많이 발견된다. 김창협(金昌協)·김창흡(金昌翕)의 문인으로 시명을 날렸던 김시민(金時敏, 1681-1747)은 〈정보형애사 9장(正甫兄哀辭九章)〉에서 도연명의 자만시를 말할 때 유독 이 구절을 언급하고 있다.[252] 한편 이진상(李震相)의 문인이었던 허유(許愈, 1833-1904)는 정환민(鄭煥民)이란 사람에게 답한 편지에서 우리가 늙고 병들어 질병이 오는 것이 의례적인 일이지만 매번 의만가사의 이 두 구절을 외면 도리어 절로 한숨이 난다고 쓰기도 했다.[253] 또 안석경(安錫儆, 1718-1774)은 정홍조(鄭弘祖)에게

249 沈義, 《大觀齋亂稿》 권4 雜著, 〈眞宅古風幷序, 贈洪二相〉 한국문집총간 19, 민족문화추진회, 1989, 188-189면. "但恨我在世, 飮酒不得足" 진택(眞宅)은 무덤을 가리킨다. 홍이상(洪二相)은 홍경주(洪景舟, ?-1521)이다.

250 柳成龍, 《西厓集》 권11 書, 〈答金昌遠〉, 한국문집총간 52, 민족문화추진회, 1991, 225면. "淵明詩以飮酒不得足爲恨, 此老乃寓興於此, 而惟其貧, 故有不足之歎".

251 李睟光, 《芝峯類說》 권14, 文章部七 哀辭, 《芝峯類說》, 景仁文化社, 1970, 544면. "挽詞云, 但恨在世時, 飮酒不得足. 此老樂天知命, 而不能無意於死生何也?"

252 金時敏, 《東圃集》 권2 詩, 〈正甫兄哀辭九章〉 其九, 한국문집총간 속집 62, 한국고전번역원, 2008, 357면. "淵明自挽詩, 飮酒不得足. 嗟子臨死語, 古書不盡讀. 讀書子豈少, 子文可華國. 自視尙欲然, 有恨結心曲. 彼天漠無聞, 大限終見促. 其志與其才, 齎去戢一木. 時運可奈何, 百身無由贖. 全完摠是瓦, 碎毁偏在玉. 何限沒字人, 兀兀到黃馘."

253 許愈, 《后山集》 권3 書, 〈答鄭致範 煥民○戊戌〉, 한국문집총간 327, 민족문화추진회, 2005, 94-95면. "意外, 胤君奉尊緘歷訪, 擎讀再三, 眞箇是故人心畫. 感荷曷喩, 就諗調候尙此彌留, 吾輩俱老且癃矣, 疾病之來例也, 而每誦淵明詩只恨在世時, 飮酒不得足之句, 旋自喟然. 致煥之眞心實際, 今不可復得, 惟吾兄靈光於吾輩中, 且林居靜僻, 要與好朋友, 爲東林之醉, 豈不樂哉. 所以種種傾嚮, 而亦不易得, 可嘆. 愈夏間再經吐瀉, 近以暑感爲苦, 下山之勢, 自覺奄奄, 柰何柰何. 書未眷眷, 當乘暇圖之, 而惟冀愼節復常, 以副詹望."

보낸 편지에서 신정하(申靖夏, 1680-1715)와 관련된 흥미로운 일화를 소개하기도 했다. 평소 술 마시길 즐기지 않던 신정하가 죽을 무렵 〈의만가사〉의 이 두 구절을 외우자 주변 사람이 의문을 제기했다는 것이다. 그러자 머쓱해진 신정하는 도연명의 한은 술에 있고 자신의 한은 책에 있는데, 도연명의 마실 술 부족하다는 말은 희롱하는 말일 뿐이지만 자신의 독서가 부족한 것이 한스럽다는 말은 진정이어서 눈을 감을 수가 없다고 변명했다는 것이다.[254] 이 중 "한음주부족(恨飮酒不足)"은 심지어 과체시(科體詩)의 시제(試題)로 출제되기도 했다.[255]

이상을 종합해 보면 도연명 〈의만가사〉가 조선시대 지식인들 사이에선 일정 수준 이상 알려진 작품이며, 그중에서 특히 "다만 한스럽기는 세상에 있을 때, 만족스럽게 술 마시지 못한 못한 일이네.[但恨在世時, 飮酒不得足.]"란 구절에 깊은 인상을 받았음을 확인할 수 있다.

한국 한시에서 〈의만가사〉는 크게 두 가지 방식으로 수용되었다. 한 가지는 도연명 시에 화운하는 방식이고, 다른 한 가지는 시의 주제나 의경, 혹은 특정 표현을 계승하는 방식이다. 후자는 다시 과체시와 비과체시로 나누어 볼 수 있다.

전자는 화도시(和陶詩) 계열로 분류될 수 있는데, 현전 작품들을 보면 최기남(崔奇男), 권시(權諰), 전우(田愚) 등의 예에서 보듯 차운(次韻) 방식[256]으로 지어진 작품들이 많다. 그런데 도연명 시에 대한 화운한 작품[和陶詩]은

254 安錫儆, 《雪橋集》 권5, 〈與何人書〉(鄭弘祖), 한국문집총간 233, 민족문화추진회, 2000, 539면. "近者申學士靖夏臨死, 誦淵明自挽詩曰, '但恨在世時, 飮酒不得足.' 人有問之者曰, 子之平生不喜酒, 而今有此言何也, 豈已亂乎? 曰, 淵明之恨在酒, 靖夏之恨在書, 飮酒恨不足, 非恨也戱也, 讀書恨不足, 非戱也恨也, 吾不能瞑目矣."

255 앞서 언급한 정기안(鄭基安)의 문집 《만모유고(晚慕遺稿)》에 〈도연명의 시 구절 "만족스럽게 술 마시지 못한 일 한스럽네"를 가지고 우의한 사만시[托意自挽詩, 恨飮酒不足]〉이라는 세목의 과체시가 실려 있다. 鄭基安, 《晚慕遺稿》 권3, 〈托意自挽詩, 恨飮酒不足〉, 한국문집총간 속집 73, 한국고전번역원, 2009, 475면.

256 서사증(徐師曾)은 화운(和韻)을 다시 동일 운목(韻目)에 속하는 글자를 쓰되 반드시 원래 운자를 쓰지 않아도 되는 의운(依韻), 반드시 원래 운자를 사용하고 그 차례도 동일해야 하는 차운(次韻), 동일한 운을 사용하되 반드시 차례를 따르지 않는 용운(用韻)으로 구분한 바 있다. 徐師曾, 《文體明辨》, 오성사, 1985, 520면.

동아시아 한시사에서 매우 특별한 현상 중의 하나다. 중국 시인 중 도연명처럼 후대 수많은 작가들에 의해 화운된 경우가 없을뿐더러, 중국만이 아니라 한국과 일본에서도 화도시가 성행했기 때문이다. 그런 측면에서 중국문화를 상징하는 기호 중 하나인 도연명의 작품에 대한 화운[和陶]은 그 자체로 어떤 문화나 신분, 그리고 인생에 대한 태도를 선택한 것이라 볼 수 있다.[257] 우리 시인들의 화도시 창작에는 송대 소식(蘇軾)의 화도시 연작이 미친 영향이 크다. 조선시대의 경우 가장 많은 화도시를 남긴 이만수(李晩秀)를 포함해서 다수의 화도시를 남긴 김시습(金時習)·신흠(申欽) 등은 소식의 화도시로부터 영향받은 바가 크다. 그런데 소식은 자신의 화도시를 별도로 묶어 간행하려고 했을 만큼 도연명을 추숭했고 또 도연명 시 거의 대부분에 화운하였음에도 유독 〈의만가사〉에는 화운하지 않았다. 이 문제를 두고 소식에 비판적이었던 우리 문인들 중에는 그의 인품이 자만을 주저하게 된 주요 원인이라고 비꼰 예도 있다.[258]

〈의만가사〉 화운시는 기본적으로 화도시로서의 성격을 띤다. 그러나 화운시라고 해서 모두 도연명 〈의만가사〉의 내용을 따르고 있는 것만은 아니다. 조선시대 가장 많은 화도시 작품을 남긴 이만수의 경우, 화운시를 남기고 있기는 하지만 자만시적 성격은 찾아보기 힘들다. 결국 그저 운자를 따라 보운(步韻)했을 뿐 〈의만가사〉를 제대로 수용한 것은 아니다. 그런 측면에서 볼 때 도연명 〈의만가사〉를 화운한 모든 화도시가 〈의만가사〉를 수용한 작품은 아니라고 볼 수 있다.

257 위안싱페이[袁行霈], 〈論和陶詩及其文化意蘊〉, 《中國社會科學》 2003年 第6期, 北京: 中國社會科學出版社, 2003.11, 149-161면.

258 조선 후기 남구만(南九萬)은 다음과 같이 쓴 바 있다. 南九萬, 〈西巖遺稿序〉, 《西巖遺稿》, 한국문집총간속 36, 민족문화추진회, 2007, 3면. "蘇子瞻論陶淵明〈自祭文〉曰 '出妙語於纊息之餘, 豈涉死生之流哉.' 且手寫陶詩, 自言欲以晩節, 師範其萬一. 然其和陶詩, 獨不和〈自挽三章〉, 想其意不能無畏惡而然. 且其自海外還, 得白蝙蝠, 與子由烹而食之, 異得長生, 此豈能不涉於死生之流者耶. 然則其所云師範, 特外面空言耳, 若其方寸實地, 相去不翅千萬里之遠矣." 이는 주희(朱熹)가 소식을 극력 비판했던 것과도 무관하지 않은 평가일 것이다. 한편 신흠처럼 소식을 적극적으로 평가하여 화도시를 따른 예도 있다.

반면 후자의 경우는 주로 〈의만가사〉 자체의 시적 특성에 주목한 경우들이 많다. 앞서 살펴본 것처럼 도연명의 〈의만가사〉는 시사(詩史)에서 최초의 자만시(自挽詩)로 평가되는 작품이며, 자만시는 죽음을 주제로 한 문학양식 중 변격에 해당한다. 도연명은 한시사에서 죽음 관련 주제의 시들을 새롭게 개척해낸 것으로 평가받는다. 조선시대 시인들 역시 그런 시적 특성에 주목하여 자신의 시에 그 의식이나 표현을 계승하고 있다. 따라서 시문면에 드러내고 있든 드러내고 있지 않든 간에 자만시를 남긴 작가들은 어느 정도 〈의만가사〉를 염두에 두고 시를 창작했던 듯하다. 도연명의 시의식을 계승한다는 측면에서는 화운하지 않은 작품들이 결코 화도시보다 못하지 않다고 하겠다. 필자가 이 책에서 조선시대 자만시 창작이 도연명의 〈의만가사〉에 큰 영향을 받았다고 보는 이유도 여기에 있다.

앞서 검토한 남효온의 자만시는 이런 문학적 자장(磁場) 안에서 발생한 것이라고 볼 수 있다. 그러나 남효온 시의 창작 배경과 정황을 그저 도연명 〈의만가사〉의 영향과 수용만으로 이해해서는 안 된다. 이미 화도시(和陶詩)가 송대 소식의 계승 작업으로부터 촉발된 것임을 지적한 바 있지만, 남효온의 자만시를 살피는 데도 이 문제가 역시 중요하기 때문이다. 남효온의 자만시는 화도시는 아니지만 그 내용으로 볼 때 〈의만가사〉를 계승하고 있는 흔적이 분명하다는 점에서 당대(當代) 도연명 시의 계승 작업 속에서 이 문제를 조명할 필요가 있다. 다음 장에선 15세기 특정 문인들 사이에 화도시가 어떻게 창작되었으며 이것이 남효온의 자만시 창작과 어떤 관계가 있는지를 살펴보기로 한다.

제5장

전범의 변주

화도시와 조선 전기 자만시

도연명이 우리 문학에 수용된 경로는 현재로선 분명치 않다. 신라 하대(下代)에 설치된 국학(國學)의 교과에 《문선(文選)》이 있었음을 감안할 때 도연명이 부분적으로 수용될 기반이 일찍부터 마련되었음을 짐작할 수 있지만,[259] 도연명 문집의 전래 시기는 확인되지 않는다. 고려에서 조선 전기까지 도연명의 문집 유통 상황 역시 정확히 알 수 없다. 다만 고려 문인들이 도연명의 영향을 받은 사실이 확인되는 만큼 어떤 경로로든 도연명 작품은 수용되었을 것으로 보인다.[260]

도연명의 시문에 대한 추숭은 동아시아 한자문화권에서 근대 이전까지 지속되어 온 문학적 전통의 하나다. 특히 도연명 시에 대한 화운작(和韻作), 이른바 '화도시(和陶詩)'는 단순히 문학작품에 대한 모의를 넘어서 도연명에 대한 흠모와 추숭으로서의 문화적 의미를 갖는다.

도연명의 시가를 모의한 작품은 이미 전대에도 많이 창작되었다. 도연명과 멀지 않은 시기에 지어진 작품으로는 남조(南朝) 송(宋) 포조(鮑照)의 〈도

259 金富軾,《三國史記》권38, 雜志 七, 職官 上.

260 이 문제는 일찍부터 한중 비교문학 연구자들로부터 관심을 받은 바 있다. 초창기 연구로 다음과 같은 글들을 들 수 있다. 이창룡, 〈高麗詩人과 陶淵明 — 比較文學的 觀點에서 材源연구〉,《건대학술지》제16집, 건국대학교, 1973, 117-139면; 차주환, 〈詩歌를 통해 본 韓中文學思想〉,《韓國思想大系》I, 成均館大學校 大東文化硏究所, 1973, 573-608면; 송징헌, 〈陶淵明과 麗末三隱詩의 比較硏究〉, 東方文學比較硏究會 編,《轉移와 受容》, 學文社, 1993, 133-184면.

잠의 시체를 배워 쓰다(學陶潛體)〉나 양(梁) 강엄(江淹)의 〈잡체시(雜體詩)〉 30수 중 〈도징군의 〈전사〉를 본떠 쓰다[擬陶徵君田舍]〉(種苗在東皐) 같은 것이 있다. 또 당대(唐代)에 들어서도 최호(崔顥)의 〈양군의 감옥에 정주하며 도연명의 시체를 본받아 쓰다[結定襄郡獄效陶體]〉, 위응물(韋應物)의 〈벗과 더불어 들에서 술 마시고 도연명의 시체를 본받아 쓰다[與友生野飮效陶體]〉·〈도팽택을 본받아 쓰다[效陶彭澤]〉, 백거이(白居易)의 〈도잠의 시체를 본받아 쓴 시[效陶潛體詩]〉 16수, 사마찰(司馬扎)의 〈도팽택을 본떠 쓰다[效陶彭澤]〉 등이 지어졌다. 송대(宋代)에 들어서도 매요신(梅堯臣)의 〈도잠의 〈지주〉를 본떠 쓴 시[擬陶潛止酒]〉·〈도연명의 시체를 본떠 쓴 시 3수[擬陶體三首]〉, 유창(劉敞)의 〈도잠의 시체를 본떠 쓰다[效陶潛體]〉 등의 시가 나왔다.[261] 그러나 문학 작품만이 아니라 그 사람의 인격까지를 대상으로 하는 적극적인 '추화(追和)'는 소식으로부터 비롯되었다고 볼 수 있다.[262] 소식의 적극적인 화도시 창작은 후대 화도시 창작에도 큰 영향을 미쳤다.

중국에서 소식의 화도시(和陶詩)와 관련된 문헌으로 남효온이 살았던 15세기까지 간행된 책으로는 송간(宋刊) 《동파선생화도시(東坡先生和陶詩)》(4권)와 《정간보주동파화도시화(精刊補註東坡和陶詩話)》(13권), 송간(宋刊) 《주동파선생시(注東坡先生詩)》(《施顧注蘇詩》 권41-42) 그리고 명판(明版) 《동파칠집(東坡七集)》(속집 권3 수록) 등이 있다.

고려시대 문학에서 도연명은 대체로 전원·은일 시인으로서의 풍모와 작품의 특징적 제재와 소재, 의상(意象) 등이 수용되었다.[263] 본격적 계승이라 할 화운작은 현전 작품을 기준으로 할 때 이인로(李仁老, 1152-1220)의 작품

261 위안싱페이[袁行霈], 〈論和陶詩及其文化意蘊〉, 《中國社會科學》 2003年 第6期, 北京:中國社會科學出版社, 2003, 150면.

262 蘇轍, 〈追和陶淵明詩引〉, 袁行霈 箋注(2003), 《陶淵明集箋注》, 附錄二, 北京: 中華書局, 662-663면. "東坡先生謫居儋耳, 寘家羅浮之下. …(中略)… 是時轍亦遷海康, 書來告曰: '古之詩人有擬古之作矣, 未有追和古人者也. 追和古人則始於東坡. 吾於詩人無所甚好, 獨好淵明之詩. …(後略)…'"

263 대표적으로 팽택령(彭澤令) 사직 후 은거, 도화원(桃花源)이란 공간(〈桃花源記〉), 혜원법사(慧遠法師)·육수징(陸修靜)과의 이른바 호계삼소(虎溪三笑)의 일화, 무현금(無絃琴)·삼경(三逕)·송(松)·국(菊)·오류(五柳)·음주(飮酒) 등의 의상(意象)을 들 수 있다.

한 수만이 전할 따름이다.[264] 이 작품은《동문선(東文選)》권1에 첫 작품으로 수록되어 있기도 하다. 이 작품이 당대적 위상이 높았음은 물론 후대에 미친 영향력도 매우 컸음을 짐작할 수 있다.

이인로의 〈화귀거래사(和歸去來辭)〉는 형식과 내용면에서 소식의 동명 작품으로부터 촉발된 것이라고 볼 수 있다.[265] 따라서 소식의 적극적 도연명 시 계승 작업이 고려의 화도시를 포함한 도연명 시 전범화에도 일정 수준 영향을 미쳤음은 분명해 보인다. 그러나 소식의 화도시 수용 역시 도연명과 마찬가지로 어떤 문헌을 통한 것인가는 정확히 알기 어렵다.[266] 소식의 초기 문집 중 하나인《전당집(錢唐集)》이 이미 고려 문종 30년(1076)에 들어왔다는 주장이 있으나, 이 문집은 소식이 화도시를 집중적으로 창작하기 이전에 편찬된 것이다. 현전 작품을 기준으로 할 때 고려시대 화운작은 대상이 극히 한정적이라고 볼 수 있다.[267]

그런데 조선 전기 특히 15세기에 이르면 우리는 양과 질에서 현저한 도연명 시 계승 양상을 발견하게 된다. 김종직(金宗直, 1431-1492)의 〈도연명의 술주 시에 화운하다[和淵明述酒]〉, 김시습(金時習, 1435-1493)의 화도시(和陶詩) 66수, 남효온(1454-1492)의 〈자만 4장〉 등이 그 대표적 예이다. 다만 조선시대에 들어와서도 소식의 화도시라는 진입 경로는 본질적으로 달라지지 않

264 李仁老,〈和歸去來辭〉,《東文選》권1, "歸去來兮, 陶潛昔歸吾亦歸. 得隍鹿而何喜, 失塞馬而奚悲. 蛾赴燭而不悟, 駒過隙而莫追. 纔握手而相誓, 未轉頭而皆非. 摘殘菊以爲飡, 緝破荷而爲衣. 旣得反於何有, 誰復動於玄微. 蝸舍雖窄, 蟻陣爭奔. 蛛絲網扇, 雀羅設門. 臧穀俱亡, 荊凡孰存. 以神爲馬, 破瓠爲樽. 身將老於菟裘, 樂不減於商顏. 遊於物而無忤, 在所寓以皆安. 鱗固潛於尺澤, 翅豈折於天關. 肯逐情而外獲, 方收視以內觀. 途皆觸而無礙, 輿苟盡則方還. 鵬萬里而奚適, 鷃一枝而尙寬. 信解牛之悟惠, 知斲輪之對桓. 歸去來兮, 問老聃之所遊. 用必期於無用, 求不過於無求. 化蝶翅而猶悅, 續鳧足則可憂. 閱虛白於幽室, 種靈丹於良疇. 幻知捕影, 癡謝刻舟. 保不材於櫟社, 安深穴於神丘. 功名須待命, 遲暝宜歸休. 任浮雲之無迹, 若枯槎之泛流. 已矣乎, 天地盈虛自有時. 行身甘作賈胡留, 遑遑接淅欲安之. 風斤思郢質, 流水憶鍾期. 尿死灰兮奚暖, 播焦穀兮何耔. 第寬心於飮酒, 聊遣興於作詩. 望紅塵而縮頭, 人心對面眞九疑."

265 이창룡, 앞의 논문, 135-138면; 김주순, 〈〈歸去來辭〉와 李仁老의 〈和歸去來辭〉의 비교연구〉,《중국어문학》제42집, 영남중국어문학회, 2003, 389-418면; 남윤수,《韓國의 〈和陶辭〉 硏究》, 역락, 2004, 1-464면; ____,《韓國의 〈和陶辭〉 硏究(續)·落穗錄 및 版本攷》, 역락, 2006, 1-164면.

266 왕수이자오[王水照],〈蘇軾文集初傳高麗考〉,《蘇軾硏究》, 石家莊: 河南教育出版社, 1999, 316-317면.

267 그러나 이규보(李奎報)·이색(李穡) 등이 도연명의 시를 애독하고 적극적으로 수용했던 것을 감안한다면 다른 화운작도 창작했을 가능성이 매우 높다.

은 듯하다. 김시습의 경우 스스로 "도연명 시나 일일이 화운하다가, 조화 따라 무로 돌아가리라[細和淵明詩, 乘化以歸盡.]"(〈草盛豆苗稀〉)라고 자신의 화도시 창작이 소식과 무관하지 않음을 넌지시 드러내고 있기도 하다. "도연명 시나 일일이 화운하네[細和淵明詩]"란 표현은 황정견(黃庭堅)이 〈발자첨화도시(跋子瞻和陶詩)〉에서 소식의 화도시 창작을 묘사한 표현이기 때문이다.[268] 조선 전기의 경우 후술할 몇 가지 단서를 통해 볼 때 이공환의 《전주도연명집(箋注陶淵明集)》[조선 간본의 명칭은 《전주정절선생집(箋註靖節先生集)》, 이하 《전주정절선생집》]이나 《정간보주동파화도시화(精刊補註東坡和陶詩話)》가 문인들에게 수용되어 화도시 창작 혹은 도연명 시 이해에 일정한 밑거름이 되었음을 짐작할 수 있다.

먼저 김시습의 경우를 살펴보자. 김시습은 이전까지 유례를 찾아보기 힘든 많은 수의 화도시를 남기고 있다. 단순히 화운시의 편수만이 아니라 도연명 시에 대한 다양한 측면의 관심이라는 점에서도 특징적이다. 작품 수만 증가한 것이 아니라 대상 제재 역시 다변화되었기 때문이다. 그가 화운한 시 중 〈농사를 권하다[勸農]〉, 〈경술년 9월 중 서쪽 밭에서 올벼를 수확하다[庚戌歲九月中於西田穫早稻]〉, 〈병진년 8월 중 하손의 농막에서 수확하다[丙辰歲八月中於下潠田舍穫]〉 등의 이른바 농경(農耕) 제재 작품들은 중국에서도 흔치 않은 화도시제(和陶詩題)이기도 하다.[269] 23제라는 다양한 화운 제재와 66수에 달하는 작품 편수는 분명히 이전보다 진전되고 다채로운 도연명 계승 의지라 보인다.

하지만 양적 질적으로 두드러지는 화도시가 당대 시단에서 김시습만의 독특함을 보여 주는 것이냐에 대해서는 분명히 말하기 어려운 부분이 있다. 앞 시기 권근(權近, 1352-1409)이 《동파화도시(東坡和陶詩)》를 받은 뒤, "동파

268 金時習, 《梅月堂集》 詩集 권2 田圃, 한국문집총간 13, 민족문화추진위원회, 1988, 124면; 런위안[任淵]·스룽[史容]·스지원[史季溫] 注, 《黃庭堅詩集注》, 北京: 中華書局, 2003, 604면. "飽喫惠州飯, 細和淵明詩."

269 위안싱페이[袁行霈], 〈陶詩主題的創新〉, 앞의 책, 117-118면.

의 백대의 스승이란 말을 진작 믿었거니, 그 정신은 온통 도연명 시 화답에 있었구나[曾信東坡百世師, 精神都在和陶詩]"[270]라고 화도시의 가치를 분명히 언급한 바 있고,[271] 비슷한 시기 서거정(徐居正, 1420-1488) 역시 "한가로운 와중에 일일이 도연명 시에 화답하고, 고요함 속에 조맹부의 글씨를 본뜨기도 하네[閑中細和淵明律, 靜裏新楷孟頫書]"라고 도연명 시에 화운하였음을 시사하고 있기 때문이다.[272] 이를 통해 김시습 이전은 물론이고 당대(當代)에도 일정하게 화도시 창작의 기풍이 있었음을 짐작할 수 있다. 따라서 현전 작품만을 가지고 이전까지 화도시 창작이 드물었다거나 다수의 화도시를 창작한 것이 김시습만의 특별한 사례라고 보기는 어려울 듯하다.

우선 검토해야 할 것은 김시습의 화도시 연작이 무엇에 기반해 창작되었는가 하는 점이다. 도연명 시를 어떤 경로를 통해 접했는가는 김시습의 화도시를 이해하는 데 매우 중요한 문제라고 할 수 있다. 앞서 언급한 것처럼 김시습은 〈풀은 우거지고 콩 싹은 드무네[草盛豆苗稀]〉란 시에서 소식처럼 도연명의 시에 일일이 화운하겠다는 의도를 드러내고 있다.[273] 그렇다면 그의 작품은 소식의 직접적 영향을 받은 것일까? 선행 연구에 따르면, 김시습의 화도시는 수락산 시절에 은거하던 40대에 집중적으로 지어졌다고 한다. 대체로 1473년 이후의 일이다.[274] 시제의 편차(編次)를 통해 이 문제를 짚어보기로 한다.

앞서 검토한 전기에 간행된 도연명 문집 외에 소식의 화도시와 관련된 문헌으로 비교 대상이 될 만한 책으론 송간(宋刊)《동파선생화도시(東坡先生和

270 '백대의 스승[百世師]'은 소식이 쓴 〈조주한문공묘비(潮州韓文公墓碑)〉 첫 머리에 나오는 표현이다.

271 權近,《陽村集》 권8, 〈奉謝江原道都觀察使韓公(尙敬), 惠東坡和陶詩, 兼示所作關東雜詠〉, 한국문집총간 7, 민족문화추진회, 1988, 95-96면.

272 徐居正,《四佳集》 詩集 권21, 〈八用前韻, 寄洪南陽 二首〉 중 其一, 한국문집총간 10, 민족문화추진회, 1988, 456면.

273 金時習,《梅月堂集》 詩集 권2 田圃, 한국문집총간 13, 민족문화추진위원회, 1988, 124면. 흥미로운 점은 이 시제 자체가 도연명 〈귀원전거(歸園田居)〉(전5수 혹은 전6수) 중 세 번째 수의 한 구절이라는 것이다.

274 김윤혜, 〈梅月堂의 '和陶詩'에 대한 연구〉,《한문교육연구》 제4집, 한국한문교육학회, 1990, 170-199면; 심경호,《김시습평전》, 돌베개, 2003, 298-300·314-338면.

陶詩)》와 《정간보주동파화도시화(精刊補註東坡和陶詩話)》, 그리고 명판(明版) 《동파칠집(東坡七集)》이 있다. 이중 조선시대 간본(刊本)이 확인된 책은 남송(南宋) 채정손(蔡正孫, 1239-?)이 편찬한 《정간보주동파화도시화》가 유일하다. 이 책은 표제에 《화도집(和陶集)》이라고 쓰여 있기도 하다. 반면 시기적으로 가장 앞선 송대 간행된 《동파선생화도시》는 조선 전기 유통이 확인되진 않지만, 권근이 언급한 《동파화도시》와 일정한 관련이 있을 것으로 추정된다.[275] 명(明) 성화(聖化) 4년(1468)에 간행된 명판 《동파칠집》은 시기로 볼 때 직접 영향을 주었을 가능성은 낮지만 이전 문헌들과 다른 방식으로 화도시가 편차되어 있어서 김시습 시의 특성을 살피는 데 도움이 된다. 다음은 대상 문헌을 간략히 제시하고 화도시제를 중심으로 비교한 내용을 도표화한 것이다.

가. 조선 전기 간본《도연명집》

(1) 남송·원 유신옹(劉辰翁, 1232-1297), 《수계교본도연명시집(須溪校本陶淵明詩集)》

(2) 원 이공환(李公煥, ?-?), 《전주정절선생집(箋註靖節先生集)》[《전주도연명집(箋註陶淵明集)》]

나. 소식(蘇軾)의 화도시(和陶詩)

(1) 송간(宋刊)《동파선생화도시(東坡先生和陶詩)》

(2) 남송·원 채정손(蔡正孫, 1239-?), 《정간보주동파화도시화(精刊補注東坡和陶詩話)》

(3) 명 성화(聖化) 4년(1468) 명판(明版)《동파칠집(東坡七集)》(소식의 화도시가 별도로 수록되어 있지 않고, 《동파속집(東坡續集)》 권3의 화도시(和陶詩) 항목에 수록되어 있음)

표3. 《매월당집》 권8 ○화도(和陶) 수록 시제 기준 편차 비교

범례

1. 비교 대상 문헌은 수록 작품 전체 순서가 아니라 《매월당집》 화도시제와 동일한 작품의 배

275 소식의 화도시는 처음부터 문집과 별도로 묶여 간행되었다. 《동파칠집》 등 문집 속으로 편입된 것은 나중 일이다. 따라서 권근이 말한 것이 독립된 책이 맞다면 송간본과 무관하다고 볼 수 없을 것이다.

열 순서임

2. 작품 제목은 목차에 제시된 것을 기준으로 하였으나《정간보주동파화도시화》같이 목차 부분이 완전하지 않은 경우 본문의 제목으로 보완하였음

3. 밑줄 친 부분은 주목해 보아야 할 부분임

서명 연번	《梅月堂集》	도연명집 간본		소식 화도시 간본		
		《須溪校本陶淵明詩集》	《箋註靖節先生集》	《東坡先生和陶淵明詩》	《精刊補註東坡和陶詩話》	《東坡七集》중 東坡續集
1	**和淵明飮酒詩**	卷上 停雲	卷一 停雲	卷一 **飮酒詩**二十首 子由繼和二十首	卷一 停雲一首 和一首	卷三 和時運
2	和靖節停雲	時運	時運	怨詩楚調	時運一首 和一首	和勸農
3	和靖節時運	答龐參軍	答龐參軍	卷二 形影神(形贈影, 影答形, 神釋)	答龐參軍一首 和一首	和停雲
4	和靖節勸農	勸農	勸農	遊斜川	勸農一首 和一首	五月旦日作, 和戴主簿
5	和靖節答龐 *四言	形影神(形贈影, 影答形, 神釋)	卷二 形影神(形贈影, 影答形, 神釋)	移居二首	卷二 形影神三首?(形贈影, 影答形, 神釋) 和三首	和答龐參軍(和答龐參軍 三送張中) *五言
6	和靖節形影神	遊斜川	遊斜川	答龐參軍 *四言	卷三 遊斜川一首 和一首	形影神(形贈影, 影答形, 神釋)
7	和**淵明**遊斜川	示周續之祖企謝景庚	**示周祖謝**三郎	卷三 時運	示周祖謝一首 和一首	怨詩示龐主簿鄧治中
8	**和示周祖謝**三郎	乞食	乞食	卷四 連雨獨飮	乞食一首	和移居二首
9	和**淵明**乞食	怨詩楚調示龐主簿鄧治中	怨詩楚調示龐主簿鄧治中	癸卯歲始春懷古田舍二首	怨詩楚調示龐主簿鄧治中一首 和一首	示周緣祖謝和游城東學舍作
10	和怨詩楚調	答龐參軍	答龐參軍	勸農 子由繼和	答龐參軍一首 和一首	和答龐參軍 *四言
11	和答龐參軍 *五言	五月旦作, 和戴主簿	五月旦作, 和戴簿 (戴主簿의 誤謬)	停雲 子由次韻	五月旦作, 和戴主簿一首 和一首	和連雨獨飮二首
12	和五月朝作 和戴主簿	連雨獨飮	連雨獨飮	答龐參軍三送張中 *五言	連雨獨飮一首 和一首	和乞食
13	和連雨獨飮	移居二首	移居二首	庚戌歲於西田穫早稻	移居二首 和二首	和兒子過同遊斜川 (遊斜川和正月五日與兒子過出游作)
14	和移居	卷中 辛丑歲七月赴假還江陵夜行塗中	卷三 辛丑歲七月赴假還江陵	丙辰歲八月中於下潠田舍穫	卷五 辛丑歲七月赴假還江陵夜行塗中一首	和癸卯歲始春懷古田舍二首
15	和還江陵夜行途中	癸卯歲始春懷古田舍二首	癸卯歲始春懷古田舍二首	五月旦作, 和戴主簿	癸卯始春懷古田舍二首	和飮酒二十首
16	和春懷古田舍	乙巳歲三月爲建威參軍使都經錢溪	乙巳歲三月使都經錢溪	示周掾祖謝	乙巳爲建威參軍使都經錢溪一首	還舊居和夢歸白鶴山居(還舊居和夢歸惠州白鶴山居作)
17	和爲建威參軍使都經錢溪	還舊居	還舊居	還舊居	還舊居一首	和庚戌歲西田穫早稻(和庚戌歲九月中西田穫早稻)

18	和還舊居	庚戌歲九月中於西田穫早稻	庚戌歲九月中於西田穫早稻	爲建威參軍使都經錢溪	庚戌歲九月中於西田穫早稻一首	和丙辰歲下潠田舍穫(和丙辰歲八月中於下潠田舍穫)
19	和於西田穫早稻	丙辰歲八月中於下潠田舍穫	丙辰歲八月中於下潠田舍穫	赴假還江陵塗中作口號	丙辰歲八月中於下潠田舍穫一首 和一首	和乙巳歲爲建威參軍(和乙巳歲三月爲建威參軍使都經錢溪)
20	和於下潠田舍穫	飮酒十二首(二十首의 誤刻)	飮酒二十首	乞食	卷六 飮酒十首和十首 卷七 飮酒十首和十首	還江陵夜行途中作口號(辛丑七月赴假還江陵夜行途中作口號和郊行步月)
비고		원대 판본 계열 간행시기 明 成化癸卯(1483) 목판본 중국 저본 미상 卷上·中·下 3권본 시와 사만 수록 卷中 이후 목차 缺/책 내용으로 보완	원대 통행본 복각 조선 간본 萬曆11년(1583) 활자본(再鑄甲寅字인 庚辰字) 10권본 부록 1권 시산문 모두 수록 卷一에서 卷四까지 시와 사 수록	송대 간본 4권본 이 책을 저본으로 한《陶淵明集箋注》의《東坡先生和陶淵明詩》를 기준으로 작성함 袁行霈 箋注(2003), 附錄二 和陶詩九種,《陶淵明集箋注》, 北京: 中華書局, 619-663면.	송대 판본 간행시기미상목판본 10권본 卷二까지의 목차 缺/책 내용으로 보완 蔡正孫(1239-?)이 蘇軾과 蘇轍의 和陶詩 및 화운하지 않은 도연명 시, 그리고 이에 대한 역대 諸家의 주석과 관련 시화를 편집해 놓은 것임	명 成化4년(1468)《東坡續集》卷三에 화도시 수록 嘉靖13년(1534) 重刊 《四部備要》수록본 화도시 부분은 명대 간행된《東坡全集》(全115권)의 卷三十一·三十二 수록 순서와 동일함 괄호 밖은 목차 제목, 괄호 안은 권내 제목

알려진 것처럼《매월당집(梅月堂集)》은 산실(散失)된 자서시고(自書詩稿)를 바탕으로 이자(李耔)·박상(朴祥)·윤춘년(尹春年) 등이 보완한 것이다. 지금 우리가 볼 수 있는 일본 호사문고(蓬左文庫)와 고려대학교 소장본은 윤춘년이 저자의 전(傳)을 붙여 간행한 책은 아니고, 1583년(선조 16)에 선조가 운각(芸閣)에 명하여 개주갑인자(改鑄甲寅字)로 간행한 것이다. 이 책은 구본을 증보한 것으로 추정되므로, 주제나 제재(내용) 혹은 문체별로 묶어 소제(小題)를 달아 편차한 체제 자체는 구본(舊本)과 큰 차이가 없을 것으로 보인다.[276]《매월당집》의 편차 방식은 대체로《찬주분류두시(纂註分類杜詩)》,《왕장원집주분류동파선생시(王狀元集註分類東坡先生詩)》의 방식을 준용한 것으로 보인다.《매월당집》분류 항목 대부분이 두 책과 일치한다. 그런데 이 책들에는 화도(和陶)라는 분류 항목이 없어서《매월당집》의 편찬자가 화도시를 특별히 중시했음을 짐작할 수 있다.

276 한국고전번역원 DB의 오세옥의《매월당집》해제 참조.

앞 도표의 대비를 통해 우리가 확인할 수 있는 점은 다음 몇 가지이다.

첫째, 〈음주(飮酒)〉(20수)를 제외하면 나머지 시의 순서는 대체로 이 시기 간본 도연명 문집의 수록 순서를 따르고 있다.[277] 또 일부 시제의 명명 방식은《전주정절선생집(箋註靖節先生集)》과 유사성이 발견된다.

둘째, 〈음주〉시 화운작이 맨 앞에 놓인 것은《동파선생화도연명시》(이하 약칭《동파화도시》)의 영향으로 볼 수 있다.《동파화도시》에만 이 시가 맨 앞에 편차되어 있기 때문이다.《동파화도시》는 기본적으로 창작 연대별로 편차되어 있는 만큼,[278] 우연의 일치라고 보기는 어렵다.

셋째, 화운 대상 시는 모두 소식의 화도시에 포함되어 있는 작품이다. 편차로 볼 때《정간보주동파화도시화》의 권1과 권3 전체 시에 화운하고 있는 것이 확인된다.

넷째, 도연명 문집을 기준으로 볼 때 권3 후반부에서 화운이 끝나고, 권4에 수록된 작품에 대해서는 화운한 작품이 없다. 그의 화운시 연작이 마무리되지 않은 채로 끝났거나 현전하지 않는 화운작이 있을 가능성이 있다.

이상을 통해 우리는 김시습의 화도시제가 소식의 화도시로부터 직간접으로 영향받은 바가 있음을 확인할 수 있다. 김시습 자신이 "도연명 시에 일일이 화운하다가[細和淵明詩]"(〈草盛豆苗稀〉)라고 했던 점을 떠올린다면 충분히 예상할 수 있는 부분이기도 하다. 다만, 선행 연구에서 소식의 영향이라고 지적했던 국면들은 오히려 사실과 다른 부분이 발견된다.《매월당집》권4에 별도로 수록된 〈귀원전거(歸園田居)〉의 화운작 여섯 수가 그 예이다. 도연명 〈귀원전거〉 여섯 수 중 마지막 수는 후일 고증을 통해 강엄(江淹)의 작품이 잘못 들어간 것으로 판정된 바 있다. 선행 연구에서는 소식 역시 문제의 마지막 수를 도연명의 시로 보아 화운했다는 점을 들어 김시습의 〈세모

277 다만 〈방참군에게 답하다[答龐參軍]〉와 〈농사를 권하다[勸農]〉 시의 순서가 문집과 반대인데, 단순한 착오인지 아니면 어떤 이유가 있는 것인지는 지금으로선 판단하기 어렵다.

278 리우상룽[劉尙榮],〈宋刊《東坡和陶詩》考〉,《蘇軾著作板本論叢》, 成都:巴蜀書社, 1988, 33면.

에 성 동쪽 폭포 꼭대기에 살았는데, 푸른 소나무와 흰 돌이 내 마음에 매우 만족스러워 도연명의 귀원전시에 화답하였다 5수[歲晩, 居城東瀑布之頂, 靑松白石, 甚愜余意, 和靖節歸園田詩 五首]〉가 소식 화도시의 영향을 받은 것이라 보았다.[279] 하지만, 이 시기 유통된 도연명 문집 역시 여섯 수가 모두 실려 있을 뿐더러 현전하는 조선 전기 간본 중에서도 다섯 수로 된 예를 찾기 어렵다. 조선 간본의 경우 후기가 되서야 강엄의 시를 뺀 다섯 수만의 〈귀원전거〉를 실은 책이 간행된다. 심지어 후기에 간행된 《도정절집초(陶靖節集抄)》에도 여전히 여섯 수가 실려 있기도 하다. 이상을 통해 볼 때 김시습이 소식을 따라 여섯 수에 화운했다고 단언하기는 어렵다. 오히려 이 작품에서 따져보아야 할 것은 김시습이 원운(原韻)의 네 번째 수와 다섯 번째 수를 굳이 묶어서 한 수로 화운한 이유가 무엇이냐에 있다. 그 결과 화운시는 다섯 수가 되어서 형태상으로는 잘못 들어간 시를 뺀 다섯 수와 같게 되기 때문이다.

실제 김시습의 화도시의 내용을 살펴보더라도 소식의 영향이 절대적인 것만은 아님을 알 수 있다. 다음 시는 그런 양태를 잘 보여 주는 작품 중의 하나다.

〈도연명 〈음주〉시에 화운하다 20수[和淵明飮酒詩 二十首]〉 중 아홉 번째 수

아침이 와도 문 열지 않건만,
때론 바람 불어와 절로 열리는구나.
낮에는 북창 밑에 누워,
내 마음 너그럽게 할 수 있구나.
일과 세상 어긋나니,
도와 때도 어긋남이 많구나.
초가집에서도 즐길 수 있고,
사립문 단 집에서도 살 수 있다네.
사람들 나를 오활하다 헐뜯으며,

279 金甫暻, 〈蘇軾“和陶詩”創作的意義與影響〉, 《蘇軾“和陶詩”考論 — 兼及韓國“和陶詩”》, 上海: 復旦大學出版社, 2013, 269면.

어찌 함께 진흙탕을 흐리게 하지 않느냐고 하네.
비록 그렇지만 〈하리곡(下里曲)〉을 가지고,
〈양춘곡(陽春曲)〉에 맞추지는 않으리.
남들은 나더러 미친 짓 한다 해도,
내 바람은 남들이 미혹되지 않길 바라네.
그래서 군자의 지조란,
굳세고 강하여 돌리기 어려운 것이라네.

朝來不啓關, 時有風自開.
晝日臥北窓, 可以寬吾懷.
事與世相違, 道與時多乖.
茅茨可以娛, 衡門可以棲.
衆人詘我迂, 何不淈其泥.
雖然下里曲, 不與陽春諧.
人謂我能狂, 我願人不迷.
所以君子志, 剛強難可廻.[280]

도연명의 원시와 소식의 화도시가 모두 병서(幷序)와 병인(幷引)을 두어 창작 배경과 의도를 분명히 밝히고 있는 것에 비해 김시습은 별도로 창작 취지를 밝히지는 않았다. 도연명의 원시는 세상에 나가길 권하는 전부(田父)와 그럴 수 없다는 시인과의 대화로 이루어져 있다.[281] 조천산(趙泉山)은 당시 사람들이 출사하라고 면려(勉勵)하는 일이 많아서 도연명이 이 시를 썼다고 보았다.[282] 호의를 가지고 찾아온 촌부에게 겸손하게 자신과 세상의 불화를 표현한 원시에 비한다면 김시습의 시는 세상과 자아의 불화가 좀 더 강경하게 표출되어 있다. "어찌 함께 진흙탕을 흐리게 하지 않느냐고 하네[何不淈其

280 金時習,《梅月堂集》詩集 권8 詩○和陶, 213-214면. 김시습은 대체로 도연명의 원시를 보운(步韻)하고 있지만, 마지막 구절만은 '회(回)'가 아니라 '회(廻)'자를 쓰고 있다. 도연명의 문집 중 '회(廻)'자로 된 판본으론 소식(蘇軾)의 글씨[蘇體大字]를 각(刻)한 것으로 추정되는 남송(南宋) 소흥본(紹興本: 紹興10년《陶淵明文集》10권)이 있다고 한다. 하지만 지금으로선 이것이 이 책의 영향인지 아니면 시인 자신이 의도적으로 글자를 달리 쓴 것인지 분명히 판단하기 어렵다.

281 陶淵明,〈飮酒二十首〉其九,《箋註靖節先生集》권3, "淸晨聞叩門, 倒裳往自開. 問子爲誰歟, 田父有好懷. 壺漿遠見候, 疑我與時乖. 襤褸茅簷下, 未足爲高栖. 一世皆相同, 願君汨其泥. 深感父老言, 稟氣寡所諧. 紆轡誠可學, 違己詎非迷. 且共歡此飮, 吾駕不可回."

282 元 李公煥 箋註,《箋註靖節先生集》권3, 趙泉山曰: "時輩多勉靖節以出仕, 故作是篇."

泥]"는 굴원(屈原) 〈어부사(漁父辭)〉의 표현을 그대로 가져온 것으로, 세상과 타협하지 않으려는 시인의 자세가 잘 드러나는 말이다.[283] 이 내용은 김시습이 〈이소를 본뜨다[擬離騷]〉(《매월당집》 권22)를 지어 자신의 처지를 비탄하고 현실에 대한 자신의 뜻을 밝힌 것과도 연결시켜 볼 필요가 있다.[284]

세상 사람들이 김시습을 욕하는 이유는 어지러운 세상에 혼자 고결한 척 거리를 두는 자세 때문일 것이다. 그런 비판에 대해 시인은 송옥(宋玉)의 〈대초왕문(對楚王問)〉에 나오는 〈하리곡(下里曲)〉과 〈양춘곡(陽春曲)〉을 끌어와 자신의 입장을 분명히 하고 있다. 얼핏 자신은 부족한 사람이어서 세간의 고상한 이들과 어울릴 수 없다고 말하는 듯하지만, 중국어의 헐후어(歇後語)와 같이 다음 말은 생략된 채로 작품 배후에 감추어져 있다. 송옥(宋玉)이 초(楚) 양왕(襄王)에게 세간의 악평에 대해 자기변호를 한 것처럼 봉황(鳳凰)과 곤어(鯤魚) 같은 존재를 이해하지 못하는 세상의 범인들에 대해 야유를 퍼붓고 있는 것이다.[285] 이어지는 구절에서 "남들은 나더러 미친 짓 한다 해도, 내 바람은 남들이 미혹되지 않길 바라네.[人謂我能狂, 我願人不迷.]"라고 한 것은 이런 자기 확신의 표현이라고 할 수 있다.

덧붙여 말하자면 《매월당집》 권15에 별도로 수록되어 있는 〈도연명의 〈시상현(柴桑縣) 정현령(丁縣令)에게 화답하다〉 시에 화답함[和淵明酬柴桑]〉

283 屈原, 〈漁父辭〉, "世人皆濁, 何不淈其泥而揚其波? 衆人皆醉, 何不餔其糟而歠其釃? 何故深思高擧, 自令放爲?"

284 金時習, 《梅月堂集》 文集 권22 騷賦, 406면. "…(前略)…, 竟日夜而永懷兮, 哀吾生之齷齪. 抱幽靚而不攄兮, 竟獨守此貞慤. 初心自負於伊·傳兮, 不如擘而投諸溝也. 雅操擬於逢干兮, 不如舍而置之幽也. 何衣服之姱麗兮, 衆曖然而共讎. 彼堯舜之欽明兮, 旣遵路兮皇猷. 何桀·紂之淫昏兮, 乃窘步乎荒之陬. 退省躬以自悼兮, 進不入以離尤. 嗟余懷之耿介, 反鉏鋙而牢愁, 欲遠遊而無所止兮, 窮迢遞之山河. …(中略)…, 哀余靡所止疑兮, 不若限之以大故. 依彭咸以爲類兮, 寧江潭之終赴. 葬魚腹隨波以上下兮, 焉能改乎前度. 亂曰, …(後略)…"

285 宋玉, 〈對楚王問〉, 《文選》 권45. 초나라 양왕(襄王)이 송옥에게 사람들이 선생을 좋게 평하지 않으니 행실이 잘못된 것이 아니냐고 묻자 송옥이 대답한 내용 중에 나오는 이야기다. "客有歌於郢中者, 其始曰〈下里〉·〈巴人〉, 國中屬而和者數千人. 其爲〈陽阿〉·〈薤路〉, 國中屬而和者數百人. 其爲〈陽春〉·〈白雪〉, 國中屬而和者數十人. 引商刻羽, 雜以流徵, 國中屬而和者數人而已. 是其曲彌高, 其和彌寡." 결국 곡조(曲調)가 고상할수록 화답하는 사람이 드물어진다는 말인데, 송옥의 자기변호는 이 뒤의 내용이 좀 더 직설적이다. 그는 이어서 구천 리를 날아오르는 봉황의 경지를 울타리 안의 메추리가 이해할 수 없으며, 광대한 세계를 헤엄쳐 다니는 곤어(鯤魚)의 경지를 좁은 못의 물고기가 이해할 수 없다는 말을 하곤, 선비도 마찬가지여서 성인의 행동을 세속 사람들이 이해할 수 없다고 결론짓는다.

에 보이는 의식도 이 시의 굳건한 피세(避世)·오세(汚世) 의식과 상통하는 부분이 있다. 특히 〈도연명의 〈시상현 정현령에게 화답하다〉 시에 화답함〉의 마지막 구절 "내 장차 구학(丘壑)에 노닐 것이라[吾將丘壑遊]"는 자신의 평생을 압축적으로 표현한 〈자사진찬(自寫眞贊)〉의 마지막 구절 "네가 있어야 할 자리는, 의당 산과 골짜기 속이리.[宜爾置之, 丘壑之中]"와도 연결될 수 있는 김시습의 의식지향을 보여 주는 중요한 시적 표현이다.[286] 출처(出處) 사이에서 여러 차례 번복과 번민을 거듭하던 김시습의 삶에서 도연명의 절의와 처세는 지남(指南)이 되었다고 할 만하다.

반면, 소식이 57세 되던 원우(元祐) 7년(1092)에 지었다는 〈도연명의 음주시에 화운하다 20수[和陶飮酒詩二十首]〉에서는 이런 면모가 발견되지 않는다. 이 시는 소식이 같은 해 2월 양주(揚州)에 부임한 뒤 7월쯤 벌어진 흥겨운 술자리 끝에 지어진 것이다.[287] 같은 해 8월 병부상서(兵部尙書)로 중앙정계에 복귀한 만큼 당시 그의 현실적 처지는 2년 뒤 혜주(惠州), 5년 뒤 해남도(海南島) 등으로 유배될 때만큼 절망적인 것은 아니었다.[288] 때문에 시의 내용 역시 김시습과 사뭇 다르다. 역시 〈음주〉시 아홉 번째 수에 화운한 다음 작품을 보자.

286 金時習, 〈自寫眞贊〉, 《梅月堂集》, 권19 贊, 앞의 책, 372면. "俯視李賀, 優於海東. 騰名謾譽, 於爾孰逢? 爾形至眇, 爾言大侗. 宜爾置之, 丘壑之中." 이 작품은 17세기 초반 간행된 《매월당시사유록(梅月堂詩四遊錄)》 권수(卷首)에도 초상화와 함께 판각되어 있다. 산과 골짜기[丘壑]는 《세설신어(世說新語)》에 나오는 고개지(顧愷之)의 고사로부터 비롯한 표현이다. 동진(東晉)의 대화가 고개지는 사곤(謝鯤)의 초상화를 바위 속에 있는 모습으로 그린 바 있다. 다소 뜻밖의 초상화 구도에 대해 다른 이들이 의문을 제기하자, 그는 사곤이 은거를 지향했음을 상기시키며 "이 사람은 의당 산과 골짜기 속에 두어야 한다.[此子宜置丘壑中.]"라고 대답한 바 있다. 劉義慶 撰, 劉孝標 注, 《世說新語》 卷下之上, 巧藝, 《世說新語箋疏》 下, 위쟈시[余嘉錫] 箋疏, 第2版, 北京: 中華書局, 2007, 847면; 《世說新語會評》, 류챵[劉强] 會評輯較, 南京: 鳳凰出版社, 2007, 408면. 장완치[張萬起]·리우상츠[劉尙慈] 譯注, 《世說新語譯注》, 北京: 中華書局, 1998, 706-707면. "顧長康畫謝幼輿在巖石裏. 人問其所以, 顧曰, "謝云, '一丘一壑, 自謂過之.' 此子宜置丘壑中."

287 병인(幷引)의 내용은 다음과 같다. "吾飮酒至少, 常以把盞爲樂, 往往頹然坐睡. 人見其醉, 而吾中了然, 蓋莫能名其爲醉爲醒也. 在揚州時, 飮酒過午輒罷. 客去解衣盤薄, 終日歡不足而適有餘. 因和陶淵明〈飮酒〉二十詩, 庶幾髣髴其不可名者, 以示舍弟子由·晁無咎學士." 《東坡先生和陶淵明詩》 권1, 위안싱페이[袁行霈] 箋注, 《陶淵明集箋注》, 附錄二, 北京:中華書局, 2003, 623면.

288 金甫暻, 〈宋刊《東坡和陶詩》編次與蘇軾"和陶詩"繫年〉, 《蘇軾"和陶詩"考論 — 兼及韓國"和陶詩"》, 上海:復旦大學出版社, 2013, 34-35면.

〈도연명의〈음주〉이십 수에 화답하다[和陶飮酒二十首]〉중 아홉 번째 수

가을 물에 연이 떠 있으니,
계절 따라 피고 지네.
맑은 바람은 또 무슨 생각인가,
내 품속으로 지란 향내 들어오네.
한번 따라서 꺾으러 가면,
영원히 강호와 어긋난다네.
끊어진 줄 다시 이을 수 없으니,
한 말 물로 어떻게 살 수 있으랴.
차라리 화산(華山) 꼭대기 옥정(玉井)의 연꽃이,
하늘연못 진흙탕에 뿌리내리고 있는 것이 낫더라.
이에 감동되어 매번 스스로 위로하노니,
내 일이 이루어지지 않은 것이 다행이라.
취하여도 돌아갈 길 있으니,
총명하여 처음엔 길 잃지 않았다네.
물결 타면 또다시 가고,
구덩이를 만나면 내 돌아감이 마땅하리.

芙蕖在秋水，　時節自闔開.
淸風亦何意，　入我芝蘭懷.
一隨采折去，　永與江湖乖.
斷絲不復續，　斗水何足栖.
不如玉井蓮，　結根天池泥.
感此每自慰，　吾事幸不諧.
醉中有歸路，　了了初不迷.
乘流且復逝，　得坎吾當回.[289]

시의 전반부는 언뜻 벼슬살이와 강호 사이에서 망설이는 듯하지만, "차라리 화산 꼭대기 옥정의 연꽃이, 하늘연못 진흙탕에 뿌리내리고 있는 것이 낫더라."라는 표현에서 소식의 지향이 은거가 아니라 세간의 진흙탕 속에

289《東坡先生和陶淵明詩》권1, 앞의 책, 625면; 王文誥 輯註, 孔凡禮 點校,《蘇軾詩集》권35, 北京:中華書局, 1982, 1886년. 孔凡禮 點校本엔 첫 구설 "芙蕖在秋水"의 '芙蕖'가 '芙蓉'으로, 마시막 구절 "得坎吾當回"의 '得坎'이 '抵曲'으로 되어 있다.

있음을 짐작할 수 있다. 이는 원시에서 전부(田父)가 "온 세상이 같이 어울리는 걸 숭상하니, 그대도 그 진흙탕에서 뒹구시구려.[一世皆尙同, 願君汨其泥.]"라고 청하자 도연명이 "잠시 이 술이나 함께 즐깁시다, 나의 수레는 돌릴 수 없습니다.[且共歡此飮, 吾駕不可回]"라고 답했던 것과는 다르다. 따라서 시의 마지막 부분 가의(賈誼)의 〈복조부(鵩鳥賦)〉에서 가져온 형세에 따라 거취를 결정한다는 말도 원 의미와는 달리 중앙정계로 복귀하고 싶은 바람을 드러낸 것으로 읽힌다.[290] 다른 화도시에서도 소식은 출처 사이에 망설이거나 모순된 의식을 보여주곤 한다. 시기에 따라 달라지만 그는 근본적으로 중앙정계로 다시 복귀하고 싶은 열망을 가지고 있었기 때문이다.[291]

알려진 것처럼 김시습은 〈고금군자은현론(古今君子隱顯論)〉에서 도연명의 은거를 의리에 합당한 일로 높게 평가한 바 있다.[292] 만년에 속내를 털어놓고 교유했던 남효온에게 보낸 답서에서도 도연명의 음주는 시대가 쇠란(衰亂)한 것을 슬퍼하여 인간 세상을 잊어버린 것뿐이지 주색에 빠져 어찌할 수 없어서 그러했던 것이 아니라고 적극 옹호하기도 했다.[293] 이렇게 김시습은 도연명의 처신과 음주에 대한 적극적 긍정을 바탕으로 화도시에서도 도연명의 생각에 적극 동조하고 있다. 다만 도연명보다는 좀 더 세상의 비방에 대한 분만(憤懣)의 심정을 분명히 드러내고 있다. 우리는 이것을 이전 경주 금오산(金鰲山)에서 쓴 《금오신화(金鰲新話)》에 담긴 현실 비판의식의 연장선상에서 이해할 수 있다.

290 가의(賈誼)는 〈복조부(鵩鳥賦)〉(《文選》 권13)에서 "흐름을 타면 내려가고, 모래섬을 만나면 그친다.[乘流則逝兮, 得坻則止.]"라고 했다. 본래는 진인(眞人)의 경지를 형용하는 말인데, 소식은 이를 상황에 맞추어 처신을 결정한다는 정도의 의미로 사용했다. 같은 내용이 《한서(漢書)》 〈가의전(賈誼傳)〉에도 나온다.("乘流則逝 得坎則止") 소식의 시구는 〈가의전〉의 표현과 유사하다.

291 金甫晛, 앞의 책, 172면.

292 金時習, 《梅月堂集》 文集 권18 論, 앞의 책, 362면. "君子之處身, 難矣哉! 不可以利躁進, 不可以危勇退, 接淅而行, 非強速也, 遲遲吾行, 非強緩也, 聖賢之進退, 惟在義之當否, 時之可不可如何耳. …(中略)…, 至於四皓之避秦, 靖節之不臣於宋, 世我乖也. …(中略)…, 是故, 士之去就隱顯, 必先量其義之適與不適, 道之可行與不行而已, 不必去而賢, 就而諂, 隱而高尙, 顯而苟且也, 故當去而去."

293 金時習, 〈答秋江書〉 첫 번째 편지, 《梅月堂集》 文集 권21 書, 398-399면. "古之沈於酒者, 無慮數十人, 惟陶·阮有節行標致, 而元亮, 其優者也. 然其所以如此者, 傷江左之衰亂, 相忘人世而已, 非徒沈湎無何者也. 其餘酒徒, 何足與議! 僕亦商量酒過如是, 豈可爲先生強勸也."

반면 소식의 시는 청대 기윤(紀昀)이 "애써 옛 것을 본떴지만 결말 부분에서 본색을 드러내고 있다.[刻意效古, 而結處仍露本色.]"라고 비꼬았던 것처럼 중앙정계에 복귀하고픈 심사를 은연중 드러내고 있다. 이 점은 도연명의 원시나 김시습의 화도시와는 전혀 다른 부분이다.

김시습의 화도시는 소식을 경유한 것이지만 시 의식에 있어서는 이렇게 일정한 차이가 있다. 그런 측면에서 김시습의 화도시 창작은 "나는 도연명처럼, 푸른 구름 쌓인 속에서 졸함을 지킨다네.[我如陶靖節, 守拙碧雲堆.]"(권3 隱逸〈山居〉)라고 말한 것 같이 도연명의 인품에 대한 흠모와 자기 동일시로서 의미를 갖는다고 볼 수 있다.[294] 그 핵심은 남효온에게 보낸 답서에서 강조했던 진(晉) 공제(恭帝)를 죽이고 왕위에 오른 유유(劉裕)를 거부한 도연명의 절행(節行)에 있었다. 김시습 역시 애초 세조의 왕위찬탈로 인해 세상을 등지게 되었으며 이 문제가 지속적으로 삶의 행로에 영향을 미쳤던 것을 떠올릴 필요가 있다. 김시습이 도연명 시에 화운(和韻)하고자 했던 것에는 이런 특수한 개인적 배경도 작용하였던 것으로 보인다. 때문에 소식과 김시습 모두 도연명에 공감하여 시에 화운하였지만 화의(和意)의 결과는 큰 차이를 보이게 된 것이다. 절의에 초점을 맞춘 김시습의 전범 인식방식은 그 자체로 특별한 것은 아니지만 소식의 화도시나 이전 시기 작품에 비해 상대적으로 강조된 측면이 있음은 분명하다.[295]

다음으로 김종직의 화도시를 살펴보자. 김종직은 도연명의 〈술주(述酒)〉 시에 화운한 바 있는데 병서(幷序)에서 다음과 같이 그 이유와 목적을 밝히고 있다.[296]

294 반면 소식은 음주시 화운작 중 첫 번째 시에서 "나는 도연명과 달리, 세상 일에 얽매여 있다네.[我不如陶生, 世事纏綿之.]"라고 써서 자신의 처지가 도연명과 다름을 밝힌 바 있다.

295 선행 연구에서도 이 점은 지적된 바 있다. 심경호는 김시습이 지은 화도시 60여 편은 단순히 은일지향의식을 드러내는 전원시 이상의 의미를 지녔으며, 이 시를 통해 불의의 세간과 타협하지 않고 '군자'로서의 지조를 지키겠다는 다짐을 반복했다고 보았다. 심경호, 《김시습평전》, 돌베개, 2003, 331-338면. 김윤혜 역시 김시습이 도연명에 매혹된 이유 중의 하나로 지조를 들었다. 김윤혜, 〈梅月堂의 '和陶詩'에 대한 연구〉, 《한문교육연구》 제4집, 한국한문교육학회, 1990, 198-199면.

296 김종직 〈和陶淵明述酒〉 시에 대한 주요 연구로 다음 글들을 참고할 수 있다. 박선정, 〈金宗直〉, 《한

> 내가 젊어서 도연명의 〈술주(述酒)〉 시를 읽고 자못 그 뜻을 알지 못했다가, 뒤에 화도시(和陶詩)에 대한 탕동간(湯東澗: 湯漢)의 주소(註疏)를 본 다음에야 영릉(零陵: 東晋恭帝)을 위한 애시(哀詩)임을 알게 되었다.[297] 아, 탕공(湯公)이 아니면 유유(劉裕)의 찬시(簒弑)한 죄와 도연명의 충분(忠憤) 어린 뜻이 거의 숨겨질 뻔하였다. (도연명이) 은어(隱語)를 쓰기 좋아한 것은 바로 그의 생각에 유유가 이때에 한창 날뛰는지라 나의 힘이 용납될 수가 없는 형편이니, 나는 다만 몸이나 깨끗하게 할 뿐이요, 말 가운데 그런 일을 드러내서 멸족(滅族)의 화를 자초해서는 안 된다고 여겼던 때문이다. 그러나 지금 나의 경우는 그렇지 않다. 천 년 뒤에 태어났는데 유유에게 무엇이 두렵겠는가. 그러므로 유유의 흉역한 행위를 다 드러내서 탕공의 주소 끝에 부치노니, 후세의 난신적자(亂臣賊子)가 나의 시를 보고 두려워 할 줄을 알게 된다면 이 또한 삼가《춘추(春秋)》의 일필(一筆)에 비견될 일이리라.[298]

인용문을 통해 김종직의 도연명 〈술주〉 시에 대한 계승 작업이 유유(劉裕)의 왕위 찬탈에 대한 비판이라는 정치적 맥락에 방점이 찍혀 있음을 짐작할 수 있다. 또 그 재인식에 남송(南宋) 탕한(湯漢)의 주석이 큰 역할을 했음을 확인할 수 있다. 요컨대 김종직의 〈술주〉시에 대한 이해는 탕한을 경유한 것이란 점에서 탕한의 도연명 인식과도 긴밀한 관계를 갖는다고 하겠다.

탕한의 주석은 〈술주(述酒)〉시 해석사(解釋史)에서 볼 때도 중요하다. 청대 오건(吳騫, 1733-1813)에 따르면, 〈술주〉 시의 의미를 세밀히 풀이하여 도연명의 숨겨진 진심을 처음 세상에 드러낸 이가 바로 탕한이라고 한다.[299] 한편 탕한의 〈술주〉시 주석은 조선시대 도연명시 주석 작업에도 큰 영향을 미

국문학작가론 2》, 집문당, 2000, 107-110면; 정숙인, 〈金宗直의 〈和陶淵明述酒詩〉 고찰〉, 《어문논집》 제40집, 중앙어문학회, 2009, 189-212면; 이구의, 〈佔畢齋 金宗直의 〈和陶淵明述酒〉 詩에 나타난 자아의 정신〉, 《한국사상과 문화》 제52집, 한국사상과문화학회, 2010, 7-41면.

297 이 구절은 탕한(湯漢)이 주석에서 "내가 반복해서 상세히 고찰한 뒤에야 영릉을 위한 애시임을 알게 되었다.[余反覆詳考而後知爲零陵哀詩也.]"라고 한 것과 표현마저 유사하다.

298 金宗直, 〈和陶淵明述酒 幷序〉, 《佔畢齋集》 권11, 한국문집총간 12, 민족문화추진회, 1989, 294면. "余少讀述酒, 殊不省其義, 及見和陶詩湯東澗註疏, 然後知爲零陵之哀詩也. 嗚呼, 非湯公, 劉裕簒弑之罪, 淵明忠憤之志, 幾乎隱矣. 其好爲瘦詞者, 其意以爲裕方猖獗, 于時不能以容吾力, 吾但潔其身耳, 不可顯之於言語, 自招赤族之禍也. 今余則不然, 生於千載之下, 何畏於裕哉. 故畢露裕凶逆, 以附湯公註疏之末, 後世亂臣賊子, 覽余詩而知惧, 則竊比春秋之一筆云." 이 글에서 인용하는 김종직 작품의 번역문은 임정기가 국역한《점필재집》의 내용을 필자가 필요에 따라 조금 나듬은 것이다.

299 吳騫, 《拜經樓詩話》 권3, 王夫之 等 撰, 《淸詩話》, 上海: 上海古籍出版社, 1999, 758면.

치기도 했다.[300] 탕한의 주석은 그 자신이 주를 단《도정절선생시(陶靖節先生詩)》나, 탕한의 주석을 집록(集錄)한 원대 이공환의《전주정절선생집(箋注靖節先生集)》 등에서 볼 수 있다. 하지만, 이를 굳이 화도시에 대한 탕동간(湯東澗: 湯漢)의 주소(註疏)라고 한 것을 보면 김종직이 실제 본 책은 채정손(蔡正孫)이 편찬한《정간보주동파화도시화(精刊補註東坡和陶詩話)》라고 보아야 할 것이다. 이 책의 권13에는 〈술주〉 시가 수록되어 있고, 그 밑에 황정견(黃庭堅)·탕한(湯漢)의 주석과 연보(年譜)의 관련 내용이 실려 있다.

탕한이 직접 주석한《도정절선생시》는 조선시대 유입되었던 흔적이 발견되지 않기 때문에 현재로선 탕한의 주석서를 직접 보았을 가능성은 높지 않다. 또 이공환의《전주정절선생집》과 비교해 볼 때《정간보주동파화도시화》에는 〈술주〉 시의 의미에 대해 처음으로 문제제기를 한 송대 한자창(韓子蒼: 韓駒)과 이를 계승한 조천산(趙泉山)의 주석이 빠져 있다. 탕한의 설은 한구(韓駒)의 주장을 부연했다고 할 만한데, 김종직이 이에 대한 언급 없이 탕한의 주석만을 이야기하는 것을 보면《전주정절선생집》을 보고 화운한 것도 아닌 듯하다. 시의 내용을 살펴보기로 하자.

〈도연명의 〈술주〉 시에 화답하다[和陶淵明述酒]〉(이하 〈화도연명술주〉)

솥에도 오히려 귀가 있건마는,
사람이 어찌 듣지 못하나.
임금과 신하는 존비가 달라서,
하늘과 땅의 자리가 나누어진 것이라네.
간악한 이름은 반역을 한 때문이라,
멸족되어 후손이 끊어져 버렸구나.
당시 사마씨는 남쪽으로 건너갔으니,
중원에는 무덤만 남았을 뿐이었네.

300 조선 후기 박치복(朴致馥: 호는 晩醒, 1824-1893)의 〈도정절술주시해(陶靖節述酒詩解)〉가 그 예다. 이남종, 〈朝鮮 晩醒 朴致馥(1824-1893)의 〈陶靖節述酒詩解〉〉, 《중국문학》 제80집, 한국중국어문학회, 2014, 149-198면.

하늘의 마음은 아직 떠나지 않았기에,
마치 새벽이 두 번 온 듯했네.
왕돈(王敦)이 처음 난을 일으켰고,
이리 새끼 같은 소준(蘇峻)은 길들일 수 없었네.
악명을 남긴 어리석은 사나이 환온(桓溫)은,
자식 환현(桓玄)을 잘못 가르쳐 그 몸 죽게 만들었네.
올빼미 같은 네 놈이 무슨 공이 있으랴,
하늘의 보응(報應) 참으로 은근하구나.
화순(和順)한 안제와 공제는,
바로 이 유씨 임금이었다네.
하늘 속일 수 있다고 여겨,
고상한 척 요순의 훈풍 끌어댔지.
선위를 받은 이는 결국 역적이었는데,
사관이 글 교묘하게 꾸며 대었네.
사령(四靈: 麟·鳳·龜·龍)이 감응했다고 핑계 대고,
태산에 봉선하고 분음에 제사했네.
거짓 천명을 만들 수는 있으나,
세상은 당연히 뒤죽박죽 어지러웠다네.
천리란 보응하길 좋아하기에,
유소(劉劭)가 부왕(父王)을 시해하기에 이르렀네.
〈술주〉 시에는 은어가 많으니,
도연명에겐 필적할 자가 없겠구나.

鼎鐺猶有耳, 人胡不自聞.
君臣殊尊卑, 乾坤位攸分.
奸名斯不軌, 赤族無來雲.
當時馬南渡, 神州餘丘墳.
天心尚未厭, 有若日再晨.
處仲首作孽,(王敦) 狼子非人馴.(蘇峻)
蚩蚩遺臭夫, 斆兒戕厥身.(桓溫父子)
四梟者何功, 天報諒殷懃.
婉婉安與恭, 乃是劉氏君.
蒼天謂可欺, 高挹堯舜薰.
受禪卒反賊, 史氏巧其文.

誘以四靈應, 宗岱且祠汾.
僞命雖能造, 世亂當紛紛.
好還理則然, 劭也蔑天親.
述酒多隱辭, 彭澤無比倫.[301]

이 시는 1474년(성종 21) 겨울부터 1475년 10월 사이에 지어진 작품이다. 이 무렵 김종직은 연이어 자식을 잃고 크게 상심해 있었는데, 10월 감사(監司)에게 사직장을 올리고 금산(金山)의 농사(農舍)로 돌아왔다.[302]

도연명의 시와 비교할 때 김종직 화운작의 가장 큰 특징은 의미의 명징함이다.[303] 김종직의 병서에서도 지적하고 있는 것처럼 이 시는 은어(隱語)가 많아서 이해하기 어렵기 때문에 주석가들 사이에도 의견이 일치되지 않는 구절이 많이 있고, 그 의미에 관해서도 역대로 논란이 분분하다. 심지어 어떤 전고를 사용한 것인가에 관해서마저 이론이 있기도 하다.

시의 내용은 동진(東晋)의 성립으로부터 왕돈(王敦)과 소준(蘇峻)의 반란, 환온(桓溫)·환현(桓玄) 부자의 패악, 그리고 유유(劉裕)의 왕위 찬탈과 동진 공제(恭帝) 살해에 이르기까지의 내용을 순서대로 적고 있다. 마지막으로 왕위를 찬탈한 유유가 송(宋) 무제(武帝)가 되었지만 제위를 계승한 문제(文帝)가 부자 간의 갈등으로 시해된 일을 기록하여 천리(天理)의 보응(報應)을 특기하고 있다. 멸족의 화를 피하기 위해 알 수 없는 은어로 표현한 도연명과 달리 김종직은 병서에서 말한 대로 춘추필법 같은 냉철한 기술 방식을 취하

301 陶淵明, 〈述酒〉, 《箋註陶淵明集》 권3, "重離照南陸, 鳴鳥聲相聞. 秋草雖未黃, 融風久已分. 素礫皛脩渚, 南嶽無餘雲. 豫章抗高門, 重華固靈墳. 流淚抱中歎, 傾耳聽司晨. 神州獻嘉粟, 西靈爲我馴. 諸梁董師旅, 羊勝喪其身. 山陽歸下國, 成名猶不勤. 卜生善斯牧, 安樂不爲君. 平王去舊京, 峽中納遺薰. 雙陵甫云育, 三趾顯奇文. 王子愛淸吹, 日中翔河汾. 朱公練九齒, 閑居離世紛. 峩峩西嶺內, 偃息常所親. 天容自永固, 彭殤非等倫."

302 한국고전번역원 DB에 수록된 《국역 점필재집》에 수록된 강대걸의 해제 참조.

303 陶淵明, 〈述酒〉, "重離照南陸, 鳴鳥聲相聞. 秋草雖未黃, 融風久已分. 素礫皛脩渚, 南嶽無餘雲. 豫章抗高門, 重華固靈墳. 流淚抱中歎, 傾耳聽司晨. 神州獻嘉粟, 西靈爲我馴. 諸梁董師旅, 羊[芊]勝喪其身. 山陽歸下國, 成名猶不勤. 卜生善斯牧, 安樂不爲君. 平王去舊京, 峽中納遺薰. 雙陵甫云育, 三趾顯奇文. 王子愛淸吹, 日中翔河汾. 朱公練九齒, 閑居離世紛. 峩峩西嶺內, 偃息常所親. 天容自永固, 彭殤非等倫." 김종직의 화운시는 대체로 보운(步韻)하고 있는데, 원시엔 근(勤)자로 쓴 부분을 근(懃)자로 바꾸어 쓰고 있는 점이 눈에 띈다.

고 있다. 도연명의 시가 매 구절 주석이 필요할 만큼 난해한 반면 김종직의 시는 직설적이며, 비유적 표현의 경우에도 자주(自注)를 달아 누구의 일을 가리키는지 분명히 하고 있다. 예를 들어 도연명이 "심제량(沈諸梁)이 군대를 거느리자, 백공(白公)은 목숨을 잃었네.[諸梁董師旅, 羊(芊)勝喪其身.]"라고 초(楚)나라 일에 빗대 표현한 환현이 유유에게 죽임을 당한 일을, 김종직은 "악명을 남긴 어리석은 사나이 환온은, 자식 환현을 가르쳐 그 몸 죽게 만들었네.[蚩蚩遺臭夫, 斆兒戕厥身.]"라고 썼다. 또 도연명이 "산양공이 제후국으로 돌아가니, 이름 남기는 데는 신경 쓰지 않았네.[山陽歸下國, 成名猶不勤.]"[304]라고 에둘러 표현한 유유의 왕위 찬탈을 김종직은 "선위를 받은 이는 결국 역적이었는데, 사관이 글 교묘하게 꾸며대었네.[受禪卒反賊, 史氏巧其文.]"라고 이를 정면에서 비판하였다. 마치 도연명의 말하고자 했던 내용을 대변하는 듯하다. 병서에서 이 시를 지어 탕한의 주석 끝에 부치겠다는 말의 의도도 여기에 있다고 하겠다.

김종직의 〈화도연명술주〉 시는 사후 큰 문제를 야기하는데, 실록의 기록을 보면 노사신(盧思愼)·윤필상(尹弼商)·한치형(韓致亨) 등으로부터 당시 문제가 된 〈조의제문(弔義帝文)〉보다도 심한 글이라는 비난을 사기까지 했다.

> 김종직이 도연명의 〈술주〉시에 화답하였는데, 그 서문에 이르기를, "…(중략)…" 하였는데, 그 시는 없어졌다. 윤필상 등이 아뢰기를, "이 서문에 말한 것은 〈조의제문〉보다도 심한 점이 있어서 차마 말을 못하겠습니다." 하고, 드디어 그 시권을 올린 뒤 그 뜻을 해석하기를, "그 '이는 영릉(零陵)을 애도하는 시다.'라고 한 것은, 영릉을 노산(魯山: 단종)에 비한 것이요, 그 '유유(劉裕)의 찬시(簒弑)의 죄'라 함은 유유를 세조에게 비한 것이요, 그 '《춘추》의 일필에 비교한다.' 함은 맹자가 '《춘추》가 지어지자 난신적자가 두려워했다.' 말했으므로 《춘추》에 비한 것이요, 그 '하늘 속일 수 있다고 여겨, 고상한 척 요순의 훈풍 끌어댔지.'라고 함은, 유유의 수선(受禪)을 세조에게

304 산양공(山陽公)은 한(漢) 헌제(獻帝)를 가리키는데 위(魏)나라가 득세한 뒤 헌제를 산양공으로 강등시킨 바 있다. 유유에게 왕위를 빼앗기고 결국 죽임을 당한 진(晋) 공제(恭帝)가 영릉왕(零陵王)으로 강등되었기 때문에 한 말이다. 위안싱페이[袁行霈] 箋注, 《陶淵明集箋注》, 北京:中華書局, 2003, 290-303면 참조.

비한 것이옵니다." 하니, 전교하기를, "세상에 어찌 이와 같은 일이 있으랴! 그 제자마저 모조리 추핵(推覈)하는 것이 어떠한가?" 하였다. 노사신이 수창(首倡)하여 윤필상·한치형과 아뢰기를, "연루자는 마땅히 국문해야 할 것이오나 만약 제자라 해서 모조리 추핵한다면 소요를 이룰까 걱정이옵니다. 동한(東漢)이 당인(黨人) 다스리기를 너무 심하게 하여 종말에 쇠란(衰亂)하였으니, 지금 만연(蔓延)시킬 수 없습니다." 하였다.[305]

널리 알려진 것처럼 〈조의제문〉은 김종직의 제자 김일손(金馹孫, 1464-1498)이 사관(史官)으로서 사초(史草)에 수록하여 훗날 무오사화(戊午士禍)의 단초가 된 문제의 글이다. 이들은 〈화도연명술주〉 시의 "하늘 속일 수 있다고 여겨, 고상한 척 요순의 훈풍 끌어댔지.[蒼天謂可欺, 高挹堯舜薰.]"라는 구절이 세조(世祖)의 일을 유유(劉裕)가 진 공제로부터 선위의 형식으로 왕위를 찬탈한 일에 빗댄 것이라고 주장했다. 마치 〈조의제문〉이 초(楚) 의제(義帝)의 일을 가지고 세조의 왕위 찬탈을 비난한 것으로 받아들여진 것처럼, 〈술주〉 시 역시 단종을 애도하는 시로서 세조의 왕위 찬탈을 비난했다는 혐의를 받은 것이다. 그런데 이 구절은 본래 도연명 〈술주〉 시의 "예장에 봉해진 이가 왕실에 대항하니, 순 임금은 다만 무덤만이 남아 있을 뿐이네.[豫章抗高門, 重華固靈墳.]"를 부연한 것이다. 탕한의 주석에 따르면, 도연명은 의희(義熙) 원년(405)에 유유가 예장군공(豫章郡公)에 봉해졌고 공제(恭帝)가 유유에게 선위했기 때문에 예장(豫章)을 통해 순 임금을 말했다고 한다.

노사신 등이 김종직이 병서에서 말한 '춘추의 일필'과 이 시구를 〈조의제문〉보다 더하다고 한 것은 그 내용이 좀 더 분명하게 세조의 왕위 찬탈을 비난하고 있다고 보았기 때문이다. 〈조의제문〉의 경우 초 의제를 죽인 것은 진

305 《연산군일기》 4년 무오(1498) 7월 17일(신해)조, "宗直和陶淵明〈述酒〉詩, 其序曰 …(中略)…云, 其詩逸. 弼商等啓, '此序所言, 有甚於〈弔義帝文〉, 所不忍言.' 遂上其詩卷, 解釋其義曰 其曰 '此零陵哀詩也', 以零陵比魯山. 其曰 '劉裕簒弑之罪', 以劉裕比世廟. 其曰 '以寓《春秋》之一筆', 孟子曰 '《春秋》作而亂臣賊子懼', 以《春秋》自比. 其曰 '蒼天謂可欺, 高揖堯·舜勛', 以劉裕受禪, 比世廟也." 傳曰 '世安有如此事? 其弟子悉推覈何如?' 盧思愼首倡, 與弼商·致亨啓 '辭連者固當鞫之, 若以弟子而悉推, 恐致騷擾. 東漢治黨人太甚, 終衰亂, 今不可蔓延.'" 번역문은 한국고전번역원 DB의 《조선왕조실록》 국역본을 참조하여 필자가 조금 수정한 것이다.

시황이 아니라 항우(項羽: 項籍)이기 때문에 세조가 단종을 노산군으로 격하시킨 뒤 사사(賜死)한 일을 빗댄 것이라고 특정하기 어려운 반면 이 시는 분명하게 그 역심이 드러난다고 주장한 것이다.[306] 본래 이 혐의를 씌운 주모자는 유자광(柳子光)이었다고 알려져 있다. 그 전말이 남곤(南袞)이 쓴 〈유자광전(柳子光傳)〉에 자세하게 기술되어 있다. 유자광의 음모에 노사신 등이 휘말려 김종직 사후 필화사건을 만들어낸 것이다.

무오사화의 또 다른 단초가 된 김종직의 화도시는 한편으로 조선 전기 시인들의 도연명 시 화운이 갖는 정치적 함의를 짐작케 한다. 김시습 역시 화도시에서 현실에 참여할 뜻이 없음을 분명히 밝힌 것을 감안한다면, 부정한 정치현실에 가담하지 않으려는 절의와 그에 대한 은밀한 비판이란 측면에서 도연명 시를 적극적으로 받아들였을 가능성이 높다. 김시습 역시 유송(劉宋)을 섬기지 않은 도연명의 절의에 주목한 바 있다.[307]

조선 전기 《도정절집》 간행과 관련되었거나 화도시 창작을 한 인물들이 갖는 특성들도 이런 추정을 뒷받침한다. 《수계교본도연명시집(須溪校本陶淵明詩集)》을 간행한 윤석(尹晳, 1435-1503)이 죽은 뒤 갑자사화(甲子士禍: 1504)에 부관참시(剖棺斬屍)되었던 것도 김종직과 남효온의 일을 연상시키는 바가 있다. 김종직은 앞서 무오사화(1498)로 부관참시되었고, 남효온은 같은 해 소릉복위(昭陵復位)를 상소한 것이 난신(亂臣)의 예로 규정되어 부관참시되었기 때문이다. 또 〈의만가시〉와 긴밀하게 연관된 자만시를 남긴 자가 다수가 사화(士禍)에 희생되거나 화를 입은 인물인 것도 결코 우연만은 아니라

306 〈조의제문〉에 담긴 역사적 사실과 글의 의미에 관해서는 이론(異論)이 제기된 바 있다. 신승훈은 역사적 인물과 당대 정치현실 사이의 비유관계의 모순을 문제 삼아 〈조의제문〉이 세조의 왕위 찬탈을 비판한 내용으로 볼 수 없다는 주장을 펼친 바 있다. 신승훈, 〈佔畢齋 金宗直의 〈弔義帝文〉에 관하여〉, 《대동한문학》 제23집, 대동한문학회, 2005, 281-300면. 그러나 여러 가지 정황으로 볼 때 〈조의제문〉이 세조의 왕위 찬탈을 비판하고 있음은 부인하기 어렵다. 한편, 이복규는 〈조의제문〉 중 항우가 의제를 죽인 뒤 시체를 강물에 던졌다는 내용이 역사적 사실과 부합하지 않음을 지적한 뒤 이 글이 연촌(烟村) 최덕지(崔德之)의 《일편야사(一篇野史)》를 원천으로 삼았기 때문이라고 보았다. 이복규, 〈〈조의제문〉의 源泉, 烟村 崔德之의 《一篇野史》〉, 《국학연구논총》 제15집, 택민국학연구원, 2015, 102-128면.

307 남조 때 유유가 세운 송나라를 후대의 송나라와 구별하기 위해 보통 유송(劉宋)이라 약칭한다.

고 하겠다.[308] 따라서 이런 사례들은 도연명이란 인물과 그에 대한 문학적 숭모로서의 화도시가 당대 정치상황과 맞물려 새롭게 재인식된 계기로서 주목할 필요가 있다. 조선 전기에 도연명 문집 못지않게 《정간보주동파화도시화》가 문단에 영향력을 미치게 된 계기도 여기에서 찾을 수 있다.

김종직의 〈화도연명술주〉시는 부정한 정치현실에 대한 준엄한 비판이란 측면에서 도연명의 〈술주〉시를 인식하고 이를 적극적으로 받아들여 창작했다는 점에서 큰 의미가 있다. 이는 도연명 시에 대한 재인식이란 측면에서 화도시 전변의 특징적 사례로서 주목할 필요가 있다. 특정 작품에 국한된 것이긴 하지만, 김종직은 소식에 의해 만들어진 도연명의 형상을 벗어나 주체적 도연명 인식에 이르렀다는 점에서도 높게 평가할 필요가 있다.

마지막으로 남효온의 작품을 살펴보기로 하자. 남효온은 김시습이 말년까지 깊은 교유를 나눈 인물 중 한 사람이었으며, 앞서 언급한 것처럼 김종직의 만년 제자이기도 했다. 주지하는 것처럼 단종의 생모 소릉(昭陵), 곧 현덕왕후(顯德王后)를 복위시키자는 상소를 올린 이후 세상으로부터 격절된 삶을 살 수밖에 없었다. 그는 김시습처럼 화도시에 공을 들였던 것도 아니고 김종직처럼 명시적 언급을 남기고 있는 것도 아니지만, 김종직에게 보낸 〈자만 4장, 점필재 선생께 올리다[自挽四章, 上佔畢齋先生]〉(이하 〈자만 4장〉)가 도연명 〈의만가사(擬挽歌辭)〉를 계승한 작품이라는 점에서 함께 살필 필요가 있다.

앞서 살핀 것처럼 남효온은 편지에서 김종직에게 자신의 삶이 얼마 남지 않았다고 생각해서 스스로 만시를 지었을 뿐, 옛사람(도연명)처럼 생사를 초탈한 경지에 이르러서 이같이 쓴 것은 아니라고 밝히고 있다. 스승에게 제자가 자만시를 지어 보내는 불경에 대한 자기변호인 동시에 도연명을 분명히 의식하고 썼음을 밝히고 있는 셈이다.

308 대표적 인물로 언급한 남효온 외에도, 갑자사화 때 화를 당한 홍언충(洪彦忠, 1473-1508), 신사무옥(辛巳誣獄: 1519)으로 죽음을 맞은 기준(奇遵, 1492-1521), 을사사화(乙巳士禍: 1545)로 인해 19년간의 유배생활을 한 노수신(盧守愼, 1515-1590) 등을 들 수 있다. 이들의 자만시는 제6장에서 소개할 것이다.

도연명의 〈의만가사〉는 자신의 죽음에 대한 만사라는 독특한 주제로 인해 주목을 받았던 작품이다. 하지만, 상당수의 시인들이 자신의 죽음을 다루는 것에 부담을 느낀 탓인지 도연명의 다른 작품들에 비해 많이 계승하지는 않았다. 심지어 소식의 120여 수의 화도시 중에도 이 작품은 포함되어 있지 않다. 그 이유를 원대 이공환의 《전주정절선생집》 주석에선 소식이 죽음을 두려워했기 때문이라고 설명하기도 했다.[309] 따라서 남효온의 〈의만가사〉 계승은 그 대상 작품의 독특한 성격만으로도 이 시기 도연명 계승의 흐름 속에서 주목할 필요가 있다. 현전 자료를 대상으로 살펴보더라도 이 작품을 계승한 선례는 발견되지 않는다.[310]

이 작품을 읽고 김종직이 보낸 답서에서 우리의 주목을 끄는 내용은 다음 부분이다.

> 우선 이 만사를 보니 족히 가)도연명·진소유(秦少游: 秦觀)를 이어받았다 할 만하네. 그러나 이로 인하여 또 족히 우리 추강의 수명이 한량없음을 알 수 있구나. 나)저 두 사람의 노래는 모두 목숨이 끊어지려고 할 때 지은 것이기 때문에, 다)도연명은 세상을 달관하고 진소유는 인생을 슬퍼하는 것 등으로 그치고, 다시 여운을 남긴 맛이 없는데, 우리 추강은 세상의 여섯 가지 액을 슬퍼한 것 같지만 마침내는, "서른하고 여섯 해 동안, 언제나 세상의 시기를 받았다" 하였으니, 그 자찬이 매우 깊다 하겠고, 또 못내 이 세상을 잊지 못하는 생각이 있으니, 이를 어찌 갑자기 아침 이슬처럼 사라질 사람의 소리라 하겠나?[311]

인용문에서 알 수 있는 것처럼, 남효온과 김종직은 자만시란 시적 주제에

309 元李公煥 箋註,《箋註靖節先生集》권4, "按蘇劉皆不和, 豈畏死耶."

310 이 작품에 대한 본격적인 화운작은 최기남(崔奇男, 1586-?)에 이르러서야 발견된다. 그는 신병으로 괴로워하던 중 우연히 넘겨본 도연명집에서 이 작품을 보고 화도시를 남기게 되었다고 밝히고 있다. 崔奇男,《龜谷詩稿》권일상(卷一上), 한국문집총간 속집 22, 민족문화추진회, 2006, 315면. "吾年六十三, 數年前左耳聾, 不辨聲音. 今年右臂病, 不能屈伸, 連砭灸, 兼且服藥, 不差快, 氣力漸覺衰敗, 生老病死之語, 信乎不誣. 呻吟中, 偶閱靖節集, 看到自挽, 悵然感懷, 命筆步其韻以自遣云."

311 金宗直,《佔畢齋集》文集 권1,〈答南秋江書〉, 한국문집총간 12, 민족문화추진회, 1990, 404면. "姑玩其詞, 足以嗣淵明-少游之遺響矣. 然因是, 又足以知吾秋江年齡之不窮也. 彼二人之歌, 皆臨絶之作, 故陶則曠達, 秦則哀楚而止耳, 更無紆餘不盡之味, 吾秋江, 則似傷其在世六厄, 而竟云, '三十六年間, 長被物情猜.' 其自讚也, 深矣, 且有拳拳不忘斯世之慮焉, 是豈溘先朝露之人哉?"

대한 이해 수준이 창작과 비평 모두에서 높은 단계에 이르고 있음을 알 수 있다. 김종직은 자만시의 전통이 도연명으로부터 시작되어 송대 진관(秦觀)으로 이어진 것으로 보고 있으며[가)], 창작시기는 임종 무렵이며[나)], 두 작품의 특성을 각각 '광달(曠達)'과 '애초(哀楚)'라고 대비시키기까지 하고 있다.[다)] 단순히 남효온의 시에 대한 언급이라고 하기엔 자만시 전통에 대한 이해 수준이 매우 높다. 먼저 그 이해의 경로를 추정해 보기로 하자.

도연명의 작품이 임종 무렵에 지어졌다는 것은 무엇을 근거로 한 말일까? 이는 원대 이공환이 집록(集錄)한 《전주정절선생집》의 주석에서 언급된 내용이다. 책에 수록된 기관(祁寬)과 조천산(趙泉山)의 주석에서 이 작품이 임종 무렵의 작품이라고 설명하고 있다.[312] 하지만, 김종직의 이해는 그 수준을 훨씬 상회한다. 단순히 〈의만가사〉의 창작시기뿐만이 아니라 이 작품을 송대 인물인 진관의 자만시와 견주고, 두 작품의 미적 특성을 비교한 것은 《전주정절선생집》에선 찾기 어려운 내용이다. 그렇다면 김종직은 어디에서 이런 정보를 얻었을까? 그 해답은 《정간보주동파화도시화(精刊補注東坡和陶詩話)》에서 찾을 수 있다. 앞서 언급한 것처럼 이 책은 송대 채정손(蔡正孫)이 《동파화도시(東坡和陶詩)》에 보주(補注)해서 편찬하였으며 조선시대에도 간행된 바 있다.

《정간보주동파화도시화》 권13에는 소식이 화운하지 않은 도연명의 시 21수를 수록하고 있는데, 이 가운데 〈의만가사〉도 수록되어 있다. 이 책에서는 이 시 아래에 연보(年譜) → 호자(胡仔)의 시화(詩話) 중 〈의만가사〉와 진관의 〈자작만사(自作挽詞)〉에 관한 평 → 진관의 〈자작만사〉 → 호자의 시화 중

312 주석의 내용은 다음과 같다. "祁寬曰, 昔人自作祭文挽詩者, 多矣. 或寓意騁辭, 成於暇日, 寬攷次靖節詩文, 乃絶筆於祭挽三篇, 蓋出於屬纊之際者. 辭情俱達, 尤爲精麗, 其於晝夜之道, 了然如此. 古之聖賢, 唯孔子曾子能之, 見於曳杖之歌易簀之言. 嗟哉, 斯人沒七百年, 未聞有稱贊及此者, 因表而出之, 附于卷末. 趙泉山曰, 嚴霜九月中, 送我出遠郊. 與自祭文律中, 無射之月相符, 知挽辭乃將逝之夕作, 是以梁昭明采此辭入選, 止題曰陶淵明挽歌, 而編次本集者, 不悟, 乃題云擬挽歌辭. 曾端伯曰, 秦少游將亡, 效淵明自作哀挽. 王平甫亦云, 九月清霜送陶令, 此則挽辭, 決非擬作, 從可知矣. 又曰, 晉桓伊善挽歌, 庾晞亦喜爲挽歌, 每自搖大鈴爲唱, 使左右齊和, 袁山松遇出遊, 則好令左右作挽歌類, 皆一時名流達士習尙如此, 非如今之人例以爲悼亡之語, 而惡言之也. 按蘇劉皆不和, 豈畏死耶."

소식이 〈의만가사〉와 〈자작만사〉를 비교 평가한 것에 대한 비판순으로 주석이 부기되어 있다.[313]

제시된 연보는 정확히 누가 작성한 것인지 알 수 없는데,[314] 여기에 도연명의 〈의만가사〉가 〈자제문(自祭文)〉과 마찬가지로 그가 세상을 떠나던 63세 때 지어졌다는 내용이 나온다. 이어 호자가《초계어은총화(苕溪漁隱叢話)》에서 "도연명이 스스로 〈의만가사 3장〉을 지었는데, 진관이 또한 본받았다. 나는 도연명의 말이 광달(曠達)하다면 진관의 말은 애원(哀怨)하는 듯해서 다른 점이 있다고 생각한다.[淵明自作〈擬挽歌辭三章〉, 秦太虛亦效之. 余謂淵明之辭了達, 太虛之辭哀怨, 有不同耳.]"[315]라고 언급한 부분, 진관의 〈자작만사〉, 소식이 〈의만가사〉와 진관의 〈자작만사〉를 비교 평가한 내용, 그리고 이에 대한 호자의 비판이 차례로 나온다. 앞서 언급한 것처럼 이 시기 중국 도서의 유입 상황에 대해 우리는 충분한 정보를 가지고 있지 못하다. 하지만, 주석 내용

---

313 그 내용을 제시해 보면 다음과 같다.

가. 연보(年譜)

年譜云, 宋文帝元嘉四年, 公自題, 丁卯時, 公年六十三, 九月作自祭文及擬挽歌辭, 是歲公卒. 祭文云, "律中無射." 挽歌云, "嚴霜九月中, 送我出遠郊." 豈公於此時, 臥病自覺不可支. 遂作文與歌, 旋卽逝歟.

淵明墓在柴桑里, 今德化縣.

나. 호자(胡仔)의 시화(詩話) 중 도연명 〈의만가사〉와 진관의 〈자작만사(自作挽詞)〉에 관한 평

胡苕溪云, 淵明自作擬挽歌辭, 凡三章, 秦太虛亦效之, 余謂淵明之辭, 了達, 太虛之辭, 哀怨, 有不同耳.

다. 진관의 〈자작만사〉

秦少游, 〈自作挽詞〉云, 嬰釁徙窮荒, 茹哀與世辭. 官來錄我橐, 吏來驗我屍. 藤束木皮棺, 藁葬路傍陂. 家鄉在萬里, 妻子天一涯. 孤魂不敢歸, 惴惴猶在茲. 昔忝柱下史, 通籍黃金閨. 奇禍一朝作, 飄零至於斯. 弱孤未堪事, 返骨定何時. 脩途繚山海, 豈免從闍維. 荼毒復荼毒, 彼蒼那得知. 歲晚瘴江急, 鳥獸鳴聲悲. 空濛寒雨零, 慘淡陰風吹. 殯宮生蒼蘚, 紙錢掛空枝. 無人設薄奠, 誰與飯黃緇. 亦無挽歌者, 空有挽歌辭.

라. 호자의 시화 중 소식이 〈의만가사〉와 〈자작만사〉를 비교 평가한 것에 대한 비판

胡苕溪云, 東坡歲在庚辰六月二十五日, 與秦少游, 別於海康, 意色自若, 與平日無少異, 而少游〈自作挽詞〉一篇, 人或怪之, 坡謂其齊生死了物我, 戲出此語, 其言過矣. 此言惟淵明可以當之, 若少游者, 情鍾世味, 意戀生理, 一經遷謫, 不能自釋, 遂快忿而作此詞, 豈眞若是乎?

314 이 연보(年譜)는 누가 쓴 것인지 정확히 알 수 없다. 중국학자 진청위[金程宇]에 따르면《정간보주동파화도시화(精刊補註東坡和陶詩話)》에는 그동안 잃어버린 것으로 알려진 3종의 도연명 연보가 수록되어 있어서 문헌적 가치가 높다고 한다. 이도(李燾)의 〈도잠신전(陶潛新傳)〉, 양격(楊佫)과 황공소(黃公紹)가 찬한 도연명 연보가 그것이다. 진청위는 〈의만가사〉 시 아래 인용된 연보의 작자를 양격이나 황공소일 수도 있다고 추정하였다. 진청위[金程宇], 앞의 글, 184면.

315 《정간보주동파화도시화》에 실린 호자의 평어는 실제《초계어은총화》의 내용과 약간의 차이가 있으나, 대체로 동일한 내용이다. 우원즈[吳文治] 主編,《宋詩話全編》肆, 南京: 鳳凰出版社, 1998, 3967면, "淵明自作挽辭, 秦太虛亦效之. 余謂淵明之辭了達, 太虛之辭哀怨."

을 감안해 볼 때 김종직이 관련 정보를 얻은 곳은 도연명 문집이라고 보기 어렵다. 또 그 내용을 살펴볼 때 우연히 진관의 문집이나 호자의 시화에서 얻은 정보라고 하기도 어렵다. 이 시에 대한 김종직의 깊은 이해는《정간보주동파화도시화》의 주석과 부기된 평어를 통해서 얻은 것일 가능성이 높다. 이 책에서 본 정보를 기반으로 김종직은 남효온의 자만시가 도연명·진관의 자만시와 어떻게 다른지까지 부연 설명할 수 있었던 것이다. 김종직이 도연명의 〈술주(述酒)〉 시에 화운하면서 바로 이 책을 통해 〈술주〉 시와 도연명에 대해 새롭게 인식하게 되었음을 밝힌 것도 이에 대한 방증(傍證)이 될 것이다.

현전 자료 중 최초의 본격적 자만시에서 이미 시인 자신뿐만이 아니라 주변인들까지 작품과 관련된 심도 있는 이해를 하고 있는 정황이 발견된다는 것은, 자만시에 관한 정보나 인식들이 이전부터 존재했을 가능성을 시사한다. 또 이들이 도연명과 〈의만가사〉에 대해 상당한 관심을 가지고 있었음을 증명한다. 그런 면에서 김종직의 평가는 남효온의 자만시에 대한 일회적 언급이라기보다 최소한 그들을 포함한 일군(一群)의 문인들 사이에 공유되던 정보나 생각과 관련된 것으로 보아야 할 것이다.

그런데 이 점은 〈의만가사〉만이 아니라 당대 도연명이란 시인에 대한 재인식과도 무관하지 않은 문제다. 우리는 이상의 검토를 통해 남효온과 긴밀한 관계에 있던 김시습과 김종직의 경우에서 이미 그 점을 확인할 수 있었다.

김종직은 앞서 인용한 답서에서 남효온의 〈자만 4장〉에 대해 다음 두 가지를 지적한다. 첫째, 이 시는 도연명의 〈의만가사〉처럼 세상을 달관한 것도 진관의 〈자작만사(自作挽詞)〉처럼 죽음을 슬퍼한 것도 아니다. 둘째, 이 시는 실제론 세상에 대한 남효온 자신의 불만이 담긴 자찬이다.[316] 이어 김종직은

316 金宗直, 〈答南秋江書〉, 《佔畢齋集》 文集 권1, 한국문집총간 12, 민족문화추진회, 1988, 404면. "吾秋江, 則似傷其在世六厄, 而竟云, '三十六年間, 長被物情猜.', 其自讚也, 深矣, 且有拳拳不忘斯世之慮焉, 是豈溘先朝露之人哉!"

제1장에서 인용한 것처럼 남효온의 시가 죽음을 준비하기 위해서 지은 것이 아니며, 은연중 오래살기를 바라는 마음이 담겨 있다고 희롱하기까지 한다. 〈자만 4장〉의 비장한 국면을 도리어 웃음으로 승화시켜 위로하는 점이 인상적이다. 제자에게 보낸 편지인 만큼 이 편지가 반드시 엄밀한 분석을 바탕으로 한다고 보기는 어렵지만, 남효온이 도연명 〈의만가사〉를 색다른 방식으로 변주하고 있음은 잘 드러난다.

앞서 살펴본 것처럼 남효온의 시는 도연명의 〈의만가사〉(3수)와 달리 모두 네 수로 이루어져 있다. 도연명의 시는 첫 번째 수에서 죽음부터 입관(入棺)까지, 두 번째 수에서 상례의식과 운구(運柩)를, 마지막 수의 전반은 묘지에서의 매장, 환운(換韻)한 후반 부분은 매장 이후의 일 등 장례의식을 기록하고 있다. 반면 남효온의 〈자만 4장〉은 제1장과 제2장에선 죽음과 상장례가, 제3장에선 사후세계가, 그리고 제4장에선 다시 죽음·상장례와 매장 이후의 일이 그려진다. 이런 구성 방식은 전체적으로 볼 때 〈의만가사〉와 유사하다. 하지만, 상장례의 과정이 선조적(線條的)으로 진행되는 도연명의 작품과 달리 남효온의 시는 상장례의 과정이 일정하게 반복(제1장, 제2장, 제4장)되면서 그 사이에 삽입된 사후세계(제3장)가 각별하게 부각된다는 점이 다르다. 또 도연명의 경우 술의 부족이란 암시적 표현 외에 직접적으로 현실의 문제를 거론하지 않지만, 남효온은 작품 도처에서 직간접으로 이 문제를 제기하고 있다는 점에서 차이를 보인다.

남효온의 변주는 다음 세 가지 면에서 특징적이다. 첫 번째는 죽음을 바라보는 태도의 차이다. 제1장의 "어느새 말은 묘지 앞에 이르고, 내 이름 귀신 명부에 떨어져 버렸구나. 땅강아지 개미들 내 입에 들어오고, 파리 모기 떼는 내 살을 물어뜯네. 새로 꼰 새끼로 내 허리 졸라매고, 해진 거적으로 내 배를 덮는구나.[佳城馬前至, 姓名墮鬼錄. 螻蟻入我口, 蠅蚋嘬我肉. 新繩束我腰, 弊苫蓋我腹.]"에서 이 점이 잘 드러난다. 도연명의 시가 담담히 자신의 죽음의 정경을 그려낸 것과는 달리 참혹한 주검의 모습이 생생하게 묘사되어 있다. 이런 모습은 제2장에서도 발견된다. "옛날 아버님 가시던 길로 내 영구도 보내니, 얼어붙은 시신은 나무토막 같아라.[相送南陽阡, 凍屍直如木.]"[317] 같은 예가 그렇다. 도연명이 삶과 죽음의 공간적 대비를 표현하는 데 그쳤다면, 남효온의 경우는 산 자와 죽은 자의 신체적 대비에까지 나아가고 있다고 볼 수 있다. 이런 표현들은 삶과 죽음을 더욱 극적으로 대비시키는 한편, 그 현격한 격차로 인해 자신의 죽음이 갖는 비극성을 도드라지게 만든다.

그렇다면 왜 나의 죽음이 이렇게 비극적인 것일까? 제1장의 마지막 부분인 "다만 한스러운 건 살아 있을 적, 슬프게도 여섯 액운 있었던 것. 생긴 모습 추하여 여색을 가까이 못한 일. 집안이 가난하여 술 넉넉히 못 먹은 일. 하는 짓 거칠어 미친놈 소리 들은 일. 허리가 곧아서 높은 어른 노하게 한 일. 신발이 뚫어져 발뒤꿈치 돌 부딪힌 일. 집이 낮아 대들보에 이마 부딪힌 일.[但恨爲人時, 慘慘有六厄. 貌醜色不近, 家貧酒不足. 行穢招狂號, 腰直怒尊客. 履穿踵觸石, 屋矮椽打額.]"에서 그 단서를 찾을 수 있다. 이 내용은 도연명 〈의만가사〉 첫 번째 수의 "다만 한스러운 건 세상에 있을 때, 술 충분히 못 마신 일이네.[但恨在世時, 飮酒不得足.]"를 부연한 내용이다. 전통적으로 동아시아 고전문학에서 음주는 세속의 질서에 반항하는 의지의 표시였다. 남효온은 여기에 자신에게 부정적인 세평을 덧붙임으로써 그런 의식을 노골화하고 있다. 앞서 언급한 것처럼 김시습은 남효온에게 답한 편지에서 도연명의 음주는 세상의 쇠란(衰亂)을 슬퍼한 것이지 주색에 빠진 것이 아님을 말한 바도 있다. 남효온이 이렇게 해당 구절을 세상에서 자신이 겪은 고통의 문제로 환치시킨 데에는 김시습의 영향도 없지 않을 것이다. 도연명의 술 부족이 한스럽다는 말에도 얼마간 현실에 대한 불만이 담겨 있겠지만, 남효온은 그것을 구체적으로 드러내고 있다는 점에서 차이가 있다. 자신의 불행은 현실 문제로 말미암은 액운(厄運) 때문인 것이다.

317 班固 撰,《漢書》권92,〈游俠列傳〉第六十二, "涉[原涉]父爲南陽太守, 父死, 涉大治, 起塚舍, 買地開道, 立表署, 曰南陽阡."

두 번째로 시의 구성방식에서의 차이를 들 수 있다. 앞서 언급한 것처럼 도연명의 시가 선조적으로 내용이 이어지는 반면, 남효온의 시는 제1장과 제2장의 내용이 엇갈린다. 제2장의 말미에서 "인간세상 있을 제 좋고 나쁜 감정들, 가슴속에 하나도 걸려 있지 않으리.[在世好惡念, 無一掛胸臆.]"라고 제1장에서 제시한 '생전의 한'을 무화시켜 버리기 때문이다. 이런 표현은 제1장과 제2장이 유사한 내용과 구조를 공유하고 있음에도 의식은 물론 미적 국면에서조차 대비·대립되는 결과를 가져온다. 동일한 작품 내에서 제1장과 제2장이 갖는 구조적 반복과 주제의식 상의 대비·대립, 그리고 양자의 논리적 모순은 역설적으로 남효온의 버리지 못한 삶에 대한 열망을 보여 준다고 할 수 있다. 이 점은 제3장에서 그려진 사후세계를 통해 극명하게 드러난다. 해당 부분만 다시 인용해 본다.

> 무양이 내 충성 천거하니,
> 상제는 내 재주 보시곤 기뻐하네.
> 용백국의 거인은 잉어를 타고,
> 우사는 비로 먼지를 가시게 하는구나.
> 뇌공은 우레로 도로를 깨끗이 하고,
> 화양동에서 나를 맞이한다.
> 자색 진흙으로 봉한 조서를 받드니,
> 추강의 모퉁이에 서광이 비치누나.
> …(중략)…
> 오늘 저녁은 또 무슨 저녁인고,
> 나를 연화대 위에 서게 하였네.
> 궁궐은 붉은 고대광실인데,
> 구빈의 예법 엄숙하고 경건하다.
> 상수가 아황 여영은 〈녹명〉을 노래하고,
> 낙수의 복비는 〈남해〉 곡을 연주한다.
> 갖가지 관악기 소리 신묘하게 뒤섞이고,
> 선계의 붉은 구름 금 술잔에 가득하다.
> 궁궐 섬돌에서 붉은 활을 하사하고,

광주리로 신성한 예물을 받들고 돌아왔네.
옥황상제 나를 보고 웃으시고,
신선 무리들은 날 에워싸고 도는구나.
하루아침에 은혜를 받자오니,
명성이 천하팔방에 진동하네.

巫陽薦我忠, 上帝悅我才.
龍伯駕文鯉, 雨師開塵埃.
雷公淸道路, 逆我華陽來.
詔書紫泥封, 照輝秋江隈.
…(중략)…
今夕復何夕, 立我蓮花臺.
彤庭赫弘敞, 秩秩九賓開.
湘濱歌鹿鳴, 虙妃彈南陔.
簫管混希夷, 紅雲盛金罍.
陛陳彤弓招, 承筐玄幣回.
玉皇向我笑, 群仙擁徘徊.
承恩一朝間, 聲名振八垓.

시의 구조상 시인이 천상의 궁궐에서 받는 대접이 융숭하면 융숭할수록 현실의 누추함은 도드라지게 된다. 남효온은 이를 숨기지 않고 직설적으로 토로하기까지 한다. 제1장 말미에 자신의 여섯 가지 액(厄)을 말한 것과도 무관치 않다. 그런데 사후세계에서의 영예와 즐거움을 누리는 내용 중간에 김종직이 자찬(自讚)이 깊은 부분이라고 지적한 다음 내용이 삽입되어 있다. "내 일찍이 살았을 적엔, 온 세상이 쓸모없다 조롱했지. 어진 이는 내 방랑벽 미워했고, 귀한 이들은 영락한 내 처지 멸시했네. 궁귀는 쫓아도 오히려 달라붙고, 오라는 돈은 떨어지고 오지 않네. 서른하고 여섯 해 동안, 언제나 세상의 시기를 받았던 게지.[余嘗爲人時, 擧世嘲散材. 賢人憎放浪, 貴人陵傾頹. 窮鬼逐猶隨, 孔方絶不徠. 三十六年間, 長被物情猜.]" 결국 자신에 대한 세상의 폄하는 모두 시기일 뿐이란 말이 된다.

마지막 장에서 시인은 다시 자신의 장례 정경으로 시선을 돌리고 있다. 시인의 죽음은 "모지라진 붓 한 자루 거미줄 쳐져 있고, 말라 버린 벼루는 누런 먼지 쓰고 있네.[禿筆罥蛛網, 枯硯沒黃塵.]"와 같이 상징되고, 마지막 가는 길은 "호리사 만가 소리 헛되이 부르는데, 길옆에는 만장만 분분히 날리운다. 누런 구름 얼어붙어 날리지도 않는데, 삐걱 삐걱거리며 흰 상여 굴러가네.[空成蒿里詞, 路左挽紛繽. 黃雲凍不飛, 素車驅轔轔.]"와 같이 스산하기 그지없다. 이런 결말은 앞서의 사후세계에서의 영예와 대조되어 현실 속 자아의 비극적 운명을 부각시키게 된다. 남효온 시의 세 번째 특징도 바로 여기에서 찾을 수 있다. 사후세계의 가공과 이를 다시 현실 속 죽음과 대조시키는 서사방식은 도연명 시엔 없는 부분이기 때문이다.

이상을 통해 볼 때 남효온의 〈자만 4장〉은 도연명의 〈의만가사〉를 일정 부분 계승하면서도 새롭게 변주해 냈다고 할 수 있다. 그런데 이 변주는 대상 작품에 대한 깊은 이해와 공명을 바탕으로 하고 있음을 쉽게 짐작할 수 있다.

도연명은 당대까지 찾아보기 힘든 새로운 문학 주제를 개척한 것으로 평가된다. 중국학자 위안싱페이[袁行霈]는 도연명이 시사에서 새롭게 개척한 주제로 배회(徘徊)-회귀(回歸), 음주(飮酒), 고궁안빈(固窮安貧), 농경(農耕), 생사(生死) 다섯 가지를 제시한 바 있다. 그에 따르면 중국의 경우 농경을 제외한 나머지 네 가지 주제의 작품들에 대한 후대 시인들의 추화(追和)가 비교적 많다고 한다.[318]

이상의 사례에 비추어 볼 때 조선 전기의 화운작들은 이전 시기만이 아니라 동아시아 화도시의 역사에서 보더라도 특징적인 부분이 있다. 물론 김시습의 화도시가 보여 주는 도연명 시 인식이 반드시 이전과 다른 것만은 아니다. 현재로선 분명히 알 수 없지만 김시습 당대의 도연명 인식과 일정하게 겹쳐지는 부분도 있었을 것으로 보인다. 그러나 소식의 화도시를 떠올리

318 위안싱페이[袁行霈], 〈陶詩主題的創新〉, 《陶淵明硏究》, 北京: 北京大學出版社, 1997, 109-121면.

게 할 만큼 집중적인 도연명 시 화운[細和]이라는 점에서 더 포괄적이며, 〈음주〉시 화운작에서 현실에 대한 분만을 날카롭게 표출하고 있다는 점에서 소식은 물론 이전 시기 화도시 작가와는 다른 의식을 보여 준다. 또 이 책에선 검토하지 않았지만 농경 주제 시들을 적극 화운했을 뿐 아니라 이것이 본인의 실제 생활 경험이나 현실에 대한 문제의식과 연결된다는 점도 특징적이다.[319]

한편 남효온과 김종직은 소식이 화도시를 통해 계승하지 않은 도연명 시에 화운하였다. 표면적으로 이들의 화도시는 소식과 무관해 보이나, 직간접으로《정간보주동파화도시화》란 소식 화도시 주석서를 경유하였거나 연관되어 있음이 드러난다. 남효온은 도연명 〈의만가사〉를 변주하는 방식으로, 김종직은 〈술주〉 시에 대한 재인식이란 방식으로 전범을 자신들이 처한 현실에 대한 문제로 환치시켰다고 볼 수 있다.

김종직의 〈술주〉 시 화운작에서 강조된 강개(慷慨)함은 도연명 시 안에 내장되어 있는 또 다른 면모이기도 하지만, 이들에 의해 집중적으로 계승·변주되는 국면이란 점에서 주목될 필요가 있다. 따라서 김시습의 화도시가 제재 등에서 소식의 범주를 벗어나지 않는 것이라 하더라도 기존 연구처럼 소식의 영향만을 편면적으로 강조하는 것은 문제가 있다.

조선 후기 남구만(南九萬, 1629-1711)은 소식이 〈의만가사〉 같은 작품에 화운하지 않은 것을 비판한 바 있다.[320] 남효온의 독특한 〈의만가사〉 변주작인 〈자만 4장〉이나 김종직의 〈화도연명술주〉는 그 자체로 조선 전기 도연명

319 일본학자 오야네 분지로도 도연명 문학의 다양성을 언급하며 그중 하나로 농작(農作) 및 근로의 문제를 제시한 바 있다. 오야네 분지로[大矢根文次郎],《陶淵明研究》, 再版, 東京: 早稻田大學出版部, 1969, 265-275면. 김시습은 도연명의 정신을 이어 받아 화도시에서 여러 차례 농사 경험을 드러낸 바 있다. 이 점에 대해서는 선행 연구에서 이미 지적한 바 있다. 김윤혜, 〈梅月堂의 '和陶詩'에 대한 연구〉,《한문교육연구》 제4집, 한국한문교육학회, 1990, 184-186면; 심경호,《김시습평전》, 돌베개, 2003, 331-338·345-348면.

320 앞서 소개한 내용이나 독자의 편의를 위해 다시 인용한다. 南九萬, 〈西巖遺稿序〉,《西巖遺稿》, 한국문집총간속 36, 민족문화추진회, 2007, 3면. "蘇子瞻論陶淵明〈自祭文〉曰 '出妙語於纊息之餘, 豈涉死生之流哉.' 且手寫陶詩, 自言欲以晩節, 師範其萬一. 然其和陶詩, 獨不和〈自挽三章〉, 想其意不能無畏惡而然. 且其自海外還, 得白蝙蝠, 臾子由烹而食之, 異得長生, 此豈能不涉於死生之流者耶. 然則其所云師範, 特外面空言耳, 若其方寸實地, 相去不翅千萬里之遠矣."

계승이 반드시 소식의 영향 아래에 있지 않음을 보여 준다. 요컨대 소식을 경유했지만 소식으로부터 벗어나려는 움직임이 발견되는 것이다. 근세 중국의 루쉰[魯迅]이 '세속으로부터 초월한 도연명'은 송대 소식이 빚어낸 형상일 뿐이라고 했던 것처럼,[321] 조선 전기 문인들도 소식과는 일정하게 다른 전범 인식 태도를 보이고 있는 셈이다. 이전과 완전히 다른 것은 아니라 할지라도 우리가 이런 현상을 전범 인식의 변화란 측면에서 살펴야 할 이유가 여기에 있다.

김종직은 1474-5년 사이에, 김시습은 1473-83년 사이에, 남효온은 1486년에 각기 도연명 시를 계승한 작품을 창작했다. 김시습은 계유정난(癸酉靖難: 1453)으로 스스로 세상을 등졌으며, 남효온은 소릉복위(昭陵復位) 상소로 세상으로부터 미친 사람 취급을 받았다. 그리고 김종직은 사후 〈화도연명술주(和陶淵明述酒)〉 시로 세조의 왕위 찬탈을 비난했다는 혐의를 받았다. 이렇게 비슷한 시기 상호 연계된 문인들이 빚어낸 전범 인식과 계승 방식의 변화는 한국은 물론 동아시아 화도시의 역사에서도 특징적 현상임이 분명하다. 또 이를 바탕으로 볼 때, 남효온의 〈자만 4장〉 역시 당대의 도연명 재인식을 배경으로 시도된 새로운 도연명 시 계승 작업 속에서 이루어진 것으로 볼 수 있다. 더 이상 '세속을 초월한 도연명'이 아니라 당대의 시사(時事)에 날카로운 비판을 가한 〈술주(述酒)〉나 〈영형가(詠荊軻)〉의 시인 도연명이 그들에게 영향을 미친 것이다.[322] 조선 전기에 지어진 자만시의 상당수가 시인이 처한 비극적 현실과 관련된 것도 이와 무관하지 않을 것이다. 다음 장에서 이 문제를 살펴보기로 하자.

321 루쉰[魯迅], 〈魏晋風度及文章與藥及酒之關係〉, 《而已集》, 北京: 人民文學出版社, 1973, 80-98면; 홍석표·김하림 옮김, 《루쉰전집 5권 이이집/삼한집》, 그린비출판사, 2014, 143-183면.

322 주희는 사람들이 도연명의 시를 모두 평담(平淡)하다고 하지만 도연명의 〈영형가(詠荊軻)〉 시를 보면 그의 본래 면모가 결코 그러하지 않음이 드러난다고 말했다. 朱熹, 《朱子語類》 권140 論文 下, 北京: 中華書局, 1986, 3324면. "陶淵明詩, 人皆說平淡, 據某看他自豪放, 但豪放得來, 不覺耳, 其露出本相者, 是詠荊軻一篇, 平淡底人, 如何說得這樣言語出來."

제6장

죽음 앞의 고독

조선 전기 사화와 자만시

앞서 언급한 것처럼 자만시는 자신을 자신이 원하는 방식으로 세상에 각인시키려는 욕구로부터 기인한다. 제2장에서 우리는 조선 중기 이수광(李睟光)의 글을 통해 이른바 자전적 문학 양식들의 특별한 창작 목적에 대해 살펴본 바 있다. 자신의 죽음 뒤 타인이 쓰는 만시·제문(祭文)·묘지명(墓誌銘)·전(傳)·화상찬(畫像贊)과 달리 자만시·자제문(自祭文)·자찬묘지명(自撰墓誌銘)·자전(自傳)·화상자찬(畫像自贊) 등은 자신을 스스로 그리고 있다는 점에서 차이를 보인다. 자전적 문학 중에서도 특히 자만시를 남긴 작가들은 자신의 죽음의 의미를 소유해야 하는 것은 바로 삶을 산 자신이 되어야 하며, 자신의 정체성은 자만시와 같은 자기표현 안에서 이루어질 수 있다고 확신했던 인물들이라고 할 수 있다. 따라서 그들에게 자만시는 이러한 자기인식을 재구성하고 세상에 각인시킬 수 있는 최선의 혹은 최후의 기회였던 셈이다.

그런 측면에서 볼 때 자만시에 그려진 나의 죽음이란 사실상 자아를 표현하는 일이며, 죽음을 받아들이는 태도 역시 시인의 자의식적 글쓰기와 긴밀하게 관련될 문제이다. 그런데, 자만시의 죽음은 실제가 아니기 때문에 작가의 상상력이 요구되며, 이것이 작품의 표현방식에 큰 영향을 미치게 된다. 또, 만시가 상장례와 관련된 문학양식인 만큼, 자만시 역시 상장례와 밀접한 관계를 갖게 된다. 따라서, 자만시의 해명에는 허구화의 방식과 상장례의 가설(假設)에 대한 고려가 반드시 필요하게 된다. 이상을 고려할 때 자만시의 내용을 구성하는 기본 요소로는 다음 네 가지를 들 수 있다.

가. 죽음을 받아들이는 태도

나. 자아표현

다. 허구성

라. 상장례

앞의 두 가지가 자만시에 담긴 의식세계를 분석하는 기준이 된다면, 뒤의 두 가지는 자만시의 표현방식과 작품구조를 분석하는 데 유용한 기준이 된다. 이 네 가지 요소를 기준으로 조선시대 자만시를 분류해보면 후술한 것처럼 '죽음 앞의 고독', '초월적 죽음', 그리고 '가장(假裝)된 죽음'이란 세 가지 유형으로 나누어 볼 수 있다. 네 가지 구성 요소에 의한 세 가지 유형의 변주가 일어나고 있는 셈이다. 모든 자만시에 이 네 가지 요소가 반드시 전면에 드러나는 것은 아니지만, 이 기본요소들을 기반으로 자만시의 작품양식이 형성되고 또 시인의 의식세계가 표출된다고 볼 수 있다.

시적 전통에서 볼 때 자만시는 본래 실제 죽음의 문제를 다루었던 것은 아니었다. 원대 이공환(李公煥)이 편찬한《전주정절선생집(箋註靖節先生集)》에선 조천산(趙泉山)의 말을 인용하여 위진남북조(魏晋南北朝) 시기 문인들 사이에 함께 만가(挽歌)를 부르며 즐기는 습속(習俗)이 있었음을 밝힌 바 있다.[323] 이에 관한 기록은 앞서 인용한《세설신어(世說新語)》〈임탄(任誕)〉편 등에서도 발견된다. 원산송(袁山松)이란 인물이 나들이할 때 시종들에게 만가(挽歌)를 부르게 하길 좋아했다는 기록이 그것이다. 당시 인물들 사이에서 만가가 죽음에 대한 애도라는 본연의 목적과 달리 일종의 유희(遊戲)로 활용되기도 했음을 짐작할 수 있다. 자만시 역시 이런 분위기하에서 형성된 것인 만큼 반드시 죽음을 목전에 두고 지어진 것은 아니었다. 최초의 자만시라 할

323 元 李公煥 箋註,《箋註陶淵明集》, 권11, 影印本, 臺北: 中央圖書館, 1991.

도연명의 〈의만가사〉 역시 그렇다. 중국학자 위안싱페이[袁行霈]의 고증(考證)에 따른다면, 도연명의 작품은 임종 무렵이 아니라 46세 무렵에 지어졌다고 한다.[324] 송대 진관(秦觀)의 〈자작만사(自作挽詞)〉 역시 실제 죽음과 관계없이 전인들의 자만시들을 의식하고 지은 것이다.[325]

하지만, 조선시대 자만시에서는 목전에 닥친 자신의 죽음을 다룬 경우가 다수 발견된다. 조선 전기 사화기(士禍期)에 지어진 일련의 작품들이 그런 예다. 먼저 홍언충(洪彦忠, 1473-1508)의 자만적 작품을 살펴보자.

대명(大明) 천하,
해가 먼저 비치는 나라.
남자의 성은 홍(洪)이요,
이름은 언충(彦忠) 자는 직경(直卿)이라.
반평생이 오활하고 졸해서,
문자만을 배웠도다.
세상에서 32년을 살고 끝마치노라.
명은 어찌 이다지도 짧은데,
뜻은 어찌 이다지도 길단 말인가.
옛 무림현 고을에 묻는다.
운산은 위에 있고,
강물은 아래 있다.
천추만세에,
누가 이 들판 지나가려나.
손가락질하고 서성대며,
반드시 서글퍼하는 자가 있을 것이다.

大明天下, 日先照國.
男子姓洪, 名忠字直.
半生迂拙, 文字之攻.

324 위안싱페이[袁行霈] 箋注, 《陶淵明集箋注》, 北京: 中華書局, 2003, 421-422면.

325 앞서 소개한 것처럼 진관(秦觀)은 〈자작만사(自作挽詞)〉의 병서(幷序)에서 "옛적 포조와 도잠이 스스로 만가를 지었는데, 그 가사가 슬펐다. (하지만) 내가 쓴 이 작품을 읽어 보면 전작들이 슬픈 것도 아님을 알 수 있을 것이다.[昔鮑照陶潛自作哀挽, 其詞哀. 讀予此章, 乃知前作之未哀也.]"라고 쓴 바 있다. 이 작품의 창작 시기에 관해서는 제3장의 관련 서술을 참고하시오.

在世卅有二年而終.
命何云短, 意何其長.
卜于古縣茂林之鄕.
雲山在上, 灣碕在下.
千秋萬歲, 誰過斯野.
指點徘徊, 其必有悵然者矣.[326]

제목에 "갑자년에 내가 진안현으로 귀양을 갔는데, 앞일을 예측할 수가 없었다. 스스로 반드시 죽겠다 여겨 옛사람들이 자만한 것을 모의하여 명을 짓고, 또 자식들에게 경계로 삼게 했다."[327] 라고 작품의 창작배경이 밝혀져 있다. 홍언충이 이 글을 쓴 갑자년(1504)은 연산군의 학정이 극해 달했던 때이다. 연산군은 어머니 윤씨가 내쫓겨 죽은 것을 한스럽게 여겨 성종조의 신료들을 거의 다 죽였다. 이 갑사사화의 소용돌이 속에 홍언충과 그의 주변 인물들은 엄청난 고초를 겪게 된다. 이 해 5월 홍언충은 궁중의 일을 함부로 짐작하여 간했다는 죄목으로 곤장 백 대를 맞고 멀리 진안까지 유배된다. 같은 해 6월 부친 홍귀달은 손녀딸을 궁중에 들이라는 왕명을 거역한 죄로 교살되는데, 그 여파로 나머지 형제들인 언승(彦昇)·언방(彦邦)·언국(彦國)도 모두 유배된다. 또 절친한 벗인 박은(朴誾)이 참수되었으며, 이행(李荇)은 곤장을 맞은 뒤 귀양 갔다.

인용 작품은 이 때 지어진 작품이다. 홍언충은 자신이 죽을지도 모른다는 위기감 속에 이 글을 지었던 것으로 보인다. 비슷한 시기 이배(移配)되는 과정에서 지은 시에서 이런 위기감을 비감한 어조로 드러내고 있기도 하다.

맑은 바람 부는 밤 외로운 관사에 누워 있다가,
늙은 홰나무 옆에서 막걸리 세 잔을 마시네.
이번 길 살아 돌아오기는 힘들지니,
모든 일을 유유히 하늘에 부치노라.

326 洪彦忠,《寓庵稿》권2, 한국문집총간 18, 민족문화추진회, 1990, 323면.
327 "甲子歲, 予謫眞安縣, 事將有不測者. 自分必死, 擬古人自挽而銘之, 且戒子云."

一枕淸風孤館裏, 三杯薄酒老槐邊.
此行未料生還日, 萬事悠悠只付天.[328]

유배 중에 지은 〈유곡역관(幽谷驛館)〉이란 제목의 시다. 절친한 벗이었던 정희량(鄭希良)은 이 시를 '자찬만사(自撰挽詞)'라 하였지만,[329] 엄밀하게 말해 자만시라기보다 임종시에 가깝다.[330] 지친과 벗들의 죽음을 보며 시인 자신의 죽음을 예감하고 있기 때문이다. 다만, 위 시는 비슷한 시기 지어진 앞의 인용 작품을 이해하는 하나의 참고 자료로 삼을 만하다.

옛사람들의 자만(自挽)을 본떠 지은 홍언충의 작품은 문집엔 시로 편차되어 있지만 사실 자명(自銘)에 가깝다. 시인은 자신의 죽음을 기록하며 가혹한 운명에 슬퍼하고 있다. 자신의 삶에 대한 객관적 기록의 성격을 가진 초반부와 달리 중반 이후는 상대적으로 개인적 감정의 진폭이 커진다. 특히, 짧은 운명과 유장한 뜻의 대비는 그 비감의 정도를 짐작케 한다. 정희량은 홍언충의 작품이 옛 사람들의 자만(自挽)을 본떠서 지은 것으로 "말이 매우 비장하다[詞甚悲壯]"라고 평한 바 있다. 시인은 자신의 죽음 앞에서 결코 담담해질 수 없었다. 도리어 "천추만세에, 누가 이 들판 지나가려나. 손가락질하고 서성대며, 반드시 서글퍼하는 자가 있을 것이다[千秋萬歲, 誰過斯野. 指點徘徊, 其必有悵然者矣]"와 같이 억울한 죽음에 대한 비탄을 한껏 드러내는 것

328 洪彥忠, 〈幽谷驛館〉(謫時), 《寓庵稿》 권2, 앞의 책, 322면.

329 鄭希良, 〈師友錄〉, 《虛庵遺集》 續集 권3, 한국문집총간 18, 민족문화추진회, 1990, 74면. "洪彥忠字直卿, 號寓庵, 文匡公虛白之子. 文科, 湖堂, 校理. 十七, 以〈病潁狗賦〉名於時, 早登第, 歷淸顯. 甲子, 追罪舊日言事之臣, 彥忠在囚中, 拷掠擔下垣外, 金仁老見之惻然, 配眞寶縣, 自分必死, 擬古人自挽, 作墓碣銘, 詞甚悲壯, 未幾被拿, 從容就途, 行至幽谷驛, 自撰挽詞, 至鳥嶺聞已反正. 涕泣不已. 中宗朝累召不赴. 終爲廢朝守節之人. 謚忠貞." 정희량은 홍언충의 〈자만〉은 묘갈명(墓碣銘)이라고 하고 〈유곡역관〉 시를 '자찬만사(自撰挽詞)' 곧 자만시라고 보았다.

330 홍언충의 문집 《우암집(寓庵集)》은 딸 홍씨(洪氏)가 집안에 보관해 둔 것을 외손서(外孫婿)인 김우굉(金宇宏)이 1582년(선조 15) 초간(初刊)하였다. 이후 1720년(숙종 46) 종후손(從後孫) 홍상민(洪相民)·홍상욱(洪相勖) 형제가 문집을 중간(重刊)하였다. 초간본과 중간본은 약간의 편차를 달리하고 있는데, 인용 작품은 시로 분류되어 있다. 한국고전번역원 DB 오세옥 해제 참조. 한국문집총간본《우암집》은 초간본을 저본으로 하고 있는데, 목차에서 작품 제목을 대괄호 안에 '자만(自挽)'이라고 표기하고 있다. 한국문집총간본의 편찬자는 원 제목을 병서(幷序)로 보고 작품 제목은 누락되어 있다고 보는 듯하다. 한편 이 작품은 이익(李瀷)의 《해동악부(海東樂府)》 중 〈일선조(日先照)〉에 악부제의 배경 고사로 소개되어 있기도 하다. 李瀷, 《국역 성호전집(星湖全集)》 제8권, 한국고전번역원 DB 참조.

으로 작품을 마무리한다. 이 구절은 한편으로 볼 때 타인이 자신의 처지를 동일시해 주길 기대하고 있는 것으로 받아들일 수도 있다.

홍언충의 작품은 갑자사화라는 엄혹한 정치현실이 낳은 산물이다. 여기에서의 죽음은 가정한 것이기는 하나 시인으로서는 곧 닥쳐올 현실이기도 했다. 주변 인물들이 권력의 무자비한 폭력 앞에서 죽어 가는 모습은 자신의 미래일 수 있기 때문이다. 비단 시인 개인뿐만이 아니라 사화에 휘말린 많은 문인지식인들이 겪었음직한 상황이다. 홍언충의 자만적 작품은 그런 점에서 시대적 상징성을 갖는다. 죽음의 그림자가 자신을 옥죄어 올 때, 시인은 자만적 작품을 썼다. 자신이 원하는 방식으로 자신에 관한 기억들을 세상에 각인하고 싶었기 때문이다. 홍언충의 작품에 부기된 "내 자손된 자는 다른 날 반드시 묘 앞에 작은 묘갈을 세우고 이 글을 새겨야 한다. 그런 연후에야 참으로 내 자손이라 할 것이다.[爲吾子孫者, 他日必竪小碣於墓道, 刻此文, 然後眞吾子孫也.]"란 기록은 시인이 자신을 세상에 각인시키는 방식으로 자만(自挽)을 활용했음을 잘 보여 준다.

유사한 사례를 기준(奇遵, 1492-1521)의 다음 시에서도 발견하게 된다.

〈자만(自挽)〉

해 떨어진 하늘은 먹물 뿌린 듯하고,
깊은 산골짝은 구름 깔린 것 같구나.
임금과 신하 천년의 뜻이,
서글퍼라 외로운 무덤 하나로 남았네.

日落天如墨, 山深谷似雲.
君臣千載意, 惆悵一孤墳.[331]

기준이 기묘사화로 함경도 온성(穩城)에 유배갔을 때 지었다고 전하는 작품이다. 조광조의 문인이었던 기준은 스승의 정치노선을 견지해서 훈구파

331 許筠,《國朝詩刪》권1, 아세아문화사, 1980, 245면.

의 표적이 되었던 인물이다. 그는 가까스로 기묘사화의 위기를 벗어났지만 신사무옥으로 결국 죽음을 맞게 된다. 이 시는 아산(牙山)과 온성 등에 유배될 때 지어진 작품인 듯한데, 기구와 승구의 "해 떨어진 하늘은 먹물 뿌린 듯하고, 깊은 산골짝은 구름 깔린 것 같구나."란 표현에서 사화(士禍)가 잇따르던 암울한 현실이 드러난다. 또 결구의 '외로운 무덤 하나'란 표현에선 죽음 앞에서 시인이 느끼는 외로움이 잘 드러난다.

사화기에 기준과 같은 처지의 인물들이 느낀 '외로움'은 후술하겠지만 상호 연관된 복잡한 의미들을 담고 있다. 그것은 일차적으로 자신의 죽음이 누구와도 공유할 수 없는 것임을 이야기한다. 하지만, 여기서 그려지는 외로운 죽음이란 본질적으로 정치현실로부터 배제된 고독한 자아의 형상에 다름 아니다. 이들은 모두 죽음이 실제 닥쳐오고 있다고 생각했기 때문에, 죽음을 대상화하고 음미할 만한 여유가 없었다. 자신의 삶에 대해 아무런 후회가 없다고 할지라도 죽음의 이유가 의미 없는 것이라고 생각하는 사람에게 죽음은 더욱 힘이 든 것이다. 그래서 그저 자신의 죽음에 비탄해 마지않는 데 그치고 만다. 기준의 자만시에서 외로이 죽어 간다는 모티프만 강조되어 나타날 뿐 죽음의 정경(상장례)에 대한 묘사가 생략되어 있는 이유를 여기에서 찾을 수 있다. 자만시 본연의 자신의 죽음을 관조하고 대상화하는 측면 역시 부족한 편이다. 이 시를 지은 뒤 기준은 유배지에서 교살되고 만다. 죽음을 예감해서였을까? 외로운 무덤으로 표현된 죽음의 이미지는 결국 현실이 되고 말았다.

이 시는 현재 전하는 기준의 문집인《덕양유고(德陽遺稿)》와《복재집(服齋集)》에는 수록되어 있지 않다.《기묘록(己卯錄)》과《대동시선(大東詩選)》에는 김식(金湜, 1482-1520)의 시라고 기록되어 있다. 기준과 마찬가지로 소광소의 문인이었던 김식은 기묘사화 때 선산(善山)에 유배되었다가 신사무옥에 연좌되어 다시 절도로 이배된다는 소식을 전해 듣고 거창에 숨었다가 자결하였다고 한다. 자결 직전 지은 절명시가 이 작품이라는 것이다. 따라서 현

재로선 작가가 기준인지 김식인지 분명하게 판단하기 어렵다.[332]

명종·선조 대 활동한 걸출한 시인 중의 한 사람인 노수신(盧守愼, 1515-1590)의 작품에서도 사화기 지식인의 고뇌를 엿볼 수 있다. 노수신은 모두 세 수의 자만시를 남기고 있다. 시인은 을사사화(乙巳士禍)로 인해 장장 19년에 걸쳐 유배생활을 하였는데, 그가 남긴 자만시들은 모두 이 기간 동안 지어졌다. 문집의 편차로 볼 때, 권2에 실린 첫 번째 작품은 33세, 권3에 실린 작품은 38세 무렵, 권4에 실린 작품은 유배 후반기에 지어진 것으로 추정된다. 33세 때 지은 자만시는 다음과 같다.

> 어지러운 티끌세상 이미 지난 세월 되었고,
> 이응·두밀과 이름 나란히 하니 또한 기남아일세.[333]
> 관 삐뚤어지면 날 모욕한 듯 돌아보지도 않고 떠나고,[334]
> 섬기는 바를 가지고 만나는 사람마다 하나하나 이야기하네.
> 한 번 바닷속에 누워 정신 스스로 지키고,
> 홀로 하늘 밖 감에 그림자에게 부끄러울 것 없어라.
> 가의(賈誼) 울 수 있고 난 웃을 수 있으니,[335]
> 함께 서른세 해 세상을 살고 갔다네.

---

332 許筠,《國朝詩刪》卷1, 아세아문화사, 1980, 245면; 허경진 엮음,《허균의 시화 — 학산초담·성수시화》, 민음사, 1982, 59면. 許筠의 기록이나 後代 黃胤錫의 차운작 등에서는 기준의 작품으로 보고 있다. 이 작품은 현전하는 기준의 문집《덕양유고(德陽遺稿)》에는 실려 있지 않다.

333 이두(李杜)는 후한(後漢) 광무제(光武帝)의 팔준(八駿)으로 꼽혔던 이응(李膺)과 두밀(杜密)을 가리킨다. 환제(桓帝) 때 당고(黨錮)의 옥(獄)이 일어나 천하의 명현(名賢)이라고 하는 사람들이 모두 죽을 때 이들 역시 죽음을 맞았다.《후한서(後漢書)》〈당고열전(黨錮列傳)〉에 다음과 같은 이야기가 실려 전한다. 후한 범방(范滂)은 당고(黨錮)의 옥(獄)으로 죽음을 앞두고도 동요하지 않았는데, 사지(死地)로 떠나기 전 어머니에게 이별을 고하였다. 어머니는 범방에게 "네가 이제 이응·두밀과 이름을 나란히 하게 되었으니 무엇이 한스러우랴? 이미 이름이 나고 다시 장수하기를 구하니 겸하여 얻을 수 있는 것이랴?[汝今得與李杜齊名, 死亦何恨? 既有令名, 復求壽考, 可兼得乎?]"라고 답하며 그를 격려하였다고 한다.

334 "관 삐뚤어지면 날 모욕한 듯 돌아보지도 않고 떠나고[其冠浼我望望去]"는《맹자(孟子)》〈공손추 상(公孫丑 上)〉에 "(백이는) 악을 미워하는 마음을 미루어서 생각하기를 향인(鄕人)과 더불어 서 있을 때에 그 관(冠)이 바르지 못하면 망망연히 떠나가 마치 장차 자신을 더럽힐 듯이 여겼다.[推惡惡之心, 思與鄕人立, 其冠不正, 望望然去之, 若將浼焉.]"라고 한 데서 온 표현이다. 주희(朱熹)는 집주(集注)에서 "망망은 떠나가고 뒤를 돌아보지 않는 모양이다.[望望, 去而不顧之貌.]"라고 풀이하였다.

335 가의가 통곡했다는 말은 가의가 문제(文帝)에게 올린〈치안책(治安策)〉의 구절과 관련이 있다. 가의는 이 글에서 당대의 잘못된 정치를 격렬히 비판했는데, 이 글 중에 "신은 삼가 생각하건대, 지금의 사세가 통곡할 만한 일이 한 가지요, 눈물을 흘릴 만한 일이 두 가지요, 길이 한숨을 쉴 만한 일이 여섯 가지입니다.[臣竊惟事勢 可爲痛哭者一, 可爲流涕者二, 可爲長太息者六.]"라는 구절이 나온다.(《漢書》권48〈賈誼傳〉) 임정기 역,《국역 소재집》2, 한국고전번역원, 2013, 85-86면 참조.

塵世紛紛成古今,　　　　齊名李杜亦奇男.
其冠浼我望望去,　　　　所事逢人歷歷談.
一臥海中神自守,　　　　獨行天外影無慙.
賈生能哭吾能笑,　　　　俱享行年三十三.[336]

이 시는 1547년(명종 2) 양재역(良才驛) 벽서(壁書) 사건에 연루되어 순천에서 진도로 이배(移配)되었을 즈음에 지어진 것이다. 자신의 결백에 대한 신념을 바탕으로 죽음에 대한 결연한 자세가 두드러진다. 경련 "한 번 바다 속에 누워 정신 스스로 지키고, 홀로 하늘 밖 감에 그림자에게 부끄러울 것 없네."는 도연명의 시 〈형영신(形影神)〉을 연상시킨다. 〈형영신〉은 삶에 대한 집착이 어리석은 일임을 형체[形]·그림자[影]·정신[神]이 각기 이야기하는 시로《장자(莊子)》〈제물론(齊物論)〉 말미에 나오는 그림자들의 문답과 유사한 내용이다. 이 시에서 그림자는 '착한 일을 하여 후세에 은혜를 남길[立善有遺愛]' 것을, 정신은 자연의 운행에 맡겨 죽음을 받아들일 것을 요구한다. 이 구절은 표면적으로 섬에 유배된 자신의 처지와 관계되어 있다. 하지만 한 걸음 더 나아가 '정신 스스로 지키고[神自守]'와 '그림자에게 부끄러울 것 없네[影無慙]'의 대장(對仗)에 초점을 맞춘다면, 삶에 집착하지 않고 현실에서 올바른 길을 선택한 자신의 삶의 자세를 드러낸 것으로 해석할 수 있다.[337]

시인은 시의 말미에서 가의와 자신을 병렬시켜 자신의 억울함을 우회적으로 드러내고 있다. 가의는 한(漢) 문제(文帝) 때 인물로 문재(文才)로 이름나 약관의 나이에 박사(博士)가 되고 대부의 지위까지 올랐던 인물이다. 하지만, 주발(周勃)·관영(灌嬰) 같은 대신들의 시기로 장사왕(長沙王)의 태부(太傅)로 좌천되었고, 끝내 자신의 뜻을 펴보지 못한 채 33세의 나이로 죽고 만다. 이 해

336 盧守愼, 〈自挽〉, 《穌齋集》 권2, 한국문집총간 35, 민족문화추진회, 1989, 93면.

337 이 구절에 대해서는 다른 해석도 있다. 임정기의 주석은 다음과 같다. "신(神)이 스스로 지킨다는 것은 주희가 일찍이 학자들에게 이르기를 '마음에 주재하는 것이 있으면 맘속이 허명하여 신이 그 성곽을 지킨다.[有主則虛, 神守其郛.]'(《心經附註》正心章)라고 한 데서 온 말로, 즉 마음이 외물(外物)에 동요되지 않음을 의미한다." 임정기 역, 앞의 책, 85-86면.

노수신 역시 서른세 살이었는데, 가의의 울음과 자신의 웃음을 대비시킴으로써 자신의 운명의 비극성과 함께 죽음에 대한 결연한 자세를 드러내고 있다.

다음은《소재집》권3에 실려 있는 38세 무렵의 자만시다.

> 오 년 동안 바닷가에서 나그네로 지내며,
> 하루 저녁도 황천으로 가지 않은 적 없었지.[338]
> 종놈은 감히 검루(黔婁)의 머리에 휘장을 덮고,[339]
> 관원은 돌처럼 굳은 시신을 검사하리.[340]
> 불혹에 해당하니 요절한 게 아니고,
> 스스로를 속이지 않았기에 주륙은 면했네.
> 애통한 것은 늙으신 두 분 부모님과,
> 살아 계시는 동안 헤어져 있어야 한다는 사실뿐.
>
> 五年客海上, 一夕無不之.
> 奴敢幠黔首,[341] 官須檢石屍.
> 非殤當不惑, 免戮爲毋欺.
> 所慟雙親老, 相離在世時.[342]

처음 지어진 시가 자신의 결백을 내세우면서 죽음에 대한 결연한 자세를 드러내고 있다면, 5년 뒤쯤 지어진 자만시는 상대적으로 자기 연민과 비탄

338 임정기는 이 구절을 "어느 날 죽으면 못 가는 데가 없으리"라고 번역했다. 임정기, 앞의 책, 85-86면.

339 검루(黔婁)는 춘추 시대 제(齊)나라의 현인으로, 제왕이 정승으로 맞이하려 했으나 나가지 않았던 인물이다. 집이 몹시 가난해서 죽은 후에 염습(斂襲)할 이불조차 없었다고 한다. 도연명의 시〈영빈사(詠貧士)〉네 번째 수 및〈오류선생전(五柳先生傳)〉의 찬(贊)에서도 검루를 언급하고 있다.

340 임정기는 이 구절을 "관에선 의당 석로(石老)의 시신을 검증하겠지"라고 해석하였다. 해당 부분의 주석은 다음과 같다. "당(唐)나라 때 유주(幽州)의 석로라는 사람이 매약업(賣藥業)을 하고 살다가 80세에 병이 들어 죽었다. 그 아들이 나무를 큰 돌에 꿰어 아비의 시신을 거기에 묶어서 상건하(桑乾河)에 빠뜨리고, 거짓말로 자기 아버지는 학(鶴)이 되어 승천했다고 떠들어 댔다. 처음에는 모든 사람이 그것을 사실로 여기고 놀라워했으나, 뒤에 관청에서 사람을 파견하여 자세히 검증한 결과 그가 시신을 물에 빠뜨린 사실을 알아내고 다시 시신을 건져 냈다고 한다. 고사에서 온 말인 듯하나 자세하지 않다.(《說郛》권23 石老化鶴) 여기서는 저자 자신은 유배된 몸이라, 이곳에서 죽으면 관에서 그 사실을 확인할 것이라는 뜻으로 한 말이다."

341《소재집(穌齋集)》의 교감 주에 "노감무검수(奴敢幠黔首)"의 '검(黔)'자가 '루(婁)'자로 되어 있는 경우도 있다고 했다.

342 盧守愼,〈自挽〉(六月),《穌齋集》권3, 앞의 책, 120면.

의 정회가 뚜렷하다. 이 작품은 유월에 지어졌다는 부제를 달고 있다. 유배지에서 다섯 해쯤이 지나 시인의 나이는 어언 사십에 가깝게 되었다. 이 시에서 화자의 어조는 앞 시와 같은 결연함이 보이지 않는다. 도리어 자신에 대한 연민의 정을 노출함으로써 애상적인 정조를 띠게 된다. 함련에서 시인은 자신의 시신을 거두는 종과 관리의 모습을 상상하고 있다. 이는 도연명의 자서전격인 〈오류선생전(五柳先生傳)〉의 찬(贊)에 나오는 검루(黔婁)의 고사와, 진관(秦觀) 〈자작만사(自作挽詞)〉의 "관원은 와서 내 보따리의 물건을 기록하고, 아전은 내 시체를 살피더니[官來錄我橐, 吏來驗我屍]"란 구절을 교묘하게 결합시킨 것이다. 검루는 몹시 가난하여 시신 덮을 천 한 조각이 없었던 인물이다. 증자(曾子)가 조문하러 오자 그의 아내는 자신의 남편이 "빈천하다고 투덜대지 않고 부귀하다고 기뻐하지 않았다[不戚戚于貧賤, 不忻忻于富貴]"라고 평한 바 있다.[343]

이 시에서 빈한한 검루의 형상과 고을의 서리가 시신을 검사한다는 상상의 결합은 고결한 자아의 비극적 상황을 부각하기에 부족함이 없다. 앞서의 시와 달리 시인의 목소리가 많이 위축되어 있음을 볼 수 있다. 이런 자기 연민과 비애는 진관 시의 자만 방식을 연상시킨다.

권4에 수록된 자만시는 다음과 같다. 이 시는 아마 유배 후반기에 지어진 듯하다.

> 스스로 기남자라 말하지만,
> 세상은 어리석은 사내라 말하지.
> 산하쯤 돼야 눈에 들어올 뿐,
> 자잘한 일 따윈 흉중에 없다네.
> 선비들은 술에 적신 솜이라도 올리길 바라지만,[344]

343 劉向,《古列女傳》권2,〈魯黔婁妻〉.

344 면지(綿漬)란 한(漢) 서치(徐穉)의 고사와 관련이 있다. 서치는 자가 유자(孺子)로 남주(南州)의 고사(高士)라 일컬어졌다. 그는 먼 곳으로 문상(問喪)하러 갈 때 솜을 술에 적셔 햇볕에 말린 다음 그것으로 구운 닭을 싸서 휴대하기 간편하도록 만들어 가지고 가서 솜을 물에 적셔 술을 만들고 닭을 앞에 놓아 제수를 올린 뒤 떠났다고 한다. 그는 매우 가난하여 곽임종(郭林宗)의 어머니 상(喪)에 조문하러 가서

관리들은 포에 덮인 시신 검시하리.[345]
외로운 넋 도리어 먼저 돌아가니,
두 동생과 부모님 남겨둔 채.[346]

自謂奇男子, 時稱惷丈夫.
山河眼孔入, 纖芥腹中無.
士欲懷綿漬, 官須檢布幠.
孤魂却先返, 兩弟二親隅.[347]

앞서 지어진 두 수와 이 작품을 종합해 보면, 노수신의 자만시는 본래 윤원형(尹元衡) 일파가 득세한 현실정치에 대한 부정의식을 기반으로, 양재역 벽서사건에 휘말린 자신의 결백을 드러내고자 한 것임을 알 수 있다. 하지만, 유배기간이 길어져 감에 따라 죽음에 대한 결연한 자세로부터 자기연민으로, 다시 종국엔 위 시에서와 같이 "스스로 기남자라 말하지만, 세상은 어리석은 사내라 말하지."와 같은 현실과 자신 간의 해소 불가능한 간격을 드러내는 것으로 변해 간다.

노수신의 자만시는 죽음에 대한 달관을 드러낸다는 점에선 도연명의 시를, 자신에 대한 연민을 드러낸다는 점에선 진관의 시와 유사한 특성을 보인다. 결연함와 자기연민, 그리고 죽음에 대한 달관과 비탄의 의식을 오가고 있다는 점에서 그의 시는 자만시의 두 가지 계열이 혼효되어 있다고 할 수 있다.

한편, 노수신이 이런 자만시를 반복하여 썼다는 점에 주목할 필요가 있다. 심지어 그는 노년기에 〈암실선생자명(暗室先生自銘)〉이란 자만적 작품

는 풀 한 다발만 집 앞에 두고 상주(喪主)는 보지도 않은 채 돌아왔다는 일화가 있다.(《後漢書》권53〈周黃徐姜申屠列傳〉徐穉)

345 "관리들은 포에 덮인 시신 검시하리[官須檢布幠]" 역시 진관(秦觀)의 〈자작만사(自作挽詞)〉 "관원은 와서 내 보따리의 물건을 기록하고, 아전은 내 시체를 살피네.[官來錄我橐, 吏來驗我屍.]"에서 온 표현이다.

346 노수신의 아버지 노홍(盧鴻)은 노수신이 해배된 후인 1568년 11월에 세상을 떴다. 이 시는 양친과 동생들이 생존해 있을 때 지어졌다.

347 盧守愼, 〈自挽〉, 《穌齋集》권4, 앞의 책, 149면.

을 남기기도 했다.[348] 도연명이 자제문과 자만시를 동시에 남긴 바도 있지만, 노수신은 모두 네 차례에 걸쳐 이런 자만류 작품을 남기고 있는 것이다. 시인이 이렇게 자신의 죽음에 집착하는 이유는 무엇일까? 표면적으로 그것은 시인이 처한 극단적 상황과 관계된 것이라고 받아들일 수 있다. 실제 자만시 창작 즈음의 작품들 중엔 죽음에 대한 공포감이나 강박관념이 반영된 경우들도 있기는 하다. 첫 번째 자만시와 비슷한 시기에 지어진 〈같은 날 밤의 꿈을 기록하다[同夜記夢]〉라는 시엔 자신이 죽으며 미소를 띠었다는 강박적 꿈의 내용이 담겨 있다. 그러나, 이런 반복적인 자만(自挽)이 단지 죽음에 대한 두려움이라고 보기는 어려울 것이다. 시인의 입장에선 도리어 죽음이란 극단적인 자기 성찰만이 고통과 번민을 벗어날 수 있게 하는 것이 아니었을까? 그런 점에서 노수신의 결연함과 자기연민, 그리고 죽음에 대한 달관과 비탄의 의식을 오가는 자만시들은 시인이 삶의 고비마다 자신을 점검해 보는 자성(自省)의 시간 같은 것이었다고 볼 수 있다.[349]

348 盧守愼,《穌齋集》 권10, 앞의 책, 287면. "先生海陽之盧氏, 守愼其名寡悔字, 有號桑村乃其宗, 奎衡台座生五龍, 曾諱敬長參奉卿, 王考諱琊守贊成, 而禰諱鴻別提相, 外祖自華李憲長, 正德乙亥後孟夏, 既望未時髮膚下, 青馬日中兩舍升, 黑兔月陽巍科登, 卽冬修撰春司書, 秋入騎省更直廬, 仁后在位半載强, 久忝正言天曹郎, 因山未就商山投, 赤羔昇平沃州囚, 握節回且羈始安, 當宁立召侍讀官, 特進直學及參贊, 暫主薇垣復主館, 次年祈養得西原, 改命方伯仍哭奔, 白羊建寅禫餘疢, 數旬迭冒院府首, 再盛玉堂再副銓, 尋承降旨掌銓權, 衆推韓陳遠接使, 慈癠猶將館伴備, 流火方愓秉文柄, 水鷄翻慚議國政, 少樞還右黃虎遷, 金蛇暮商禍重延, 謬庀殊貤僭踰多, 知止致仕懊悶加, 病乞骸骨非一二, 宣至喉舌摠三四, 憂虞惶慟辭七世, 忍爲生行死返計, 扶曳徒違麋鹿性, 作噩陟窮焉用領, 小事糊塗或終累, 大意分明信無愧, 某年某月某日逝, 某年某月某日瘞, 僉手足形是歸全, 樂哉先丘西麓偏, 題四尺石曰暗室, 尙從與歆殘芬苾, 廣陵老師女爲婦, 陽城寡弟子爲後, 有孫醇恪克保持, 爰擧詩禮以付之, 百代祠堂不絶盧, 而今而後吾免夫, 祖考穌齋先生旣易簀, 所著遺文, 久未行世, 歲壬寅, 伯祖利川使公守天安, 與祖父議, 刻板于郡, 藏諸俗離山之僧舍, 乙卯五月三日, 寺火板燼, 又五日而先君子捐館于漢京, 家禍之慘, 一至此哉, 于時伯祖父前已下世, 祖父, 伯兄亦先後下世, 不肖峻命, 獨與少弟景命在, 亦已逾艾近耆矣, 念既無板刻, 而前所印本, 日就散逸, 則恐久而遂至無徵, 謹與妹壻沈大孚, 因舊本, 略加刪校, 得賦三古律詩若干爲六卷, 箴一贊十一祝二敎書一序五跋四記一祭文六科製三篇, 合爲一卷, 疏箚辭免箋幷六十有三首, 合爲一卷, 行狀, 表, 誌, 碑, 碣銘幷二十有四, 釐爲二卷, 定爲穌齋先生文集十卷, 淨寫以藏, 以俟尙德行義君子梓壽焉, 壬辰元月上日, 曾孫峻命, 稽首謹書."
〈암실선생자명(暗室先生自銘)〉은 노수신이 72세 때인 1586년(선조 19) 11월에 쓴 자명(自銘)이다. 이 글에 대해서는 다음 책에서 자전문학으로서의 특성과 가치를 밝혀 놓았다. 신경호,《내면기행》, 이가서, 2009, 495-506면.

349 노수신 자만시가 보여 주는 이런 의식은 유교적 죽음 수용 방식의 전형을 보여 주는 것이기도 하다. 제자 계로(季路: 子路)가 죽음에 대해서 물었을 때 공자가 "삶을 모른다면 어찌 죽음을 알 수 있겠는가?[未知生, 焉知死]"(《논어》〈선진(先進)〉)라고 대답한 데서 드러나듯이, 유교에선 삶에 대한 관심과 분리하여 죽음을 죽음 문제 그 자체로 파고드는 것은 오히려 위험하다고 생각했던 듯하다. 또한 죽음의 사유는 삶의 충실을 전제할 때에만 의미가 있는 것으로 보았다. 이용주,《죽음의 정치학: 유교의 죽음

이 장에서 '죽음 앞의 고독'이라 명명(命名)된 작품들은 자만시를 구성하는 네 가지 구성요소 중 허구성과 상장례가 없거나 현저히 약화·축소되어 나타나는 경우이다. 이들 작품들은 죽음을 목전에 두었거나 죽음이 닥쳐오리라 예상하고 지은 경우가 많아서 허구적 장치가 생략되어 있다. 또, 죽음을 앞에 둔 자아의 결연한 의식이 주로 강조되는 까닭에 상장례 관련 내용이 생략되는 경향이 강하다. 이런 종류의 작품들은 대체로 임종시 내지 절명사와도 크게 다르지 않은 성격을 보여 준다고 할 수 있다. 하지만 나에게 닥쳐올 죽음을 예감하면서 쓴 임종시나 절명사와 자만시 사이에는 근본적인 차이가 있다. 제3장에서 이미 임종시와 자만시가 서로 다른 시적 전통하에 있음을 검토한 바 있지만, 그 창작 의식에 있어서도 양자는 구분된다.

통과의례로서 상장례가 산 자와 죽은 자가 일상의 세계로부터 일시적으로 분리되어 있는 공간이라고 한다면,[350] 자만시는 일상과 유리된 공간 속에서 자신에 대한 이야기를 하는 것이라고 볼 수 있다. 그런데 상장례 후 산자들은 각자가 속한 세계로 통합·재통합하게 되는 반면, 죽은 이는 이승에도 저승에도 통합되지 못하고, 일상세계도 저승도 아닌 무덤이란 공간에 유폐되기에 이른다. 따라서 자만시의 정신은 근본적으로 이 인간세계로부터 격절된 자아의 고독함과 외로움을 드러내는 것이라 볼 수 있다. 또 자만시에서 상장례는 죽음의 의례이기도 하지만, 한편으론 무덤 속에 외로이 남는 특수한 상황을 만들어 자아를 표현하는 장치이기도 하다. 양자의 분명한 차이가 여기에서 발견된다.

홍언충의 시에서는 사후 자신의 무덤을 지나가다 서글퍼할 어떤 이를 상상한다. 기준의 시에서는 부정한 현실로 인해 외로운 무덤으로 남은 자신의 육신을 비탄(悲嘆)하고 있다. 이들 작품에서 펼쳐지는 상상력은 무덤과 외로

이해》, 서울: 도서출판 모시는사람들, 2015, 123-127면. 따라서 죽음이란 한계 사유를 통해 삶의 충실을 이루는 데 자성 역시 반드시 필요한 과정이 된다.

350 아널드 반 제넵(Arnold van Gennep), 《通過儀禮(Les rites de passage)》, 전경수 역, 을유문화사, 1985, 210-235면.

움이란 측면에서 동일하다. 기준의 시에 나오는 '외로운 무덤 하나[一孤墳]'란 표현에선 죽음 앞에서 시인이 느끼는 고독감이 잘 드러난다. 노수신의 시에서 '홀로 하늘 밖으로 가네[獨行天外]'로 묘사되는 외로운 죽음 역시 마찬가지 맥락으로 볼 수 있다.

이들 시에서 공통적으로 드러나는 '외로움'은 상호 연관된 복잡한 의미들을 담고 있다. 그것은 일차적으로 자신의 죽음이란 누구와도 공유할 수 없는 것임을 이야기한다. 하지만, 본질적으로 여기서 그려지는 외로운 죽음이란 정치현실로부터 배제된 고독한 자아의 형상에 다름 아니다. 죽음 앞에서 이들이 느낀 절박한 감정은 외로움 중 가장 참혹한 경우에 해당한다. 독일의 역사사회학자 노베르트 엘리아스(Norbert Elias)에 따르면, 외로움(Einsamkeit) 중 가장 참혹한 것이 죽어 가는 사람들이 산 사람들의 공동체로부터 배제되어 어쩔 도리 없이 죽음으로 내몰렸을 때라고 한다.[351] 따라서, 홍언충의 경우처럼 사후에 누군가의 동정을 기대하거나, 노수신의 경우처럼 과거의 인물과의 정신적 연대를 통해서만 자신의 외로움을 보상받을 수 있다.

한편 홍언충과 기준이 사후 무덤의 정경을 상상한다거나, 노수신이 비참하게 죽은 자신의 시신을 검시하는 것을 떠올리는 일 등은 이 시기 죽음인식 및 표상의 특성을 보여 주는 사례이기도 하다. 이런 죽음인식과 표상은 연이은 사화를 거치면서 오랜 기간 형성된 특수한 사회구조에 의해 크게 영향받은 것이라 볼 수 있다. 그들이 서로 다른 사건과 장소에서 자만시를 썼음에도 유사한 죽음인식과 표상을 보이고 있음에서 이 점이 잘 드러난다. 그러나 그들은 모두 죽음을 예감하면서도 죽음이 결코 자신의 절의를 손상시킬 수 없다는 믿음을 가지고 있었다. 권력의 폭압에도 도덕적 정당성은 자신들이 가지고 있다고 생각했다. 조선 전기 사화의 피해자들이 누구나가 아니라 자

351 노베르트 엘리아스(Norbert Elias), 《죽어가는 자의 고독(Über die Einsamkeit der Sterbenden)》, 김수성 옮김, 문학동네, 1998, 83-84면.

신과 생각을 같이하는 동지(同志)들로부터 이해받기를 갈구한 것도 이 때문이다. 이는 비단 후배들에게만 기대했던 것이 아니라 노수신의 경우처럼 이른바 상우천고(尙友千古)하는 의식으로 표출되기도 했다.

다만 이들은 모두 죽음이 닥쳐오고 있다고 생각했기 때문에 죽음을 대상화하고 음미할 만한 여유는 없었다. 그래서 그저 자신의 죽음에 비탄해 마지않는 데 그치고 만다. 이들의 자만시에서 외로이 죽어 간다는 모티프만 강조되어 나타날 뿐 죽음의 정경, 곧 상장례에 대한 묘사가 생략되어 있는 이유가 여기에 있다. 작가에 따라 다소 층차를 보이긴 하지만, 자만시 본연의 자신의 죽음을 관조하고 대상화하는 측면 역시 부족한 편이다.

외로운 무덤으로 표현된 죽음의 표상이란 시인 자신의 이미지이기도 하다. 그런데, 이는 기타 자전적(自傳的) 글쓰기 양식에서도 발견되는 측면이다. 세상으로부터 외면당한 자신의 불우한 삶에 대한 연민을 담은 자찬묘지명(自撰墓誌銘)이나, 자신을 끝내 이해하지 못하는 현실세계 타자들에 대한 불만을 담은 화상자찬(畵像自贊) 작품 등에서도 유사한 의식이 발견된다.[352] 그런 측면에서 이런 유형의 자만시들은 다른 자전적 글쓰기 양식과도 상통점이 많은 경우라고 할 수 있다.

352 안대회, 〈조선후기 自撰墓誌銘 연구〉, 《한국한문학연구》 제31집, 한국한문학회, 2003, 248-249면; 졸고, 〈畵像自贊類 문학의 존재양상과 사아형상화 방식의 특징〉, 《고전문학연구》 제36집, 한국고전문학회, 2009, 284-292면.

제7장

초월적 죽음

자만시에 나타난 죽음 수용방식

동아시아 전통사회에서 죽음은 대체로 금기시 되어 왔다. 심지어 죽음이란 말조차 사용하기를 꺼려서 '기세(棄世)', '별세(別世)', '타계(他界)', '서거(逝去)', '작고(作古)', '선서(仙逝)' 등으로 죽음이란 말을 의도적으로 회피하기도 했다. 동아시아 전통사회에 중요한 영향을 미친 죽음에 대한 사고들 역시 마찬가지였다. 도가(道家)처럼 죽음에 대해 중요성을 부여하길 거부하거나, 불가(佛家)처럼 삶과 죽음은 끊임없이 반복되는 윤회의 사슬 속에 있으며 죽음은 피할 수 없으니 받아들여야 한다거나, 유가(儒家)처럼 삶의 중요성을 강조하며 죽음의 문제를 방임하곤 하였다.[353] 이 중 상대적으로 조선시대 문인들의 사고와 생활에 더 큰 영향력을 미친 유가, 특히 성리학적 사고는 자연생명의 보전뿐만이 아니라 도덕생명의 완성을 통하여 삶의 의미를 찾을 수 있으며, 죽음도 그러한 과정의 일부로 파악했다.[354] 이에 따라 자만시에서도 도덕생명의 완성을 목표로 한 수신(修身)의 문제나 수신으로 확보

353 이상은 도가와 불가와 유가의 죽음에 대한 인식방식과 관련된 일반적 평가이다. 베르나르 포르(Bernard Faure), 《동양종교와 죽음(La Mort Dans Les Religions D'asie)》, 김주경 옮김, 영림카디널, 1997, 7-140면; 허셴밍(何顯明), 《죽음 앞에서 곡한 공자와 노래한 장자 死亡心態》, 현채련·리길산 옮김, 예문서원, 1999, 1-295면; 박원재, 〈장자: 죽음은 삶과 평등하다〉, 정동호 외, 《철학, 죽음을 말하다》, 산해, 2004, 287-313면.

354 정상봉, 〈유가: 죽음은 도덕 생명의 마감이다〉, 정동호 외, 《철학, 죽음을 말하다》, 산해, 2004, 315-338면.

된 도덕성의 외화(外化)로서 겸선천하(兼善天下)라는 공적 문제가 중요하게 제기된다.

〈자만(自挽)〉[임종(臨終)]

깃발 모양 물자(勿字) 위에 용자(勇字) 매달고
깊고 견고한 벽 속의 강한 적에게 휘둘렀네.
옆에 발 디딜 곳조차 없다고 말하지 마오,
단지 위에 마음 알아주는 하늘 있다고 믿을 뿐이니.
잠시라도 얼음 밟듯 항상 경계하고 두려워했고,
평소에 숨 쉴 때도 죄짓는 듯했지.
지금 이후에야 내 면할 줄 알아,
웃음 머금은 채 기쁘게 저승 향하네.

勿字旗頭勇字懸, 麾諸強敵壁深堅.
休言着脚旁無地, 只信知心上有天.
造次淵氷常戒懼, 平居呼吸亦尤愆.
而今以後吾知免, 含笑怡然指九泉.[355]

조선 후기 노광리(盧光履, 1775-1856)가 임종 며칠 전 아들에게 받아 적게 한 자만시다.[356] 그는 일찍부터 벼슬에 뜻을 두지 않고 위기지학(爲己之學)에 전념했던 재야의 독실한 학자였다. 당대의 문장가 홍석주(洪奭周)로부터 학문의 수준을 인정받기도 했지만 널리 알려진 인물은 아니다. 그는 천성이 강직해서 패거리 짓기를 좋아하지 않았다고 한다. 이런 염결함 때문에 적도 생겨서 시기하던 자가 고을에서 발생한 익명의 흉서(凶書) 사건에 그를 무고하여 큰 위기를 겪기도 했다. 다행히 도백(道伯) 정기선(鄭基善)이 그의 인품과 학문을 보고 누명을 벗겨 줘서 위기를 넘길 수 있었다. 이 일 이후 그는 더욱더 학문과 수양에 몰두했다고 하는데, 죽기 직전에 쓴 이 시 역시 그런 자기

355 盧光履, 《勿齋集》 권2, 전북대학교 도서관 소장본.

356 허전(許傳)의 〈노물재묘갈명(盧勿齋墓碣銘)〉(《성재집(性齋集)》 권22)에 따르면 이 시는 임종 며칠 전 아들에게 입으로 불러 주고 받아쓰게 한 자만시라고 한다.

경계의 내용이 담겨 있다.

첫 부분의 '물(勿)'자 깃발 운운은《논어》〈안연(顔淵)〉편에 나오는 안연이 인(仁)에 대해 묻자 공자가 대답한 말로부터 온 표현이다. 공자는 사욕을 이겨 인에 돌아가는 것(克己復禮)이 인을 하는 것이라 답했다. 이에 안연이 다시 인의 조목을 묻자, 공자는 "예가 아니면 보지도 말고[非禮勿視]", "예가 아니면 듣지도 말며[非禮勿聽]", "예가 아니면 말하지도 말고[非禮勿言]", "예가 아니면 움직이지도 말라[非禮勿動]"고 답했다. 때문에 〈안연〉편의 첫 장을 '사물장(四勿章)'이라고도 부르는데, 이 '물(勿)'자가 깃발의 술 모양과 비슷하기 때문에 '물기(勿旗)'라고 한 것이다. 작자 노광리의 호가 물재(勿齋)라는 점을 감안하면 평소 이것으로 항상 자신을 경계하였음을 짐작할 수 있다. 언제나 스스로 잘못을 하지 않을까 극도로 조심하는 일은 힘든 일이었지만, 그런 자신의 마음을 알아줄 하늘이 있음을 믿고 견디어 냈다고 썼다. 그가 홀가분하게 죽음을 맞이할 수 있는 것도 극기복례(克己復禮)했기 때문이다. 자신 속의 사욕이 가장 강한 적임을, 또 사욕과 싸워 이겨내는 데에 엄청난 용기와 인내가 필요함을 잘 보여 준다. 노광리의 자만시는 도학자로서 항상 얼음 위를 걷듯[如履薄氷] 경계하고 두려워하는 수신(修身)의 정신이 어떤 것인지 잘 보여 주는 사례라고 할 것이다. 또 죽음을 삶의 완결태로서 인식하고 오히려 평생 이어진 도덕적 각성상태로부터 벗어남을 편안하게 여기는 의식을 살펴볼 수 있다.

수신으로 확보된 도덕 생명의 완성은 한편으로 그 외화(外化)로서 겸선천하(兼善天下)라는 공적 문제가 동시에 제기되었다. 이에 따라 조선시대 문인들은 죽음의 문제마저 공적 영역에서 생각하는 경향이 강했다.[357]

이원익(李元翼, 1547-1634)의 〈노쇠함을 한탄하며 자만시를 써서 이적에게 주다 2수[嘆衰自挽贈李穡二首]〉 중 두 번째 수 "두 임금 베풀어주신 은혜 중

357 조남호, 〈제문에 나타난 조선시대 유학자들의 생사관〉, 유초하 외,《한국인의 생사관》, 태학사, 2008, 173-200면.

하건만, 끝내 조금도 보답하지 못하고 가는구나.[兩朝恩渥重, 終未報毫絲.]"[358] 는 이런 면모를 잘 보여 준다. 오리정승(梧里政丞)으로 불렸던 이원익은 선조·광해군·인조 세 임금을 거치면서 다섯 번이나 영의정에 오른 바 있다. 시에서 두 임금의 은혜에 보답했다고 한 것으로 보아 1623년 인조반정이 일어나기 전에 지어진 작품임을 알 수 있다. 이 무렵은 이이첨 등 대북세력이 정국을 주도하던 때라 이원익의 고민이 적지 않았는데, 그럼에도 죽음을 공적 문제와 연결시켜 자신의 잘못으로 돌리고 있는 것이다. 죽음을 공적 영역 속에서 인식하는 경향을 잘 보여 준다.

비슷한 시기 손처눌(孫處訥, 1553-1634)의 〈자만(自輓)〉(甲戌)[359] "운명 다한 것이니 내 무엇 한스러우랴, 썩은 풀 같은 인생 한 번 지나가는 소리 같구나. 임금과 정사 논하던 후직과 설의 뜻 영원히 저버리니,[360] 성현의 학문을 잇고 후학의 길 열어 주려는 마음에 몹시 부끄럽구나.[361] [命之衰矣吾何恨, 腐草人生一過音. 永負都兪稷契志, 多慚開繼聖賢心.]",[362] 한문 사대가(漢文四大家) 중의 한 사람인 이식(李植, 1584-1647)의 〈5월 19일 입으로 부른 자만시를 대신 쓰게 하다. 정해[五月十九日, 口占代筆. 丁亥]〉[363] 시에서 "천지의 무궁한 일들 보니, 임금과 백성에 대한 걱정 끝이 없어라.[眼看天地無窮事, 心抱君民不盡愁.]"[364]에서도 유사한 인식태도를 발견할 수 있다.

이 중 이식의 경우는 공적 영역 속에서 자신의 죽음을 생각하는 경향이

358 李元翼,《梧里集》권1, 한국문집총간 56, 민족문화추진회, 1990, 264면.

359 갑술(甲戌)은 1634년인데 손처눌이 세상을 뜬 해이기도 하다.

360 도유(都兪)는《서경》〈요전(堯典)〉과 〈익직(益稷)〉에 나오는 도유우불(都兪吁咈)의 준말이다. 도(都)와 유(兪)는 찬성할 때의 감탄사이고 우불(吁咈)은 반대할 때의 감탄사이다. 요(堯) 임금이 신하들과 정사(政事)를 토론할 때 찬성과 반대의 의견을 기탄없이 개진하였던 데서 유래한다. 일반적으로 밝은 임금과 어진 신하가 서로 뜻이 맞아 정사를 토론하는 것을 뜻한다.

361 '개계(開繼)'는 '계왕성개래학(繼往聖開來學)'의 준말로 과거의 성현의 학문을 잇고 앞으로 올 후학의 길을 열어 준다는 뜻이다. 주희(朱熹)가《중용(中庸)》서문에서 공자의 덕을 찬양하면서 "옛 성인을 잇고 내세의 학자를 열어 줌은 그 공이 요순보다도 낫다.[繼往聖開來學其功反有賢於堯舜者.]"라고 한 데서 온 말이다.

362 孫處訥,《慕堂集》권3, 한국문집총간 속집 8, 민족문화추진회, 2005, 52면.

363 정해(丁亥)는 1647년(인조 25)을 말한다. 이해 6월 11일 이식은 지금의 경기도 양평에 있던 택풍당(澤風堂)에서 세상을 떠났다.

364 李植,《澤堂集》續集 권6, 한국문집총간 88, 민족문화추진회, 1992, 274면.

좀 더 분명하다. 그는 이 시를 쓰기 전인 1637년 겨울에 〈택구거사자서(澤癯居士自敍)〉란 자지(自誌)를 지어 자신의 삶을 한 차례 결산한 바 있다.[365] 그 뒤 1647년 3월에 병이 재발하자 지난 글을 이어 〈자지 속편(自誌 續篇)〉을 써서 묘지(墓誌)를 대신하도록 했다.[366] 이 글에서 광해군 대 간신들에 의해 왜곡된《선조실록》을 바로잡으려 했지만 이를 가로막는 반대세력들과 삭탈관직으로 인해 완수하지 못했음을 드러냈다. 이는 1646년 별시(別試) 시관(試官)으로서 출제한 시험제목에 역적을 옹호하는 뜻이 있다 하여 삭직되고 문외출송(門外出送)되었던 일을 가리킨다. 시인이 남긴 자만적 작품 역시 이 무렵 지어진 것이다. 같은 해 5월 19일 병세가 악화되어 거동조차 못하게 되자 이 칠언율시를 입으로 불러줬다. 시인은 죽음 앞에서도 오로지 국가와 백성들 걱정뿐이다. 물론 여기에는 서인계 관료로서 자신의 정치적 입장이 배후에 있다.

이렇게 죽음을 삶의 연장으로 파악하고 죽음 자체를 그리 중요시하지 않았던 만큼,[367] 표면적으로 조선시대 문인들 역시 죽음의 문제를 심각하게 여기지 않고 달관(達觀)하는 듯한 모습을 보이게 된다. 지금까지 수집된 자만시에서 가장 보편적으로 발견되는 의식 역시 죽음을 달관하는 자세이다.[368] 이는 동아시아의 죽음에 관한 문화적 전통과 무관하지 않은 문제일 것이다. 사후세계에 대한 고려보다 인간세상이 중심이 되고, 삶을 충실히 사는 것을 죽음을 잘 맞이하는 것으로 생각하며, 또 개별자인 소아(小我)를 넘어 우주 자연과 일체된 대아(大我)의 관점에서 볼 때 죽음을 두려워할 것이 없다는

365 李植,《澤堂集》別集 권1, 같은 책, 543-546면.

366 李植, 같은 책, 546-547면.

367 김교빈, 〈죽음에 대한 유교의 이해 — 죽음을 두려워 않는 낙천적 세계관〉,《철학연구》75집, 철학연구회, 2006, 1-19면.

368 지금까지 동아시아 전통사회에서 죽음을 받아들이는 태도에 대한 체계적이고 심도 있는 접근은 이루어진 바 없다. 특히, 죽음에 대한 인간의 태도 변화를 묘지명·유언장·도상 등을 통해 접근한 프랑스 역사학자 필립 아리에스(Philippe Ariès)의 연구에 비견될 만한 성과는 제출된 바 없다. 필립 아리에스(Philippe Ariès),《죽음 앞의 인간(L'homme Devant la Mort)》, 고선일 옮김, 새물결, 2004. 까닭에 이 문제는 일정하게 규정하기 몹시 조심스러운 측면이 있다. 이하에선 자만시에 드러나는 죽음에 대한 태도만으로 한정해서 논의하기로 한다.

사고방식이다.[369]

우리가 조선시대 자만시에서 만나게 되는 죽음을 달관하는 자세는 다음 두 가지가 많다.

첫 번째 우리 모두의 죽음이란 의식이다. 시인은 사람은 누구나 죽는 것이고, 그래서 자연(自然)으로 돌아가는 것인 이상, 나의 죽음만 유별난 것이 아니라고 이야기한다. 앞서 언급한 이원익의 〈노쇠함을 한탄하며 자만시를 써서 이적에게 주다 2수[嘆衰自挽贈李穡二首]〉 중 첫 번째 수 "자연 조화 따라 죽음으로 돌아가니, 오산의 풀과 나무 속 평탄한 자리로 가리.[370] [乘化聊歸盡, 梧山草樹平.]",[371] 김임(金恁, 1604-1667)의 〈자만(自輓)〉 "애오라지 자연 조화 따라 돌아가리니, 기꺼이 초목과 함께 썩으리라.[聊乘化而歸盡, 甘與草木同腐.]"[372] 등이 그런 예다. 김임은 학봉(鶴峯) 김성일(金誠一)의 조카인 운천(雲川) 김용(金涌)의 손자로 태어났다. 어린 시절 글자를 배우자마자 능히 시구를 지어내 할아버지의 남다른 사랑을 받았다. 생원시에 급제했지만 벼슬엔

369 중국계 미국학자 위잉스[余英時]는 이 문제를 다음과 같이 설명한다. 동아시아인의 생사관은 '인간과 천지만물이 하나'라는 관점의 연장선상에 있다. 불교가 유입되기 이전에는 동아시아인들에게 영혼불멸에 관한 견해가 없었다. 각각 천지의 기운을 대표하는 '혼(魂)'과 '백(魄)'이 모이고 흩어짐에 따라 태어나고 죽게 된다. 이것은 일종의 이원론적 영혼관으로서 세계 문화 가운데 매우 이색적이다. 무엇보다 주목할 것은 혼과 백이 하나는 하늘로 올라가고 다른 하나는 땅으로 들어가며 결국 대지의 기(氣)로 다시 돌아가므로 영원히 존재하는 개체는 아니다. 이에 따라 중국 고대에는 '천당'과 '지옥'에 관한 상상이 있었다 할지라도 충분히 발달되지 못하였다. 가장 중요한 것은 역시 인간세상이었으며, 천당과 지옥 역시 인간세상의 연장이다. 생전세계와 사후세계의 관계가 일종의 부즉불리(不卽不離)의 특성을 보여 준다. 또 동아시아의 사상가들은 줄곧 영혼불멸의 관념을 중시하지 않았다. 그러나 그들은 영혼불멸에 의지하지 않고도 인생을 적극적으로 긍정할 수 있다고 생각했다. 곧 공을 이루며, 덕을 세우고, 학설을 내세우는 '삼불후(三不朽)'가 동아시아인들의 '영생'에 대한 확신이다. 이런 생사관에 입각하면 모든 개인은 소아(小我)의 죽음을 담담하게 받아들일 수 있다. 곧 나의 삶을 잘 영위하는 것이 바로 죽음을 잘 맞이하는 것이란 사고방식이 여기서 나온다. 위잉스[余英時], 〈동양은 삶과 죽음을 어떻게 보았는가〉, 《동양적 가치의 재발견》, 김병환 옮김, 동아시아, 2007, 158-164면; 마이클 로이(Michael Loewe), 《古代 중국인의 生死觀(Chinese Ideas of Life and Death)》, 이성규 역, 지식산업사, 1987, 1-220면. 한편, 조선시대 문인들이 자신의 죽음을 받아들일 때 주로 문제 삼는 부분은 '삼불후(三不朽)' 중 '입언(立言)'과 '입덕(立德)'이었다. 최유연(崔有淵, 1568?-?)의 〈자만(自挽)〉 "이 내 생애 문장과 도덕으론, 보잘것없어 가죽조차 남기지 못하네.[文章與道德, 落落未留皮.]" 같은 구절에서 이 점이 잘 드러난다. 崔有淵, 《玄巖遺稿》 권1, 한국문집총간 속집 22, 민족문화추진회, 2006, 511면.

370 이원익의 선영은 금천(衿川: 지금의 경기도 광명시)에 있었다고 한다. 여기서 말하는 오산도 금천에 있는 산 이름이 아닐까 싶다.

371 李元翼, 《梧里集》 권1, 한국문집총간 56, 민족문화추진회, 1990, 264면.

372 金恁, 《野庵文集》(詩), 《長皐世稿》 권1, 국립중앙도서관 소장본.

뜻을 두지 않고 향리인 우곡(雨谷)에 야암(野庵)이라 편액한 집을 짓고 후학 양성에 힘썼다. 이원익과 김임이 쓴 달관의 표현은 도연명 〈귀거래혜사(歸去來兮辭)〉 "자연의 변화 따르다가 죽음으로 돌아가니[聊乘化以歸盡]"로부터 온 것이다.

두 번째 죽음을 먼저 간 혈육들과의 만남으로 받아들이는 의식이다. 시인은 죽음이 앞서 간 가족에게 돌아가는 것이기에 기꺼이 받아들일 수 있음을 보여 준다. 광해군 시절 인목대비 폐비 논의에 불만을 품고 벼슬을 떠나 은거했던 현덕승(玄德升, 1564-1627)의 〈자만(自挽)〉 "자연으로 돌아가 변화 살피니 내 어찌 한스러우랴, 돌아가 부모님 모시고 두 아이 만나리라.[返眞觀化吾何恨, 歸侍雙親見兩兒.]"가 대표적인 예다.[373] 《희암유고(希菴遺稿)》 권4에 실려 있는 〈행장략(行狀略)〉에 따르면, 시인이 직접 시에 단 주석에 "부모님은 이미 장례 지냈고 두 자식도 잃었기 때문에 마지막 구절에 이같이 말한 것이다.[考妣既葬, 二子又失, 故末句云.]"라고 씌어 있다. 죽음을 받아들이는 데 있어서도 가족의 문제가 중요하게 작용함을 확인할 수 있다.[374]

이런 가족의식은 수직적으로 확장되어 가문의식으로서 나타나기도 한다. 영남의 대쪽 같은 성품의 학자 김휴(金烋, 1597-1638)의 〈임종 무렵 쓴 자만시[臨終自輓]〉 "위론 네 부모 저버리고, 아래론 네 몸 저버렸구나. 너는 무슨 낯으로, 돌아가 저승의 조상 뵐 건가?[上負爾親, 下負爾身. 爾何顏面, 歸見先人.]",[375] 17세기 영남에서 예학자로 명망이 높던 이유장(李惟樟, 1625-1701)의 〈자만(自輓)〉 "선조의 무덤 아래 몸 누일 수 있음 얼마나 다행인가, 무덤에서 영원토록 즐겁게 지내리라.[何幸托身先壟下, 幽堂千古永怡怡.]",[376] 남명

373 현덕승은 쉰아홉 되던 해인 임술년(1622)에 자만시를 썼는데, 그가 64세까지 살았던 것을 감안한다면 임종 무렵에 쓴 작품은 아니라고 할 수 있다. 玄德升, 《希菴遺稿》 권2, 한국문집총간 속집 13, 민족문화추진회, 2006, 330면.

374 이용주는 유교의 죽음 이해를 다룬 책에서 유교에서 죽음은 개인의 문제에 그치지 않는 가족의 문제, 공동체의 문제, 국가의 문제로 주제화된다고 특별히 강조한 바 있다. 이용주, 《죽음의 정치학: 유교의 죽음 이해》, 도서출판 모시는사람들, 2015, 9면.

375 金烋, 《敬窩集》 권3, 한국문집총간 100, 민족문화추진회, 1992, 307면.

376 李惟樟, 《孤山集》 권3, 한국문집총간 126, 민족문화추진회, 1994, 61면.

(南冥) 조식(曹植)의 학문을 계승한 진주의 학자 박태무(朴泰茂, 1677-1756)의 〈자만(自輓)〉[병자년(1756) 9월 20일 쓰다(丙子九月二十日)] "무덤에서도 남는 평생 한 가지 한은, 선대의 공덕 많이 어그러뜨리고 죄 지은 몸이란 점.[平生一恨泉臺下, 世德多虧獲戾身.]"[377] 등이 그런 예다.

박태무가 살아가던 시대는 당쟁의 격화로 인해 일어난 무신란(戊申亂)의 여파로 경상우도의 선비들이 위축되었던 때였다. 그가 아버지의 권유로 늦은 나이에 과거공부를 다시 시작하여 43세 때 증광(增廣) 생원시(生員試)에 합격하기도 했지만, 아버지 기세(棄世) 후 자신의 서계서실(西溪書室)로 돌아가 성리서(性理書)를 읽고 학문을 연찬하는 데 힘썼던 것도 이 때문인 듯하다. 그러나 죽음 앞에서 자신의 삶을 돌이켜 볼 때 남는 한 가지 한이란 점에서 오랜 내면적 갈등이 고스란히 드러난다. 특히 자신의 잘못을 대대로 이어진 공덕을 잇지 못함을 들고 있기에 가문의 문제가 죽음을 받아들일 때 중요하게 작용했음을 짐작할 수 있다.

그런데, 이런 의식을 보여 주는 자만시 대부분은 개체의 죽음보다는 공동체적 죽음 내지 우리 모두의 죽음을 전제하고 있다는 점에서, '나의 죽음'을 이야기한다고 보기 어려운 점이 있다. 하지만, 모든 자만시가 그런 것은 아니다. 우리 모두의 죽음보다 '나의 죽음'에 집중한 작품들도 발견된다. 이들 작품은 죽음을 받아들이는 태도에 있어서도 죽음에 대한 체념적·순응적 의식을 넘어서 보다 적극적인 면모를 보여 준다. 이 장에서는 이런 작품들의 특성을 편의상 '초월적 죽음'이라 부르기로 한다.

먼저 조선 전기 단학파(丹學派)의 한 사람인 정렴(鄭磏, 1505-1549)의 자만시에 나타난 초월적 의식을 살펴보자.

〈자만(自挽)〉

일생 동안 책 만 권 독파하고,

377 朴泰茂,《西溪集》권2, 한국문집총간 속집 59, 민족문화추진회, 2009, 257면.

하루에 천 잔 술 다 마셨지.
복희씨 이전의 일만 고상하게 말할 뿐,
속세의 말이란 종래로 입에 담지 않았지.
안회는 삼십 살에 아성이라 칭송하던데,
선생은 어찌하여 이토록 오래 사셨는가!

一生讀破萬卷書, 一日飮盡千鍾酒.
高談伏羲以上事. 俗說從來不掛口.
顔回三十稱亞聖, 先生之壽何其久.[378]

위 시는 언뜻 삼운소율(三韻小律), 곧 여섯 구로 이루어진 율시(律詩)처럼 보이지만, 실제론 측성(仄聲)인 상성(上聲) 유운(有韻)을 사용한 고시(古詩)이다.

정렴은 을사사화를 일으켜 간흉으로 일컬어졌던 순붕(順鵬)의 아들로, 1537년(중종 32) 사마시에 합격하였지만, 아버지 문제로 벼슬길에 뜻을 두지 않았다. 유·불·도는 물론 천문·지리·의서(醫書)·복서(卜筮) 등에 두루 능통하였으며, 당시 사람들로부터 물욕을 벗어난 인물로 평가받았다.

시인은 속세와 거리를 둔 자신의 삶에 대한 자부심을 강하게 드러내며, 삶에 대한 미련이 조금도 남아 있지 않다고 말한다. 심지어 요절한 공문의 수제자 안회와 비교해 왜 이렇게 오래 살았냐고 스스로 힐문하기까지 한다. 이런 내용은 대개 자기반성을 기반으로 죽음을 통해 삶에 대한 미련을 드러내는 다른 자만시들과는 다른 수사방식이라고 할 수 있다. 정렴은 다른 시에서 자신의 삶을 "손에 청사검 잡고 세상 인연 끊어 버리고, 몇 번이나 학을 타고 푸른 하늘에 올라갔던가. 물외의 삼천 겁 세월 지내고, 또 인간 세상에 귀양온 지 이십 년.[手把青蛇斷世緣, 幾從笙鶴上蒼天. 曾經物外三千劫, 又謫人間二十年.]"[〈자술(自述)〉]이라고 술회한 바 있다. 그런 관점에서 본다면 삶에 대한 애착이란 불필요한 일임이 분명하다. 선계의 관점에서 볼 때 속세에서의 죽

378 鄭礦,《北窓詩集》권1,《李朝明賢集》4, 성균관대 대동문화연구원, 1985, 487면.

음이란 결국 원래 있던 곳으로 돌아가는 일일 뿐이기 때문이다. 그러나, 창작의도란 측면에서 본다면 이 작품은 미련두지 않겠다는 속세에 대한 어떤 해소할 수 없는 불만을 동시에 표현하고 있다. 세상의 말을 입에도 담지 않았다는 술회란 사실 속세의 문제가 말할 가치도 없다는 얘기일 수도 있다. 일종의 의도적인 외면을 통해 현실에 대한 불만을 표출한 것이라고 볼 수 있다. 뛰어난 재주를 지녔지만 세상에서 손가락질 받는 아버지를 둔 때문에 그의 삶 역시 자유롭지 않았기 때문이다. 조선 중기 유몽인(柳夢寅)은《어우야담(於于野談)》에서 정렴과 정작(鄭碏) 형제가 아버지가 사림(士林)에게 저지른 악행 때문에 벼슬길에 나가지 않고 이단의 무리 속에서 방탕하게 지내며 몸을 감춘 채 세상을 마쳤다고 기록한 바 있다.[379] 아버지의 원죄로부터 자유로울 수 없던 아들이 현실 속에서 겪은 괴로움, 그의 초월적 죽음 인식 뒤에 쓸쓸함이 느껴지는 이유가 여기에 있다.

양경우(梁慶遇, 1568-1638)의 자만시에서도 비슷한 국면이 발견된다.

〈임종 무렵 쓴 자만시[臨終自挽]〉(죽을 때 붓을 휘둘러 스스로 썼다[易簀時奮筆自題])

두 번 용문에 올랐고,[380]
세 번 동장 찼으니.[381]
인생 백년 이에 이르러,
다시 무엇을 바라랴.
돌아와 교룡산에 누우니,[382]
온갖 근심 사라지네.
솔가지에 달빛 차가운데,

379 柳夢寅,《於于野談》, 신익철 외 3인 옮김, 돌베개, 2006, 122면.

380 용문(龍門)은 황하(黃河)가 산간 지대에서 평야 지대로 나오는 곳인데, 수세가 매우 험난하다. 예로부터 잉어가 이 용문을 지나 올라가면 용이 된다는 이야기가 전한다. 그래서 사람이 과거에 합격한 것도 '용문에 올랐다[登龍門]'고 말하기도 한다.

381 동장(銅章)은 지방 수령이 차는 관인(官印)을 말한다. 동부(銅符)라고도 한다.

382 교산(蛟山)은 전북 남원시에 있는 교룡산(蛟龍山)을 가리킨다. 산기슭에서 정상까지는 돌을 깎아 쌓은 교룡산성(蛟龍山城)이 있는데, 임신왜란과 정유재란 당시 의병 1만여 명이 이곳에서 산화하였다고 한다.

한 번 눕자 천년 세월 흐르네.

再登龍門,　　三佩銅章.
人生到此,　　夫復何望.
歸臥蛟山,　　萬慮俱亡.
松枝月冷,　　一枕千霜.[383]

양경우는 조선 중기 호남의 뛰어난 시인 중의 한 사람이다. 이 시는 임종 무렵 스스로 붓을 들어 썼다고 한다. 양경우는 임진왜란 때의 의병장 양대박(梁大樸)의 아들로, 그 역시 아버지 휘하에서 아우 형우(亨遇)와 함께 왜적을 대파하는 전공을 세우기도 했다.

시의 처음 두 구에서 언급한 것처럼 양경우는 정유년(1597) 별시 문과와 1616년 문신 중시(重試)에 합격했으며, 세 차례 지방관을 지냈다. 때문에 시인은 자신의 인생에서 더 이상 바랄 것이 없다고 말한다. 그런데 후반부에선 죽어서 고향 남원의 교룡산 자락에 묻히니 모든 근심이 사라진다고 해서 앞 내용과는 다소 모순된 국면을 드러낸다. 그의 근심은 무엇이었을까? 아마도 광해군 시대 인목대비 폐비 문제로 동생이 유배되자 관직을 버리고 낙향했던 일이나, 인조반정 때 김류(金瑬)가 반정에 참여할 것을 권유했지만 거절하고 금강(錦江)으로 돌아갔던 일, 그리고 이괄의 난이 일어났을 때 인심을 미혹시키는 말을 했다는 이유로 파직되었던 일 등과 관련이 있을 가능성이 높다.

양경우는 마지막 연에서 자신의 죽음을 이렇게 시공간적으로 형상화하고 있다. 차가운 달빛 비치는 솔가지 아래 묻히니 천 년의 시간도 금방이라고. 살아 있을 때의 영화라는 것도 기나긴 죽음의 시간 앞에서 찰나에 지나지 않기 때문이다. 죽음 앞에서 감당키 어려운 현실의 고뇌를 훌훌 떨치고픈 시인의 의지가 굳세다.

383 梁慶遇,《霽湖集》권8, 筆寫本, 서울대학교 규장각 소장본.

한편 다음 시에서는 정치현실로부터 유발된 시인의 고뇌가 초월적 죽음 인식과 결합되어 만들어진 독특한 죽음의 표상을 발견할 수 있다.

〈자만(自輓)〉

상봉정으로 봉황 돌아오지 않고,[384]
표연히 곧장 흰 구름 사이로 올라갔네.
이로부터 호수와 산에 일정한 주인이 없으니,[385]
밝은 달과 맑은 바람에 만세토록 한가로우리.

翔鳳亭中鳳不還, 飄然直上白雲間.
湖山自此無常主, 明月淸風萬古閒.[386]

이 자만시는 조임도(趙任道, 1585-1664)가 광해군대 정국을 장악했던 대북세력의 보복을 피해 칠원(漆原)으로 이주했을 때 지은 것이다. 시인은 자만시 외에도 〈자전(自傳)〉을 남긴 바 있다. 도연명의 〈오류선생전(五柳先生傳)〉을 연상시키는 이 글에서 조임도는 자신의 성품을 "비록 부귀한 집안의 위세가 하늘을 찌를지라도 아첨하고 굽히지 않았으며[雖貴家巨室勢焰熏天, 不欲諂屈]", "시세에 적당히 따라 처신함은 내가 할 수 없는 것이고, 권력자에게 붙어 남을 농락하는 일은 내가 하려고 하지 않는 것[俯仰浮沈, 翁不能也, 依阿籠絡, 翁不屑也]"이라고 적고 있다. 그래서 자신의 아버지조차도 "우리 애는 기질이 가을 물처럼 맑지만, 세속과 잘 어울리지 못하여 지금 세상에서 화를 면하지 못할까 두려울 따름[吾兒氣質, 瑩若秋水, 但恐其不能諧俗, 難乎免於今之世耳]"이라고 걱정했다고 썼다.

384 조임도는 광해군 10년(1618) 가을 그의 나이 34세 때 함안(咸安)에서 칠원(漆原)의 내내(柰內)로 이주하였는데, 그곳에 작은 정자를 짓고 상봉(翔鳳)이라 편액하였다. 이때 그는 인목대비 폐비에 반대하였는데, 대북세력을 피하기 위해 이주했던 것으로 알려져 있다.

385 소식(蘇軾)의 글에 "임고정 아래로 십여 보도 되지 않는 거리에 큰 강물이 흐른다. 그 강물의 반절 정도는 아미산에서 눈이 녹은 물인데, 내가 마시고 먹고 목욕하는 것을 모두 이 물에서 취하고 있다. 그러니 내가 어찌 꼭 고향에 돌아가야만 하겠는가. 강산과 풍월은 본래 일정한 주인이 없나니, 한가로이 즐길 수 있는 그 사람이 바로 주인이라 할 것이다.[臨皐亭下不十數步, 便是大江. 其半是峨嵋雪水, 吾飮食沐浴皆取焉. 何必歸鄕哉. 江山風月本無常主, 閑者便是主人.]"(《東坡志林》 권10)라는 말이 나온다.

386 趙任道, 《澗松集》 권2, 한국문집총간 89, 민족문화추진회, 1992, 45면.

아버지의 우려대로 그는 세상과 불화했고 서른넷의 나이에 생명마저 위험한 상황에 처하게 되었던 듯하다. 시인은 자만시를 통해 자신의 인생을 결산하고 상징적 기법을 동원하여 자신의 죽음을 애도하고 있다. 피신한 칠원현 내내(柰內)에 마련한 상봉정(翔鳳亭)을 무대로 스스로를 봉황에 빗대어 썼다. 하늘로 올라간 봉황이 상봉정으로 돌아오지 않는다는 말은 자신의 죽음을 의미한다. 시인은 자신의 죽음에 애써 초연함을 가장한다. 주인(자신)이 죽은 뒤 호수와 산[湖山]이 만세토록 한가로울 것이라고 사후의 정경을 묘사한다. '호산(湖山)의 주인'이란 말은 본래 소식(蘇軾)의 시 〈기유효숙(寄劉孝叔)〉에서 나온 표현이다. 세속 명리(名利)를 번거롭게 여겨 돌아가 호산(湖山)의 주인이 되었다는 의미로 쓰였다. 이 시에선 환란을 피해 숨어 사는 조임도 자신과 관계된 표현으로 사용되고 있다. 그런데, 주인을 잃은 호산이 오래도록 한가로울 것이란 말은 무엇을 말하려는 것인지 분명하게 드러나지 않는다. 자신이 없으면 세상이 한가롭다고 했다는 측면에선 자신으로 인해 세상이 시끄러워졌다는 의미일 수도 있고, 처음 두 구에서 봉황이 세상으로 돌아오지 않고 떠나버렸다는 점을 감안하면 현실이 머물만한 곳이 못 됨을 반어적으로 표현했다고도 볼 수 있다. 그러나 어떻게 이해하더라도 이 자만시에 당대 정치현실에 대한 비판적 의식이 담겨 있음은 분명하다.

조임도는 자만시를 쓰면서 다음 시구들을 참조했던 것으로 보인다. 먼저 첫째 구의 돌아오지 않는 봉황이란 이백(李白)이 〈임로가(臨路歌)〉에서 "대붕은 날아올라 팔방에 떨치다가, 하늘에서 날개 꺾여 힘을 쓰지 못했네.[大鵬飛兮振八裔, 中天摧兮力不濟.]"라고 자신의 일생을 결산한 것을 연상시킨다. 한편으로 이 구절은 둘째 구절과 함께 최호(崔顥) 〈황학루(黃鶴樓)〉 시의 "옛사람 이미 황학 타고 떠나, 이 땅엔 부질없이 황학루만 남았네. 황학이 한 번 떠나 다시 오지 않으니, 흰 구름만 천년토록 헛되이 유유하네.[昔人已乘黃鶴去, 此地空餘黃鶴樓. 黃鶴一去不復返, 白雲千載空悠悠]"와 이백 〈등금릉봉황대(登金陵鳳凰臺)〉 시의 "봉황대 위 봉황이 노닐더니, 봉황 떠나 누대 비고 강물만 절로 흐르네.[鳳凰臺上鳳凰游, 鳳去臺空江自流.]"를 교직(交織)한 것이다. 또한 마지막 구절은 북송(北宋) 마존(馬存)의 〈연사정(燕思亭)〉 시에서 시선(詩仙) 이백(李白)의 죽음을 두고 "이백이 고래 타고 하늘로 날아가 버리니, 강남의 풍월이 여러 해 동안 한가로웠네[李白騎鯨飛上天, 江南風月閑多年]."라고 한 표현을 떠올리게 한다. 이렇게 최고의 칠언율시로 일컬어지는 〈황학루〉 시와 이백의 시들 및 이백을 추모한 마존의 시, 그리고 앞서 언급한 소식 시의 표현을 활용함으로써 시의 표현미를 끌어올리고 의미의 진폭과 여운을 강화시키고 있다. 특히 봉황이란 죽음의 표상이 독자에게 인상적으로 다가온다. 이런 초월적 죽음인식이 표상을 통해 강렬하게 표출된 작품으론 임제(林悌, 1549-1587)의 자만시를 빼놓을 수 없을 것이다.

〈자만(自挽)〉

강한풍류 40년 세월 동안,[387]
맑은 명성 당시 사람들 울리고도 남으리.
이제야 학 타고 세간 굴레 벗어나니,
바닷가의 반도는 열매 새로 익겠구나.[388]

387 강한풍류(江漢風流)는 동진(東晉)의 명신인 유량(庾亮)의 풍류를 일컫는 말이다. 유량은 타고난 위의가 있고, 담대하여 어떤 위기의 순간에도 침착했던 인물이었는데, 뛰어난 인품과 정치적 수완으로 많은 일화를 남기고 있다. 한때 반란을 유발한 책임을 물어 그를 죽이려 했던 도간(陶侃)마저 유량은 풍류만이 아니라 정치력도 겸비했다고 평가한 바 있다.《세설신어(世說新語)》〈용지(容止)〉편에 유량의 '강한풍류(江漢風流)'와 관련된 일화가 실려 있다. 유량이 정서장군(征西將軍)이 되어 무창(武昌)에 있을 때 장강(長江) 가에 누각을 세우고 이를 남루(南樓)라 불렀다. 날씨 좋고 경치 아름다운 어느 가을밤 막료인 은호(殷浩)·왕호지(王胡之) 등이 남루에 올라 시를 읊조렸다. 읊조가 막 높아지려 할 때 계단에서 나막신 소리가 몹시 크게 들렸는데 유량이 행차한 것이었다. 유공이 종자 10여 명을 이끌고 걸어오자 여러 명사들이 일어나 피하려 했더니, 유공이 천천히 이르길, "여러분, 잠시 머무시게. 이 늙은이도 이 자리에 흥취가 적지 않소이다."라고 했다. 그리고는 곧장 접이 의자에 앉아 사람들과 함께 읊조리고 담소하면서 그 자리가 끝날 때까지 마음껏 즐겼다. 두보(杜甫)의 〈강릉절도사 양성군왕이 새 누각을 지어 왕이 엄판관에게 칠언시를 짓게 하여 함께 짓다[王請嚴侍御判官, 賦七字句, 同作(江陵節度使陽城郡王, 新樓成, 王請嚴侍御判官, 賦七字句, 同作)]〉란 시에도 "퇴청한 여가에는 막료들을 맞아 즐기니, 강한의 풍류는 만고에 한 가지 정이로다.[自公多暇延參佐, 江漢風流萬古情.]"라는 구절이 보인다. 임제가 자신의 풍류를 동진(東晉)의 명신인 유량(庾亮)의 풍류에 빗댄 것이다. 강한(江漢)을 한강으로 해석한 경우도 있지만, 임제의 환력(宦歷)이나 그의 생장지를 감안할 때 한강을 의미하는 말로 보기 어렵다.

388 반도(蟠桃)는 신화 중에 나오는 서왕모(西王母)가 심은 복숭아로, 3천 년에 한 번 꽃이 피고 3천 년에 한 번 열매를 맺으며 이를 먹으면 불로장생한다고 한다.

江漢風流四十春, 淸名贏得動時人.
如今鶴駕超塵網, 海上蟠桃子又新.[389]

임제는 시대와는 맞지 않는 낭만적 감수성을 지녔던 인물이다. 제2장에서 살펴본 것처럼 자만시는 만시의 변격(變格)이라고 할 수 있지만, 시의 구성방식에선 일정하게 공유하는 부분도 있다. 일반적으로 만시의 구성요소로 비탄(悲嘆)·진혼(鎭魂)·칭양(稱揚)을 드는데, 자만시엔 이중 고인을 추켜세우는 칭양(稱揚)의 부분이 빠지고 자성(自省)의 말이 들어오는 경우가 많다. 애도의 대상이 타인이 아니라 자신이기 때문에 자연스럽게 생기는 변화라고 할 수 있다. 그런데 임제의 시는 자만시에선 찾아보기 힘든 칭양만이 극단적으로 드러난 경우다. 자성도 비탄도 그의 시에선 찾아보기 힘들다. 어떤 경로를 거치던 간에 죽음을 통해 삶을 조명해 내는 일반적인 자만시와 달리, 짐짓 초월적 공간인 신선세계를 이야기하는 것으로 마무리 한다. 죽음을 시공간의 초탈로 형상화하고 있는 것이다. 마치 자신의 삶에 대한 회한이란 조금도 없는 것처럼 초월적 세계로의 상승을 과장되게 그려낸다.

임제의 실제 삶과 비교해 볼 때, 승구의 '맑은 명성[淸名]'이란 말은 묘한 느낌을 준다. 시인은 여러 가지 사건으로 인해 당시 사람들의 구설에 오르고, 그들로부터 문학 외에는 볼 것이 없는 인물이라는 평도 들었다. 잘 알려진 것처럼, 임제는 임종 무렵 자식들에게 황제라 칭하지도 못하는 형편없는 나라에 살다가 죽는 것을 슬퍼할 필요 없다는 유언을 남긴 바 있다. 또 항상 우스갯소리로 중국의 오대(五代)나 육조(六朝) 시대에 태어났다면 돌림천자쯤은 되었을 것이라 호기롭게 말했다고 한다.[390] 따라서, 이 시에서의 신선세계는 단순히 부정한 현실을 비판하는 것을 넘어서 현실의 왜소함과 한계성을 부각시키는 기능을 하게 된다.

앞서 언급한 것처럼 자만시의 자아는 살아 있는 나와 죽은 나라는 이중성

389 林悌, 《林白湖集》 권3, 한국문집총간 58, 민족문화추진회, 1990, 288면.
390 이익, 《성호사설》 권9, 인사문, 〈善戱謔〉. 고전번역원 한국고전종합DB 참조.

을 띠게 된다. 내적 구조에서 볼 때 시적 화자는 죽은 나인 반면, 작품 밖에서 볼 땐 살아 있는 시인이 죽은 자신을 이야기하는 것이 되기 때문이다. 임제의 자만시에선 반어적 표현을 통해 밖의 자아와 시 속의 자아가 대비되고 이것이 작품 전체에 역설의 미학을 만들어 내고 있다. 작품을 읽고 작품과 현실의 모순과 괴리를 발견하는 순간, 시인이 자만시를 통해 의도한 바는 결실을 거두게 된다. 그런 측면에서 '학을 탄 자아'는 단순한 현실 비판을 넘어서 옹졸하고 고루한 현실을 야유하고 싶은 시인 내면의 의식을 보여 준다. 이 시에서 자신의 삶에 대한 반성적 통찰이 없는 이유가 여기에 있다. 이 시는 임제 사후 그를 애도하는 시구로 활용되기도 했다.[391]

우리 모두의 죽음보다 '나의 죽음'에 집중한 이들 작품들에서 또 하나 눈에 띄는 것은 내 죽음의 표상이 다채로워진다는 점이다. 이는 우리라는 공동체적 죽음에 집중한 경우에 나타나는 죽음의 표상들과 일정한 차이가 있다. 조선시대 문인들이 자신의 죽음과 관련해서 즐겨 썼던 표상 중의 하나는 무덤과 관련된 것들이었다.

농암(聾巖) 이현보(李賢輔)의 외손자이며 퇴계(退溪) 이황(李滉)의 문인이었던 김기(金圻, 1547-1603)의 〈병중음(病中吟)〉 "숙부와 형 부르고 또 동생을 불러, 봄바람 가을 달 아래 술잔 기울이며 취했었지.[392] 이제는 끝나고 삶과 죽음으로 떨어지니, 양장산(羊場山) 돌아봄에 봉분만이 우뚝하구나.[393] [呼叔呼兄又呼弟, 春風秋月醉壺觴. 從今已矣幽明隔, 回首羊場封若堂]",[394] 퇴계 이황의 후손으로 조상 숭모가 남달랐던 이수연(李守淵, 1693-1748)의 〈임종시(臨絶詩)〉

391 같은 호남 출신의 의병장이었던 고경명(高敬命)은 임제의 죽음을 추모하는 만시에서 이 시의 기·전·결구를 가져다 쓰고 있다. 다만 고경명의 〈임제를 애도하며(哀林子順)〉란 만시에는 전구를 "여금학가초진망(如今鶴駕超塵網)"이 아니라 "초연학가선진망(超然鶴駕蟬塵網)"으로 써서 표현의 차이가 있다.

392 "봄바람 가을 달 아래 술잔 기울이며 취했었지[春風秋月醉壺觴]"는 백거이(白居易) 시의 "봄바람 가을 달에 좋은 술 가지고, 팔십 년 동안 자연을 완상하였지.[春風秋月携佳酒, 八十年來玩物華.]"(〈送滕庶子致仕歸婺州〉)와 유사한 표현이다.

393 양장산(羊場山)은 예천(醴泉) 양장산을 가리킨다. 이세택(李世澤)이 쓴 김기의 〈행장(行狀)〉에 따르면 1604년 1월 김기가 세상을 뜬 뒤 이 시구의 표현대로 양장산에 묻었다고 한다. 이 시구가 사실상 자신의 묻힐 곳을 유언한 것임을 알 수 있다.

394 金圻,《北厓集》권2, 한국문집총간 속집 2, 민족문화추진회, 2005, 524면.

[무진년(1748) 1월 15일 짓다(辰正月十五日)] "평생의 일 돌이켜 보니, 저 하늘에 부끄러운 일 어찌 그리 많던지. 오직 무한한 뜻 가지고, 영원히 한 줌 흙 속에 의탁하리라.[點檢平生事, 何多愧彼穹. 惟將無限意, 永托一坏中.]",[395] 영·정조 대 경상우도의 대표적 학자로 근기(近畿) 남인들과도 폭넓게 교유했던 박지서(朴旨瑞, 1754-1819)의 〈자만(自輓)〉 2수 중 두 번째 수 "세월은 점점 흘러가는데, 강해에서 덧없이 노닐었네. 우습구나 청산 가에, 부질없이 흙 한 줌 더하는 것이.[光陰成荏苒, 江海浪優游. 可笑青山畔, 空添土一杯.]"[396] 같은 예가 그렇다.

무덤이란 표상은 한편으로 자조적인 죽음 인식과 연결되기도 했다. 영남의 문인 강필효(姜必孝, 1764-1848)의 〈자만(自挽)〉 "겸선천하(兼善天下)도 독선기신(獨善其身)도 할 기회도 잃은 천하의 이 한 몸,[397] 평생을 따져 보니 미진한 사람이구나. 농사지을 수 없는 어느 청산에, 헛되이 죽은 이 내 몸 묻으려나.[一身天下失兼獨, 斷案平生未了人. 何處青山不食地, 去藏虛死百年身.]"[398]에선 하찮은 자신을 묻어야 할 곳은 경작할 수 없는 불모지라고 쓰기도 했다.[399]

그러나 일부 자만시에서 표상되는 나의 죽음은 이와 다르다. 이들 시에서 죽음은 앞서 인용한 조임도의 '봉황'이나 임제의 '학' 외에도 '매화', '살구꽃', '달' 등으로 표상된 경우들이 발견된다. 정도 차이는 있지만 모두 강렬한 자아상징성을 띠고 있다. 이들 표상들은 우리 모두의 죽음과는 구별되는

---

395 李守淵,《青壁集》권1, 한국문집총간 속집 72, 한국고전번역원, 2009, 361면.

396 朴旨瑞,《訥菴集》권1, 한국문집총간 속집 103, 한국고전번역원, 2010, 29면.

397 선비가 선택해야 할 두 가지 대표적 처세방식을 말한다.《맹자》〈진심 상(盡心 上)〉에 "옛사람들은 뜻을 얻으면 은택이 백성에게 가해지고, 뜻을 얻지 못하면 몸을 닦아 세상에 드러나니, 궁하면 그 몸을 홀로 선하게 하고, 영달하면 천하를 겸하여 선하게 하는 것이다.[古之人, 得志, 澤加於民, 不得志, 修身見於世, 窮則獨善其身, 達則兼善天下.]"라고 하였다. 인용 시의 '실겸독(失兼獨)'이란 표현은 아내를 잃고 홀아비인 시인의 처지를 의미하는 것으로 해석할 수도 있다.

398 姜必孝,《海隱遺稿》권1, 한국문집총간 속집 108, 한국고전번역원, 2010, 31면.

399 불식지지(不食之地)는 농사지을 수 없는 땅으로 여기에선 장지(葬地)를 말한다. 이는《예기(禮記)》〈단궁 상(檀弓 上)〉에 나오는 다음 일화로부터 유래한다. "제나라의 대부 성자고(成子高)가 병으로 누웠는데 경유(慶遺)가 들어가 청하기를 '당신의 병이 위독합니다. 만약 크게 악화된다면 어떻게 해야겠습니까?'라고 하니, 자고가 말하기를 '내가 들으니 살아서는 남에게 유익하게 함이 있고, 죽어서는 남에게 해를 끼치지 않는다고 하였다. 내가 비록 살아서는 남에게 유익하게 함이 없었으나 내가 죽어서 남을 해롭게 할 수 있겠는가? 내가 죽거든 경작할 수 없는 땅을 골라서 나를 매장하도록 하라.'[成子高寢疾, 慶遺入, 請曰, '子之病革矣, 如至乎大病, 則如之何?' 子高曰, '吾聞之也, 生有益於人, 死不害於人, 吾縱生無益於人, 吾可以死害於人乎哉? 我死, 則擇不食之地, 而葬我焉.']"라고 했다.

의식을 드러낸다고 할 수 있다.

다음은 과거를 포기하고 학문에 전념했던 은사(隱士) 김상연(金尙埏, 1689-1774)의 자만시다.

〈자만(自挽)〉

늙은 홀아비 신세 담박하기가 중과 같고,
고루하니 어찌 멀리 있는 벗 찾아온 적 있으랴.
쇠한 눈이라 일찍 온 봄에 더욱 놀라니,
매화 이미 졌지만 살구꽃 아직 남았기에.

老鰥身世淡如僧, 孤陋何曾來遠朋.
衰眼更驚春到早, 梅花已落杏花仍.[400]

김상연은 부친의 삼년상을 마친 뒤 과거공부를 그만두고 오로지 성리서(性理書)와 예서(禮書)에만 전념했다. 1728년(영조 4) 고산(高山)의 묵동(默洞)에 은거하며 묵계(默溪)라 자호하였다가, 뒤에 자손과 후생을 면려하는 뜻에서 호를 기기재(棄棄齋)로 바꾸었다.

기·승구는 대부분의 자만시가 그러하듯 자신을 낮추어 표현하는 자성적 내용으로 시작된다. 홀아비의 단출한 삶과 고루한 성품이 그것이다. 하지만 전구에 이르러 시상은 전환된다. 시인은 새 생명 움트는 봄의 이른 도래에 깜짝 놀란다. 떨어진 매화와 아직 남아 있는 살구꽃으로 제시된 마지막 구의 이미지가 선명하다.

일반적으로 죽음은 봄과 상반된 성격을 갖는다. 늦가을이나 겨울 정도가 죽음과 관련 깊은 계절이라고 할 수 있다. 그래서 일까? 죽음을 앞 둔 시인은 이른 봄소식에 놀라고 있다. 매화는 어느새 져 버렸고 살구꽃은 이제 한창이라고 했다. 매화가 온갖 꽃들이 피기 전 눈서리를 무릅쓰고 핀다면, 살구꽃

400 金尙埏,《棄棄齋集》권1, 국립중앙도서관 소장본.

은 이제 본격적으로 봄이 왔음을 알린다. 그런데 매화가 져도 살구꽃은 여전하다는 것은 무엇을 의미하는 것인지 이 시만으론 분명히 알 수 없다. 어쩌면 자신 사후에도 세상은 변함없이 또 생장하며 유전함을 빗댄 것인지도 모른다. 다만 이 시는 자만시임에도 상장례에 대해선 한 마디도 언급하고 있지 않다. 매화와 살구꽃으로 표현된 죽음과 삶의 표상이 드리우는 의미가 유장하다.

조선시대 삼대가 대제학을 지낸 연안(延安) 이씨 가문의 이단상(李端相, 1628-1669)이 남긴 유시(遺詩)에서는 또 다른 표상을 찾아볼 수 있다.[401]

〈죽은 이가 남긴 시[遺詩]〉(죽기 사흘 전에 읊은 것이다.[易簀前三日所吟.])

이 병이 갑자기 이처럼 악화되니,
이 사람이 여기에 이르렀구나.[402]
장수하거나 요절하거나 모두 꿈같을 뿐이니,
살고 죽음이 다시 어찌 슬퍼할 일이랴.
허둥지둥 인간세상 떠나자니,
아득하여 씩씩한 심사가 울적해지네.
오직 지동(芝洞)의 달만이 남아,
오래도록 빈 못 비추는구나.

此疾遽如此, 斯人而至斯.
彭殤都是夢, 生死復奚悲.
草草辭浮世, 茫茫鬱壯思.
惟餘芝洞月, 千古照虛池.[403]

401 이단상의 자는 유능(幼能), 호는 정관재(靜觀齋)·서호(西湖)·동강(東岡)이다. 정구(廷龜)의 손자고 명한(明漢)의 아들이다. 그의 만형 일상(一相)까지 삼대가 대제학에 오르는 영예를 누린 바 있다. 어머니는 박동량(朴東亮)의 딸이다. 희조(喜朝)의 아버지가 되고, 농암(農巖) 김창협(金昌協)의 장인이 되는데, 그의 문하에서 아들과 사위 외에 김창흡(金昌翕)·임영(林泳) 등의 학자가 배출되었다.

402 《논어(論語)》〈옹야(雍也)〉편에, "백우가 병을 앓자, 공자께서 문병하실 적에 남쪽 창문으로부터 그의 손을 잡고 말씀하셨다. '이런 병에 걸릴 리가 없는데, 천명인가보다. 이런 사람이 이런 병에 걸리다니. 이런 사람이 이런 병에 걸리다니.'[伯牛有疾, 子問之, 自牖執其手曰, '亡之, 命矣夫, 斯人也, 而有斯疾也, 斯人也, 而有斯疾也.']"라는 내용이 보인다. '이 사람[斯人]'이란 공자가 제자 백우의 죽음을 애통해 할 때 쓴 용어를 염두에 둔 표현이다.

403 李端相,《靜觀齋集》권3, 한국문집총간 130, 민족문화추진회, 1994, 56면.

이단상이 남긴 자만적 작품이다. 임종 사흘 전에 읊었다는 제목 주석과 달리, 연보에 따르면 병중에 읊은 시의 내용이 위와 같았는데 죽기 사흘 전 시의 처음 두 구 이후를 아래와 같이 바꾸도록 하였다고 한다. 시의 전문을 인용해 본다.

이 병이 갑자기 이처럼 악화되니,
이 사람이 여기에 이르렀구나.
살고 죽는 것 모두 운명이거니,
오고 감에 다시 어찌 슬퍼하랴.
성명(誠明)의 업은 이루지도 못하고,[404]
부질없이 백성에게 은택 미칠 기약만 어겼네.
천 년 지동(芝洞)의 달만이,
헛되이 정관재(靜觀齋)의 못을 비추는 구나.

此疾遽如此, 斯人而至斯.
死生都是命, 來去復奚悲.
未就誠明業, 空違致澤期.
千年芝洞月, 虛照靜觀池.[405]

원시의 경련에서 인간 세상에 다소 연연하는 뜻을 보였다면 고쳐 쓴 시에선 그런 색채를 걷어내고 있다. 오히려 성인의 말씀대로 살지 못해서 위정자로서 백성에게 어떤 은택도 미치지 못했음을 한탄한다. 이단상은 39세 때인 1666년(현종 7년) 양주(楊州)의 영지동(靈芝洞)에 정관재(靜觀齋)를 지은 바 있

404 《중용(中庸)》 제21장 "성(誠)으로 말미암아 밝아짐을 성(性)이라 이르고, 명(明)으로 말미암아 성실해짐을 교(教)라 이르니, 성실하면 밝아지고, 밝아지면 성실해진다.[自誠明, 謂之性, 自明誠, 謂之教, 誠則明矣, 明則誠矣.]"라는 말에서 온 것이다. 주희의 집주(集注)에 "덕이 성실하지 않음이 없어, 밝음이 비추지 않음이 없는 자는 성인의 덕으로서 성(性)대로 하여 간직한 자이니, 천도(天道)이고, 먼저 선(善)을 밝게 안 뒤에 그 선을 성실히 하는 자는 현인의 배움으로서 가르침을 말미암아 들어가는 자이니 인도(人道)이다. 성실해지면 밝지 않음이 없고, 밝아지면 성실함에 이를 수 있을 것이다."라고 풀이하였다.

405 李端相, 《靜觀齋集》 年譜 권2, 한국문집총간 130, 민족문화추진회, 1994. "四十二年己酉, 先生四十二歲, …(중략)…, 九月十六日朝, 命外甥李澕書遺疏.(先生病漸革, 日就奄奄, 自知終不能起, 遂命書遺疏. 又謂子弟曰, '死生壽夭, 皆命也, 何足爲恨. 但未還故山, 又未能久與爾輩優遊林下, 講學著書, 以卒吾志, 此爲慨然耳.' 嘗於病中, 吟一律曰, '此疾遽如此, 斯人而至斯. 彭殤都是夢, 生死復奚悲. 草草辭浮世, 茫茫鬱壯思. 惟餘芝洞月, 千古照虛池.' 至是, 命改第二句以下曰, '死生都是命, 來去復奚悲. 未就誠明業, 空違致澤期. 千年芝洞月, 虛照靜觀池.')"

다. 시에서 말한 지동의 달이란 그가 만년에 머물렀던 곳을 가리킨다. 시인은 42세를 일기로 세상을 떴다. 자신의 죽음 뒤에도 언제나 그렇듯이 달빛은 내 집을 비춰 줄 것이라고 썼다. 만시에서 달은 죽음의 상징으로서 종종 등장한다. 그것은 인생무상을 나타내는 징표가 되기도 하고 죽음 이후를 암시하는 이미지가 되기도 한다. 이단상은 처음 "오직 지동의 달만이 남아, 오래도록 빈 못 비추는구나.[惟餘芝洞月, 千古照虛池.]"라고 썼다가 다시 "천 년 지동의 달만이, 헛되이 정관재의 못을 비추는구나.[千年芝洞月, 虛照靜觀池.]"라고 고쳐 썼다. 전자가 죽음을 운명으로 받아들이고 초탈하려는 의식이 두드러진다면, 후자는 죽음의 허무함이 부각된다고 볼 수도 있지만, 그 차이가 무엇인지는 분명하지 않다. 다만, 지동의 달빛이 이단상 자신이 생각한 죽음의 표상(이미지)이었음은 확인할 수 있다. 달을 죽음의 표상으로 사용한 것은 만시의 경우에도 드물지 않다. 다만 개인상징으로서의 특화된 양태를 보이는 경우는 드물다. 이단상의 경우에서 이미 드러나지만 이 달빛이 가진 보편성은 한편으로 초월적 죽음인식을 좀 더 낭만적이고 애틋하게 만들어주는 경향이 있다. 그 대표적인 예로 이양연(李亮淵, 1771-1853)의 자만시로 일컬어지는 다음 시를 들 수 있다.

〈병이 위급해져[病革]〉[406]

시름으로 보낸 일생,
달은 암만 봐도 모자라더라.[407]
그곳에선 영원히 서로 대할 수 있을 터이니,
묘지로 가는 이 길도 나쁘지만은 않구려.

一生愁中過,　明月看不足.
萬年長相對,　此行未爲惡.[408]

406 이 작품은 이양연의 다른 문집인《임연당집(臨淵堂集)》과《산운집(山雲集)》에는 수록되어 있지 않다. 규장각 소장《한객건연집(韓客巾衍集)》뒤에 합철되어 있는《임연당별집(臨淵堂別集)》에 실려 있는데, 보통 이양연의 자만시라고 일컬어진다.

407 이 두 구절은 "일생 근심으로 인해, 밝은 날 제대로 못 보았네."라고 번역할 수도 있다.

408 李亮淵,《臨淵堂別集》, 서울대학교 규장각 소장본.(《韓客巾衍集》뒤에 붙어 있음)

이양연이 만년에 읊은 자만적 작품이다. 이양연은 낙척한 종실(宗室)의 후손으로 평생 방외인(方外人)을 자처했던 인물이다. 이양연은 만시에 능숙했던 시인이다. 그의 자만시는 세상에 널리 전송되었는데, 이가원의 증언에 따르면《조선한문학사》를 쓴 김태준이 이양연의 자만시라고 즐겨 암송했던 시라고 한다.[409]

이양연의 자만시에서 죽음은 '밝은 달[明月]' 이란 개인적 상징물과 연계되어 표현된다. 시인은 〈창연(悵然)〉이란 시에서 "밝은 달은 나의 등불이 된다[明月爲我燭]"고 쓰고 있다. '밝은 달[明月]'은 '흰 구름[白雲]'과 함께 이양연 시의 핵심적인 이미지의 하나다.[410] 달은 항구적으로 과거와 현재, 또 미래의 일을 비추고 있으며, 이지러지고 차오르면서도 연속성을 가지며 존재하기에, 시인에게 달은 인간 삶의 유한성을 극복할 수 있는 대체물로 존재한다.

이양연은 아내와 자식들을 먼저 앞세웠다. 그 중 큰 기대를 걸었던 둘째 아들 인익(寅翊)의 죽음은 그에게 큰 충격으로 다가왔다.[411] 자신의 탈 많던 삶으로부터 기인한 침울한 정조가 이 시에서도 잘 드러난다. 달을 아무리 바라봐도 부족하게만 느껴진 이유가 삶의 시름 때문이건만, 사후에 달과 영원히 마주할 수 있기에 나쁘지 않다는 역설은 죽음을 담담히 받아들이려는 의식으로 귀결된다. 이런 역설은 자만시의 수사방식에 대한 깊은 이해가 있고서야 가능한 경지라고 할 수 있다.

이양연의 시가 특히 인상적인 것은 상투적인 만시나 다른 자만시들이 보여 주는 일종의 클리셰(cliché)들을 과감히 생략해 버리고 있다는 점에 있다. 만시의 상투성들을 극복하는 과정에서 자만시가 탄생했다면, 자만시의 상투성을 새로운 방식으로 넘어섬으로써 이양연의 자만시가 나올 수 있었다

409 李家源,《玉溜山莊詩話》,《이가원전집》5, 정음사, 1986, 73면.

410 박동욱, 〈산운 이양연의 시세계 연구〉, 한양대 석사학위논문, 2001, 31-32면.

411 李亮淵, 〈祭亡子寅翊文〉,《山雲集》, 서울대학교 규장각 소장본.

고 하겠다.

이렇게 초월적 죽음 유형의 자만시는 타인이 지은 정형화된 만시의 내용과는 분명히 다른 성격을 띤다. 유인배(柳仁培, 1589-1668)는 〈자만(自挽)〉시의 병서(幷序)에서 만시가 없는 것을 수치로 여기던 풍습을 꼬집고, 실상에 부합하지 않는 억지스러운 내용이 들어가는 것보단 스스로 쓰는 편이 낫다고 적고 있다.[412] 유력한 인물에게 만사(挽詞)를 받는 것을 큰 영광으로 여기고, 만시가 많은 것을 자랑스럽게 여기는 당시의 풍조에 대한 질타였다. 그런 점에서 초월적 죽음 유형의 자만시는 '나의 죽음'에 집중하고 정형화된 글쓰기 방식을 거부함으로써 개성적 자아표현으로서의 가치를 극대화했다고 할 수 있다. 상징적 자아표현이란 측면은 기타 자전적(自傳的) 글쓰기 양식에서도 발견된다. 화상자찬(畵像自贊)에서도 타인에게 온전히 이해받지 못하는 자아의 형상을 별도의 상징물로 표현한 예가 있다.[413] 하지만, 자만시의 상징적 자아표현 방식은 자전적 글쓰기 양식 중에서 질적·양적으로 특출한 위치를 차지한다.

412 柳仁培, 〈自挽〉 幷序, 《猿溪集》 권3, 한국국학진흥원 유교넷 수록 영남사림문집, "吾觀世之葬親者, 無賢愚貴賤, 惟以求挽爲第一事, 廣求遠邇, 惟多是務. 葬之日, 道路觀者, 莫不嗟賞, 其不然者, 皆以爲恥. 設使化者實錄多有所稱, 似不必如是, 况如我之空空者乎? 以故不以無挽爲恥, 惟以取笑爲懼, 略道所懷, 懸棺之後, 納于一角, 至當."

413 權檍, 〈畵像草本自贊〉, 《震溟集》 下 권24, 민창문화사, 1994, 1301면.; 졸고, 〈畵像自贊類 문학의 존재양상과 자아형상화 방식의 특징〉, 《고전문학연구》 제36집, 한국고전문학회, 2009, 287-289면.

제8장

가장(假裝)된 죽음

허구적 장치로서의 자만시

죽음을 가정하는 것은 자만시의 일반적 특성이지만 모든 자만시가 허구적 장치로서 죽음을 충분히 활용했다고 볼 수는 없다. 어떤 시들은 그저 죽음을 이야기할 뿐이지 이것이 특별한 문학적 장치로 활용되지는 않는다. 자만시가 때때로 임종시나 절명사와 구별되지 않는 이유가 여기에 있다.

죽음을 대하는 태도와 자아의식 사이에 일정한 관계가 있다고 본다면,[414] 시인이 자만시에 가설(假設)한 상장례를 포함한 죽음의 시공간은 자아의식을 보여주는 하나의 척도라고 할 수 있다. 다양한 허구적 장치 역시 작법의 문제가 아니라, 죽음을 통해 시인이 이야기하고자 하는 바가 좀 더 복합적이고 많음을 의미하기도 한다.

이 장에서 살펴볼 '가장(假裝)된 죽음'이라 명명된 작품들은 자만시의 네 가지 구성요소가 고루 갖추어져 있으면서, 상대적으로 상장례의 묘사와 허구성이 강화되어 나타나는 작품들이다. 이들 작품은 거짓 죽음의 서사가 매우 의도적이면서 구체적이란 점에서 특징적이다. 이는 한편으로 자만시의 작가들이 갖는 강한 자아의식에 수반된 결과이기도 하다.

---

414 에드가 모랭(Edgar Morin), 《인간과 죽음(L'Homme et La Mort)》, 김명숙 옮김, 동문선, 2000.
필립 아리에스(Philippe Ariès), 《죽음의 역사(Essais sur l'histoire de la mort en Occident du Moyen Age a' nos jours)》, 이종민 옮김, 동문선, 1998.
______________________, 《죽음 앞의 인간(L'homme Devant la Mort)》, 고선일 옮김, 새물결, 2004.

중인문학(中人文學)을 연 '여섯 작가[六家]' 중의 한 사람인 최기남(崔奇男, 1586-1669?)은 〈도연명의 만시에 화운한 시 3장[和陶靖節輓詩三章]〉을 남기고 있다.[415] 제목에서 말한 도연명의 만시[陶靖節輓詩]는 도연명의 〈의만가사(擬挽歌辭)〉 3수를 가리킨다. 제1장을 살펴보자.

> 자연의 변화 따라 죽음으로 돌아가리니,[416]
> 예순 해 삶 어찌 짧다 하리.
> 다만 한스럽기는 스승과 벗 잃고,
> 기록할 만한 선행이 없다는 것 뿐.
> 몸 떠난 넋 흩어져 어디로 갔는가?
> 바람만이 무덤 앞 나무에서 울부짖겠지.
> 살아 있을 때 나 알아주는 이 없었나니,
> 날 애달파하며 곡해 줄 사람 누구랴.
> 비록 아내와 자식들 운다고 해도,
> 컴컴한 저승에서 내 어찌 느끼랴.
> 귀한 이의 영화도 모를 것이니,
> 어찌 천한 자의 욕됨을 알리오.
> 푸른 산 흰 구름 속에,
> 돌아가 누우니 부족함 없으리.
>
> 乘化會歸盡, 六十敢言促.
> 但恨失師友, 無善可以錄.
> 游魂散何之, 風號墓前木.
> 在世無賞音, 吊我有誰哭.
> 縱有妻兒啼, 冥冥我何覺.
> 不省貴者榮, 焉知賤者辱.
> 靑山白雲中, 歸臥無不足.

첫 번째 수의 내용은 일견 도연명의 시와 특별히 달라 보이지 않는다. 다

415 이 책에서 사용한 중인문학이란 용어는 여항문학(閭巷文學)과 대동소이한 개념으로 사용된 것이다. 崔奇男, 《龜谷詩稿》 권1 상, 한국문집총간 속집 22, 민족문화추진회, 2006, 315면.

416 "자연의 변화 따라 죽음으로 돌아가리니[乘化會歸盡]"는 도연명 〈귀거래혜사(歸去來兮辭)〉의 "자연의 변화 따르다가 죽음으로 돌아가니[聊乘化以歸盡]"란 말에서 온 표현이다.

만 “귀한 이의 영화도 모를 것이니, 어찌 천한 자의 욕됨을 알리오.[不省貴者榮, 焉知賤者辱.]”라고 죽음에 신분의 문제를 언급하고 있다는 점이 이채롭다. 시의 병서에서 최기남은 다음과 같이 창작동기를 밝히고 있다.

> 내 나이가 예순 셋인데, 몇 해 전부터 왼쪽 귀가 먹어 소리를 분별하지 못하게 되었다. 올해 오른쪽 팔에 병이 나 굽히거나 펴지도 못하게 되어 침과 뜸으로 치료하고 약도 먹어 보았지만 병이 잘 낫지 않으니 기력이 점점 쇠해 간다는 것을 깨닫게 되니, 생노병사란 말은 참으로 거짓이 아니구나. 신음하던 중에 우연히 도연명의 문집에서 자만시를 보게 되니 슬픈 감정이 일어나 붓을 잡고 그 운자를 따라 시를 지어 내 마음을 달래본다.[417]

중인 시인들이 가진 중인서리층으로서의 자의식은 신분적 한계에 대한 불만으로 표출되곤 한다. 그 중에서도 최기남은 신분적 한계에 대한 자각의 정도가 높은 편에 속한다. 그는 도연명의 시 중에서 왜 〈의만가사〉에 화운하였던 것일까? 병서(幷序)에 따르면, 최기남은 병고에 시달리다 자연스레 도연명의 〈의만가사〉에 주목하게 되었다고 했다. 일종의 ‘공감’으로부터 창작이 유발된 경우다. 공감은 죽음을 눈앞에 둔 자신의 병약한 처지로부터 비롯되었다. 그러나 그 때문만은 아니다. 시인은 병서에서 화도시(和陶詩) 창작이 의도적인 것이 아니라 우연히 이루어진 것임을 강조하고 있지만, 이 우연성 역시 가탁된 창작 명분의 하나일 뿐이다. 그의 말대로 공감에서 비롯되었다면 〈의만가사〉의 주제의식을 그대로 계승할 법하지만, 실제 내용을 검토해 보면 일정한 차이 또한 발견된다. 나머지 두 수를 함께 살펴보자.

> 제2장
>
> 살아선 콩과 물도 배불리 먹지 못했는데,[418]

417 “吾年六十三, 數年前左耳聾, 不辨聲音. 今年右臂病, 不能屈伸, 連砭灸, 兼且服藥, 不差快, 氣力漸覺衰敗, 生老病死之語, 信乎不誣. 呻吟中, 偶閱靖節集, 看到自挽, 悵然感懷, 命筆步其韻以自遣云.”

418 ‘콩과 물菽水’은 변변하지 못한 음식을 의미한다. 《예기(禮記)》〈단궁 하(檀弓下)〉편에 실려 있는 다음 내용으로부터 온 표현이다. 자로가 집이 빈한해서 어버이에 대한 효도를 제대로 하지 못한다고 한

죽은 뒤 어찌 술과 음식 차려주길 바라랴.
한잔 술도 다시 마시지 못하리니,
한 점의 고긴들 어찌 맛볼 수 있으리오.
관은 도성 문을 나가,
영원히 무덤가로 돌아가네.[419]
숲 바람 목멘 듯 슬피 울고,
산 위 뜬 달 시름 겨운 빛으로 엉겨 있으리.
인간 세상은 잠시 몸 붙였다 가는 곳이니,
저승이 참으로 내 고향이로다.[420]
누가 해골의 즐거움을 알리오,
천지자연의 장구한 시간과 더불어 끝이 없다네.

生不飽菽水, 死何羅豆觴.
一勺不復飮, 一臠那得嘗.
行出國都門, 永歸西陵傍.
林風咽悲響, 山月凝愁光.
人間聊寄爾, 九原眞我鄕.
誰知髑髏樂, 天地同未央.

제3장

저 북망산 길 돌아보니,
솔바람은 차고 쓸쓸한데.
까마귀 떼 모였다 다시 흩어지며
황량한 들판 울며 맴돌며 나는구나.
가만히 흐르는 샘물은 절로 잔잔하고,
여기저기 산만 공연히 높구나.
외로운 무덤엔 한줌 흙 모았고,
백양나무엔 여러 가지들 모여 있네.[421]

탄하자, 공자가 "콩과 물을 마시더라도 어버이를 기쁘게 해드린다면 효라고 할 수 있다.[啜菽飮水盡其歡, 斯之謂孝.]"라고 했다.

419 서릉(西陵)은 본래 초(楚)나라 왕들의 무덤이 있던 곳인데, 후일 전용되어 무덤의 의미로도 쓰였다.

420 구원(九原)은 본래 전국시대 진(晉)나라 경대부들의 무덤이 있던 산이다. 후일 전용되어 지하 또는 서승의 비유로도 쓰인다.

421 백양(白楊)은 고대 중국에서 무덤 위에 심는 나무로 무덤을 가리키는 말로도 쓰인다. 두보(杜甫)의

처량한 저승세계에선,
아득하고 멀어 밤과 아침도 없으리.
육신이 공허로 돌아가거니,[422]
명예와 비방이 내게 무슨 상관이랴.
해와 달을 구슬 삼고,
하늘과 땅을 집으로 삼네.
누가 귀곡노인의 무덤인 줄 알리오,[423]
나무꾼 목동이나 와서 슬피 노래하리.
먼 훗날 천 년 만 년 뒤에도,
적막하게 산모퉁이에 놓여 있겠지.

睠言北邙道, 松風寒蕭蕭.
羣鴉集復散, 飛鳴遶荒郊.
暗泉自潺湲, 亂山空岧嶢.
孤塚聚一坏, 白楊攢衆條.
凄涼九泉下, 冥漠無昏朝.
四大返空虛, 毁譽於我何.
日月爲璣璧, 天地爲室家.
誰知龜老藏, 樵牧來悲歌.
千秋萬歲後, 寂寞依山阿.

도연명의 자만시(〈의만가사〉) 3수는 입관-장송-매장의 순서로 내용이 전개된다. 최기남의 시는 이와 달리 매 장마다 자신의 삶에 대한 회한과 상장례의 장면이 중첩되는 한편, 저승이 자신이 진정 안주할 수 있는 곳임을 거

시 〈장유(壯遊)〉에 "두곡에 노인들 이미 많이 죽어, 사방 들판에는 백양나무 많구나.[杜曲晩耆舊 四郊多白楊.]"라고 했고, 백거이(白居易)의 〈한식야망음(寒食野望吟)〉에선 "팥배나무 꽃이 백양나무에 비치니, 모두 생사 간에 이별하는 곳이라네.[棠梨花映白楊樹, 盡是死生離別處.]"라고 했다.

422 사대(四大)에서 대(大)는 그 이상 더 큰 것이 없다는 뜻으로 오늘날의 원소에 해당한다고 볼 수 있다. 지(地: 뼈), 수(水: 피·고름), 화(火: 온기), 풍(風: 호흡)의 사대(四大)가 화합하여 하나의 몸이 되는 것이다. 그 네 가지 원소를 따로 떼어 내면 본래 주가 없는 것이고, 눈에 대한 빛깔과 귀에 대한 소리와 코에 대한 냄새와 입에 대한 맛과 피부에 대한 감촉이 육근(六根)의 번뇌인데 그것이 서로 대경(對境)이 되어 생기지만, 그 육근(六根)을 따로 떼어 내면 본래의 정(精)이 없으므로, 마치 거울에 비치는 형상을 있다고 하지만 없는 것과 같은 것이 된다고 한다.

423 귀노(龜老)는 귀곡노인(龜谷老人)을 의미하며 최기남 자신을 가리킨다. 최기남의 호가 귀곡(龜谷)이기 때문에 이같이 말한 것이다.

듭 강조하고 있다. 이는 시인의 현실적 처지와 밀접한 관련을 갖는 것으로 보인다. 최기남은 선조의 부마 동양위(東陽尉) 신익성(申翊聖)의 노비 출신이라는 이야기가 전할 만큼 출신성분의 한계가 분명했던 인물이다. 타고난 시적 재능으로 신흠(申欽)·신익성 부자는 물론 이경석(李景奭)·조경(趙絅)에게도 높은 평가를 받아 사대부들 사이에 알려지게 되었지만, 신분의 한계로 인해 그의 삶은 몹시 빈궁하였다.[424] 그가 죽을 때 관조차 마련할 수 없을 만큼 가난하여 여러 문인들이 돈을 대 장례를 치렀다는 기록은 이를 잘 보여 준다.[425]

도연명의 자만시가 현실에 대한 불만을 "다만 한스럽긴 세상 살 적에, 술 충분히 마시지 못한 것이라네.[但恨在世時, 飲酒不得足.]"라고 넌지시 비유했던 반면 최기남은 현실의 곤궁과 사후의 문제를 보다 구체적으로 대비시키고 있다. 제2장에 나오는 "살아서는 콩과 물도 배불리 먹지 못했는데, 죽은 뒤 어찌 술과 음식 차려 주길 바라랴.[生不飽菽水, 死何羅豆觴.]" 같은 표현이 그렇다. 대체로 보아 죽음이 나쁜 이유는 삶이 우리에게 주는 풍요로움이 박탈되기 때문이라고 할 수 있다. 가치론에서 볼 때 죽음은 삶의 모든 좋은 것을 송두리째 앗아가기 때문에 나쁜 것이 된다고 한다.[426] 그런 관점에서 볼 때 최기남의 언술은 죽음을 통해 도리어 삶의 문제를 제기한 것이라고 볼 수 있다. 이 시에서 시인은 자신의 삶이 결코 좋지 않았음을 드러내고 있다. 죽음에 대해서 기대하지 않는 이유 역시 자신의 삶에서 어떤 좋은 것도 없었기 때문이다. 최기남이 주목하는 것은 무엇보다 죽음, 더 정확하게는 매장까지의 과정이다. 자신의 시신을 담은 관은 도성 문을 나서 영원히 무덤으로 돌

424 최기남은 1643년의 일본 통신사행에 포의의 신분으로 참여하여 문명을 떨치기도 하였고, 그의 문하에서 임준원(林俊元)·유찬홍(庾纘洪)·이득원(李得元) 등의 중인 시인을 배출했다.

425 張志淵,《逸士遺事》권3, 최기남조, 匯東書館, 1921, 86-89면.

426 이 문제에 대해서는 현대 철학자들이 죽음에 대해 제기한 문제들을 참고할 필요가 있다. 미국의 철학자 셸리 케이건(Shelly Kagan)은 자신의 〈죽음(Death)〉 강좌에서 죽음이 과연 나쁜 것인가 하는 질문을 수강생들에게 던지고, 죽음이 앗아가는 것들을 '박탈 이론'의 관점에서 설명한 바 있다. 그에 따르면, 죽음이 나쁜 이유는 죽고 나면 삶이 가져다주는 모든 축복을 더 누릴 수 없기 때문이다. 셸리 케이건(Shelly Kagan),《죽음이란 무엇인가(Death)》, 박세연 옮김, 엘도라도, 2012, 294-333면.

아간다. 제2장에선 숲 바람도 슬피 목메인 듯 울고, 산 위에 뜬 달엔 시름 겨운 빛[愁光]마저 엉겨 있다.

그런 까닭에 최기남의 시에 등장하는 상장례의 공간은 아무도 돌보지 않는 고독하고 쓸쓸한 정경이 집중적으로 부각된다. "몸 떠난 넋 흩어져 어디로 갔는가?, 바람만이 무덤 앞 나무에서 울부짖겠지. 살아 있을 때 나 알아주는 이 없었나니, 날 애달파하며 곡해 줄 사람 누구랴.[游魂散何之 風號墓前木 在世無賞音 吊我有誰哭.]"(제1장), "저 북망산 길 돌아보니, 솔바람은 차고 쓸쓸하여라. 까마귀 떼 모였다 다시 흩어지며, 황량한 들판을 에워싸면서 울며 맴돌며 나는구나.[睠言北邙道 松風寒蕭蕭 羣鴉集復散 飛鳴遶荒郊.]", "누가 내 무덤인 줄 알리오, 나무꾼·목동이나 와 슬프게 노래하려나[誰知龜老藏 樵牧來悲歌]"(이상 제3장) 등이 대표적인 예다. 시인의 죽음이 외롭고 쓸쓸한 이유는 이처럼 자신을 진정으로 이해해주는 사람이 없기 때문이다. 도연명의 자만시에도 "거친 풀 어찌 그리 무성한가, 백양나무도 바람에 우수수 소리 낸다.[荒草何茫茫, 白楊亦蕭蕭.]", "말은 하늘 우러러 울부짖고, 바람은 절로 소슬하다오.[馬爲仰天鳴, 風爲自蕭條.]"와 같이 무덤의 스산한 정경이 묘사되기는 하지만, 최기남의 경우는 외롭고 쓸쓸함이 더욱 두드러진다.

그런데 최기남이 현실에서 처한 문제는 도연명과는 달리 신분적 한계로부터 기인한다. 그래서 도연명의 원시에는 없는 국면이 새롭게 부각된다. 제2장의 "한잔 술도 다시 마시지 못하리니, 한 점의 고긴들 어찌 맛볼 수 있으리오.[一勺不復飮 一臠那得嘗.]"와 '해골의 즐거움[髑髏樂]'이란 표현이 그런 예다. 두 표현은 모두《장자》〈지락(至樂)〉편의 일화를 바탕으로 하고 있다. 전자는 노나라 임금이 바닷새[海鳥]에게 어울리지 않는 음악과 주연(酒宴)을 베푸니 새가 당황하여 감히 한 잔의 술과 한 점의 고기도 못 먹고 사흘 만에 죽었다는 고사로부터 온 것이다. 후자는 장자가 초나라 가는 길에 맞닥뜨린 해골과의 대화 중에 나오는 내용이다. 장자가 해골이 된 것을 애처롭게 여긴데 대해 해골은 자신의 즐거움을 이야기한다. 죽게 되면 산 자와 같은 괴로움이 없는데, 특히 죽음의 세계는 위로 군주가 없고 아래로는 신하가 없기에 즐겁다는 것이다. 이런 표현들은 신분제 질서하에서 자신의 가치에 걸맞은 대우를 받지 못한 채, 가난과 고통 속에서 삶을 영위할 수밖에 없는 시인 자신의 처지를 암시한다.

최기남은 자만시 외에도 〈자제문(自祭文)〉과 자전(自傳)인 〈졸옹전(拙翁傳)〉을 남기고 있다. 이 작품들은 각기 71세와 74세에 지어졌는데, 시기적으로 가장 뒤의 작품인 〈졸옹전〉 안에 다시 자만시와 자제문을 인용하고 있어서 세 작품 간의 밀접한 관련성을 짐작할 수 있다. 최기남은 〈졸옹전〉에서 자신이 "생업은 농업이나 상업도 아니요, 그럴듯한 호칭도 없는[業不農商, 身無號名]" 어중간한 중인 출신임을 토로하면서, "사람마다 보고 조소하지만 어딘지 모르게 교만한 기색이 있다.[人見之, 莫不調笑, 熙然有驕傲之色]"라고 자평하였다. 자신을 비웃는 양반들에 대해서는 "저들의 현달함이 지혜로 얻은 것이 아니요, 나의 궁함이 어리석음으로 인한 것이 아닌즉, 모두 타고 난 것이요 인위적으로 어찌할 수 있는 일이 아니다. 그러니 저들과 같지 않음을 부끄러워한다면 본래부터 그렇게 된 이치를 모르는 것이다.[彼之達非智得, 此之窮非愚失 則皆天也, 非人也, 以不若人爲恥, 則不識固然之理矣.]"라고 서슬 퍼런 자존심을 드러내기도 했다. 하지만 현실은 결코 녹록치 않아서 자신의 신념대로 행할 수 없기에, "평생 졸함으로써 스스로 지켜 분수 밖의 일은 조금이라도 두려워 피할[斯人生平, 以拙自守, 分外雖一毫, 瞿然畏避]" 수밖에 없었음을 밝혀두고 있다.

최기남의 자만시에서 그려진 외롭고 쓸쓸한 상장례의 공간은 이렇게 현실에 대한 근원적인 부정의식으로부터 비롯된 것이라 할 수 있다. 아무도 돌보지 않는 쓸쓸한 무덤과 주변의 음산하고 처절하기까지 한 정경은 기실 현실에서 철저히 외면받았던 시인의 비극적 처지를 형상화한 것이다. 이 시에서 가장(假裝)된 죽음은 중인으로서의 자의식을 바탕으로 자신에 대한 연민을 드러내는 수사적 장치로서 기능하고 있다.

자만시에서 이런 가장된 죽음이 가장 극적으로 활용된 예론 제3장에서 자세히 소개한 남효온의 〈자만 4장〉을 들지 않을 수 없다. 죽음의 가장이란 측면에서 특히 우리의 관심을 끄는 부분은 첫 번째 수에 나오는 내 죽음의 정경을 묘사하는 장면이다. 독자의 편의를 위해 한 번 더 인용한다.

> 땅강아지 개미들 내 입에 들어오고,
> 파리 모기떼는 내 살을 물어뜯네.
> 새로 꼰 새끼로 내 허리 졸라매고,
> 해진 거적으로 내 배를 덮는구나.
>
> 螻蟻入我口, 蠅蚋嘬我肉.
> 新繩束我腰, 弊苫蓋我腹.

'땅강아지 개미들 내 입에 들어오고[螻蟻入我口]'는 제2장에서 소개한 육기(陸機) 〈만가시3수(挽歌詩三首)〉 두 번째 수의 "땅강아지 개미 너희를 어찌 원망하랴[螻蟻爾何怨]"를 연상시키는데, 좀 더 소급해 올라간다면 다음 두 가지 내용으로부터 일정한 영향을 받은 것으로 보인다. 《장자》〈열어구(列禦寇)〉편에 나오는 장자가 죽음을 맞이할 때 제자들과 나눈 대화와 《맹자(孟子)》〈등문공 상(藤文公 上)〉에 보이는 "파리와 모기가 물어뜯고[蠅蚋姑嘬之]"라는 표현이 그것이다. 이 중 좀 더 근본적인 영향은 역시 장자와 제자들의 문답일 것이다. 장자가 죽음을 맞이할 때 제자들이 그를 후하게 장사 지내려 하자 장자는 그렇게 하지 못하게 했다. 제자들이 "저희들은 까마귀나 솔개가 선생님의 시체를 파먹을까 염려해서 그렇습니다.[吾恐烏鳶之食夫子也.]"라고 하니, 장자가 "위에 있으면 까마귀와 솔개의 밥이 되고 땅속에 있으면 땅강아지와 개미의 밥이 되는 것인데, 그것을 저쪽에서 빼앗아다가 이쪽에다 주려고 하니, 어찌 그리 편벽한가.[在上爲烏鳶食, 在下爲螻蟻食, 奪彼與此, 何其偏也.]"라고 답했다는 내용이다. 언뜻 장자처럼 삶과 죽음을 상대화하여 한 편으로 기울지 않으려는 의식을 담은 것으로 보인다. 그러나 다음 구절 "새로 꼰 새끼로 내 허리 졸라매고, 해진 거적으로 내 배를 덮는구나[新繩束我腰, 弊苫蓋我腹.]"와 이어서 본다면 장자의 생각과는 구별되는 점이 있다. 남효온의 초점은 삶과 죽음을 상대화하는 데 있다기보다 주검 자체의 참혹한 모습을 좀 더 사실적으로 그려내는 데 있기 때문이다. 여기에서 우리는 이 시가 도연명의 〈의만가사〉 외에도 진관의 〈자작만사〉로부터 영향을 받은 바가 있다는 김종직의 지적을 떠올릴 필요가 있다. 마치 〈자작만사〉에 나오는 "등나무로 나무껍질 관[木皮棺]을 묶어, 길가 비탈에 서둘러 장례지내네.[藤束木皮棺, 藁葬路傍陂.]"와 같은 처연함이 느껴진다.

주검에 대한 이런 참혹한 묘사는 이전의 만시 혹은 자만시에서 찾아보기 어려운 표현이다. 참혹한 주검의 모습은 두 번째 시에서도 발견된다. "아버님 무덤 가는 길로 내 영구도 보내니, 얼어붙은 시신은 나무토막 같아라.[相送南陽阡, 凍屍直如木.]" 같은 예가 그렇다. 이런 표현들은 죽음에 대한 강한 집착을 보여 준다는 점에서 오히려 시인의 삶에 대한 열망의 강도를 짐작케 한다. 또한, 삶과 죽음의 현격한 격차는 죽음을 통해 삶의 문제를 부각시키는 데 더욱 효과적인 방식이 된다.

그런데, 인용 구절은 한편으로 중세 서구의 '마카브르(macabre)'를 연상시키는 측면이 있다. 15세기, 특히 16세기에 들어 서구인들은 죽음에 대한 허구적 관념 대신 실제의 죽음에, 곧 악취를 풍기며 구더기에 뜯어 먹히는 참혹한 시체의 모습에 부쩍 관심을 가지게 된다. 프랑스의 역사학자 필립 아리에스(Philippe Ariès)에 따르면, 이것은 우리 모두의 죽음에서 '나의 죽음'으로 관심이 옮겨 가는 증거라고 한다. 비록 남효온 시만의 예외적 사례이기는 하나, 시신 훼손에 대한 묘사는 우리가 아니라 '나의 죽음'을 부각한 특징적 사례로서도 주목할직하다.[427] 또한 남효온의 자만시 전반이 애써 현실을 외면

427 필립 아리에스(Philippe Ariès), 《죽음 앞의 인간(L'homme Devant la Mort)》, 고선일 옮김, 새물결, 2004, 212-236·1065-1070면. 죽음의 마카브르 개념에 대해서는 필립 아리에스 이전에 네덜란드의 문화사가 요한 하위징아도 언급한 바 있다. 하위징아에 따르면 14세기에 오면 '마카브르'라는 이상한 단

하면서도 결국 현실적 가치에 대한 미련을 버리지 못하는 자아의 모습을 보여 준다는 점을 고려한다면, 서구의 경우처럼 이것이 삶에 대한 열망을 드러내는 하나의 표지로서 해석될 여지도 있다. 제1장에서 김종직이 평한 것처럼 남효온의 자만시는 죽음보다는 남은 삶에 대한 강렬한 열망을 보여 주는 것이기 때문이다.[428]

마지막 수에서 시인은 다시 자신의 장례의 정경으로 시선을 돌린다. 시인의 죽음은 "모지라진 붓 한 자루 거미줄 쳐져 있고, 말라 버린 벼루는 누런 먼지 쓰고 있네[秃筆罥蛛網, 枯硯沒黃塵]"와 같이 상징되고, 마지막 가는 길은 "호리사 만가 소리 헛되이 부르는데, 길옆에는 만장만 분분히 날리운다. 누런 구름 얼어붙어 날리지도 않는데, 삐걱 삐걱거리며 흰 상여 굴러가네[空成蒿里詞, 路左挽紛繽. 黃雲凍不飛, 素車驅轔轔]"와 같이 스산하기 그지없다. 이런 자기연민의 상상력은 가장된 죽음이란 문학적 장치를 통해 극대화되고 있는 것이다.

〈자만4장〉이 보여 주는 죽음의 가장, 곧 허구적 장치는 주검의 참혹한 묘사에만 그치지 않는다. 당시 유행했던 몽기(夢記)·몽유록(夢遊錄)체 글쓰기를 활용한 것으로 보이는 사후세계의 가설(假設)에서 그 묘미가 유감없이 발휘된다. 제5장에서도 소개한 세 번째 수의 내용이 특히 그렇다. 역시 독자의 편의를 위해 한 번 더 인용한다.

> 무양이 내 충성 천거하니,
> 상제는 내 재주 보시곤 기뻐하네.

어가 등장하며, 마카브르 개념은 중세 말기 한 시대 전체의 죽음에 관한 사고를 표현한 것이라고 했다. 요한 하위징아(Johan Huizinga), 《중세의 가을(Le Dèclin du Moyen Age)》, 최홍숙 역, 문학과지성사, 1988, 173-174면.

428 하위징아는 15-16세기의 사체 취미적인 이미지들이 삶에 대한 열정적인 사랑을 의미한다고 보았다. 한편 아리에스는 12세기에 시작되어 18세기까지 지속된 이 사체 취미적인 이미지들을 검토한 뒤, 중세 말엽의 사체 취미적인 이미지들이 하위징아가 생각한 것처럼 삶에 대한 열정적인 사랑을 의미하고 있기도 하지만, 개인의 실패에 대한 쓰라린 감정을 표현한 것이며, 각자의 인생에 있어서의 고유한 개성에 대한 자각이 끝났음을 의미하는 것이라고 부연했다. 필립 아리에스(Philippe Ariès), 《죽음의 역사(Essais sur l'histoire de la mort en Occident du Moyen Age a' nos jours)》, 이종민 옮김, 동문선, 1998, 113-132면.

용백국의 거인은 잉어를 타고,
우사는 비로 먼지를 가시게 하는구나.
뇌공은 우레로 도로를 깨끗이 하고,
화양동에서 나를 맞이한다.
자색 진흙으로 봉한 조서를 받드니,
추강의 모퉁이에 서광이 비치누나.
…(중략)…
오늘 저녁은 또 무슨 저녁인고,
이 몸이 연화대에 앉았다네.
궁궐은 붉은 고대광실인데,
구빈의 예법 엄숙하고 경건하다.
상수가 아황 여영은 〈녹명〉을 노래하고,
낙수의 복비는 〈남해〉 곡을 연주한다.
갖가지 관악기 소리 신묘하게 뒤섞이고,
선계의 붉은 구름 금 술잔에 가득하다.
궁궐 섬돌에서 붉은 활을 하사하고,
광주리로 신성한 예물을 받들고 돌아왔네.
옥황상제 나를 보고 웃으시고,
신선 무리들은 날 에워싸고 도는구나.
하루아침에 은혜를 받자오니,
명성이 천하팔방에 진동하네.

巫陽薦我忠, 上帝悅我才.
龍伯駕文鯉, 雨師開塵埃.
雷公淸道路, 逆我華陽來.
詔書紫泥封, 照輝秋江隈.
…(중략)…
今夕復何夕, 立我蓮花臺.
彤庭赫弘敞, 秩秩九賓開.
湘濱歌鹿鳴, 虙妃彈南陔.
簫管混希夷, 紅雲盛金罍.
陛陳彤弓招, 承筐玄幣回.
玉皇向我笑, 群仙擁徘徊.

承恩一朝間，　聲名振八垓.

시인이 상정한 사후의 세계는 불우한 현실과 대비된다는 측면에서, 몽기·몽유록 계열 작품의 서사방식을 연상시킨다. 이런 기법은 비슷한 시기 김시습《금오신화(金鰲新話)》중〈남염부주지(南炎浮洲志)〉,〈용궁부연록(龍宮赴宴錄)〉이나 심의(沈義)의〈기몽(記夢: 大觀齋夢遊錄)〉과 같은 몽기·몽유록류 작품과 기식을 같이한다. 이런 구도는 남효온의 다른 작품에서도 발견된다.〈수향기(睡鄕記)〉가 그런 예다. 공교롭게도 이 작품에 대해서도 김종직의 비평이 남아 있다.[429] 그런데 사후세계에서의 영예와 즐거움을 누리는 내용 중간에는 또 다음과 같은 내용이 삽입되어 있다.

내 일찍이 살았을 적엔,
온 세상이 쓸모없다 조롱했지.
어진 이는 내 방랑벽 미워했고,
귀한 이들은 영락한 내 처지 멸시했네.
궁귀는 쫓아도 오히려 달라붙고,
오라는 돈은 떨어지고 오지 않네.

429 南孝溫,〈睡鄕記(乙巳)〉,《秋江集》권4 記, 앞의 책, 85면. "詩城曠漠, 醴泉奔湃, 山回路轉, 莽莽無垠者醉鄕也. 東南行步許, 黑甜惱人, 昏花蔽眼, 一頃間相往來者睡鄕也. 觀其鄕, 信美而樂易, 人入其境則昏昏恍恍, 不知涯岸, 泠泠焉洋洋焉, 萬慮都忘, 天遊自在. 鄕之東, 故華胥氏之國, 其土風淳俗美, 物我相忘, 暭暭然熙熙然, 人莫名言其化, 軒轅氏樂聞其俗, 卽命風后戒道, 力牧爲御, 巡至其國, 觀風而還. 軒轅之天下賴其化, 標枝野鹿之頌, 其樂陶陶. 鄕之南, 故槐安之國, 其俗喜名分, 君臣之丰儀森嚴, 軍旅之行伍整飭, 淳于棼仕其國, 歷官將相五十年, 一朝辭位還家, 一夢懵騰. 鄕之西, 故羅浮之村, 村有大梅樹, 方臘雪初殘, 青心吐香, 村莊之嵐翠高下, 酒帘之青幔低昂, 趙師雄至其國, 因與梅魂主人共飮酒家, 淡粧素服, 芳香襲人, 及其返, 翠羽剌嘈, 月落參橫而已. 鄕之北, 北辰之所在, 是爲帝所, 聲敎四曁, 三百六十五度四分度之一, 境界之廣, 不可名言, 秦穆公親朝北庭, 帝賜觀鈞天之樂, 仙舞飄風, 簫管高雅, 皆非人間所有, 及其返, 如得而失, 惟增怊悵而已. 鄕之中, 故高丘之陽臺, 荊王因獵逢雨, 入留臺上, 朝雲聯綿, 暮雨霏微, 九疑翠而神靈降, 湘江波而木葉號, 隱几之間, 有美女來薦王枕, 繾綣未展, 五漏已終, 及其返, 行雲飛去, 明星漸稀而已. 厥後楚人莊周身爲蝴蝶, 詡詡於鄕之東南, 蘧蘧於鄕之西北, 因遂喪我, 鯤鵬寄懷, 嘗游於九萬里之外, 華山人陳搏入其鄕, 不知劍戟之扶危主, 不聞蒼生之聒醉人, 留五月不肯返, 因得魏伯陽參同契源流, 彫三光, 薄日月, 後天而不老, 蓋其境幽夐深邃, 紅雨之所浸潤, 天眞以之發露, 達人之入其境, 無不虛懷大悟者. 余聞而欲往觀之, 一夕, 眠魔導余以前路, 混沌駕余之雲車, 雷鞭電幟, 沖擧於無何有之鄕, 入華胥, 聞黃帝之遺風, 歷槐安, 訪淳于之故事, 道羅浮叩酒家, 消平生之結習, 朝帝所聽鈞天, 廣逍遙之氣象, 見襄王於高臺之上而宕其懷, 尋漆園於蝴蝶之背而問其道, 無極之說, 得於圖南之先天, 龍虎之訣, 辨於圖南之後天, 遂心游於鴻濛之先, 蟬蛻於濁穢之中, 無耦起我是非, 無物逐我較心, 其返也, 奴婢仰罵, 室人爭席, 親戚不悅, 友儕不敬, 喜且賀, 告諸天君, 天君曰可, 余敬爲之記. 佔畢齋批: '昔韓退之作毛穎傳, 王續作醉鄕記, 此其流亞歟.'"

서른하고 여섯 해 동안,
언제나 세상의 시기를 받았던 게지.

余嘗爲人時,　舉世嘲散材.
賢人憎放浪,　貴人陵傾頹.
窮鬼逐猶隨,　孔方絶不徠.
三十六年間,　長被物情猜.

시의 구조상 시인이 천상의 궁궐에서 받는 대접이 융숭하면 융숭할수록 현실의 누추함은 도드라지게 된다. 천상과 달리 현실의 자아는 세상으로부터 쓸모없다고 조롱당하고, 때론 방랑벽으로 때론 영락한 처지로 인해 미움과 멸시를 받는다. 남효온은 이를 숨기지 않고 평생토록 세상의 시기를 받은 것이라고 직설적으로 토로하기까지 한다.

자만시의 시적 전통에서 남효온의 작품과 같이 사후세계에 대해 구체적으로 형상화한 사례는 좀처럼 찾아보기 힘들다. 그런 점에서 이는 조선시대 자만시가 새롭게 개척한 국면이라고 할 수 있다. 다만 남효온 이후에는 이런 작품을 찾아보기 힘들다. 다음 장에서 살펴볼 이명오(李明五)의 연작 자만시 중 한 수에서 유사한 특성을 발견할 수 있을 뿐이다.[430] 또한, 남효온의 자만시가 보여 주는 가장된 죽음의 공간과 그 공간에 처한 자아의 능수능란한 연기(演技)는 기타 자전적 글쓰기에서 유례를 찾아보기 힘든 매우 독특한 자기 표현의 예라고 볼 수 있다.

제6장부터 8장까지 살펴본 내용을 바탕으로 우리는 다음과 같은 중간 결

430 이명오의 〈자만〉 12수 중 다섯 번째 수가 그런 예다. "저승 수문랑(修文郎) 되어 기쁘지 아니한가? 도솔천은 과연 청정하고 한가롭구나. 타고난 성품이 얽매임 싫어하여, 허공에 마음대로 오고 가네. 아침엔 고래 타고 사해를 넘나들고, 저물녘엔 학 타고 삼신산에 깃드네. 좁다란 인간세상 굽어보노라니, 죽기 전엔 어찌 그리 힘겨웠던가.[修文不快活, 兜率果淸閑. 靈性厭拘管, 虛空任往還. 跨鯨朝四海, 騎鶴暮三山. 俯看塵寰窄, 死前何太艱.]" 인용한 시의 다음 수에선 시인은 다시 현실로 돌아온다. "어느새 나 여전히 살아 있는데, 곡하는 소리에 혼도 놀라네.[俄看我猶在, 哭聲魂亦驚.]" 사후세계와 현실의 격차는 곧 시인 내면의 현실에 대한 불만의 정도에 비례할 것이다. 이런 사후세계에 대한 상상력과 그것이 현실과 갖는 격차는 남효온의 〈자만4장〉과 가장 비슷하며, 부분적으로는 임제·조임도 등의 자만시와도 유사한 점이 있다. 조선시대 자만시의 시적 계보에서 볼 때 이명오의 위 시는 남효온 자만시의 구성 방식을 계승하고 있는 것으로도 볼 수 있다.

론을 내릴 수 있다.

첫째, '죽음 앞의 고독' 유형은 조선 전기 사화로 인해 죽음의 위기에 빠진 인물들에 의해 주로 창작되었다. 이들의 작품에서 공통적으로 드러나는 외로움은 정치현실로부터 배제된 고독한 자아를 표현한 것에 다름 아니다. 다만, 죽음이 곧 닥칠 상황이었기에 자신의 죽음을 대상화하고 죽은 자의 눈으로 자신을 바라볼 여유는 없었다. 이런 유형의 작품은 자만시 본연의 글쓰기 방식을 충분히 활용하지 못했다는 점에서 소극적 자만시라고 정의할 수 있다.

둘째, '초월적 죽음' 유형은 대체로 현실의 문제를 우회적으로 토로하는 과정에서 형성된다. 이들 작품은 죽음을 달관하는 의식을 넘어서 죽음에 대한 초월적 의식을 보여주지만, 초월적 시공간은 대체로 현실사회의 왜소함과 부정함의 반면(反面)으로서만 기능한다. 이 유형은 타인에 의해 정형화(定型化)된 자아기술(自我記述) 방식을 벗어나 있다는 점에서 개성적 자아표현으로서의 가치를 확보하고 있다. 특히, 현실의 문제와 대조되는 상징물의 제시를 통해 그 가치를 극대화하고 있다. '초월적 죽음' 유형은 특정 시기에 국한되지 않고 발견된다. 허구성이 두드러진 자아표현 중심의 자만시라고 할 수 있다.

셋째, '가장된 죽음' 유형은 죽음의 허구성이 강화되고, 상장례 과정의 묘사가 구체화됨으로 인해 '나의 죽음'에 대한 부각이 두드러진다. 쓸쓸한 상장례의 정경은 자신에 대한 연민을 드러내는 수사적 장치로 기능하며, 참혹한 시신에 대한 묘사는 우리가 아니라 '나'의 죽음을 부각한 특징적 사례에 해당한다. 이 유형에선 사후세계의 상상과 같은 시인의 능수능란한 죽음의 연기(演技)가 발휘되기도 한다. 흥미로운 점은 조선 후기에 들어서 이런 작품이 계승되거나 유행한 흔적이 발견되지 않는다는 점이다. 극히 예외적인 몇 작품에서만 이런 면모를 찾아볼 수 있다. '가장된 죽음' 유형은 기타 자전적 글쓰기와 변별되는 본격적 자만시라고 할 수 있다.

문학사에서 자만시의 등장은 우리에게 다음 세 가지 질문을 던진다. 첫 번째는 자만시란 자기표현 방식의 등장이 문학사의 어떤 변화와 관계되는가, 두 번째는 자만이란 수사 전략이 특정한 작가군(作家群)의 창작 의식과 관련된 것인가, 그리고 마지막으로 이런 수사방식이 삶과 죽음에 관한 사유의 변화와 관련되는가라는 의문이다. 첫 번째 질문에 대해선 제3·4·5장을 통해 현전 자료를 통해 드러난 배경과 정황들을 제시한 바 있으므로 생략하고, 나머지 두 가지에 대한 만족스럽지는 않지만 개략적인 답변을 내놓기로 한다.

앞서의 검토를 통해 드러난 것처럼 자만시는 결코 특정한 작가군만의 수사 전략이 아니다. '죽음 앞의 고독' 유형과 같이 정치적으로 유사한 지향을 보이는 특정 집단[士林]에 의해 창작된 작품이 있기는 하지만, 그것이 반드시 집단 공통의 의식과 연결되어야 할 필연성은 없다. 예외적인 경우가 훨씬 많기 때문이다. 까닭에 자만시 창작을 방외인(方外人) 집단의 자아인식과 관련된 문제로 한정할 필요는 없을 듯하다.[431]

세 번째 문제에 대해 우리가 답변할 수 있는 부분은 여전히 제한적이다. 생사 관념의 변화란 자만시만으로 해결할 수 없는 거시적이고 포괄적인 문제이기 때문이다. 여기서는 다만 현상적으로 드러난 결과를 제시하는 것으로 이후 논의의 단초를 마련하기로 한다.

현재까지 확인된 조선시대 자만시의 유형별 작품 수 분포를 보면, 죽음에 대한 달관적 시들을 포함한 '초월적 죽음' 유형의 자만시가 제일 많고, '죽음 앞의 고독' 유형과 같은 임종시 성격의 자만시가 그 뒤를 잇는다. 상대적으로 '가장된 죽음' 유형의 자만시는 매우 드문 편이다. 동아시아 자만시의 기원이라 할 도연명의 〈의만가사〉나, 후대 자만시에 큰 영향을 미친 송대 진관의 〈자작만사〉는 모두 '가장된 죽음' 유형에 속하는 작품이라고 할 수 있다. 특히, 도연명의 자만시는 조선시대 문인들에게 너무나 잘 알려져 있던 작

431 윤주필, 《한국의 방외인 문학》, 집문당, 1999, 232-255면.

품이었다. 앞서 검토한 것처럼 조선 전기 김종직은 남효온의 〈자만 4장〉을 읽곤 도연명과 진관의 영향을 이야기했고, 조선 후기 이민보(李敏輔, 1717-1799)는 자만(自挽)과 무관한 주제의 시에서 도연명 〈의만가사〉의 의미를 덧붙이기도 했다.[432]

이런 사실을 감안할 때, 조선시대 자만시 창작에서 '가장된 죽음' 유형이 제한적으로 창작되었다는 사실은 유의해야 할 대목이다. 이 점은 조선시대 시인들이 '나의 죽음'을 연기하고 형상화하는 데 소극적이었음을 시사한다. 그들의 관심사가 '나'의 문제에까지는 미쳤지만, '나의 죽음' 문제를 다루는 것은 여전히 꺼려했음을 알 수 있다. 특히, '나의 죽음'에 대한 형상화란 측면에선 조선 후기에 이르러 단순화 내지 위축되는 경향마저 보인다. 다른 자전적 글쓰기 양식들이 조선 후기에 이르러 활발하게 창작되고 다채로워지는 것과는 정반대의 현상이다. 이런 차이는 자전적 글쓰기 양식 내에서 자만시에 대한 새로운 접근 시각을 요구한다. 자만시는 자전적 글쓰기 일 뿐만이 아니라 나의 죽음을 주제로 한 문학이기 때문이다. 이는 죽음을 받아들이는 태도의 변화와도 관련될 문제로 앞으로 죽음과 관련된 일체의 자료를 대상으로 죽음 인식의 변화를 검토할 때 참고할 필요가 있을 것이다.

432 李敏輔, 〈愍凶逢新, 復見己未譬, 年又接庚申, 驚慟摧怛, 求死不得, 次澤堂集絶筆韻, 畧寓淵明自挽之意〉, 《豊墅集》 권5, 한국문집총간 232, 민족문화추진회, 1999, 406면.

제9장

고통의 기억들

자만시 연작(連作)

자만시가 지닌 주제적 일탈성이나 예외성을 감안하다면 자만시를 쓴다는 것은 시인의 처지나 입장이 매우 특별함을 의미한다. 그래서 자만시는 연작으로 지어지는 경우가 드물다. 만시의 경우 절구·율시 등 단형의 형식을 선택할 때 연작시 형식으로 쓰는 경향이 있는 데 반하여, 자만시의 경우는 단형의 시 형식에도 한 수만으로 끝나는 경우가 많은 이유가 여기에 있다. '나의 죽음'을 언급해서는 안 되는 금기를 깨뜨리는 것이기에 일반 만시와 달리 시인으로 하여금 연작시 창작을 꺼리게 만들었던 것이다. 그러나 조선 후기에 이르면 자만시 점증에 따라 연작시 형태로 쓴 작품들도 늘어나기 시작한다. 작품 편수는 최대 13수까지도 있다. 유인배(柳仁培: 10수), 이언직(李言直: 6수), 이명오(李明五: 12수), 이시원(李是遠: 13수), 안효제(安孝濟: 6수) 등이 모두 6수 이상의 연작 자만시를 남기고 있다. 이 중 자만적 작품으로는 이시원의 13수가, 자만시로서는 이명오의 12수가 최다 연작시라고 할 수 있다.

한편, 동일 인물에 대한 만시를 시간 차를 두고 몇 차례 짓는 일이 드문 반면, 자만시의 경우는 여러 차례 지어지기도 한다. 노수신(盧守愼: 3차례), 이원익(李元翼: 2차례 4수), 현덕승(玄德升: 2차례), 이중명(李重明: 2차례), 김택영(金澤榮: 3차례) 등의 예처럼 두 차례 이상 자만시를 창작한 경우도 발견된다. 이렇게 두 차례 이상의 창작이나 여러 수의 연작시를 남긴 작가 중 노수신·이원익·이정암(李廷馣)을 빼면 모두 조선 후기 시인들이란 점은 연작시 창작 경향과 함께 시대적 변화 양상으로서 주목할 부분이다.

그렇다면 이들은 왜 한 수로 만족하지 못하고 여러 차례, 혹은 여러 수의 연작으로 자만시를 지었던 것일까? 그 해답을 최다 연작시를 남긴 이시원과 이명오의 경우를 통해 찾아보기로 한다.

> 형의 시는 나를 위해 그 품은 뜻을 말씀해 주셨으니,
> 온갖 감회가 돌아온 갑자 따라 같이 오네.
> 동생 조카 자식들이 다투어 술 올리니,
> 열세 잔째에 기분 좋게 취하여 쓰러지는구나.
>
> 兄詩爲我道其懷,　百感同隨甲子回.
> 弟姪兒甥爭進酒,　陶然醉倒十三盃.

이시원(李是遠, 1790-1866)이 회갑 날 밤에 쓴 자만적 작품들 중 첫 번째 수다. 결구에서 말한 자신의 회갑날 친족들로부터 받아 마신 열세 잔의 술은 이 연작시의 편수와도 일치한다. 이시원은 훗날 프랑스 군대가 강화도를 점령하자 아우 이지원(李止遠)과 함께 유소(遺疏)를 남기고 음독 자결한 인물로, 이건창(李建昌)의 조부이기도 하다. 이시원의 자만시는 병인양요가 있기 17년 전인 기유년(己酉年)에 지어졌는데 다음과 같은 긴 시제를 가지고 있다.

> 〈회갑이 되는 날, 넷째 종형 연옹(然翁)이 절구 한 수를 다음과 같이 부쳐 왔다. "소년이 어찌 노인의 마음 알리오, 첫 번째 갑년 돌아와 술 마련하니 응당 기쁘구나. 군자는 종신토록 모두 이 날이거니, 처연한 눈물 든 잔에 떨구지는 말게나." 그 날 심회가 좋지 못하여 가까운 친지들이 내게 권하는 잔을 다 받아 마셔서 드디어 밤새 크게 취하였다. 밤에 잠자리에 들어 그 운자를 써서 입으로 불러 감회를 드러내었는데, 때는 임금의 장례가 막 지나 글쓰는 일을 자제해야 하지만 심정이 매우 슬프고 괴로우며 말은 통곡하는 것 같으니 옛사람이 자만(自挽)했던 뜻을 취한 것이다. 충서(忠恕)하는 군자라면 혹 보고 슬퍼하지 않을까. 족형 휘원씨는 연옹이라 자호하였는데 호서 지방에 숨어 사는 군자다.[回甲日, 然翁四從兄, 寄一絶曰, "少年豈識老年懷, 辦酒應懽晬甲回.

君子終身皆此日, 莫將悽淚落稱盃." 其日心懷不佳, 骨肉切己之觴, 皆受飮之, 遂沈醉竟夕. 夜枕, 用其韻, 口占抒感, 時因山纔過, 方戒筆硯, 而情甚悲苦, 語類痛哭, 盖取古人自挽之意. 忠恕之君子, 儻或覽而悲之, 族兄輝遠氏, 自號然翁, 湖西隱君子也.]〉 13수[433]

열세 수의 내용을 간략히 소개해 보면 다음과 같다.

첫 번째 수에선 시의 창작 동기를 밝히고 회갑 잔치 날의 정경을 스케치하고 있다. 두 번째 수에선 돌아가신 아버지를 떠올리며 이웃에서 자신의 출생을 축하했던 일을 언급하고 있다. 세 번째 수에선 어린 시절 할아버지의 사랑과 훈육을, 네 번째 수에선 병약한 자신을 보살펴 주신 할머니에 대한 그리움을 말하고 있다. 다섯 번째 수에선 벼슬길 만류하시던 어머니의 이야기와 부모님에 대한 그리움이 드러나 있다. 여섯 번째 수에선 아내의 죽음과 어미 잃은 자식들에 대한 연민이 표현되어 있다. 일곱 번째 수는 헌종의 승하를 언급하고 있고, 여덟 번째 수에서는 과거 벼슬길에서 누린 영예들을 회고하고 있다. 아홉 번째 수에서는 다시 벼슬길에 나갈 것임을 암시하며 자신의 삶이 얼마 남지 않았음을 말하고 있다. 열 번째 수에서는 만년에 잘못된 행실을 하지 않고 가까운 벗과도 오해가 풀리길 바라고 있다. 열한 번째 수에서는 자식과 조카들에게 책 읽을 때 자신과 같은 잘못을 반복하지 말라고 권면하고 있으며, 열두 번째 수에서는 지난 삶을 돌이켜보며 자신의 잘못을 자책하고 있다. 마지막 열세 번째 수에서는 족형 휘원씨에게 자신의 정회를 말하지 못함을 안타깝게 여기고 있다.

열세 수는 내용상 다시 네 부분으로 나누어 볼 수 있다. 먼저 창작동기와 관련된 부분이다. 위에 인용한 첫 번째 수 외에도 마지막 수에서 그 사연이 드러난다.

어떻게 편지 보내 내 정회 말할 수 있을까?
죽어서 혼이 갔다 돌아오는 것이 낫겠네.

433 李是遠,《沙磯集》책2, 한국문집총간 302, 민족문화추진회, 2003, 67-68면.

듣자하니 난파에겐 신선 술 있어서,[434]
타향의 술기운으로 비 내려 고향사람과 술잔 함께했다지.

寄書何以道情懷, 瞑目不如魂往回.
聞說欒巴有仙術, 異鄕酒氣可同盃.

이 시가 종형 휘원(輝遠)과 삶의 무상함에 대해 이야기하고자 해서 지어진 것임이 드러난다. 두 번째 수부터 네 번째 수까지와 여섯 번째 수에선 시인 자신의 성장과정과 아내를 먼저 보낸 일 등을 이야기하고 있다.

세 번째 수

아이 태어나 젖 부족해 어미 품속에서 우니,
조부께선 자애롭게도 수고로이 과일 씹어 먹이셨네.
강석에서 경전 가르쳐주신 뜻 저버리니,
남은 시문 죽림칠현의 술잔 속에서 사라져가네.[435]

兒生乏乳哭於懷, 皇祖恩勤哺果回.
孤負董帷授經意, 遺篇蕪沒竹林盃.

여섯 번째 수

짝 잃은 슬픈 울음에 스스로 회포 말하니,
아내 잃고 지낸 세월 다시 기일이 돌아왔구나.[436]
수척한 아이는 애비를 어민 줄 알고 보니,
어찌 백세 축원하는 잔 사양하랴.

434 난파(欒巴)는 동한(東漢)시기 도사다 난파가 조정의 연회 석상에서 황제가 하사한 술을 입에 머금었다가 서북방을 향해 내뿜어 비를 만들어서 자신의 고향인 성도(成都) 저잣거리의 화재를 진화했는데, 성도 사람들이 동북방에서 온 그 비를 맞고 보니 술 냄새가 났다고 한다. 진(晉) 갈홍(葛洪)의 《신선전(神仙傳)》 권5 〈난파〉에 이 이야기가 실려 있다.

435 '죽림칠현의 술잔[竹林盃]'은 진(晉)의 죽림칠현(竹林七賢)인 혜강(嵇康)·완적(阮籍)·완함(阮咸)·산도(山濤)·상수(向秀)·유령(劉伶)·왕융(王戎) 등 7명이 노장(老莊)의 고답적인 풍모를 가지고 교유하던 모임에서 나누던 술잔을 가리킨다.

436 이시원의 나이 60세 때인 1848년(무신) 심혜륜(沈惠倫)의 딸인 부인 청송(青松) 심씨(沈氏)가 세상을 떠났다. 이 시를 쓰기 한 해 전에 벌어진 일이다.

寡鶴聲悲自道懷,　悼亡日月再朞回.
欒欒兒視爺如母,　那得辭渠百歲盃.

다섯 번째 수와 일곱 여덟 번째 수에선 벼슬길에서 겪은 이런저런 일들을 말하고 있다.

다섯 번째 수

중년엔 가난 때문에 녹봉받길 생각했지만,
어머니께선 내게 관직 그만두고 돌아오길 권하셨지.
부모님 슬하에서 즐겁게 지내던 날 떠올리면 마음 아파지니,
정결하고 풍성한 음식 장만하여 어찌 술 올렸으랴.[437]

中歲爲貧祿利懷,　阿孃勸我解官回.
傷心膝下怡愉日,　洗腆何曾用酒盃.

여덟 번째 수

은혜로운 조서 끌어안고 흘린 눈물 가슴에 가득하니,
성대한 의식에서 누런 주머니 하사받고 돌아왔네
정성스런 마음 하나 불타오르듯 붉으니,[438]
대궐에서 멀리 노모 장수하길 축원했었지.[439]

抱泣恩綸淚滿懷,　黃囊拜賜縟儀回.
心香一瓣丹如爇,　遙祝重宸壽母盃.

아홉 번째 수부터 열두 번째 수까지는 자신의 삶을 반추하며 반성하는 내

437 '세전(洗腆)'은 음식을 정갈하고 풍성하게 장만하여 공경히 부모를 봉양함을 이른다.《서경(書經)》〈주고(酒誥)〉에 "효도로 그 부모를 봉양해서 부모가 기뻐하시거든 스스로 음식을 정갈하고 풍성하게 장만하여 술을 올리도록 하라.[用孝養厥父母, 厥父母慶, 自洗腆, 致用酒.]"라고 한 데서 온 말이다.

438 일판심향(一瓣心香)은 일판향(一瓣香)이라고도 하는데, 선승(禪僧)이 도를 선수할 때 이 한 가닥 향을 모 법사에게 전한다고 한 데서 온 말이다. 심향은 정성스러운 마음으로 사르는 향을 이른다. 본래 도를 전수하고 어떤 사람을 숭모할 때 사용되는 비유다. 혹은 남을 축복할 때 쓰는 향인데 전의(轉義)하여 성경(誠敬)·열복(悅服)의 마음을 비유한다고도 설명한다.

439 이시원의 어머니는 헌종 9년(1843)에 세상을 떴다. 이 시에서 읊은 내용은 헌종에게 받은 성은을 회고한 듯하다. 이시원은 헌종 4년(1838) 통정대부에 오르고 승정원 동부승지와 형소참의에 제수되었으나 나아가지는 않았다.

용이다.

열 번째 수

만년에 허물 적기 바라는 것이 내 마음이라,
오히려 시비가 모든 사람 입에 오르내림 기뻐하네.
마침 날 멀리해 버려두지 않는 가까운 벗 있으니,
반드시 각궁(角弓) 그림자 뱀이라 의심한 일 해명하리라.[440]

殘年寡過是吾懷, 尙喜雌黃萬口回.
賴有情親不遐棄, 會敎弓影釋斟盃.

열한 번째 수

노경에 이르러 후회하는 마음 참되어지니,
총명함이 한 번 사라진 뒤 어찌 다시 돌아오랴.
아들 조카들 책 읽을 때 경계할 줄 알아야 할지니,
흘린 물을 무슨 수로 주워 담으랴.

至老方眞悔悟懷, 聰明一去豈重回.
讀書兒姪須知戒, 拾瀋何由補漏盃.

열두 번째 수

뒤숭숭하기가 항상 멀리 떠나온 나그네 같아서,
오직 무덤으로 일찍 돌아가기만 바랐다네.
돌아갈 때 가지고 갈 물건 하나 없으니,
그 죄 의당 백 잔의 벌주보다 크리라.[441]

440 진(晉)나라 때 악광(樂廣)이 하남(河南) 윤(尹)으로 있을 적에 항상 친하게 지낸 사람이 있었다. 한참 동안 그 사람이 다시 오지 않으므로 그 까닭을 물으니, "지난번에 베풀어 준 술자리에서 갑자기 잔 속에 뱀이 있는 것을 보고는 몹시 혐오감을 느꼈는데, 그 술을 마신 뒤 병을 얻었다."라고 대답했다. 청사(廳事) 벽 위에 걸린 각궁(角弓) 그림자가 술잔에 뱀처럼 비쳐서 오인한 것이었다. 다시 술자리를 마련하고 그 사람에게 그 까닭을 일러 주니, 손님의 병이 대번에 나았다는 고사에서 온 말이다.

441 백벌(百罰)은 여러 차례 죄를 받는다는 의미인데, 벌주의 의미로도 많이 쓰인다. 두보(杜甫)의 시 〈낙유원가(樂游園歌)〉에 "몇 줄기 백발을 어찌 벗어날 수 있겠는가, 백 번 벌하는 깊은 잔 사양도 마다하지 않겠네.[數莖白髮那拋得 , 百罰深杯亦不辭.]"라는 구절이 보인다.

忽忽常如遠客懷, 泉臺惟願早歸回.
歸時無物持將去, 厥罪宜深百罰盃.

족형의 시로 말미암아 자신의 삶을 돌이켜 보게 되었지만, 연작시의 창작에는 그를 잠 못 이루게 한 여러 가지 세상사의 번민들도 함께 작용하였던 것으로 보인다. 시제에서 스스로 옛사람들이 자만(自挽)한 뜻을 취했다고 밝힌 것처럼, 그가 통곡하듯 시를 써내려간 이유를 단순히 인생의 무상함이나 가까워진 죽음에 대한 두려움에서만 찾을 수는 없다. "충서(忠恕)하는 군자라면 혹 보고 슬퍼하지 않을까."라고 쓴 것처럼 자신이 지키고자 하는 절조나 신념과 달리 돌아가는 세상에 대한 고민도 없지 않은 듯하다. 이시원은 관직에 있을 때 불의에 타협하지 않아 무고를 당하여 파직되기도 할 만큼 강직한 성격의 소유자였다. 하지만 시인은 이 모두를 자신의 부족과 허물로 돌리며 도리어 자식과 조카들에게 자신과 같은 잘못을 반복하지 말라고 권면하고 있다. 시인의 마음속 갈등과 번민이 미묘하게 시 속에서 모습을 드러내고 있다. 이 작품들을 쓰고 17년이 지난 1866년, 이시원은 프랑스 군대가 강화를 점령하자 피란하지 않고 아우 이지원과 함께 음독 자결함으로써 자신의 충절을 세상에 각인시켰다.

시인으로 하여금 한 수만으로 그칠 수 없도록 하는 과거의 기억들은 시인 자신의 문제에 그치지 않고 선대나 주변인의 문제로 확대될 때 더욱 아프게 느껴진다. 18세기 후반과 19세기 전반을 살다 간 이명오(李明五, 1750-1836)의 〈자만(自挽)〉 12수가 그것이다.[442] 이 작품은 현재까지 확인된 작품 중에선 자만(自挽)을 제목으로 한 최다 연작시다.

이명오는 목릉성세(穆陵盛世)의 걸출한 시인 중의 한 사람인 이춘영(李春英)의 서자 수장(壽長)의 후손이다. 그의 아버지는 초림체(椒林體) 한시로 유명한 이봉환(李鳳煥)이다. 이명오는 아버지 이봉환, 아들 이만용(李晩用)과

442 李明五, 《泊翁詩鈔》 권6, 한국문집총간 속집 102, 한국고전번역원, 2010, 112면.

함께 삼대(三代)가 예원(藝苑)에 시명(詩名)을 날린 뛰어난 시인이었다.

12수의 내용을 간추려 보면 다음과 같다. 첫 번째 수부터 네 번째 수까지는 자신의 죽음과 상장례의 과정들이 담겨 있다. 자신의 삶에 대한 반성적 회고, 썩어가는 자신의 시신과 매장 후의 정경, 내 죽음을 슬퍼하는 가족들, 경인년 선친의 억울한 죽음에 대한 통한 등의 내용이 보인다. 다섯 번째 수에선 내용이 바뀌어 사후세계의 일이 언급된다. 자신을 인정해주는 자유로운 사후세계와 답답했던 현실세계가 대비된다. 여섯 번째 수에선 입관하는 모습이 나오고, 일곱 번째 수에선 다시 사후세계의 내용이 등장한다. 여덟 번째 수와 아홉 번째 수에서는 자신이 세상을 뜬 뒤 가족들의 문제를 언급하고 있다. 아내에 대한 그리움과 자식들에 대한 걱정 등이 담겨 있다. 열 번째 수에서는 죽음 앞에서 자신의 삶을 다시 돌이켜 보고 있으며, 열한 번째 수에서는 다시 아버지를 떠올리며 아버지 문제가 완전히 해결되지 않았음을 암시하고 있다. 마지막 수에서는 죽은 뒤에 만날 이들을 꼽아보고 있다. 홍낙임(洪樂任, 1741-1801)과 노긍(盧兢, 1738-1790), 그리고 이가환(李家煥, 1742-1801)이 그 대상인데, 세 사람을 추모하며 저승에서 만날 날을 기약하는 것으로 마무리 짓는다.

이명오의 자만시에 나타난 특징적 국면들을 몇 가지 살펴보면 다음과 같다.

두 번째 수

땅강아지 개미는 두개골을 뚫고,
까마귀 솔개는 내장을 쪼는구나.
대나무 묶어 활 만들면 새 쫓아낼 수 있고,[443]
돌로 묻는다면 벌레 구멍 막으련만.

443 "대나무 묶어 활 만들면 새 쫓아낼 수 있고[逐飛竹可續]"는 대나무 쪼갠 것을 묶은 뒤, 손바닥에 두드려 소리를 내는 것을 가리킨다. 중국 상고시대 황제(黃帝)의 〈탄가(彈歌)〉에 "대나무 쪼개서 대나무를 묶고, 흙 뭉쳐 던져서 짐승을 쫓네.[斷竹, 續竹, 飛土, 逐肉.]"라는 구절이 보인다.

지혜 있고 용기 있는 이라면 운이 다한 것이고,
우매하고 어리석은 이라면 꾀가 불길했던 것이겠지.
성대한 장례식이든 초라한 매장이든,[444]
흰 풀은 한결같이 무성해지리.[445]

螻蟻鑽頭骨, 烏鳶啄腹腸.
逐飛竹可續, 防穴石堪藏.
智勇運皆盡, 痴愚計不臧.
珠襦與槀葬, 白草一芒芒.

첫 두 구는 앞서 살펴본 남효온 〈자만 4장〉 첫 번째 수의 "땅강아지 개미들 내 입에 들어오고, 파리 모기떼 내 살 물어뜯네. 새로 꼰 새끼로 내 허리 졸라매고, 해진 거적으로 내 배 덮는구나.[螻蟻入我口, 蠅蚋嘬我肉. 新繩束我腰, 弊苫蓋我腹.]"를 연상시킨다. 이런 표현들은 죽음에 대한 강한 집착을 보여준다는 점에서 오히려 시인의 삶에 대한 어떤 해소되지 않은 고뇌를 짐작케 한다. 또한, 삶과 죽음의 현격한 격차는 죽음을 통해 삶의 문제를 부각시키는 데 더욱 효과적인 방식이 된다. 앞서 언급한 것처럼 주검에 대한 이런 과도한 묘사는 우리 모두의 죽음에서 '나의 죽음'으로 관심이 옮겨가는 증거의 하나라고 할 수 있다. 비록 남효온이나 이명오 시만의 예외적 사례이기는 하나, 시신 훼손에 대한 묘사는 우리가 아니라 '나의 죽음'을 부각한 특징적 사례로서 주목할직하다. 이를 통해 이명오는 '나의 죽음'이란 개별성에 더욱 초점을 맞추어, 후술할 이 시의 창작의도를 효과적으로 부각시키고 있다. 그런 측면에서 이 시의 내용은 매우 의도적으로 배치된 것이라 할 수 있다.

다음 시에서 등장하는 현실과 대비되는 사후세계 역시 남효온의 〈자만 4

444 주유(珠襦)는 옛날 제왕(帝王), 후비(后妃) 및 귀족의 장례에 사용했던 염복(殮服)이다. 구슬로 갑옷 모양처럼 만든 속옷인데, 황금 실로 구슬을 연해서 꿰맨 것이다. 호장(槀葬)은 시신을 짚이나 거적으로 싸서 장사함을 말한다.

445 흰 풀[白草]은 본래 중국 북방 변새에서 나는 풀을 가리킨다. 보통 한시에 변새의 황량한 정경을 나타낼 때 사용되는 상투 시어로, 여기에서는 자신 무덤의 스산한 정경을 표현하기 위해 활용되었다.

장〉 및 최기남(崔奇男)의 〈화도정절만시 3장(和陶靖節輓詩三章)〉을 잇고 있다.

다섯 번째 수

저승 수문랑(修文郎) 되어 기쁘지 아니한가?[446]
도솔천은 과연 청정하고 한가롭구나.[447]
타고난 성품이 얽매임 싫어하여,
허공에 마음대로 오고 가네.
아침엔 고래 타고 사해를 넘나들고,[448]
저물녘엔 학 타고 삼신산에 깃드네.
좁다란 인간세상 굽어보노라니,
죽기 전엔 어찌 그리 힘겨웠던가.

修文不快活, 兜率果淸閑.
靈性厭拘管, 虛空任往還.
跨鯨朝四海, 騎鶴暮三山.
俯看塵寰窄, 死前何太艱.

조선 후기 자만시에는 대체로 사후세계에 대한 내용이 구체적으로 제시되지 않는 편이다. 시인이 상정한 사후세계는 현실과 대비됨으로써, 현실의 누추함을 부각시킨다. 하지만, 이명오의 시에서 저승은 단순히 현실의 반면으로서의 의미에 그치지 않는다. 첫 구절 저승의 문형 노릇이 즐겁다는 말은

446 수문랑(修文郎)은 '지하수문(地下修文)'이라고도 하는데, 저승에서 문장의 저술을 담당한다는 관원을 일컫는 말이다. 진(晉) 왕은(王隱)의 《진서(晉書)》에 다음과 같은 이야기가 실려 있다. 진(晉)나라 소소(蘇韶)가 죽은 뒤 그의 종제(從弟) 소절(蘇節) 앞에 나타나, "지금 저승에는 안연(顏淵)과 복상(卜商: 子夏)이 수문랑으로 재직하고 있다. 수문랑은 여덟 사람인데, 모두 귀신 중의 성자(聖者)로서, 나도 수문랑을 맡고 있다."라고 한 데서 유래한 말이다.

447 도솔천(兜率天)은 범어(梵語) Tuşita의 음역으로 도사다(都史多)라고도 한다. 도솔천은 불교의 이른바 욕계(欲界) 육천(六天) 가운데 넷째 층에 있는 하늘로, 외원(外院)과 내원(內院)으로 이루어져 있는데, 미륵보살(彌勒菩薩)이 이 내원에서 미래불(未來佛)로 이 땅에 하생(下生)하려고 준비하면서 천신(天神)들을 지도하고 있다고 한다. 도가(道家)에도 도솔천(兜率天)이 있는데 태상노군(太上老君)이 사는 곳이라고 한다.

448 송(宋)나라 마존(馬存)의 〈연사정(燕思亭)〉 시에서 시선(詩仙) 이백(李白)의 죽음을 두고 "이백이 고래 타고 하늘로 날아가 버리니, 강남의 풍월이 여러 해 동안 한가로웠네.[李白騎鯨飛上天, 江南風月閑多年.]"라고 표현한 바 있다.

다층적 의미를 지니고 있다. 표면적으로 그것은 자신의 죽음을 의미하는 말이지만, 한편으론 서계(庶系)로서 바랄 수 없던 입신양명(立身揚名)의 욕망을 드러낸 것이기도 하다. 욕망의 실현마저 흔쾌히 받아들일 수 없는 뒤틀린 심리는, 얽매임을 싫어하여 허공을 마음껏 오간다는 표현과 함께 현실에서 그를 구속했던 상황들에 대한 불만을 암시한다. '인간세상의 협착함[塵寰窄]'이란 바로 그것을 압축한 말일 것이다.[449]

이 시에선 또 고래와 학을 탄 자아상을 등장시켜 자아표현으로서의 성격도 분명히 보여 준다. 앞서 임제(林悌)가 학을 탄 자아를 등장시키고, 조임도(趙任道)가 봉황으로 자신을 빗댄 것처럼,[450] 이명오의 시 역시 '나의 죽음'을 상징화함으로써 현실의 문제를 우회적으로 표현하고 있다고 할 수 있다. 생전에 온전히 대접받지 못한 자신의 처지와 대비되는 사후세계의 영예란 결국 부정한 현실에 대한 반어적 표현이 되기 때문이다. 한편, 이 작품의 자아형상화는 이명오가 남긴 또 다른 시와도 일정 부분 관련이 있다. 그는 〈학을 애도하며[悼鶴]〉란 제목의 시 두 수를 남긴 바 있는데,[451] 학에 대한 애도는 이 시와 연관시켜 볼 때 그 자신에 대한 애도라고도 볼 수 있다. 시인의 자의식과 현실이 가진 간극이란 측면에서 이 시의 비극성은 더욱 도드라지게 된다. 그러나 그가 가진 비극적 현실 인식은 단순히 신분적 한계로 인한 것만이 아니다. 그보다 좀 더 근본적인 이유가 있다.

앞서 언급한 것처럼 자만류 문학의 창작의식은 타인이 자신의 죽음 뒤에

449 필자는 이 책에서 이명오의 시세계에서 서계(庶系)로서의 자의식이 어떤 방식으로 표출되고 있는지에 대해서는 충분히 살펴보지 못했다. 이 점에 대해서는 추후 검토가 필요할 것이다.

450 林悌,《林白湖集》권3,〈自挽〉, 한국문집총간 58, 민족문화추진회, 1990, 288면, "江漢風流四十春, 淸名嬴得動時人.如今鶴駕超塵網, 海上蟠桃子又新."; 趙任道,《澗松集》권2,〈自輓〉, 한국문집총간 89, 민족문화추진회, 1992, 45면, "翔鳳亭中鳳不還, 飄然直上白雲間. 湖山自此無常主, 明月淸風萬古閒."

451 李明五,《泊翁詩鈔》권1,〈悼鶴〉, 한국문집총간속집 102, 22면, 첫 번째 수 "里老不仁甚, 晨寒拔氅毛. 未安養鴨柵, 可試割鷄刀. 華表魂應返, 孤山命未遭. 可贖幾凡鳥, 平林競噪號." 두 번째 수, "不聞瘞死者, 何望放生之. 衰世少完物, 古人亦許悲. 閒雲殊不極, 明月更何爲. 全失亭皐趣, 凄然一賦詩." 비슷한 시기 신위(申緯)의 작품 중에도 〈도학(悼鶴)〉이란 작품이 보인다. 이 시기 시인들에게 이런 주제의 시가 유행한 이유에 관해서는 별도의 검토가 필요하리라 생각한다.

지은 만시·제문·묘지명 등의 문학과는 다르다. 자만시를 남긴 작가들은 자신의 죽음의 의미를 소유해야 하는 것은 바로 삶을 산 자신이 되어야 한다고 생각했다. 또 삶이 자신의 정체성을 찾아가는 기나긴 여로라고 한다면, 그런 정체성은 자만시와 같은 자기표현 안에서 이루어질 수 있다고 확신했다. 자만시는 이러한 자기인식을 재구성하고 세상에 각인시킬 수 있는 최선의 혹은 최후의 기회였던 것이다. 그렇다면 이명오가 세상에 각인시키고자 했던 자기인식은 무엇일까? 다음 시의 구절들을 살펴보자.

> [가] 다섯 번째 수의 미련
> 좁다란 인간 세상 굽어보노라니,
> 죽기 전엔 어찌 그리 힘겨웠던가.
>
> 俯看塵寰窄, 死前何太艱.
>
> [나] 열 번째 수의 함련
> 천수 마치기까지 세상은 늘 어지럽고,
> 처음부터 끝까지 팔방이 어둡기만 하구나.
>
> 終季長擾擾, 到底八幽幽.
>
> [다] 열한 번째 수의 경련
> 이 일 끝내 이루어지기 어려우리니,
> 다음 생에라도 어찌 쉽게 바라랴.
>
> 此事終難辦, 來生豈易期.

예시에서 드러나는 것처럼 시인은 세상의 협착함([가]), 어지럽고 어두운 현실([나]), 해결을 기대하기 어려운 현실의 문제([다]) 등을 이야기하고 있다. 이 표현들은 모두 자만시의 관습적 틀인 상장례 사이사이에 배치되어, 시인의 자기인식들을 재구성하고 있다. 시인이 죽음이라는 극한 상황의 가설을 통해 드러내고자 했던 의식의 핵심은 역시 아버지 이봉환의 억울한 죽음이었다고 할 수 있다. 그 자신과 집안의 통한이 된 경인년(1770) 아버지의 억울한 죽음과 그로 말미암아 자식들이 겪은 고초, 그리고 신원(伸寃)을 위한 노력이 자신이 늙어서까지도 완전히 실현되지 못했다는 것과 관련이 있다.

이명오 집안의 비극은 1762년 임오화변(壬午禍變)으로부터 비롯한다. 사도세자(思悼世子)로부터 특별한 지우(知遇)를 받았던 이봉환은 세자의 비참한 죽음 이후 스스로 벼슬에서 물러나 '서정(西汀)'이란 호를 '우념재(雨念齋)'라 고치기에 이른다. '우념재'란 호는 주희(朱熹)의 "평생 비바람 치는 밤이면, 누워 명예와 절조 지키기 어려움 생각했노라.[平生風雨夜, 臥念名節難.]"란 시구에서 온 것이라고 한다.[452] 경인년(1770)에 평소 이봉환과 교유가 있던 최익남(崔益南)은 영의정 김치인(金致仁)이 사도세자의 죽음에 죄가 큼을 논하고, 세손으로 하여금 사도세자의 묘사(墓祠)에 참배하게 할 것을 상소하였다. 이 일로 최익남은 대신들의 맹렬한 탄핵을 받게 되고 영조의 노여움도 사게 된다. 이봉환은 최익남의 상소에 연루되어, 영조의 친국(親鞫)을 받게 된다. 영조는 이봉환이 끝내 자복(自服)하지 않자 사형에 처하려고 하다가 옥사가 끝나지 않았다는 이유로 형을 일단 유예한다. 하지만, 이봉환은 친국을 받은 다음 날 세상을 뜨고 만다. 이명오를 포함한 오형제 역시 아버지의 일에 연좌되어 감옥에서 모진 고초를 겪다가 3년 간 유배살이를 하게 된다. 이때 막내 동생 상오(尙五)의 나이는 겨우 열 살이었다. 이때 겪은 고초가 얼마나 심했던지, 아들 이만용은 아버지 앞에서 경인(庚寅)이란 두 글자를 입에 담을 수 없었다고 회고한 바 있다.[453]

이명오는 1786년부터 선친의 신원을 위해 백방으로 노력하였는데, 정조는 이봉환의 신원을 약속하고 1797년 이명오에게 25결에 달하는 토지를 하

452 李晩用, 〈與黃山金公(逌根)書〉, 《東樊集》 권4, 한국문집총간 303, 민족문화추진회, 2003, 577면. "明年壬午, 世子竟遇禍, 先祖自劾而退, 不復仕宦, 取朱子詩'平生風雨夜, 臥念名節難'之語, 改號西汀曰雨念齋." 하지만, 이 시구는 송대 장식(張栻)의 시 〈송양정방(送楊廷芳)〉 3수 중 마지막 수 "평생 비바람 치는 밤이면, 매번 명예와 절조 지키기 어려움 생각했노라.[平生風雨夕, 每念名節難.]"를 연상시킨다.

453 李晩用, 〈祭仲父石間公文〉, 《東樊集》 권4, 한국문집총간 303, 민족문화추진회, 2003, 581-582면.

사한 바도 있다. 하지만 정조의 갑작스런 죽음으로 인해 신원 약속은 미뤄지게 된다. 이 과정에서 이명오는 목숨을 걸고 임금의 수레를 가로막기도 하면서 그 억울함을 강력하게 호소하였다. 결국 선친의 복권은 1809년이 되어서야 김이도(金履度)와 김조순(金祖淳) 등의 도움을 받아 이루어진다. 하지만 그것이 시인 자신이 희망한 완전한 명예회복은 아니었던 것으로 보인다.[454] [다]에서 다음 생에도 바라기 어렵다고 한 것은 이 점을 잘 보여 준다. 이명오가 1830년경 이 자만시편을 쓸 때도 여전히 풀리지 않은 억울함이 남아 있음을 짐작할 수 있다. 이 일에 대한 이명오의 내심이 네 번째 수에서 잘 드러난다.

네 번째 수

어느 때에나 다시 나를 만날까 하고,
식구들 함께 슬퍼하는구나.
남은 자취 꽃 아래서 찾고,
여윈 얼굴 술 마시며 떠올리겠지.
무덤엔 한 서린 풀 우거지고,
궂은비에 선명한 무지개 뜨는구나.
경인년 아픔은 만겁이었으니,
일체의 곤궁 따위 어찌 근심하랴?

何時復見我, 眷屬悵然同.
遺躅尋花下, 凋顏想酒中.
蓬科結恨草, 陰雨發雄虹.
萬劫庚寅痛, 寧愁一切窮.

후일 이봉환·명오·만용 삼대에 걸친 비원이 된 경인년 이봉환의 옥사는 이명오에게 특히 큰 영향을 미쳤던 것으로 보인다. 미련의 표현에서 드러나는 것처럼, 경인년의 참화는 만겁의 고통으로 무엇과도 비교할 수 없는 일이

454 이현일, 〈청년 이명오의 슬픔〉, 《문헌과 해석》 제54호, 문헌과 해석사, 2011, 229면.

었다. 경인년 아픔[庚寅痛]이란 아버지 이봉환의 옥사를 가리킨다.

자만시에서는 상징적 표현만으로 그치고 있지만, 관련 내용이 다른 작품에서 자세히 서술되어 있다. 1776년에 지은 550구의 장편고시 〈만술(漫述)〉에서는 아버지의 억울한 죽음과 그 이후 집안이 겪은 고통을 매우 상세하게 읊고 있다. 시인은 그 고통을 "뱃속에 수레바퀴가 움직이는 것 같은[腹裏車輪動]" 지극한 슬픔이라고 썼다.[455] 이 때의 고통은 〈만술〉 시 전체에서 가장 빈번하게 사용된 어휘가 '혈(血)'이라는 사실에서도 잘 드러난다. '피'라는 시어는 일반적으로 시에서 잘 쓰지 않는다. 이와 같은 자극적 표현은 작시상 금기시할 뿐 아니라 시를 읽는 사람에게도 좋은 느낌을 주지 못하기 때문이다. 그럼에도 이명오가 시에서 의도적으로 '혈' 자를 남발한 것은, 아버지의 사건에 연루되어 겪은 고통이 얼마나 사무친 것이었던가를 잘 보여 준다. 〈자만〉 열한 번째 수에서도 그는 아버지가 남긴 글을 편찬하는 마음을 "털을 뽑아 붓을 만들고, 흐르는 피로 먹을 대신하노라.[拔毛爲不律, 漉血代隃麋.]"라고 쓰고 있다.

따라서 이명오가 자만시를 남긴 것은 단순히 남은 생을 정리하려 했던 것이 아니라, 고통의 기억을 세상에 분명히 각인시키기 위함이었다고 볼 수 있다. 네 번째 수에서 "어느 때에나 다시 나를 만날까 하고, 식구들 함께 슬퍼하는구나.[何時復見我, 眷屬悵然同.]"라고 시작된 내용이 "경인년 아픔은 만겁이었으니, 일체의 곤궁 따위 어찌 근심하랴?[萬劫庚寅痛, 寧愁一切窮.]"라고 마무리되고 있는 것처럼, 아버지의 일은 그 자신과 가족 공동체 모두에게 절대적인 영향을 미친 일이었기 때문이다. 자만시에서 '나의 죽음'만이 아니라 '아버지의 죽음'을 굳이 언급하는 이유가 여기에 있다.

이명오의 자만시에서 또 한 가지 독특한 점은 자신의 죽음을 이야기하는 시에서 다른 사람의 이름을 거명하고 있다는 데 있다. 마지막 수를 살펴보기로 하자.

---

455 李明五,《泊翁詩鈔》권1, 앞의 책, 17면.

지가공 잊기 어렵고,
한원옹 매번 생각나네.
촉급한 소리 빈 골짜기에서 나오고,
기이한 향기 바람결에 풍겨오네.
그림 속 눈망울 물빛과 같고,
술 잔 속 비친 기색은 무지개처럼 뻗어 났지.
금대도 먼저 손꼽던 분이었으니,
세상 떠나면 마침내 함께 만나겠구나.

難忘遲稼公, 每憶漢源翁.
急響出空峽, 奇香送逆風.
卷中眼似水, 盃底氣如虹.
錦帶指先數, 終歸會合同.

자만시의 마지막 수엔 보통 매장과 매장 이후의 일이 담기는 것이 일반적이다. 하지만 이 시는 수련에서 두 사람을 거명하고 있다. 지가공(遲稼公)과 한원옹(漢源翁)이 그들이다. 지가공은 홍봉한(洪鳳漢)의 아들이자 혜경궁 홍씨의 동생인 홍낙임(洪樂任, 1741-1801)을 가리키고, 한원옹은 당대의 천재 문인으로 평가받던 노긍(盧兢, 1738-1790)을 말한다. 홍낙임은 풍산(豊山) 홍씨가의 기대를 한 몸에 받던 인물이었지만 당쟁 과정에서 희생되었고, 이 일을 혜경궁 홍씨가 두고두고 한으로 여긴 바 있다. 노긍은《동패낙송(東稗洛誦)》의 편자로 알려진 노명흠(盧命欽)의 아들로 과책(科策)·과시(科詩)·과부(科賦)는 물론 고시문(古詩文)에도 능했던 문사였으나 과장의 일에 연루되어 유배를 당해 불우하게 살다 죽었다. 노긍의 아버지 노명흠은 30대 이후 홍봉한가에서 평생 가정교사 노릇을 했으며, 노긍 역시 이 집안사람들과 가까웠는데 그 중에서도 특히 홍낙임과 가까웠다고 한다. 이들은 모두 이명오를 진정 인정해 줬고 이명오 자신 역시 존경했던 선배 문인이었다.

이명오는 해배된 이후 줄곧 선친의 신원을 위해 필사적인 노력을 했다. 앞서 언급한 것처럼 길거리에 거적을 깔고 왕이 지나가는 길목에서 수차례

탄원하다가 귀양을 가기도 했다.[456] 이 과정에서 홍봉한 집안으로부터 큰 도움을 받게 된다. 특히 홍낙임은 홍봉한의 셋째 아들로, 아버지의 신원을 위해 적극적으로 도와준 은인 같은 인물이었다. 아버지 이봉환이 홍봉한 대에 이 집안에 출입했던 인연이 있기도 했다. 홍낙임은 번천시사(樊川詩社)를 열어 30년간 문원(文苑)을 주도했다는 평가를 받는데, 이명오 역시 이 시사에 참여했다.

하지만 홍낙임은 신유박해 때 서학의 배후로 몰려 사사(賜死)되었고, 노긍 역시 불우하게 살다가 오래전 세상을 뜨고 말았다. 시인은 이들을 결코 잊을 수 없고 또 매번 생각나는 인물이라 썼다. 아마도 그의 머릿속에는 홍낙임이 이끌던 시사와 시사에서 함께 어울리던 노긍이 영영 잊히지 않았던 듯하다. 노긍은 1790년에, 홍낙임은 1801년에 세상을 떠 이미 40여 년이 지났음에도, 시인은 자신의 죽음을 선배들 있는 곳으로 돌아가는 일이라 규정하고 있다. 시인이 자신의 죽음을 이들과 함께 세상에 각인시키고자 했던 것이다. 이명오의 시집 중에는 두 사람을 그리워한 시들이 유독 눈에 많이 띈다. 그런 점에서 이 작품은 이명오 개인의 자만시에 그치지 않고, 먼저 세상을 뜬 홍낙임·노긍과의 정신적 연대를 분명히 한 작품으로 해석할 수 있다. 그들의 삶이 비극적이었던 만큼, 이명오 자신의 가화(家禍)와 함께 일종의 동병상련으로서 시대적 아픔을 노래한 것이라 볼 수 있다. 이는 이명오의 자만시 외에는 유례를 찾아보기 힘든 독특한 시적 국면이다.

한 가지 첨언할 사항은 저승에서 함께 만날 또 다른 이로 금대(錦帶)를 꼽고 있다는 점이다. 금대는 바로 노긍·심익운(沈翼雲)과 함께 조선 후기 삼대 천재로 불린 이가환(李家煥)이다. 이가환은 남인으로 신유박해 때 천주교도로 몰려 옥사하였다. 이가환은 심문과정에서 당색이 다른 홍낙임과의 교유관계를 추궁당한 바 있는데, 노긍의 묘지명을 써 주기도 했다. 이명오 역시 서인 노론계로 분류될 수 있는 인물이지만, 당색이 다름에도 불구하고 이가

456 安鍾和,《國朝人物志》, 명문당, 1983.

환을 높이 평가했음을 짐작할 수 있다. 요컨대 이명오의 정신적 연대는 당파적 틀을 넘어 인간 가치에 초점을 맞추고 있다고 하겠다. 자신의 사후 만날 인물로 홍낙임·노긍과 함께 이가환을 지목한 것은 그런 점에서 또 다른 의미가 있다.

이명오는 이렇게 자신이 겪어 온 비극적 세상사들을 자만시로 풀어냈다. 사연 없는 죽음이 어디 있겠냐마는 아버지의 일은 본인이 너무 고통스러워 차마 다시 듣고 싶지도 않던 사건이었다. 그가 자만시를 통해 자신의 삶을 반추하는 과정에 굳이 아버지 사건을 다시 꺼낸 이유는 이제 자신의 죽음이 멀지 않았으리라는 예감에서였을 것이다. 〈자만〉 12수는 문집 권6에 실려 있는데, 문집의 편차로 볼 때 여기에 수록된 작품들은 65-66세 무렵인 1814년부터 1815년 사이에 지어진 시로 추정된다. 하지만 여덟 번째 수의 "여든이라 세상 깃든 지 오래니, 온갖 인연으로부터 해탈함이 기이하네."라는 구절을 볼 때, 이 시는 80세 무렵에 창작된 것으로 보는 편이 타당하리라 생각한다. 이명오의 자만시는 그의 여든일곱 해의 삶이 저물어 가던 어느 시점에 지어진 것이다. 이명오의 〈자만〉 연작은 시인의 삶과 시세계를 이해하는 데 빼놓을 수 없는 중요한 작품이면서, 동시에 자만시로서도 상당한 성취를 거둔 경우라 평가할 수 있다.

현재 전하는 작품들을 중심에 놓고 볼 때 자만시는 후기에 들어 점증했음이 드러난다. 이는 시인이 자신의 죽음에 대해 그만큼 할 이야기가 많다는 것을 의미하는 것으로 볼 수도 있다. 또 '나의 죽음'이란 금기를 깨는 일이 이전보다는 자연스러워졌음을 보여 준다. 연작 자만시의 증가는 후기에 들어 자만시가 특별한 자기표현의 도구로 더욱 적극적으로 활용되었음을 시사한다.

한편 후기에 들어 부자가 대를 이어 자만시를 남기는 경우가 발견된다는 점도 변화된 양상의 하나다. 권득기(權得己, 1570-1622)의 〈자만(自挽)〉[457]

457 권득기는 광해군 13년(1621) 52세 되던 해(임종 한 해 전) 〈자만(自挽)〉 시를 지었다. 權得己, 《晩悔集》

과 권시(權諰, 1604-1672)의 〈차도만가운(次陶挽歌韻)〉 3수,[458] 이명오(李明五, 1750-1836)의 〈자만(自挽)〉 12수와 이만용(李晩用, 1792-?)의 자만(自挽) 주제 시가 그 대표적인 예다.[459] 아버지의 자만시 창작이 아들에게 영향을 미친 경우라 할 수 있다. 어찌 보면 자만이란 금기를 대를 이어 깼다는 점에서 여러 가지 흥미로운 문제를 우리에게 던진다. 다른 자전문학에서도 대를 이은 글쓰기가 발견되는 만큼 이런 일탈적 글쓰기가 일정한 가풍을 형성했을 가능성도 있다.[460] 앞서 살펴본 이명오의 자만시를 계승하여 아들 이만용은 다음과 같은 자만적 작품을 남기고 있다.

〈섣달 그믐날 밤, 주필로 유산의 시운에 화운하다 6수[除夕, 走筆和酉山韻 六首]〉 중 세 번째 수

세월 흘러 내 죽은 뒤에 돌아오게 되면,
풍광은 그대로고 초가집은 한가로우리.
남은 사람 속에서 모범될 만한 이 구하기 어려운데,
혼백이 어찌 이 세상에 연연하리오.
황량한 무덤엔 계절 따라 술 올린 자취 남고,
시로 이름난 옛 집엔 강산만이 남아 있으리.
낙화유수 같은 영락함이 평생의 한이었으니,
모든 것 유유히 전혀 상관하지 않으려네. (이상은 자만이다.)

歲去應吾死後還, 　風光依舊草堂閒.
典型難覓餘人裏, 　魂魄寧思此世間.
酒跡荒墳隨節序, 　詩名故宅有江山.
落花流水平生恨, 　一切悠悠摠不關. 　右自挽[461]

권1, 한국문집총간 76, 민족문화추진회, 1991, 9면.

458 權諰, 《炭翁集》 권2, 한국문집총간 104, 민족문화추진회, 1993, 271-272면.

459 李晩用, 〈除夕, 走筆和酉山韻 六首〉 중 세 번째 수, 《東樊集》 권3, 한국문집총간 303, 민족문화추진회, 2003, 561면.

460 자찬묘지명이나 자찬묘표의 경우 대를 이어 창작된 작품들이 보인다. 대표적인 사례로 서명응(徐命膺, 1716-1787)과 손자 서유구(徐有榘, 1764-1845)의 사례를 들 수 있다. 서명응은 〈자표(自表)〉(《保晩齋集》 권12))를, 서유구는 〈오비거사생광자표(五費居士生壙自表)〉(《楓石全集》《金華知非集》 권6)를 남긴 바 있다.

461 李晩用, 《東樊集》 권3, 한국문집총간 303, 민족문화추진회, 2003, 561면. 유산(酉山)은 정약용(丁若鏞)의 아들인 정학연(丁學淵)의 호다.

이만용은 앞서 언급한 것처럼 할아버지 이봉환, 아버지 이명오와 함께 삼대가 모두 뛰어난 시인이었다. 이 작품은 정약용의 아들인 정학연(丁學淵)의 시에 화운 형식으로 지어진 것이다. '시명고택(詩名故宅)'이란 표현에서 집안의 문한(文翰) 전통에 대한 자부심이 느껴진다. 그럼에도 마지막 연에서 평생의 한을 말한 것은 아버지와 마찬가지로 신분의 한계 외에도 조부의 억울한 죽음 문제가 연관되어 있을 것이다.

전기와 중기에 비해 상대적으로 많은 사람들의 관심을 받은 결과, 후기에 들어선 자만시가 색다른 주제와 내용이나 이질적인 시 형식에 담겨 표현되기도 했다. 이 부분은 조선시대 자만시에서 발견되는 일종의 일탈에 해당되므로 장을 달리 해서 논하기로 한다.

제10장

주제로부터 수사의 일탈까지

자만시의 변격(變格)

타인의 죽음을 애도하는 시들은 대체로 슬픔을 드러내는 것을 목적으로 삼는다. 청대 시보화(施補華, 1835-1890)가 도망시(悼亡詩)를 쓸 때 반드시 비통함을 곡진하게 드러내야 한다고 했던 것처럼, 조선 후기 인물들 역시 비슷한 생각을 가지고 있었다. 송시열(宋時烈, 1607-1689)은 장례에서 쓰는 만가는 죽음을 슬퍼할 뿐이라고 했으며, 홍길주(洪吉周, 1786-1841) 역시 만사(挽詞)를 쓸 때 〈해로가(薤露歌)〉처럼 단지 죽음을 슬퍼하는 뜻만을 기술해야 한다고 생각했다.[462] 최재남은 한국 애도시에 대한 포괄적 검토를 통해 애도시의 구성 요소로 비탄(悲嘆), 진혼(鎭魂), 칭양(稱揚) 세 가지를 제시한 바 있다. 그런데 이상의 언급을 감안한다면 애도시(만시, 도망시)의 본질은 무엇보다 비탄, 곧 죽음에 대한 슬픔을 표출하는 데 있다고 하겠다.[463]

하지만, 이런 기준이 내 죽음을 가설(假設)하여 애도하는 자만시의 경우

462 施補華,《峴傭說詩》, 王夫之 等 撰,《淸詩話》, 上海: 上海古籍出版社, 1999, 982면. "悼亡詩必極寫悲痛."; 宋時烈,《宋子大全》권114 書,〈答李公獻〉, 한국문집총간 112, 민족문화추진회, 92-93면. "葬用挽歌, 直是哀死而已."; 박무영·이현우 외 역,《沆瀣丙函》(하), 태학사, 2006, 295-297·520-521면. "挽詞, 卽挽輀車者呼唱忘勞之聲[今俗謂之'香徒聲']. 侈之以詩, 只宜述其哀死之意, 猶漢·魏間〈薤露歌〉."

463 최재남,《韓國哀悼詩硏究》, 경남대학교출판부, 1997, 42-164면. 최재남 역시 동양 한문문화권에서 애도시의 핵심적 성격은《문심조룡(文心雕龍)》〈애조(哀弔)〉편에서 말한 "애사의 체제(體制)를 탐구해 본다면, 서정은 주로 애상(哀傷)을 위주로 하고 조사(措辭)는 최대한 애석함을 표현해야 한다.[原夫哀辭大體, 情主於痛傷, 而辭窮乎愛惜.]"에 있다고 보았다.

엔 변화가 불가피하다. 물론, 송대 진관(秦觀)이나 조선 전기 기준(奇遵)과 같이 자신의 죽음을 드러내 놓고 슬퍼한 경우도 있지만, 자만시의 시원이라 할 도연명의 〈의만가사사삼수(擬挽歌辭三首)〉 이래 많은 수의 작품들은 비탄보다는 초탈적 의식과 반어적 표현으로 만시의 정격(正格)을 벗어나게 되었다.

이렇게 자만시는 주제적 속성 자체가 변격(變格)이었다고 볼 수 있다. 그런데 변격의 문학주제인 자만시가 조선 후기에 이르면 또 다른 일탈을 보이기 시작한다. 그것은 내용과 글쓰기 방식 모두에서 일어난다. 이를테면 변격의 변격이 발생한 것이다.

송대 호자(胡仔)는 도연명과 진관의 자만시를 비교하면서 각각 두 작품의 정서적 특성을 초탈[了達]과 애원(哀怨)으로 대별한 바 있다.[464] 조선시대 자만시 중에도 이 두 가지 정서가 길항하면서 변주되고 있음을 발견하게 된다. 하지만, 앞서 언급한 것처럼 자만시는 만시와 달리 망자를 애도하는 일에만 집중할 수는 없었다. 자신의 죽음을 다루는 것인 만큼 시적 화자와 대상의 거리가 확보되지 않기 때문이다. 이런 이유로 호자의 설명 틀만 가지고 자만시 전반을 살펴보는 데에는 자연 무리가 따른다.

앞서 살펴본 것처럼 조선시대 자만시엔 유가적 지식인 특유의 수기사명적(修已俟命的) 의식이 곁들여질 때가 많으며, 자신의 죽음을 선대와 후대에 대한 부채와 책임의 문제로 연결시키는 유가적 가족윤리가 중심이 되는 작품이 두드러지는 편이다. 거칠게 말하자면 이상의 양태들이 자만시의 일반적 경향이라고 볼 수 있다. 만시와 달리 자만시에선 생전의 공덕을 높이기 어렵다는 태생적 제약을 가지고 있고, 도연명의 〈의만가사〉란 전범적 작품 이래 형성된 자만시 자체의 문학적 전통이 직간접으로 작용한 결과라 하겠다. 다만 조선시대 자만시 중엔 임종시 내지 절명시와 구분되지 않게 씌어진 경우도 많다. 이 점은 조선시대 자만시가 반드시 도연명의 〈의만가사〉의 영

464 우원즈[吳文治] 主編,《宋詩話全編》肆, 南京: 鳳凰出版社, 1998, 3967면. "淵明自作挽辭, 秦太虛亦效之. 余謂淵明之辭了達, 太虛之辭哀怨."

향 아래 지어진 것은 아님을 보여 준다.[465]

자만시의 일반적 양태를 확인하기 위해서는 한편으로 자만시를 창작하는 이유에 대해서도 세밀한 검토가 필요하다. 원대 이공환(李公煥)의《전주도연명집(箋註陶淵明集)》(조선 간본의 제목은《전주정절선생집(箋註靖節先生集)》) 권4의 주석에 인용된 기관(祁寬)의 말에 따르면, 옛사람들이 스스로 지은 제문나 만시는 '뜻을 담아 글을 풀어 나간[寓意騁辭]' 것이라고 한다.[466] 자만시가 시인의 내밀한 의중을 담거나 혹은 드러내기 위해 지어졌음을 지적한 말이다. 따라서 자만시를 지을 때 우의한 바가 무엇인가를 살피기 위해선 시의 병서(幷序) 등 관련 언급에 주목할 필요가 있다. 다음은 조선시대 문인들이 자만시 창작의 이유나 의도를 밝히거나 자만시에 대해 언급한 내용들을 모아 본 것이다. 몇 가지 예문은 앞서 소개한 것이지만 논의의 편의를 위해 함께 인용한다.

[가-1] 홍언충(洪彥忠, 1473-1508), 자만적 작품의 병서(幷序)
갑자년에 내가 진안현으로 귀양을 갔는데, 앞일을 예측할 수가 없었다. 스스로 반드시 죽겠다 여겨 옛사람들이 자만한 것을 모의하여 명을 짓고, 또 자식들에게 경계로 삼게 했다.[467]

[가-2] 최태순(崔泰淳, 1835-1910), 〈자만(自挽)〉의 병서
기유년 오월 여름 나는 해묵은 병 때문에 우연정(寓淵亭)에서 앓고 있었다. 전에 효험이 있던 약을 써보았지만 끝내 차도가 없으니 이미 서너 차례니 병이 재발했기 때문이다. 이제 건강은 점점 쇠약해지고 쓸 약조차 없는데 잦아들었다 심해졌다 하는 것이 거의 반년이 되어 간다. 스스로 다시 일어날 수 없을 것 같다고 여겨서 다른 사람을 위해 율시로 자만시 한 수를 지어 잠시 써놓곤 죽음을 기다린다.[468]

465 조선 자만시가 가진 특수성은 다음 장에서 중국 자만시와의 비교와 대비를 통해 해명될 것이다.

466 元 李公煥,《箋註靖節先生集》권4, "昔人自作祭文挽詩者, 多矣. 或寓意騁辭, 成於暇日."

467 洪彥忠,《寓庵稿》권2, 韓國文集叢刊 18, 민족문화추진회, 1990, 323면. "甲子歲, 予謫眞安縣, 事將有不測者. 自分必死, 擬古人自挽而銘之, 且戒子云."

468 崔泰淳,《梅史遺稿》권2, 경상대학교 문천각 소장본. "歲己酉夏五月, 余以宿祟, 爲苦寓淵亭, 試前效之藥, 而終未奏功, 蓋此祟之闖發, 已三四次. 今則榮衛漸衰, 無藥可施, 時歇時劇, 殆將半歲矣. 自分似不能復起, 爲人乃作自挽一律, 姑書此以竢之."

[나-1] 남효온(南孝溫, 1454-1492), 〈자만 4장, 점필재 선생께 올리다[自挽四章, 上佔畢齋先生]〉이 수록된 편지 내용

이곳의 저는 병들지 않았을 때, 밖으로 육맥(六脈)을 짚고 안으로 오장(五臟)을 살피며, 팔괘(八卦)를 두루 찾고 용호(龍虎)를 참고하여 이에 수명이 얼마 남지 않았음을 알게 되었습니다. 지난 가을이 끝날 무렵, 집안의 액운이 크게 겹쳐 상사(喪事)가 반복되니, 바쁘게 쫓아다니는 사이에 마음이 허하고 미친 듯 두근거리는 병을 얻어 요망하고 실없는 말을 절도 없이 발설하게 되었습니다. 다행히 약물의 힘을 입어 큰 병세는 조금 가라앉았지만 남은 독기가 아직 거세니, 지난번에 얻었던 점괘가 공연한 것이 아니었습니다. 이에 타향살이 중에 만가(挽歌) 네 편을 지었는데, 아들 녀석에게 맡겨 다시 정서(淨書)한 뒤에 선생의 자리 아래에 올립니다. 비루한 제가 세상맛을 탐내어 명리(名利)의 관문을 깨치고 나오지 못했음을 지극히 잘 알고 있으니, 어찌 다시 옛사람이 생사를 동일시하고 물아(物我)를 잊어버리는 경지를 바랄 수 있겠습니까. 다만 병중에 정신이 소모되고 지기(志氣)가 꺾여서 거친 말이 필시 문리가 이어지지 않을 것이니, 행여 바로잡아 주시기를 바랄 뿐입니다.[469]

[나-2] 김종직(金宗直, 1431-1492), 〈답남추강서(答南秋江書)〉

우리 추강은 세상의 여섯 가지 액을 슬퍼한 것 같지만 마침내는, "서른하고 여섯 해 동안, 언제나 세상의 시기를 받았다" 하였으니, 그 자찬이 매우 깊다 하겠고, 또 못내 이 세상을 잊지 못하는 생각이 있으니, 이를 어찌 갑자기 아침 이슬처럼 사라질 사람의 소리라 하겠습니까? …(중략)… 나는 옛사람이 자기 묻힐 자리를 미리 만들어 놓는 경우가 많다는 말을 들은 적이 있습니다. 또 시골 노인이 스스로 관을 만들고 의복과 이불 등 염습의 물건까지도 빠짐없이 다 준비하고, 죽을 때까지 관 속에 누워보곤 하는 것을 본 적이 있습니다. 이는 다만 미리 준비해 둔다는 의미만이 아니라 은연중 오래 살기를 기원하는 것이라고 비웃는 자도 있습니다. 지금 추강이 만시를 모의한 것도 이런 유가 아닙니까?[470]

469 南孝溫, 《秋江集》 권1, 韓國文集叢刊 16, 민족문화추진회, 1990, 30면. "此中小子, 未病時, 外診六脈, 內觀五臟, 旁探八卦, 參之龍虎, 乃知大數近在朝夕, 去秋之杪, 家厄深重, 喪事重重, 奔走之間, 得心虛狂悸之病, 妖言妄語, 發作無節. 幸賴藥力, 大病稍歇, 而餘毒尚梗, 曩所得不虛也, 僑居, 乃作挽歌四篇, 付之豚犬, 更繕寫呈先生座下, 極知鄙人貪戀世味, 不得透利名關, 安能更希古人齊死生了物我之遺意耶. 但病中精神喪耗, 志氣摧挫, 荒詞必不文理接屬, 幸加斤正是望."

470 金宗直, 《佔畢齋集》 권1, 韓國文集叢刊 12, 민족문화추진회, 1990, 404면. "吾秋江, 則似傷其在世六厄, 而竟云, "三十六年間, 長被物情猜", 其自讚也, 深矣, 且有拳拳不忘斯世之慮焉, 是豈溘先朝露之人哉? …(中略)… 僕嘗聞, 古之人, 多有豫作壽藏之兆者. 又嘗見鄕中老人, 自治棺槨, 至其衣衾斂襲之物, 無一不備, 常常自臥其中, 以迄沒齒, 此蓋非徒爲緩急之用, 或有哂其暗行祈禳之術者焉. 今秋江之擬挽, 無乃類是耶?"

[다-1] 유언호(兪彦鎬, 1730-1796), 〈자만(自挽)〉의 병서

지난날 왕형공(王荊公: 王安石, 1021-1086)이 병이 들자 오국부인(吳國夫人)을 돌아보며 뒷일을 부탁하며 말하길, "죽고 사는 것은 정해진 것이 없거늘, 정말로 때가 이르렀는데 말을 하지 못할까 두렵소."라고 하였다. 가만히 살펴보건대 고인의 문집 중에 자만(自挽)의 글이 많은데, 역시 반드시 모두 임종할 때 지은 것은 아니다.[471]

[다-2] 이수광(李睟光, 1563-1628), 《지봉유설(芝峯類說)》 애사(哀辭)조

옛날 도연명은 스스로 자신의 만사와 〈오류선생전〉을 지었고, 배진공[裵度]은 스스로 자신의 화상찬을 지었으며, 백낙천[白居易]은 스스로 〈취음선생전〉과 자신의 묘지명을 지었다. 또 소강절[邵雍]은 스스로 〈무명공전〉을 지었으며, 진요좌는 스스로 묘지를 지었다. 근세에 노소재[盧守愼] 또한 지문을 스스로 지었으니, 이름에 뜻을 두었던 것일까.[472]

[라] 유인배(柳仁培, 1589-1668), 〈자만(自挽)〉(10수)의 병서

내가 보니 세상의 어버이를 장례 지내는 자들이 어질고 어리석음과 귀하고 천함을 막론하고 오로지 만시 구하는 것을 첫 번째 일로 여겨서 원근에 널리 구하고 오직 많이 얻는 것만을 힘쓴다. 장례 날에 도로에서 구경하는 자들이 만장을 보고 찬탄하지 않는 경우가 없으니, 아마 그렇지 않다면 다 수치스럽게 여길 것이다. 그런데 가령 죽은 이가 실제 기록에 이렇게 칭송할 일이 많을지라도 반드시 이처럼 할 필요는 없을 듯하다. 하물며 나처럼 한 일 없는 자의 경우에랴. 이 때문에 만시가 없는 것을 부끄럽다고 여기지 않고 오로지 비웃음 사는 것을 두려워해서 간략히 소회를 말했으니, 관을 매달아 하관한 뒤에 한쪽 귀퉁이에나 넣어둠이 지당한 일일 것이다.[473]

---

471 유치웅 편, 《杞溪文獻》, 기계유씨대종회, 2014; 심경호·노요한 역주, 《국역 杞溪文獻》 권12, 기계유씨대종회, 2014, 642-643면. "昔王荊公, 嘗有疾, 顧語後事于吳國夫人曰, '死生無常, 誠恐時至, 不能發語.' 竊觀古人集中, 多有自挽之詞, 亦未必皆在臨化時也." 인용문 중 왕안석의 말은 《송명신언행록(宋名臣言行錄)》 중에 나오는 내용이다. 朱熹 纂集, 《宋名臣言行錄》 後集 권6, 《欽定四庫全書》 수록본, 四庫全書電子版. "元豐七年(1084)春, 公有疾, 兩日不言, 少蘇, 語吳國夫人曰, '夫婦之情, 偶合耳, 不須他念, 强爲善而已.' 執葉濤手曰, '君聰明, 宜博讀佛書, 愼勿徒勞作世間言語. 安石生來, 多枉費力作閑文字, 深自悔責.' 吳國勉之曰, '公未宜出此言.' 曰, '生死無常, 吾恐時至不能發言, 故今叙此, 時至則行, 何用君勸?' 公疾瘳乃自悔曰, '雖識盡天下理, 而定力尙淺, 或者未死, 應尙竭力修爲陳, 子聞之而疑.' 曰, '豈現行無常, 現身有疾者乎, 不可疑也.'"

472 李睟光, 《芝峯類說》 권14, 文章部七 哀辭, 《芝峯類說》, 경인문화사, 1970, 544면. "昔陶淵明自作挽詞及五柳先生傳, 裴晉公自作畫像贊, 白樂天自作醉吟先生傳及墓誌銘, 邵康節自作無名公傳, 陳堯佐自作墓誌, 近世盧蘇齋亦自作誌文, 豈亦有意於名者歟."

473 柳仁培, 《猿溪集》 권3, 한국국학진흥원 유교넷 수록 영남사림문집, "吾觀世之葬親者, 無賢愚貴賤, 惟以求挽爲第一事, 廣求遠邇, 惟多是務. 葬之日, 道路觀者, 莫不嗟賞, 其不然者, 皆以爲恥. 設使化者實錄多有所稱, 似不必如是, 況如我之空空者乎. 以故不以無挽爲恥, 惟以取笑爲懼, 略道所懷, 懸棺之後, 納于一角, 至當."

제시한 예문을 기준으로 할 때 조선시대 문인들이 자만시를 창작한 이유는 크게 네 가지로 나누어 볼 수 있다.

[가]의 언급들은 실제 죽음을 예상하거나 염두에 둔 경우이다. 홍언충처럼 권력에 의한 억울한 죽음이 임박해 오거나([가-1]) 최태순처럼 자연스런 육신의 한계를 예감하거나([가-2])에 관계없이 시인이 실제 죽음을 앞두고 있다고 예상해서 쓴 작품들이다. [나]의 언급들은 실제 죽음과의 관계가 분명치 않은 경우이다. 남효온은 표면적으론 수명이 다하였음을 이야기하고 있지만([나-1]) 실제 시의 내용은 죽음에 임박한 사람의 말이라고 볼 수 없다는 것이 독자인 김종직의 평가다.([나-2]) 한편 [다]의 언급들은 자만시가 반드시 실제 죽음을 앞두고 지어지는 것이 아니며 유언과는 다른 목적이 있음을 지적하고 있다. 유언호는 자만시를 임종 직전에만 쓰는 것이 아님을 지적하였고([다-1]), 이수광은 다른 자전적 문학 갈래들과 함께 자만의 의도를 짚고 있다.([다-2]) 다만, 전자가 죽음에 임박해서 정작 하고 싶은 말도 채 하지 못하고 죽을까를 걱정하는 현실적인 면에 집중하였다면, 후자는 이런 종류의 문학을 낳게 한 이면의 의도에 초점을 맞추고 있다. 이 두 가지는 자만시가 죽음만이 아니라 자기표현과도 관련된 의도적 글쓰기임을 우리에게 시사한다. 반면 [라]는 만시가 갖는 허례허식을 극복하기 위한 대안으로 자만시가 필요함을 보여 준다.[474] 이 경우 자만시는 자신의 상장례에서 타인의 만시(만사)를 대체하는 역할을 하게 된다.

이상을 통해 조선시대 시인들이 자만시를 다층적으로 이해했음을 알 수 있다. 그들은 자만시를 단순히 임종 무렵에 남기는 마지막 말 정도로 인식했던 것이 아니라, 죽음을 맞이하기 전에 어떤 의도를 가지고 자신을 표현하는 효과적인 방법임을 잘 알고 있었다. 의례적 수사로 장식된 만시에 대한 거부감으로 창작되기도 했지만, 자신의 삶을 스스로 정리하고 죽기 전에 남기고

474 비슷한 의식이 다음 경우에서도 발견된다. 崔孝騫, 〈自挽〉 부분 "嗚呼挽歌兮歌至此, 莫借他人騁諛辭."(《何山集》 권1); 尹禹學, 〈自挽〉 부분 "輀前愼勿掛人挽, 弔誄一無可稱辭."(《思誠齋集》 권1)

싶은 말을 남길 수 있다는 데도 주목하고 있었다. 따라서 자만시 작가들이 선택한 내용과 글쓰기 방식은 죽기 전에 반드시 남기고 싶은 말을 효과적으로 표현하기 위해 고안된 장치로서 좀 더 섬세한 검토가 요구된다. 그런 측면에서 다음에 제시할 예외적인 특수 유형 작품들은 자만시 양식의 자기 변화와 갱신의 양상으로서 특별히 주목될 필요가 있다고 하겠다.

〈스스로 애도하며[自悼]〉

아녀자 사내 할 것 없이 밤새도록 슬프게 호곡하니,
집집마다 재기(再朞) 돌아왔음 알겠구나.[475]
등불 앞에서 스스로 당시 일 떠올리노라니,
어찌 인간세상 연연하여 다시 살아오랴.

女哭男號徹曉哀, 家家知是再朞廻.
燈前自念當時事, 何戀人間又活來.[476]

〈자도(自悼)〉라는 제목으로 쓴 김조순(金祖淳, 1765-1832)의 자만적(自挽的) 작품이다. 자도시(自悼詩)는 일반적으로 자신의 처지를 스스로 애도하는 내용의 시를 총칭하는 것으로 자만시와는 일정한 차이가 있다. 자신을 돌이켜 본다는 점에서 시적 발화방식이 유사하지만, 그 내용이 반드시 자신의 죽음과 연결되는 것은 아니기 때문이다. 자도시의 경우 자신의 처지를 그저 애달파하는 데 그치는 경우가 많다. 하지만 김조순의 시는 자신의 죽음을 가정하고 사후의 정경을 묘사하고 있다는 점에서 자만적 작품이라고 보기에 부족함이 없다. 죽은 자의 눈으로 자신의 죽음을 돌아보는 자만시 특유의 창작 방식이 적용되어 있기도 하다.

시의 기구(起句)는 남녀가 모두 소리 내서 슬프게 우는 다소 갑작스런 장면 제시로 시작된다. 독자 입장에서 볼 때 느닷없다 싶은 장면은 승구(承句)

475 재기(再朞)는 고인이 세상을 뜬 지 두 돌이 된 것을 이르는 말이다.
476 金祖淳,《楓皐集》권5, 한국문집총간 289, 민족문화추진회, 2002, 112면.

를 통해 그 이유가 해명된다. 집안사람이 죽은 지 두 해 되는 날이기 때문이다. 그런데 제목을 통해 볼 때 그 집안사람은 바로 자신임을 알 수 있다. 자신이 죽은 지 두 해가 지난 것이다. 전구(轉句)에선 시상이 전환되어 시인(죽은 자신)이 과거의 일을 회상하고 있다. 그 일이 무엇인지는 드러나 있지 않지만, 마지막 구절에서 다시 인간세상으로 돌아오고 싶지 않다고 하는 것으로 보아 '당시의 일[當時事]'이란 김조순을 몹시도 절망시켰던 일임은 분명하다.

잘 알려진 것처럼 김조순은 영조 대 이후의 시대적 흐름을 타고 정조의 친위관료로 등장하여 순조의 장인이 되었으며, 후일 장동(壯洞) 김문(金門)을 세도가(勢道家)로 군림하게 만든 장본인이다. 그의 집안은 호란(胡亂) 무렵 강개한 척화지사(斥和志士) 김상헌(金尙憲), 노론세력의 정치적 리더였던 수항(壽恒)과 창집(昌集) 부자, 학문과 문학의 선도자였던 창협(昌協)과 창흡(昌翕) 형제, 산림학자(山林學者) 원행(元行)·양행(亮行) 등을 배출했을 만큼 조선 후기의 명문가였다. 정쟁과정에서 김수항·창집 부자가 죽음을 맞고 그로 인해 가문에 정치적 시련이 닥치기도 했으나, 영조 대 이후 노론 주도의 정국에서 그의 가문은 경화세족(京華世族)으로서 입지를 굳건히 해 가고 있었다. 더구나 김조순 대에 이르러 정조로부터 총애를 받아 세자(후일의 순조)의 스승이자 장인이 되었으며, 관료로서도 지방관 한번 거치지 않고 중앙의 청요직을 역임하면서 권력의 중심에 있었다.

위 시는 김조순 사후 아들 유근(逌根)과 좌근(左根)에 의해 편찬 간행된 문집 권5에 실려 있다. 권5에는 대체로 1821년부터 1826년까지 지어진 작품이 수록되어 있는데,[477] 이 시 역시 그의 나이 57-62세 사이에 지어진 작품 중에 하나라고 추정할 수 있다. 이 사이 그는 재차 문형(文衡)에 올랐을 만큼 순탄한 관료생활을 누리고 있었다. 그럼에도 이 시는 다시 살아 돌아오기 싫을 만큼의 현실적 괴로움을 토로하고 있다는 점에서 이채롭다. 물론 이 시에

477 양기정의《풍고집》해제에 따르면 권5에 실려 있는 작품들은 대체로 1821년부터 1826년까지 지어진 작품이라고 한다. 한국고전번역원 홈페이지의《한국문집총간해제》참조.

서 말한 당시는 반드시 창작된 시기만을 말하는 것은 아니기 때문에 이전의 일까지 소급시켜 생각할 수도 있다. 일면 순조롭게만 보이는 그의 삶에서 이런 괴로움을 느낀 사건은 과연 무엇일까?

김조순은 급변하는 정국 속에서 위기에 시의적절하게 대응했던 편이다. 특히 자신의 딸이 세자빈(世子嬪)으로 3차 간택과 대혼(大婚)을 치르지 못한 상태에서 정조가 서거하고 신유사옥(辛酉邪獄)으로 자신의 집안사람이나 주변의 인물들이 화를 당하는 와중에서도 정치적 라이벌이었던 벽파를 축출하고 자신들(시파) 중심의 정치권력을 만들어 내기도 했다.(1805년 丙寅更化) 한편 순조 재위기인 1827년엔 효명세자(孝明世子)의 대리청정(代理聽政)을 계기로 풍양 조씨 가문과 연결된 김로(金鏴) 일파가 권력을 장악하여 실세(失勢)의 위기에 몰리기도 했으나, 1830년 효명세자의 급서(急逝)로 김로 일파를 몰아내고 다시 세도를 확고히 하기도 했다. 위 시는 분명히 알 수는 없으나 이런 정쟁의 과정에서 그가 느꼈던 절망감과 무관치 않은 것으로 보인다.

그러나 이 작품만으론 더 이상 삶에 연연하고 싶지 않을 만큼 시인을 고뇌하게 만든 일이 무엇인지는 알 수 없다. 어쩌면 김조순 스스로 그 이유를 드러내기 싫었던 것인지도 모른다. 다만, 이를 이런 독특한 시적 상황으로 직조해 내는 시작 능력만큼은 주목될 필요가 있다. 앞서 언급한 것처럼 자만시는 나의 죽음을 빌미로 내가 말하고자 하는 바를 우의(寓意)하기도 한다는 점을 떠올릴 필요가 있다.

이 시의 특별함은 무엇보다 일반적인 자만시와는 완전히 다른 착상과 내용에 있다. 자만시가 자신의 죽음을 당겨서 상상하는 속성을 가지지만, 김조순의 시는 닥쳐올 미래의 죽음을 사후의 어느 시공간으로 한정시켜 다룸으로써 독특한 효과를 빚어낸다. 이 시에는 자신이 죽은 뒤 2년 후의 기일, 남은 가족들의 슬픔이 제시되고 있다. 죽은 직후가 아니라 2년 뒤의 시간, 무덤이 아니라 집에서 지내는 기일의 제사를 소재로 함으로써 이 시는 또 다른 방식의 죽음을 상상하고 있다. 또한 김조순의 자만적 작품에는 자신의 삶에 대한 어떤 회고나 반성도 없다. 심지어 죽음을 받아들이는 자세마저 색다르다. 대부분의 자만시가 삶과 죽음이 다름이 없다는 방식으로 생사의 문제를 초탈하려는 의식을 담고 있는 데 비해 이 시는 살아 돌아올 생각이 없다는 의식을 표출하고 있다.

결과적으로 이 시는 자만시와 본질을 공유하면서도, 우의적 자기표현으로서의 특성을 극대화한 작품이라고 볼 수 있다. 현실에 대한 자기 불만을 자만시로 쓰는 전통은 이미 조선 전기 남효온으로부터 시작되었지만, 김조순의 작품은 특수한 시공간에 '나의 죽음'을 밀어 넣고 자만(自挽)의 우의(寓意)를 새롭게 변주했다고 볼 수 있다. 실제 그의 시문은 젊어서부터 '신시(新詩)'·'신문(新文)'으로 파악될 만큼 새로운 점이 특징이었다.[478] 그는 젊은 시절 패관소품(稗官小品)에 몰입하여 김려(金鑢)와 함께 청나라 책《우초신지(虞初新志)》를 모방하여《우초속지(虞初續志)》를 편찬하기도 했다. 이런 패관소품의 탐독으로 인하여 문체가 바르지 못하다는 정조의 견책을 받고 사행 도중에 자송문(自訟文)을 지어 올린 바도 있다. 이 시의 기발한 착상 역시 그의 문학적 특성을 보여 주는 사례의 하나라고도 볼 수 있다.

〈자만(自輓)〉

태허 속 천지의 정기가,
얼음 얼듯 함께 모였다 흩어지네.
장수와 요절 어찌 길고 짧음을 따지랴,
성인이나 범인이나 무덤 하나에 묻힌다네.
끝없이 슬퍼하는 것은 육친이고,[479]
애통해 하는 것은 친구 누구인가.
그 사이에 나는 무사하게 되어,

478 金祖淳,〈祭烏山金公文〉,《楓皐集》권9, 韓國文集叢刊 289, 민족문화추진회, 2002, 221면. "祖淳每爲一文一詩, 未嘗不質諸公, 而公輒被酒朗誦曰. '此新文也, 新詩也.' 嘉賞之意, 溢於色辭, 政爲其文與詩之有自來也."

479 육친(六親)은 여섯 친족을 가리킨다. 여러 가지 견해가 있는데, 여기서는 부모·형제·처자를 가리키는 말로 쓰였다.

삼가 신명의 보우를 받아 세상에 돌아왔네(소생했네).

元精太虛裡, 聚散同凝氷.
彭殤豈長短, 聖凡一丘陵.
哀哀六親是, 戚戚朋友誰.
其間我無事, 恭肅保神歸.[480]

18세기 전라도 무주의 선비 박치원(朴致遠)이 남긴 자만시다.[481] 방대한 분량의 문집인《설계수록(雪溪隨錄)》에 실려 있다.[482] 시의 전반부는 천지의 정기가 모였다 흩어지는 것이 죽음이니 길고 짧음을 따질 필요가 없으며, 성인이나 평범한 사람도 죽는 것은 마찬가지라고 말하고 있다. 죽음은 인간의 숙명이며 어떠한 인간도 예외가 없다고 했다. 그런데 마지막 두 구에선 자신이 신명의 도움으로 세상에 돌아왔다고 쓰고 있다. 자만시는 자신의 죽음을 가정해서 쓰기 때문에 이렇게 살아 돌아왔다는 내용으로 끝날 수는 없다. 극히 예외적인 결말인 셈이다. 이에 대한 의문은 시의 말미에 붙어 있는 "어느 해에 공의 병이 갑자기 거의 사경에 이를 정도로 악화되어 만시를 지었는데, 얼마 후에 다시 살아났다.[歲某甲, 公病猝欲幾殊, 有此輓, 須臾乃甦.]"라는 기록을 통해 풀리게 된다. 정말 죽을 것이라고 예상해서 자만시를 썼는데 뜻밖에 중병에서 소생했다는 것이다. 죽음이 임박했다고 생각한 시인이 자만시를 쓰

480 朴致遠,《雪溪隨錄》권19, 서울대학교 규장각 소장본.

481 필자는 앞서 간행한 자만시 역주서에서 이 작품의 서사를 영조 대 노론 강경파 인물 박치화(朴致和)라고 잘못 보았다. 박치화의 초명이 치원(致遠)이기도 했고, 서울대학교 규장각 한국학연구원의 해제에도《설계수록》의 저자가 박치화로 기술되어 있기 때문이었다. 졸역,《내 무덤으로 가는 이 길: 조선시대 自挽詩 역주 평설》, 문학동네, 2014, 264-265면. 그러나 다음 연구 성과를 통해 이것이 박치화가 아니라 무주의 선비 박치원의 작품임을 확인할 수 있었다. 안대회는 박치원의 신분이 양반인지 여항인인지 분명하지는 않으나 송익필(宋翼弼)과 서기(徐起)로 빗댄 글이나 사족(士族) 명사들에게 대우를 받았다는 지적, 경상도 거창의 아전이었던 신돈항(愼敦恒) 집안과 혼사를 맺은 것으로 보아 여항인으로 추정된다고 했다. 안대회,〈조선 후기 여항문학(閭巷文學)의 성격과 지향〉,《한문학보》제29집, 우리한문학회, 2013, 283-284면. 필자의 역주서는 물론 규장각 한국학연구원의 해제도 수정되어야 할 것이다.

482《설계수록(雪溪隨錄)》은 27권 11책으로 이루어져 있다. 박치원의 인친(姻親)이자 문생(門生)인 신돈항(愼敦恒)이 편찬하고 손자인 용혁(龍赫)이 1804년(순조 4)에 송환기(宋煥箕)의 서문(序文)을 받아 일본(一本)을 선사(繕寫)하여 가장(家藏)하였던 것을 5대 방손(旁孫)인 영수(永壽) 등이 1886년(고종 23)에 간인(刊印)하였던 것인데, 규장각 소장본은 이를 대본으로 후에 필사한 것이다. 서울대학교 규장각 한국학연구원 해제 참조.

고 다시 살아난 사례들은 중국 문헌에서도 발견된다. 청대 전영(錢泳)의《이원총화(履園叢話)》에는 조동옥(趙同鈺)이란 인물이 꿈에 백일 내에 죽을 것이란 말을 듣고 괴이하게 여겨 자만시를 짓고 죽음을 대비했더니, 3개월이 지나고도 멀쩡히 살아남았다는 이야기가 실려 있다.[483] 우연한 일치겠지만 자만시가 죽음을 미리 준비하는 것인 동시에 죽음 앞에서 생명을 각성시키는 효과도 있음을 잘 보여 준다.

박치원의 작품은 아마도 자신의 죽음을 예비하기 위해 썼던 자만시를 생명의 고비를 넘긴 뒤 고쳐 썼던 것으로 보인다. 특히 마지막 부분이 바뀐 듯하다. 원 작품은 전하지 않지만 수정 과정을 고려한다면 그의 자만시는 결국 시인의 죽음과 환생을 함께 담고 있는 셈이 된다.

자만시는 나의 죽음을 다루고 있지만, 그것은 어디까지나 가정된 것이다. 노론 4대신의 한 사람인 조태채(趙泰采)의 손자 조영순(趙榮順, 1725-1775)의 자만시처럼 임종 직전 시시각각으로 다가오는 죽음을 기록한 작품이라 하더라도 시에 담긴 죽음이 진짜 죽음일 수는 없다.[484] 반면 박치화의 작품은 그 죽음으로부터 벗어난 경험까지를 담음으로써 결과적으로 실제 죽음까지 담은 독특한 자만시가 되고 말았다.

필자가 지금까지 확인한 자만시는 235수 정도다. 그 중 절구 형식의 작품은 106수, 율시(배율 포함) 형식의 작품은 94수, 고시 형식의 작품은 35수다. 고시 형식을 선택한 경우는 그나마도 도연명의 〈의만가사〉를 화운하였거나 염두에 둔 작품이 많아서 시인이 능동적으로 선택한 경우가 많지 않다고 볼 수 있다. 한편 오언시로 쓰인 경우는 80수, 칠언시로 쓰인 경우는 152수, 드물게는 4언이나 6언 및 잡언(雜言) 형식의 시도 한 수씩 있다.[485]

483 錢泳,《履園叢話》권22 夢幻, 自挽詩條,《清代筆記小說大觀》4, 上海古籍出版社, 2007, 3704면. "虞山趙子梁同鈺能詩, 才名洋溢. 庚辰九月十五日夜, 夢若有人謂之曰: '爾百日內當死, 尙懵懵耶!' 醒而怪之, 乃仿隨園老人作自挽詩四首, 云: …(中略)…, 月三月餘, 幷無恙, 眞夢之不足徵也."

484 趙榮順,《退軒集》권3, 韓國文集叢刊續 89, 한국고전번역원, 2009, 303면.

485 이상은 2017년 12월까지 필자가 확인한 작품을 기준으로 작성한 것일 뿐, 현전하는 자만시에 관한 정확한 통계라고 할 수 없다. 좁은 의미의 자만시 외에 넓은 의미의 자만적 경향의 작품까지 포괄하여

이상을 통해 볼 때, 조선시대 자만시는 오언과 칠언을 가리지 않고 절구와 율시 형식의 선택이 많은 편이고, 고시로 쓰인 작품은 많지 않음을 확인할 수 있다. 또 일반 만시와 달리 연작으로 된 작품이 많지 않은 편이다. 이것은 고시 형식의 3수 연장체로 쓰여진 도연명의 〈의만가사〉나 후대 자만시에 영향을 미친 송대 진관(秦觀)의 〈자작만사(自作挽詞)〉 같은 고시 형식과는 다른 것으로 조선 자만시 나름의 변이 양상이라고 볼 수 있다. 그런데 다음 제시할 작품은 이상의 시체 분류로도 포괄할 수 없는 독특한 글쓰기 방식이 적용되어 있는 경우다.

〈도연명의 시 구절 "만족스럽게 술 마시지 못한 일 한스럽네"를 가지고 우의한 자만시[托意自挽詩, 恨飮酒不足]〉

술동이 앞에서 두건을 벗으니,
두건아 너를 나는 참으로 저버렸구나.[486]
마냥 울타리 아래 국화로 하여금 사람 웃게 하지만,[487]
세간에 왕홍처럼 늘 주안상 차려줄 이 많지 않음에랴.
인생 백 년 하물며 잠깐이거니,
내 입에 술잔 물고 있는 날 얼마나 될까?
우울하게 유령(劉伶)의 혼에게 묻노니,
황량한 들판에서 다시 술잔 잡을 수 있는가?
큰 고래 냇물 들이마시듯 술 마시는 배 채우지 못했으니,[488]
이 한스러움 관 뚜껑 덮은 뒤에도 다스리기 어려워라.
순간의 삶 속에서 일찌감치 대자연의 권능을 엿보니,[489]
예로부터 천명에는 박하고 후함이 없더라.
공명과 부귀도 바라지 않았으니,

조사할 경우 제시된 작품보다 훨씬 많은 수의 작품이 현전할 것으로 보인다.

486 두상건(頭上巾)은 머리에 쓰는 갈건(葛巾)을 말한다.

487 이국(籬菊)은 도연명 〈음주(飮酒)〉 시 다섯 번째 수에 "동쪽 울타리 밑에서 국화를 따노라니, 유연히 남산이 눈에 들어오네.[采菊東籬下, 悠然見南山.]"라고 한 데서 온 표현이다.

488 두보(杜甫)의 〈음중팔선가(飮中八仙歌)〉에, "좌상은 날마다 주흥으로 만전을 허비하여, 술을 큰 고래가 온갖 하천 들이마시듯 하네.[左相日興費萬錢, 飮如長鯨吸百川.]"라고 한 데서 온 표현이다.

489 부휴(浮休)는 《장자》 〈각의(刻意)〉편의 "성인의 삶은 물 위에 떠 있는 것과 같고, 그가 죽었을 때는 쉬고 있는 것과 같다.[其生若浮 其死若休.]"라고 한 데서 온 표현으로, 인생이 짧고 무상함을 의미한다.

이미 풍진 속에서 오두미에 허리 굽히는 일 사양했다네.
죽는 날 평생을 돌이켜 보니,
천명을 어찌 의심하랴, 오직 순응할 뿐.[490]
몸뚱이 묻혀 뼈마저 썩는 것도 사양치 않지만,
이 인간세상에서 술잔 잡던 손은 애석하구나.
천하일에 상심한 진나라의 도망간 신하는,[491]
홀로 심양의 차조 밭 50무에 의지해 살았지.
오랜 세월 도화원에서 진나라 피한 뜻,
술병 속에서 흉내 내며 남은 생애 보냈네.
궁한 처지라 뜻대로 되는 일은 드물었고,
가난한 집이라 항상 술 구하기도 쉽지 않았네.
문 앞에는 속세 반생 동안 취해 누웠던 바위 있어,[492]
오랜 세월 동안 열에 여덟아홉은 깨었지.
기분 좋게 늘 술 마시는데,
조금 기울여서 어찌 내 머리 적시랴?[493]
봄 강물이 술로 바뀌지 않는다면,[494]
서남 사람과 더불어 백 일 아래 달리리.[495]
어지러운 속세에서 잠시 머물렀던 인연 이미 끊겼지만,
오직 백주(白酒)만은 가장 잊기 어렵구나.
평생 유독 술 좋아하여 목마른 꿈꾸더니,[496]

---

490 도연명의 〈귀거래혜사(歸去來兮辭)〉에 "잠시나마 자연의 변화 따르다가 죽음으로 돌아가는 것이니, 천명을 즐기는 데 다시 무엇을 의심하랴![聊乘化以歸盡, 樂夫天命復奚疑.]"라고 했던 것을 염두에 둔 표현이다.

491 포신(逋臣)은 도망간 신하를 의미하는 데 여기서는 팽택령을 마다하고 고향으로 돌아가 은거했던 도연명을 가리킨다.

492 취석(醉石)은 도연명이 술에 취해 누웠다고 하는 바위 이름이다.

493 《주역》 미제(未濟) 괘에 "상구는 믿음을 두고 술을 마시면 허물이 없지만 머리를 적시듯 지나치면 믿음을 둠에 옳음을 잃으리라.[上九, 有孚于飮酒, 无咎, 濡其首, 有孚失是.]"라고 했는데, 이에 대한 상사(象辭)에 "술을 마셔 머리를 적심은 또한 절제를 모르는 것이다.[飮酒濡首, 亦不知節也.]"라고 했다. 이 때문에 머리를 적신다[濡首]는 말은 술에 취해 본성을 잃는다는 의미를 가지게 되었다.

494 이백(李白)의 〈양양가(襄陽歌)〉에 "멀리 바라보니 한수는 오리 머리처럼 푸르러, 흡사 포도주가 막 괴기 시작한 것 같네. 만일 이 강물이 봄 술로 변화한다면, 쌓인 누룩으로 술지게미 누대를 만들리라.[遙看漢水鴨頭綠 恰似葡萄初醱醅 此江若變作春酒 壘麴便築糟丘臺.]"라고 한 데서 온 표현이다.

495 서남쪽은 본래 친구가 있는 방향이다. 《주역》〈곤괘(坤卦)〉 괘사(卦辭)에 "서남으로 가면 벗을 얻고, 동북으로 가면 벗을 잃는다.[西南得朋 東北喪朋.]"라고 하였다. 여기서는 도연명을 가리키는 듯하다. 도연명은 심양(潯陽) 시상(柴桑) 사람인데, 이곳은 구강(九江)의 서남쪽에 해당한다.

496 병갈(病渴)은 본래 소갈증(消渴症)을 말한다. 한(漢) 사마상여(司馬相如)가 평생 소갈증으로 시달렸기 때문에 뛰어난 문인을 가리키는 말로 쓰이기도 하지만, 여기서는 술과 관련된 의미로 쓰였다.

누가 쓸쓸한 백양나무 언덕으로부터 불러주리오?
천 잔의 술 죽기 전 마시지 못함이 한스러우니,[497]
저승에선 술에 침 흘리던 입 영원히 닫힌다네.[498]
매우 한스러운 건 일 처리할 때 흥취 부족하여,
항상 이 늙은이에게 술 권하려 하지 않았던 것.
근심스러움에 취하고자 빈 술동이 앞에라도 누우니,
소슬한 가을바람은 오류(五柳)에 가득하네.[499]
고개 돌려 다시 백이·숙제에게 묻노니,
고비와 고사리가 시름 씻어 주는 도구가 될 수 있는가?[500]
도연명은 어디에 뼈를 묻고자 했던가?
저승에도 취향이 있으려나.[501]

樽前脫却頭上巾, 巾乎於汝吾實負. 長敎籬菊好笑人, 世間王弘不多有.
人生百年況斯須, 余口銜杯能幾久. 悄然爲問伯倫魂, 可復荒原提榼卣.
長鯨未果吸川腹, 此恨難平盖棺後. 浮休早覰大化權, 自古洪勻無薄厚.
功名富貴亦非願, 已曾風塵謝五斗. 平生點檢大歸日, 樂天奚疑惟順受.
身淪骨朽也不辭, 惜此人間把杯手. 傷心天地晉逋臣, 獨賴潯陽秫五畝.
千秋武陵避秦意, 擬向壺中送餘壽. 窮途少有可意事, 未易貧家常得酒.
門前醉石半生塵, 三萬光陰醒八九. 陶然時復一中之, 細傾何足濡吾首.
春江不變作春酒, 却與西南白日走. 狂塵已斷宿桑戀, 寂所難忘惟玉友.
偏憐一生病渴夢, 誰喚蕭蕭白楊阜. 千鍾恨未死前辦, 九京長閉流涎口.
生憎從事少情味, 未肯長時侑此叟. 憂來欲醉臥空樽, 蕭瑟西風滿五柳.
回頭更問採薇子, 薇蕨能爲掃愁帚. 陶家何在願埋骨? 夜臺亦有醉鄕否.[502]

497 후한(後漢) 말 조조(曹操)가 술을 금지하는 법을 만들자, 공융(孔融)이 그에게 편지를 보내서 이를 비판한 바 있다. 편지 가운데 "요 임금은 천 잔의 술이 아니면 태평을 이룩할 수 없었고, 공자는 백 잔의 술이 아니면 으뜸 성인이 될 수 없었다.[堯不千鍾, 無以建太平, 孔非百觚, 無以堪上聖.]"라고 한 바 있다. 요(堯) 임금은 술 천종(千鍾)을 마셨고, 공자는 백고(百觚)를 마셨다고 한다.

498 두보의 〈음중팔선가(飮中八仙歌)〉에 "여양왕(汝陽王) 이진(李璡)은 술을 세 말은 마셔야 조정에 나갔고, 길에서 누룩을 실은 수레만 보아도 입에서 침을 흘렸다네.[汝陽三斗始朝天 道逢麴車口流涎.]"라는 구절이 있다.

499 오류(五柳)는 도연명을 상징한다. 도연명의 집 가에 심어져 있던 다섯 그루의 버드나무로부터 유래한 말로, 도연명은 자신을 오류선생(五柳先生)이라 부르고 〈오류선생전〉이란 자전(自傳)을 남긴 바 있다.

500 소수추(掃愁帚)란 근심을 쓸어내는 비란 의미로 술의 별칭이다. 술이 마음의 근심과 괴로움을 씻어 줄 수 있기 때문에 이렇게 부른 것이다.

501 취향(醉鄕)은 술에 취해 온갖 걱정을 잊을 수 있는 별천지의 세계를 말한다. 당(唐) 왕적(王績)이 〈취향기(醉鄕記)〉에서 도연명이 취향에서 놀았던 일화를 지어낸 바 있다.

502 鄭基安, 《晩慕遺稿》 권3, 한국문집총간 속집 73, 한국고전번역원, 2009, 475면.

18세기 정기안(鄭基安, 1695-1775)이 과체시(科體詩) 형식으로 쓴 독특한 자만시다. 정기안은 을사사화를 주도한 훈구관료로 악명이 높았던 정순붕(鄭順朋)의 후손이면서, 조선 전기 단학가(丹學家)로 유명한 북창(北窓) 정렴(鄭磏)의 방손이기도 하다. 원래 이름은 사안(思安)이었으나, 먼 친척뻘인 사효(思孝)가 무신란(戊申亂)에 가담한 일로 자신 역시 구설에 오르자 개명하였다고 한다.[503]

과체시는 과시(科試)에 부과되는 시험과목의 한 가지로 일반 한시와 다른 시작 방식과 형식을 가지고 있다.[504] 18운 36구를 기본으로 하며, 출구(出句) 처음 두 글자는 평성이고 대구(對句) 처음 두 글자는 측성이라는 색다른 평측(平仄) 원칙이 적용된다.[505] 또 과체시는 제목 중에서 한 글자를 낙점하면 그 글자와 같은 운을 써야 한다. 과체시는 이런 자국적 특수성 때문에 동시(東詩)라는 명칭으로도 불리는데, 필자가 확인한 범위 내에서 자만시를 이런 방식으로 쓴 것은 이 작품이 유일하다. 이 시는 제목 중 '주(酒)'자가 속한 운자(韻字)인 상성(上聲) 유운(有韻)에 속하는 글자를 사용하고 있다. 다만, 이 시는 과체시의 정식과는 약간의 차이가 있다. 총 22운 44구로 이루어져 18운 36구를 기본으로 하는 조선 후기 과체시 정식보다는 약간 길다.[506] 출구

503 정기안(鄭基安)의 본관은 온양(溫陽), 자는 안세(安世), 호는 만모(晚慕)다. 1728년(영조 4) 별시(別試) 문과에 병과로 급제했다. 1752년에 동지겸사은사(冬至兼謝恩使)의 서장관(書狀官)으로 청나라에 다녀왔고 대사간에 올랐다. 1766년 한성부우윤·지중추부사를 지내고 기로소(耆老所)에 들어갔다. 시호는 효헌(孝憲)이다.

504 과체시 형식과 글쓰기에 관해서는 다음 연구성과들을 참고할 수 있다. 이가원, 〈石北文學硏究〉, 《李家源全集》 2, 정음사, 1986, 353-442면; 이병혁, 〈韓國科文硏究 — 詩·賦를 중심으로〉, 《동양학》 제16집, 단국대학교 동양학연구소, 1986, 1-34면; 이병혁, 〈科文의 形式考 — 詩·賦를 중심으로〉, 《靑泉 康龍權博士 頌壽紀念論叢》, 청천 강용권박사 송수기념논총 간행위원회, 1986, 245-256면; 장유승, 〈조선시대 과체시 연구〉, 《한국한시연구》 11, 한국한시학회, 2003, 417-449면; 이상욱, 〈조선 科體詩의 글쓰기 방식에 관한 연구〉, 연세대학교 석사학위논문, 2005, 1-115면; 김동석, 〈조선시대 科體詩의 程式 고찰〉, 《대동한문학》 제28집, 대동한문학회, 2008, 69-125면; 심경호, 〈조선의 조선의 科擧와 參考書, 그리고 韻書〉, 《열상고전연구》 제46집, 열상고전연구회, 2015, 327-369면; 이상욱, 〈조선 科文 연구〉, 연세대학교 박사학위논문, 2015, 66-93면.

505 정약용에 따르면 이 평측 원칙은 조선 초기 문신 변계량(卞季良)이 이백 〈양양가(襄陽歌)〉 "千金駿馬喚少妾(평평측측측측측), 笑坐雕鞍歌落梅(측측평평평측평)"의 성률(聲律)을 본떠서 만든 것이라고 했다. 丁若鏞, 《牧民心書》 권8, 禮典六條, 〈課藝〉 "近世以來, 文體卑下, 句法澆悖, 篇法短促, 不可以不正也" 條, 韓國文集叢刊 285, 민족문화추진회, 2002, 482-483면.

506 과체시의 정식이 무엇인가는 아직도 선명치 않은 부분이 있다. 이 책에선 대체로 17세기 말 이후 규

처음 두 글자는 평성이고, 대구 처음 두 글자는 측성이라는 평측 원칙도 지켜지지 않고 있다.

정기안의 시는 도연명 〈의만가사(擬挽歌辭)〉 첫째 수의 "만족스럽게 술 마시지 못한 일 한스럽네[恨飮酒不足]"를 제재로 삼아 쓴 것이다. 원시엔 "다만 한스럽기는 세상 살 적에, 술 만족스럽게 마시지 못한 일이라네.[但恨在世時, 飮酒不得足.]"라고 되어 있는 것을 "만족스럽게 술 마시지 못한 일 한스럽네[恨飮酒不足]"로 축약해서 제시하고 있다. 흥미로운 점은 도연명 〈의만가사〉의 시구가 과체시 주제로 출제되었다는 사실이다. 과체시는 일반적으로 고시문(古詩文) 중에서 한 구절을 따다 제목으로 삼는데, "만족스럽게 술 마시지 못한 일 한스럽네[恨飮酒不足]"라고 축약된 구절이 출제되었다는 것은 조선 후기 지식인들 사이에 이 작품이 일정 수준 이상 알려져 있음을 짐작케 한다.[507]

이제 과체시의 작법을 감안해서 내용을 살펴보기로 한다. 과체시의 구조에서 매 세 연은 하나의 의미단위로 묶여 조(條)라고 불린다. 시의 첫 부분인 제1조(1-6행)는 도연명과 관련된 술과 국화로 시작한다. 과체시에선 일반 한시의 두 구절을 한 구로 계산하여 첫 구를 서두(書頭)라고 부르는데, 이 시의 서두는 도연명이 머리에 썼다는 갈건(葛巾)으로부터 시작된다. 도연명은 술이 익으면 머리에 쓴 갈건으로 술을 거른 다음 다시 썼다고 한다. 그의 〈음주(飮酒)〉 시 스무 번째 수에서 "만일 다시 통쾌하게 마시지 않는다면, 머리 위 두건을 저버리는 것이리라.[若復不快飮, 空負頭上巾.]"라는 표현이 보이는데, 정기안 시의 표현도 거기에서 온 것이다.

이어서 두 번째 연에선 도연명을 떠올리게 하는 울타리 밑 국화와 그를 흠

정된 과체시 구성 방식을 기준으로 설명하였다.

507 다만 일반적인 과체시제(科體詩題)의 관례를 고려할 때, 〈탁의자만시(托意自挽詩), 한음주부족(恨飮酒不足)〉이라는 제목은 작자 혹은 문집 편찬자의 윤색이 가해진 제목인 듯하다. 정기안의 문집《만모유고(晩慕遺稿)》권3에는 과체시란 항목이 별도로 설정되어 있고, 이 작품을 포함해 모두 세 수의 과체시가 실려 있다.

모했던 왕홍(王弘)을 등장시켜 도연명의 인품을 상징적으로 표현하고 있다. 전자는 도연명 〈음주(飮酒)〉시 다섯 번째 수의 "동쪽 울타리 밑에서 국화를 따노라니, 유연히 남산이 눈에 들어온다.[采菊東籬下, 悠然見南山.]"라는 그 유명한 구절에서, 후자는 왕홍의 고사로부터 온 것이다.[508]

과체시를 평가할 때 당락이 결정될 만큼 중요한 대목이 입제(入題)다. 입제는 첫 조 중 세 번째 연, 과체시에선 제3구에 해당한다. 정기안은 "인생 백년 하물며 잠깐이거니, 내 입에 술잔 물고 있는 일 얼마나 오래였을까?[人生百年況斯須, 余口銜杯能幾久.]"라고 써서 인생무상과 음주의 문제를 연결시키고 있다.

과체시에서 입제 다음으로 중시되는 부분이 제4조의 3구인 회제(回題)다. 회제에서는 제목과의 호응관계에 주의해야 하는데, "궁한 처지라 뜻대로 되는 일은 드물었고, 가난한 집이라 항상 술 구하기도 쉽지 않았네."(23-24행)는 시제가 "만족스럽게 술 마시지 못한 일 한스럽네[恨飮酒不足]"인 것과 관련이 있다. 시인은 술이 부족한 것이 현실의 결핍에서 비롯된 문제임을 강조하고 있다. 이런 이해방식은 동아시아 고전문학에서 술이 상징하는 바를 효과적으로 활용한 것이라 볼 수 있다. 정기안의 과체시에선 "평생 유독 술 좋아하여 목마른 꿈꾸더니, 누가 쓸쓸한 백양나무 언덕으로부터 불러주리오?[偏憐一生病渴夢, 誰喚蕭蕭白楊阜.]"(33-34행)와 같이 〈의만가사〉의 표현을 바로 계승한 경우도 있지만, 대체로 표현의 중복을 피하면서 담긴 의식을 따르는 방식으로 "만족스럽게 술 마시지 못한 일 한스럽네[恨飮酒不足]"라는 문제가 부연되고 있다. 이 시는 술의 부족이라는 문제를 세상일과 삶 일반의 문제로 환치시킨 뒤 37-44행과 같이 마무리된다.

시인은 〈의만가사〉의 마실 술이 부족했던 것이 한이라는 표현 의미를 부연하고 확장해서 마침내 술이 백이·숙제의 절개를 상징하는 고비와 고사리

508 도연명은 농민들과 가까이 지냈지만 관리와 귀족들은 멸시했다고 한다. 도연명이 쉰다섯 되던 해 자사(刺史) 왕홍이 가까이 지내고 싶은 마음에 도연명을 초대하였지만 거절당했다. 그러자 꾀를 내어 늘 지나다니는 길목에 주안상을 차리게 한 뒤 우연을 가장하여 도연명을 만났던 일을 말한다.

보다 더 대단한 역할을 함을 부각해 내고 있다. 여기서 말한 취향(醉鄕)은 근심을 잊기 위한 가상공간이다. 도연명이 묻히고자 한 곳도 바로 취향일 것이라고 추정함으로써, 시인은 술이라는 관점에서 〈의만가사〉 곧 자만시를 흥미롭게 윤색해 내고 있다. '우의한 자만시[托意自挽詩]'라는 제목의 의미가 여기에 있다.

이 작품은 물론 자신의 죽음을 주제로 삼아 쓴 작품이라고 보기는 어렵다. 정기안은 다만 과체시제로 제시된 〈의만가사〉의 시구를 제재로 삼아, 인생의 유한함을 인지하고 죽음을 편안히 받아들이겠다는 주제의식을 원작과 다른 방식으로 풀어내고 있다. 매 구마다 술과 관련된 고사와 문학작품들을 효과적으로 원용하여 과체시로서도 성공을 거두고 있다. 문집 중에 별도로 과체시 항목을 설정하고, 모두 네 수의 시를 실어 놓은 것을 보면 정기안이 과체시에 뛰어났음을 짐작할 수 있다. 실제 그는 약관의 나이에 진사시와 별시에 합격하였고, 후일 영조로부터 소과회방(小科回榜), 곧 소과 합격 후 60년이 지났다고 호피(虎皮)를 하사받기도 했다. 일반적으로 진사시(소과)의 초시(初試)나 복시(覆試)에서 시를 가지고 시험했던 것을 감안하면, 과체시에 뛰어나 일찍 등과할 수 있었던 것으로 보인다.

정기안의 작품은 18세기에 이르러 도연명의 자만시가 우리 지식인들에게 수용된 맥락을 확인시켜 주는 하나의 단서이면서, 동시에 자만(自挽)이 우의의 도구로서 인식되었음을 보여 주는 또 다른 사례라고 할 수 있다. 시인은 도연명을 대신해 마실 술이 부족해서 한스럽다는 문제를 설명하는 동시에 은연중 자신의 모습에 도연명을 투영시키고자 했던 것으로 보인다. 다음 시는 이런 전용(轉用)의 또 다른 사례다.

〈자만(自挽)〉

이리저리 전전하던 파촉의 시름 누구에게 말할까?(파촉은 당 현종이 안록산을 피한 곳이다.)

동쪽 바라보니 오문(吳門)의 흥취는 아득하기만 하네.[509](동쪽 오문으로 동쪽 낙양을 비유한 것이다.)
혼이 떠난 구강(九江)은 봄 풀 밖이고,(한강 일대의 강은 아홉 줄기에 그치지 않는다.)[510]
꿈 돌아가는 삼협은 저녁 돛배 앞이네.[511](삼각산이 이것이다.)
가난 달갑게 여겨 성도로 점 보러 가길 싫어했고,[512](평생에 점치기를 좋아하지 않았다.)
술 마시고 필탁(畢卓)처럼 잠들지는 않겠네.[513]
만 리 밖 봉래산에 만일 갈 수 있다면,
내 쇠한 흰 머리 가지고 여러 신선들께 묻고 싶구나.

間關巴蜀愁誰語,(明皇避胡地)
東望吳門興渺然.(以東吳比東洛)[514]
魂去九江春艸外,(京江不止九)
夢歸三峽暮帆前.(三角是也)
甘貧厭就成都卜,
飮酒休爲吏部眠.
萬里蓬萊如可到,
欲將衰白問羣仙.[515]

17세기 석지형(石之珩, 1610-?)이 두보의 오언시 〈유자(遊子)〉 매 구절마다 두 글자씩을 덧붙여 칠언시로 바꿔 쓴 독특한 자만시다. 석지형은 개성 출신

509 오문(吳門)은 지명으로 오 지역을 대표하는 곳이다. 두보의 〈유자(遊子)〉 시에선 두보가 가고자 하던 곳이다. 이 구절은 원래 오 지역에 가고자 하지만 기약하기가 어려움을 말한다.

510 경강(京江)은 경강은 한강 일대의 모든 강을 총칭하는 것이다.

511 구강(九江)과 삼협(三峽)은 지명으로 두보가 남으로 갈 때 지나는 곳이기 때문에 이 두 곳의 지명을 들어 쓴 것이다.

512 '성도복(成都卜)'이란 표현은 엄준(嚴遵)의 고사에서 온 말이다. 엄준의 자는 군평(君平)인데, 성도의 저자에서 점을 치며 살았다. 매일 몇 사람을 봐주고 생활하는 데 필요한 백 전 정도를 벌게 되면 곧 가게를 닫고 발을 내리고서 《노자(老子)》를 가르쳤다고 한다.

513 이부면(吏部眠)에서 이부(吏部)는 필탁(畢卓)을 가리킨다. 그가 이부랑(吏部郞)을 지냈기 때문에 이렇게 부른 것이다. 필탁은 진(晉) 회제(懷帝) 때 사람이다. 필탁은 술을 끔찍이도 좋아하면서 예속(禮俗)에 구애받지 않던 인물이다. 그가 이부랑으로 있을 때 비사랑(比舍郞)의 집에 숨어들어가 술을 훔쳐 먹다가 포박을 당했을 정도로 술을 좋아하였다. 필탁은 또 "오른손에 술잔 왼손에 게 다리를 잡고서 술 못 속에서 퍼 마시다 죽으면 충분하다.右手持酒巵, 左手持蟹螯, 拍浮酒池中, 便足了一生."라는 말을 남기기도 했다. 필탁은 항상 술을 마시고 직무를 소홀히 했는데, 이로 인하여 술을 마시고 일을 폐기하는 것을 '이부면(吏部眠)'이라 했다. 앞 구절과 이 구절은 두보 시에서 길 떠나기를 주저하지 않으니 그래서 점치러 가는 것이 싫은 것이고, 시름을 술로 풀 수 없으니 그래서 취하여 자는 짓을 배우지 않겠다는 의미로 쓰였다.

514 두보의 〈유자(遊子)〉 시엔 '묘(渺)'자가 '묘(杳)'자로 되어 있다.

515 石之珩,《壽峴集》卷之上, 韓國文集叢刊續 31, 민족문화추진회, 2006, 331면.

의 문인으로 당대에 문장이 뛰어나다는 평가를 받았다.[516] 괄호 안은 시인이 직접 주석을 단 내용이다. 두보의 원시는 광덕(廣德) 2년 봄 낭주(閬州) 에서 지어진 것으로, 본래 삼협(三峽)을 떠나려는 의지를 담고 있다. 먼저 원시를 소개해 본다.

> 파촉에서의 시름 누구에게 말하랴?
> 오문의 흥취는 아득하기만 하네.
> 구강은 봄풀 밖에 있고,
> 삼협은 저녁 돛배 앞에 있다.
> 성도에 점치러 가는 것 싫증나고,
> 이부랑처럼 잠드는 짓 그만둘 것이니,
> 봉래산에 만약 이를 수 있다면,
> 늙고 노쇠한 몸이 여러 신선에게 물어보리라.
>
> 巴蜀愁誰語, 吳門興杳然.
> 九江春草外, 三峽暮帆前.
> 厭就成都卜, 休爲吏部眠.
> 蓬萊如可到, 衰白問羣仙.[517]

이 시에 관해 후대 주석가들은 두보가 자신의 후원자였던 엄무(嚴武)를 찾아 촉(蜀)으로 가려는 뜻을 담았다고 보기도 하고, 촉을 떠나 오(吳) 지방으로 가고자 하는 뜻을 나타내는 것이라고 풀이하기도 한다. 그런데 석지형은 두보의 이 시를 자신의 자만시로 삼았다. 시 내용이 자신의 삶과 죽음을 이야기하기에 적합하다고 생각해서였을 것이다. 조선시대 문인들 중 도연

516 석지형의 본관은 화원(花園), 자는 숙진(叔珍), 호는 수현(壽峴)이다. 아버지는 경하(擎廈)다. 1634년(인조 12) 별시 문과에 을과로 급제, 뒤에 형조좌랑이 되었다. 횡성현감으로 재직 중 김해에 유배되었다가 곧 풀려나와 오랫동안 강화부교수(江華府敎授)를 지냈다. 1653년(효종 4) 시사(時事)를 소론(疏論)하고 《주역》의 내용을 확대 해석한 《오행귀감(五行龜鑑)》을 왕에게 바쳐 《주역》·《심경(心經)》과 호피(虎皮)를 하사받았다. 현종 때 개성부교수(開城府敎授)를 지냈다. 안정복(安鼎福, 1712-1791)은 〈상헌수필 하(橡軒隨筆 下)〉에서 석지형의 문집에 실린 〈휴세유(休世遊)〉(《壽峴集》 권지하) 한 편은 자구(字句)가 까다로워 읽을 수가 없어서 비록 문장에 노숙(老熟)한 자라도 거의 읽어 내려가지 못하니, 필시 사람들을 속이는 작품일 것이라고 비판한 바 있다.

517 仇兆鰲, 《杜詩詳註》 권13, 北京: 中華書局, 1979, 1087-1088면.

명의 〈의만가사〉를 자신의 만시로 삼은 예들이 있다. 김창협의 문인인 신정하(申靖夏, 1681-1716)는 죽음을 앞두고 도연명 〈의만가사〉의 "다만 한스럽긴 세상 살 적에, 술 실컷 마시지 못한 일이라네.[但恨在世時, 飮酒不得足.]"라는 구절을 외웠다.[518] 마지막 두 구절로 자신의 유언으로 삼은 셈이다. 여기서 더 나아가 근세 인물인 이승기(李承基)는 임종 직전 도연명 〈의만가사〉를 가져다 자신의 만시로 삼기에까지 이른다.[519] 그런데 자만시와 무관한 시를 가져와서 전용한 경우는 유례를 찾기 힘들다. 다만 석지형은 두보의 시를 그대로 가져온 것만은 아니고, 두 글자씩 더해 시 형식을 바꾸고 주석을 달아 독자의 이해를 돕고 있다. 특히 제시된 중국 지명들을 조선의 공간과 연결시키고, 실제 자신의 삶과 연결시켜 자신의 만시로 탈바꿈시키고 있다.

석지형이 두보의 시를 가져온 것은 문자 유희로서의 의도도 없지 않기에 자신의 죽음을 진지하게 다룬 것이라 보기는 어렵다. 하지만 정기안의 과체시와 이 작품은 자만시 일반에 대한 인식 및 이해 수준의 제고와 결부된 조선 후기 자만시의 특수한 자기 갱신과 변화의 징표라는 점에서 주목할 필요가 있다.

앞서 검토를 통해 드러난 것처럼 조선시대 시인들은 자만시를 다층적으로 인식했고 이에 따라 다양한 성격의 자만시를 창작하였다. 그들은 자만시를 단순히 임종 무렵에 남기는 마지막 말 정도로 인식했던 것이 아니라, 죽음을 맞이하기 전에 어떤 의도를 가지고 자신을 표현하는 효과적인 방법임을 잘 알고 있었다. 그런 측면에서 이 장에서 검토한 특수 유형 작품들은 자만시 양식의 자기 변화와 갱신의 양상으로서 특별히 주목될 필요가 있다고 하겠다.

대체로 조선시대 후기에 집중된 자만시의 예외적 변화 양상은 중국 자만

518 安錫儆,《雪橋集》 권5,〈與何人書(鄭弘祖)〉, 韓國文集叢刊 233, 민족문화추진회, 2000, 539면. "近者中學士靖夏臨死, 誦淵明自挽詩曰, '但恨在世時, 飮酒不得足.'"

519 李承基,〈臨終前日用陶淵明詩句自輓〉,《汶岡先生文集》 권1, 한국역대문집총서 1588, 경인문화사, 1962, 104면. "有生必有死, 早終非命促."

시와의 차이를 암시하는 단서로서 그 귀추가 주목된다. 동아시아 한자문화권의 자만시는 앞서 언급한 것처럼 위진남북조 시기 도연명의 작품으로부터 비롯하였다. 이 장에서 검토한 특수 유형들은 자만시가 조선 후기에 이르러 특수한 변화를 일으켰음을 우리에게 보여 주고 있다. 조선시대의 자만시는 도연명의 전범적 작품으로부터 영향을 받았음에도 동시에 일정한 거리를 유지하고 있음을 알 수 있다. 단순히 영향 관계를 넘어서 중국의 자만시와 대비하여 한국 자만시의 특성을 살피는 일은 그 자체로 의미가 있다. 다음 장에서 이 문제를 본격적으로 검토해 볼 것이다.

제11장

시공간의 차이에 따른 같은 노래 다른 솜씨[同曲異工]

한중 자만시 비교

현재 전하는 자만시의 내용을 통해 볼 때 조선시대 시인들은 크게 임종시(臨終詩)로서의 성격에 주목하는 경우와 의중을 우회적으로 표현하는 자기표현의 시로 받아들이는 경우가 있었음이 확인된다. 이는 중국의 자만시에서도 발견되는 부분이다. 하지만 발생과 유래란 측면에서 중국과 우리 자만시 사이에는 근원적인 간극이 있다.

앞 장에서 살펴본 것처럼 조선시대 시인들은 자만시를 임종시와 동일시하거나, 우리 모두가 아니라 '나'의 죽음에 집중하는 경향이 있었으며, 이에 따라 내밀한 개인사들이 드러나기도 했다. 또 죽음에 대한 도가적 달관·초탈의 정신자세를 수용하는 데 소극적인 편이어서 이를 유가적 가치관으로 번주시키기도 했으며, 자신의 죽음 문제를 선대와 후대에 대한 부채와 책임의 문제로 연결시키는 유가적 가족윤리가 중심이 되는 작품이 많았다. 조선 말에 이르면 불교적 생사관을 보여 주는 작품들도 더러 있기는 하나 두드러진 경향은 아니다.[520] 한편으로 전기엔 정치현실에서 내몰린 이들에 의해 자

520 대표적인 경우로 김택영(金澤榮, 1850-1927), 이종림(李鍾林, 1857-1925), 김경중(金暻中, 1863-1945), 오재선(吳在善, 1871-1954), 권재기(權載祺), 이중수(李中洙) 등의 자만시를 들 수 있다. 金澤榮, 〈後自挽〉, 《韶濩堂集》 借樹亭雜收 권1 甲子詩錄, 韓國文集叢刊 347, 民族文化推進會, 2005, 477면, "我不喜說天竺偈, 所喜說者惟桑緣. 以韓之産老中土, 非緣何以能致然."; 李鍾林, 〈自挽(並引)〉, 《樗田遺稿》 권5, 한국역대문집총서 1163, 경인문화사, 1993, 323-324면, "空手來空手去, 去來間亦空手, 自家平生只一空手."; 金暻中, 〈回甲自輓〉, 《芝山遺稿》 권1, 한국역대문집총서 1831, 경인문화사, 1996, 200-201면, "前塵若夢屬先天, 如佛幻身月復圓."; 吳在善, 〈自挽〉, 《桑村遺稿》 권1, 한국역대문집총

만시가 창작되는 경우가 많았으며, 후기엔 자만시의 점증에 따라 글쓰기와 구성에서 새로운 방식이 시도되기도 했다. 특히 도연명의 〈의만가사〉와 달리 자신의 장의(葬儀)에 실제 사용할 목적으로 자만시가 창작된 경우마저 있었다.[521] 이렇게 조선시대의 자만시는 〈의만가사〉를 수용하면서도, 때론 그것을 바꾸어 사용하고 때론 어떤 부분만을 수용하거나 배제하는 방식으로 자문학적 특수성을 드러내 보이고 있다.

제2장에서 살펴본 것처럼 중국의 만가시(挽歌詩)는 본래 내용과 형식에서 만가(挽歌)와 깊은 관련을 가지고 있다. 중국의 만시가 만가로부터 기인했던 반면, 한국의 경우는 이와 다르다. 비록 악부(樂府) 형태로 전하는 〈공무도하가(公無渡河歌: 箜篌引)〉나 향가 〈제망매가(祭亡妹歌)〉 같은 고대 시가가 전하기는 하지만, 만가의 전통이 한시 형식의 만시로 직접 이어진 흔적은 찾기 어렵다. 조선 후기 이양연(李亮淵, 1771-1853)의 만시에서 상여소리를 염두에 둔 듯한 표현이 발견되기는 하나 예외적인 사례에 불과하다.[522] 우리의 경우 만가시(挽歌詩)란 용어가 잘 쓰이지 않고 그저 만시(挽詩)라고만 하는 것도 이 때문이 아닌가 싶다. 아마도 우리 고유의 만가는 한시 형식으로 쓰인 만시와는 분리되어 별도의 구비문학적 전통을 형성했던 것으로 추정된다. 따라서 조선시대 자만시 역시 어디까지나 문언문학(文言文學)일 뿐 실제 상장례 과정에서 불리는 상여소리·달구소리 등 우리 고유의 만가와는 직접적 관련이 없는 것이라 볼 수 있다.

서 2198, 경인문화사, 1997, 252-253면, "九九年間寄一生, 空來空去等閒程."; 權載祺, 〈自挽〉, 《有齋遺稿》 권2, 한국역대문집총서 1979, 경인문화사, 1996, 140-141면, "生何歡喜死何悼, 空手去來正可唏."; 李中洙, 〈病中吟一律以擬古人自挽〉, 《二柳齋文集》 권2, 한국역대문집총서 625, 경인문화사, 1993, 147면, "這事浮生享大年, 觀空閱劫等枯禪."

521 유인배(柳仁培)의 연작 자만시가 그런 예다. 앞서 소개한 것처럼 그는 만사의 많고 적음으로 죽은 이의 명예를 평가하는 당시의 세태를 비판하며, 자신의 장의에 쓸 만시를 스스로 쓴 바 있다. 柳仁培, 〈自挽〉 并序, 《猿溪集》 권3, 한국국학진흥원 유교넷 영남사림문집. "吾觀世之葬親者, 無賢愚貴賤, 惟以求挽爲第一事, 廣求遠邇, 惟多是務. 葬之日, 道路觀者, 莫不嗟賞, 其不然者, 皆以爲恥. 設使化者實錄多有所稱, 似不必如是, 況如我之空空者乎. 以故不以無挽爲恥, 惟以取笑爲懼, 略道所懷, 懸棺之後, 納于一角, 至當."

522 李亮淵, 〈挽溪朋〉, 《臨淵堂別集》, 서울대학교 규장각 소장본. 이 시가 가진 특성에 관해서는 안대회, 《한국 한시의 분석과 시각》, 연세대학교 출판부, 2000, 74-75면 참조.

반면 도연명의 〈의만가사〉는 제2장에서 살펴본 것처럼 위진남북조 그 중에서도 특히 남조(南朝)에 해당하는 육조(六朝) 만가의 변모 과정에서 발생한 것이다. 특히《문선(文選)》권28 '만가(挽歌)'조에 마지막 작품으로 도연명의 〈의만가사〉 중 한 수가 실려 있기 때문에,《문선》의 만가를 검토하는 데 있어서도 자만시의 문제는 빠뜨릴 수 없는 부분이었다. 이 시기엔 만가(挽歌)의 보편화 과정에서 특정 개인이 아니라 보편적 죽음을 읊거나 1인칭 화자가 등장하는 경우가 나오게 되었다. 이에 따라 만가시(挽歌詩)의 내용 역시 심미성·관념성이 증대되는 변화를 낳았는데, 이것이 만가시 본연의 실용적 면모와 멀어지고 허구화되어 자신의 죽음을 애도하는 자만시가 발생된 이유 중의 하나다. 이 무렵 들어 눈에 띄는 의만시(擬挽詩), 대만시(代挽詩), 자만시(自挽詩)가 그 대표적 양태이다. 당시 시인들은 증헌만시(贈獻挽詩)처럼 타인의 죽음을 애도하기 위해서가 아니라 인생의 유한함을 노래하고 자신의 운명을 비탄하기 위한 도구로서 만시 양식을 활용했다.[523] 도연명의 〈의만가사〉가 창작되던 즈음의 문예적 분위기도 여기에 일정한 기여를 했던 것으로 보인다. 앞서 소개한 원대 이공환(李公煥)이 편찬한《전주도연명집(箋註陶淵明集)》〈의만가사〉 주석에도 인용된 유희(庾晞)와 원산송(袁山松)의 예처럼, 비슷한 시기 문인들이 만가를 하나의 유희로 삼던 풍조는 도연명의 자만시 창작에도 일정 부분 영향을 미쳤다.[524] 이런 점들은 발생과 유래란 측면에서 중국과 조선시대 자만시 사이에 놓여 있는 근원적인 간극이라고 하겠다.

아래에선 이런 차이를 전제로 〈의만가사〉와 비교해 조선시대 자만시의 특징적 국면을 한중 자만시의 차이라는 측면에서 살펴보기로 한다.

523 잇카이 도모요시[一海知義], 〈文選挽歌詩考〉,《中國文學報》, 第十二册, 京都: 京都大學文學部 中國語學中國文學硏究室, 1960, 19-48면; 왕이위안[王宜瑗], 〈六朝文人挽歌詩的演變與定型〉,《文學遺産》2000年 第5期, 北京: 中華書局, 2000, 22-32면.; 우청쉐[吳承學], 〈漢魏六朝挽歌考論〉,《文學評論》2002年 第3期, 北京: 文學評論雜誌社, 2002, 63-72면.; 주기평, 〈中國 挽歌詩의 형성과 변화과정에 대한 一考察〉,《中國文學》제60집, 한국중국어문학회, 2009, 29-49면.

524 "晉桓伊善挽歌, 庾晞亦喜爲挽歌, 每自搖大鈴爲唱, 使左右齊和, 袁山松遇出遊, 則好令左右作挽歌類, 皆一時名流達士習尙如此, 非如今之人例以爲悼亡之語, 而諱言之也." 제2장에서 살핀 것처럼 원산송(袁山松)의 일화는《세설신어(世說新語)》〈임탄(任誕)〉편에도 보인다.

첫째, 조선시대 시인들 중 일부는 자만시를 임종시와 동일시하는 경향이 있으며, 이에 따라 상장례에 대한 내용이 없는 임종 무렵의 유언과 같은 자만시도 많이 창작되었다. 이는 짧은 시 형식의 선택과도 무관치 않다. 일반적으로 만시는 절구·율시로 쓸 때와 고시·배율로 쓸 때 작법이 달라진다고 한다.[525] 자만시도 마찬가지로 시 형식에 따라 내용에 일정한 차이가 발견된다. 고시 형식으로 쓴 자만시가 내 죽음의 정경을 구체적으로 상상하고 묘사하는 경향이 강하다면, 절구 형식의 자만시는 자신 삶에 대한 회한과 죽음에 대한 비탄을 직접적으로 표현한 경우가 많다. 앞서 잠깐 언급한 조영순(趙榮順, 1725-1775)의 세 수로 이루어진 연작시가 그 대표적인 경우다. 이 작품은 〈절필(絶筆)〉이란 제목으로 임종 무렵 세 차례에 걸쳐 지어진 것인데,[526] 당시에 자만시라고 일컬어졌다. 두 번째 수를 살펴보자.

> 상여 싣고 고향 선산 앞으로 가니,
> 적벽강 위에 띄운 배에서 붉은 만장 펄럭이네.[527]
> 여라와 벽려 우거진 청산에 길지를 남겨 두어,
> 선친 발아래 남은 언덕 있구나.
>
> 靈輀駕向故山前,　丹旐悠揚赤壁船.
> 蘿薜青山留吉地,　先人足下有餘阡.

조영순의 시는 〈절필〉이라 제목했지만, 자신의 죽음과 매장에 관련된 상상력을 펼치고 있다는 점에서 자만시의 범주로 볼 수 있다. 매수마다 각기 "10월 13일 유시(오후5시-7시)에 공주의 객사에서 임종 무렵 친히 쓰다.[十月

525 이 점에 대해선 조선 후기 홍길주(洪吉周)가 명쾌하게 논한 바가 있다. 홍길주는 〈수여란필(睡餘瀾筆)〉에서 만시를 율시와 절구 형식으로 쓸 때와 고시나 배율로 지을 때 달라지는 내용 구성방식에 대해 설명했다. 박무영·이현우 외 역,《沆瀣丙函》(하), 태학사, 2006, 295-297면.

526 趙榮順,《退軒集》권3, 한국문집총간 속집 89, 한국고전번역원, 2009, 303면. 其一 "行年五十一秋春, 榮辱悲歡髮已銀. 好向太虛歸造化, 昇平今世了吾身.", 其二 "靈輀駕向故山前, 丹旐悠揚赤壁船. 蘿薜青山留吉地, 先人足下有餘阡.", 其三 "劉伶隨鍤便埋之, 達士形骸尙爾爲. 何必吾楹燈燭下, 三呼皐復正如儀".

527 이 구설은 소식의 〈전적벽부(前赤壁賦)〉와 〈후적벽부(後赤壁賦)〉에 담긴 인생무상의 정조를 중첩시키고 있다.

十三日酉時, 在公州客館, 臨終親書.]"(〈絶筆〉 其一), "10월 13일 밤에 종자 우철을 시켜 쓰게 하다.[十月十三日夜, 命從子宇喆書.]"(〈絶筆〉 其二), "10월 14일 자시(밤 11시-1시 사이)에 정철을 시켜 쓰게 하다.[十月十四日子時, 命貞喆書.]"(〈絶筆〉 其三)라는 부제가 붙어 있어서 시시각각 다가오는 죽음의 기록임을 알 수 있다.[528]

조영순의 경우처럼 〈절필〉 등 다른 제목이 붙은 자만적 작품도 후기에 들어 점증된 것으로 보인다. 조선 중기 한문 사대가 중의 한 사람인 이식(李植, 1584-1647)은 〈5월 19일 입으로 부른 것을 대신 쓰게 하다. 정해[五月十九日, 口占代筆. 丁亥]〉[529]란 제목의 시를 남겼는데, 이 시 역시 당대에 자만적 작품으로 인식되었다. 이식의 작품은 후일 이민보(李敏輔, 1717-1799)에게 계승되어, 도연명 〈의만가사〉의 의미를 담은 자만시로 탈바꿈되기도 했다. 〈부모님 연이어 돌아가시고[530] 해가 바뀌어, 다시 기미년이 돌아옴을 보고, 해가 또 경신년으로 이어지려고 하니,[531] 놀랍고 비통하여 죽고자 하였지만 뜻을 이루지 못하였다. 《택당집》의 〈절필〉시[532]를 차운하여 대략 도연명이 자

528 조영순은 세상을 뜬 10월 14일에 별도로 아들을 시켜 자신이 불러주는 〈자지명(自誌銘)〉을 받아 적게 했다. "乙未十月十四日子時, 臨屬纊, 命子元喆受書"《퇴헌집(退軒集)》 권7에 실려 있는 〈자지명(自誌銘)〉이 그것이다. 그 내용은 다음과 같다. "태평성대에 태어나, 태평성대에 죽는구나. 누구를 원망하랴, 이를 순령이라 한다. 충성은 깊고, 뜻은 유장하구나. 아 천백세에, 아는 자 하늘이리.[生於太平, 死於太平. 夫誰之憾, 是謂順寧. 惟忠之深, 惟志之長. 噫千百世, 知者其蒼.]" 여기서 '순령(順寧)'이란 송대 장재(張載)의 〈서명(西銘)〉에 "살아서 내가 사리에 따라서 하면 죽어서도 내가 편안할 것이다.[存吾順事, 沒吾寧也.]"란 구절에서 온 말이다. 주희(朱熹) 역시 그 뜻을 취하여 수장(壽藏: 미리 정해 놓은 자신의 묘지)할 곳은 순령이라 이름붙인 바 있다. 대개 군자가 바른 천리대로 따르면 마음에 부끄러울 것이 없고 죽어서도 또한 편안할 것이라는 뜻이다. 결국 조영순은 자신의 삶이 한 점 부끄러울 것 없었음을 밝히고 비록 세상에서 이해받지 못했어도 하늘만큼은 알아 줄 것이라고 말한 것이다. 〈자지명〉의 내용은 함께 지어진 자만적 작품들과도 상통하는 부분이 있다. 첫 번째 수에서 '태평한 이 세상[昇平今世]'이라고 한 것이나, 영욕과 비환을 이야기한 부분이 그렇다. 태평성세라 했지만, 〈자지명〉에서 하늘만이 자신을 알리라고 한 것처럼 첫 번째 수의 내용 역시 자신의 충심을 알아주지 않았던 정치현실을 넌지시 드러내고 있는 셈이다.

529 정해(丁亥)는 이식이 세상을 뜬 1647년(인조 25)을 말한다. 이해 6월 11일 이식은 택풍당(澤風堂)에서 세상을 떴다. 李植,《澤堂集》續集 권6, 한국문집총간 88, 민족문화추진회, 1992, 274면.

530 민흉(愍凶)은 부모님의 상을 말한다. 이민보는 기미년(1739)과 경신년(1740) 생부인 이양신(李亮臣)과 생모인 평산(平山) 신씨(申氏)가 연이어 세상을 떴다.

531 아버지가 돌아가신 기미년에서 한 갑자가 지나 다시 기미년이 되었다고 한 것으로 보아 이 시는 이민보가 세상을 떠난 해인 1799년에 지어졌음을 알 수 있다.

532 이식 시의 내용은 다음과 같다. "지금 내 나이 예순넷, 장부의 한평생 끊임없이 고달팠네. 분자로 얻은 헛된 이름 끝내 화를 초래했고, 청반에 올라 하는 일 없이 먹은 국록 항상 부끄러웠어라. 눈으로는

만한 의미를 붙이다.[愍凶逢新, 復見己未讐, 年又接庚申, 驚慟摧怛, 求死不得, 次澤堂集絶筆韻, 畧寓淵明自挽之意]〉[533] 이란 긴 시의 제목을 통해 이 점을 확인할 수 있다.《택당집》의 〈절필〉시란 바로 앞서 언급한 이식(李植)의 시 〈5월 19일 입으로 부른 것을 대신 쓰게 하다. 정해[五月十九日, 口占代筆. 丁亥]〉를 가리킨다. 이 밖에도 양경우(梁慶遇, 1568-1638)의 〈임종자만(臨終自挽)〉 이수연(李守淵, 1693-1748)의 〈임절시(臨絶詩)〉 등의 자만적 작품에서도 이런 면모가 발견된다.[534] 한편으로 중·후기에 들어서면 자만시와 임종시가 분명히 구별되지 않은 채 창작되는 경향도 강해진다. 앞서 언급한 양경우의 〈임종자만〉, 김휴(金烋, 1597-1638)의 〈임종자만(臨終自輓)〉, 신의명(申義命, 1654-1716)의 〈임종시자만(臨終時自輓)〉, 정덕주(丁德輈, 1711-1795)의 〈임종시자만(臨終時自挽)〉처럼 임종과 자만(自挽)을 직접 연결시키는 시제(詩題)마저 나오게 되었다.[535]

둘째, 조선시대 자만시에는 개인적 상황을 구체적으로 드러낸 경우들이 많다. 도연명 〈의만가사〉의 경우 시 속에 개인적 상황에 대한 묘사가 구체적이지 않은 편이다. 인간의 보편적 죽음을 읊은 것으로 해석될 만한 내용들도 많다. 이는 위진남북조 시기 만가시 및 자만시의 중요한 특징으로서, 그들의 관심이 생사 문제 자체에 있지 특정 인물의 죽음을 애도하는 데 있지 않은 것과 관련이 있다.[536] 그러나 조선시대 자만시는 이와 다르다. 특히 중·후기에 이르면 개인적 사연을 구구절절이 담은 자만시들이 다수 등장한다. 앞서 언급한 것처럼 중인문학의 선구자 중의 한 사람인 최기남(崔奇男)이 〈화도정절

천지의 무궁한 일 보면서도, 마음으론 임금과 백성에 대한 다함없는 시름 품었어라. 이제 저승으로 가면 아무 생각도 없으련만, 푸른 산 영원하고 물은 동으로 흘러가리.[行年六十四春秋, 弧矢生涯苦未休. 文字虛名終速禍, 淸班素廩每包羞. 眼看天地無窮事, 心抱君民不盡愁. 便入九原無一念, 碧山長在水東流.]"

533 李敏輔,《豊墅集》권5, 한국문집총간 232, 민족문화추진회, 1999, 406면.

534 梁慶遇,〈臨終自挽〉(易簣時奮筆自題),《霽湖集》권8, 筆寫本, 서울대학교 규장각 소장본; 李守淵,〈臨絶詩〉(戊辰正月十五日),《靑壁集》권1, 한국문집총간 속집 72, 한국고전번역원, 2009, 361면.

535 金烋,〈臨終自輓〉,《敬窩集》권3, 韓國文集叢刊 100, 민족문화추진회, 1992, 307면; 申義命,〈臨終時自輓〉,《畏巖集》권1, 한국국학진흥원 소장본; 丁德輈,〈臨終時自挽〉,《圓山集》권2, 石板本, 국립중앙도서관 소장본.

536 왕이위안[王宜瑗], 앞의 논문, 25면.

만시 3장(和陶靖節輓詩三章)〉에서 자신의 병고(病苦)와 신분적 결함을 드러낸 바 있다.[537] 다음에 볼 구한말 삼대 문인 중의 한 사람인 김택영(金澤榮, 1850-1927)의 자만시에도 개인적 사연이 담겨 있다.

〈후자만(後自挽)〉

나는 불교의 게송을 말하길 좋아하지 않지만,
오직 불교의 인연 말하길 좋아하지.[538]
삼한의 땅에서 태어나 중국 땅에서 늙어 가니,
인연 아닌데 어떻게 그렇게 할 수 있겠는가?
색옹(嗇翁)이 나에게 청정한 곳에 묵게 해 주었으니,[539]
물의 남쪽 꽃의 북쪽에 서너 칸짜리 집이라네.
이곳에서 편안히 거처한 이십여 년 동안,
거듭거듭 찬술하여 책이 어깨 높이와 나란했지.[540]
긴 회수와 양자강을 좌우로 흘겨보고,
용과 자라 채찍질하며 바람과 연기를 가로질렀네.
천년 예원의 뛰어난 인물들,
정령들을 초치하니 하늘에 가득하구나.
어리숙하게 자족하며 스스로 기뻐하니,
해가 바뀌는 것조차 잊고 살았네.
창해(바닷가)에 잠겨 내 신세조차 잊고 있는데,
하물며 부귀와 신선 같은 문제는 어떻겠는가?
색옹의 후의에 이같이 보답하건만,
색옹 역시 알고 한 바니 밑도 없네.
이 한 몸 마침 이것뿐이니,
삼천 년 세월 생각하며 하늘을 우러러 한 번 웃노라.[541]

---

537 崔奇男,《龜谷詩稿》권1상, 한국문집총간 속집 22, 민족문화추진회, 2006, 315면.

538 상(桑)은 불(佛)을 의미하기도 하므로, 상연이란 불교에서 말하는 인연을 가리키는 것으로 보인다. 불도(佛徒)를 상문(桑門)이라고도 부른다.

539 색옹(嗇翁)은 장건(張謇)의 호이다. 장건은 김택영의 중국 망명을 도와준 중국의 지식인이다. 자신의 근거지인 남통(南通)에 김택영의 거처를 마련해 주고, 형 장찰(張詧)이 맡고 있던 한묵림인서국(翰墨林印書局)에서 근무하도록 주선하였다.

540 남통 한묵림인서국에서 김택영이 편찬하여 간행한 책은 자신의 시문집을 빼고도 30종 이상이라고 한다.

541 삼천 년 세월이란《서경잡기(西京雜記)》권4에 나오는 등공가성(滕公佳城)의 이야기에 나오는 표현

我不喜說天竺偈，　所喜說者惟桑緣.
以韓之產老中土，　非緣何以能致然.
嗇翁舘我淸淨地，　水南花北三四椽.
於此偃仰二十載，　重重纂述書齊肩.
右睨長淮左揚子，　鞭龍策鰲橫風烟.
千秋藝苑諸英儁，　精靈招招來滿天.
騰騰兀兀以自喜，　今年明歲忘推遷.
幷忘身世淪滄海，　何況富貴與神仙.
嗇翁厚意報如此，　翁亦知之無一言.
一身終結此而已，　仰空一笑三千年.[542]

이 시는 김택영이 앞서 쓴 〈자만(自挽)〉을 염두에 두고 쓴 작품이다.[543] 여기에선 〈자만〉 시를 이어 자신의 심회를 또 다른 자만적 작품으로 서술하고 있다. 김택영의 문집은 생전 여러 차례 간행되었는데, 그의 〈자만(自挽)〉과 〈후자만(後自挽)〉 시편들은 모두 《차수정잡수(借樹亭雜收)》 안에 실려 있다. 《차수정잡수》는 1924년부터 25년까지 지은 시문을 모아 만든 책으로 1925년에 간행되었다. 그 중 〈갑자시록(甲子詩錄)〉은 1924년 김택영의 나이 75세 때 지은 시들을 묶은 것이다. 따라서 이 시 역시 시인이 세상을 뜨기 3년 전에 지어진 것이라 볼 수 있다. 이 작품 외에도 김택영은 중국 망명 시절 인연을 맺은 장인년(張麟年)의 자만시에 화답한 시를 남기고 있어서, 자만시에 대한 특별한 관심을 보여 주고 있다.

위 시에선 국권 침탈의 와중에 중국으로 망명하게 된 자신의 처지에 대한 세밀한 묘사가 담겨 있다. 시에선 주로 망명 이후 남통에서의 삶을 술회하고

이다. 등공(滕公)으로 불린 서한(西漢) 하후영(夏侯嬰)이 수레를 타고 동도문(東都門)에 이르렀을 때, 말이 울면서 앞으로 나아가려 하지 않고 발로 땅을 긁어 팠다. 그곳을 파보니 석곽(石槨)이 나왔는데, "가성(佳城)이 어둠에 묻혔다가 삼천 년 만에 해를 보리니, 아, 등공이 이 방에 거하리로다.[佳城鬱鬱 三千年見白日 吁嗟滕公居此室.]"라는 명문이 새겨져 있었으므로, 죽은 뒤 그곳에 장사 지냈다고 한다. 이 일로 인해 가성이 무덤을 비유하는 말로 쓰이게 되었다.

542 金澤榮, 〈後自挽〉, 《韶濩堂集》 借樹亭雜收 권1 甲子詩錄, 한국문집총간 347, 민족문화추진회, 2005, 477면.

543 〈자만(自挽)〉 시는 이 장의 후반부에서 소개할 것이다.

자신을 도와준 은인에 대한 고마움을 피력하고 있다. 이 시기 그의 삶에 대해서는 뒤에 김택영과 장인년의 자만시 증답(贈答)을 소개할 때 좀 더 구체적으로 설명하기로 한다.

위 시의 서두는 자신이 불교의 게송은 좋아하지 않지만 인연설은 말하길 좋아한다는 말로 시작된다. 조선에서 태어난 자신이 망명해서 중국에 살게 된 기구한 운명을 불교의 인연설로 밖에 설명할 수 없다고 생각했던 듯하다. 김택영은 1905년 망명하여 이 시를 쓴 1924년 무렵까지 20년 가까이 주로 남통에서 살았다. 본래 통주(通州)라 불렸던 이곳은 장건(張謇)의 근거지이자, 그 자신이 근대적 도시로 성장시킨 곳이었다. 김택영은 남통에 도착하여 장찰(張詧)·장건 형제가 세를 낸 집에서 살다가, 2년 뒤 부근의 집에 세를 얻어 이사했고, 다시 8년을 살다가 남통성 허가항(許家巷) 서남쪽의 집으로 이사를 했다고 한다. 이 집이 바로 차수정(借樹亭)이다. 마침 옆집은 명나라 유민 포장행(包壯行)이 지은 것이었는데, 옆집의 여정수(女貞樹)가 높이 솟아 있어 시인의 집까지 그늘을 드리웠다고 한다. 그늘이 본래 자기 것이 아니기에 돌려주어야 한다고 붙인 이름이다. 김택영의 문집 중 하나인 《차수정잡수(借樹亭雜收)》의 '차수정'이란 명칭이 여기서 온 것이다. 시에서 색옹이 나에게 얻어준 깨끗한 수남화북(水南花北)의 집이란 이곳을 말하는 듯하다.[544] 남통에서 김택영이 머물던 차수정(借樹亭)에 대해서는 그의 다른 글들에서도 언급된 적이 있다. 특히 남통에 도착한 그 해 쓴 〈추옥기(僦屋記)〉(乙巳)와 〈상마한화도기(桑麻閑話圖記)〉와 같은 해에 쓰여진 〈시진창강실기(是眞滄江室記)〉(丁未)에서 자신의 거처가 마련된 경위와 집 및 주변 환경에 대해 쓴 바 있다. 이 기문들에는 장건 형제의 도움으로 집을 얻게 된 과정과 집 주변의 정경이 자세히 기록되어 있다.[545]

544 김택영의 남통 생활에 관해서는 다음 글을 참고할 수 있다. 김승룡, 〈근대계몽기 김택영의 南通 생활에 대한 소고: 翰墨林印書局과 〈桑麻閑話圖記〉를 중심으로〉, 《대동한문학》 제36집, 대동한문학회, 2012, 365-404면.

545 처음 장건이 형 장찰과 상의해 구해 준 집은 본래 왕씨의 소유였던 세 칸짜리 서향집이었는데, 월세

자만시로선 다소 예외적인 긴 호흡으로 쓴 이 시는 다음과 같이 마무리된다. "이 한 몸의 마침 이것뿐이니, 삼천 년 세월 생각하며 하늘을 우러러 한 번 웃노라.[一身終結此而已, 仰空一笑三千年.]" 자신의 기구한 삶이 이제 종막이 다가옴을 예상해서였을까? 김택영은 지난 세월 탈도 많고 말도 많았던 자신의 삶을 마무리 지으면서 하늘 우러러 한 번 웃겠다고 했다. 웃음 속에 담긴 세상에 대한 회한이 긴 여운을 남긴다.

자신의 신변에 대한 이런 고백은 앞서 소개한 자만을 시제로 한 최다 연작 시인 이명오의 〈자만(自挽)〉 12수 중에서도 발견된다.

어느 때에나 다시 나를 만날까 하고,
식구들 함께 슬퍼하는구나.
남은 자취 꽃 아래서 찾고,
여윈 얼굴 술 마시며 떠올리겠지.
무덤엔 한 서린 풀 우거지고,
궂은비에 선명한 무지개 뜨는구나.
경인년 아픔은 만겁이었으니,
일체의 곤궁 따위 어찌 근심하랴?

何時復見我, 眷屬悵然同.
遺躅尋花下, 凋顔想酒中.
蓬科結恨草, 陰雨發雄虹.
萬劫庚寅痛, 寧愁一切窮.[546]

이명오의 자만시 전반에는 제9장에서 이미 살펴본 것처럼 아버지의 억울

는 삼천(三千)이라고 했다. 대문 밖으로 나서면 집 옆의 호하(濠河)를 굽어볼 수 있고 낭산(狼山)이 보인다고도 썼다. 그 후 얼마 되지 않아 이사를 갔음이 〈시진창강실기(是眞滄江室記)〉에 아울러 기록되어 있다.
金澤榮, 〈僦屋記〉(乙巳), 《韶濩堂集》 文集定本 권5, 記, 한국문집총간 347, 민족문화추진회, 2005, 283면. "屋卽王氏物, 三間而向西, 製造頗精, 其稅月三千. 余旣定風波之驚魂於其中, 曳杖出至大門之外, 俯看河水, 擧首望狼山於流雲飛鳥之際."
______, 〈年略〉, 《滄江稿》 권14, 新鉛活字本, 국립중앙도서관 소장본.
______, 〈是眞滄江室記(丁未)〉, 《滄江稿》 권14 補遺三首, 新鉛活字本, 국립중앙도서관 소장본.

546 李明五, 《泊翁詩鈔》 권6, 한국문집총간 속집 102, 한국고전번역원, 2010, 112면.

한 죽음과 그로 인한 상실감이 짙게 배어 있다. 그가 12수나 되는 연작 자만시를 작성한 것은 그만큼 자신의 삶에 대해 회한이 많이 남았기 때문일 것이다. 물론 이런 면모는 중국의 자만시라고 해서 없지는 않다.

진관(秦觀)은 〈자작만사(自作挽詞)〉에서 중앙정계에서 소외된 채 유배지를 전전하고 있는 자신의 처지를 한탄했고, 원말명초의 인물인 장이령(張以寧, 1301-1370)은 〈자만(自輓)〉에서 안남(安南)에 사신 갔다 오는 길에 죽게 된 자신의 처지를 드러낸 바 있다.[547] 또 뒤에 소개할 명말청초의 장대(張岱)는 〈의만가사에 화운하다 3수[和挽歌辭三首]〉에서 명나라에 대한 충심을 표현한 바도 있다.[548] 하지만, 도연명의 영향으로 자만시가 지어졌음에도 〈의만가사〉에 비해 유독 '나'의 죽음에 집중하였다는 사실은 수용 방식의 특성인 동시에 조선시대 자만시의 변별적 특징의 하나로 주목됨직하다. 조선시대의 자만시에도 우리 모두의 죽음을 이야기한 바가 없는 것은 아니나, 죽음에 대한 형이상학적 고민보다 나라는 개별적 사례에 집중하는 경향이 더 강하다고 볼 수 있다.

셋째, 조선 전기 자만시 중엔 정치현실에서 유리되거나 축출된 인물들에 의해 창작된 경우가 많다. 둘째로 거론된 개인적 상황과 완전히 구분할 수 있는 문제는 아니나, 정치현실에 대한 지독한 반감, 혹은 그로부터의 생명 위협이 창작 동기가 된 작품들이다.

앞서 살펴보았던 김시습의 자만적 작품인 〈아생(我生)〉과 남효온의 자만시 〈자만 4장〉에서 보듯 초기 자만시 작가들은 이른바 방외인으로서 체제 밖의 지식인들이 많았다.[549] 이들은 스스로 정치현실에서 격리된 것이지만 자만시들은 그 창작 동인이 자신을 이해하고 받아들여주지 않는 세상 때문임을 드러내고 있다. 이와 일정 정도 연관되면서 더 극단적인 사례가 연산군

547 張以寧, 《翠屛集》 권2, "一世窮愁老翰林, 南歸旅櫬越山岑. 覆身粗有黔婁被, 垂槖都無陸賈金. 稚子啼饑憂未艾, 慈親藁葬痛尤深. 經過相識如相問, 莫忘徐君掛劍心."

548 장대(張岱)의 〈의만가사에 화운하다 3수[和挽歌辭三首]〉는 이 장 뒷부분에서 자세히 소개할 것이다.

549 윤주필, 《한국의 방외인 문학》, 집문당, 1999, 232-255면.

·중종 대 훈구파로부터 음해를 당한 사림(士林)들에 의해 지어진 자만시들이다. 홍언충, 기준 그리고 노수신의 자만시가 그런 경우다.

제6장에서 이미 살펴본 것처럼 자만시를 쓴 1504년은 홍언충에게 악몽과도 같은 한 해였다.[550] 그 자신 궁중의 일을 함부로 짐작하여 간했다는 죄목으로 진안으로 유배되었을 뿐 아니라, 아버지 홍귀달(洪貴達)은 손녀딸을 궁중에 들이라는 연산군의 명을 거역한 죄로 교살되었고, 그 여파로 나머지 형제들마저 모두 유배되었기 때문이다. 또 기준의 자만시는 기묘사화로 함경도(咸鏡道) 온성(穩城)에 유배갔을 때 지은 것이라 한다.[551] 이 시를 지은 뒤 기준은 신사무옥(辛巳誣獄) 때 유배지에서 교살되었으니 그의 자만시는 실제 유언이 되고 말았다. 그리고 노수신의 자만시는 을사사화(乙巳士禍)로 인해 장장 19년에 걸쳐 유배생활을 할 때 지어진 것들이다. 그가 세 차례에 걸쳐 쓴 자만시들은 각각의 내용과 의식은 조금씩 다를지라도 그 창작 배경은 다를 것이 없다.[552] 이들은 모두 억울한 누명으로 생명의 위협을 느끼며 죽음을 눈앞에 두었다고 생각하며 자만시를 창작했다. 그들에게 닥친 정치적 시련이 자만시 창작에 중요한 함수가 된 것이다. 이 중 노수신의 자만시에선 앞서 살펴본 것처럼 "관원은 돌처럼 굳은 시신을 검사하리[官須檢石屍]"와 같이 진관 〈자작만사(自作挽詞)〉의 "관리가 와 내 주머니에 담긴 물건을 기록하고, 서리는 내 시체를 검시하네.[官來錄我橐, 吏來驗我屍.]"를 연상시키는 표현들도 등장한다.[553]

넷째 조선시대 자만시 중 도연명 〈의만가사〉를 직접적으로 계승한 경우

550 洪彦忠, 〈自挽〉, 《寓庵稿》 권2, 한국문집총간 18, 민족문화추진회, 1990, 323면.

551 奇遵, 〈自挽〉, 許筠, 《國朝詩刪》 권1, 아세아문화사, 1980, 245면. 제6장에서 살펴본 것처럼 현재 전하는 기준의 문집 《德陽遺稿》와 《服齋集》에는 이 시가 수록되어 있지 않다. 《국조시산》에는 허균의 형 허봉(許篈)이 온성에서 얻어온 것이라 기록되어 있지만 《기묘록(己卯錄)》과 《대동시선(大東詩選)》에서는 김식(金湜, 1482-1520)이 기묘사화 때 선산(善山)에 유배되었다가 신사무옥에 연좌되어 다시 절도로 이배된다는 소식을 전해 듣고 거창에 숨었다가 자결하기 전에 지은 절명시라고 기록하고 있다. 강석중·강혜선·안대회·이종묵 옮김, 《허균이 가려뽑은 조선시대의 한시[國朝詩刪]》 1, 문헌과해석사, 1999, 71-72면.

552 盧守愼, 〈自挽〉, 《穌齋集》 권2·3·4, 한국문집총간 35, 민족문화추진회, 1989, 93·120·149면.

553 盧守愼 〈自挽〉, 《穌齋集》 권3, 위의 책, 120면.

주제의식이 선별적으로 수용되거나 일부 내용만이 편면적으로 강화되어 있는 작품들이 많다. 특히 죽음에 대한 상대적 인식 및 달관(達觀)·초탈(超脫)의 정신자세가 변주되는 경우가 눈에 띈다. 앞서 살펴본 것처럼 도연명은 〈의만가사〉에서 죽음, 입관(入棺), 장례 의식, 운구, 매장, 매장 이후의 정경 등을 차례대로 묘사함으로써 크게 두 가지 주제를 독자에게 전달한다. 하나는 삶과 죽음의 현격한 격차를 통해 인생의 무상함을 보여 주는 것이고, 다른 하나는 죽음에 대한 달관 혹은 초탈의 정신자세라고 할 수 있다.[554] 조선시대 자만시는 이 두 가지 중 상대적으로 죽음에 대한 달관·초탈의 정신자세를 수용하는 데 제한적이었다. 이에 대한 수용이 없는 것은 아니지만 수용되더라도 일정한 변주가 이루어진 경우가 더 많았다.[555] 특히 도가적(道家的) 생사 초탈의식을 유가적(儒家的)으로 재해석 내지 수정한 경우가 많이 발견된다. 자신의 죽음을 부모, 혹은 선대와 연결시켜 생각하는 유가적 가족윤리의 등장이 그 대표적 예이다. 자만시에 침윤(浸潤)된 유가적 윤리는 조선사회의 학문 경향을 감안할 때 자연스러운 일이기도 하다. 일찍이 주희(朱熹)가 "도연명이 말한 것은 노장[淵明所說者莊老]"이라고 한 것도 일정한 영향을 미쳤을 것이다.[556]

도연명의 〈의만가사〉에 화운한 권시(權諰, 1604-1672)와 전우(田愚, 1841-1922)의 자만시에서 이 점이 잘 드러난다. 이들 작품들은 대체로 〈의만가사〉의 주제와 의경을 따르고 있지만 동시에 몇 가지 측면에서 차이가 발견된다.

554 중국학자 우청쉐[吳承學]는 자만시의 탄생에 위진(魏晋) 시기 사람들의 인생과 생명에 대한 특수한 태도가 큰 역할을 했다고 지적한다. 도연명의 자만시에는 인생에 대한 열애와 쇄탈한 정취가 동시에 겸비되어 있는데, 리저허우[李澤厚]는《미(美)의 역정(歷程)》에서 이것을 동한말(東漢末)에서 위진(魏晋) 시기에 걸쳐 일어난 의식형태의 변화로 '사람의 각성[人的覺醒]'이라고 설명한 바 있다. 우청쉐는 도연명의 〈자제문(自祭文)〉과 〈의만가사〉가 이런 변화의 대표적 사례라고 보았다. 우청쉐[吳承學], 앞의 논문, 67면; 리저허우[李澤厚],《美的歷程》, 第二版, 桂林: 廣西師范大學出版社, 2001, 121-142면.(윤수영 옮김,《美的歷程》, 東文選, 1991, 274-282면.)

555 달관이란 측면이 유가적 죽음 인식에 전혀 없다는 말은 아니다. 죽음을 겸허하게 받아들이는 태도 정도로 인식한다면, 죽음에 대한 초조함과 지나친 염려에서 비롯되는 막연한 두려움을 벗어날 것을 주문한다는 점에서 유가 역시 달관하려는 인식을 가지고 있다고 볼 수도 있다. 이용주,《죽음의 정치학: 유교의 죽음 이해》, 서울: 도서출판 보시는사람들, 2015, 99-102면.

556 朱熹,《朱子語類》권136, 北京: 中華書局, 1986, 3243면.

도연명이 "득실을 다시 알지 못하리니, 시비를 어찌 깨달을 수 있으랴.[得失不復知, 是非安能覺.]"와 같이 죽음이 현실의 가치와 무관한 것임을 강조하는 반면, 권시와 전우는 도에 대한 추구가 죽음 이후에도 여전히 중요한 문제임을 말한다.

권시의 〈도연명의 만가시에 차운하다[次陶挽歌韻]〉 3수 중 두 번째 시를 살펴보자.

평생에 술 마시기 어렵더니,
시렁 위엔 빈 술잔 놓여 있구나.[557]
음식도 어긋난 적 많았으나,
이제는 먹으려 해도 맛볼 수 없네.
죽은 뒤 다시 무엇에 쓰리요마는,
부질없이 귀신 옆에 베풀어 놓았구나.
헐뜯는 말 많은 신세라,
바로 보려 해도 눈이 보이지 않네.
고대광실과 황량한 풀 속 무덤,
어느 곳이나 내 고향 아님이 없네.
항상 도를 깨우치지 못할까 두려워했는데,
살아서도 죽어서도 즐거움은 끝이 없어라.

平生有酒難, 庋閣置空觴.
飮食多謬誤, 伊今欲不嘗.
死後更何用, 徒然設鬼傍.
身世多口病, 即欲無眼光.
高堂與荒草, 何莫非吾鄕.
常恐未聞道, 存沒樂未央.[558]

권시는 잠야(潛冶) 박지계(朴知誡)의 문인으로, 예학(禮學)에 조예가 깊었

557 기각(庋閣)은 음식을 놓아두는 시렁을 말한다. 사람이 죽었을 때 시신을 염한 뒤 장례하기 전까지 빈소를 마련하고 아침저녁으로 음식을 올리는 것을 전(奠)이라 하는데, 사람이 막 죽었을 때 처음 올리는 선(奠)은 기각(庋閣)에 남아 있던 것으로 올려도 된다고 한다.

558 權諰,《炭翁集》권2, 한국문집총간 104, 민족문화추진회, 1993, 271-272면.

던 인물이다. 숙종 대 예송(禮訟) 문제로 당쟁이 격화되었을 때 송시열·송준길과 대립하여 윤선도를 지지하는 상소를 올렸다가 파직되기도 했다.[559] 파직 후 광주(廣州) 소곡(素谷) 선영 아래에 우거하였는데, 1668년 송준길의 추천으로 한성부좌윤에 임명되었지만 나가지 않았다. 그리고 이듬해 탄방(炭坊)의 옛 집으로 돌아가 은거하다가 1672년 1월 24일 세상을 떴다. 그가 두 번째 수에서 말한 헐뜯는 말 많은 신세란 이 일들과 무관치 않을 듯하다.

권시의 아버지 권득기(權得己)도 〈자만(自挽)〉이란 시를 남기고 있는 것으로 보아, 그가 도연명 〈의만가사〉를 화운한 데는 아버지의 시를 계승하고자 하는 의식도 담겨 있는 듯하다. 권시는 대체로 〈의만가사〉의 시상(詩想)을 따라가는 방식으로 화운하고 있다. 권시와 도연명의 차이는 일생 동안 헐뜯는 말 많았다는 자신의 신세 한탄과 마지막 구절에서 발견된다. 〈의만가사〉 두 번째 수가 "하루아침에 집 문을 나서 떠나면, 돌아가려 하여도 밤은 끝이 없구나.[一朝出門去, 歸來夜未央.]"라고 한 것과 달리 이 시에선 "항상 도를 깨우치지 못할까 두려워했는데, 생사에 관계없이 즐거움은 끝이 없어라.[常恐未聞道, 存沒樂未央.]"라고 마무리하고 있다. 《논어》〈이인(里仁)〉편에 나오는 공자의 말 "아침에 도를 들으면 저녁에 죽어도 괜찮다.[朝聞道, 夕死, 可矣.]"를 염두에 둔 표현이다. 이런 표현은 도학자로서 사물당연지리(事物當然之理)를 탐구하려는 간절함과 함께, 도를 깨우친다면 살아서는 순하고 죽어서는 편안해서 더 이상 여한이 없음을 나타내고 있다.[560] 이런 문도(聞道)에 대한 추구는 현실의 삶으로부터 초탈을 말하는 도연명의 〈의만가사〉에서는 보이지 않는 부분이다.[561]

559 권시는 효종의 초상에 자의대비(慈懿大妃)의 복제(服制)를 3년으로 해야 함을 주장하고, 삼년복(三年服)을 주장한 윤선도(尹善道)를 죄주지 말 것을 상소하였다. 이 일로 송시열·송준길을 비판하였다고 삼사(三司)의 논박을 받던 끝에 파직된 바 있다.

560 주희의 《논어집주(論語集註)》에선 "공자께서 말씀하셨다. 아침에 도를 들으면 저녁에 죽어도 괜찮다.[子曰, 朝聞道, 夕死, 可矣.]"를 두고 "도는 사물의 당연한 이치이니, 참으로 이것을 얻어 듣는다면, 살아서는 이치에 순하고 죽어서는 편안하여 다시 남은 한이 없을 것이다.[道者, 事物當然之理, 苟得聞之, 則生順死安, 無復遺恨矣.]"라고 풀이하였다.

561 도연명의 다른 작품까지 고려한다면 《논어》〈이인(里仁)〉편에 나오는 "아침에 도를 들으면 저녁에

이런 측면은 구한말의 학자 전우(田愚)의 시에서도 발견된다. 그의 《《도연명집》의 〈의자만가사3수〉에 화답하다[和陶集擬自挽歌辭三首]〉 중 세 번째 수는 다음과 같다.

바라는 바는 있으나 공이 이루어지기도 전에,
머리카락 먼저 빠지는구나.
하루아침에 두 눈 감은 채,
붉은 명정(銘旌)이 먼 교외로 나가는구나.
무덤 앞에 이르자 사람들 다 흩어지고,
우뚝 솟은 산만 바라보네.
예로부터 귀하고 현달한 자,
이렇게 적막한 신세 되지 않은 자 누구인가.
달인은 이런 이치를 알아서,
세상을 오고 감을 아침저녁과 같이 여기네.
가련하구나 속세 속 나그네는,
애쓰면서 결국 무엇 하려고 하는가?
살아서는 하늘에 순응하고 죽어서는 편안하거니,
떠돌다 집에 돌아가는 것과 같다네.
백 년의 삶 눈 깜짝할 사이에 지나가니,
덧없는 인생 응당 노래하고 웃어야 하리.
육신과 명예 둘 다 용속(庸俗)해져서,
어디에도 구속받지 않고 하늘로 올라가네.[562]

有願功未就, 鬢髮先蕭蕭.
一曙瞑兩目, 丹旌出遠郊.
神扉人散盡, 但見山嶕嶢.
從古貴顯者, 誰靡此蕭條.
達人識斯理, 來去等夜朝.

죽어도 괜찮다.[朝聞道, 夕死, 可矣.]"를 염두에 둔 표현도 찾아볼 수 있지만, 이 내용이 〈의만가사〉와 직접적으로 관련된 것은 아니다. 〈詠貧士七首〉 중 네 번째 수, "朝與仁義生, 夕死復何求."

562 천아(天阿)는 천아성(天阿星)으로 별 이름이다. 청대 왕념손(王念孫)은 천아(天阿)는 은하[天河]라고 했다. 여기서는 운자 때문에 실제 의미가 없음에도 아(阿)를 덧붙인 것으로 보아, '천아(天阿)'로 해석하지 않고 '천(天)'의 의미로만 풀이하였다. 문면상에서 볼 때 천아성(天阿星)으로 들어간다고 해석할 수도 있다.

可憐塵中客, 營營竟爲何.
生順死則安, 如旅得返家.
百年一瞬過, 浮生當笑歌.
身名兩悠悠, 翛然入天阿.[563]

전우의 자만시는 당대 자신에 대한 분분한 세평을 의식한 듯한 내용을 담고 있다. 그 역시 "살아서는 하늘에 순응하고 죽어서는 편안하다[生順死則安]"는 문도(聞道)의 중요성을 분명히 하고 있다. 송대 장대(張載)의 〈서명(西銘)〉에도 "살아서는 내 하늘에 순응하고, 죽어서는 내 편안하리라.[存吾順事, 沒吾寧也.]"란 표현이 보이는 것처럼, 전우의 관점 역시 철저하게 도학적 맥락에 놓여 있음을 보여 준다. 이렇게 유가적 입장을 견지하는 문인들의 경우 〈의만가사〉의 도가적 상대주의에 가까운 생사관을 그대로 받아들이지 않았음을 짐작할 수 있다. 도연명의 〈의만가사〉가 보여 주는 도가적 상대주의에 가까운 생사관을 유가적 관점으로 변주하고 있는 것이다.[564] 중국의 화도시(和陶詩)들, 특히 주리정(周履靖, 1549-1640)의 〈의만가사 3수(擬挽歌辭三首)〉,[565] 장대(張岱)의 〈의만가사에 화운하다 3수[和挽歌辭三首]〉,[566] 요춘(姚椿, 1777-1853)의 〈의만가사에 화운하다 3수[和擬挽歌辭三首]〉[567] 등과 비교해 보면 그 차이가 분명히 드러난다.

다음으로 〈의만가사〉의 일부 내용을 부연 확장한 경우가 있다. 앞서 언급

563 田愚,《艮齋集》前編續 권6, 한국문집총간 333, 민족문화추진회, 2004, 568면.

564 도연명 시에서 발견되는 도가적 사유에 대해서는 다음 글들을 참고할 수 있다. 궁빈[龔斌] 校箋, 〈前言〉,《陶淵明集校箋》, 上海: 上海古籍出版社, 1996, 1-13면; 위안싱페이[袁行霈], 〈陶淵明的哲學思考〉,《陶淵明研究》, 北京: 北京大學出版社, 1997, 1-29면; 김창환,《도연명의 사상과 문학》, 을유문화사, 2009, 43-55면.

565 周履靖,《五柳賡歌》권3, 袁行霈 箋注,《陶淵明集箋注》, 附錄二, 北京: 中華書局, 2003, 721면. 두 번째 수 "生苦乏旨酒, 而今盈壺觴. 哀哉空列座, 死者豈能嘗. 布帛殮其軀, 兒女啼其傍. 耳不聞人聲, 目不見天光. 房櫳虛枕席, 蹤跡絶一鄕. 扶柩入草莽, 黃沙覆中央."

566 張岱,《張岱詩文集》, 夏咸淳 校點, 上海: 上海古籍出版社, 1991, 25면. 두 번째 수 "泉臺無漬酒, 聊復進此觴. 山田種新秫, 何時更能嘗? 殘書堆我案, 敝裘委我傍. 老鴞晝亦哭, 鬼火夜生光. 婢僕各自散, 若敖悲異鄕. 草木陰翳處, 啾啾夜未央."

567 姚椿, 〈和擬挽歌辭三首〉, 袁行霈 箋注, 앞의 책, 784면. 두 번째 수, "繐帳啓靈風, 微動奠餘觴. 嗟彼泉下人, 眼付枯鼠嘗. 骨親濁土底, 神馳白雲旁. 長夜何漫漫, 不見白日光. 大塊極浩眇, 招魂來何鄕? 仿彼形與聲, 猶疑水中央."

한 것처럼 조선시대 지식인들은 "다만 한스럽긴 세상 살 적에, 술 실컷 마시지 못한 일.[但恨在世時, 飮酒不得足.]"에 특히 큰 인상을 받았다. 이 구절은 언뜻 술에 대한 자신의 기호를 드러내며 죽음을 달관하는 표현으로 보이지만, 실제론 북송(北宋) 섭몽득(葉夢得)이 《석림시화(石林詩話)》에서 말한 것처럼 '술'이란 상징물을 통해 현실에 대한 불만을 넌지시 드러내는 것이라 볼 수 있다.[568] 남효온은 이런 측면을 앞서 인용한 〈자만 4장〉 첫 번째 수의 마지막 부분에서 "다만 한스럽기는 사람이었을 때에, 참혹하게 여섯 가지 액이 있었다네. 얼굴이 못생겨 여색이 다가오지 않고, 집이 가난하여 술이 넉넉지 못했네. 행실이 더러워서 미치광이로 불렸고, 허리가 곧아 높은 사람 노엽게 했지. 신발이 뚫어져 발꿈치가 돌에 채이고, 집이 낮아 서까래가 이마 때렸다네.[但恨爲人時, 慘慘有六厄. 貌醜色不近, 家貧酒不足. 行穢招狂號, 腰直怒尊客. 履穿踵觸石, 屋矮椽打額.]"[569]라고 구체적으로 부연해 낸 바 있다. 도연명이 '술'의 부족함으로 넌지시 말했던 것을 남효온은 세상에서 겪은 여섯 가지 액이라고 노골적으로 언급하고 있다. 하지만, 이 말이 세상에 대한 단순한 불만을 토로한 것은 아니다. 앞서 인용한 김종직의 답서에서 "우리 추강은 세상의 여섯 가지 액을 슬퍼한 것 같지만 마침내는, '서른하고 여섯 해 동안, 언제나 세상의 시기를 받았다.' 하였으니, 그 자찬이 매우 깊다 하겠고, 또 못내 이 세상을 잊지 못하는 생각이 있으니, 이를 어찌 갑자기 아침 이슬처럼 사라질 사람의 소리라 하겠나?[吾秋江, 則似傷其在世六厄, 而竟云, '三十六年間, 長被物情猜.' 其自讚也, 深矣, 且有拳拳不忘斯世之慮焉, 是豈溘先朝露之人哉?]"라고 해설한 것처럼, 이 구절은 이어지는 시의 내용과 함께 부정한 현실에 굴하지 않는 내면의 자부심을 동시에 담고 있기도 하다.

568 胡仔, 《苕溪漁隱叢話》 前集 권4, 〈五柳先生 下〉, 우원즈[吳文治] 主編, 《宋詩話全編》 肆, 南京: 鳳凰出版社, 1998, 3542면, "《石林詩話》云, '晋人多言飮酒, 有至沈醉者, 此未必意眞在於酒, 蓋方時艱難, 人各懼禍, 惟託於醉, 可以粗遠世故.'" 호자(胡仔)가 〈오류선생(五柳先生)〉조에서 이 시화를 인용하는 것을 보면 도연명의 자만시에서 술이 의미하는 바 역시 그러함을 짐작할 수 있다.

569 南孝溫, 《秋江集》 권1, 한국문집총간 16, 민족문화추진회, 1990, 30면.

한편 도연명의 〈의만가사〉의 특정 내용만이 편면적으로 강화된 경우도 있다. 가족에 대한 그리움이 그런 예다. 앞서 인용한 것처럼 〈의만가사〉에서도 "귀여운 아이는 아비 찾으며 울고[嬌兒索父啼]"와 같이 남은 가족에 대한 애틋함을 담은 내용이 있지만, 조선시대 자만시의 경우는 이런 가족애가 자만시의 주제가 되거나 특별히 강조된 예가 많다. 다만, 〈의만가사〉의 해당 내용 다음 구절 "좋은 벗들 날 어루만지며 통곡하네[良友撫我哭]"가 벗에 대한 이야기임을 고려한다면 가족에 비해 친구의 문제는 조선시대 자만시에서 그다지 강조되지 않은 듯하다. 조선시대 자만시에서 특히 가족애가 부각된 예를 살펴보자.

쉰아홉 나이 짧은 세월 아니거니,
인간사 온갖 영욕 다 겪었다네.
자연으로 돌아가 조화 관찰하니 내 어찌 한스러우랴,
돌아가 부모님 모시고 두 아이를 보리라.

五十九齡非短促, 人間榮辱備嘗之.
返眞觀化吾何恨, 歸侍雙親見兩兒.[570]

현덕승(玄德升, 1564-1627)이 쉰아홉 되던 해인 임술년(壬戌年: 1622)에 쓴 자만시다. 그의 삶은 승구(承句)에서 말한 것처럼 부침을 거듭했다. 임진왜란 때 전공을 세워 여러 고을의 수령을 지내기도 했지만, 광해군의 동국기사관(東宮記事官)으로 있을 때 몰래 창기(娼妓)와 잤다고 파직되었으며, 사헌부의 탄핵을 받아 북평사(北評事)의 자리에서 물러나기도 했다. 한편 광해군의 실정이 거듭되고 급기야 인목대비(仁穆大妃) 폐비론(廢妃論)까지 일어나자 벼슬을 버리고 천안에 숨어 살기에 이른다. 자만시를 쓴 바로 그해 현덕승은 벼슬이 내려졌지만 끝내 그 자리에 나가지 않았다. 그런 측면에서 전구(轉句)의 의미는 그동안 세파(世波)에 시달렸기에 닥쳐올 죽음도 두렵지 않음을

570 玄德升, 〈自挽〉, 《希菴遺稿》 권2, 한국문집총간 속집 13, 민족문화추진회, 2006, 330면.

표현한 것으로 볼 수 있다. 그런데 왜 저승에서 부모님 모시고 두 아이를 만난다는 것일까? 해답은 현덕승의 간략 행장에서 찾을 수 있다. 〈행장략(行狀略)〉에 수록된 자만시의 자주(自註)에 "부모님은 이미 장례 지냈고 두 자식도 잃었기 때문에 마지막 구절에 이같이 말한 것이다.[考妣旣葬, 二子又失, 故末句云]"라고 쓰여 있기 때문이다.[571] 현덕승에게 죽음은 이렇게 저승의 가족들과 해후하는 일이었다. 이 밖에도 이중명(李重明, 1605-1672)은 남겨질 어린 아들의 장래를 걱정하였고,[572] 이유장(李惟樟, 1625-1701)은 선조의 무덤 아래 묻힐 수 있어서 다행이라 했으며,[573] 이민보(李敏輔, 1717-1799)는 부모님 돌아가신 해가 돌아오자 그 슬픔을 도연명 자만시의 뜻을 붙여 풀어낸다고 쓰기도 했다.[574] 조선시대 자만시에서 가족, 그 중에서도 특히 부모님의 문제는 자주 언급되는 문제였다.[575]

다섯째, 자만시를 새로운 방식으로 작성하거나 활용한 경우들이 발견된다는 점을 들 수 있다. 이는 자만시의 글쓰기와 구성 방식 모두에서 발견된다. 먼저 글쓰기 방식에선 남의 시를 가져오거나 바꾸어 쓰는 방식으로 창작한 예가 주목된다. 자만시 창작에 다른 시인의 시를 원용한 예로 신정하(申靖夏, 1680-1715)와 이승기(李承基), 그리고 석지형(石之珩, 1610-?)의 경우를 들 수 있다. 또 자만시를 다른 방식의 글쓰기로 확장시킨 경우도 발견된다. 자만시엔 전혀 걸맞지 않은 과체시 형식으로 쓴 정기안(鄭基安, 1695-1775)의

571 玄德升, 〈行狀略〉, 《希菴遺稿》 권4 附錄, 같은 책, 371면.

572 李重明, 〈自挽〉, 《安谷集》 권2 上, 筆寫本, 서울대학교 규장각 소장본.(국립중앙도서관에 소장된 목활자본도 내용은 동일함.) "三尺孤兒何處托, 長成幹蠱恃其兄."

573 李惟樟, 〈自輓〉, 《孤山集》 권3, 한국문집총간 126, 민족문화추진회, 1994, 61면. "何幸托身先壟下, 幽堂千古永怡怡."

574 李敏輔, 〈歷凶逢新, 復見己未讐, 年又接庚申, 驚慟摧怛, 求死不得, 次澤堂集絶筆韻, 畧寓淵明自挽之意〉, 《豊墅集》 권5, 한국문집총간 232, 민족문화추진회, 1999, 406면.

575 근세 인물인 배장준(裵章俊) 같은 이는 자신의 죽음을 애도하며 인간세상에선 노모와 이별하고 지하세계에선 세상 떠난 아버지를 뵙는다고 썼다. 그런데 이승과 저승에 각기 계시는 부모님을 모셔야 하는데 이 한 몸을 나누기 어렵다고 한탄하였다. 부모님에 대한 효를 다하지 못함을 한탄하는 경우는 많이 보이지만, 이를 위해 현실과 사후세계의 자신의 몸을 나누고 싶다는 발상이 흥미롭다. 裵章俊, 〈自挽〉, 《南岡遺集》 권2, 한국역대문집총서 2786, 경인문화사, 1999, 229면. "人間離老母, 地下拜先親. 地下人間隔, 難分此一身."

작품이 그것이다.[576] 앞서 언급한 것처럼 정기안의 시는 도연명 〈의만가사〉 첫 번째 수의 "단지 한스럽기론 세상에 있을 때, 만족스럽게 술 마시지 못한 일이네.[但恨在世時, 飮酒不得足.]"를 "만족스럽게 술 마시지 못한 일 한스럽네[恨飮酒不足]"로 축약하여 과체시제로 삼은 것이다. 이 작품은 도연명 자만시의 구절이 과체시의 제목으로 출제되기까지 했음을 보여 준다.

다음으로 구성 방식의 변화를 준 경우가 있다. 특징적인 사례로 시인이 자만시 안에 사후세계에 대한 허구적 상상력을 펼친 경우를 들 수 있다. 남효온의 작품 중 세 번째 수가 대표적인 예일 것이다. 이에 대해서는 제8장에서 이미 설명한 적이 있으므로 해당 내용을 다시 반복할 필요는 없을 듯하다. 또 다른 예로 앞서 소개한 이명오의 〈자만〉 12수 중 다섯 번째 수가 있다.

저승 수문랑(修文郎) 되어 기쁘지 아니한가?
도솔천은 과연 청정하고 한가롭구나.
타고난 성품이 얽매임 싫어하여,
허공에 마음대로 오고 가네.
아침엔 고래 타고 사해를 넘나들고,
저물녘엔 학 타고 삼신산에 깃드네.
좁다란 인간세상 굽어보노라니,
죽기 전엔 어찌 그리 힘겨웠던가.

修文不快活, 兜率果淸閑.
靈性厭拘管, 虛空任往還.
跨鯨朝四海, 騎鶴暮三山.
俯看塵寰窄, 死前何太艱.[577]

인용한 시의 다음 수에선 시인은 다시 현실로 돌아온다. "어느새 나 여전히 살아 있는데, 곡하는 소리에 혼도 놀라네.[俄看我猶在, 哭聲魂亦驚.]" 사후세계와 현실의 격차는 곧 시인 내면의 현실에 대한 불만의 정도에 비례할 것이

576 鄭基安, 〈托意自挽詩, 恨飮酒不足〉, 《晩慕遺稿》 권3, 한국문집총간 속집 73, 한국고전번역원, 2009, 475면.
577 李明五, 《泊翁集》 권6, 한국문집총간 속집 102, 한국고전번역원, 2010, 112면.

다. 이런 사후세계에 대한 상상력과 그것이 현실과 갖는 격차는 제7장에서 소개한 것처럼 임제(林悌), 조임도(趙任道) 등의 자만시에서도 부분적으로 발견된다.

여섯째 도연명 〈의만가사〉와는 이질적인 창작동기에서 자만시를 남긴 경우가 있다. 앞서 언급한 조선 중기 유인배(柳仁培)의 자만시가 그런 사례다. 제10장에서 소개한 것처럼 〈자만(自挽)〉시의 병서(幷序)를 통해 그는 만시(挽詩)가 없는 것을 수치로 여기던 당시의 폐습을 비판하고 있다. 실상에 부합하지 않는 억지스러운 내용이 들어가기보단 스스로 쓰는 편이 낫다는 것이다. 유력한 인물에게 만사(挽詞)를 받는 것을 큰 영광으로 여기고, 만시가 많은 것을 자랑스럽게 여기는 당시의 풍조에 대한 질타였다. 유인배는 이런 이유에서 스스로 만시를 쓴다고 했다.[578] 도연명의 〈의만가사〉는 실제 장의(葬儀)에 사용할 목적으로 지어진 작품이 아니다. 자만시 자체가 장례에서 노래로 불리던 만가의 전통을 탈피해 가사를 중시하고 서정성을 강화시키는 과정에서 형성된 것이기 때문이다.[579] 실제 장의에 쓰이는 만가(挽歌)·만시(挽詩)의 대척점에 존재하는 것이 자만시란 점에서 유인배의 이런 창작동기는 도연명의 〈의만가사〉와 상당한 거리가 있다. 그런데 이런 차이는 한편으로 조선시대 자만시 창작에 도연명의 〈의만가사〉 외에도 다른 요인이 개입하였을 가능성을 시사하는 것이기도 하다.

마지막으로 자만시를 임종시와 분명히 구별하면서 자신의 의중을 우회적으로 드러낸 작품들의 경우 도연명 〈의만가사〉의 틀을 떠나 더욱 적극적인 자기표현으로 변주되었다는 점을 들 수 있다. 대표적인 예로 앞서 언급한 임제, 조임도, 이양연(李亮淵)의 시를 들 수 있다.[580] 다만 이들의 작품도 시 형

578 柳仁培, 〈自挽〉 幷序, 《猿溪集》 권3, 한국국학진흥원 유교넷 영남사림문집.

579 왕이위안[王宜瑗], 앞의 논문, 23-24면.

580 林悌, 〈自挽〉, 《林白湖集》 권3, 한국문집총간 58, 민족문화추진회, 1990, 288면, "江漢風流四十春, 淸名贏得動時人. 如今鶴駕超塵網, 海上蟠桃子又新"; 趙任道, 〈自輓〉, 《澗松集》 권2, 앞의 책, 45면. "翔鳳亭中鳳不還, 飄然直上白雲間. 湖山自此無常主, 明月淸風萬古閒."; 李亮淵, 〈病革〉, 《臨淵堂別集》, 서울대학교 규장각 소장본. "一生愁中過, 明月看不足. 萬年長相對, 此行未爲惡."

식에 있어서는 오언 혹은 칠언의 절구로 이루어진 경우가 대부분이어서, 고시(古詩) 형식의 〈의만가사〉는 물론 오언팔구(五言八句)로 이루어진 증헌만시(贈獻挽詩)에 비해서도 편폭이 유달리 짧다.[581] 이에 따라 도연명의 시처럼 상장례의 과정과 정경에 대한 묘사를 하는 것은 어렵게 되었다. 형식상 임종시로서 인식하고 쓴 자만시와 비슷한 점도 있지만, 창작목적은 완전히 다르다. 중국의 경우 청대에 유행한 자만련(自挽聯)이라는 단형의 시가 있기는 하지만, 자만시로서 이렇게 단형의 작품은 비교적 드문 것으로 보인다.[582]

북제(北齊) 안지추(顏之推, 531-591?)는 일찍이 죽은 사람이 스스로 탄식하는 내용의 육기(陸機) 〈만가시(挽歌詩)〉에 대해 시에 이런 격식은 없다고 비판한 바 있다.[583] 육기의 시는 제2장에서 살펴본 것처럼 도연명 〈의만가사〉에 큰 영향을 미친 작품이기도 한데, 가까운 후대에 이미 자만적 작품들에 대한 비판이 있었음을 알 수 있다. 또 송대 진관이 〈자작만사〉를 지었을 때 소식은 당시 사람들이 이 작품을 괴이하다 여길 것이라고 말한 바도 있다.[584] 이를 통해 볼 때 송대까지도 자만시가 결코 일반적인 문학 주제가 되지 못했음을 짐작할 수 있다. 반면 조선시대 자만시는 주제적 특수성을 고려할 때 적지 않은 작품 수가 확인된다. 조선시대에는 자만시가 비교적 많은 작가들의 관심을 모은 글쓰기였음을 시사한다. 또 작품 수효만으로도 동아시아 한시사에서 특징적인 현상임이 분명하다.

이상의 검토를 바탕으로 우리는 다음과 같이 잠정 결론을 내릴 수 있을 듯

581 5언8구의 증헌만시(贈獻挽詩)는 북조(北朝)에서 시작되어 수(隋)·당대(唐代)를 거쳐 만시의 보편양식이 되었다. 왕이위안[王宜瑗], 앞의 논문, 22-32면.

582 리우후이[柳輝], 《挽聯藝術》, 長沙: 湖南人民出版社, 2006, 68-73면; 장주순[蔣竹蓀] 等 編著, 《分類名聯鑑賞辭典》, 上海: 上海辭書出版社, 2004.

583 왕리치[王利器] 撰, 《顏氏家訓集解》 권4, 文章 제9, 北京: 中華書局, 2014, 270면; 顏之推, 《顏氏家訓》 권4, 〈文章〉, 임동석 역주, 고즈윈, 2004, 244면.

584 宋 蔡正孫 精刊補注, 《精刊補注東坡和陶詩話》 권13, 고려대학교 도서관 소장본; 宋 蔡正孫 編, 《詩林廣記》 권1 〈陶淵明〉附秦少游自作挽詞, 文淵閣四庫全書電子版, 上海: 上海人民出版社/迪志文化出版有限公司, 2000. "胡苕溪云, 東坡歲在庚辰六月二十五日, 與秦少游, 別於海康, 意色自若, 與平日無少異, 而少游〈自作挽詞〉一篇, 人或怪之, 坡謂其齊生死了物我, 戲出此語, 其言過矣. 此言惟淵明可以當之, 若少游者, 情鍾世味, 意戀生理, 一經遷謫, 不能自釋, 遂快忿而作此詞, 豈眞若是乎."

하다. 조선시대의 자만시는 도연명의 〈의만가사〉로부터 영향을 받았지만 몇 가지 측면에서 일정한 혹은 상당한 거리가 있다. 조선시대 시인들은 자만시를 임종시와 동일시하거나, 우리 모두가 아니라 '나의 죽음'에 집중하는 경향이 있었으며, 이에 따라 내밀한 개인사들이 드러나기도 했다. 또 죽음에 대한 도가적 달관·초탈의 정신자세를 수용하는 데 소극적인 편이어서 이를 유가적 가치관으로 변주시키기도 했으며, 자신의 죽음 문제를 선대와 후대에 대한 부채와 책임의 문제로 연결시키는 유가적 가족윤리가 중심이 되는 작품이 많았다. 한편으로 전기엔 정치현실에서 내몰린 이들에 의해 자만시가 창작되는 경우가 많았으며, 후기엔 자만시의 점증에 따라 글쓰기와 구성에서 새로운 방식이 시도되기도 했다. 특히 도연명의 〈의만가사〉와 달리 자신의 장의(葬儀)에 사용할 목적으로 자만시가 창작된 경우도 있다. 이렇게 조선시대의 자만시는 〈의만가사〉를 수용하면서도, 때론 그것을 바꾸어 사용하고 때론 어떤 부분만을 수용하거나 배제하는 방식으로 자문학적 특수성을 드러내 보이고 있다.

하지만 이런 모든 차이가 온전히 조선시대 자만시만의 특성으로 볼 수 있는 것인지는 분명치 않다. 앞서 언급한 것처럼 이 글에선 자만시 계보의 시원인 도연명의 〈의만가사〉만을 비교 대상으로 삼았기 때문이다. 영향 정도는 〈의만가사〉에 비할 수 없다 하더라도 동시대인 명·청대 시인들의 작품과의 대비나 자만시 이외의 문화적 요소들에 대한 고려도 필요하리라 생각된다.

이런 필요에서 우리는 직접적 연계가 없더라도 유사한 상황하에서 탄생한 한중 양국의 자만시를 주목할 필요가 있다. 호란 무렵 태어나 숭명배청(崇明排淸)의 일관된 삶을 살다간 이언직(李言直, 1631-1698)과 명말 청초의 장대(張岱, 1597-1679)가 남긴 자만시가 그것이다.

〈자만 6수(自挽六首)〉 무인년(1698) 10월 5일 임종 무렵 쓰다.[戊寅十月五日臨化時.]

살아서는 조선의 선비가 되고,

죽어서는 명나라의 신하가 되리.
아! 나의 끝없는 한이,
압록강 나루터 씻고 지나가네.

生爲東國士, 死作皇明臣.
嗟吾無窮恨, 洗流鴨水津.

네 번째 수

옷깃 여미고 책상에 앉아,
내 말하길 너 형천아.[585]
저 수명재(守明齋)에 올라가서,[586]
기왓장 부수고 담장 꾸밈을 함부로 그어놓는 일 따윈 삼가거라.[587]

整襟推案坐, 曰汝亨天兒.
陟彼守明室, 愼罔毁畵之.

다섯 번째 수

근래 들어 대명동(大明洞)에서 결사를 이루니,[588]
내 친구 누구누구냐고 묻네.
아! 저 요대에서 짝할 이여,
올 겨울엔 나와 더불어 기약하자꾸나.

邇來明洞社, 吾友問誰誰.
噫彼瑤臺伴, 今冬與我期.

여섯 번째 수

내 죽음에 스스로 만사를 쓰니,

---

585 형천(亨天)은 이인직의 장남 이름이다. 이언직은 1남 3녀를 두었다.

586 수명재(守明齋)는 당호(堂號)인데 역시 대명의리와 관련된 명칭이다. 당 주변의 못과 나무에도 영명(映明)-보명(保明)과 같이 모두 명나라를 의미하는 명(明)자를 붙였다고 한다.

587 《맹자》〈등문공 하(滕文公 下)〉에 나오는 '훼와획만(毁瓦畫墁)을 가리킨다. 기왓장을 깨뜨리고 벽토를 긁어 놓는다는 의미다.

588 이언직은 기해(己亥)년에 동지 13인과 함께 대명동(大明洞)에 들어가 남령사(南寧社)를 짓고 명호산인(明湖散人)이라 자호한 바 있다.

홀로 방황할 사람 없으리.
장차 어디로 떠나가는가?
내일 명 황제께 조회하려네.

自誄向蒿里, 無人獨彷徨.
且將何處去, 翌日朝明皇.[589]

호란 무렵 태어나 숭명배청(崇明排淸) 의식으로 일관된 삶을 살다간 이언직이 남긴 여섯 수의 자만시 중 일부다. 이언직(李言直)의 본관은 영천(永川), 자는 자신(子愼), 호는 명호산인(明湖散人) 혹은 석후(石后)이다. 그는 농암(聾巖) 이현보(李賢輔)의 후손으로 명나라에 숭모 의식이 유달리 강했던 인물이었다. 열네 살 때 이미 숭정황제(崇禎皇帝)의 승하 소식을 듣고 애통해 하면서 만시를 지었으며, 병자호란 당시의 일을 기록한 《병자일기(丙子日記)》를 읽을 때 최명길(崔鳴吉)이 후금(後金: 淸)과 화친을 맺자고 주장하는 부분에 이르러선 책을 덮고 크게 탄식했다고도 한다. 또 송나라의 애국시인 육유(陸游)의 "온갖 어둠 굴복하고, 태양이 떠오른다. 오랑캐엔 인재가 없으니, 송나라는 다시 흥하리라.[群陰伏, 太陽升. 胡無人, 宋中興]"(〈戰城南〉 중 胡無人)란 시구를 외울 때면 비분한 마음을 억누르지 못했다고 한다. 이언직은 우리에게 잘 알려져 있지 않은 인물이지만 이런 일화들을 통해서 그의 일단을 엿볼 수 있다. 이언직은 유일(遺逸)로 여러 차례 천거되었으나 평생 벼슬하지 않고 처사로 살았는데, 68세 되던 1698년 이 여섯 수의 자만시를 지었다고 한다.

이 시는 이언직이 임종 무렵에 쓴 것이다. 일종의 유언인 만큼 그 내용은 시인이 세상에 꼭 남기고 싶은 말이었다고 볼 수 있다. 임종 무렵의 자만시는 대부분 자신의 삶에 대한 회한과 남은 가족에 대한 그리움, 그리고 선대에 대한 추모 의식 등으로 이루어진다. 그런데 이 시에서는 뜻밖의 내용이 주가 되어 있다. 첫 번째 수에선 살아선 조선의 신하가, 죽어서는 명나라의

589 李言直,《明湖集》권상(卷上), 국립중앙도서관 소장본.

신하가 되겠다고 썼으며, 네 번째 수에선 수명재(守明齋)라는 당호(堂號)가, 다섯 번째 수에선 대명동(大明洞)에서의 결사를, 마지막 수에선 죽은 뒤 저승의 명나라 황제에게 조회하겠다고 선언하고 있다. 모두 대명의리와 관련된 의식이며 표현들이다. 인용하지 않은 두 번째와 세 번째 수에 자신이 세상을 떠난 뒤 돌볼 수 없는 선대의 자취들과 관련된 한탄도 담겨 있지만,[590] 시의 주조는 명나라에 대한 강한 숭모 의식이다. 또 자신의 죽음에 대한 상상조차도 모두 명나라에 대한 의리나 명 황제에 대한 충성심으로 채워져 있다.

언급한 내용 외에도 시와 삶 모두에서 이언직은 명에 대한 숭모 의식이 넘쳐흐른다. 첫 번째 수의 "아! 나의 끝없는 한이, 압록강 나루터 씻고 지나가네.[嗟吾無窮恨, 洗流鴨水津.]"는 이언직 자신의 꿈 내용과 관련된 표현이다. 갑술(甲戌: 1694)년에 명재헌(明齋軒)에서 명호(明湖)에 뗏목을 띄워 떠나가다 연경(燕京)의 무사를 만나 압록강을 건너고 백제성에 올라 천하의 장관을 다 본 뒤에 대명여지도(大明輿地圖)를 뒤적이며 미인지시(美人之詩)를 노래하고 하녀(下女)의 술을 사는 꿈을 꾸었는데, 깨고 나니 아전[衙吏]들이 문을 두드리며 돈을 재촉하였다고 한다. 이 내용을 가지고 그는 〈기몽(記夢)〉 시를 쓰기도 했다. 기록에 따르면 이 시를 사람들로 하여금 읽게 하면 부지불식간에 간담이 서늘해지고 눈물이 흐르게 된다고 했는데, 꿈마저도 명나라에 대한 숭모의식이 가득하다.[591] 호란 때 죽음을 무릅쓰고 척화(斥和)를 주장했던 김상헌(金尙憲)의 후손인 김창집(金昌集)이 이 시에 차운한 작품을 남기기도 했다.[592]

또 네 번째 수에 나오는 수명재(守明齋)라는 당호도 숭명(崇明) 의식을 담고 있는 것이다. 그가 자신이 거처하는 곳의 당호를 수명재(守明齋)라고 하고, 주변의 못과 나무에도 영명(映明)·보명(保明)과 같이 모두 명나라를 의미

590 두 번째 수 "山南皇祖宅, 誰復護丹焉. 回視玉溪畔, 無言慰後天.", 세 번째 수 "拜歸先考廟, 有淚自漣漣. 戒汝極天姪, 家業求世傳."

591 李言直,《明湖集》권지상(卷之上), 부록, 국립중앙도서관 소장본.

592 이 작품은 현전《몽와집(夢窩集)》에는 수록되어 있지 않다.

하는 '명(明)'자를 붙였다고 한다. 심지어 명호(明湖)라는 이언직의 호 역시 시인의 대명의리 정신과 관련이 깊다. 이언직의 나이 29세 때 동지 13인과 대명동(大明洞)에 들어가 남령사(南寧社)를 지을 때 명호산인(明湖散人)이라 자처한 데서 생긴 호이기 때문이다. 호에도 명에 대한 의리를 밝히겠다는 의지를 담은 것이다.

이언직이 살다간 17세기 조선 지식인들 다수가 명나라에 대한 의리를 지켜야 하며 청나라에 복수해서 지난날의 수치를 씻어야 한다고 생각했던 것이 사실이다. 그러나 이언직의 경우는 남다른 점이 있었다. 병자호란 이후 그는 오로지 학문과 수신에만 전념하였는데, 석후정(石后亭)을 짓고 동지들과 함께 남령사(南寧社)를 수축하여 존주(尊周)의 의리를 밝히고 《존주사(尊周史)》를 편찬하기까지 했다.[593] 여기에 마지막 말인 자만시마저도 대명의리를 분명히 하고 있는 것이다.

흥미로운 점은 비슷한 시기 중국에서도 이런 종류의 자만시가 창작되었다는 것이다. 우리에게 《도암몽억(陶庵夢憶)》의 작가로 알려진 명말청초 장대(張岱, 1597-?)의 자만시가 그것이다.[594] 그의 집안은 본래 사천(四川) 출신이었으나 선대가 당시 경제 문화의 요지였던 절강(浙江) 산음(山陰)으로 이주해 왔다. 산음은 지금의 절강성 소흥(紹興)에 해당한다. 고조부 천복(天復)부터 여러 대에 걸쳐 명조에서 벼슬하였지만, 장대 자신은 과거에 합격하지 못하고 예술과 유희를 즐기는 한편 학문에 전념하였다. 집안의 장서(藏書)와 경제력을 바탕으로 일견 평탄하던 그의 삶이 파란곡절을 겪게 된 것은 장년기에 이르러서다. 그의 나이 47세 되던 1644년 명조가 몰락했기 때문이었다. 그는 이후 가정의 안락함, 친척과 벗, 그리고 수많은 장서를 잃고 경제적

593 이언직의 삶에 대한 서술은 다음 자료를 참고한 것이다. 자만시에도 등장하는 장남 형천(亨天)이 편찬한 〈행록(行錄)〉, 〈유사(遺事)〉, 〈가장(家狀)〉과 이중린(李中麟)이 쓴 〈행장(行狀)〉 등을 참고한 것이다. 李言直, 《明湖集》 卷之下, 부록, 국립중앙도서관 소장본.

594 장대(張岱)의 자는 종자(宗子)·석공(石公)이고, 호는 도암(陶庵)·접암(蝶庵)이다. 저서로 《낭현문집(琅嬛文集)》 6권과 《도암몽억(陶庵夢憶)》 8권, 《서호몽심(西湖夢尋)》 5권, 《석궤서(石匱書)》, 《석궤서후집(石匱書後集)》 등이 있다.

어려움마저 겪게 된다. 그의 벗이면서 지역의 신망받던 학자 기표가(祁彪佳)가 자살하고 숙부와 사촌 동생 연객(燕客) 등이 만주족 정부에 목숨을 걸고 대항하였지만 그는 은둔의 길을 택하였다. 이 과정에서 만주족이 중원을 정복한 직후인 1645-1646년에 장대는 자신이 잃어버린 행복했던 과거에 대한 모든 감각을 되살려낸《도암몽억》을 저술하게 된다. 그는 이런 작업이 과거를 소멸의 구렁텅이에서 구해내는 기회를 제공할 수 있다고 생각했다. 하지만 끼니도 잇지 못할 만큼의 곤궁은 결국 그를 다시 현실로 돌아오게 만들었다. 결국 그는 '쾌원(快園)'이라고 불리던 자신의 전장에서 소작농으로 전락하고 말았다.[595]

본래 역사서 저술에 관심을 가지고 있던 장대는 이후 죽을 때까지《석궤서(石匱書)》,《석궤서후집(石匱書後集)》등 명대 역사를 기록하는 일에 심혈을 기울이게 된다. 특히《석궤서후집》의 많은 부분을 명조 멸망의 원인과 위기를 맞이한 사람들의 상이한 대응방식을 열거하는 데 할애했다. 항청(抗淸)운동에 가담한 사람들의 행적을 논평할 땐 자신의 경험을 담아 쓰기도 했다.[596]

산속에 은둔하고 있던 1646년 무렵 장대는 도연명의 시에 화답하는 일련의 시를 쓰기 시작했다. 몇 해 전 도연명을 본떠 도암(陶庵)이라 자호(自號)했던 데서도 알 수 있듯이, 왕조 교체 뒤 현실을 떠나 자신의 고결한 가치를 지켰던 선배 시인에 대한 존경심에서였다. 그는 사십여 수의 화도시(和陶詩)를 남겼는데, 그 중의 한 수가 바로 〈의만가사〉다.[597] 도연명 〈의만가사〉에 화답하는 형식으로 자만시를 남긴 것이다.

---

595 조나단 스펜스(Jonathan Spence), *Return to Dragon Mountain: Memories of a Late Ming Man*, New York: Viking Penguin, 2007.[이준갑 옮김,《룽산으로의 귀환(Return to Dragon Mountain)》, 이산, 2010, 19-30면.]

596 장대가 자신의 역사 저술에《석궤서(石匱書)》란 이름을 붙인 것은《사기(史記)》를 쓴 사마천(司馬遷)에 대한 경의를 표시한 것이나. '석궤(石匱)'는 사마천이《사기》를 쓸 때 참조한 사료들을 보관하던 장소였기 때문이다.《석궤서》는 1360년대부터 1627년까지의 일들을 상세히 다룬 방대한 분량의 역사서다. 그는 이 저술을 1664년에 완성했다.

597 장대는 〈의만가사〉 세 수 외에도 도연명의 〈영빈사(詠貧士)〉, 〈유회이작(有會而作)〉, 〈책자(責子)〉와 시살(弑殺)과 찬탈에 대한 정치적 시들에 화답시를 남겼다. 그는 자신의 〈화도집(和陶集)〉에 총 43수의 화도시를 남겼다. 또한 70세 때인 1667년(강희 6)에는 도연명을 따라 〈자위묘지명(自爲墓誌銘)〉이란 자찬묘지명을 쓰기도 했다.

〈의만가사에 화운하다 3수[和挽歌辭三首]〉

장대가 스스로 죽기를 구한 것이지,
귀신의 재촉을 받은 것 아니라네.
의리론 진을 황제로 섬기지 않았으나,
작은 공로 어찌 기록할 만하랴?
억지로 떠나 이미 집도 없으니,
어찌 관 짤 나무를 얻을 수 있으랴?
길 가는 사람 혹 슬퍼하기도 하고,
친구는 아마도 어루만지며 곡하겠지.
내 죽기까지 천신만고를 겪었으나,
온 세상 모두 알지 못하리.
천 년 만 년 뒤에,
어찌 끝내 영예도 욕됨도 없으랴?
다만 한스러운 것은《석궤서》를
이 몸이 충분히 다듬지 못한 것이라네.[598]

張子自覓死, 不受人鬼促.
義不帝强秦, 微功何足錄?
出走已無家, 安得貍首木?
行道或能悲, 親舊敢撫哭.
我死備千辛, 世界全不覺.
千秋萬歲後, 豈遂無榮辱?
但恨石匱書, 此身修不足.

두 번째 수

무덤엔 보잘것없는 제물도 올리는 사람 없으니,
애오라지 다시 이 술잔을 올리네.
산간의 밭에 새로 차조를 심으니,
어느 때나 다시 맛볼 수 있으랴?
채 읽지 못한 책은 내 책상에 쌓여 있고,

598 차신(此身)이 초본(鈔本)에는 일편(一編)이라고 되어 있다. 초본대로라면 마지막 두 구절은 "다민 하스럽기는《석궤서》, 한 책을 충분히 다듬지 못해서라네"라고 해석할 수 있다.

낡은 갖옷은 내 곁에 버려져 있네.
늙은 부엉인 낮에도 울고,
도깨비불은 밤에 빛을 발하네.
남녀 종 각자 흩어져 떠나고,
후사 잇지 못하니 저승(타향) 가는 것이 슬프구나.
초목 무성하여 그늘진 곳,
휘잉휘잉 밤은 끝이 없어라.

泉臺無漬酒, 聊復進此觴.
山田種新秫, 何時更能嘗?
殘書堆我案, 敝裘委我傍.
老鴞晝亦哭, 鬼火夜生光.
婢僕各自散, 若敖悲異鄉.
草木陰翳處, 啾啾夜未央.

세 번째 수

서산에 달빛은 담담하고,
섬수엔 바람이 쓸쓸하구나.
흰색 의관 입고 전송하는 자들은,
나를 황량한 들판에 버려두는구나.
산림은 매우 아득하고,
북망산은 높직하게 있네.
소나무 잣나무가 무성하여 무덤이 가리면,
효자는 스스로 가지를 잡아당기리.
몸은 이미 구천 아래 있으니,
천 년이 하루아침 같네.
세월 가는 것을 직접 눈으로 보노라면,
마음속 마침내 어떠할까?
평생 뜻을 얻지 못하니,
혼도 집으로 돌아가지 못하는구나.
비참한 호리곡이여,
어째서 〈역수가〉 같은가?
혼이여 어디로 가는가?

응당 부모님 묻힌 언덕으로 와야 하리.

西山月淡淡, 剡水風蕭蕭.
白衣冠送者, 棄我於荒郊.
山林甚杳冥, 北邙在蕉蕘.
翳然茂松柏, 孝子自攀條.
身既死泉下, 千歲如一朝.
目睹歲月除, 中心竟若何?
平生不得志, 魂亦不歸家.
凄凄蒿里曲, 何如易水歌?
魂兮欲何之? 應來廟塢阿.[599]

장대는《도암몽억》의 서문에서 자신이 나라가 망한 뒤 자만시를 쓰고 자살하려고 했지만,《석궤서》를 완성하지 못했기 때문에 죽지 않았다고 쓴 바 있다.[600] 본래 죽기로 결심하고 썼던 작품이 이 시인 것이다. 물론 이 시를 쓴 뒤 마음이 바뀌어서 장대는 그 후로도 33년을 더 살게 된다.

이 시들에선 자신을 나타내는 '장자(張子)'란 표현과 1인칭 대명사 '나[我]'가 유달리 많이 보인다. 그는 말년에 스스로를 분석하며 제대로 살지 못했다고 자조적으로 평가하곤 했는데, 이 시 역시 그런 흐름 속에 있다. 자신을 3인칭으로 쓰는 '장자(張子)'란 표현은 주관을 최대한 배제한 것인데, 여기에 다시 1인칭이 섞여 사용됨으로써 객관과 주관이 뒤섞여 강렬한 자의식을 만들어 낸다.

첫 번째 수 앞부분 "장대가 스스로 죽기를 구한 것이지, 귀신의 재촉을 받은 것 아니라네. 의리론 진을 황제로 섬기지 않았으나, 작은 공로 어찌 기록할 만하랴?[張子自覓死, 不受人鬼促. 義不帝强秦, 微功何足錄?]" 세 번째 수 뒷부분

599 張岱,《張岱詩文集》, 夏咸淳 校點, 上海古籍出版社, 1991, 25-26면. 장대의 자주(自注)에 "묘오는 세상 떠난 부모님을 장례지낸 곳이다.廟塢, 爲先父母葬地."라고 했다. 장대가 참고한 의만가사 판본은 두 번째 수에서 "荒草無人眠, 極視正茫茫"의 두 구에 화운하지 않았으므로《악부시집(樂府詩集)》은 아닐 것이다.

600 張岱,〈自序〉,《陶庵夢憶·西湖夢尋》, 夏咸淳·程維榮 校注, 上海: 上海古籍出版社, 2001, 3-4면.

"세월 가는 것을 직접 눈으로 보노라면, 마음속 마침내 어떠할까? 평생 뜻을 얻지 못하니, 혼도 집으로 돌아가지 못하는구나. 비참한 호리곡이여, 어째서 〈역수가〉 같은가?[目睹歲月除, 中心竟若何? 平生不得志, 魂亦不歸家. 凄凄蒿里曲, 何如易水歌?]"에서 명의 유민(遺民)으로서 청나라를 섬길 수 없으며 심지어는 〈역수가〉를 부른 형가(荊軻)처럼 청에 복수하고 싶은 의식을 은연중 드러내기도 했다.

이언직이 장대의 자만시를 알고 있었을 가능성은 높지 않다. 그럼에도 비슷한 시기 조선과 중국의 문인이 자만시에 담긴 의식은 묘하게 닮아 있기에 대비 연구의 대상으로서 적합한 점이 있다.[601] 장대가《석궤서》와《석궤서후집》을 통해 명대 역사를 기록했던 것처럼 이언직은《존주사(尊周史)》를 편찬했다. 자신의 처지에서 각자 명에 대한 의리를 지키고자 노력했다고 볼 수 있다. 다만, 두 작품을 대비시켜 보면 이언직의 자만시가 더욱 직접적인 숭명(崇明)의식을 드러내고 있음이 확인된다. 장대는 자만시를 쓴 뒤 육휴거사(六休居士)라는 또 다른 호를 짓고, 현실과의 대결의식보다는 순응하고 자족할 것을 다짐했다.[602] 더 이상 자만시 말미에 보이는 것처럼 청조에 대한 복수를 꿈꾸지 않았다. 이언직이 임종 무렵 자만시를 지었던 것과 달리 장대는 쓴 뒤에도 33년을 더 살았다. 또 자만시에서 보여 준 의식과 달리 청조에 협조하지는 않았지만 저항하지도 않았다. 물론 이것은 그가 밝힌 것처럼 자신의 소명으로 생각했던 역사서의 완성을 위해서였지만, 자식 둘을 생원시에 응시하게 했던 데서 드러나듯이 더 이상 명조의 복원 같은 부질없는 희망도 품지

601 일찍이 프랑스의 비교문학자 방 티겜(Paul Van Tieghem)은 영향 연구의 한계를 극복하기 위해서 대비 연구라는 새로운 가능성에 주목할 필요가 있다고 주장한 바 있다. 그는 서로 영향 관계를 찾아볼 수 없는 두 작가나 작품 사이에서 인간 실존의 근원적 문제가 다루어지고 있다거나, 문학적 형상화의 측면에서 동일한 원리를 발견하는 일은 매우 중요하다고 생각했다. 그러나 우연의 일치라 하더라도 완벽한 동일성은 존재할 수 없다. 대비 연구는 시공을 초월해서 드러나는 공통점을 피상적인 수준이 아니라 깊이 있게 분석해야 할 뿐만 아니라, 시공의 차이로 인해 나타날 수밖에 없는 차이점 또한 밝혀내야 한다고 보았다. 비교문학이란 동일성과 차이 사이에 변주되는 복합적 관계를 드러내는 학문이기 때문이다. 박성창,《비교문학의 도전》, 민음사, 2009, 305-306면.

602 張岱,《快園道古》권13, 筆寫本, 중국 紹興圖書館 소장본, 39면. 조나단 스펜스(Jonathan Spence),《룽산으로의 귀환(Return to Dragon Mountain)》, 이준갑 옮김, 이산, 2010, 237-238·314면에서 재인용.

않았다.

이언직의 자만시가 17세기 조선 문인들의 청조에 대한 의식을 보여 준다면, 장대의 경우는 명말청초 중국 문인들의 의식의 일단을 상징하는 예로 대비될 만하다. 조선조 문인들의 상당수가 남명(南明) 왕조에 대한 기대를 숨기지 않았던 것과 달리 장대의 판단은 냉정했다.《석궤서후집》에 담긴 1640년대와 50년대 전쟁기간에 자결하거나 항청운동에 가담한 사람들의 행적을 담은 열전을 쓰면서 그는 대체로 남명의 군주를 위해 목숨을 바치는 일은 무의미하다고 보았다.[603] 자만시에 담긴 시대상과 그에 대한 인식방식이 한국과 중국 문인지식인의 의식 차를 반영하고 있다. 이언직의 자만시에 담긴 숭명의식 내지 대명의리가 도드라지는 것은 이 시기 대명(對明) 인식의 특수성과도 관련이 깊다.[604]

그런데 자만시에 투영된 시대상(時代相)은 이언직의 작품에서만 발견되는 현상은 아니다. 조선 전기 홍언충(洪彦忠)과 기준(奇遵)의 자만시엔 사화기 훈구와 사림세력의 대립이,[605] 중기 이정암(李廷馣, 1541-1600)의 자만시엔 왜란 이후 일본에 대한 설욕 의식이 담겨 있기도 하다.[606] 반면, 중국의 자만시에선 직접적으로 시대상이 드러나는 사례가 드물다. 조선시대 자만시에서 유독 정치현실이나 국제 정세의 변화와 관련된 작품이 많다는 점은 우리

---

603 조나단 스펜스(Jonathan Spence), 앞의 책, 253-271면.

604 최근 역사학계에서는 대명 인식을 두 개의 차원으로 나누어 대명의리를 적극적으로 이해하는 경향이 대두되고 있다. 요컨대 당대인의 대명 인식이 도의 담지자인 관념적 중화로서의 명나라와 여러 가지 문제와 한계를 가지고 있는 역사적 실체로서의 명나라로 구분해서 고찰하자는 것이다. 이런 관점에서 본다면 이언직의 대명의리 역시 관념적 중화로서의 명나라에 대한 것으로 보는 편이 자연스러울 것이다. 이 문제에 대해서는 다음 연구를 참조할 수 있다. 우경섭,《조선중화주의의 성립과 동아시아》, 유니스토리, 2013; 허태구,〈丙子胡亂 이해의 새로운 시각과 전망: 胡亂期 斥和論의 성격과 그에 대한 맥락적 이해〉,《규장각》47, 서울대학교 규장각한국학연구원, 2015, 163-200면; 배우성,《조선과 중화: 조선이 꿈꾸고 상상한 세계와 문명》, 돌베개, 2014. 이 시기 사회의 대명의리 및 청에 대한 복수 의식에 관해서는 다음 책을 참고할 수 있다. 김용흠,《朝鮮後期政治史研究 I : 仁祖代 政治論의 分化와 變通論》, 혜안, 2006; 한명기,《정묘·병자호란과 동아시아》, 푸른역사, 2009; 계승범,《정지된 시간: 조선의 대보단과 근대의 문턱》, 서강대학교출판부, 2011.

605 洪彦忠,〈自挽〉,《寓庵稿》권2, 한국문집총간 18, 민족문화추진회, 1990, 323면; 奇遵, 허균,《國朝詩删》권1, 아세아문화사, 1980, 245면.

606 李廷馣,〈自挽 二首〉,《四留齋集》권4, 韓國文集叢刊 51, 민족문화추진회, 1990, 295면.

문인들이 자만시를 좀 더 현실적 발언의 도구로 인식했음을 의미한다.

한편으로 자만시는 한중 문인 사이의 진지한 의식 교류의 도구가 되기도 했다. 구한말 김택영(金澤榮)과 중국 장인년(張麟年)의 자만시 창수(唱酬)가 그런 사례다. 이 장 앞부분에서 언급한 것처럼 김택영은 국권 침탈의 와중에 중국으로 망명한 바 있다. 그는 34세 때인 1883(고종 20)년 8월 김윤식(金允植)의 소개로 임오군란에 종군한 중국인 장찰(張詧)·장건(張謇) 형제를 만났고, 장건의 도움을 받아 양자강(揚子江) 하류 남통(南通: 당시의 通州)에 정착하게 된다.[607] 장건은 청말 군주입헌파(君主立憲派)의 대표 인물로, 그가 관여한 한묵림인서국(翰墨林印書局)에서 원세개(袁世凱)의 《무술기략(戊戌紀略)》을 간행하기도 했다. 이후 중국 근세의 대표적 실업가이자 교육가로서 큰 업적을 남겼다. 특히 남통은 장건의 뜻에 따라 건설된 계획도시로서 그의 자취가 많이 남아 있다.

김택영 일가(셋째 부인 부안 임씨와 딸 등)가 처음 남통에 도착한 것은 1905년 10월 4일이었다. 그는 장건의 소개로 출판사 일을 보는 것으로 생계를 유지했는데, 그 출판사가 바로 형 장찰이 맡고 있던 한묵림인서국이었다.[608] 이 무렵 김택영은 장인년 형제와도 교유하게 된 것으로 보인다. 1907년에 찍은 〈사진1〉에서 이들의 관계가 잘 드러난다.[609]

〈사진1〉은 본래 1907년 5월 19일 통주성(通州城) 북동(北東) 2리 복훤교(福萱橋)에서 김택영 포함 일곱 사람을 찍은 것이다. 김택영은 〈상마한화도기(桑麻閒話圖記)〉(丁未)라는 글에서 당시의 정황을 상세하게 기술하고 있다. 하지만 지금 우리가 볼 수 있는 사진엔 다섯 사람만이 남아 있어서 사진 원본

607 박충록, 《김택영 문학 연구》, 沈陽: 遼寧民族出版社, 1986, 7-8면. 김윤식은 앞서 장건에게 김택영의 시집 2권을 증정하였다고 한다.

608 김승룡, 〈근대계몽기 김택영의 南通 생활에 대한 소고: 翰墨林印書局과 〈桑麻閑話圖記〉를 중심으로〉, 《대동한문학》 제36집, 대동한문학회, 2012, 379면; 곽미선(2013), 〈창강 김택영 선생 망명시기 작품 연보〉, 《김택영의 중국 망명시기 문학 활동 연구》, 보고사, 339면.

609 전재(轉載)한 사진은 다음 책의 삽도를 스캔한 것이다. 오윤희, 《滄江金澤榮研究》, 武漢: 華中師範大學出版社, 2000. 부록.

사진1. 아랫줄 오른쪽은 장인년, 왼쪽은 서윤(徐鋆). 윗줄 가운데가 김택영이고 왼쪽이 장인년의 형 장봉년(張鳳年), 오른쪽이 장인년 형제의 종질(從姪)인 장증(張增)[610]

과는 일정한 차이를 보인다. 사진은 원본 사진이 보관 과정에서 변형된 것으로 추정된다.[611] 따라서 이 글의 내용과 사진과는 일정한 차이가 있다. 다만, 이 사진을 〈상마한화도(桑麻閑話圖)〉라고 이름 붙인 것이 김택영 자신이기도 한 만큼, 이 글은 김택영과 남통에서 교유한 인물들의 관계를 살피는 데 중요하다. 김택영의 여러 문집 중 《창강고(滄江稿)》에만 실려 있는 〈상마한화도기(桑麻閒話圖記)〉 정미(丁未)의 전문을 살펴보기로 하자.(괄호 안 콜론 뒤는 이름임)

> 들녘 가운데 수죽(水竹)이 늘어선 곳에서 농사일에 관한 한가로운 이야기를 하고 사진 찍은 자는 다음과 같이 말한다.
>
> "통주사람 장협정(張峽亭: 鳳年)·봉석(峰石: 麟年) 형제와 그들 종부형(從父兄: 杞生, 자는 梓庭)의 아들인 익지(益之: 增)와 서관순(徐貫恂: 鋆), 안휘 출신으로 타향살이하고 있는 황노산(黃魯山: 開基), 운남에서 온 나그네 나습생(那拾生: 明), 타향살이하고

610 위 사진은 김승룡의 논문에서도 소개된 바 있다. 김승룡, 앞의 논문, 395-397면 참조. 다만, 앞의 논문에선 상단 오른쪽에 있는 장증(張增)을 장인년 형제의 사촌이라고 설명하였는데, 장증의 아버지가 형제의 종형(從兄)이므로 종질(從姪)이 맞다. 이는 뒤에 소개할 〈영련권서(楹聯卷序)〉 병오(丙午)란 글을 통해서도 확인할 수 있다.

611 자세한 내용은 김승룡, 앞의 논문, 395면 각주 23번 참조. 이 사진에 얽힌 일화들에 대해서는 중국의 관련 전문가들도 큰 관심을 가지고 언급한 바 있다. 대표적인 인물로 2014년《남통일보(南通日報)》에 이 사진에 대한 글을 기고한 남통박물원(南通博物苑)의 자오펑[趙鵬]을 들 수 있다. 남통박물원 역시 장건이 운영했던 곳이다.

있는 한국에서 온 나 김우림(金于霖: 澤榮), 모두 일곱 사람이 네 줄로 서쪽을 향해 차례대로 자리 잡고 있다. 첫 번째 줄엔 봉석과 관순이 함께 땅바닥에 자리 잡고 앉아 있는데 앞에 갈삿갓을 두었고 봉석은 도끼를 가지고 나무를 쪼개고 있으며, 관순은 오른손 두 번째 손가락을 펴서 가리키며 빙긋 웃고 있다. 두 번째 줄엔 내가 오른손에 명아주 지팡이를 짚고 있는데 지팡이 길이가 머리보다 높으며[過頭杖],[612] 왼손은 익지의 손을 잡고 있으며, 협정은 내 오른편에 있는데, 손을 들어 하늘을 가리키고 있다. 세 번째 줄에서 내 털모자를 벗겨서 쓰고 두 손으로 소고삐와 긴 횡적(橫笛)을 함께 잡고 있는 것이 노산이다. 넷째 줄에서 두 손으로 가래자루를 잡고 있는 사람이 습생이니, 나로부터 이하 다섯 사람은 다 서 있다.

혹자는 다음과 같이 말한다. "봉석이 나무를 쪼갠 것은 대개 저가 시험하는 바가 있지만 구차히 하지 않겠다는 것이요, 관순이 어딘가를 가리키며 웃은 것은 그가 나무꾼의 기술을 구하지 않을 것이라고 여기는 듯하다. 과연 그렇다면 관순은 그가 어떤 기술이 있다고 여기는가. 익지는 관옥 같은 미남자인데 농사일을 비천하다고 여기지 않고 달갑게 임했으니 이것이 김군(택영)이 그를 사랑하여 더불어 손을 잡고 함께 돌아가려는 이유다. 협정이 하늘을 가리킨 것은 대개 '나는 농사일을 하지 않으면 그치지 않겠다.'라고 맹서해 말하는 것이다. 그러나 알지 못하는 사람은 혹 협정이 공중의 날아가는 새를 가리키려고 한 것인데 새가 자취를 감추어 보이지 않는 데도 오히려 그만두지 않는다고 여기리라. 물고기는 호수에서 자신을 잊고, 새는 숲에서 잊으며, 시남의료(市南宜僚)는 구슬놀이[弄丸]에서 잊으며,[613] 혁추(奕秋)는 바둑에서 잊으며,[614] 백아(伯牙)는 금(琴)에서 잊고, 장욱(張旭)은 글씨에서 잊으며, 완적과 도잠은 술에서 잊으니, 왜냐하면 마음으로 전념하고 깊이 즐거워했기 때문이다. 이 또한 노산과 습생 두 사람이 그 눈은 동그랗게 뜨고 정신은 멍한 까닭이니, 비록 소고삐와 횡적과 가래를 쥐고 있을지라고 스스로는 손 안에 고삐와 횡적과 가래가 있는 것을 알지 못하는 듯하다."

아, 여러 군자가 다 재주가 있지만 세상에서 쓰이지 못한 자인데, 그 몸은 한가로워 농부나 시골 늙은이와 본래 그다지 멀지 않다. 비록 그 사이에 혹 한가로울 수 없는 자가 있을지라도 또한 큰 우환에까지 이르지는 않았지만, 오히려 성시의 소란스

612 당(唐) 단성식(段成式)의 《유양잡조(酉陽雜俎)》 속집(續集) 권4 〈폄오(貶誤)〉에 당대의 사대부가 상처(喪妻)하면 종종 길이가 긴 대지팡이를 짚는데 '과두장(過頭杖)'이라고 부른다고 했다. 정환국 옮김(2011), 《역주 유양잡조》2, 소명출판, 122면.

613 료환(僚丸)은 시남의료(市南宜僚)의 공놀이를 줄인 말이다. 시남의료의 성은 료(僚)이고 이름은 의료(宜僚)이다. 《장자(莊子)》〈서무귀(徐无鬼)〉에 "시남의료가 구슬놀이[弄丸]를 하는 신기(神技)를 발휘함으로써 두 집안의 갈등을 해소시켰다.[市南宜僚, 弄丸而兩家之難解]"라는 이야기가 실려 있다. 롱환(弄丸)은 양손으로 여러 개의 탄환(彈丸)을 던져가면서 땅에 떨어지지 않도록 하는 기예의 일종이니.

614 추(秋)는 옛날 바둑을 잘 둔 사람으로 《맹자》〈고자 상(告子 上)〉에 나오는 '혁추(奕秋)'를 말한다.

러움을 싫어하여 전원의 한광(閑曠)함을 즐기고 이 때문에 의탁한 것이다. 하물며 나처럼 벼슬의 진흙탕 길과 세운(世運)의 험난함 사이에서 질리도록 상처받고 물리도록 놀라서 마침내 사오천 리 구름물결 바깥에서 전전함에랴! 이것이 내가 여러 군자가 이끌어 주고 부축해서 위로해 주는 것에 깊이 감동하면서도 감히 가탁한 일로 잠시의 즐거움을 삼지 못하고 꿈속에서 한 번 만족한 일로 삼는 까닭이다. 그 때는 정미년 정월 19일이고, 그 곳은 통주성 북동면 2리 복훤교(福萱橋)이며, 그 사진은 서양 기술을 사용하였다.[615]

'한화도(閒話圖)'라는 명칭은 명대 문징명(文徵明: 壁)의 〈강안한화도(江岸閑話圖)〉, 청대 원강(袁江)의 〈춘산한화도(春山閑話圖)〉 등의 예처럼 화제(畵題)의 전통을 따르고 있는 것으로 보인다.[616] 보통 도기(圖記)는 그림과 해당 그림에 대한 기록이 함께 놓인 것을 말한다. 위 글은 사진에 대한 도기로서, 근대 서구문물의 유입에 따라 사진에 대한 글도 도기라고 했음을 알 수 있다. 한문 글쓰기 변화 양상 중 하나라고 볼 수 있다. 비슷한 경우로 초상화를 대상으로 한 시나 찬이 사진기술의 유입 이후 대상을 사진으로 바꾸었던 것을 들 수 있다. 김택영은 위 글 외에 2년 뒤인 1911년(辛亥)에도 사진에 대한 발(跋)을 남긴 바 있다.[617]

615 金澤榮, 〈桑麻閒話圖記(丁未)〉, 《滄江稿》 권7, 新鉛活字本, 국립중앙도서관 소장본. "爲桑麻之閑話于野田之中·水竹之際, 而圖之者曰, '通州人張鳳年峽亭·麟年峰石兄弟與其從父兄子增益之·徐鋆貫恂, 流寓人安徽黃開基魯山, 遊客雲南那明拾生, 流寓人余韓國金澤榮于霖, 凡七人其位次爲四行西向. 第一行峰石與貫恂, 同據地坐, 置蘆笠於前, 而峰石持斧析柴, 貫恂伸右手第二指指之, 而莞爾微笑. 第二行余右手拄藜杖, 杖長過頭, 左手把益之之手, 峽亭在余右, 擧手指空. 第三行脫余毛帽以戴兩手合, 執牛轡與長笛者, 魯山也. 第四行兩手執鍬柄者, 拾生, 而自余以下五人, 皆立焉.' 或曰, '夫峰石之析柴也, 盖彼有所試而非苟也, 而貫恂乃指而哂之, 若以爲彼不講於樵之術者, 果爾, 則貫恂其有何術者歟. 益之冠玉也, 而能不以農圃爲鄙而甘就焉, 此金君所以愛之而欲與携手同歸者也. 峽亭之指天者, 盖誓曰, 吾不爲農不止也. 然不知者, 或將以爲峽亭指空中之去鳥, 至於滅沒無見而猶不之止也. 魚忘於湖, 鳥忘於林, 僚忘於丸, 秋忘於奕, 牙忘於琴, 旭忘於書, 阮籍·陶潛忘於酒, 何則心之專樂之深也. 此又魯山·拾生二人所以其目瞪然其神窅然, 雖執牛轡笛鍬, 而忽若不自知其轡笛與鍬之在手者云.' 嗟乎, 諸君子, 皆有才而未用於世者也. 其身之優優閑閑, 與農夫野老, 本不甚相遠也. 雖其間或有不能優優閑閑者, 亦不至於大憂患, 而猶且厭城市之囂擾, 樂田野之閑曠, 而爲此寄託也. 況如余之飽傷飫噩於宦路泥塗世運陽九之間, 而卒之輾轉于四五千里雲濤之表者乎! 此余所以深有感於諸君子之援引扶挈以相慰藉, 而不敢以假托之事, 暫有之樂, 例之于夢中一飽而已也. 其時爲丁未正月十九日, 其地爲通州城北東二里福萱橋, 其寫用西洋法云."

616 이 밖에도 '한화도(閒話圖)'라는 제목이 들어간 명청대 그림이 매우 많은데, 대표적인 예로 명대 장굉(張宏)의 〈송하한화도(松下閑話圖)〉, 유매(劉邁)의 〈수각한화도(水閣閑話圖)〉, 명말청초 소미(邵彌)의 〈수각한화도(水閣閑話圖)〉, 청대 대본효(戴本孝)의 〈청계한화도(淸溪閑話圖)〉, 탕이분(湯貽汾)의 〈추평한화도(秋坪閑話圖)〉, 장웅(張熊)의 〈계정한화도(溪亭閑話圖)〉 등을 들 수 있다.

617 金澤榮, 〈西法寫眞跋二首(辛亥)〉, 《滄江稿》 권7, 新鉛活字本, 국립중앙도서관 소장본.

"뽕과 삼의 일을 한가로이 이야기한다[桑麻閑話]"는 제목의 조어(造語)는 도연명 〈귀원전거(歸園田居)〉 6수 중 두 번째 수의 "만나면 잡스러운 말 없고, 뽕과 삼이 자라는 것만 이야기할 뿐.[相見無雜言, 但道桑麻長]"이란 구절에서 온 표현이다. '상마(桑麻)'라는 말을 붙인 것은 표면적으론 그들이 세상에 뜻을 두지 않고 농사꾼으로 자처했기 때문이지만, 그 속뜻은 자신들의 의식이 속세를 벗어나 참되고 깨끗한 경지를 지향함을 드러내는 데 있다고 할 수 있다. "아, 여러 군자가 다 재주가 있지만 세상에서 쓰이지 못한 자인데, 그 몸은 한가로워 농부나 시골 늙은이와 본래 그다지 멀지 않다. 비록 그 사이에 혹 한가로울 수 없는 자가 있을지라도 또한 큰 우환에까지 이르지는 않았지만, 오히려 성시의 소란스러움을 싫어하여 전원의 한광(閑曠)함을 즐기고 이 때문에 의탁한 것이다."라고 한 데서 이 점을 짐작할 수 있다.

앞서 제시한 현전 〈상마한화도〉 사진에는 황개기(黃開基)와 나명(那明)이 보이지 않는다. 장인년의 아들에 따르면 손상된 사진의 복원 과정에서 세 번째와 네 번째 줄 두 사람이 사라지게 되었다고 한다.[618] 사진에 원래 담겨 있던 인물 중 장봉년, 황개기는 서윤과 함께 후일(1916년) 남통의 문인들을 규합하여 '대용시사(大鏞詩社)'를 결성하여 활동하였을 만큼 이 지역의 대표적 문인이었다.[619]

이들 남통의 젊은 벗들과의 교유는 고국의 일로 상심한 김택영의 마음을 위로해 주었던 듯하다. 남통의 젊은 벗들 역시 재주 있지만 세상에 쓰이지 못하는 처지로 동병상련의 정서적 유대가 있었던 것으로 보인다. 이들은 대개 1870년에서 80년대 사이 출생한 인물들로 청나라가 쇠망하게 되면서 자신의 뜻을 펼칠 기회를 얻지 못했기 때문이다.[620] 그런데 이런 유대와 위로조

618 앤진펑(嚴金鳳), 〈中韓文化交流的史證-證張天一老人〉, 《金滄江硏究》 第2輯, 南通: 金滄江硏究所, 2000, 56-57면. 이 논문은 장인년의 아들 장티앤이[張天一] 노인의 증언을 기록한 것이다. 이 문제에 대해 김승룡은 별도 사진의 존재 가능성을 조심스럽게 제시하기도 했다. 김승룡, 앞의 논문, 397면.

619 양쉐[楊雪], 〈金澤榮의 중국 망명기 交遊詩 연구 — 張謇과의 교유를 중심으로〉, 서울대학교 대학원 석사학위논문, 2017.2, 114면.

620 양쉐[楊雪], 같은 논문, 114면.

차 김택영의 근심을 완전히 풀어줄 수는 없었던 것 같다. 글 전반에 걸쳐 사진에 찍힌 인물들에 대한 소개와 함께 포즈를 취한 의미를 해학을 섞어서 표현하였지만, 멀리 티국에 망명 중인 자신의 처지로 인해 울적한 마음을 완전히 떨치기는 어려웠던 듯하다. 이 글이 작성된 해 조선의 현실은 더욱 악화되어 김택영은 고종의 강제 선양(禪讓) 소식을 듣고 〈황제께서 양위했다는 소식을 듣고 감회가 일어 지은 부[伏聞皇上内禪感賦]〉를 짓기도 했다.

〈상마한화도기〉에서 장봉석(張峰石)이라고 언급한 사람은 장인년(張麟年)이란 인물이다. 봉석(峰石)은 그의 자로 중국학자 앤샤오싱[嚴曉星]에 따르면 1870년에 태어나 1940년 세상을 떴다고 한다.[621] 그러나 후술할 김택영의 자만시 화운작에서 장인년이 자만시를 쓸 때 나이가 서른이라고 한 것을 보면 출생연도에 대해서는 다소 의문이 남는다.[622] 〈상마한화도〉에 같이 등장하는 장협정(張峽亭)이 그의 형인데, 이름은 봉년(鳳年)이다. 두 형제는 남통(南通)의 명족(名族)으로 김택영이 남통 체재 시절 가깝게 교유했던 인물들이기도 하다. 형 장봉년은 김택영의 망명과 남통 정착을 도와준 장건이 남통박물원(南通博物苑)을 운영할 때 관여했던 인물이기도 하다.[623] 앞서 언급한 것처럼 근대 남통 출신의 저명한 문인이며 학자인 서앙(徐昂, 1877-1953: 자는 益修)과 함께 남통의 고애일원(古愛日園)에서 '대용시사'란 시사(詩社)를 결성하기도 했다.[624] 장봉년은 특히 영련(楹聯)에 뛰어나 다수의 작품이 청말민국초 시기 간행된 영련 선집(選集)과 휘선(彙選)에 실려 있다. 문집으로 수고본(手稿本)《잉루시잉(剩樓詩剩)》이 있다고 한다.[625]

장봉년의 동생인 장인년은 금(琴)에도 조예가 깊었다고 한다. 그는 집안

621 앤샤오싱[嚴曉星], 〈此是喬家正始音 — "淮陽琴派"史料再考察〉, 《南京藝術學院學報(音樂與表演版)》 2013年 第1期, 南京藝術學院, 2013, 77면.

622 이 시는 문집의 편차로 볼 때 1910년경에 지어진 것으로 보이는데, 시에서 "如何君三十, 自挽詩成早."라고 하였다. 시제에서 장인년이 자만시를 보낸 뒤 몇 년 뒤 화답시를 주었다고 한 것을 감안한다면 제시된 생년보다 최소한 몇 년 뒤가 실제 생년일 가능성이 있다.

623 순취[孫渠], 〈南通博物苑回憶錄〉, 《東南文化》 1985年 第3期, 南京博物院, 1985, 92-109면.

624 주위안[朱園], 〈徐昂《文談》與近代文章學〉, 陝西師範大學 碩士學位論文, 2013, 5면.

625 장봉년의 문집 《잉루시승(剩樓詩剩)》은 남통도서관(南通圖書館)에 소장되어 있다고 한다.

이 점점 쇠락해진 뒤 가난과 병고에 시달리다 한 줄 금현(琴絃)에 목을 매 자살했으니, 금(琴)으로 일생을 마쳤다고 할 만하다.[626] 김택영이 그에게 〈금명(琴銘)〉을 써준 바도 있다.[627] 앞서 살펴본 사진에서도 장인년의 인상이 유독 강렬한데, 굴곡 많은 인생을 살았음이 느껴진다. 특히 죽기 33년 전인 1907년에 자만시를 썼다는 것으로 보아 염세적일 뿐 아니라 자의식이 특히 강했던 인물이 아닌가 짐작된다. 문집으로《장봉석시고(張峯石詩稿)》가 있다고 한다.[628] 근대 학자 진방용(陳方鏞)의《영련신화(楹聯新話)》에선 그의 저작이 굉부(宏富)한데, 평생 지은 연어(聯語: 楹聯)와 시종(詩鐘)을 한 책으로 합편(合編)하여《조충집(雕蟲集)》등을 펴냈다고 했다.[629] 이 밖에도 〈김택영전(金澤榮傳)〉이 실려 있는《사해수미전(四海鬚眉傳)》과 김택영 관련 내용이 들어 있는《일슬실시화(一蝨室詩話)》(4권 4책) 등을 편찬 간행했다고 한다.[630]

김택영은 장봉년·장인년 형제의 집안 사정에도 훤할 만큼 두 형제와 친숙한 관계였던 것으로 보인다. 김택영은 장봉년이 아버지로부터 물려받은 집에 대한 기문을 써주기도 했으며,[631] 장인년의 집에 들러 시를 지어 주고

626 얜샤오싱[嚴曉星],〈淮陽琴派史料補略〉,《南通日報》2009年 12月 22日 廣玉蘭.

627 金澤榮,〈峰石琴銘 四首○丙辰〉〉《韶濩堂集》文集定本卷六, 한국문집총간 347, 민족문화추진회, 2005, 301면.

628 장인년(張麟年)의 문집은 현재 남통박물원에 소장되어 있다고 한다.

629 陳方鏞,《楹聯新話》〈庙祀〉, 臺北: 臺灣中華書局, 1962, 23면. "南通張峰石君, 著作宏富, 平生所撰聯語·詩鐘, 合編一册, 曰《雕蟲集》. 余嘗展讀之. 有題火神廟楹聯云, '想兵家得失何常, 赤壁毁千軍, 周郎即得計, 曹瞞失計, 笑菩薩恩仇難免, 阿房歸一炬, 漢高恩人, 秦政仇人.' 措詞闊大, 非尋常作家敢與抗手也." 이 책의 서문은 근대 중국학자 왕문유(王文濡, 1867-1935)가 썼다. 서문이 작성된 연도가 민국(民國) 10년이므로 이 책은 원래 1921년 이전에 완성된 책임을 짐작할 수 있다. 왕문유는 이 책이 양장거(梁章鉅)의《영련총화(楹聯叢話)》에 못지않은 가치를 지니고 있다고 높게 평가하였다. 다만 진방용이 말한 장인년의《조충집(雕蟲集)》은 영련집(楹聯集)으로 남통박물원에 소장된《장봉석시고》와는 다른 것인 듯하다. 이 문제는 추후 확인이 필요하다. 장인년의《조충집(雕蟲集)》은《일슬실시화(一蝨室詩話)》와 합쳐져《국혼총서(國魂叢書)》로 재간되었으며,《일슬실시화》는 1906-1907년엔《유희세계(遊戲世界)》에, 1915-1916년엔《쌍성잡지(雙星雜誌)》와《문성잡지(文星雜誌)》에 연재되기도 했다고 한다. 우홍이(吳宏一),《清代詩話考述》下册, 臺北: 臺灣中央研究院 中國文哲研究所, 2006, 1328면, 양쉐[楊雪], 앞의 논문, 134면에서 재인용.

630《청인시문집총목제요(清人詩文集總目提要)》에 따르면, 장인년(張麟年)의 저술론《봉석시고(峰石詩稿)》1권(鈔本),《해천산강집(海天珊綱集)》1권,《지나팽배집(支那砰湃集)》1권,《사해수미집(四海鬚眉集)》1권이 전한다고 한다.《해천산강집(海天珊綱集)》,《지나팽배집(支那砰湃集)》,《사해수미집(四海鬚眉集)》은《숭실재총각(崇實齋叢刻)》(光緒間刻)에 수록되어 있다고 한다. 커위춘[柯愈春],《清人詩文集總目提要》(中), 北京: 北京古籍出版社, 2002, 1740면, 양쉐[楊雪], 앞의 논문, 130면.

631 金澤榮,〈賸樓記〉,《滄江稿》卷十四, 新鉛活字本, 국립중앙도서관 소장본. "張峽亭所居之屋, 其先

형 봉년과 시를 창수하기도 했다.[632] 장인년 아들의 증언에 따르면, 아버지와 김택영은 매우 친밀하였는데, 김택영이 중국어를 못했기 때문에 '필담(筆談)' 방식으로 대화를 나누었다고 한다.[633] 김택영이 이들 형제와 교유했던 자취들은 당시 지은 여러 수의 시에서도 잘 드러난다.[634]

김택영은 장인년 형제 외에 그들의 친인척들과도 교유했다. 장인년 형제의 자서(姊壻)가 되는 흔석자(欣石子: 이름 미상)와, 앞서 소개한 〈상마한화도기〉에도 등장한 형제의 종질(從姪)인 장증(張增)이 그들이다. 흔석자에게는 기문을 지어 주었으며, 장증에게는 선친의 영련집(楹聯集)에 서문을 써 준 바도 있다.[635] 장증의 선친은 장기생(張杞生)인데 자가 재정(梓庭)이다. 글의 내용으로 보아 장기생 역시 생전에 김택영과 교유가 있었던 것으로 보인다. 또한 장인년의 장인이 되는 육경건(陸景騫)의 〈삼십술회(三十述懷)〉라는 시에 1916년 발문을 써주기도 했다.[636] 이를 통해 우리는 김택영이 장인년은 물론 그 집안과도 돈독한 관계였음을 충분히 확인할 수 있다.

한편 장인년은 김택영이 자신이 가려 뽑은 우리의 역대 문장을 중국에서 간행할 때 도움을 주기도 했다. 김택영은 정미(丁未: 1907)년 자신이 가려 뽑은 동방의 문장 1책을 간행해 준 종팔명(鍾八銘)이란 이에게 편지를 보내 고

人所創也.……"

632 金澤榮, 〈張峰石於所居枕紅亭西, 拓隙地種芭蕉, 題其壁曰綠天, 索余賦詩, 余應之, 兼屬峽亭(當在呂生下)〉, 《韶濩堂集》 補遺 권1 詩丁未(1907)稿, 한국문집총간 347, 민족문화추진회, 2005, 427면. 시제로 볼 때, 장인년이 거주하던 곳 서쪽에 땅을 개간하여 파초를 심고 그 벽을 '녹천(綠天)'이라 이름한 뒤 김택영을 초치하여 시를 구하자 김택영이 시를 지은 뒤 함께 있던 형 장봉년에게도 시 짓기를 청한 것으로 보인다.

633 앤진펑[嚴金鳳], 앞의 논문, 56-57면.

634 金澤榮, 〈十五夜, 晉奇招同張峽亭·楊穀孫·徐淡廬諸君子玩月〉, 《韶濩堂集》 詩集定本 권5 甲寅稿, 한국문집총간 347, 민족문화추진회, 2005, 212면; 〈張峰石於所居枕紅亭西, 拓隙地種芭蕉, 題其壁曰綠天, 索余賦詩, 余應之, 兼屬峽亭(當在呂生下)〉, 《合刊韶濩堂集補遺》 권1, 詩丁未稿, 한국문집총간 347, 민족문화추진회, 2005, 427면; 〈同峽亭·峯石, 晩步南城上(當在張峰石下)〉, 《合刊韶濩堂集補遺》 권1, 詩丁未稿, 한국문집총간 347, 민족문화추진회, 2005, 427면.

635 金澤榮, 〈留蔭軒記(庚戌)〉, 《滄江稿》 권7, 新鉛活字本, 국립중앙도서관 소장본. "通州人欣石子者, 張峰石之姊壻也."; 金澤榮, 〈楹聯卷序(丙午)〉, 《韶濩堂集》 文集定本 권2, 한국문집총간 347, 민족문화추진회, 2005, 251면.

636 앤진펑(嚴金鳳), 앞의 논문, 57면. 그 내용을 장인년이 기록한 내용이 필사본으로 전하며 여기에 '김씨창강(金氏滄江)'이라는 인장(印章)이 찍혀 있다고 한다.

마운 마음을 전한 바 있는데, 종팔명을 소개한 이가 장인년이란 사실이 글 속에서 드러난다.[637] 이 글은 〈상마한화도기〉와 같은 해에 작성된 것인데, 사진 속 장인년은 당시에 이미 김택영과 심교(心交)하는 사이였으며 적극적 조력자였음을 짐작할 수 있다.

주목할 점은 장봉년·인년 형제 역시 당대에 대표적인 영련(楹聯) 작가로 손꼽히던 인물이란 것이다. 영련(楹聯)은 영첩(楹帖), 연어(聯語), 연구(聯句), 대련(對聯)이라고도 부르는 문학양식이다. '영(楹)'은 당옥(堂屋) 전면의 기둥을 말하는데, 기둥에 걸거나 붙였는지 여부와 관계없이 단독으로 쓰인 문장 구조와 글자 수가 동일한 대련(對聯)도 영련이라고 일컫는다. 근체시(近體詩)의 주요 수사 기법 중의 하나인 대장(對仗)이 발전하여 독립된 작품양식이 된 경우라고 볼 수 있다. 영련의 형성에는 적구식(摘句式)의 한시 비평방식도 하나의 이유가 되었다고 한다.[638] 남조(南朝) 양(梁) 혹은 오대(五代)에 시작되었다고 하는데 청대에 특히 유행했다.[639] 대표적인 영련 관련 저술 중의 하나인 진방용(陳方鏞)의 《영련신화(楹聯新話)》나 영련 휘집(彙集)인 호군복(胡君復)의 《고금연어휘선(古今聯語彙選)》 등에서도 장봉년 형제의 작품들을 여러 차례 소개하거나 거론하고 있다.[640] 앞서 언급한 장증의 아버지의 유고 역시 영련권(楹聯卷)이었고 김택영의 은인이라 할 장건(張謇)과 장찰(張

637 金澤榮, 〈與鍾茂才八銘書(丁未)〉, 《滄江稿》 권5, 新鉛活字本, 국립중앙도서관 소장본. "韓國金澤榮近致書于淸鍾君足下, …… 及至通州, 因張君峰石聞足下懷抱, 俊才窮而在下, 獨將文字以洩感憤, 一朝散萬金之貲, 網羅四方文字而刊布之, 方當天下議論雷動飆發, 攻擊四至之衝, 而毅然不撓, 獨行其志, 而存中國古文一脈之朔羊, 何其盛哉? 僕竊欣欣望風而思附於驥尾間, 將手選東文一冊, 介峰石而請刊矣. 乃足下果能有味讀之, 慨然許諾, 將使東方千餘年之文獻, 發揮宣著, 如出幽竇而見太陽者, 豈不可感哉? 是以謹將咫尺之書, 以伸區區之謝. ……." 이 글에 대해서는 다음 책에서도 주목한 바 있으나, 이 글에서 말하는 장봉석이 누구인지 또 김택영과 어떤 관계였는지에 대해서는 파악하지 못하고 있다. 곽미선, 앞의 책, 206-207면.

638 리우후이[劉輝], 《挽聯藝術》, 長沙: 湖南人民出版社, 2006, 1-7면.

639 지앙주순[蔣竹蓀] 等 編著, 《分類名聯鑒賞辭典》, 〈序一〉, 上海: 上海辭書出版社, 2004, 1-3면.

640 앞서 언급한 것처럼 진방용의 《영련신화》에서는 장인년의 경우 〈묘사(廟祀)〉조에서 그의 작품세계에 대한 총체적 평가와 함께 연어와 시종을 묶어 《조충집》을 간행했음을 언급하고, 〈원림(園林)〉·〈해어(諧語)〉·〈잡철(雜綴)〉 등의 조목에서 장인년의 작품을 여러 차례 소개하고 있다. 이 밖에도 호군복의 《고금연어휘선》 〈애만1(哀挽一)〉 등에 그의 작품이 실려 있다. 陳方鏞, 《楹聯新話》, 臺北: 臺灣中華書局, 1962, 23·30·77-78면; 胡君復, 《古今聯語彙選》 四集, 上海: 上海商務印書館, 1920-1926, 8면.

詧) 역시 영련에 뛰어나 많은 작품을 남기고 있는 것을 보면, 당시 남통(南通)의 지식인들 사이에 영련 창작이 상당히 성행했음을 짐작할 수 있다.[641]

그런데 진방용의《영련신화》에 소개된 장인년의 작품 중엔〈희만팽씨부(戲挽彭氏婦)〉란 만련(挽聯)이 들어 있다. 남통현(南通縣) 남문(南門) 밖에 살던 한 여인이 결혼한 다음 날 갑자기 물에 투신하여 죽은 일을 소재로 한 이 작품은 장인년이 만련에 뛰어났음을 보여 주는 증거이기도 하다.[642] 그가 20년 이상 연상인 김택영에게 구태여 자만시를 지어 화답을 구했던 배경에 그의 만련에 대한 관심도 하나의 배경이 되었을 것으로 보인다. 또 후술하겠지만 김택영이 중국에서 교유했던 인물 중 한 사람인 청말의 저명한 지식인 유월(兪樾, 1821-1907) 역시 자만련(自挽聯)을 남긴 점을 보면 청말 지식인 사회에서 자만(自挽)의 풍조가 있었음을 짐작할 수 있다. 공교롭게도 유월이 세상을 뜬 해 역시 위 사진을 찍은 정미년(1907)인데, 김택영은 그의 죽음을 애도하여 만시를 남기기도 했다.[643]

〈상마한화도〉란 사진을 함께 찍었을 무렵 장인년은 20세 이상 연상인 김택영에게 자만시를 보내 화답을 요구한다.[644] 이 무렵 김택영의 삶은 앞서 소개한〈후자만(後自挽)〉이란 제목의 시에 잘 드러나 있다. 이 시는 김택영이 남긴 세 수의 자만적 경향의 작품 중 가장 나중에 지어진 것인데, 망명 후의 삶을 자세히 묘사하고 있다.

이곳에서 생활하고 있던 무렵 김택영은 장인년과 인연을 맺게 된다. 김택영은〈봉석금명(峰石琴銘)〉의 병서(幷序)에서 장인년에 대해 다음과 같이 평가한 바 있다.

641 실제 청말에 창작된 영련을 가장 많이 수록하고 있는 호군복의《고금연어휘선》에도 남통 출신 작가들의 작품이 많은 편이다.

642 陳方鏞, 앞의 책, 78면. "又戲挽彭氏婦云, '締一夕姻緣, 撒手而歸, 香梦纔醒, 塵夢又醒, 何堪雙疊紅衾, 鴻印猩痕留艷迹, 入大千世界, 極樂之國, 槐陰遮處, 柳陰深處, 贏得幾灣綠水, 珠宮貝闕住芳魂.' 婦家南通縣南門外, 嫁某子爲妻, 成婚次日忽投水死, 邑人咸不解其故, 歎爲奇事."

643 金澤榮,〈挽曲園先生〉,《韶濩堂集》詩集定本 권4, 한국문집총간 347, 민족문화추진회, 2005, 194면.

644 양쉐[楊雪]는 1906년경 칠석(七夕)에 지었다고 보았다. 양쉐[楊雪], 앞의 논문, 129면.

> 장봉석(인년)군은 교건 신기한 시를 짓기 좋아해서 남통 후배들 중에서도 걸출한 인재이다. 근래 낭산의 승려에게서 금(琴)을 배웠는데, 승려가 그 시명(詩名)을 높이 사서 자신의 금(琴)을 거둬서 장봉석에게 주었다. 내가 그 이야기를 듣고 가서 한 곡조를 연주하게 하여 들어보곤 인하여 금(琴)에 대한 명을 쓴다.[645]

김택영은 장인년의 시를 교건(矯健) 신기(新奇)하다고 평가하고 남통(통주)의 후배들 중에서 특히 높게 평가하고 있다. 이 글에서 근래 낭산의 승려에게 금을 배웠다고 한 것은 장인년이 낭산(狼山)의 승려 묵지(默之)에게 금(琴)을 배웠던 일을 말한다. 낭산은 남통 남교(南郊) 장강(長江) 가에 있는 산 이름으로, 산의 모습이 이리와 같아서 붙여진 이름이라고 한다.[646] 공교롭게도 현재 이곳에 김택영이 묻혀 있다. 김택영은 1927년 5월 7일 남통에서 세상을 떴는데, 낭산 남면 언덕에 장사지냈다고 한다.[647] 장인년은 〈묵지 스님이 금을 주셔서 감사드리다[謝默之僧遺琴]〉라는 시에서 낭산의 승려가 자신에게 금(琴)을 넘겨준 일에 대해 고마운 마음을 드러낸 바 있다. 앞서 언급한 것처럼 장인년이 금(琴)에 조예가 깊었고 후일 금현(琴絃)에 목을 매어 자살하기까지 했던 것을 고려하면 금(琴)은 장인년과 불가분의 관계에 있다고 하겠다.[648]

---

645 金澤榮, 〈峰石琴銘 四首○丙辰〉 幷序, 《韶濩堂集》 文集定本 권6, 한국문집총간 347, 민족문화추진회, 2005, 301면. "峰石張君好爲矯健新奇之詩, 爲南通後輩之翹. 近學琴於狼山僧, 僧重其詩名, 卷己琴以贈, 余聞之就, 令操一闋以聽, 因就琴而銘之."

646 송대 어떤 지방관이 이리 '낭(狼)'자가 좋지 않다고 해서 뒤에 옥이름 '낭(琅)'자로 고쳤다고 한다. 게다가 산에 자색(紫色) 바위가 많기 때문에 자랑산(紫琅山)이라고도 부른다. 장죽손[蔣竹孫] 等 編著, 〈南通狼山〉, 앞의 책, 129면; 陳方鏞, 《楹聯新話》〈勝蹟〉, 臺北: 臺灣中華書局, 1962, 65면. "南通狼山即紫琅山."; 김승룡, 앞의 논문, 381면.

647 김승룡, 앞의 논문, 390면 각주 21번 참조.

648 嚴曉星(2009), 〈淮陽琴派史料補略〉, 《南通日報》 2009年 12月 22日 廣玉蘭, "在南通图书馆藏的张峡亭《剩楼诗剩》手稿中, 有作于一九二五年的一首《听春如弹琴赋赠》, 兹引前半首: 弹琴我不能, 听琴每有缘. 妇翁乔夫子, 妙技天下传妇翁淮阴乔子衡先生, 一时琴名震海内. 传之及其女, 时鸣闺中弦. 中道忽弦断, 绝响三十年.", "张峡亭的弟弟张峰石亦能琴. 让人感慨的是, 他也算以琴而终的. 家族渐渐败落后, 张峰石在贫病中用一根琴弦自缢了."; ____(2013), 〈此是喬家正始音 — "淮陽琴派"史料再考察〉, 《南京藝術學院學報(音樂與表演版)》 2013年 第1期, 南京藝術學院, 75-84면.
흥미로운 점은 앞서 인용한 〈상마한화도기〉와 뒤에 인용할 〈영련권서〉, 그리고 〈시진창강실기〉 등 이 무렵의 글들이 《창강고(滄江稿)》에만 실려 있고, 그 뒤 여러 차례 속간(續刊)된 김택영의 문집에는 실려 있지 않다는 사실이다. 《창강고》(10권4책)는 1911년 몸담고 있던 한묵림인서국에서 연활자(鉛活字)로 간행된 김택영의 첫 번째 문집이다. 주지하는 것처럼 김택영의 문집은 《창강고》 외에도 《소호당집(韶護堂集)》(15권7책), 《정간소호당집(精刊韶護堂集)》(12권4책), 《정간소호당집보(精刊韶護堂集補)》(9권3책),

김택영이 이렇게 각별하게 생각했던 장인년은 앞서 언급한 것처럼 뜻밖에도 자만시를 가지고 와 화운을 부탁했던 것이다. 애초에 20년 이상 연하인 장인년의 이런 엉뚱한 요구는 시인에게 달갑게 받아들여지지 않았던 듯하다. 그래서 몇 년을 미루다가 아마도 장인년이 재차 요청하자 마지못해 다음 시를 지어준 것 같다. 〈장봉석이 자만시를 가지고 화운을 부탁한 지 몇 년이 되었는데, 이제 비로소 요청에 응하여 쓰다[張峰石以自挽詩屬和者數年, 今始有應]〉란 작품이 그것이다.

동쪽 이웃집에서 고양(羔羊)을 잡아,
두 동이 술로 만수무강을 빌었거늘.[649]
그대 겨우 서른인데 어째서,
자만시를 이리 일찍 쓰는가?
알겠구려 그대 문장이 뛰어나,
날마다 칠보 옷 만들고 있음을.
술잔 들고 푸른 하늘로 날아올라,
은하수를 기울이려 하는구나.
한 조각 오만한 마음이라,
궁중에선 비로 쓸어버린 듯 옷자락 끄는 자취 없구나.[650]
다른 사람 비난하면 입 안이 억세지나,

《소호당삼집(韶護堂三集)》(2권1책), 《합간소호당집(合刊韶護堂集)》(15권5책), 《합간소호당집보유(合刊韶護堂集補遺)》(2권1책), 《소호당집속(韶護堂集續)》(5권1책), 《차수정잡수(借樹亭雜收)》(4권1책), 《중편소호당집정(重編韶護堂集精)》(12권4책), 《소호당전집(韶護堂全集)》(18권6책), 《소호당전집보유(韶護堂全集補遺)》(2권1책), 《소호당속집(韶護堂續集)》(불분권1책) 등 여러 차례 간행된 바 있다. 위 작품들이 뒤에 간행된 문집에 들어가지 못한 이유는 분명하지 않지만, 문집 편찬 방향을 고려할 때 시문을 정선(精選)해 가는 과정에서 제외된 것으로 보인다. 다만 후대 간행된 문집에서 누락된 작품을 추보(追補)하기도 했던 점을 고려할 때 이 무렵의 작품들이 대체로 제외된 구체적 이유에 대해서는 별도의 탐구가 필요할 듯하다.

649 "東家宰羔羊, 朋酒祈壽考." 두 구절은 《시경》〈빈풍 칠월(豳風七月)〉의 "二之日鑿冰冲冲, 三之日納于凌陰. 四之日其蚤, 獻羔祭韭. 九月肅霜, 十月滌場. 朋酒斯饗, 曰殺羔羊. 躋彼公堂, 稱彼兕觥, 萬壽無疆."에서 온 표현이다.

650 한(漢)나라 추양(鄒陽)처럼 타인을 설득하는 능력이 부족하다는 말이다. 장거(長裾)는 "장거예왕문(長裾曳王門)"의 고사를 줄인 말이다. 추양이 옥중에서 올린 글을 오왕(吳王) 유비(劉濞)가 보고 감탄하여 그를 상객(上客)으로 예우하였는데, 그 글 중에 "내가 고루한 나의 마음을 꾸미려고만 들었다면, 어떤 왕의 궁문인들 나의 긴 옷자락을 끌고 다닐 수가 없었겠는가.[飾固陋之心 則何王之門 不可曳長裾乎.]"(《漢書》 권51 〈鄒陽〉)라고 말한 데에서 유래한 것이다.

두루뭉수리한 말 따윈 하고 싶지 않네.[651]
이것을 가지고 난세를 살아가니,
어찌 근심 걱정을 면할 수 있으랴.
마음속엔 굶주린 도연명이 있고,
외양은 여윈 굴원이라네.
초탈한 채 긴 노래 불러서,
아무도 이해하지 못하는 아득한 뜻 부친다.
일체의 고통을 버리고자 하니,
무덤에 초라하게 묻히는 것도 달갑게 여겼다네.
내 듣고 크게 놀라서,
급히 가서 하늘에 하소연했네.
청하기를 무양을 급히 보내서,[652]
영혼을 잘 위로해 달라고 했네.
서쪽으로 불러 함지에 이르고,
동쪽으로 불러 봉래산에 도달하네.
다시 옛 지인(至人)을 생각하노니,
자연에 방임(放任)하는 것을 도라고 여겼지.
이것을 '좌치(坐馳)'라고 이름하였으니,[653]
마음에 혼란스러움이 없는 것이라.
가난하고 부유함을 가지고 어찌 기뻐하고 근심하며,
시비 가리는 데 어찌 옳고 그름 따지랴.
재주를 모아 날마다 둔한 데로 돌아가고,
정신을 거두어 날마다 머릿속에 간직하네.
백년 천년 지나도록,
어린아이 같은 얼굴 영원히 늙지 않네.
청컨대 그대는 노래를 멈추고,

651 탄조(呑棗)는 골륜탄조(鶻圇呑棗)를 말함. 음식물을 씹지 않고 그냥 넘기는 것을 골륜탄이라 하는데, 대추를 씹지 않고 그냥 삼키면 전혀 맛을 알 수 없듯이 학문을 강론하면서 조리를 분석하지 않고 두루뭉술하게 넘겨 정확한 뜻을 모른다는 말이다.

652 무양(巫陽)은 《초사(楚辭)》〈초혼(招魂)〉에 나오는 무당의 이름으로, 천제(天帝)의 명을 받들어 죽은 사람의 영혼을 불러들인다고 한다. 앞서 남효온의 〈자만 4장〉 마지막 수에서도 무양이 등장한 바 있다.

653 좌치(坐馳)는 조용히 앉아 있는 듯해도 마음속으로는 온갖 번뇌가 치달리는 것을 말한다. 《장자》〈인간세(人間世)〉편에 "저 비어 있는 공간을 볼지어다. 텅 빈 방에서 밝은 빛이 뿜어 나오지 않는가. 길상의 경지는 부동(不動)의 경지에서 이루어지나니, 부동이 되지 않는 상태 그것을 앉아서 치달린다고 하느니라.[瞻彼闋者, 虛室生白, 吉祥止止, 夫且不止, 是之謂坐馳.]"라는 구절이 나온다.

나와 함께 이 뜻 찾아보세.
어찌 한겨울 푸른 소나무가[654]
아래로 구월 늦가을 풀과 같겠나.

東家宰羔羊, 朋酒祈壽考.
如何君三十, 自挽詩成早.
知君文字工, 日裁衣七寶.
擧瓢向靑天, 銀河欲傾倒.
一片傲兀懷, 王門跡如掃.
罵人牙頰勍, 不肯爲呑棗.
以此涉亂世, 安能免憂惱.
腸肚陶潛饑, 形容屈原槁.
砉砉發長歌, 茫茫寄孤抱.
欲棄一切苦, 北邙甘葬槀.
我聞大驚之, 奔走訴蒼昊.
請急遣巫陽, 魂氣招招好.
西招至咸池, 東招至蓬島.
還念古至人, 天游以爲道.
是名曰坐馳, 一心無所恅.
貧富何欣戚, 是非何白皁.
斂才日歸鈍, 收神日藏腦.
百歲千秋間, 童顔長不老.
請君且停歌, 共我斯義討.
焉有大冬松, 下同九秋草.[655]

상성(上聲) 호운(皓韻)으로 일운도저(一韻到底)한 40구의 고시다. 현재로선 장인년의 원시를 확인할 수 없기 때문에 이 작품이 어떤 방식으로 화운(和韻)한 것인지 분명히 알기 어렵다.[656] 다만 장인년은 자만시를 짓고 주변 문

654 사양좌(謝良佐)는 호안국(胡安國)을 칭찬하여 '한겨울의 소나무 잣나무[大冬松柏]'에 빗댄 바 있다.

655 金澤榮,《韶濩堂集》詩集定本 권5 庚戌稿, 앞의 책, 203면.

656 앞서 언급한 것처럼 명대 서사증(徐師曾)은 화운(和韻)을 다시 동일 운목(韻目)에 속하는 글자를 쓰되 반드시 원래 운자를 쓰지 않아도 되는 의운(依韻), 반드시 원래 운자를 사용하고 그 차례도 동일해야 하는 차운(次韻), 동일한 운을 사용하되 반드시 차례를 따르지 않는 용운(用韻)으로 구분한 바 있다. 徐師曾,《文體明辨》, 오성사, 1985, 520면. 김택영의 화답시는 이 중 어떤 방식을 사용한 것인지 알기

인들에게 화답시를 구했는데, 이들의 화답시와 김택영의 시는 전혀 다른 주제의식을 담고 있다고 한다.[657]

시의 전반부 20구까지는 장인년이 쓴 자만시에 대해 언급하고 있다. 비교적 젊은 나이에 자신의 죽음을 주제로 시를 쓴 일을 은근히 힐난하면서도, 한편으론 과거 뛰어난 문인들의 낭만적 죽음에 빗대어 상대를 추켜올린다. 장봉석의 자만시엔 아마도 자신이 세상에 나가지 않으려는 이유가 담겨 있었던 듯한데, 김택영은 그의 염결한 지조를 "마음속엔 굶주린 도연명이 있고, 외양은 여윈 굴원이라네.[腸肚陶潛饑, 形容屈原槁.]"라고 높이 평가하고, 그가 초라한 무덤에 묻히는 것도 달가이 여겼음을 언급하고 있다.

나머지 후반부(21-40구)에서는 장인년에 대한 김택영의 위로와 권면의 뜻이 담겨 있다. 시인은 먼저 《초사(楚辭)》〈초혼(招魂)〉에 나오는 천제(天帝)의 명을 받아 죽은 이의 영혼을 불러들이는 무양(巫陽)을 찾아가 그의 영혼 위로를 부탁한다. 이어서 도가(道家)에서 말하는 지인(至人)처럼 자연에 방임하고 마음속의 번뇌로 심란해 하지 말 것을 권면한다. 재주를 감추고 정신을 가다듬어 살아간다면 영원히 늙지 않을 거라며. 그러고는 마지막에 함께 한겨울 소나무나 잣나무[大冬松柏]처럼 변치 않는 군자의 절의를 지향하자고 다짐한다.[658] 앞서 〈상마한화도기〉에서도 드러나듯 그들은 나이 차는 있지만 뜻을 같이하는 동지(同志)였던 것이다.

어렵다.

657 장인년의 자만시에 주증금(周曾錦), 정종기(鄭鍾琪), 진허(陳栩), 왕가정(王家楨) 등이 화답시를 남겼는데, 그 작품들이 당시 신문이나 잡지 및 문집에 실려 전한다고 한다. 양쉐[楊雪], 앞의 논문, 129면 각주 49번 참조.

658 시에 사용된 대동송(大冬松)이란 대동송백(大冬松柏)의 준말로 지사의 굳은 절조를 비유한 말이다. 주지하는 것처럼 《논어》〈자한(子罕)〉편의 "한 해가 다하여 날씨가 추워진 뒤에야 소나무와 잣나무가 뒤에 시드는 것을 안다.[歲寒然後 知松柏之後凋也.]"라는 말에서 유래한 표현이다. 《장자(莊子)》 내편(內篇) 〈덕충부(德充符)〉에도 "중니가 말했다. '……, 땅에서 생명을 받은 것 중에서는 오직 소나무와 잣나무만이 올바르니, 사철 푸르디 푸르고, 하늘에서 생명을 받은 무리들 중에서는 오직 요임금과 순임금만이 바르니, 만물의 으뜸이라. 다행히 자신의 삶을 바로 세워 중생들의 삶을 바로잡을 수 있었다. ……'仲尼曰, '……, 受命於地, 唯松柏獨也正, 在冬夏青青, 受命於天, 唯堯舜獨也正, 受命於天, 唯堯舜獨也正, 在萬物之首. 幸能正生, 以正衆生.……'"라고 해서 요·순과 상대하여 소나무와 잣나무가 땅에서 생명을 받은 것 중 유독 바르며 겨울과 여름을 가리지 않고 푸르다고 칭송한 바 있다. 한편 송대 사량좌(謝良佐)는 호안국(胡安國)을 칭찬하여 '한겨울의 소나무 잣나무大冬松柏'에 빗댄 바 있다.

앞서 언급한 것처럼 장인년의 자만시는 아쉽게도 현재 원시를 확인할 수 없어 그 정확한 내용을 알 수 없다. 위의 김택영의 화답시를 통해 볼 때 장인년의 원시 자체가 자만련이라고 보기는 어렵다. 다만, 장인년의 자만시 창작이 당대 유행했던 영련(楹聯) 창작 풍조와 무관하지는 않을 것으로 추정된다. 영련 중 많이 지어지는 주제 중의 하나가 만련(挽聯)이며, 그 중에 자만련(自挽聯)이 포함되어 있기 때문이다. 청말 양장거(梁章鉅)의《영련총화(楹聯叢話)》와 진방용(陳方鏞)의《영련신화(楹聯新話)》에선 각각 영련과 관련된 일화를 열 가지와 열한 가지로 분류하고 있는데, 그 중 하나가 만사(挽詞: 哀輓)이다.[659] 또 가장 방대한 청말 영련 휘집(彙集)인 호군복(胡君復)의《고금연어휘선(古今聯語彙選)》은 총 열여덟 가지로 분류되어 있는데, 그 중 가장 많은 분량이 애만(哀挽)이다.[660] 만련(挽聯)은 본래 만가(挽歌)의 변체(變體)로, 뒤에 사람들이 만가를 가지고 죽은 사람을 애도하는 연어(聯語)로 삼아서 상여에 매단 것이라고 한다. 소식(蘇軾)이 남긴 한강(韓絳: 康國公, 1012-1088)의 만사로부터 만련(挽聯)의 풍조가 시작되었다고 보기도 한다.[661] 그 중 자만련(自挽聯)은 특히 청말에 유행했다.

김택영은 을사(乙巳: 1905)년 봄 청말의 저명한 학자였던 유월(俞樾, 1821-1907)과 소주(蘇州)에서 처음 만나 유월이 사망하던 1907년까지 교유를 이어나갔다. 유월에게 자신의 시문고(詩文稿)의 서문을 받기까지 했는데, 유월이 세상을 떴다는 소식을 접하고 그를 애도하는 만시를 남긴 바 있다.[662] 유

659 양장거는 영련을 고사(故事), 응제(應制), 묘사(廟祀), 해우(廨宇), 승적(勝蹟), 격언(格言), 가화(佳話), 만사(挽詞), 집구(集句), 잡철(雜綴) 등으로 분류하여 관련 작품과 일화를 실었다. 한편, 진방용은 고사(故事), 응제(應制), 시사(時事), 해서(廨署), 원우(院宇), 묘사(廟祀), 원림(園林), 경하(慶賀), 애만(哀輓), 승적(勝蹟), 해어(諧語), 잡철(雜綴) 등으로 분류했다. 梁章鉅,《楹聯叢話》(附新语), 白化文·李如鸞 點校, 北京: 中華書局, 1987, 3면; 陳方鏞,《楹聯新話》, 臺北: 臺灣中華書局, 1962, 1면.

660 胡君復,《古今聯語彙選》初集, 上海: 上海商務印書館, 1918-1922; ____,《古今聯語彙選》二集, 上海: 上海商務印書館, 1919-1924; ____,《古今聯語彙選》三集, 上海: 上海商務印書館, 1920-1923; ____,《古今聯語彙選》四集, 上海: 上海商務印書館, 1920-1926; ____,《古今聯語彙選》補編, 上海: 上海商務印書館, 1922. 호군복(胡君復)은 이 책에서 영련을 명승(名勝), 원림(園林), 사묘(祠廟), 찰우(刹宇), 경하(慶賀), 애만(哀挽), 해우(廨宇), 학교(學校), 회관(會館), 희대(戲臺), 잡제(雜題), 투증(投贈), 해학(諧謔), 잡철(雜綴), 언어(諺語), 시종(詩鍾), 집구(集句), 집자(集字)로 영련을 분류했다.

661 뤼윈뱌오[呂雲彪], 〈第一章 楹聯之淵源〉,《楹聯作法》, 上海: 文明書局, 1926.

월은 86세를 일기로 세상을 뜨기 전 다음과 같은 〈자만련(自挽聯)〉을 남겼다.

> 살아선 시절에 보탬이 되지 못하고, 죽어선 도에 관련되지 못하네. 모진 신고(辛苦) 끝에, 250여 권 책을 저술하였네. 사방에 널리 퍼뜨린다면 이 또한 족하다.
> 우러러 하늘에 부끄럽지 않고, 아래로 사람들에게 부끄럽지 않네.[663] 무척이나 호탕하게, 반세(半世) 30년 넘는 일을 헤아리네. 마음껏 한 번 웃고, 나 돌아가려네.
>
> 生無補乎時, 死無關乎數. 辛辛苦苦, 著二百五十餘卷書. 流播四方, 是亦足矣; (上聯)
> ● ○ ●
> 仰不愧於天, 俯不怍於人. 浩浩蕩蕩, 數半生三十多年事. 放懷一笑, 吾其歸乎.[664] (下聯)
> ○ ● ○

이 작품은 영련(楹聯)의 특징을 잘 보여 준다. 영련은 상·하련(上·下聯)이 상대되어야 한다. 상대된다는 것은 상·하련이 글자 수가 같고, 내용이 서로 걸맞으며, 평측이 상반된 것을 말한다. 구형(句型)과 사의(詞意) 또한 대응되어야 한다. 영련의 대장(對仗)은 한시 일반의 대장 원리와 같지만, 평측은 근체시와 달리 반드시 어느 글자가 평성이거나 측성이어야 하는 규칙이 없다. 다만 영련의 상·하련에서 특히 중시되는 것은 짝을 이루는 구의 마지막 글자가 상반되어야 한다는 점이다. 유월의 자만련에서도 이상의 원칙이 준수되고 있음을 살필 수 있다. 유월의 작품은 상·하련이 각각 여섯 구로 이루어져 있는 장구(長句: 長聯)에 해당한다.[665] 상·하련은 각기 2-2-2구로 다시 나

---

662 좡안정[莊安正], 〈金澤榮餘兪樾交往述論〉, 《중국사연구》 제28집, 중국사학회, 2004, 201-217면. 김택영, 〈挽曲園先生〉(幷序), 《韶濩堂集》 詩集定本 卷四 丁未稿, 한국문집총간 347, 민족문화추진회, 2005, 194면. "余於乙巳春, 聞兪曲園先生負儒林峻望, 致書通志, 至九月中, 自滬至蘇州謁之, 先生時年八十有五, 以病謝客久矣. 聞余至, 扶杖出見, 見其體短面圓, 神氣精緊, 只似五六十歲人, 殆天縱也, 筆談有頃, 余出詩文稿請序, 先生許之. 及余辭歸滬而序文至, 則距請不過五六日, 盖其年已極隆, 而精力之不衰者如此, 而序中所論所賞, 多有令人感動者, 實余文字遊世以來數十年, 所不幾値者也. 今聞其喪, 能不悲哉! 玆述古體一篇書諸帛, 致于其孫翰林陛雲甫, 使之代讀靈前而達區區之衷焉."

663 "우러러 하늘에 부끄럽지 않고, 아래로 사람들에게 부끄럽지 않네. 仰不愧於天, 俯不怍於人."는 《맹자》 〈진심 상(盡心 上)〉에 나오는 군자(君子) 삼락(三樂) 중의 두 번째 즐거움에 해당한다.

664 지앙주순[蔣竹蓀] 等 編著, 앞의 책, 672면; 胡君復, 〈兪曲園自挽〉, 《古今聯語彙選》 初集 第三册, 哀挽三, 上海: 上海商務印書館, 1918-1922, 34-35면에는 하련(下聯)의 네 번째 구절이 "역수반생삼십년사(歷數半生三十年事)"라고 되어 있다. 영련의 규칙을 고려할 때 하련의 네 번째 구절은 호군복(胡君復)의 《고금연어휘선(古今聯語彙選)》에 수록된 내용이 잘못된 것일 수 있다.

665 장구(長句)는 영련(楹聯: 對聯) 중에 글자 수가 비교적 많은 대련을 가리키는데 장련(長聯)이라고도

누어 볼 수 있고 각 구절의 구법도 동일한데, 상·하련 2구마다 마지막 글자의 평측도 상반되게 놓였음을 확인할 수 있다.[666] 유월의 자만련은 영련 중 특히 유명한 작품이기도 한데, 김택영은 유월의 죽음을 애도할 때도 만련(挽聯) 형식을 선택하지는 않았다.

김택영은 앞서 언급한 것처럼 장인년의 종질(從姪)인 장증의 부탁을 받아 선친의 영련집에 서문을 써준 바 있다.

> 시에 영련이라는 것이 있으니 근세부터 시작되었다. 이른바 영련이라는 것은 재인(才人)·예사(藝士)가 아름답고 영활(靈活)·기민한 구상을 마음껏 구사하여 스스로 즐기는 것인데, 그 체재가 국한되니 그 말이 구애받기 쉽고, 말이 구애받기 쉬우니 그 글의 기운도 결핍되기 쉬워서 옛것을 좋아하는 사람으로선 말하고 싶지 않는 것이 당연하다. 그러나 지금 광려산(匡廬山: 廬山)·무이산(武夷山)에서 나고 자란 사람이 다른 산수(山水)의 명성을 듣고는 비록 그곳의 형승(形勝)이 광려·무이산만 못하더라도 오히려 한 번 유람하고 싶은 것이 인지상정이니 옛것은 싫고 새것을 좋아하는 것이다. 그런 까닭에 만일 시경 삼백 편의 문체를 지금 이천 년이 되도록 변하지 않게 했다면 사람들이 장차 중복되고 진부하다고 해서 골치 아파하고 이맛살을 찌푸리며 붓과 벼루를 던지고 도망갈 것이니, 시의 변화가 이런 영련이 생기게 되는 데까지 이르게 됨이 이상할 것도 없어라!
> 또 시의 도를 반드시 옛것으로써 표준으로 삼고자 한다면 후세의 전사(塡詞)와 같이 섬교(纖巧)하고 경박한 시체(詩體)는 폐해도 좋을 것이다. 그러나 내가 이미 천하의 입을 막아서 없앨 수 없다면 하필 이 시체만 유독 편폐(偏廢)하여 봄 새와 가을 벌레가 스스로 우는 데 맡기지 않겠는가!
> 통주의 장군은 호가 재정자(梓庭子)이다. 내가 일찍이 그의 종제가 되는 장협정(봉년)·봉석(인년) 두 사람으로 인해서 한번 그의 집에 가서 교제한 지 이미 몇 개월이 지났는데, 재정자가 세상을 떠서 내가 조문하였다. 그 아들 증(增)이 재정자가 쓴 영련(楹聯) 2권을 꺼내다가 청하길 "조만간 간행하려고 하니 한 말씀 부탁드립니다."라고 말했다.

부른다. 혹은 단련(短聯)과 장련(長聯) 사이에 해당하는 대련(對聯)만을 가리키는 말로도 사용된다. 뤼윈뱌오[呂雲彪]의《楹聯作法》에선, 장구가 대장(對仗)이 공교로워야 해서 창작하기 매우 어렵다고 설명한 바 있다. 뤼윈뱌오[呂雲彪],〈第三章 楹聯與詩〉, 앞의 책. 다만 글자 수가 몇 글자 이상이어야 장련이라고 하는가에 대한 기준은 뚜렷하지 않다.

666 영련의 형식적 특성에 관해서는 다음 책을 참고할 수 있다. 지앙주순[蔣竹蓀] 等 編著, 앞의 책, 4-8면.

아, 재정자가 나와 더불어 그의 집에서 술 마시고 담소를 나눴던 것이 얼마나 되었던가. 이제 그 집에 들어가 보니 그 사람은 보이지 않고 남은 것은 오직 쓸쓸하게 벌레와 새에 기탁한 청량(淸亮)한 소리뿐인가! 돌이켜보며 감상에 젖고 나니 그의 작품을 혹 다른 사람이 업신여길까 걱정되어 문득 광려산·무이산의 설로서 해명하였으니, 보는 자는 내가 재정자를 위해 두둔한 것이라고 말하지 말라![667]

서문의 내용을 통해 볼 때, 김택영은 영련에 대해 긍정적으로 생각하지는 않았음을 짐작할 수 있다. 또 영련 자체에 대해서도 큰 관심이 없었는지, 영련을 근세에 시작된 것으로 보았다. 하지만, 이것은 사실과 다르다. 청대 출판된 영련 모음집 중 후대에 미친 영향이 가장 크다는 양장거(梁章鉅)의《영련총화(楹聯叢話)》에서도 영련의 기원을 최소 오대(五代) 후촉(後蜀)의 왕 맹창(孟昶) 이전으로 보고 있다.[668] 또 18세기에 지어진 박제가(朴齊家)의〈연경잡절(燕京雜絶)〉서른네 번째 수에 청나라 한림(翰林) 웅방수(熊方受)가 영첩(楹帖)을 보내왔다는 내용이 실려 있는 것을 보면 조선에 영련이 전혀 알려지지 않았던 것도 아니었다.[669]

장인년에게 자만시를 너무 일찍 썼다고 힐난했던 김택영은 말년에 다음과 같은 자만시를 썼다.

667 金澤榮,〈楹聯卷序(丙午)〉,《韶濩堂集》文集定本 권2, 한국문집총간 347, 민족문화추진회, 2005, 251면. "詩之有楹聯, 自近世始焉. 夫所謂楹聯者, 才人藝士之所騁其綺麗靈捷之思以自娛者, 而其體也局則其詞也易牽, 其詞也牽則其氣也易乏, 宜乎好古者之不欲言也. 然今夫生長乎匡廬·武夷者, 聞他山水之名, 雖其勝不及匡廬·武夷, 而猶思一游者, 人之常情, 厭故而喜新也. 故使三百篇之體, 至今二千年而不變, 則人將有厭其架疊陳腐, 疾首蹙頞而舍筆硯以逃者, 此詩變之所以至有楹聯而無足恠者歟! 且詩之道, 必欲以古爲準, 則後世塡詞纖巧輕薄之體廢之可也. 然而吾旣無以關天下之口而廢之, 則何必於是體乎獨偏廢之, 而不任其春鳥秋蟲之自鳴也哉! 通州張君號梓庭子者, 余嘗因其從弟峡亭·峯石二人, 一至其家而交之旣數月, 梓庭子沒, 余吊之. 其孤增, 出梓庭子所爲楹聯二卷請曰, '朝暮且刊, 願惠一言.' 嗟乎, 夫梓庭子與我飮酒談笑於其堂者曾幾日, 而今入其堂, 不見其人, 所存者惟寥寥然蟲鳥寄托之淸亮者耶! 俯仰感傷之餘, 竊恐其作, 或爲人之所短, 輒擧匡廬·武夷之說以解之, 覽者其無謂我爲梓庭子游說也哉!"

668 梁章鉅,〈自序〉,《楹聯叢話》(附新语), 白化文·李如鸞 點校, 北京: 中華書局, 1987, 5면. "楹聯之興, 肇于五代之桃符. 孟蜀'餘慶'·'長春'十字, 其最古也. 至推而用之楹柱, 蓋自宋人始, 而見于載籍者寥寥." 다만, 여기에서 도부(桃符)는 원래 두 조각의 복숭아나무로 만든 것으로, 그 위에 복을 기원하고 재앙을 없애 주길 바라는 길상(吉祥)의 말을 쓰거나 신상을 그려 놓는 것이지 대련(對聯)을 가리키는 것은 아니다. 또한 실제 기둥에 대련을 걸었던 것은 송대 이후의 일이다.

669 정민, 이승수, 박수밀 외 옮김(2010),《정유각집》중, 돌베개, 326-327면.

〈자만(自挽)〉

공에서 태어나 다시 공으로 돌아가니,
잠시 천지의 조화 속에서 노닌 것이라네.
유독 혜강처럼 부질없는 한 남아 있으니,
광릉산(廣陵散) 곡조가 모진 바람에 떨어지는구나.[670]

生於空裏復歸空,　且可徜徉大化中.
獨有嵇家閒恨在,　廣陵琴調落飄風.[671]

이 시가 수록되어 있는 갑자시록(甲子詩錄)은 1924년 김택영의 나이 75세 때 지은 시들을 묶은 것이다. 따라서 이 시는 김택영이 세상을 뜨기 3년 전에 지어진 것이라 볼 수 있다. 시인은 기구(起句)와 승구(承句)에서 삶이란 공(空)으로부터 와서 공으로 돌아가는 것이며, 삶이란 잠시 세상에 노니는 일일 뿐이라고 담담히 쓰고 있다. 이 말대로라면 죽음에 대해 어떤 여한도 남을 일 없건만 전구(轉句)에선 시상이 전환되어 뜻밖에도 유독 혜강과 같은 한이 남는다고 하였다.

앞서 인용한 장인년 자만시에 대한 답시에서 그의 염세적 태도를 걱정하며 달관을 강조하던 김택영이기에 위 시의 결말은 다소 의외다. 혜강의 한이란 혜강이 억울한 죽음을 맞으며 자신만이 연주할 수 있던 광릉산이란 금곡(琴曲)이 더 이상 계승되지 못함을 탄식한 데서 온 표현이다. 타인을 애도하는 만시에서 고인의 죽음을 광릉산이 이제 없어진다고 표현한 예들이 있지만, 자신의 죽음을 이렇게 이야기하는 것은 어지간한 자부심이 아니라면 불가능한 표현이다. 시인은 무엇을 이야기하고 싶었던 것일까? 김택영은 자신

670 광릉산(廣陵散)은 죽림칠현(竹林七賢)의 한 사람인 진(晉) 혜강(嵇康)이 즐겨 연주하던 곡조다. 그가 일찍이 낙서(洛西)에서 노닐 때 화양정(華陽亭)에서 자면서 거문고를 퉁기다가 뜻밖에 나타난 어느 객으로부터 전수받은 곡이라고 한다. 뒤에 혜강이 종회(鍾會)의 참소로 인하여 사마소(司馬昭)에게 죽을 때 형장에서 마지막으로 그 곡을 탄주하면서 "광릉산 곡조가 이제는 없어지겠구나.[廣陵散 於今絶矣.]"라고 탄식한 바 있다. 이 이야기가《진서(晉書)》〈혜강전(嵇康傳)〉에 실려 있다. 한편, 광릉산은 아버지의 원수를 갚는다는 내용으로 이루어져 있다.

671 金澤榮,《韶濩堂集》, 借樹亭雜收 권1, 甲子詩錄, 앞의 책, 477면.

이 죽으면 고려유민(高麗遺民)으로서의 정신이, 또는 자신만의 문학과 학문 세계가 더 이상 전하지 못할 것을 걱정했던 듯하다.[672] 그런 측면에서 김택영은 자만시를 세상에 대한 자기선언과 같은 것으로서 인식하고 활용했다고 볼 수 있다. 다만 그것이 장인년의 자만시 인식과 어떻게 같고 다른지는 여전히 궁금증으로 남는다. 또한 이 시의 창작이 청말의 자만련이나 장인년의 자만시로부터 직간접의 영향을 받은 것인지도 분명치 않다. 다만, 김택영의 중국 망명 이후 두 사람이 친밀하게 교유하던 사이라는 점에서 두 사람의 자만시가 상당 부분 관련되어 있을 가능성이 높다.

자만시를 통한 한중 문사의 교유는 한편으로 이것이 확보하고 있는 동아시아 한시 전통 내의 위상이 만만치 않음을 보여 준다. 앞서 언급한 것처럼 위진남북조 시기의 만가로부터 촉발되고 도연명의 〈의만가사〉로부터 시작된 자만의 전통이 중국과 한국의 한시문학 안에서 뿌리 내리고 발전해 갔음을 보여 주는 것이기 때문이다. 아직까지 전근대 시기 일본이나 유구와 안남 등 한자문화권 국가들에서 자만시가 어떻게 인식되고 활용되었는가는 보고된 바 없다.[673] 따라서 현단계에서는 한중일 삼국 나아가 한자문화권 안에서의 자기 죽음의 표현으로서의 전통을 이야기하기는 어렵다. 중국의 자만시마저 아직 전모를 알 수 없는 실정이기에 더욱 그러하다. 그러나 자신의 죽음과 상장례를 상상하는 방식으로 이루어진 자기표현이란 점에서 자만시는 세계문학에서 유례를 찾아보기 어려운 양식임이 분명하다. 또 중국에서 시작되었지만 우리 한시 속에서 일정하게 변화 발전해 온 것이란 점에서 자문학적 특수성을 확인할 수 있는 잣대 중의 하나라고 볼 수 있다.

조선시대 자만시는 주제적 특수성을 고려할 때 상당한 분량이라고 할 수 있다. 현재까지 알려진 중국의 자만시와 비교할 때 이런 성격은 분명히 드러

672 김택영은 별도로 〈자지(自誌)〉(《韶濩堂文集》定本 권15)를 남기고 있어서 그의 삶을 살피는 데 도움을 준다.

673 일본의 경우는 자만적 작품의 존재가 확인된다. 앞서 제3장에서 일본의 고대가요집인 《만요슈[萬葉集]》 속에 이런 경향의 작품이 있음을 소개한 바 있다.

난다. 따라서 자만시를 통해 우리의 자아표현 방식과 죽음 인식의 특수성을 살피는 작업은 그 자체로 유의미하다고 판단된다. 다음 장에서는 조선시대 자만시를 중심으로 이 문제의 일단을 조심스럽게 접근해 보고자 한다.

제12장

자아의 혼성(hybrid)과 시적 정체성

타인에 대한 만시가 주로 죽음을 통한 상실감을 드러내고 있다면, 자만시는 가공(架空)되고 가장(假裝)된 자신의 죽음을 통해 궁극적으론 삶에 대한 열망도 드러낸다는 점에서 주제적 성격을 달리한다. 그런 점에서 자만시는 자신의 죽음을 연기(演技)하는 것을 하나의 수사적 전략으로 삼고 있다고 볼 수 있다. 이에 따라 자만시의 자아는 살아 있는 나와 죽은 나라는 이중적인 구조를 자연스럽게 갖게 된다. 자만시의 자아가 이중성을 갖게 된 데는 자만시의 발생 경로도 한 몫을 했다.

앞서 살펴본 것처럼 자만시의 기원이라 할 위진남북조 시기 만가시(挽歌詩)에서 시적 화자 자신이 바로 죽은 사람인 1인칭의 망자가 등장하는 경우가 나오기 시작한다. 무습(繆襲) 〈만가시(挽歌詩)〉의 "조화가 비록 신명할지라도, 어찌 나를 다시 생존케 할 수 있으랴?[造化雖神明, 安能復存我.]"에선 '나[我]'라는 1인칭 대명사가 등장하며, 육기(陸機)의 〈만가시3수(挽歌詩三首)〉에선 죽은 이를 '그대[子]' 또는 '나[我]'라고 써서 2인칭과 1인칭이 뒤섞여 있다. 이런 인칭의 넘나듦은 당대 의(擬)·대(代) 문학의 유행과 악부 시 특유의 형식과도 관련이 있다. 이 무렵엔 〈의만가(擬挽歌)〉, 〈대만가(代挽歌)〉, 〈대호리행(代蒿里行)〉과 같은 의·대 만가들이 대거 창작되었는데, 남조(南朝) 송(宋) 포조(鮑照) 〈대호리행(代蒿里行)〉의 "이내 영원한 한을 보내노니, 돌아가 여우 토끼와 함께 티끌이 되리.[齎我長恨意, 歸爲狐兎塵.]"처럼 1인칭 화자가 자신의 죽음에 대한 비탄을 직접 드러내기도 했다.[674] 여기에는 악부 형식의 만가시(挽歌詩)가 악부 특유의 화법으로 인해 인칭의 넘나듦이 자유로웠던 까닭도 있다. 이런 특성이 가장 잘 구현되어 있는 작품이 바로《문선(文選)》에 〈만가시(挽歌詩)〉라는 제목으로 수록된 도연명(陶淵明)의 〈의만가사(擬挽歌辭)〉였다고 할 수 있다.

결국 위진 시기 만가시의 이런 문체적 특성으로 인해 1인칭과 2인칭을 자유롭게 넘나드는 시적 화자와 애도 대상의 미묘한 자리바꿈이 일어나게 되었고 이것이 나의 죽음을 대상으로 한 자만시로 나가는 데 한 몫을 담당했다고 볼 수 있다. 이런 특성은 한편으로 자만시 자아의 혼성(hybrid)을 유발하게 된다.

죽음을 대하는 태도와 자아의식 사이에 어떠한 관계가 존재하다고 본다면, 자만시에 활용된 상장례의 가설(假設)을 포함한 죽음의 시공간에 대한 시인의 활용은 자의식을 보여 주는 하나의 척도라고 할 수 있다. 언뜻 허구적 장치는 이야기를 만들어 내기 위한 작법의 하나일 듯하지만, 자만시에서 그것은 죽음을 통해 시인이 이야기하고자 하는 것이 좀 더 복합적이고 많음을 의미하기도 한다. 앞서 언급한 것처럼 자만시의 자아는 기본적으로 살아 있는 나와 죽은 나라는 이중성을 띨 수밖에 없다. 여기에 자신의 상장례란 가공의 공간이 구체화될 때 자만시는 더욱 더 허구적인 성격을 띠게 된다. 자전적 글쓰기에서는 다소 이질적인 '가공의 나'가 만들어지게 되는 것이다. 자만시는 자신이 죽었을 때를 상정하여 죽은 자의 눈으로 자신의 삶을 되돌아보는 기법이 요구되기 때문이다.

조선시대 시인 중에서 이런 특성을 가장 잘 보여 주는 작품으론 남효온의 〈자만 4장〉을 들 수 있다.[675] 제3장에서 살펴본 것처럼 남효온은 다른 자

674 딩푸린[丁福林]·충링링[叢玲玲] 校注,《鮑照集校注》권3,〈代蒿里行〉에 대한 解題, 北京: 中華書局, 2012, 171-173면.

만시와 달리 자만시의 독자를 특정하고 있다. 독자는 제목에서 드러나 있듯이 스승 김종직이다. 남효온은 편지에서 자신이 자만시를 쓴 이유를 표면적으론 수명이 얼마 남지 않았다고 생각해서 썼다고만 설명했다. 그러나 시의 내용을 자세히 살펴본다면 스승에게 밝힌 것과는 다른 배경이 있음을 알 수 있다. 그것은 단순히 과거의 사건을 드러내는 데 그치지 않고 자기 정체성을 탐색한다는 점에서 자기 삶에 대한 일정한 의미와 방향을 부여하는 일이기도 했다.

실제의 내가 아니라 '가공의 나'란 측면에서 특히 우리의 관심을 끄는 부분은 첫 번째 수에 나오는 내 죽음의 정경을 묘사하는 장면이다. 앞서 인용한 바 있지만 밑줄 친 부분을 중심으로 다시 살펴보자.

> 땅강아지 개미들 나의 입에 들어오고,
> 파리 모기떼는 나의 살을 물어뜯네.
> 새로 꼰 새끼로 나의 허리 졸라매고,
> 해진 거적으로 나의 배를 덮는구나.
>
> 螻蟻入我口,　蠅蚋嘬我肉.
> 新繩束我腰,　弊苫蓋我腹.

이 구절에선 나 '아(我)'자가 네 번이나 반복되지만, 시적 화자를 통해서 조명되는 만큼 제삼자의 처지처럼 읽히기도 한다. 후술하겠지만 대상화되지 않은 또 다른 1인칭의 '나'는 '아(我)'가 아니라 '여(余)'로 표기되기 때문이다.

앞서 살핀 것처럼 주검에 대한 이런 참혹한 묘사는 이전의 자만시나 자전문학에서 찾아보기 어려운 표현이다. 참혹한 주검의 모습은 제2장에서도 발견된다. "아버님 무덤 가는 길로 내 영구도 보내니, 얼어붙은 시신은 나무토막 같아라.[相送南陽阡, 凍屍直如木.]" 같은 예가 그렇다. 이런 표현들은 죽음에

675 南孝溫,《秋江集》권1, 한국문집총간 16, 민족문화추진회, 1990, 30면.

대한 강한 집착을 보여 준다는 점에서 오히려 시인의 삶에 대한 열망의 강도를 짐작케 한다. 또한, 차마 눈 뜨고 볼 수 없는 몰골의 시신이 바로 자신이란 점에서 시인 자신의 비극적 처지를 부각하여 현실에 대한 우회적 발언의 기회로 삼는 데도 매우 유리하다. 삶과 죽음의 현격한 격차는 죽음을 통해 삶의 문제를 부각시키는 데 더욱 효과적인 방식이기 때문이다. 이런 격차를 특별한 방식으로 표현해 낸 것이 이 시의 제3장이다. 제3장은 이전 두 수와는 달리 새로운 상상의 공간으로 진입하여 '가공의 나'를 매우 특별하게 빚어내고 있다. 역시 밑줄 친 부분에 주목하여 다시 살펴보자.

> 무양이 나의 충성 천거하니,
> 상제는 나의 재주 보시곤 기뻐하네.
> 용백국의 거인은 잉어를 타고,
> 우사는 비로 먼지를 가시게 하는구나.
> 뇌공은 우레로 도로를 깨끗이 하고,
> 화양동에서 나를 맞이한다.
> 자색 진흙으로 봉한 조서를 받드니,
> 추강의 모퉁이에 서광이 비치누나.
> …(중략)…
> 오늘 저녁은 또 무슨 저녁인고,
> 나를 연화대 위에 서게 하였네.
> 궁궐은 붉은 고대광실인데,
> 구빈의 예법 엄숙하고 경건하다.
> 상수가 아황 여영은 〈녹명〉을 노래하고,
> 낙수의 복비는 〈남해〉 곡을 연주한다.
> 갖가지 관악기 소리 신묘하게 뒤섞이고,
> 선계의 붉은 구름 금 술잔에 가득하다.
> 궁궐 섬돌에서 붉은 활을 하사하고,
> 광주리로 신성한 예물을 받들고 돌아왔네.
> 옥황상제 나를 보고 웃으시고,
> 신선 무리들은 날 에워싸고 도는구나.
> 하루아침에 은혜를 받자오니,

명성이 천하팔방에 진동하네.

巫陽薦我忠,　　上帝悅我才.
龍伯駕文鯉,　　雨師開塵埃.
雷公淸道路,　　逆我華陽來.
詔書紫泥封,　　照輝秋江隈.
…(중략)…
今夕復何夕,　　立我蓮花臺.
彤庭赫弘敞,　　秩秩九賓開.
湘濱歌鹿鳴,　　虙妃彈南陔.
簫管混希夷,　　紅雲盛金罍.
陛陳彤弓招,　　承筐玄幣回.
玉皇向我笑,　　群仙擁徘徊.
承恩一朝間,　　聲名振八垓.

인용한 제3장 전체에선 밑줄 친 부분을 포함해서 여섯 차례나 '아(我)'가 등장하고 한 차례 '여(余)'가 등장한다. 나머지 장에서도 유달리 '아(我)'나 '여(余)'란 1인칭이 빈번하게 등장한다. 한편으론 '추강(秋江)'이란 자호(自號)로 자아가 암시되기도 한다. 하지만 이 모두는 어디까지나 '가공의 나'일 뿐 실제의 '나'는 아니다. 만들어진 '나'라는 점에서 이 시에서 제시된 자아는 제7장에서 살펴본 임제나 조임도의 자만시에 제시된 상징적 자아와 본질상 동일한 성격의 것이다. 이런 특성은 실제 삶을 대상으로 한 자전적 글쓰기로서는 예외적인 자아표현 방식이라고 볼 수 있다.

자아표현이란 관점에서 살펴보면 남효온은 대체로 '아(我)'와 '여(余)'라는 1인칭 대명사를 구별해서 가공의 나와 실제의 나를 구별해서 쓰고 있음을 짐작할 수 있다. 앞서 언급한 제1장에서도 "땅강아지 개미들 나의 입에 들어오고, 파리 모기떼는 나의 살을 물어뜯네.[螻蟻入我口, 蠅蚋嘬我肉.]"고 할 때는 '아(我)'라고 하였지만, "삶을 탐함이 예부터 이러하니, 나 또한 세속과 마찬가지라네.[貪生古來然, 余亦諧世俗.]"라고 할 때는 '여(余)'를 사용하고 있다. 물론 이렇게 구분할 수 없는 경우도 있기는 하다. 후반부에서 자신을 묻은 뒤 무덤을 다질 때 "이때에 나는 어떠한 마음이던가, 혼돈처럼 일곱 구멍이 막혔네.[是時余何心, 混沌七竅塞.]"라고 할 때는 '아(我)'라고 쓰지 않고 '여(余)'라고 썼다. 반면 제2장과 제4장에서 나의 상장례를 묘사할 때는 예외 없이 '아(我)'라고 썼다. 제1장과 제3장에서 '아(我)'와 '여(余)'를 모두 사용한 것은 성률을 고려하여 측성('我')과 평성('余')을 적절히 배치하였거나 표현미를 고려한 까닭도 있을 것이다. 그러나 이 시는 근체시가 아닌 만큼 꼭 어느 자리에 '아(我)'를 쓰고 '여(余)'라고 쓰지 않을 이유는 없기 때문에 양자의 구분은 어느 정도 의도된 것이라 볼 수 있다. 결국 '아(我)'와 '여(余)'라는 성격이 다른 1인칭의 뒤섞임은 자만시가 가지고 있는 텍스트 밖 자아와 내부 자아라는 본질적 이중성과 함께, 텍스트 내부 자아 사이의 선택적 이중성을 보여 주는 징표라고 할 수 있다. 곧 남효온의 자만시는 자만시 본연의 이중적 자아 외에도 텍스트 내부에서도 자아가 구분 혹은 분리됨으로써 한층 복잡한 자아 혼성을 보여 준다고 할 수 있다. 이런 자아의 이중성은 자만시 일반의 특징이기도 하지만, 남효온의 자만시는 가공된 죽음 속에 또다시 허구의 세계가 등장한다는 점에서 특별하다. 시 전체로 볼 때 일종의 액자 구성이라고 할 수 있는데, 한편으론 허구 속의 또 다른 허구가 들어가 있는 중층적 서사가 배치되어 있다고 볼 수 있다. 이는 이전의 자만시나 자전문학에선 찾아보기 어려운 남효온의 독창적 시도이다. 그 결과 자아의 혼성 정도가 더욱 심화되고 이것이 자기 정체성의 탐색이란 측면에서도 특별한 결과를 도출한다.

한편, 조선 후기에 이르면 또 다른 방식으로 '가공의 나'를 제시하는 경우가 발견된다.

〈스스로 애도하며[自悼]〉

아녀자 사내 할 것 없이 밤새도록 슬프게 호곡하니,
집집마다 재기(再朞) 돌아왔음 알겠구나.
등불 앞에서 스스로 당시 일 떠올리노라니,
어찌 인간세상 연연하여 다시 살아 오랴.

女哭男號徹曉哀, 家家知是再朞廻.
燈前自念當時事, 何戀人間又活來.[676]

제10장에서 살펴 본 김조순(金祖淳)의 자만적 작품이다. 자만시가 자신의 죽음을 당겨서 상상하는 속성을 가지지만, 김조순의 시는 닥쳐올 미래의 죽음을 사후의 어느 시공간으로 한정시켜 다룸으로써 독특한 효과를 빚어낸다. 이 시에는 자신이 죽은 뒤 2년 후의 기일, 남은 가족들의 슬픔이 제시되고 있다. 죽은 직후가 아니라 2년 뒤의 시간, 무덤이 아니라 집에서 지내는 기일의 제사를 소재로 함으로써 또 다른 방식으로 나의 죽음을 상상하고 있다. 이런 특수한 설정은 일찍이 포조의 〈송백편(松柏篇)〉 같은 장편의 자만시에 등장한 적이 있다. 제2장에서 소개한 것처럼 이 시 말미에 장례 뒤 자식이 시제(時祭)에 아버지의 혼이 오길 바라는 장면이 나온다.[677] 하지만 〈송백편〉은 투병과 죽음, 그리고 상장례가 순차적으로 제시되고 있어 김조순의 시처럼 2년 뒤의 기일이란 특정 시공간만을 무대로 한 것은 아니다. 또한 김조순의 이 시에는 자신의 삶에 대한 어떤 회고나 반성도 없다. 심지어 죽음을 받아들이는 자세마저 색다르다. 대부분의 자만시가 삶과 죽음이 다름이 없다는 방식으로 생사의 문제를 초탈하려는 의식을 담고 있는 데 비해 이 시는 살아 돌아올 생각이 없다는 의식을 표출하고 있다.

자만시에 현실에 대한 불만을 담는 전통은 이미 조선 전기 남효온으로부

676 金祖淳, 〈自悼〉, 《楓皐集》 권5, 한국문집총간 289, 민족문화추진회, 2002, 112면.

677 첸중롄[錢仲聯] 增補集說校, 《鮑參君集注》 권3, 上海: 上海古籍出版社, 1980, 178-184면. "時祀望歸來, 四節靜塋丘, 孝子撫墳號, 父兮知來不?"

터 시작되었지만, 김조순의 작품은 특수한 시공간에 '나의 죽음'을 밀어 넣고 새로운 방식으로 '가공의 나'를 축조(築造)하고 있다는 점에서 특별하다. 또한 이 시에선 비록 1인칭이 노출되어 있지는 않지만, 전지적 작가시점의 화자(기·승구), 1인칭의 화자(전·결구)는 물론 대상이면서 동시에 1인칭의 시인(망자) 자신이 뒤섞여 있어 자아표현 방식이란 측면에서도 매우 독특한 결과를 빚어내고 있다. 특히 전구에서 시적 화자이면서 1인칭으로 표현된 가공의 나는 또다시 과거의 어떤 사건에 대한 회상에 잠김으로써 주체이면서 동시에 대상이며, 또 시공을 넘나든다는 점에서 전지적인 관점에서 자신의 정체성을 새로운 방식으로 탐색하는 동시에 재구성하고 있다고 평가할 수 있다.

지금까지의 검토를 통해 우리는 자기표현 욕구라는 측면에서 조선시대 자만시의 창작 동인을 크게 다음 세 가지로 정리할 수 있다.

먼저 자기 정당화의 욕구로 인해 창작되는 경우가 있다. 시인들은 구체적인 사안을 직접 말하기보다는 우회적으로 자신의 억울함을 드러내는 방식을 취하고 있다. 제6장에서 살핀 조선 전기 사화기(士禍期)에 지어진 일련의 작품들, 곧 홍언충(洪彦忠)의 〈자만(自挽)〉, 기준(奇遵)의 〈자만〉, 노수신(盧守愼)의 세 차례 걸쳐 작성된 〈자만〉 등이 대표적인 예라고 할 수 있다. 이들은 모두 부정한 정치현실 속에서 자신이 처한 억울한 상황을 자신의 죽음을 미리 당겨 상상하는 방식으로 표현하고 있다. 이들은 모두 자기 정당화를 위해 자만시를 썼다고 볼 수 있다.

다음으로 증언의 욕구로 인해 창작되는 경우가 있다. 대표적인 예로 이명오(李明五)의 12수로 이루어진 자만시 연작을 들 수 있다. 제9장에서 살펴본 것처럼 이명오가 자만시를 남긴 것은 단순히 자신의 삶을 기록하려 했던 것이 아니라 아버지와 관련된 고통의 기억과 상처들을 세상에 분명히 각인시키기 위함이었다고 볼 수 있다. 아버지의 일은 그 자신과 가족 공동체 모두에게 절대적인 영향을 미친 일이었기 때문이다. 자만시에서 '나'의 죽음만

이 아니라 '아버지'의 죽음을 굳이 언급하는 이유가 여기에 있다.

마지막으로 자기인식을 바탕으로 남들이 알지 못하는 자신의 진면목을 표현하기 위해 창작되는 경우가 있다. 자전적 글쓰기라는 측면에서 특히 흥미로운 측면이라고 할 수 있다. 조선 중기 조임도(趙任道)와 임제(林悌)의 〈자만〉에서 그런 양상을 살펴볼 수 있다. 결국 남들이 알지 못하는 자신의 진면목을 표현하고 싶다는 것은 개성적 자아표현의 욕구에 다름 아니다. 물론 자기 정당화나 증언의 욕구에서도 이런 면모가 전혀 없는 것은 아니지만, 자기인식을 바탕으로 한 자아표현은 앞의 두 가지보다 좀 더 강렬한 자아형상을 우리에게 보여 준다

한편 자만시를 쓰게 만든 이 세 가지 욕구들은 "나는 어떤 사람인가?"라는 질문과 긴밀하게 연관되어 있다고 볼 수 있다. 그런데 이 질문은 바로 자만시를 쓰는 행위, 곧 글쓰기의 문제와 불가분의 관계에 놓여 있다. 자기 정체성을 탐색하는 과정에서 "과거의 어떤 사건을 제시하고 어떤 것은 배제할 것인가? 어떤 방식으로 자신의 상장례를 형상화하여 자신을 부각할 것인가? 어떻게 시를 끝마칠 것인가?, 어떤 시 형식으로 어떤 죽음의 표상으로 자신의 삶을 재구성할 것인가?" 등과 같은 문제가 대두되기 때문이다. 그러므로 자만시를 쓰는 것은 자신만의 특별한 경험을 가지고 자기 정체성을 탐색 혹은 구축하면서 글쓰기의 문제를 성찰하는 것이라고 할 수 있다. 때문에 자만시에서 제기되는 자기 정체성의 문제는 글쓰기를 통해 재구성되는 것이란 점에서 '시적 정체성'으로서의 성격을 동시에 가지게 된다.

이런 종류의 자기 정체성은 시인의 과거 행동과 분리될 수 없는 문제라고 할 수 있다. 그러나 자기 인식이 단순히 과거를 기억하는 것만으로 얻어지는 것은 아니다. 자만시 작자는 실제 있었던 과거의 사건을 자신이 원하는 방식으로 각인시키기도 한다. 앞서 살핀 것처럼 남효온과 김조순의 자만시에선 자신의 죽음이란 허구적 공간을 설정하고 삶과 죽음을 넘나들며 실제와 가공의 나를 포괄한 전지적 화자가 이야기를 끌어간다. 이때 자신의 과거 행위

를 미화하고 합리화하기도 하고, 때로는 후회하고 반성하면서 과거를 현재적 관점에서 새롭게 해석한다. 남효온은 "행실이 더러워서 미치광이로 불렸고[行穢招狂號]"(제1장)라며 자신의 허물을 드러내는 동시에 "서른여섯 해를 사는 동안, 언제나 세인의 시기를 받았네.[三十六年間, 長被物情猜.]"(제3장)라고 함으로써 자신에 대한 부정적 세평이 세상 사람들의 시기에서 비롯된 것이라고 질타한 바 있다.

이런 과정에서 자만시엔 과거의 사실만이 아니라 자신의 바람과 이상에 의해 가공된 또 다른 사실이 아닌 과거도 담기게 된다. 따라서 자만시의 글쓰기에는 자신을 되돌아보는 회고만이 아니라 자신의 재창조 또한 수반하게 된다. 독자의 입장에선 자만시 내용 중 어디까지가 사실이고 어디부터가 가공된 것인지를 가려내기 어렵다. 진실성이란 측면에서 의구심을 갖게 할 만한 부분이다. 자만시에선 때론 하나의 결정적인 '내'가 제시되지 않는다. 남효온의 〈자만 4장〉에서 제시된 '나'는 매우 복합적이어서 정합적으로 이해하기 어렵다. 하지만 그 과정 자체가 전통문학에서 보기 드문 시를 통한 자기 정체성의 탐색과 구축이라는 점에서 그 추구 자체로 의미 있는 행위라고도 볼 수 있다.

이상을 통해 볼 때 자만시는 자신의 경험을 재구성하고 상상력과 허구를 통해 그것을 수정·보완하여 미지의 나를 형상화하는 방식, 달리 말하면 자아를 재창조하는 행위라고 할 수 있다. 이렇게 구성된 자아와 그 형상화는 자만시 속에서 만들어진 것으로 반드시 진실이라고 보기 어렵다. 이 점은 어떤 경로로든 실제 삶의 진실과 관계되어야 하는 자전문학의 기본원칙을 저버리는 것으로 보인다. 또 자만시 작가는 자신을 이러한 사람이라고 제시할 수 있을지는 모르지만, 그것이 불변하는 유일한 작가의 정체성이라고 보기도 어렵다. 드문 예이지만 앞서 소개한 조선 전기 노수신이나 구한말 김택영의 예처럼 서로 시기를 달리하여 작성한 자만시의 자아 정체성은 반드시 동일한 것이라 보기 어렵다.[678] 결국 자만시에서 제시된 자아 정체성이란 과거와 현재의 경험을 다양한 방식으로 재규정하는 과정에서 생성되는 정체성이라고 할 수 있다. 따라서 이 정체성은 일종의 '자만시적 정체성'으로서 반드시 실제 작자 자신의 정체성과 부합되지는 않는다. 다만 우리는 자만시 작가 스스로 시 속에서 자신을 인식해 가면서 겪게 되는 자기 정체성의 탐색과 구축으로서 그 의의를 인정할 수 있다. 어떤 측면에서 자만시의 자아는 주체로서 자신이 만들어 낸 이야기의 산물이라고도 볼 수 있을 것이다. 이런 특성은 조선시대 자만시에서만 보이는 것은 아니지만, 몇몇 자만시들에선 매우 특별하게 드러나고 있다.

678 제6장에서 살핀 것처럼 노수신은 19년간의 유배기간 동안 세 차례에 걸쳐 자만시를 썼으며, 제11장에서 살핀 것처럼 김택영은 중국에 망명하여 남통(南通)에 체재할 때 모두 세 차례에 걸쳐 자만적 작품을 남긴 바 있다.

맺음말

나의 죽음 소유하기

지금까지 우리는 주로 죽음 인식과 자아표현 방식이란 측면에서 조선시대 자만시의 특성을 살펴보았다. 여기에서는 논의 결과를 중심으로 자만시라는 글쓰기의 위상과 죽음 인식 방식의 가치를 현대적 관점에서 조명하고자 한다.

앞서 살펴본 것처럼 자만시 작자들은 자만시를 쓰게 된 다양한 동기들을 가지고 있다. 하지만, 이것이 나에 대한 글쓰기이자 만시의 일종이라는 측면을 함께 고려한다면, 그 의도는 내 죽음에 대한 애도는 다른 사람의 말을 빌릴 필요가 없다는 의식으로 수렴될 수 있을 듯하다. 17세기 최효건(崔孝騫, 1608-1671)은 장편의 자만시를 통해 "옛날도 아니고 지금도 아닌 채 머뭇거리고 있으니, 내 본래 마음 있지만 누가 알 수 있으랴. …(중략)… 아 만가여 노래가 여기에 이르렀으니, 다른 사람의 입에 발린 말 빌리지 말게나.[非古非今卽佁儗, 我本有心誰得知. …(中略)… 嗚呼挽歌兮歌至此, 莫借他人騁諛辭.]"라고 읊은 바 있다.[679] 특히 현전 최장 자만시를 남긴 소북(小北)계 인물 박최인(朴最仁, 1762-1835)은 "나를 아는 일 나보다 나은 이 없으니, 내가 평생을 서술하는 것이 당연하네.[知我莫如我, 我當叙平生.]"라고 분명히 이야기한 바도 있

679 崔孝騫,《何山集》권9, 한국역대문집총서 2307, 경인문화사, 1997, 315-316면.

다.[680] 이런 면모들은 한편으로 자만시를 나의 죽음을 주제로 한 자전문학의 일종이란 측면에서 이해할 수 있다. 실제 박최인의 최장 자만시는 174구 대부분에 걸쳐 자신의 삶 전반을 돌아보고 있기도 하다.[681]

하지만 자만시를 자전문학의 하나로 볼 것인가에 관해서는 연구자에 따라 시각이 엇갈린다. 동아시아 자전문학에 관한 초기 성과라 할 대만학자 궈덩펑[郭登峯]의 《역대자서전문초(歷代自敍傳文鈔)》나 두롄저[杜聯哲]의 《명인자전문초(明人自傳文鈔)》 등에는 모두 자만시가 누락되어 있다.[682] 하지만 일본학자 가와이 코조[川合康三]는 《중국의 자전문학(中國の自伝文學)》에서 최초의 자만시라 할 도연명의 〈의만가사 3수〉를 함께 언급한 바 있고,[683] 심경

680 朴㝡仁, 〈自挽〉, 《睡窩詩稿》, 《五大家詩》, 고려대학교 소장본. 박최인의 《수와시고(睡窩詩稿)》가 수록된 《오대가시(五大家詩)》는 18-19세기 문단에서 활약한 소북(小北)계 시인 다섯 사람의 시고를 모은 책이다. 박최인의 생몰 연대와 《오대가시》에 대해서는 다음 글을 참고할 수 있다. 김영진, 〈허필의 연객시고〉, 《문헌과해석》 26호, 2004년 봄, 태학사, 2003.7, 210-219면; ____, 〈鄭遂榮의 《之又齋詩稿》〉, 《고전과 해석》 제6집, 고전문학한문학연구학회, 2009.4, 271-319면.

681 심지어 그 내용에는 밑줄 친 부분에서 드러나듯 시기까지 분명히 밝혀져 있어 연보(年譜)를 연상시키기까지 한다.

"知我莫如我, 我當叙平生. 吾觀早險釁, 赤立身煢煢. 北村文杏東, 晩僦小柴荊. 壬午三月晦, 余降泣喤喤. 罄室方頷顣, 幾不擧孩嬰. 嚴君自外返, 艱辛救豆羹. 甁盎無一粒, 菜色見者驚. 隣廊有一婆, 送飯匙不盈. 枯腸得延命, 猶以感恩情. 周歲險經痘, 閱月刀圭並. 脚有三處瘡, 親口吮之痊. 至今左膝上, 瘢痕大於錢. 慈顔抱我坐, 有時說此事. 甲申遷芝厓, 爲近先墓地. 構舍種花果, 草草風雨庇. 小子甚駑劣, 七齡始學字. 門多負笈徒, 相與子史肄. 尙記靑羊秋, 身染紅疹祟. 危症日層加, 喘喘同泥醉. 家君訪盧醫, 行將問藥餌. 道傍乾溝中, 有鼈圓如轍. 草根縶致之, 因諏我病節. 醫言神所賜, 此是萬金良. 忙歸一煎服, 蘇醒卽起牀. 誰無顧復恩, 我偏河海長. 丁酉改築室, 庭戶稍生光. 請陳先世德, 令聞動湖鄕. 孝友本有源, 科第亦相望. 蹄輪動塡巷, 繅績積滿箱. 時人多忌疾, 仕路仍蹇滯. 淸貧元自古, 壽祿奈難繼. 中當陽九厄, 益歎門戶替. 家乘四五編, 閱覽常掩涕. 不肖爲是懼, 庭訓奉勉勵. 山寺縹緗讀, 黨塾鉛槧藝. 巾勝入莿圍, 初計每自失. 班門虛弄斧, 竽庭謾操瑟. 有司迷蒿目, 徒隷索泉刀. 空囊本羞澁, 曷以充其饕. 難謀附尾蠅, 還隨踏跡驢. 旣不合時宜, 無怪與世疎. 癸丑元日曉, 親說夢中故. 居屋八九間, 樑棟忽顚仆. 其上有匏蔓, 結實不可數. 屋是我手構, 顚則身必墓. 匏是吾家姓, 繁則孫必屢. 果於是年春, 含索等?枯魚. 百事多感意, 孤露此身餘. 或在夢寐間, 如侍膝下時. 自恨誠意薄, 未盡承誨辭. 是日家有喜, 飮食與文詞. 終始百年間, 天地負恩慈. 常苦文園渴, 惟甘泌水飢. 麴味與草烟, 深惡染肝脾. 素有山水癖, 精英氣自飽. 徒爲耳目役, 敢曰仁智樂. 東陟蓬壺杖, 西泛桂洋櫂. 孤雲庶幾遇, 永郎如可羣. 短篇題澗石, 長歌裊峯雲. 歸栖圖畫壁, 臥遊憐白棼. 年當知命三, 前後失二耦. 人多嘲腹悲, 誰復任箕帚. 但恨中饋乏, 豈嫌空房守. 二男善事我, 矧兼有孝婦. 寒燠授麻絲, 朝晡供飯糗. 淡然色界上, 西子反爲醜. 初志不欲變, 賦命宜順受. 洎乎丙子冬, 立塾小如斗. 距家數十步, 蕭洒面陽牖. 依園雜橡栗, 循除遍杞菊. 興居適溫凊, 吟呀慰幽獨. 已廢遊屐蠟, 更謝歆鳴鹿. 追?悔擧子業, 半生徒碌碌. 粤自文代繩, 及其添書竹. 鍾鼎績可巧, 絃匏律皆錄. 尋常寓之眼, 莫可筍以腹. 尠有金揀沙, 難沽玉韞櫝. 不知老將至, 此間應淸福. 諸孫日灑掃, 坐處無塵埃. 若見詩朋到, 欣然笑開口. 觚板卽拈韻, 壚帘輒沽盃. 方擬沈宋體, 不屑郊島才. 餞兎復迎鵶, 天壤樂恢恢. 反愧牛馬走, 那致龜鶴齡. 雖無到氷炭, 猶不採蔘苓. 壽已過所望, 心定不怛化. 桐棺有先備, 含笑此世謝. 何山白狐眠, 睡窩丹旐揭."

682 궈덩펑[郭登峯] 編, 《歷代自敍傳文鈔》 上·下冊, 臺北: 臺灣商務印書館, 1965; 두롄저[杜聯哲], 《明人自傳文鈔》, 臺北: 藝文印書館, 1977.

683 가와이 코조[川合康三], 앞의 책, 160-176면.(심경호 옮김, 앞의 책, 182-197면.) 다만, 이 책에서 가와이

호 역시 자만시를 동아시아의 전통적 자서전의 하나로 제시하고 있기도 하다. 특히 심경호는 죽음을 주제로 한 한국 한문학 작품들을 가려 뽑아 역주 평설한《내면기행》과 '선인들의 자서전'을 표방한《나는 어떤 사람인가》에서 한자문화권의 자전적 글쓰기를 크게 여섯 가지로 분류하고, 이를 편의상 '중세적 자서전'이라 부를 수 있다고 보았다. 자만시도 그 일부로서 이 책에 수록되어 있는데, 심경호는 자전적 글쓰기의 다섯 번째 유형으로 자만(自挽) 계열을 설정하고, 그 예로 자만, 자작뢰문(自作誄文), 운문으로 쓴 유장(遺狀)을 든 바 있다.[684] 이를 통해 근래 동아시아 학계에서도 자전문학의 하나로 자만시를 다루려는 시도들이 있음을 확인할 수 있다.

그렇다면 자만시는 자전문학으로 보아야 하는가? 아니면 자전문학과는 다른 별개의 문학양식으로 구별지어야 하는가? 이 문제를 좀 더 객관적으로 살피기 위해 우리는 서구 연구자의 시각을 참조할 수 있다. 프랑스의 자서전 연구자 필립 르죈(Philippe Lejeune)은《자서전의 규약(Le Pacte autobiographique)》에서 자서전이 성립하기 위해서는 저자와 화자 그리고 주인공 간의 동일성이 성립해야 한다고 주장했다.[685] 르죈은 처음엔 시를 자서전의 범위에 넣지 않다가 위 책의 개정판에서 시도 자서전의 범위에 포함시킨 바 있다.

자만시를 르죈의 기준에 따라 살펴본다면, 표면적으로 시인과 화자 그리

코조는 도연명의 〈자제문〉이나 〈의만가사〉가 〈오류선생전(五柳先生傳)〉과 표리를 이루는 것으로 보았을 뿐, 인간의 생애를 대상으로 하지 않았다는 점에서 자전에 넣는 것은 적절치 않다고 썼다. 그는 인간의 생애를 대상으로 하는 시는 별도로 '시 속의 자전[詩の中の自伝]'이라는 항목을 설정하여 다루고 있지만 자만시와는 다른 것이다. 중국학자 셰쓰웨이[謝思煒]는 자전시(自傳詩)라는 용어를 쓰기도 한다.

684 심경호,《내면기행》, 이가서, 2009;《나는 어떤 사람인가》, 이가서, 2010.

685 필립 르죈(Philippe Lejeune),《자서전의 규약(Le Pacte autobiographique)》, 윤진 옮김, 문학과지성사, 1998, 15-69면. 르죈 외에도 참조해야 될 자서전 연구자로 서구 자서전 전반에 대한 방대한 연구를 수행한 독일 학자 게오르그 미슈(Georg Misch)가 있다. 그는 고대의 전기로부터 루소의《고백록》에 이르기까지 인간의 의식이 점진적으로 깨어나는 과정을 그리려고 했다. 필자는 아직 미슈의 연구 성과를 검토하지 못하여 이 책에 반영하지 못했다. 르죈은 게오르크 미슈의 연구를 존중하면서도 그가 수행한 작업이 당시에는 서로 간에 관련이 없는 텍스트들을 묶어 본 관념적이고 신화적인 시도일 뿐이라고 비판하였다. 필립 르죈(Philippe Lejeune), 같은 책, 379면.

고 망자(주인공?) 사이에 동일성이 성립한다고 볼 수 있다. 자만시가 기본적으로 자서전으로서의 특성을 가지고 있음을 알 수 있다. 하지만 좀 더 따지고 들어간다면 자서전이라 보기 어려운 측면도 함께 드러난다. 이해를 돕기 위해 자만시의 시인, 화자, 망자와 텍스트 내-외부의 관계를 도시(圖示)해 보면 다음과 같다.

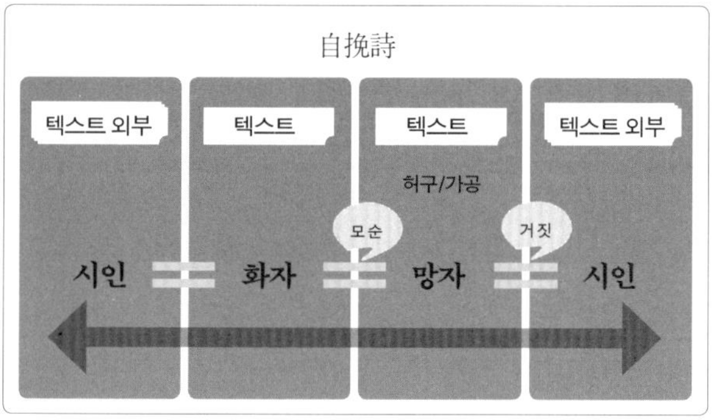

텍스트 안에서 볼 때 자만시의 화자는 죽은 나이고, 죽은 내가 생전의 삶을 돌이켜 보는 방식을 취한다. 반면, 텍스트 밖에서 볼 때 자만시는 살아 있는 시인이 죽은 자신을 이야기하는 것이 된다. 따라서 도시된 내용과 같이 자만시는 망자와 화자가 같다는 텍스트 내부의 모순과 시인과 망자가 같다는 거짓, 곧 텍스트 외부와의 불일치를 보여 준다. 이런 모순과 거짓은 언뜻 자전문학으로서의 원칙을 어긴 것으로 보인다. 만들어진 가공의 '나(망자)'가 등장한다는 것만으로도 자서전보다는 허구적 경향을 띠고 있다고 볼 수도 있다. 하지만, 이 허구의 '나'와 또 그것을 애도하는 시적 화자의 목소리에는 궁극적으로 자신의 삶을 성찰하는 내면적 진실이 담기게 된다. 자만시가 허구임에도 언술 행위의 층위에서 날조된 자아를 넘어 결국엔 필립 르죈이 말하는 '자서전적 주체'를 드러내게 되는 이유가 여기에 있다.[686]

앞 장에서 언급한 것처럼 자만시는 형성 과정에서 시적 화자 자신이 바로

686 필립 르죈, 앞의 책, 60-61면.

죽은 사람인 1인칭의 망자가 등장하고, 죽은 이를 '그대[子]' 또는 '나[我]'라고 써서 2인칭과 1인칭이 뒤섞이는 현상이 빚어지게 된다. 또 한편으론 남효온의 〈자만 4장〉에서 보는 것처럼 허구적 공간의 설정으로 인해 삶과 죽음을 넘나들며 실제와 가공의 나를 포괄한 전지적인 화자가 이야기를 끌어가는 독특한 자아표현이 등장하게 된다. 조금 비약한다면 1인칭과 2인칭은 물론 심지어 3인칭의 나와 이 모든 것을 전지적 시점에서 이야기하는 시적 화자로서의 또 다른 나가 혼합되는 것이다. 우리는 이것을 자아의 혼성(hybrid)이라고 규정한 바 있다. 서구 자서전 연구자들이 주목하는 러시아 출신의 프랑스 작가 나탈리 사로트(Nathalie Sarraute: 1900-1999)의《어린 시절(Enfance)》같은 작품에서도 두 명의 자아가 대화를 나누는 자서전 주체의 혼성이 발견되는 것을 보면, 자만시의 이런 자아표현 방식은 현대적 자서전의 면모마저 지니고 있다고 하겠다.[687] 또 텍스트 내부의 모순과 텍스트 외부와의 불일치와 별개로 자만시의 핵심이 자기 성찰과 자아표현이라고 본다면, 서구 자서전과도 근본적으로 다를 바가 없다는 사실을 확인할 수 있다.[688]

실제 동아시아 자전문학의 전통에서 볼 때도 자만시는 대체로 자전문학이거나 그와 유사한 성격의 문학양식으로 인식되어 왔던 듯하다. 제2장에서 살펴본 것처럼 조선 중기 이수광은《지봉유설》〈애사(哀辭)〉조에서 도연명, 배도, 백거이, 소옹, 진요좌와 조선의 노수신이 지은 자만시, 자전(自傳: 托傳 포함), 화상자찬(畵像自贊), 자찬묘지명(自撰墓誌銘), 자지(自誌) 등을 병칭하며 동일한 창작 목적에 따라 지어진 것임을 지적한 바 있다.[690] 그는 자전적 문

687 나탈리 사로트는 자신의 자서전《어린 시절》을 어른과 아이, 두 명의 화자가 나누는 대화 형식으로 구성하고 있다. 이는 자만시에서 시간적으로 뒤의 나(죽은 나)가 이전의 나(생전의 나)를 바라보고 말하는 방식과도 유사한 측면이 있다. 나탈리 사로트(Nathalie Sarraute),《어린 시절(Enfance)》, 권수경 옮김, 문학과지성사, 2010; 유호식,《자서전: 서양 고전에서 배우는 자기표현의 기술》, 민음사, 2015, 16-101-114면. 마이클 셰링엄(Michael Sheringham)은 자서전의 주체가 혼성(hybrid), 즉 과거와 현재, 자기와 타자, 자료와 욕망, 현실 참조적인 것과 텍스트적인 것, 발화된 것과 발화되고 있는 것의 결합을 이루어내는 과정을 보여 준다고 지적한 바 있다. 이 점 역시 자만시 자아 혼성과도 상당히 닮아 있다. 마이클 셰링엄(Michael Sheringham), *French autobiography: Devices and Desires*. Rousseau to Perec, New York: Oxford University Press, 2001/1993, 21면. 유호식, 앞의 책, 20-21면에서 재인용.

688 유호식, 앞의 책, 8-9면.

학작품을 남긴 작가들이 이름(명예)에 뜻이 있었던 것이라고 조심스럽게 추론하였다. 이름에 대한 추구란 달리 말하면 자신을 자신이 원하는 방식으로 세상에 각인하려는 자아표현의 욕구라고 할 수 있고, 그런 기준에서 상이해 보이는 글쓰기들을 통관(洞貫)하여 언급할 수 있었던 것이다.

한편 조선시대 문학 환경에서도 자전문학과 자만시는 매우 가깝거나 동종의 문학양식으로 인식되어 왔을 가능성이 높다. 제6장에서 소개한 노수신(盧守愼)이 세 차례에 걸쳐 자만시를 쓰고, 노년에 이르러 〈암실선생자명(暗室先生自銘)〉이란 자명(自銘)을 남겼던 것이나, 제7장에서 살핀 조임도(趙任道)가 자만시와 함께 〈자전(自傳)〉을 남긴 것, 그리고 제8장에서 검토한 최기남(崔奇男)이 자만시 외에 〈자제문(自祭文)〉과 자전(自傳)을 썼던 것 외에, 18세기 기계(杞溪) 유씨 집안의 유언지(兪彦摯, 1706-?)와 유언호(兪彦鎬, 1730-1796)가 자만시와 〈자제화상(自題畵像)〉·〈자제문(自祭文)〉·〈제견본소상(題絹本小像)〉·〈자지(自誌)〉를 함께 남기고 있는 데서도 이를 짐작할 수 있다.[690] 이 중 최기남의 경우가 특히 시사적이다. 그는 71세에 자만시와 자제문을 쓰고, 다시 74세에 〈졸옹전(拙翁傳)〉을 작성한 바 있는데, 시기적으로 가장 뒤의 작품인 〈졸옹전〉 안에 다시 자만시와 자제문을 수용하고 있어서 세 가지 형식의 글쓰기 간의 밀접한 관련성을 분명히 보여 준다.

이런 동질성에도 불구하고 자만시가 자전문학 안에서 차지하는 독특한 위상 역시 소홀히 여길 수 없는 문제이다. 자만시는 이상에서 살펴본 것처럼 다른 자전문학과 일정한 차이가 있다. 상장례의 가설(假設)을 통한 허구성, 상대적으로 자신의 삶보다는 죽음에 초점을 맞춘 서술 방식, 그리고 이상의 문제와 무관하지 않은 상징적 자아표현 등이 그 대표적 국면들이다.

---

689 李睟光, 《芝峯類說》 권14, 文章部7 哀辭, 《芝峯類說》, 景仁文化社, 1970, 544면. "昔陶淵明自作挽詞及五柳先生傳, 裴晉公自作畫像贊, 白樂天自作醉吟先生傳及墓誌銘, 邵康節自作無名公傳, 陳堯佐自作墓誌, 近世盧蘇齋亦自作誌文, 豈亦有意於名者歟?"

690 심경호·노요한 역주, 《국역 기계문헌》 4, 권11, 기계유씨대종회, 313-314·642-643면. 이 책의 뒤에는 다음 책이 함께 영인되어 있다. 유치웅 편, 《杞溪文獻: 原文》, 영인본, 富雲獎學會, 1963, 547·606-607면.

타인에 대한 만시가 죽음을 통한 상실감을 드러내고 있다면, 자만시는 자신의 가장된 죽음을 통해 삶에 대한 열망을 드러낸다는 점에서 주제적 성격을 달리한다. 그런 점에서 자만시는 앞서 언급한 것처럼 자신의 죽음을 연기(演技)하는 것을 하나의 수사적 전략으로 삼고 있다고 볼 수 있다. 이에 따라 자만시의 자아는 살아 있는 나이면서 죽은 나라는 이중적인 구조를 갖게 된다. 자만시에서 시적 화자인 '나'와 죽은 것으로 설정되어 있는 '나'는 시를 쓰는 과정에서 만들어진 텍스트 내적 자아이지만, 그 가공의 자아가 현실을 살아가는 '나'를 규정하고 만들어 낸다고 볼 수 있다. 이렇게 시인의 삶과 자만시가 서로 맞물려 있다는 의미에서 자만시라는 글쓰기는 일종의 자기형상 창조라고 볼 수 있다. 이런 특성은 자제문이나 자찬묘지명, 화상자찬, 탁전 형식의 자전 등에서도 발견되지 않는 것은 아니지만, 나의 죽음과 상장례라는 허구, 자아표현이 모두 갖추어진 것은 자만시만의 특성이라고 보아도 좋을 것이다. 앞 장에서 살핀 남효온이나 김조순의 예에서 보듯 이런 특성이 십분 발휘될 때 다른 자전문학보다 더 복합적인 혼성의 자아가 형성되고 그것이 독특한 자아표현 방식으로서 기능하게 된다.

하지만 몇몇 예외적인 경우를 제외한다면 대부분의 자만시는 삶 전체를 충분히 조명했다고 보기 어렵다. 박최인의 자만시 정도를 제외한다면 엄밀하게 말해서 자신의 삶 전반을 온전히 다룬 사례를 찾아보기 어렵다. 자만시를 자전문학으로 보지 않았던 연구자들 대부분이 이런 한계에 주목했던 듯하다. 다만 자기 정체성의 문제를 제기하면서 자기가 원하는 방식으로 자신에 대한 기억을 세상에 각인시키려 한 것이란 점에서, 자만시 자체는 자서전적 주체를 드러내었다고 보기에 부족함이 없을 듯하다. 또한 자만시의 작가는 일반적인 기록 방식을 거부하고 자신의 이야기를 전달할 글쓰기의 문제를 남보다 심각하게 성찰했다는 점에서 자전문학사 내지 자전적 글쓰기의 계보에서의 위상 역시 특별하다고 볼 수 있다.

한편 자만시는 자신의 삶을 다루고 있다는 점에서 자전적 시와도 유사하다고 볼 수 있다. 하지만, 학자들이 일반적으로 자전적 시라고 간주하는 작품들과는 일정한 차이를 보인다. 후한(後漢) 채염(蔡琰)의 작품이라고 전하는 〈호가십팔박(胡歌十八拍)〉의 주인공처럼 난리를 겪고 이민족의 땅으로 이주당한 불행을 탄식하지도 않으며, 두보(杜甫)의 〈북유(北遊)〉·〈석유(昔遊)〉처럼 시인이 시대란 커다란 틀 속에서 자신을 파악해서 시인 자신이 시대와 깊이 연관을 맺고 있지도 않다.[691] 오히려 자만시는 마치 화상자찬(畵像自贊)이나 자제화상시(自題畵像詩)처럼 제삼자의 입장에서 자신을 묘사하는 형식을 취한다는 점이 주목된다. 이는 마치 내 초상화를 보는 행위가 자신을 바깥에서부터 보는 것과 같은 효과를 가져온다. 자만시의 자기형상 창조가 자전적 글쓰기 방식 중에서도 두드러지는 이유가 여기에 있다.

앞서 언급한 것처럼 이 책은 자만시라는 글쓰기의 탄생과 전개 양상을 주로 조선시대 자만시의 특성에 초점을 맞추어 살펴본 것이다. 이렇게 자만시라는 글쓰기 양식의 성격과 위상에 초점을 맞추어 그 변화를 살핀 까닭에 이 책에선 죽음 인식 자체에 대해서는 충분히 검토하지 못했다. 전근대 지식인의 죽음 인식이란 자만시만 가지고 접근할 수 없는 문제이기 때문이다. 앞서 언급한 것처럼 여기서는 자만시라는 글쓰기 방식에 담긴 죽음 인식과 대처 방식을 현대적 관점에서 조명하는 방식으로 이 문제에 관한 하나의 단서를 제공하고자 한다.

자만시는 서양의 자전문학처럼 특별한 역사적·문화적 배경 속에서 탄생하고 변화해 왔다고 볼 수 있다.[692] 자만시가 처음 인생의 유한함을 분명히 인식하고 삶과 죽음을 하나로 여겨 독특한 처세 양태를 보이던 위진남북조 시기 인물들에게서부터 유래하였던 것도 이런 면모를 잘 보여 준다. 자만시

691 자전시 혹은 시 속의 자전에 대해서는 다음 연구 성과를 참조할 수 있다. 謝思煒, 〈論自傳詩人杜甫 — 兼論中國和西方的自傳詩傳統〉, 《文學遺産》, 1990年 第三期, 北京: 中國社會科學出版社, 1990, 68-76면; 川合康三, 앞의 책, 206-226면, 심경호 옮김, 앞의 책, 231-252면.

692 자서전 연구자들은 자서전이 특별한 역사적·사회적 조건 속에서 발전해 왔다고 설명한다. 유호식, 《자서전: 서양 고전에서 배우는 자기표현의 기술》, 민음사, 2015, 27-93면.

는 앞서 언급한 것처럼 만가와 만가시에서 유래하였다. 본래 타인의 죽음을 애도하기 위해 불리거나 지어지던 것이 인생의 유한성을 노래하고 자신의 운명을 비탄하기 위한 도구로 전용된 것이다. 이를테면 그 변화의 시작은 개별자의 죽음으로부터 우리 모두의 보편적 죽음으로 전환된 것이라 할 수 있다. 하지만 자만시는 이런 노래와 글쓰기 방식을 다시 개별자인 자신을 대상으로 활용함으로써 '우리 모두의 죽음'이면서 동시에 결국 '나의 죽음'이라는 주제의식을 완성하게 된다.

자신의 죽음을 염두에 둔 글쓰기란 측면에서 자만시는 임종시나 절명시와 유사해 보인다. 특히 죽음을 앞두고 있거나 예감한 채로 쓰는 경우 양자는 큰 차이가 없어 보인다. 하지만 앞서 언급한 것처럼 자만시는 자신의 죽음만이 아니라 상장례를 대상으로 한 글쓰기이기에 죽음에 대한 인식과 태도란 측면에서 일정한 차이가 있다. 제3장에서 살핀 것처럼 자만시의 상장례가 특별한 것은 이것이 죽은 자와 산 자가 참여하는 의례가 아니라, 자신의 죽음을 가정한 채 스스로를 장송(葬送)하는 허구적 세계란 점에 있다. 이에 따라 자만시의 상장례에선 죽은 자의 분리·전이·통합의 단계 대신 살아있는 나와 죽은 나라는 자아 간의 분리·전이·재통합이 이루어지게 된다. 따라서 '나의 죽음'을 이야기할 때도 시인은 살아 있는 나와 분리된 또 다른 자아인 죽은 나를 통해 죽음과 삶을 함께 조명할 뿐 아니라, 궁극적으로는 자아 동일시를 통해 삶과 죽음에 관한 자신의 내밀한 의중을 드러내게 된다. 요컨대 죽음을 주제로 한 것은 동일하지만, 죽음을 말하는 방식과 목적이란 측면에서 임종시나 절명시와는 큰 차이가 있다.

조선시대 자만시의 경우 자만시라고는 하지만 실제론 임종시나 절명시와 다름없는 내용의 작품들도 있는 것이 사실이다. 이 점은 중국의 경우도 마찬가지다. 작자에 따라 임종시나 절명시와 다름없이 자만시를 생각하고 창작하기도 하지만, 이 책에선 가급적 진정한 자만시를 기준으로 자만시의 계보를 그리고, 그 계보 속에서 일련의 작품들의 위상과 의미를 짚어 보는 방식을 취하였다. 자만시와 유사 주제 작품을 혼동할 경우 나의 죽음과 장례식이 아니라 죽음 직전의 유언이란 다른 문제로 변질될 수 있기 때문이었다.

동아시아 지식인들의 죽음 인식을 보여 주는 상징적 사례의 하나로 우리는《안자춘추(晏子春秋)》등에 수록된 다음과 같은 이야기를 떠올릴 수 있다. 춘추시대 제(齊) 경공(景公)은 자신의 영토를 돌아보던 중 우산(牛山)에 이르렀다. 이 우산을 유람하다가 그는 갑자기 눈물을 흘리기 시작했다. 신하들이 우는 이유를 묻자 제 경공은 자신이 언젠가는 죽어 이런 아름다운 광경을 보지 못할 것을 슬퍼해서 운다고 대답했다.[693] '우산에서의 눈물[牛山淚]', '우산에서의 탄식[牛山嘆]' 등으로 약칭되는 이 이야기는 많은 문학작품에서 전고(典故)로 활용되기도 했다.[694] 당시 제 경공을 보좌했던 명재상 안영(晏嬰: 晏子)은 물론 후대 시인들 대다수가 자신의 영토에 집착하여 죽음을 받아들이지 못하고 삶에 연연하는 경공의 어리석음을 탓하였지만,[695] 다른 각도에서 본다면 자신의 죽음을 예감하고 절망할 수밖에 없는 인간의 숙명을 보여 주는 일화이기도 하다.

우리에게 죽음은 다른 사람의 죽음이라는 사건으로만 경험된다.[696] 문학

693 장춘이[張純一] 撰,〈景公登牛山悲去國而死晏子諫第七〉,《晏子春秋校注》권1, 內篇 諫上, 량윈화[梁運華] 點校, 北京: 中華書局, 2014, 44-46면. "景公遊于牛山, 北臨其國城而流涕曰, '若何滂滂去此而死乎?' 艾孔·梁丘據皆從而泣, 晏子獨笑於旁. 公刷涕而顧晏子, 曰, '寡人今日游悲, 孔與據皆從寡人而涕泣, 子之獨笑, 何也?' 晏子對曰, '使賢者常守之, 則太公·桓公將常守之矣. 使勇者常守之, 則莊公·靈公將常守之矣. 數君者將守之, 則吾君安得此位而立焉? 以其迭處之, 迭去之, 至於君也, 而獨為之流涕, 是不仁也. 不仁之君見一, 諂諛之臣見二, 此臣之所以獨竊笑也.'"

694 이 일화는《열자(列子)》〈역명편(力命篇)〉과《한시외전(韓詩外傳)》권10 등에도 실려 있다. 한편,《맹자(孟子)》〈고자 상(告子 上)〉에서는 '우산지목(牛山之木)'을 소재로 다른 이야기가 전개된다. 여기서는 사람의 본성의 아름다움을 설명하기 위한 비유로 우산의 나무가 활용된다. 주희는 산의 나무와 사람의 마음이 그 이치가 하나라고 설명한다. 요컨대 우산은 동아시아의 지적 전통에서 볼 때 인생의 유한함이나 본성의 선함 등을 이야기할 때 즐겨 사용된 공간이자 소재였던 셈이다.

695 육기(陸機)는〈제구행(齊謳行)〉에서 "鄙哉牛山嘆, 未及至人情. 爽鳩苟已徂, 吾子安得停."라고 하였고, 이백(李白)은〈고풍59수(古風五十九首)〉에서 "景公一何愚? 牛山淚相續. 物苦不知足, 得隴又望蜀."(其二十三)라고 읊은 바 있다.

696 죽음의 문제를 이렇게 설명한 사람으로 프로이트가 있다. 프로이트는 마음속 깊이 그 누구도 자신의 죽음을 믿지 않으며, 무의식 속에서 우리 모두는 자신의 불멸을 확신한다. 다만 타인의 죽음을 통해 우리 자신의 유한성, 죽음의 의미를 이해하게 된다고 했다. 지그문트 프로이드(Sigmund Freud), "*Thoughts for the Times on War and Death*", *The Standard Edition of The Complete Psychological Works of Sigmund Freud 14*, James Strachey 편역, London: Hogarth Press, 1966, 288면.

예술 등을 통해 간접경험을 할 수 있을 뿐이다. 서양문학까지 시야를 넓혀 본다면 우리는 톨스토이(Лев но Толстой, 1828-1910)의 〈이반 일리치의 죽음(Смерти Ивана Ильича)〉 같은 작품에서 죽음을 맞기 전까지 겪는 죽음에 대한 '의심', '두려움', 그리고 '절망' 등과 그에 뒤따르는 처절한 심리적 상태를 간접 체험할 수 있다.[697] 그러나 우리는 죽음 이전의 단계들만을 체험할 수 있을 뿐이지 어떠한 경우에도 죽음 자체는 경험할 수 없다. 죽었다가 살아 돌아온 사후 체험 따위는 매우 예외적일 뿐 아니라 일반적으로 진실이 아니라 받아들여진다. 나의 죽음이 문학의 주제나 소재가 되기 어려운 이유가 여기에 있다.

그럼에도 조선시대 지식인 중에 자신의 죽음에 대한 절절한 감정을 시로 남긴 이들이 있다. 제11장에서 살펴본 것처럼 18세기 조영순(趙榮順, 1725-1775)은 임종 무렵 모두 세 차례에 걸쳐 자신의 죽음을 애도하는 시를 썼다. 조영순은 노론 4대신의 한 사람인 조태채(趙泰采)의 손자로 그 자신 역시 영조대 탕평(蕩平) 정국에서 순탄치 못한 삶을 살았던 인물이었다. 그는 1775년 10월 14일 세상을 떠났는데, 세상을 뜨기 전날인 10월 13일 오후부터 임종 당일까지 모두 세 차례에 걸쳐 자신의 죽음을 주제로 한 시를 남겼다. 임종 전날 오후에 쓴 첫 번째 수는 시를 직접 썼지만, 밤중에 쓴 두 번째 수와 세상을 뜬 날 쓴 마지막 수에선 직접 쓸 수가 없어 조카와 아들에게 불러주어 쓰게 했다. 같은 날 별도로 아들을 시켜 자신의 무덤에 들어갈 묘지명인 〈자지명(自誌銘)〉도 받아 적게 했다. 그는 죽기 전날 쓴 시에선 "상여 싣고 고향 선산 앞으로 가니, 적벽강 위에 띄운 배에서 붉은 만장 펄럭이네.[靈輀駕向故山前, 丹旐悠揚赤壁船.]"라고 만장을 앞세우고 선산을 향해 가는 자신의 상여를 떠올렸고, 임종일에 쓴 시에선 "하필 내 빈소 등불 아래서, 세 번 고복하여 꼭 예법대로 하리오?[何必吾楹燈燭下, 三呼皐復正如儀?]"라고 마치 죽은 영혼이

697 임철규, 《죽음》, 한길사, 2012, 226-232면; 레프 톨스토이, 《이반 일리치의 죽음》, 고일 옮김, 작가정신, 2011.

문상 온 사람들을 보고 안타까워하는 것 같은 상황을 만들어 내기도 했다.[698]

하지만 이렇게 죽음 직전 자만시를 쓰는 것은 임박한 죽음에 대한 절절한 감정을 드러내기엔 유리할지 모르지만 온전히 자신의 죽음을 표현하기엔 무리가 따르기도 한다. 김시서(金時瑞, 1652-1707)처럼 죽기 직전 〈자만(自輓)〉 시를 쓰다가 채 마무리 짓지 못하고 세상을 뜬 경우도 있다.[699] 내 죽음을 기록한다는 것은 근본적으로 불가능한 일이라고 할 수 있다.

자만시가 유래한 만가와 만가시 역시 나의 죽음이 대상일 수는 없었다. 그것은 어디까지나 타인의 상장례에서 그의 죽음을 애도하는 방식으로만 존재할 수 있었다. 하지만 자만시는 이와 달리 자신의 죽음과 그것을 둘러싼 상장례를 대상으로 삼았다. 이런 측면에서 자만시라는 글쓰기가 궁극적으로 지향하는 바는 자신의 죽음을 타인의 손길과 시선으로부터 찾아와 온전히 자신의 것으로 만드는 일이라고 할 수 있다. 이는 죽음에 대한 기존의 이론이나 생각을 완전히 뒤엎거나 변화시킬 만한 사건은 아니지만, 창작을 통해 죽음에 대한 진지하고 직접적인 성찰을 시도한 것이란 측면에서 문학사적으로 주목할 필요가 있다. 또 자신의 상장례를 가공해 내고 자신의 삶을 타인의 눈으로 평가하는 과정에서 빚어지는 자기 객관화 및 성찰과 반성, 그리고 자기 트라우마의 극복과 승화 등은 죽음을 받아들이는 자세로서도 주목함직하다.

프랑스의 역사학자 필립 아리에스(Philippe Ariès)가 지적한 것처럼 사람들은 죽음을 금기시하고, 현실로부터 떼어 내 병원이나 영안실과 같은 장소에 유폐시켜 현실과 격리시킨다. 인간의 수명은 의학의 발전으로 나날이 늘어가지만, 현대인 역시 죽음은 대체로 자신의 일이라고 생각하지 않고 외면하거나 미루어 두곤 한다.[700] 앞서 언급한 〈이반 일리치의 죽음〉에서 주인공이

698 趙榮順, 〈絶筆〉 세 번째 수, 《退軒集》 권3, 한국문집총간 속집 89, 한국고전번역원, 2009, 303면.

699 金時瑞, 〈自輓〉(下句氣乏不能成, 推與遜齋續成), 《自然堂遺稿》 卷一, 한국역대문집총서 2297, 경인문화사, 1997, 229면. "全而生我可全歸, 何事全來歸不得. 只是行身太顚狂, 悠悠此恨無終極."

700 필립 아리에스(Philippe Ariès), 《죽음의 역사(Essais sur l'histoire de la mort en Occident du Moyen Age a' nos

그랬던 것처럼 '나의 죽음'은 어떤 논리도 적용될 수 없는 결코 있을 수 없는 일이었다.[701] 타인의 죽음이 아니라 바로 나의 죽음이기 때문이다. 그런데 자만시는 바로 나의 죽음을 대상으로 삼은 글쓰기이다. 비록 미리 당겨 생각해 본 것이긴 하나 그 행위는 죽음 앞에서의 끊임없는 도피를 지양하고, 독일의 철학자 하이데거(Martin Heidegger)가 말한 것 같은 "죽음에 대한 불안을 가지는 용기"를 실행했다고 볼 수도 있다.[702] 우리가 자만시에 주목해야 될 한 가지 이유가 여기에 있다고 생각한다.

오늘날 우리는 타인의 장례식에서조차 자신의 죽음을 떠올리고 싶어하지 않는다. 그렇다면 자만시가 오늘날 우리에게 시사하는 죽음 대처 방식은 무엇일까? 이상의 검토를 통해 우리는 다음 몇 가지로 추론을 할 수 있을 듯하다.

첫째, 자만시는 본래 타인의 죽음을 애도하는 것만 가능했던 만시란 글쓰기를 자신의 문제로 자리바꿈한 것이다. 타인의 죽음과 상장례를 다루는 방식으로 나의 죽음을 다루었다는 점에서 애써 죽음을 외면하거나 미루어두었던 자세로부터 극적인 전환의 계기를 마련할 수 있게 된다. 말하는 형식의 선택이 곧 말하는 내용의 진실성과 관련된다고 본다면, 자만시는 바로 작자 내면의 쉽게 말 못할 삶과 죽음의 진실을 드러내겠다는 분명한 표지라고도 할 수 있다.

둘째, 죽음보다는 삶에 대한 성찰을 우선시했던 경향과 달리 죽음 자체를 시적 주제로 삼음으로써 나의 죽음을 진실한 고민의 대상으로 자리바꿈할 수 있게 된다. 이런 극적인 변화는 글쓰기 자체의 전통에서 볼 때도 우리

jours)》, 이종민 옮김, 동문선, 1998, 196-249면; ____, 《죽음 앞의 인간(L'homme Devant la Mort)》, 고선일 옮김, 새물결, 2004, 1011-1057면.

701 톨스토이의 《이반 일리치의 죽음》에서 이반 일리치는 독일의 철학자 키제베터(Johann Gottfried Kiesewetter, 1766-1819)의 논리학에서 배운, "게사르는 인간이다. 인간은 죽는다. 따라서 게사르도 죽는다."는 삼단논법은 게사르에게나 적용되는 것이지 자기에게는 적용되지 않는다고 생각했다. 레프 톨스토이, 《이반 일리치의 죽음》, 고일 옮김, 작가정신, 2011.

702 마르틴 하이데거(Martin Heidegger), 《존재와 시간(Sein und Zeit)》, 이기상 옮김, 까치글방, 1998, 311-567면; 임철규, 〈하이데거의 '죽음으로 향하는 존재'〉, 《죽음》, 한길사, 2012, 247-271면.

에게 시사하는 바가 있다. 본래 타인의 죽음에 대한 순연한 슬픔으로부터 유래한 만가와 만시가 순수함을 잃고 의례적 수사로 전락해 갈 무렵, 자만시란 죽음에 대한 진실한 감정과 사고를 드러내는 절절한 글쓰기로 탈바꿈했기 때문이다. 곧 글쓰기 방식으로서의 매너리즘과 그로 인한 무의미한 수사로부터 자기 갱신을 통해 죽음을 대상으로 한 글쓰기를 구해냈다고 할 수 있다. 어쩌면 자만시라는 양식의 탄생 자체가 우리에게 죽음에 대한 진정성을 요구하고 있는 셈이다.

셋째, 본래 아무 말도 할 수 없는 1인칭의 죽음인 나의 죽음을 2인칭이나 3인칭의 죽음인 타인의 죽음과 같은 방식으로 다룸으로써 나의 죽음을 객관화할 수 있게 된다. 이런 방식은 동아시아 자전적 글쓰기의 특징과도 관련이 있다. 초상화 속의 나를 읊을 때도, 혹은 자신의 전기를 쓸 때도 1인칭보다 2인칭이나 3인칭으로 자신을 대상화하는 경우가 많다. 그런데 자만시는 이런 자기 대상화가 더욱 복잡한 양상을 띤다. 이런 자아 혼성의 정도가 심화될 경우 자만시는 정체성의 탐색이란 측면에서도 특별한 결과를 도출하게 된다. 심지어 가공의 나까지 활용될 경우, 주체이면서 동시에 대상이 될 뿐 아니라 시공을 넘나들면서 새로운 방식으로 죽음을 통해 자신의 정체성을 탐색하고 재구성할 수 있게 된다.

다만 자만시가 창작되는 계기는 1인칭으로부터 2인칭 혹은 3인칭으로가 아니라 반대의 경로를 거치는 경우가 더 많다. 특히 부모의 죽음이 계기가 된 경우들이 있다. 제8장 말미에 제목만 언급한 이민보(李敏輔, 1717-1799)의 작품에서 우리는 이런 면모를 확인할 수 있다. 그가 자만시를 짓게 된 계기는 부모님이 연이어 돌아가셨기 때문이었다. 〈부모님 연이어 돌아가시고 해가 바뀌어, 다시 기미년이 돌아옴을 보고, 해가 또 경신년으로 이어지려고 하니, 놀랍고 비통하여 죽고자 하였지만 뜻을 이루지 못하였다. 《택당집》의 〈절필〉시를 차운하여 대략 도연명이 자만한 의미를 붙이다.[愍凶逢新, 復見己未讐, 年又接庚申, 驚慟摧怛, 求死不得, 次澤堂集絶筆韻, 畧寓淵明自挽之意]〉[704]란 긴 제목의 시는 그가 이태 연이어 부모님을 잃고 죽고 싶을 만큼 괴로웠으며, 그 과정 속에서 나의 죽음을 생각하게 되었음을 잘 보여 준다. 이 시는 두 수로 이루어져 있는데 다음은 그 첫 번째 수다.

흰머리 되어서 성은 입어 특별히 추관(秋官)을 맡았으나,[704]
맡은 바 직위 감당키 어려워 물러나겠다 아뢰었지.
노래 부르니 절로 도연명의 자만시가 되고,
나이 먹어서 조무(趙武)를 부끄럽게 하는 일 생길까 두렵구나.[705]
부친 돌아가신 해 돌아오니 남은 생에 눈물 나고,[706]
상전벽해의 변화 보느라 겁 지나도록 근심하였다네.[707]
누가 사장으로 불후의 명성 남기려고 하는가?[708]
저 두레박줄 아래 우물 안 개구리처럼 구는 것을 보게나.[709]

白頭恩遇特知秋, 陳力難能便告休.
歌發自成陶令挽, 耋深竊畏趙文羞.

703 李敏輔,《豊墅集》권5, 한국문집총간 232, 민족문화추진회, 1999, 406면. 이 시의 제목이 갖는 의미에 대해서는 제11장의 각주를 참고하시오.

704 추관(秋官)은《주례(周禮)》에 나오는 육관(六官)의 하나로, 형옥(刑獄)을 관장하는 벼슬이다. 이는 이민보가 그의 나이 76세 때인 1792년(임자)에 아들 이조원(李肇源)이 등제하자 시종신(侍從臣)의 아비로 품계가 올라 형조 판서가 되었기 때문에 한 말로 보인다

705 조문수(趙文羞)에서 조문(趙文)은 조문자(趙文子) 곧 춘추 시대 진(晉)나라의 재상인 조무(趙武)를 가리킨다. 조무는 조맹(趙孟)이라고도 하는데 시호가 문자(文子)이므로 조문자(趙文子)라고도 부른다.《춘추좌씨전(春秋左氏傳)》양공(襄公) 30년 2월 23일조에는 다음과 같은 이야기가 실려 있다. 기(杞)나라의 성을 쌓을 적에 강현(絳縣)에서 동원된 사람이 있었는데, 자신의 나이도 몰랐다. 나이를 추산해보니 73세나 되었다. 조무가 노인을 징발한 관리가 누군지 따져보니 원래 자신의 속리(屬吏)였던 사람이었다. 이에 조무는 노인에게 토목 공사에 동원한 일을 사과했다는 것이다. 여기에서 '조문의 부끄러움[趙文羞]'이란 이민보 자신이 나이가 들어 관직에 나가게 되어 주변사람들을 부끄럽게 만들었다는 의미로 사용된 듯하다.

706 점악(苫堊)은 친상(親喪) 중에 상제(喪制)가 사용하는 거적자리와 머무는 초막을 가리킨다. 여기서는 부모의 상을 의미한다. 점(苫)은 본래 거적자리를 말한다.《의례(儀禮)》〈기석례(既夕禮)〉"상주는 거적자리에서 잠을 자고 흙덩이를 베고 잔다.[寢苫枕塊.]"라고 했다. 악(堊)은 악실(堊室)로 상주가 거처하는 방을 말한다. 부모의 상을 당하면 중문(中門) 밖의 추녀 밑에 백토(白土)를 쌓아 상막(喪幕)을 축조하되 흰 상태로 두고 아무런 장식을 하지 않기 때문에 이같이 부른 것이다.

707 우주가 한 번 생성해서 존속하는 기간을 1겁(劫)이라 하고, 겁이 다하여 우주가 괴멸하는 시기를 괴겁(壞劫)이라 한다.

708 이민보는 삼대 문형을 배출한 집안에서 태어나 초년에는 이천보(李天輔), 오원(吳瑗) 등에게 배워 사장에 힘썼으나, 이후 박필주(朴弼周), 이재(李縡)에게 도학에 힘쓸 것을 권유받고 이후 성리학에 전념하였다고 한다.

709 경잔류(綆孱流)는 재능이나 식견이 부족해서 일을 감당할 능력이 없는 것을 말한다.《장자》〈지락(至樂)〉편의 "주머니가 작으면 큰 물건을 담을 수 없고, 두레박줄이 짧으면 깊은 우물의 물을 길을 수 없다.[褚小者, 不可以懷大, 綆短者, 不可以汲深.]"라는 말을 염두에 둔 표현이다.

年回苦塋殘生淚，　眼閱滄桑過刦愁.
誰欲詞章垂不朽，　看他蛙井綆潺流.

위 시는 이민보가 노년에 이르러 부모님이 돌아가신 해가 다시 돌아오자 느끼는 비감한 마음을 담고 있다. 시인은 삼대 문형을 배출한 명문가에서 태어났지만, 개인적인 아픔이 있었다. 그가 20대 초반일 때 생부 이양신(李亮臣)과 생모 평산(平山) 신씨(申氏)가 연이어 세상을 떠났기 때문이다. 이민보는 뒤에 출계하여 후사가 없는 당숙 이숭신(李崇臣)의 양자가 되었지만, 아버지가 돌아가신 해가 다시 돌아오자 죽고 싶을 만큼 비통해 했다. 이때 느낀 슬픔을《택당집(澤堂集)》의〈절필(絶筆)〉시를 차운하여 도연명이 자만(自挽)한 의미를 붙이는 방식으로 절절하게 써낸 것이 이 작품이다.

이민보의 자만적 작품은 1799년 기미년에 지어졌다. 그가 1월 6일에 별세했다는 점을 감안하면 임종 무렵이거나 불과 며칠 전에 이 시를 지었다는 사실을 확인할 수 있다. 죽음이 멀지 않은 83세의 노인이 자신의 삶을 결산하는 시를 쓴 것 자체는 특별한 일이 아니다. 하지만 60여 년 전 돌아가신 부모님을 떠올리며 비탄에 잠겨 죽고 싶어서 썼다는 창작 동기만큼은 눈여겨볼 필요가 있다.

프랑스의 철학자 장켈레비치(Vladimir Jankélévitch)는 죽음에 대해 타인의 죽음인 3인칭의 죽음과 부모의 죽음인 2인칭의 죽음, 그리고 자신의 죽음인 1인칭의 죽음으로 나누어 설명한다. 그에 따르면 우리는 타인의 죽음에선 자신의 죽음을 예감하지 못하다가, 2인칭의 죽음인 부모의 죽음을 통해 비로소 1인칭인 자신의 죽음을 예감하게 된다고 한다.[710] 이민보의 자만적 작품은 부모님의 죽음이란 2인칭의 죽음을 통해 자신의 죽음인 1인칭의 죽음을 예감하기까지의 경로를 우리에게 잘 보여 준다. 이는 우리로 하여금 자만시의 죽음이 다른 무엇보다 가족의 죽음과 긴밀하게 연관된 것임을 확인케

710 블라디미르 장켈레비치(Vladimir Jankélévitch),《죽음에 대하여 — 철학자 장켈레비치와의 대화(Penser la mort?)》, 변진경 옮김, 돌베개, 2016, 15-17면.

한다.

넷째, 비록 허구이긴 하지만 나의 죽음과 상장례는 죽음을 경험의 대상으로 만들어, 나의 죽음을 당겨 경험하고 예비할 수 있게 만든다. 그래서 자만시는 전근대 동아시아 사회의 일반적인 죽음 인식이나 대처 방식과는 분명히 변별되는 태도이며 글쓰기라고 할 수 있다. 요컨대 자만시는 우리에게 "더 이상 죽음을 외면하지 말고 나의 것임을 받아들여라!"라고 말하는 문학 양식으로서 그 가치를 부여할 수 있을 듯하다. 비록 이런 자만시의 정신이 문학사에서 발전적으로 전개된 것만은 아니고, 앞서 살펴본 것처럼 혼선을 빚거나 엉뚱한 방향으로 전개되기도 했지만, 자만시는 나의 죽음을 정면으로 문제 삼은 드문 사례라는 점에서 오늘날 우리에게도 시사하는 점이 많다.

그렇지만 인간에게 죽음에 이르는 과정과 죽는 것은 전혀 다른 일일 것이다. 자만시는 엄밀하게 말해 진짜 '나의 죽음'이 아니라 죽는 것을 상상하고 스스로 애도한 행위다. 이는 죽음에 이르는 과정 속에서 죽음을 준비하고 죽음에 대처하는 마음 자세와 관련이 깊다.

오늘날 의학계에선 실제 죽음에 이르는 과정을 상세히 밝혀 인간이 어떻게 죽는가를 통해 죽음을 준비하게 한다. 또 다양한 영역의 학자들이 '죽음학' 연구를 통해 현대인이 자신의 죽음을 어떻게 맞이해야 하느냐를 논의하기도 한다. 그런 측면에서 볼 때 자만시는 전근대 동아시아 지식인들이 죽음을 현명하게 맞이하기 위한 방법의 하나였을 수 있다. 일반적인 경우는 아니고 특별히 예민한 감성을 지닌 지식인들에 한정된 것이기는 하나, 그들 나름대로 죽음을 이해하고 대처하는 방식으로서 이 글쓰기는 면면히 이어져 내려온 것이리라.

우리는 누구나 한 번은, 그리고 결국은 죽음을 맞이할 수밖에 없다. 소설이기는 하지만 톨스토이의 〈이반 일리치의 죽음〉은 앞서 언급한 것처럼 이런 과정을 추체험할 수 있는 기회를 우리에게 제공한다. 자만시 역시 이반 일리치가 자신의 죽음을 부정하다 끝끝내 죽음에 이르고 마는 그 절박함을 미리 당겨서 경험하는 일이라고 할 수 있다. 자만시에서 다루는 나의 죽음은 심지어 상장례와 외로이 남은 무덤을 통해 죽음 이후까지 추체험의 대상을 확장하기도 한다.

한편 자만시에서 상장례를 통해 죽음을 의례화하고 상상을 통해 무덤을 이미지화하는 일련의 과정은 삶을 죽음과 연속선상에서 이해하고 정리하는 행위로서도 의미를 가질 수 있다. 오늘날 우리는 의학의 발달로 인해 죽음을 최대한 지체시킬 수 있다. 그럼에도 우리는 자신의 죽음 자체에 대해서는 말하지 않으려 한다. 결코 나의 죽음을 받아들이려 하지 않는다. 죽음은 병원과 장례식장이란 공간을 통해 삶과 철저히 격리되고, 죽음에 대한 생각도 기약 없이 유보되기만 한다. 미국의 의학자 누랜드(Sherwin B. Nuland)는 죽음의 진실을 똑바로 바라봄으로써 두려움으로부터 해방될 수 있으며, 그런 뒤에야 죽음을 제대로 준비할 수 있다고 했다.[711] 자만시는 비록 허구이기는 하지만 자신의 죽음을 똑바로 바라보고 되새김하는 행위이다. 이 과정에서 등장하는 복합적이면서 다중적인 나는 나의 삶과 죽음을 객관화하는 자아의 또 다른 페르소나(persona)라고 할 것이다. 이 페르소나들이 때론 삶과 죽음에 대한 자의식을 분명히 드러내기도 한다.

앞서 검토한 다양한 자만시들을 통해 우리는 자신의 죽음을 타인에게 맡겨 버리지 않고 스스로의 문제로 전환시킬 수 있다는 사실을 깨닫게 된다. 자만시는 이를테면 죽음을 미리 시연해 봄으로써 종국에 닥칠 나의 죽음을 받아들일 수 있게 미리 준비하는 것이라 할 수 있다. 이 준비는 나의 죽음을 더 이상 남에게 맡겨두지 않고 스스로 세상에 각인하는 방식으로 소유하는 일이기도 하다. 그런 면에서 자만시는 고전연구의 대상으로 국한될 문제가 아니라 우리 자신의 삶과 죽음에 도움을 줄 수 있는 문학양식이며 글쓰기 방식이라고 할 수 있다. 유언장을 미리 써 보는 것처럼 앞으로의 죽음 교육

711 셔윈 B. 누랜드(Sherwin B. Nuland), 《사람은 어떻게 죽음을 맞이하는가(How We die)》, 명희진 옮김, 세종서적, 2003, 14-15면.

에서 선인들의 자만시 쓰기도 활용되기를 기대해 본다. 죽음은 우리가 분명히 이해하기 어려운 삶의 윤곽을 보여 주고, 우리가 삶을 소중히 여기며 의미 있게 살아갈 이유를 제시한다는 점에서, 궁극적으로 삶의 문제이기 때문이다.

참고문헌

범례
* 인명 성씨 가나다순으로 배열하는 것을 원칙으로 삼았지만, 중국과 일본 인명의 경우 우리 한자음 가나다순으로 배열함
** 모든 외국 인명의 표기는 한글과 외국어를 병기함. 단, 중국 인명의 경우 중화민국(1911) 성립 이전은 한국 전근대 인물과 마찬가지로 한자로만 표기하고, 이후는 현대 중국어 병음을 병기함
*** 참고문헌 표기방식은 튜라비안 스타일(Turabian Style)을 기준으로 함

한시·한문 원전역주서류

姜萬著,《癡齋集》, 한국역대문집총서 2500, 경인문화사, 1997, 93면.

강석중·강혜선·안대회·이종묵 옮김,《허균이 가려뽑은 조선시대의 한시(國朝詩删)》1, 문헌과해석사, 1999, 71-72면.

姜時馨,《聾隱集》, 경상대학교 문천각 소장 경상우도문집.

姜載,《九峰詩稿》, 한국역대문집총서 2485, 경인문화사, 1997, 468면.

姜必孝,《海隱遺稿》, 한국문집총간 속집 108, 한국고전번역원, 2010, 31면.

지앤창춘[蹇長春]·왕후이샤오[王會紹]·위샌제[余賢杰] 編注,《傅玄·陰鏗詩註》, 蘭州: 甘肅人民出版社, 1987, 22-23면.

高應陟,《杜谷集》, 경상대학교 문천각 소장 경상우도문집.

궁빈[龔斌] 校箋,《陶淵明集校箋》, 上海: 上海古籍出版社, 1996, 1-13·355-362면.

궈덩펑[郭登峯] 編,《歷代自敍傳文鈔》上·下冊, 臺北: 臺灣商務印書館, 1965.

郭茂倩,《樂府詩集》1-4冊, 北京: 中華書局, 1979.

궈사오위[郭紹虞] 編選,《淸詩話 續編》下, 上海: 上海古籍出版社, 1983, 1633면.

仇兆鰲 注,《杜詩詳註》, 北京: 中華書局, 1979.

權道溶,《秋帆文苑》, 경상대학교 문천각 소장 경상우도문집.

權得己,《晩悔集》, 한국문집총간 76, 민족문화추진회, 1991, 9면.

權文任,《花山世紀》, 경상대학교 문천각 소장 경상우도문집.

權文顯,《竹亭源堂兩世實記》, 경상대학교 문천각 소장 경상우도문집.

權鳳洙,《芝村遺稿》, 한국역대문집총서 1990, 경인문화사, 1996, 403-404면.

權偖 編,《近藝儁選》, 筆寫本, 국립중앙도서관 소장본.

權諰,《炭翁集》, 한국문집총간 104, 민족문화추진회, 1993, 271-272면.

권오돈·양대연 역,《국역 매월당집》1-5, 세종대왕기념사업회, 1977.

權載祺,《有齋遺稿》, 한국역대문집총서 1979, 경인문화사, 1996, 140-141면.

權㦤,《震溟集》, 민창문화사, 1994.

奇宇萬,《松沙集》, 한국문집총간 346, 민족문화추진회, 2005, 459-460면.

金暻中,《芝山遺稿》, 한국역대문집총서 1831, 경인문화사, 1996, 200-201면.

金圻,《北厓集》, 한국문집총간 속집 2, 민족문화추진회, 2005, 524면.

金琦浩,《小山集》, 경상대학교 문천각 소장 경상우도문집.
김만원 외 6인,《정본완역 두보전집: 두보 재주낭주시기시 역해》, 서울대학교출판문화원, 2010.
金福漢,《志山集》, 한국역대문집총서 301, 경인문화사, 1993, 56면.
金尙埏,《棄棄齋集》, 국립중앙도서관 소장본.
김성언 역주,《남효온의 삶과 시》, 태학사, 1997.
金時瑞,《自然堂遺稿》, 한국역대문집총서 2297, 경인문화사, 1997, 229면.
金時習,《梅月堂集》, 한국문집총간 13, 민족문화추진회, 1990, 318면.
김용선 역주,《역주 고려묘지명집성》(상)·(하), 개정판, 한림대학교출판부, 2006.
______ 역주,《고려묘지명집성 색인: 원문·역주》, 한림대학교출판부, 2012.
金用雨,《耕山遺稿》(《耕山集》), 한국역대문집총서 378, 경인문화사, 1993, 307면.
金容鎬,《一菴集》, 한국역대문집총서 811, 경인문화사, 1993, 122-123면
金應楗,《棄嵒集》, 한국국학진흥원 소장 영남사림문집.
金應煥,《玄沙集》, 한국역대문집총서 2021, 경인문화사, 1997, 96면.
金恁,《野庵文集》(詩),《長皐世稿》권1, 국립중앙도서관 소장본.
金正喜,《阮堂全集》, 한국문집총간 301, 민족문화추진회, 2003, 180면.
金祖淳,《楓皐集》, 한국문집총간 289, 민족문화추진회, 2002, 112면.
金宗直,《佔畢齋集》, 한국문집총간 12, 민족문화추진회, 1988, 404-405면.
______,《국역 점필재집》, 임정기 역, 민족문화추진회, 1997.
金兌一,《蘆洲集》, 한국문집총간 속집 43, 민족문화추진회, 2007, 180면.
金澤述,《後滄集》, 한국역대문집총서 386, 경인문화사, 1993, 564면.
金澤榮,《滄江稿》, 新鉛活字本, 국립중앙도서관 소장본.
______,《金澤榮全集》, 아세아문화사, 1978.
______,《韶濩堂集》, 한국문집총간 347, 민족문화추진회, 2005, 203·212·251·301·427·477면.
______,《김택영의 조선시대사 韓史綮》, 조남권·안외순·강소영 역, 태학사, 2001.
______,《송도인물지》, 김승룡 편역주, 현대실학사, 2000.
金烋,《敬窩集》, 한국문집총간 100, 민족문화추진회, 1992, 307면.
南升喆,《紫陰集》, 한국역대문집총서 2801, 경인문화사, 1999, 153면.
南有海,《醉山遺稿》, 한국역대문집총서 1830, 경인문화사, 1996, 393면.
南孝溫,《秋江集》, 한국문집총간 16, 민족문화추진회, 1990, 30·31·49·71·154-155면.
______,《국역 추강집》, 박대현 역, 민족문화추진회, 2007.
盧光履,《勿齋集》, 전북대학교 도서관 소장본.
盧守愼,《穌齋集》, 한국문집총간 35, 민족문화추진회, 1989, 93·120·149면.
______,《국역 소재집》1·2, 임정기 역, 한국고전번역원, 2013.
盧澈秀,《百泉集》, 한국역대문집총서 2868, 경인문화사, 1999, 464면.
루친리[逯欽立] 輯校,《先秦漢魏晉南北朝詩》上·中·下, 北京: 中華書局, 1983.
타오민[陶敏]·왕요우성[王友承] 校注,《韋應物集校注》, 上海: 上海古籍出版社, 1998, 398-399면.

都相朝,《顧吾軒遺稿》(《顧吾軒集》), 한국역대문집총서 2907, 경인문화사, 1999, 230-231면.
都禹璟,《明庵集》, 한국역대문집총서 2052, 경인문화사, 1997, 110-111면.
陶淵明,《須溪校本陶淵明詩集》, 3권, 南宋 劉辰翁, 서울대학교 규장각한국학연구원 소장본.
______,《箋註陶淵明集》10권, 元 李公煥 箋註, 影印本, 國立中央圖書館 善本叢刊 第七種, 臺北: 中央圖書館, 1991.
______,《箋註靖節先生集》10권, 元 李公煥 箋註, 서울대학교 규장각한국학연구원 소장본, 고려대학교 도서관 소장본.
______,《陶淵明集》8권, 明 李夢陽 편, 국립중앙도서관 제공본.(원 하버드대 옌칭 도서관 소장본)
______,《도연명전집》, 이치수 역주, 문학과지성사, 2005, 262-267면.
______,《도연명전집》, 이성호 역, 문자향, 2001, 240-246면.
______,《陶靖節集》2권, 明 何湛之 校本, 서울대학교 규장각 소장본.
______,《陶靖節集抄》1책, 서울대학교 규장각 소장본.
______,《韓譯 陶淵明全集》, 차주환 역, 서울대학교 출판부, 2001, 171-174면.
______, *The poetry of T'ao ch'ien*, 하이타워, 제임스 로버트(Hightower, James Robert) 역, Oxford: Clarendon Press, 1970.
두롄저[杜聯喆],《明人自傳文鈔》, 臺北: 藝文印書館, 1977.
杜甫,《纂註分類杜詩》, 宋 劉辰翁 批點, 辛碩祖 等 奉勅編, 甲寅字, 고려대학교 도서관 소장본.
____,《纂註分類杜詩》, 宋 劉辰翁 批點, 辛碩祖 等 奉勅編, 影印本, 이회문화사, 1992.
杜佑,《通典》, 北京: 中華書局, 1984.
文尙質,《晦山文集》, 경상대학교 문천각 소장 경상우도문집.
文在琳,《竹坡遺稿》, 경상대학교 문천각 소장 경상우도문집.
박경래 역,《國譯 書溪遺稿》, 학민문화사, 2012.
朴桂晟,《可軒集》, 한국역대문집총서 2191, 경인문화사, 1997, 247면.
朴犷衢,《畸翁集》, 서울대학교 규장각 소장본.
박대현 옮김,《국역 추강집》, 민족문화추진회, 2007.
박무영·이현우 외 역,《沆瀣丙函》(하), 태학사, 2006, 295-297면.
朴宗善,《菱洋詩集》下, 성균관대학교 대동문화연구원, 2017, 738-739면.
朴旨瑞,《訥菴集》, 한국문집총간 속집 103, 한국고전번역원, 2010, 29면.
朴斑仁,《睡窩詩稿》,《五大家詩》수록 筆寫本, 고려대학교 소장본.
朴致道,《黔巖遺稿》, 한국역대문집총서 2352, 경인문화사, 1997, 268면.
朴致和,《雪溪隨錄》, 筆寫本, 서울대학교 규장각 소장본.
朴泰茂,《西溪集》, 한국문집총간 속집 59, 민족문화추진회, 2009, 257면.
팡주선[方祖燊],《陶潛詩箋註校證論評》, 臺北: 蘭臺書局, 1977.
裴章俊,《南岡遺集》, 한국역대문집총서 2786, 경인문화사, 1999, 229면.
판원란[范文瀾],《文心雕龍注》, 北平: 文化學社, 1929.
北京大學北京師範大學中文系 編,《陶淵明資料彙編》下冊, 北京: 中華書局, 1962, 311-316면.
徐居正 等 纂集,《국역 동문선》, 양주동 외 역, 민족문화추진회, 1982-1986.
徐堅,《初學記》上冊, 第二版, 北京: 中華書局, 2004, 362-363면.

徐命膺·徐浩修,《奎章總目》, 縮小影印本,《奎章閣》 제4집, 서울대학교 규장각한국학연구원, 1981, 99-329면 수록.
쉬페이쥔[徐培均] 箋注,《淮海集箋注》, 上海: 上海古籍出版社, 1994, 3-32, 1323-1326면.
徐師曾,《文體明辨》, 오성사, 1985, 520면.
徐天洙,《霞山遺稿》, 한국역대문집총서 2688, 경인문화사, 1999, 310-311면.
石之珩,《壽峴集》, 한국문집총간 속집 31, 민족문화추진회, 2006, 331면.
성균관대학교 대동문화연구원 편,《李朝名賢集》 4, 성균관대학교 대동문화연구원, 1985, 487면.
蘇軾,《東坡和陶詩》 1책(零本), 서울대학교 규장각한국학연구원 소장본.(清 藏薰이 評閱한《陶靖節詩集》의 附錄으로 간행된 것으로 추정됨)
____,《蘇軾詩集》, 清 王文誥 輯註, 北京: 中華書局, 1982, 2107면.
____,《精刊補註東坡和陶詩話》, 宋 蔡正孫, 고려대학교 도서관 소장본.
____,《增刊校正王狀元集註分類東坡先生詩》, 宋 王十朋 纂集, 四部叢刊正編, 臺北: 商務印書館, 1981.
蕭統 編,《文選》, 李善 注, 上海: 上海古籍出版社, 1986, 1090-1093·1332-1337면.
蕭統 編,《문선역주》 1-9, 김영문 외 옮김, 소명출판, 2010.
蘇學奎,《說齋集》, 한국역대문집총서 551, 경인문화사, 1993, 112면.
孫永斗,《石隱集》, 한국역대문집총서 1463, 경인문화사, 1995, 258면.
孫處訥,《慕堂集》, 한국문집총간 속집 8, 민족문화추진회, 2005, 52면.
宋明會,《小波詩文選稿》, 한국역대문집총서 2892, 경인문화사, 1999, 436-437면.
宋相燾,《騎驢隨筆》, 국사편찬위원회 편, 국사편찬위원회, 1955.
______,《騎驢隨筆: 망국의 한 기록으로 꽃피우다》 1-3, 강원모·김도훈·이관성·이재숙·정만호 옮김, 문진, 2014.
______,《騎驢隨筆: 망국의 한 기록으로 꽃피우다》 4, 원문, 문진, 2014.
辛東泳,《東湄遺稿》, 한국역대문집총서 1890, 경인문화사, 1996, 438면.
申義命,《畏巖集》, 한국국학진흥원 소장 영남사림문집.
申在壽,《反求齋遺集》, 한국국학진흥원 소장 영남사림문집.
安麒龍,《東樵公遺稿》, 한국역대문집총서 1185, 경인문화사, 1993, 508면.
安思逸,《樂軒遺稿》, 한국역대문집총서 1334, 경인문화사, 1995, 516-517면.
顔之推,《顔氏家訓》, 임동석 역주, 고즈윈, 2004, 244-245면.
安孝濟,《守坡集》, 경상대학교 문천각 소장 경상우도문집.
양자뤄[楊家駱] 主編,《陶淵明詩文彙評》, 臺北: 世界書局, 1974, 311-316면.
梁慶遇,《霽湖集》, 筆寫本, 서울대학교 규장각 소장본.
량치차오[梁啓超],《陶淵明》, 臺北: 臺灣商務印書館, 1979.
________,〈陶淵明〉,《梁啓超全集》 8, 北京: 北京出版社, 1999, 4733-4761면.
양밍[楊明] 校箋,《陸機集校箋》, 上海: 上海古籍出版社, 2016, 427-443면.
양융[楊勇] 校箋,《陶淵明集校箋》, 臺北: 正文書局, 1985, 249-252면.
梁章鉅,《楹聯叢話》(附新语), 바이화원[白化文]·리루롼[李如鸞] 點校, 北京: 中華書局, 1987.

______ 等 編著,《楹聯叢話》, ____________ 點校, 北京: 北京出版社, 1996.
黎靖德 編,《朱子語類》, 왕싱시앤[王星賢] 點校, 北京: 中華書局, 1999, 3230면.
에이브람스, M. H.(Abrams, M.H.),《문학용어사전(A Glossary of Literary Terms)》, 최상규 옮김, 예림기획, 1997.
위관잉[余冠英],《漢魏六朝詩選》, 第2版, 北京: 人民文學出版社, 1978.
연변대학교 조선문학연구소 편,《김택영》, 보고사, 2010.
芮大周,《毅齋集》, 한국역대문집총서 1614, 경인문화사, 1996, 125면.
倪璠 注,《庾子山集注》, 쉬이민[許逸民] 校點, 北京: 中華書局, 1980, 316-317면.
吳淇,《六朝選詩定論》, 왕쥔[汪俊]·황진더[黃進德] 點校, 揚州: 廣陵書社, 2009, 302-303면.
우원즈[吳文治] 主編,《宋詩話全編》肆, 南京: 鳳凰出版社, 1998, 3967면.
吳在善,《桑村遺稿》, 한국역대문집총서 2198, 경인문화사, 1997, 252-253면.
吳哲臣,《東溪文稿》(《東溪集》), 한국역대문집총서 2971, 경인문화사, 1999, 368-369면.
왕리치[王利器] 撰,《顏氏家訓集解》, 北京: 中華書局, 2014.
왕원가오[王文誥] 輯註,《蘇軾詩集》, 北京: 中華書局, 1982, 2107면.
王夫之 等 撰,《清詩話》, 上海: 上海古籍出版社, 1999, 758·977면.
왕수민[王叔岷] 撰,《陶淵明詩箋證稿》, 北京: 中華書局, 2007, 496-504면.
王質 等撰,《陶淵明年譜》, 北京: 中華書局, 1986.
王充,《논형》, 성기옥 옮김, 동아일보사, 2016, 750-785·826-833면.
____, 황후이[黃暉] 撰,《論衡校釋》, 北京: 中華書局, 1990, 965면.
위안싱페이[袁行霈] 箋注,《陶淵明集箋注》, 北京: 中華書局, 2003, 420-427면.
우샤오루[吳小如],《含英咀華 — 吳小如古典文學叢札》, 北京: 北京大學出版社, 2012, 46-50면.
虞世南,《北堂書鈔》2, 北京: 學苑出版社, 2015, 84-85면.
魏伯純,《書溪遺稿》, 한국역대문집총서 477, 경인문화사, 1991, 24-25면.
劉履,《選詩》(《選詩補注》·《選詩補遺》·《選詩續編》), 조선간본(白光弘 內賜本 1553) 영인본, 기봉 백광홍선생 기념사업회, 2004.
柳夢寅,《於于野談》, 신익철 외 3인 옮김, 돌베개, 2006.
류상룽[劉尙榮],〈宋刊《東坡和陶詩》考〉,《蘇軾著作板本論叢》, 成都:巴蜀書社, 1988.
柳晟,《春汀遺稿》, 한국역대문집총서 2902, 경인문화사, 1999, 198-199면.
류윈하오[劉運好] 校注整理,《陸士衡文集校注》, 南京: 鳳凰出版社, 2007, 655-674면.
柳宜健,《花溪集》, 한국국학진흥원 소장 영남사림문집.
劉義慶,《세설신어》상·중·하, 김장환 역주, 살림, 1996.
______,《世說新語校箋》上·下册, 쉬전어[徐震堮] 校箋, 北京: 中華書局, 1984.
______,《世說新語譯注》, 장완치[張萬起]·리우상츠[劉尙慈] 譯注, 北京: 中華書局, 1998.
______,《世說新語箋疏》上·中·下, 위쟈시[余嘉錫] 箋疏, 第2版, 北京: 中華書局, 2007.
______,《世說新語會評》, 류창[劉强] 會評輯較, 南京: 鳳凰出版社, 2007.
柳仁培,《猿溪集》, 한국국학진흥원 소장 영남사림문집.
柳長源,《常變通攷》, 정경주·권진호·이성혜·조창규 공역, 한국고전의례연구회, 2009.
유치웅 편,《杞溪文獻》, 기계유씨대종회, 2014.(심경호·노요한 역주,《국역 杞溪文獻》권12, 기계유씨대종회, 2014, 642-643면.)
劉勰,《文心雕龍譯注》, 왕윈시[王運熙]·저우펑[周鋒] 撰, 上海: 上海古籍出版社, 1998.
____,《文心雕龍譯注》, 뤄칸루[陸侃如]·머우스진[牟世金] 譯注, 濟南: 齊魯書社, 1988.
____,《文心雕龍義證》, 잔잉[詹鍈] 義證, 上海: 上海古籍出版社, 1989.
____,《文心雕龍注釋》, 저우전푸[周振甫] 注, 저우전푸[周振甫] 등 譯, 臺北: 里仁書局, 1984.
陸機,《陸士衡文集校注》, 류윈하오[劉運好] 校注整理, 南京: 鳳凰出版社, 2007, 655-674면.
尹禹學,《思誠齋集》, 한국역대문집총서 817, 경인문화사, 1993, 75면.
應劭 撰,《風俗通義》, 臺北: 藝文印書館, 1965.
應劭,《풍속통의》1·2, 이민숙 외 옮김, 소명출판, 2015.
李家源,《玉溜山莊詩話》,《이가원전집》5, 정음사, 1986, 73면.
李家煥,《錦帶詩文鈔》, 한국문집총간 255, 민족문화추진회, 2000, 433면.
李求永,《清灘集》, 경상대학교 문천각 소장 경상우도문집.
李奎象,《18세기 조선인물지(幷世才彦錄)》, 창작과비평사, 1997, 152-161면.
李端相,《靜觀齋集》, 한국문집총간 130, 민족문화추진회, 1994, 56면.
李德祿,《悔台文集》, 한국국학진흥원 소장 영남사림문집.
李晩秀,《屐園遺稿》, 한국문집총간 268, 민족문화추진회, 2001, 602-603면.
李晩用,《東樊集》, 한국문집총간 303, 민족문화추진회, 2003, 561–581-582면.
李明五,《泊翁集》, 한국문집총간 속집 102, 한국고전번역원, 2010, 112면.
李敏輔,《豊墅集》, 한국문집총간 232, 민족문화추진회, 1999, 406면.
李昉 外 編,《太平御覽》, 臺北: 臺灣商務印書館, 1986.
李秉壽,《東隱遺稿》, 한국역대문집총서 1561, 경인문화사, 1995, 504면.
李祥奎,《惠山集》, 경상대학교 문천각 소장 경상우도문집.
李相敦,《勿齋集》, 경상대학교 문천각 소장 경상우도문집.
李鉐均,《小庵集》, 한국역대문집총서 1844, 경인문화사, 1996, 107면.
李偰,《復菴私集》, 한국역대문집총서 759, 경인문화사, 1993, 433면.
李性和,《水山集》, 한국역대문집총서 2979, 경인문화사, 1999, 71면.
李守淵,《青壁集》, 한국문집총간 속집 72, 한국고전번역원, 2009, 361면.
李承基,《汶岡集》, 한국역대문집총서 1588, 경인문화사, 1995, 104면.
李是遠,《沙磯集》, 한국문집총간 302, 민족문화추진회, 2003, 67-68면.
李植,《澤堂集》, 한국문집총간 88, 민족문화추진회, 1992, 274면.
李深源,《醒狂遺稿》, 木版本, 고려대학교 도서관 소장본.
李亮淵,《臨淵堂集》(표제:《山雲集》), 서울대학교 규장각 소장본.
______,《臨淵堂別集》, 서울대학교 규장각 소장본.(《韓客巾衍集》 뒤에 붙어 있음)
李言直,《明湖集》, 국립중앙도서관 소장본.
______,《明湖先生文集》, 韓國歷代文集叢書 1799, 경인문화사, 1996.
이연숙 역해,《한국어역 만엽집(萬葉集)》1, 박이정, 2012, 296-297면.
李元翼,《梧里集》, 한국문집총간 56, 민족문화추진회, 1990, 264면.
李惟樟,《孤山集》, 한국문집총간 126, 민족문화추진회, 1994, 61면.

李瀷,《국역 성호사설》, 임창순 외 역, 민족문화추진회, 1976-1979.
李廷馣,《四留齋集》, 한국문집총간 51, 민족문화추진회, 1990, 295면.
李鍾林,《樗田遺稿》, 한국역대문집총서 1163, 경인문화사, 1993, 323-324면
李重明,《安谷集》, 筆寫本, 서울대학교 규장각 소장본.
______,《安谷集》, 木板本, 국립중앙도서관 소장본.
李中洙,《二柳齋文集》, 한국역대문집총서 625, 경인문화사, 1993, 1면.
李之榮,《訥菴集》, 경상대학교 문천각 소장 경상우도문집.
李晋用,《農雲遺稿》, 한국역대문집총서 634, 경인문화사, 1993, 151면.
李埰,《蒙庵集》, 서울대학교 규장각 소장본.
李泰文,《晚最文集》, 한국역대문집총서 1428, 경인문화사, 1995, 81면.
리핑[李萍] 외 3인 選編,《長聯雅藏》, 鄭州: 中州古籍出版社 , 2002.
李夏耇,《芳園世稿》卷三《養靜齋集》, 한국국학진흥원 소장 영남사림문집.
李學逵,《洛下生集》, 한국문집총간 290, 민족문화추진회, 2002.
李賢輔,《聾巖集》, 한국문집총간 17, 민족문화추진회, 1988, 469면.
李顯相,《寅巖遺集》, 한국역대문집총서 1395, 경인문화사, 1995, 235-236면.
임동석 옮김,《안자춘추》, 동문선, 1998, 40-41면.
린숭산[林嵩山],《鮑照樂府彙評》, 臺北: 眞義出版社, 1985, 19-22면.
런위안[任淵]·스룽[史容]·스지원[史季溫] 注,《黃庭堅詩集注》, 北京: 中華書局, 2003, 604면.
임정기 옮김,《국역 점필재집》, 민족문화추진회, 1996·1997.
임준철 역주,《내 무덤으로 가는 이 길: 조선시대 自挽詩 역주 평설》, 문학동네, 2014.
林悌,《林白湖集》, 한국문집총간 58, 민족문화추진회, 1990, 288면.
張岱,《琅嬛文集》, 롼바오췬[栾保群] 点校, 杭州: 浙江古籍出版社, 2013.
____,《琅嬛詩文集》, 윈가오[雲告] 點校, 長沙: 岳麓書社, 1985.
____,《陶庵夢憶》, 臺北: 藝文印書館, 1965.
____,《陶庵夢憶》, 화이밍[淮茗] 評注, 北京: 中華書局, 2008.
____,《陶庵夢憶·西湖夢尋》, 샤시앤춘[夏咸淳]·청웨이룽[程維榮] 校注, 上海: 上海古籍出版社, 2001.
____,《張岱詩文集》샤시앤춘[夏咸淳] 校點, 上海: 上海古籍出版社, 1991, 25-26면.
____,《張岱詩文集》, 增訂本, 샤시앤춘[夏咸淳] 校點, 上海: 上海古籍出版社, 2014, 31-33면.
____,《張岱集》, 쟝광더우[姜光斗] 解評, 太原: 三晋出版社, 2008.
장보웨이[張伯偉] 編,《朝鮮時代書目叢刊》, 北京: 中華書局, 2004.
장춘이[張純一] 撰,《晏子春秋校注》, 량윈화[梁運華] 點校, 北京: 中華書局, 2014, 44-46면.
張緯恒,《臥隱集》, 경상대학교 문천각 소장 경상우도문집.
張在翰,《汾溪遺稿》, 경상대학교 문천각 소장 경상우도문집.
張之象,《唐詩類苑》, 上海: 上海古籍出版社, 2006, 400-417면.
蔣華植,《贅翁續稿》, 한국역대문집총서 2070, 경인문화사 1997, 479면.
田愚,《艮齋集》, 한국문집총간 333, 민족문화추진회, 2004, 568면.
鄭基安,《晚慕遺稿》, 한국문집총간 속집 73, 한국고전번역원, 2009, 475면.

丁德輈,《圓山集》, 石板本, 국립중앙도서관 소장본.
鄭礥,《北窓先生詩集》,《李朝明賢集》4, 성균관대 대동문화연구원, 1985.
鄭相說,《萍軒遺稿》, 경상대학교 문천각 소장 경상우도문집.
鄭元直,《暘谷詩稿》, 한국역대문집총서 2284, 경인문화사, 1997, 385-386면.
鄭弘規,《雲窩遺稿》, 한국역대문집총서 1580, 경인문화사, 1995, 347-348면.
鄭希良,《虛庵遺集》, 한국문집총간 18, 민족문화추진회, 1990, 74면.
丁若鏞,《與猶堂全書》, 한국문집총간 281, 민족문화추진회, 2001, 339-348면.
정형우·윤병태 편,《韓國의 册版目錄》, 보경문화사, 1995.
趙榮順,《退軒集》, 한국문집총간 속집 89, 한국고전번역원, 2009, 303면.
趙友慤,《蒼軒集》, 한국역대문집총서 2815, 경인문화사, 1999, 134면.
趙任道,《澗松集》, 한국문집총간 89, 민족문화추진회, 1992, 45면.
趙俊夏,《誠庵集》, 한국역대문집총서 2959, 경인문화사, 1999, 213면.
저우치청[周啓成] 選注,《古代文人自傳精華》, 北京: 人民文學出版社, 1991.
저우티앤유[周天游],《八家後漢書輯注》, 上海: 上海古籍出版社, 1986.
저우이간[周義敢]·청즈신[程自信]·저우레이[周雷] 編注,《秦觀編年校注》卷三十五 哀詞, 北京: 人民文學出版社, 2001, 755면.
朱熹,《朱子語類》, 北京: 中華書局, 1986, 3,243면.
陳方鏞,《楹聯新話》, 臺北: 臺灣中華書局, 1962.
陳健,《明窩遺稿》, 한국역대문집총서 2238, 경인문화사, 1997, 372면.
震友會 編,《諺解杜詩澤風堂批解》, 영인본, 震友會, 단기 4230년.
陳祚明 評選,《采菽堂古詩選》, 리진숭[李金松] 點校, 上海: 上海古籍出版社, 2008, 295-296·568-569면.
蔡楙,《柏浦集》, 한국국학진흥원 소장 영남사림문집.
蔡正孫,《精刊補注東坡和陶詩話》, 고려대학교 도서관 소장본.
崔坤述,《古齋集》, 한국역대문집총서 1088, 경인문화사, 1993, 1면.
崔奇男,《龜谷詩稿》, 한국문집총간 속집 22, 민족문화추진회, 2006, 315면.
崔振海,《櫟村遺稿》, 한국역대문집총서 466, 경인문화사, 1993, 469면.
崔有淵,《玄巖遺稿》, 한국문집총간 속집 22, 민족문화추진회, 2006, 511면.
崔泰淳,《梅史遺稿》, 경상대학교 문천각 소장 경상우도문집.
崔豹,《《古今注》校箋》, 머우화린[牟華林] 校箋, 北京: 線裝書局, 2015, 71-76·77-80면.
崔鶴吉,《懼齋集》, 경상대학교 문천각 소장 경상우도문집.
崔孝騫,《何山集》, 한국역대문집총서 2307, 경인문화사, 1997, 315-316면.
鮑照,《鮑參君集注》, 첸중롄[錢仲聯] 增補集說校, 上海: 上海古籍出版社, 1980, 74·140-143·178-184면.
____,《鮑照集校注》, 딩푸린[丁福林]·충링링[叢玲玲] 校注, 北京: 中華書局, 2012, 171-176·614-618·705-718·811면.
____,《鮑參君詩注》, 황지에[黃節] 補注, 예쥐성[葉菊生] 校訂《漢魏六朝詩六種》, 北京: 人民文學出版社, 2008, 705-902면.

馮惟訥 纂輯,《古詩紀》1-22, 臺北: 商務印書館, 1979.
夏東奎,《琴隱遺稿》, 서울대학교 규장각 소장본.
河鳳壽,《柏村集》, 경상대학교 문천각 소장 경상우도문집.
河鎭永,《復窩遺集》, 경상대학교 문천각 남명학고문헌시스템 DB.
河泳台,《寬寮集》, 경상대학교 문천각 소장 경상우도문집.
何焯,《義門讀書記》下, 추이가오웨이[崔高維] 點校, 北京: 中華書局, 1987, 926면.
河在九,《渭叟集》, 경상대학교 문천각 소장 경상우도문집.
河鎭永,《復窩遺集》, 경상대학교 문천각 소장 경상우도문집.
샤시앤춘[夏咸淳],《張岱散文選集》, 天津: 百花文藝出版社, 2009.
韓敬儀,《菑墅集》, 한국문집총간 속집 97, 한국고전번역원, 2010, 16면.
許筠,《國朝詩刪》, 아세아문화사, 1980, 245면.
許鏶,《睡鶴集》, 한국역대문집총서 1584, 경인문화사, 1995, 100면.
邢士保 외,《聯芳錄》, 경상대학교 문천각 소장 경상우도문집.
玄德升,《希菴遺稿》, 한국문집총간 속집 13, 민족문화추진회, 2006, 330면.
胡君復,《古今聯語彙選》初集, 上海: 上海商務印書館, 1918-1922.
______,《古今聯語彙選》二集, 上海: 上海商務印書館, 1919-1924.
______,《古今聯語彙選》三集, 上海: 上海商務印書館, 1920-1923.
______,《古今聯語彙選》四集, 上海: 上海商務印書館, 1920-1926.
______,《古今聯語彙選》補編, 上海: 上海商務印書館, 1922.
洪錫謨,《陶厓詩文選》, 한국학중앙연구원 장서각 소장본.
洪彦忠,《寓庵稿》, 한국문집총간 18, 민족문화추진회, 1990, 323면.
黃道翼,《夷溪處士集》(《夷溪集》), 한국역대문집총서 2468, 경인문화사, 1997, 35면
黃炳中,《鼓巖集》, 경상대학교 문천각 소장 경상우도문집.

연구논저류 및 기타 원전역주서류

가완디, 아툴(Gawande, Atul),《어떻게 죽을 것인가: 현대 의학이 놓치고 있는 삶의 마지막 순간(Being Mortal)》, 김희정 옮김, 부키, 2015.
커위춘[柯愈春],《淸人詩文集總目提要》(中), 北京: 北京古籍出版社, 2002, 1740면.
거샤오인[葛曉音],〈鮑照"代"樂府體探析 — 兼論漢魏樂府創作傳統的特徵〉,《上海大學學報》(社会科学版) 第16卷 第2期, 上海: 上海大學, 2009.3, 21-32면.
강명관,《조선후기 여항문학 연구》, 창작과비평사, 1997.
강성위,〈和韻詩의 類型과 特性考〉,《중국문학》제30집, 한국중국어문학회, 1998, 169-187면.
강지희,〈매월당의〈和淵明飮酒二十首〉연구: 陶淵明〈飮酒〉詩와의 비교를 중심으로〉, 2005,《민족문학사연구》제29집, 민족문학사연구소, 8-33면.
오카무라 시게루[岡村繁],《陶淵明李白新論》, 陸曉光·笠征 譯, 上海: 上海古籍出版社, 2002.
오카무라 시다오[岡村貞雄],〈樂府挽歌考〉,《中國中世文學硏究》第6號, 東京: 白帝社, 1967, 5-19면.

강혜선, 〈楊士彦의 삶과 시세계〉, 《한국한시작가연구》 5, 한국한시학회, 2000, 371-403면.
계승범, 《정지된 시간: 조선의 대보단과 근대의 문턱》, 서강대학교출판부, 2011.
顧平旦·常江·曾保泉 主編, 《中國對聯大辭典》, 北京: 中國友誼出版公司, 1991.
고려대학교 민족문화연구소 편, 《韓國文化史大系》 7, 重版, 고려대학교 민족문화연구소, 1981.
공병석, 《예기 상례의 인문관》, 학고방, 2013.
공왕[龔望], 《陶淵明集評議》, 天津: 南開大學出版社, 2011.
곽미선, 《김택영의 중국 망명시기 문학 활동 연구》, 보고사, 2013.
궈사오위[郭紹虞], 〈陶集考辨〉, 《照隅室古典文學論集》, 上海: 上海古籍出版社, 1983, 258-326면.(이 글은 본래 1936년 12월에 출간된 《燕京學報》 第20期에 수록되었던 것임)
하시카와 토키오[橋川時雄], 《陶集版本原流攷》, 北京: 文字同盟社, 1931.
구자훈, 〈제호 양경우 시세계 연구〉, 고려대학교 석사학위논문, 2001.
국립민속박물관 편, 《영원한 만남 — 韓國 喪葬禮》, 미진사, 1990.
국립중앙박물관 편저, 《다시 보는 역사편지: 고려묘지명》, 국립중앙박물관, 2006.
__________, 《삶과 죽음의 이야기: 조선묘지명》, 국립중앙박물관, 2011.
국사편찬위원회 편, 《상장례, 삶과 죽음의 방정식》, 두산동아, 2005.
규장각한국학연구원 엮음, 《일기로 본 조선》, 글항아리, 2013.
권혁명, 〈남효온의 自挽詩 연구〉, 《동양한문학연구》 제27집, 동양한문학회, 2008, 131-161면.
기세춘, 〈죽음은 삶에 무엇인가 — 장례논쟁〉, 《고을은 바뀌어도 우물은 바뀌지 않는다: 주역》, 화남출판사, 2002, 55-83면.
김경숙, 〈조선후기 한시에 나타난 創新風 연구〉, 《고전문학연구》 제21집, 한국고전문학회, 2002, 35-67면.
______, 《조선후기 서얼문학 연구》, 소명출판, 2005.
김교빈, 〈죽음에 대한 유교의 이해 — 죽음을 두려워 않는 낙천적 세계관〉, 《철학연구》 75집, 철학연구회, 2006, 1-19면.
김기섭, 〈고대의 장례풍속〉, 한국국가기록원 엮음, 《기록으로 여는 세상속》, 진리탐구, 2002.
김남이, 〈조선 전기 지성사의 관점에서 본 사화 — 조선 전기 한문학 연구의 새로운 방향 수립을 위한 담색〉, 《민족문학사연구》 제56집, 민족문학사연구소, 2014, 195-235면.
______, 〈조선 전기 지성사의 관점에서 본 점필재와 그 문인들의 관계〉, 《동방학》 제23집, 한서대학교 동양고전연구소, 2012, 7-44면.
______, 〈추강 남효온의 家系와 師友〉, 부산대학교 점필재연구소 엮음, 《점필재 김종직과 그의 젊은 제자들》, 지식과 교양, 2011, 249-288면.
김돈, 〈중종대 언관의 성격변화와 사림〉, 《한국사론》 10, 서울대학교 국사학과, 1984, 127-176면.
김동석, 〈조선시대 科體詩의 程式 고찰〉, 《대동한문학》 제28집, 대동한문학회, 2008, 69-125면.
김동훈, 〈김택영, 근대적 각성과 중국문인들의 영향〉, 《한국문학연구》 제28집, 동국대학교 한국문화연구소, 2005, 99-121면.
金文京, 〈從全唐詩一首臨刑詩談日韓資料在漢學研究上之價值〉, 《中華文史論叢》 第六十四

輯, 北京: 中華書局, 2000, 76-102면.
______, 〈黃泉の宿 — 臨刑詩の系譜とその背景〉, 興膳宏教授退官紀念中國文學論集編纂委員會 編, 《興膳宏教授退官紀念中國文學論集》, 東京: 汲古書院, 2000, 57-70면.
김민학, 〈중국 망명시기 창강 김택영의 출판활동과 그 의의 — 《文墨萃編》을 중심으로〉, 《한국한문학연구》 제56집, 한국한문학회, 2014, 459-497면.
김범, 《사화와 반정의 시대》, 역사비평사, 2007.
____, 〈조선전기 훈구·사림세력 연구의 재검토〉, 《한국사학보》 제15집, 고려사학회, 2003, 75-103면.
____, 〈조선시대 사림세력 형성의 역사적 배경〉, 《국학연구》 제19집, 한국국학진흥원, 2011, 9-34면.
김보경, 〈蘇軾과 陶淵明의 만남 — 蘇軾에 의한 陶淵明 典範化를 중심으로〉, 《중국문학》 제62집, 한국중국어문학회, 2010, 91-119면.
______, 《蘇軾"和陶詩"考論 — 兼及韓國"和陶詩"》, 上海: 復旦大學出版社, 2013.
______, 〈한국 '和陶詩' 연구 序說〉, 《중국문학》 제66집, 한국중국어문학회, 2011, 219-243면.
김사엽, 《日本의 萬葉集》, 민음사, 1983, 210-212·263-274면.
김상우, 《죽음의 사회학》, 부산대학교 출판부, 2005.
김성언, 《남효온의 삶과 시》, 태학사, 1997.
김성우, 〈16세기의 사림파, 진보세력이었던가?〉, 《한국사 시민강좌》 제33집, 일지사, 2003, 1-25면.
김승룡, 《고려 후기 한문학과 지식인》, 지식을만드는지식, 2013, 609-641면.
______, 〈근대계몽기 김택영의 南通 생활에 대한 소고: 翰墨林印書局과 〈桑麻閑話圖記〉를 중심으로〉, 《대동한문학》 제36집, 대동한문학회, 2012, 365-404면.
______, 〈근대 어느 지식인의 선택과 운명: 창강 김택영의 남통 생활에 대하여〉, 《연보와 평전》 제6집, 부산대학교 점필재연구소, 2011, 67-86면.
______, 〈송도의 기억과 문학적 상상의 지향: 《崧陽耆舊詩集》에 대한 小考〉, 《동양한문학연구》 제40집, 동양한문학회, 2015, 1-42면.
______, 〈滄江 金澤榮 연구의 현황과 과제〉, 《한국인물사연구》 제5집, 한국인물사연구소, 2006, 401-439면.
______, 〈한·중 지식인의 교류사 연구를 위하여 — 《김택영여유월교왕술론》을 읽고〉, 《중국사연구》 제29집, 중국사학회, 2004, 309-319면.
김승혜 외, 《죽음이란 무엇인가: 여러 종교에서 본 죽음의 문제》, 창, 1990.
김시덕, 《한국의 상례문화: 한국 유교식 상례의 변화와 지속》, 민속원, 2012.
김열규, 《詩的 體驗과 그 形象》, 대방출판사, 1984.
______, 《메멘토 모리, 죽음을 기억하라: 한국인의 죽음론》, 궁리, 2001.
______, 《한국인의 자서전》, 웅진 지식하우스, 2006.
김열규 외 3인, 《한국인의 죽음과 삶》, 철학과현실사, 2001.
김영봉, 《김종직의 시문학 연구》, 이회, 2000.
김영진, 〈동번(東樊) 이만용(李晩用)의 시문집의 이본에 대하여〉, 《문헌과 해석》 제54호, 문헌과 해석사, 2011, 252-270면.

______, 〈허필의 연객시고〉, 《문헌과해석》 26호, 2004년 봄, 태학사, 2003. 7, 210-219면.

______, 〈조선후기 사대부의 야담 창작과 향유의 일양상〉, 《어문논집》 제37집, 민족어문학회, 1998, 21-45면.

______, 〈鄭逡榮의 《之又齋詩稿》〉, 《고전과 해석》 제6집, 고전문학한문학연구학회, 2009. 4, 271-319면.

김용갑, 〈제2장 상례풍속〉, 〈제3장 제례풍속〉, 《영남과 호남의 문화비교》, 풀빛, 1998, 55-88면.

김용선, 《고려 금석문 연구》, 일조각, 2004.

______, 《이규보 연보》, 일조각, 2013.

김용철, 〈초기 사림파의 자기 형상〉, 《동양한문학연구》 제24집, 동양한문학회, 2006, 133-144면.

김용태, 《19세기 조선 한시사의 탐색》, 돌베개, 2008.

______, 〈임오군란기 韓中 문인의 교유 양상: 趙冕鎬, 金昌熙의 활동을 중심으로〉, 《한문학보》 제17집, 우리한문학회, 2007, 499-524면.

김용흠, 〈조선전기 훈구·사림의 갈등과 그 정치사상적 함의〉, 《동방학지》 124, 연세대학교 동방학연구소, 2004, 273-329면.

______, 《朝鮮後期政治史研究 I : 仁祖代 政治論의 分化와 變通論》, 혜안, 2006.

김우림, 《조선시대 사대부 무덤 이야기》, 민속원, 2016.

김우정, 〈滄江 金澤榮 壽序 연구 — 韓中 知識人 교류 연구의 반성적 검토를 겸하여〉, 《민족문화연구》 제61집, 고려대학교 민족문화연구원, 2013, 171-208면.

김원동, 〈袁宏道와 張岱의 西湖 遊記 小品文의 특색〉, 《중국어문학지》 제21집, 중국어문학회, 2006, 123-143면.

______, 〈張岱 《陶庵夢憶》의 風景과 敍述的 特徵〉, 《중국문학》 제52집, 한국중국어문학회, 2007, 147-159면.

김윤혜, 〈梅月堂의 '和陶詩'에 대한 연구〉, 《한문교육연구》 제4집, 한국한문교육학회, 1990, 170-199면.

진칭위[金程宇], 〈高麗人學所藏《精刊補注東坡和陶詩話》及其價值〉, 《稀見唐宋文獻叢考》, 北京: 中華書局, 2008, 170-192면.(이 글은 본래 《文學遺産》 2008年 第5期에 수록되었던 것임)

김종구, 〈秋江 南孝溫 문학 연구〉, 성균관대학교 박사학위논문, 1998.

김주순, 〈陶淵明詩對朝鮮詩歌影響之研究〉, 臺灣師範大學校 國文研究所 博士學位論文, 1984.

______, 〈〈歸去來辭〉와 李仁老의 〈和歸去來辭〉의 비교연구〉, 《중국어문학》 제42집, 영남중국어문학회, 2003, 389-418면.

김진균, 〈근대한문학의 세 지향〉, 《인문과학》 제49집, 성균관대학교 인문과학연구소, 2012, 73-91면.

______, 《모던 한문학》, 학자원, 2015.

______, 〈漢學과 한국한문학의 사이, 근대한문학〉, 《국제어문》 제51집, 국제어문학회, 2011,

137-166면.
김진욱, 〈亡命 후 김택영의 세계관 연구 — 漢詩 작품을 중심으로〉, 《한국고시가연구》 제16집, 한국고시가문학회, 2005, 55-76면.
김학주, 《조선시대 간행 중국문학 관계서 연구》, 서울대학교출판부, 2000, 1-31·259-269면.
김효경, 〈조선시대 簡札 書式 연구〉, 한국학중앙연구원 박사학위논문, 2005.
김훈식, 〈朝鮮初期의 정치적 변화와 士林派의 등장〉, 《한국학논집》 제45집, 계명대학교 한국학연구소, 2011, 25-54면.
뤄즈중[羅志仲], 〈《文選》詩收錄尺度探微〉, 國立淸華大學 中國文學系 博士學位論文, 2008. 9, 38-53면.
남민희, 《상장례 민속학》, 시그마트레스, 2002.
남윤수, 《한국의 〈和陶辭〉 연구》, 역락, 2004.
———, 《한국의 〈和陶辭〉 연구(續)·落穗錄 및 版本攷》, 수서원, 2006.
남지대, 〈조선 성종대의 臺諫言論〉, 《한국사론》 12, 서울대학교 국사학과, 1985, 105-171면.
노관범, 〈근대 초기 개성 문인의 지역 운동〉, 《한국사상사학》 제49집, 한국사상사학회, 2015, 253-299면.
———, 〈金澤榮과 개성 문인〉, 《민족문화》 제43집, 한국고전번역원, 2014, 371-415면.
누랜드, 셔윈 B.(Nuland, Sherwin B.), 《사람은 어떻게 죽음을 맞이하는가(How We die)》, 명희진 옮김, 세종서적, 2003.
루쉰[魯迅], 〈魏晋風度及文章與藥及酒之關係〉, 《而已集》, 北京: 人民文學出版社, 1973, 80-98면.(홍석표·김하림 옮김, 《루쉰전집 5권 이이집 / 삼한집》, 그린비출판사, 2014, 143-183면.)
링차오둥[凌朝棟], 《《文苑英華》硏究》, 上海: 上海古籍出版社, 2005.
다이젠예[戴建業], 《澄明之境: 陶淵明新論》, 修訂本, 上海: 上海古籍出版社, 2012.
오야네 분지로[大矢根文次郎], 《陶淵明硏究》, 再版, 東京: 早稻田大學出版部, 1969, 265-275면.
만델, 바렛 존(Mandel, Barrett John), '*The Autobiographer's Art*', *The Journal of Aesthetics and Art Criticism* XXVI, Madison, Wis., etc.: American Society for Aesthetics, 1968-1969, 215-226면.
도카, 케네스 J.(Doka, Kenneth J.)·모건, 존 D.(Morgan, John D.) 엮음, 《죽음학의 이해(Death and Spirituality)》, 김재영 옮김, 인간사랑, 2006.
뒤르켐, 에밀(Durkheim, Emile), 《자살론(Suicide: A Study in Sociology)》, 황보종우·이시형 옮김, 청아출판사, 2008.
후지모토 유키오[藤本幸夫], 《日本現存朝鮮本硏究》, 京都: 京都大學出版會, 2006.
레비나스, 에마뉘엘(Levinas, Emmanuel), 《신, 죽음 그리고 시간(Dieu la mort et le temps)》, 김도형·문성원·손영창 옮김, 그린비, 2013.
로이, 마이클(Loewe, Michael), 《古代 중국인의 生死觀(Chinese Ideas of Life and Death)》, 이성규 역, 지식산업사, 1987.
르죈, 필립(Lejeune, Philippe), 《자서전의 규약(Le Pacte autobiographique)》, 윤진 옮김, 문학과지성사, 1998.

메이자링[梅家玲],《漢魏六朝文學新論 ― 擬代與贈答篇》, 北京: 北京大學出版社, 2004, 1-62면.
모랭, 에드가(Morin, Edgar),《인간과 죽음(L'Homme et La Mort)》, 김명숙 옮김, 동문선, 2000.
문범두,〈추강 남효온의 방외정신과 문학〉,《민족문화논총》 제20집, 영남대학교 민족문화연구소, 1999,1-22면.
______,〈추강 남효온의 사유양식과 賦〉,《어문학》 제74호, 한국어문학회, 2001, 249-281면.
문옥표 외,《朝鮮時代 冠婚喪祭》 喪禮篇(1)-(3), 성남: 한국정신문화연구원, 1999-2000.
미슈, 게오르크(Misch, Georg), *A history of autobiography in antiquity* V.1.1-1.2, translated in collaboration with the author by E. W. Dickes, New York: Routledge, 2014.
미슐러, 게르트(Mischler, Gerd),《자살의 문화사: 죽을 수 있는 자유(Von der Freiheit das Leben zu lassen)》, 유혜자 역, 시공사, 2002.
민병수,〈舊韓末의 憂國漢詩에 대하여〉,《고전문학연구》 제2집, 한국고전문학회, 1974, 149-169면.
바우커, 존(Bowker, John Westerdale),《세계종교로 보는 죽음의 의미(The meanings of death)》, 박규태·유기쁨 옮김, 청년사, 2007.
박대현,《한문서찰의 격식과 용어》, 아세아문화사, 2010.
박동욱,〈山雲 李亮淵의 시세계 연구〉, 한양대 석사학위논문, 2001.
______,〈絶命詩 연구〉,《한국한문학연구》 제57집, 한국한문학회, 2015, 501-531면.
______,〈日帝强占期 殉國 絶命詩의 意味와 轉變〉,《어문연구》 제173호, 한국어문교육연구회, 2017, 317-346면.
박선정,〈金宗直〉,《한국문학작가론 2》, 집문당, 2000, 107-110면.
박성규,〈李奎報 年譜 硏究 (4)〉,《한자한문연구》 제2집, 고려대학교 한자한문연구소, 2006, 23-45면.
박성창,《비교문학의 도전》, 민음사, 2009, 297-299·305-306면.
박수천,〈滄江 金澤榮 漢詩의 文學性과 그 시대적 의미〉,《石堂論叢》 제64집, 동아대학교부설 석당전통문화연구원, 2016, 103-130면.
박의서,《한국의 전통 장례》, 재원, 2002.
박준원,〈楓皐 金祖淳 詩 硏究〉,《문화전통논집》 제3집, 경성대학교 향토문화연구소, 1995, 67-85면.
박찬국,《하이데거의 존재와 시간 강독》, 그린비, 2014.
박철상,〈石溪 柳馨遠이 엮은《陶靖節集》과 그의 逸民意識〉,《한국실학연구》 제11집, 한국실학학회, 2006, 217-237면.
박충록,《김택영 문학 연구》, 沈陽: 遼寧民族出版社, 1986.
______,《조선후기 삼대시인 연구: 김택영, 황현, 이건창 연구》, 이회문화사, 1994.
박태호,《장례의 역사 ― 고인돌부터 납골당까지, 숭배와 기피의 역사》, 서해문집, 2006.
발리, 나이젤(Barley, Nigel),《죽음의 얼굴: 원시문화에서 현대문명까지 죽음을 통해 본 인류의 문화(Dancing on the grave :encounters with death)》, 고양성 옮김, 예문, 2001.
발버그(Valberg, J.J.), *Dream, Death, and the Self*, Princeton: Princeton University Press, 2007.
방 주네프, 아놀드(van Gennep, Arnold),《通過儀禮(Les rites de passage)》, 전경수 역, 을유문화사,

1985.
배상현,〈孤山 李惟樟의 禮學思想〉,《공자학》 제12집, 한국공자학회, 2005, 219-253면.
배영기,《죽음에 대한 문화적 이해》, 한국학술정보, 2006.
배우성,《조선과 중화: 조선이 꿈꾸고 상상한 세계와 문명》, 돌베개, 2014.
베커, 어네스트(Becker, Ernest),《죽음의 부정(The Denial of Death)》, 김재영 옮김, 인간사랑, 2008.
벨리보, 리샤르(Beliveau, Richard)·쟁그라, 드니(Gingras, Denis),《삶을 위한 죽음 오디세이(La mort)》, 양영란 옮김, 궁리, 2013.
비앤둥보[卞東波],〈韓國所藏孤本詩話《精刊補註東坡和陶詩話》考論〉,《域外漢籍研究集刊》 第五輯, 北京: 中華書局, 2009, 419-439면.
푸강(傅剛),《《昭明文選》研究》, 北京: 中國社會科學出版社, 2000, 249-277면.
브룩, 티모시(Brook, Timothy), *Praying for power: Buddhism and the formation of gentry society in late-Ming China*, Cambridge: Harvard University Press, 1993.
__________,《쾌락의 혼돈 — 중국 명대의 상업과 문화(The Confusions of Pleasure: Commerce and Culture in Ming China)》, 이정·강인황 옮김, 이산, 2005, 305-310면.
__________,《원·명: 곤경에 빠진 제국(The Troubled Empire: China in the Yuan and Ming Dynasties)》, 조영헌 옮김, 너머북스, 2014.
하마세 히로시[濱政博司],〈大津皇子臨終詩と金聖嘆·成三問 — 日中朝の臨刑詩の系譜〉,《日中朝の比較文學研究》, 大阪: 和泉書店, 1989, 167-197면.
__________,〈大津皇子臨終詩群の解釋〉,《萬葉集と漢文學》,《和漢比較文學叢書》 第九卷, 東京: 汲古書院, 1993, 201-211면.
서더위[佘德余],《都市文人 — 張岱傳》, 杭州: 浙江人民出版社, 2006.
사르트르, 장 폴(Sartre, Jean-Paul) 외,《죽음의 철학》, 정동호·이인석·김광윤 편, 청람, 2004.
__________,《존재와 무(L'être et le néant)》, 정소성 옮김, 동서문화사, 2009.
셰링엄, 마이클(Sheringham, Michael), *French autobiography: Devices and Desires. Rousseau to Perec*, Oxford : Clarendon Press, 1993, 21면.
셰쓰웨이[謝思煒],〈論自傳詩人杜甫 — 兼論中國和西方的自傳詩傳統〉,《文學遺產》, 1990年 第三期, 北京: 中國社會科學出版社, 1990, 68-76면.
__________,〈杜詩的自我審視與表現〉,《文學遺產》, 2001年 第3期, 北京: 北京大學出版社, 2001, 40-48면.
삭스, 피터(Sacks, Peter M.), *The English Elegy: Studies in the Genre from Spenser to Yeats*, Baltimore and London: The Johns Hopkins University Press, 1985.
야마다 요시오[山田孝雄],〈萬葉集卷二挽歌最初の左注について〉,《萬葉集考叢》, 東京: 宝文館, 1955, 97-106면.
상해사서출판사(上海辭書出版社) 編著,《陶淵明詩文鑑賞辭典》, 上海: 上海辭書出版社, 2012.
쉬시전(徐世珍),《張岱《夜航船》研究: 兼論晚明文人知識體系與審美意識》, 臺北: 花木蘭文化出版社, 2005.
선승혜,〈《箋注靖節先生集》에 실린 金禔(1523-1593)의 陶淵明의 초상화와 귀거래도〉,《민족문화연구》 제60호, 고려대학교 민족문화연구원, 2013, 387-403면.
______, 〈東アジア繪畵における陶淵明像: 韓國と日本の近世を中心に〉, 東京大學 博士學位 論文, 2010.
성범중, 〈龜谷 崔奇男의 삶과 시세계〉, 《한국한시작가연구》 10, 태학사, 2006, 5-40면.
세이어, 로버트(Robert F. Sayre), *The Examined Self*, Madison: University of Wisconsin Press, 1988.
소광희, 《하이데거 《존재와 시간》 강의》, 문예출판사, 2003.
고지마 노리유키[小島憲之], 〈萬葉集の三分類〉, 《上代日本文學と中國文學 — 出典論を中心とする比較文學的考察》 中, 再版, 東京: 塙書房, 2016, 772-797면.
쑤루이룽[蘇瑞隆], 《鮑照詩文研究》, 北京: 中華書局, 2006, 146-153면.
순캉이[孫康宜, Kang-i Sun Chang], 《난세를 꽃피운 시인들(Six Dynasties Poetry)》, 신정수 옮김, 이회문화사, 2004, 19-79면.
순취[孫渠], 〈南通博物苑回憶錄〉, 《東南文化》 1985年 第3期, 南京: 南京博物院, 1985, 92-109면.
순밍주[孫明珠], 〈張岱《和挽歌辭三首》的生命意識與復明隱衷〉, 《湖南科技學院學報》 第31卷 第11期, 永州: 湖南科技學院, 2010. 11, 32-34쪽.
손찬식, 〈남효온 시의 자아형상〉, 《온지논총》 제1집, 온지학회, 1995, 45-84면.
______, 〈남효온 시의 정서: 표박과 그리움〉, 《국어교육》 제87호, 한국국어교육연구회, 1995, 293-328면.
______, 〈추강 남효온의 시세계: 선계지향의 성격〉, 《어문논집》 제33집, 안암어문학회, 1994, 279-307면.
쑨샤오밍[孫曉明], 《陶淵明的文學世界》, 上海: 上海古籍出版社, 2013.
송석래, 〈日本萬葉集과 新羅鄕歌의 挽歌研究 — 受容過程을 中心으로〉, 《한국학논집》 제13집, 한양대학교 한국학연구소, 1988.2, 5-25면.(이 글은 〈新羅鄕歌와 日本〈萬葉集〉의 挽歌研究〉라는 제목으로 《동방문학비교연구총서》 3, 한국동방문학비교연구회, 1997, 141-169면에 재수록됨)
송영정, 〈《鮑參君集注》의 〈松柏篇〉 시 및 주석 역주〉, 《中國語文論譯叢刊》 제39집, 중국어문논역학회, 2016, 263-284면.
송웅섭, 〈김종직 문인 그룹에 대한 연구〉, 정옥자 외, 《조선시대문화사》(하), 일지사, 2007, 11-54면.
______, 〈김종직 문인 그룹 형성 무대로서의 '서울'〉, 《서울학연구》 제31호, 서울시립대학교 서울학연구소, 2008, 47-100면.
송재소, 〈점필재 김종직 문학 연구의 몇 가지 문제〉, 《대동문화연구》 44, 성균관대학교 대동문화연구원, 2003, 181-206면.
송정헌, 〈陶淵明과 麗末三隱詩의 比較研究〉, 東方文學比較研究會 編, 《轉移와 受容》, 學文社, 1993, 133-184면.
송준호, 〈孤山 李惟樟 詩의 道學的 性格-출(나가서기)處(들어앉기)를 위한 닮기 希求의 詩學〉, 《공자학》 제12집, 한국공자학회, 2005, 199-218면.
슈메이커, 웨인(Shumaker, Wayne), *English Autobiography: Its Emergence, Materials and Form*,

Berkeley: University of California Press, 1954.
스튜어트, 필립(Stewart, Philip), *Imitation and illusion in the French Memoirs-Novels, 1700-1750, the Art of Make-Believe*, New Haven: Yale University Press, 1969.
스펜스, 조나단(Spence, Jonathan D.), *Return to Dragon Mountain: Memories of a Late Ming Man*, New York: Viking Penguin, 2007.(이준갑 옮김, 《룽산으로의 귀환(Return to Dragon Mountain)》, 이산, 2010.)
시마조노 스스무[島薗進]·다케우치 세이치[竹內整一] 엮음, 《사생학이란 무엇인가(死生學とは何か)》, 정효운 옮김, 한울, 2010.
신로사, 〈이봉환·이명오 부자의 일본 사행에 관하여〉, 《문헌과 해석》 제54호, 문헌과 해석사, 2011, 231-251면.
신승훈, 〈佔畢齋 金宗直의 〈弔義帝文〉에 관하여〉, 《대동한문학》 제23집, 대동한문학회, 2005, 281-300면.
신익철, 〈18세기 중반 椒林體 漢詩의 형성과 특징〉, 《고전문학연구》 제19집, 한국고전문학회, 2001, 35-65면.
______, 〈李鳳煥의 椒林體와 〈落花詩〉에 대하여〉, 《한국한문학연구》 제24집, 한국한문학회, 1999, 215-243면.
신찬균, 《한국의 輓歌》, 삼성출판사, 1990.
______, 〈輓歌의 韓-中-日 比較硏究〉, 《비교민속학》 제6집, 비교민속학회, 1990.5, 47-66면.
심경호, 《간찰, 선비의 마음을 읽다》, 한얼미디어, 2006.
______, 《김시습평전》, 돌베개, 2003.
______, 《나는 어떤 사람인가》, 이가서, 2010.
______, 《내면기행》, 이가서, 2009.
______, 〈한국 고전문학의 자서전적 글쓰기에 대한 고찰〉, 《第十七屆中韓文化關係國際學術會議論文集》, 中華民國韓國硏究學會, 2008, 1-20면.
아리에스, 필립(Ariès, Philippe), 《죽음의 역사(Essais sur l'histoire de la mort en Occident du Moyen Age a' nos jours)》, 이종민 옮김, 동문선, 1998.
____________, 《죽음 앞의 인간(L'homme Devant la Mort)》, 고선일 옮김, 새물결, 2004.
안대회, 〈서얼시인의 계보와 시의 사적 전개〉, 《문학과 사회집단》, 집문당, 1995, 263-288면.
______, 〈서오생의 책사랑 — 장서가 이명오〉, 《천년 벗과의 대화》, 민음사, 2011, 95-100면.
______, 〈조선전기 지성인의 자화상, 南孝溫의 한시〉, 《韓國 漢詩의 分析과 視角》, 연세대학교 출판부, 2000, 140-173면.
______, 〈조선후기 閭巷文學의 성격과 지향〉, 《한문학보》 제29집, 우리한문학회, 2013, 273-298면.
______, 〈조선후기 自撰墓誌銘 연구〉, 《한국한문학연구》 제31집, 한국한문학회, 2003, 237-266면.
______, 〈한국 한시와 죽음의 문제〉, 《한국한시연구》 3, 한국한시학회, 1995, 49-80면.
안세현, 〈조선전기 〈醉鄕記〉·〈睡鄕記〉의 창작 양상과 그 의미〉, 《어문연구》 제37권 제1호, 한국어문교육연구회, 2009, 309-332면.

야스퍼스, 칼(Jaspers, Karl), 《철학학교·비극론·철학입문·위대한 철학자들(Kleine Schule des philosophischen Denkens)》, 전양범 옮김, 동서문화사, 2009.

량치차오[梁啓超], 〈陶集考證〉, 《陶淵明》, 臺北: 臺灣商務印書館, 1979, 46-55면.

양광즈[楊光治], 《歷代絶命詩選析》, 天津: 百花文藝出版社, 1996.

양쉐[楊雪], 〈金澤榮의 중국 망명기 交遊詩 연구 — 張謇과의 교유를 중심으로〉, 서울대학교 대학원 석사학위논문, 2017.2, 114-137면.

양숭지[楊松冀], 《精神家園的詩學探尋: 蘇軾《和陶詩》與陶淵明詩歌之比較研究》, 北京: 人民出版社, 2012.

양승이, 《한국의 상례: 한국인의 생사관에 대한 인문학적 성찰》, 한길사, 2010.

앤진펑[嚴金鳳], 〈中韓文化交流的史證 — 證張天一老人〉, 《金滄江研究》 第2輯, 南通: 金滄江研究所, 2000.4, 56-57면.

앤샤오싱[嚴曉星], 〈此是喬家正始音 — "淮陽琴派"史料再考察〉, 《南京藝術學院學報(音樂與表演版)》 2013年 第1期, 南京: 南京藝術學院, 2013, 75-84면.

위잉스[余英時], 《동양적 가치의 재발견》, 김병환 옮김, 동아시아, 2007.

뤼윈뱌오[呂雲彪], 《楹聯作法》, 上海: 文明書局, 1926.

엘리아스, 노베르트(Elias, Norbert), 《죽어가는 자의 고독(Uber die einsamkeit der sterbenden)》, 김수정 옮김, 문학동네, 1998.

우사오츄[吳紹釚]·천차이좐[陳彩娟], 〈論朝鮮詩人金時習的和陶詩〉, 《延邊大學學報(社會科學版)》, 1998年 第2期, 延邊大學, 1998, 97-103면.

우샤오루[吳小如], 〈說陶淵明《挽歌詩》三首〉, 《古典詩詞札叢》, 天津: 天津古籍出版社, 2004, 88-92면.

_______, 《含英咀華 — 吳小如古典文學叢札》, 北京: 北京大學出版社, 2012

우청쉐[吳承學], 〈漢魏六朝挽歌考論〉, 《文學評論》 2002年 第3期, 北京: 文學評論雜誌社, 2002, 63-72면.

오웬, 스티븐(Owen, Stephen), *The Making of Early Chinese Classical Poetry*, Cambridge and London: Harvard University Presss, 2006, 303-304면.(胡秋蕾·王宇根·田曉菲 譯, 《中國早期古典詩歌的生成》, 北京: 生活·讀書·新知 三聯書店, 2014, 355-356면.)

_______, *The Self's Perfect Mirror: Poetry as Autobiography*, Shuen-fu Lin·Owen, Stephen ed., The Vitality of the Lyric Voice, Princeton: Princeton University Press, 1986, 71-102면.

_______, *Traditional Chinese Poetry and Poetics: Omen of the World*, Madison: The University of Wisconsin Press, 1985, 12-27면.

오윤희, 《滄江 金澤榮研究》, 국학자료원, 1996.

_______, 〈滄江 金澤榮과 근대시인의 反復修辭法〉, 《동방학》 제8집, 한서대학교 동양고전연구소, 2002, 135-163면.

_______, 《滄江金澤榮研究》, 武漢: 華中師範大學出版社, 2002.

와그너, 에드워드(Wagner, Edward W.), *The Literati Purges: Political Conflict in Early Yi Korea*, Cambridge: Harvard University Press, 1974.

_______, 〈정치사적 입장에서 본 李朝의 士禍〉, 《역사학보》 85, 역사학회, 1980,

115-157면.
______, 《조선왕조 사회의 성취와 귀속》, 이훈상·손숙경 옮김, 일조각, 2007.
왕둔친[王敦琴], 〈金澤榮과 張謇의 詩비교〉, 《中國學論叢》 제33집, 한국중국문화학회, 2011, 129-151면.
왕리치[王利器] 校注, 《風俗通義校注》, 臺北: 明文書局, 1982.
왕수이자오[王水照], 〈蘇軾文集初傳高麗考〉, 《蘇軾研究》, 石家莊: 河南教育出版社, 1999, 316-317면.
왕리[王立], 《永恒的眷戀—悼祭文學的主題史研究》, 學林出版社, 1999, 291-321면.
______, 〈中國古代自挽自悼詩文及其審美價值〉, 《山西大學師範學院學報》, 2001年 第3期, 山西大學師範學院, 2001, 49-56면.
왕이위안[王宜瑗], 〈六朝文人挽歌詩的演變與定型〉, 《文學遺產》 2000年 第5期, 北京: 中華書局, 2000, 22-32면.
왕중링[王鍾陵], 《中國中古詩歌史》, 北京: 人民出版社, 2005.
왕즈칭[王志清], 《晋宋樂府詩研究》, 保定: 河北大學出版社, 2007, 275-324면.
왕후이쟈[王繪絜], 《傅玄及其詩文研究》, 臺北: 文津出版社, 1997, 130-131면.
우경섭, 《조선중화주의의 성립과 동아시아》, 유니스토리, 2013.
우, 페이이(Wu, Pei-yi), *The Confucian's progress-autobiographical writings in traditional China-*, Princeton: Princeton University Press, 1990.
위안싱페이[袁行霈], 《陶淵明研究》, 北京: 北京大學出版社, 1997.
______, 〈論和陶詩及其文化意蘊〉, 《中國社會科學》 2003年 第6期, 北京: 中國社會科學出版社, 2003, 149-161면.
웨이겅위안[魏耕原], 《陶淵明論》, 北京: 北京大學出版社, 2011.
유봉학, 〈楓皐 金祖淳 연구〉, 《한국문화》 12, 서울대학교 한국문화연구소, 1997, 251-307면.
리우중원[劉中文], 《唐代陶淵明接受研究》, 北京: 中國社會科學出版社, 2006.
유초하 외, 《한국인의 생사관》, 태학사, 2008.
유혜영, 〈죽음에 대한 문학적 관조 — 위진 만가시의 특성과 문학적 의의〉, 《중국문화연구》 제12집, 중국문화연구학회, 2008, 23-49면.
유호식, 《자서전: 서양 고전에서 배우는 자기표현의 기술》, 민음사, 2015.
______, 〈자서전 전통과 샤토브리앙〉, 유평근·장재성 엮음, 《변혁의 시대와 문학》, 민음사, 2001, 47-71면.
리우후이[柳輝], 《挽聯藝術》, 長沙: 湖南人民出版社, 2006.
윤미길, 〈남효온의 賦에 대하여〉, 《국어교육》 제97호, 한국국어교육연구회, 1998, 273-297면.
윤사순, 〈고산(孤山 李惟樟) 학문의 특징과 위상〉, 《공자학》 제12집, 한국공자학회, 2005, 165-197면.
윤영수, 〈萬葉集〈挽歌〉에 關한 一考察: 挽歌의 意義와 性格을 中心으로〉, 《일본 연구》 제5집, 중앙대학교 일본연구소, 1990, 155-179면.
윤재민, 《조선후기 중인층 한문학의 연구》, 고려대학교 민족문화연구원, 1999.
윤주필, 《한국의 방외인 문학》, 집문당, 1999.

윤진욱, 〈조선전기 '소학계' 연구〉, 《경주사학》 제32집, 경주사학회, 2010, 111-143면.
이가원, 〈石北文學研究〉, 《李家源全集》 2, 정음사, 1986, 353-442면.
______, 《韓國漢文學史》, 《李家源全集》 6, 정음사, 1986, 160-167-341-350면.
이경신, 《죽음연습》, 동녘, 2016.
리궈원[李國文], 《중국 문인의 비정상적인 죽음》, 에버리치홀딩스, 2009.
리젠펑[李劍鋒], 《陶淵明及其詩文淵源研究》, 濟南: 山東大學出版社, 2005.
______, 《元前陶淵明接受史》, 濟南: 齊魯書社, 2002.
이구의, 〈佔畢齋 金宗直의 〈和陶淵明述酒〉 詩에 나타난 자아의 정신〉, 《한국사상과 문화》 제52집, 한국사상과문화학회, 2010, 7-41면.
이기상, 《존재와 시간: 인간은 죽음을 향한 존재》, 개정판, 살림출판사, 2008.
이남종, 〈조선시기 도연명시의 註釋과 수용〉, 《고전번역연구》 제4집, 한국고전번역학회, 2013, 91-140면.
______, 〈朝鮮 晩醒 朴致馥(1824-1893)의 〈陶靖節述酒詩解〉〉, 《중국문학》 제80집, 한국중국어문학회, 2014, 149-198면.
이동환, 〈16세기 조선 사상계의 동향과 盧守愼〉, 《한국사상사학》 제51집, 한국사상사학회, 2015, 1-51면.
이등연, 〈근대 초기 한국문인 한시작품 속의 '중국·중국인' 형상 연구: 유인석과 김택영을 중심으로〉, 《중국인문과학》 제51집, 중국인문학회, 2012, 417-448면.
이병혁, 〈科文의 形式考 — 詩·賦를 중심으로〉, 《青泉 康龍權博士 頌壽紀念論叢》, 청천 강용권박사 송수기념논총 간행위원회, 1986, 245-256면.
______, 〈韓國科文研究 — 詩·賦를 중심으로〉, 《동양학》 제16집, 단국대학교 동양학연구소, 1986, 1-34면.
이복규, 〈〈조의제문〉의 源泉, 烟村 崔德之의 《一篇野史》〉, 《국학연구논총》 제15집, 택민국학연구원, 2015, 102-128면.
이상목 외, 《한국인의 죽음관과 생명윤리》, 세종, 2005.
이상욱, 〈조선 科體詩의 글쓰기 방식에 관한 연구〉, 연세대학교 석사학위논문, 2005.
이상준, 〈古代挽歌研究 — 日本書紀의 哀傷挽歌를 中心으로〉, 《비교일문학》 제6집, 한양대학교 일본학국제비교연구소, 1998, 53-79면.
______, 〈古代挽歌의 背景으로서의 喪葬儀禮〉, 《東아시아古代學》 제13집, 東아시아古代學會, 2006.6, 149-172면.
이상하, 《냉담가계》, 현암사, 2014, 58-67면.
이수건, 《영남사림파의 형성》, 영남대학교 민족문화연구소, 1979.
______, 《영남학파의 형성과 전개》, 일조각, 1995.
이수봉, 《장례문화의 이해》, 경인문화사, 2008.
이승수, 《옥같은 너를 어이 묻으랴》, 태학사, 2001.
이연숙, 《韓日 古代文學 比較研究》, 박이정, 2002, 47-76면.
이영숙, 〈屐園 李晚秀의 《和陶詩》 研究〉, 《동양한문학연구》 제35집, 동양한문학회, 2012, 155-183면.

이영호, 〈張岱의《四書遇》를 통해 본 양명학과 경학의 일면〉,《양명학》제30집, 한국양명학회, 2011, 109-131면.
이옥순 외,《아시아의 죽음 문화》, 소나무, 2010.
이용욱, 〈山雲 李亮淵의 시세계〉, 안동대학교 석사학위논문, 1991.
이용주,《죽음의 정치학: 유교의 죽음 이해》, 도서출판 모시는사람들, 2015.
이은봉,《한국인의 죽음관》, 서울대학교출판부, 2000.
이은영,《祭文, 양식적 슬픔의 미학: 조선 초기의 제문을 중심으로》, 태학사, 2004.
이의강, 〈김택영의 중국 망명 원인에 대하여: 시작품을 분석의 주요 대상으로 삼아〉,《동방한문학》제22집, 동방한문학회, 2002, 71-95면.
이의활, 〈韓國 主要圖書館所藏 蘇軾著述 및 書帖 古本目錄〉,《중국어문학》제10집, 영남주국어문학회편, 1985, 299-324면.
리인성(李寅生), 〈日本和陶詩簡論〉,《江西社會科學》2003年 第1期, 南昌: 江西省社會科學院, 2003, 70-72면.
이을상,《죽음과 윤리: 인간의 죽음과 관련한 생명윤리학과 논쟁들》, 백산서당, 2006.
이제우, 〈張岱 전기문학에 나타난 인물제재의 특징과 의미〉,《中國學硏究》제13집, 중국학연구회, 1997, 371-404면.
이종범,《사림열전 2: 순례자의 노래》, 아침이슬, 2008.
이종은·설성경·정민·윤주필·박영호·김응환, 〈한국 문학에 나타난 한국인의 우주관과 사생관 연구〉,《한국학연구》제30집, 한양대학교 한국학연구소, 1997, 7-246면.
이창경, 〈추강 남효온의 교유와 시적 변용〉,《민족문화》제12집, 민족문화추진회, 1989, 127-129면.
______, 〈추강 남효온 문학 연구〉, 한양대학교 박사학위논문, 1991.
이창룡, 〈高麗詩人과 陶淵明 — 比較文學的 觀點에서 材源연구〉,《건대학술지》제16집, 건국대학교, 1973, 117-139면.(국어국문학회 편,《漢文學硏究》, 정음사, 1981, 128-152면에 재수록)
______, 〈李朝文學과 陶淵明 — 比較文學的 觀點에서 考察〉,《건대학술지》제18집, 건국대학교, 1974, 61-82면.
리첸루[李倩茹], 〈鮑照"代"樂府新探〉,《樂府學》第十輯, 北京: 社會科學文獻出版社, 2014.10, 중국 아마존 킨들판 이북, Loc. 2628-2974.
이택동, 〈金祖淳의 思惟와 對現實眼의 한 국면〉,《어문연구》제30권 4호, 한국어문교육연구회, 2002, 263-275면.
리저허우[李澤厚],《美的歷程》, 第二版, 桂林: 廣西師范大學出版社, 2001, 121-142면.(尹壽榮 옮김(1991),《美的歷程》, 東文選, 1991, 274-282면.)
이현우, 〈朝鮮 後期의 無刊記 刊本《陶靖節集》에 관한 고찰〉,《중국어문논총》제49집, 중국어문연구회, 2011, 153-180면.
이현일, 〈東樊 李晩用 詩 硏究 —《東樊集 所載 七言律詩를 중심으로》,《한국한문학연구》제52집, 한국한문학회, 2013, 307-341면.
______, 〈泊翁 李明五 시 연구(1) — 初期詩를 중심으로〉,《한국한시연구》제19집, 한국한시학회, 2011, 83-118면.

______,〈李鳳煥 三代의 悲願〉,《문헌과 해석》 제20호, 문헌과 해석사, 2002, 26-47면.
______,〈청년 이명오의 슬픔〉,《문헌과 해석》 제54호, 문헌과 해석사, 2011, 191-230면.
이현진, 〈조선전기 소릉복위론의 추이와 그 의미〉,《조선시대사학보》 23, 조선시대사학회, 2002, 49-83면.
이혜순 편,《비교문학》 1·2, 과학정보사, 1986.
이혜순·성현자·최숙인·김현실·김미정,《비교문학의 새로운 조명》, 태학사, 2002, 15-35쪽.
이훈상,〈에드워드 와그너의 조선시대 연구와 이를 둘러싼 논점들〉,《역사비평》 59, 역사비평사, 2002, 99-125면.
잇카이 도모요시[一海知義],《陶淵明·陸放翁·河上肇》, 펑쟈훙[彭佳紅] 譯, 北京: 中華書局, 2008, 65-82면.
______________,〈文選挽歌詩考〉,《中國文學報》 제12책, 京都: 京都大學文學部中國文學會, 1960, 19-48면.
______________,《一海知義著作集》 2, 東京: 藤原書店, 2008, 9-188면.
임돈희,《조상 제례》, 대원사, 1990.
린원웨[林文月],〈謝靈運臨終詩考論〉,《中古文學論叢》, 臺北: 大安出版社, 1989, 223-252면.
임재해,《전통 상례》, 대원사, 1990.
임준철, 〈한국 畵像自贊의 전형과 변주〉,《한문교육연구》 제38집, 한국한문교육학회, 2012.06, 237-278면.
______,〈畵像自贊類 문학의 존재양상과 자아형상화 방식의 특징〉,《고전문학연구》 제36집, 한국고전문학회, 259-300면.
런중민[任中敏],《唐聲詩》 上·下, 張之爲·戴偉華 校理, 南京: 鳳凰出版社, 2013.
임진호,〈張岱의 小品文 創作과 그 문학사적 意義〉,《중국어문학지》 제26집, 중국어문학회, 2008, 65-91면.
임철규,《죽음》, 한길사, 2012.
임형택,〈매월당 문학의 성격〉,《대동문화연구》 13, 성균관대학교 대동문화연구원, 1979.
장젠[張健],〈蔡正孫考論 — 以《唐宋千家聯珠詩格》爲中心〉,《北京大學學報》(哲學社會科學版) 2004年 第2期, 北京: 北京大學, 2004, 60-70면.
좡안정[莊安正],〈金澤榮與近代南通文人群體交往考評〉,《南通大學學報(社會科學版)》 第21卷 第4期, 南通: 南通大學, 2005, 119-123면.
______,〈金澤榮餘兪樾交往述論〉,《중국사연구》 제28집, 중국사학회, 2004, 201-217면.
______,〈金澤榮與翰墨林編譯印書局〉,《廣西社會科學》 2006年 第2期, 南寧: 廣西壯族自治區社會科學界聯合會, 2006, 103-107면.
장유승,〈조선시대 과체시 연구〉,《한국한시연구》 11, 한국한시학회, 2003, 417-449면.
지앙인[蔣寅],《古典詩學的現代詮釋》, 北京: 中華書局, 2003.
지앙주순[蔣竹蓀] 等 編著,《分類名聯鑑賞辭典》, 上海: 上海辭書出版社, 2004.
장자오융[張兆勇],《蘇軾和陶詩與北宋文人詞》, 合肥: 安徽大學出版社, 2010, 1-245면.
장철수,《옛 무덤의 社會史》, 웅진출판, 1995.
______,《한국의 관혼상제》, 집문당, 1995.

장저퉁[張則桐],《張岱探稿》, 南京: 鳳凰出版社, 2009.
장켈레비치, 블라디미르(Jankélévitch, Vladimir),《죽음에 대하여 — 철학자 장켈레비치와의 대화(Penser la mort?)》, 변진경 옮김, 돌베개, 2016.
장하이신[張海新],〈張岱及其詩文研究〉, 復旦大學校 博士學位論文, 2011.
________,《水萍山鳥-張岱及其詩文研究》, 上海: 中西書局, 2012.
장쉰[張薰],〈北魏孝莊帝〈臨終詩〉與陶淵明〈擬挽歌辭〉之比較〉,《中國文學研究》第八期, 臺北: 臺灣大學中國文學研究所, 1994.5, 247-260면.
사이토 아사코[齋藤麻子],〈《만엽집》속의 삶과 죽음〉, 한국일본학회 편,《일본 고전문학에 나타난 삶과 죽음》, 보고사, 2015, 85-118면.
사이토 마레시[齋藤希史],《근대어의 탄생과 한문: 한문맥과 근대 일본》, 황호덕·임상석·류충희 옮김, 현실문화, 2010.
전송열,《옛사람들의 눈물: 조선의 만시 이야기》, 글항아리, 2008.
______,〈山雲 李亮淵 시 연구〉, 연세대학교 석사학위논문, 1993.
정경주,〈西溪 朴泰茂의 修養論에 대하여〉,《남명학연구》제15집, 경상대학교 남명학연구소, 2003, 107-131면.
______,《成宗朝 新進士類의 文學世界》, 법인문화사, 1993.
정동호 외,《철학, 죽음을 말하다》, 산해, 2004.
정두희,〈단종의 어머니 권시 왕후 소릉의 복권〉,《조광조》, 아카넷, 2000, 113-130면.
______,〈朝鮮 成宗 9年 "戊戌之獄"의 정치적 성격〉,《서강인문논총》제29집, 서강대학교 인문과학연구소, 2010, 373-410면.
______,《조선시대의 臺諫 연구》, 일조각, 1994.
______,《조선초기 정치지배세력 연구》, 일조각, 1983.
정병호,〈17세기 中人의 內面的 自畵像〉,《동방한문학》제10집, 동방한문학회, 1994, 191-208면.
딩푸린[丁福林],《鮑照研究》, 南京: 鳳凰出版社, 2009, 165-166면.
______,《鮑照年譜》, 上海: 上海古籍出版社, 2004, 156-161면.
정숙인,〈金宗直의〈和陶淵明述酒詩〉고찰〉,《어문논집》제40집, 중앙어문학회, 2009, 189-212면.
정우봉,〈沈魯崇의 自傳文學에 나타난 글쓰기 방식과 자아 형상〉,《민족문화연구》제62호, 고려대학교 민족문화연구원, 2014, 89-118면.
______,《조선 후기의 일기문학》, 소명출판, 2016.
______,〈조선후기 自撰年譜 연구〉,《한국한문학연구》제59집, 한국한문학회, 2015, 89-122면.
정웨이[鄭偉],〈《文選》詩 "臨終"類的分屬爭議 — 中古"臨終詩"研究述論〉,《中國詩學》第二十一輯, 北京: 人民文學出版社, 2016.11, 101-107면.
정재철,〈구한말 동아시아 지식인의 문화비전 — 창강 김택영을 중심으로〉,《한국한문학연구》제47집, 한국한문학회, 2011, 201-235면.
______,〈김택영의 중국산문 비평과 그 의미〉,《일본학연구》제35집, 단국대학교 일본연구

소, 2012, 23-43면.
정출헌, 〈성종대 新進士類의 同類意識과 그 분화의 양상〉, 《민족문학사연구》 제50집, 민족문학사학회, 2012, 77-108면.
______, 〈젊은 제자들이 마음에 그린 점필재의 초상 — 추강 남효온의 기록과 시문을 중심으로〉, 부산대학교 점필재연구소 엮음, 《점필재 김종직과 그의 젊은 제자들》, 지식과 교양, 2011, 17-64면.
______, 〈조선전기 잡록과 《추강냉화》, 남효온의 깊은 슬픔과 시대정신〉, 《민족문학사연구》 제54집, 민족문학사학회, 2014, 143-183면.
______, 〈추강 남효온의 생애자료에 대한 변증과 탐색〉, 《대동한문학》 제35집, 대동한문학회, 2011, 167-208면.
정후수, 〈臨淵 李亮淵의 漢詩 抄〉, 《동양고전연구》 제7집, 동양고전학회, 1996, 323-340면.
______, 〈추강 남효온의 생애와 사상〉, 《민족문화》 5, 한성대학교 민족문화연구소, 1991.
치이서우[齊益壽], 〈謝靈運《臨終詩》異文之商榷 — 兼論謝靈運之死〉, 東海大學中國文學系·中國古典文學硏究會 主編, 《第三屆魏晉南北朝文學 國際學術硏討會論文集》, 臺北: 文史哲出版社, 1998, 589-621면.
사에키 쇼이치[佐伯彰一], 《일본인의 자서전[日本人の自傳]》, 노영희 옮김, 한울, 2015.
__________ 편, 《自傳文學の世界》, 東京: 朝日出版社, 1983.
주기평, 〈중국 挽歌詩의 형성과 변화과정에 대한 一考察〉, 《중국문학》 제60집, 한국중국어문학회, 2009, 29-49면.
저우창[周昶]·니이중[倪怡中], 〈金澤榮和中國文化名人的詩文交往〉, 《南通大學學報(社會科學版)》 第26卷 第2期, 南通: 南通大學, 2010, 109-115면.
나카가와 히사야쓰[中川久定], 《自傳の文學 — ルソーとスタンダール-》, 東京: 岩波書店, 1979.
저우전푸[周振甫], 《陶淵明和他的詩賦》, 南京: 鳳凰出版社, 2006.
진영미, 〈國家의 存亡과 文學: 滄江 金澤榮〉, 《아시아문화연구》 제8집, 경원대학교 아시아문화연구소, 2004, 2004, 79-100면.
차주환, 〈詩歌를 통해 본 韓中文學思想〉, 《韓國思想大系》 I, 成均館大學校 大東文化硏究所, 1973, 573-608면.
천, 로버트 산무(Chen, Robert Shanmu), *A Study of Bao Zhao and His Poetry: With a Complete English Translation of His Poems*, Ph.D. The University of British Columbia, 1989, 293-306면.
천이링[陳儀玲]·황구이란[黃桂蘭], 《張岱的夜晩書寫探析(張岱生平及其文學)》, 新北: 花木蘭文化出版社, 2013.
천인커[陳寅恪], 〈陶淵明之思想與淸談之關係〉, 《金明館叢稿初編》, 北京: 生活·讀書·新知三聯書店, 2001, 201-229면.
천비샹[陳必祥], 《한문문체론》, 제2판, 심경호 옮김, 이회, 2001.
천정환, 《지식론》, 문학동네, 2013.
가와이 코조[川合康三], 《中國の自伝文學》, 東京: 創文社, 1996.(심경호 옮김, 《중국의 자전문학》,

소명출판, 2002)
아오키 다카코[青木生子], 〈辞世の歌〉, 《萬葉集の美と心》, 東京 : 講談社, 1979, 233-254면.
__________, 《萬葉挽歌論》, 東京: 塙書房, 1984, 26면.
최귀묵, 《김시습의 사상과 글쓰기》, 소명출판, 2001.
최기영, 〈1910년대 국내외 國學 연구의 동향〉, 《한국사학사학보》 제21집, 한국사학사학회, 2010, 43-77면.
최석기 외, 《南冥學 關聯 文集解題(II) — 南冥 門人 一部 및 私淑人 一部》, 도서출판 술이, 2008.
최승희, 《조선초기 언관·언론 연구》, 서울대학교출판부, 1989.
_____, 《조선초기 정치사연구》, 지식산업사, 2002.
최영옥, 〈金澤榮 文集의 刊行經緯와 異本考〉, 성균관대학교 박사학위논문, 2011.
_____, 〈滄江 金澤榮의 중국망명과 출판사업 의식〉, 《한국사상사학》 제40집, 한국사상사학회, 2012, 177-210면.
최이돈, 〈성종대 사림의 훈구정치 비판과 새 정치 모색〉, 《한국문화》 17, 서울대학교 한국문화연구소, 1996, 113-132면.
_____, 《조선중기 사림정치구조 연구》, 일조각, 1994.
최재남, 《韓國哀悼詩硏究》, 경남대학교출판부, 1997.
최재헌, 《존 던의 초기시 연구: 《엘레지》와 《풍자시》를 중심으로》, 경북대학교출판부, 2012.
최혜주, 《滄江 金澤榮의 韓國史論》, 한울아카데미, 1996.
터너, 빅토(Turner, Victor), 《의례의 과정(The Ritual Process)》, 박근원 옮김, 한국심리치료연구소, 2005.
카파라스, 필립 알렉산더(Kafalas, Philip Alexander), *In limpid dream: nostalgia and Zhang Dai's reminiscences of the Ming*, Norwalk: EastBridge, 2007.
케이건, 셸리(Kagan, Shelly), 《죽음이란 무엇인가(Death)》, 박세연 옮김, 엘도라도, 2012.
퀴블러 로스, 엘리자베스(Kübler-Ross, Elizabeth), 《죽음과 죽어감(On Death and Dying)》, 이진 옮김, 이레, 2008.
킹, 멜라니(King, Melanie), 《거의 모든 죽음의 역사(The Dying Game)》, 이민정 옮김, 사람의 무늬, 2011.
파스칼, 루아(Pascal, Roy), *Design and Truth in Autobiography*, Cambridge :Harvard University Press, 1960.
펜윅, 피터(Fenwick, Peter)·펜윅, 엘리자베스(Fenwick, Elizabeth), 《죽음의 기술(The Art of Dying)》, 정명진 옮김, 부글북스, 2008.
포르, 베르나르(Faure, Bernard), 《동양종교와 죽음(La mort dans les religions d'Asie)》, 김주경 옮김, 영림카디널, 1997.
폴켄프릭, 로버트(Folkenflic, Robert) ed., *The Culture of Autobiography: Construction of Self-Representation*, Stanford: Stanford University Press, 1993.
프로이트, 지크문트(Freud, Sigmund), 《종교의 기원》, 이윤기 옮김, 열린책들, 2004.
__________, 'Thoughts for the Times on War and Death', *The Standard Edition of*

The Complete Psychological Works of Sigmund Freud 14, James Strachey 편역, London: Hogarth Press, 1953-1974, 288면.
플라톤(Plátōn), 《파이돈(Phaidon)》, 제3판, 최현 옮김, 범우사, 2009.
피어슨, 마이크 파커(Pearson, Mike Parker), 《죽음의 고고학(The Archaeology of Death and Burial)》, 이희준 옮김, 사회평론, 2009.
허다웨이[何大爲], 〈絶命詞與自挽聯〉, 《中國文選》 第15期, 臺北: 中國文選社, 1968.2, 206-208면.
하영휘 외 편저, 《옛편지 낱말사전》, 돌베개, 2011.
하워스, 윌리엄(Howarth, William L.), '*Some Principles of Autobiography*', *New Literary History V, No 2*, Baltimore: Johns Hopkins University Press,1974년 겨울, 363-381면.
하이데거, 마르틴(Heidegger, Martin), *Being and Time*, Joan Stambaugh trans., Albany, NY: State University of New York Press, 1996.
하이데거, 마르틴(Heidegger, Martin), 《존재와 시간(Sein und Zeit)》, 이기상 옮김, 까치글방, 1998.
하트, 프랜시스(Hart, Francis R.), 'Notes for an Anatomy of Modern Antobiography', *New Literary History* I, Baltimore: Johns Hopkins University Press,1970년 봄, 485-510면.
샤시앤춘[夏咸淳], 《晚明士風與文學》, 北京: 中國社會科學出版社, 1994.
———, 《張岱》, 沈陽: 春風文藝出版社, 1999.
한국고문서학회 편, 《조선시대 생활사》, 역사비평사, 1996, 46-82면.
한국출토복식연구회 편, 《韓國의 壽衣文化》, 신유, 2002.
한명기, 《정묘·병자호란과 동아시아》, 푸른역사, 2009.
한충희, 〈점필재 김종직의 생애와 정치·교육활동〉, 《한문학연구》 제12집, 계명한문학연구회, 1997.
허셴밍[何顯明], 《죽음 앞에서 곡한 공자와 노래한 장자 死亡心態》, 현채련·리길산 옮김, 예문서원, 1999.
허경진, 《조선 위항문학사》, 태학사, 1997.
허권수, 〈남명·퇴계 양학파의 융화를 위해 노력한 澗松 趙任道〉, 《남명학연구》 제11집, 경상대학교 남명학연구소, 2001, 353-387면.
———, 〈訥菴 朴旨瑞의 학문과 상우학파에서의 역할〉, 《남명학연구》 제13집, 경상대학교 남명학연구소, 2003, 133-157면.
허태구, 〈丙子胡亂 이해의 새로운 시각과 전망: 胡亂期 斥和論의 성격과 그에 대한 맥락적 이해〉, 《규장각》 47, 서울대학교 규장각한국학연구원, 2015, 163-200면.
허태용, 《조선후기 중화론과 역사인식》, 아카넷, 2009.
호광수, 〈창강 김택영의 망명 한시에 나타난 상황성〉, 《중국인문과학》 제32집, 중국인문학회, 2006, 213-248면.
홍서연, 〈朝鮮本《精刊補註東坡和陶詩話》에 대한 문헌적 고찰〉, 《중국어문논총》 제54집, 중국어문연구회, 2012, 229-263면.
황치슈[黃啓書], 〈試論《續漢書·五行志》撰作及其體例因革之問題〉, 《政大中文學報》 第十五期, 臺北: 政治大學中國文學系, 2011. 6, 197-230면.

황선주·양쉰[楊焄], 〈한국본《精刊補註東坡和陶詩話》校讀〉, 《중국어문학논집》 제71집, 중국어문학연구회, 2011, 347-368면.
황선주, 〈한국본 도연명집의 서지적 연구〉, 《과학과 문화》 제9권 1호, 서원대학교 미래창조연구원, 2012, 67-99면.
______, 〈목판본《箋註靖節先生集》의 서지 문제〉, 《중국어문학논집》 제77집, 중국어문학연구회, 2012, 591-606면.
______, 〈李夢陽本《陶淵明集》의 계통〉, 《중국어문학논집》 제83집, 중국어문학연구회, 2013, 397-417면.
황위주, 〈점필재 김종직 연구에 대한 반성적 전망〉, 《동양한문학연구》 제31집, 동양한문학회, 2010, 5-27면.
후이민[胡益民], 〈張岱硏究〉, 南京大學校 博士學位論文, 2002.
______, 《張岱硏究》, 第2版, 合肥: 安徽教育出版社, 2004.
______, 《張岱評傳》, 南京: 南京大學出版社, 2002.
호이징가, 요한(Huizinga, Johan), 《중세의 가을(Le Déclin du Moyen Age)》, 최홍숙 역, 문학과지성사, 1988, 166-182면.
황재문, 〈김택영 시에 나타난 遺民意識〉, 《한국한시연구》 13, 한국한시학회, 2005, 119-154면.
______, 〈전통적 지식인의 망국 인식: 김윤식·김택영·박은식의 경우〉, 《한국문화》 52, 서울대학교 규장각한국학연구원, 2010, 315-335면.
황훈성, 《서양문학에 나타난 죽음》, 서울대학교출판문화원, 2013.
고토오 아키노부[後藤秋正], 《唐代の哀傷文学》, 東京: 研文出版社, 2006, 3-59면.
______________, 《中國中世的哀傷文學》, 東京: 硏文出版社, 1998, 3-55면.

기타

경상대학교 문천각 남명학 고문헌 시스템 http://nmh.gsnu.ac.kr/
김용선, 《고려묘지명집성》, 누리미디어
http://www.krpia.co.kr/product/main;jsessionid=2D4EF556279CAD176A5861418496621F?plctId=PLCT00004735&currentLocale=ko
서울대학교 규장각 한국학연구원 문집해제 http://kyujanggak.snu.ac.kr/index.jsp
한국고전번역원 한국고전종합 DB http://db.itkc.or.kr/itkcdb/mainIndexIframe.jsp
한국고전적목록 종합시스템 http://www.nl.go.kr/korcis
한국국학진흥원 유교넷 http://www.ugyo.net/

이 책을 구상하고 작성하는 과정에서 함께 쓴 글들

임준철, 〈金澤榮과 張麟年의 交遊와 自挽詩 — 韓中 자만시 비교(3)〉, 《한문학논집》 제47집, 근역한문학회, 2017, 155-186면.
______, 〈陶淵明의 〈擬挽歌辭三首〉와 조선시대 자만시 — 韓中 자만시 비교(1)〉, 《대동한문

학》제41집, 대동한문학회, 2014, 459-493면.

______, 〈《陶靖節集》과 조선시대 자만시 — 〈擬挽歌辭三首〉의 수용 경로를 중심으로〉, 《한국고시가문화연구》제36집, 한국고시가문화연구회, 2015, 239-274면.

______, 〈李言直과 張岱 自挽詩의 對比 연구 — 韓中 자만시 비교(2)〉, 《한국시가문화연구》제38집, 한국시가문화학회, 2016, 185-212면.

______, 〈自挽詩의 詩的 系譜와 조전전기의 自挽詩〉, 《고전문학연구》제31집, 한국고전문학회, 2007, 319-356면.

______, 〈自挽詩의 자아 혼성(hybrid)와 시적 정체성 — 조선시대 자만시를 중심으로〉, 《한자한문연구》제12호, 고려대학교 한자한문연구소, 2017, 237-266면.

______, 〈조선시대 自挽詩의 類型的 특성〉, 《어문연구》제146호, 한국어문교육연구회, 2010, 375-400면.

______, 〈조선 전기 和陶詩의 轉變〉, 《한국한문학연구》제60집, 한국한문학회, 2015, 7-49면.

______, 〈支流와 還流: 自傳文學의 관점에서 본 조선시대 自挽詩〉, 《민족문화연구》제76호, 고려대학교 민족문화연구원, 2017, 51-99면.

______, 〈한국 한시에서의 陶淵明 〈擬挽歌辭〉의 수용과 변주〉, 《한국한시연구》21, 한국한시학회, 2013, 291-332면.

* 이상의 논문들이 이 책을 쓰고 다듬는 데 일부 혹은 상당 부분 반영되어 있다. 하지만 이 책은 위 글들을 바탕으로 새로운 자료를 추가하고 논의를 대폭 보강한 것인 만큼, 졸고를 참고할 때는 반드시 본서의 내용을 기준으로 삼아주시기 바란다.

찾아보기

■ 용어·작품

■ 인명

나의 장례식

自挽詩, 나의 죽음 소유하기

초판 발행 2019년 12월 27일
초판 2쇄 2020년 11월 5일

지은이 임준철
펴낸곳 고려대학교출판문화원
www.kupress.com
kupress@korea.ac.kr
(02841) 서울특별시 성북구 안암로 145
Tel 02-3290-4230, 4232
Fax 02-923-6311
찍은곳 한국컴퓨터인쇄정보

ISBN 978-89-7641-960-6 93800

값 22,000원
※ 잘못 만들어진 책은 바꿔드립니다.